循证社会科学研究系列丛书

杨克虎 总主编

国家社会科学基金重大项目“循证社会科学的理论体系、国际经验与中国路径研究”（项目编号：19ZDA142）的阶段性研究成果

循证信息贫困研究：回归分析

周文杰 尚宏利 魏志鹏／著

科学出版社

北京

内 容 简 介

本书借鉴了计量经济学的基本框架，对回归分析的基本原理进行了比较全面的介绍，以期为循证社会科学领域的研究者“生产”原始证据提供支持。具体而言，本书以一个围绕“信息贫困”而展开的真实研究项目为案例，通过将来自实际研究场景的定量数据应用于回归分析，向读者全面展示了如何借助回归分析方法获取大量的原始证据。在获取这些原始证据后，方可应用元分析等方法对其加以综合，从而实现循证研究综合证据以获取真实效应值的目标。

本书适合对循证研究感兴趣的本科生、研究生及其他人士阅读。

图书在版编目（CIP）数据

循证信息贫困研究：回归分析/周文杰，尚宏利，魏志鹏著. —北京：科学出版社，2024.6

（循证社会科学研究系列丛书/杨克虎总主编）

ISBN 978-7-03-077835-2

Ⅰ. ①循…　Ⅱ. ①周…　②尚…　③魏…　Ⅲ. ①信息扶贫-研究　Ⅳ. ①F126

中国国家版本馆 CIP 数据核字（2023）第 252577 号

责任编辑：刘英红　赵瑞萍 / 责任校对：刘　芳

责任印制：师艳茹 / 封面设计：有道文化

科学出版社 出版

北京东黄城根北街 16 号

邮政编码：100717

http://www.sciencep.com

北京建宏印刷有限公司印刷

科学出版社发行　各地新华书店经销

*

2024 年 6 月第　一　版　开本：720 × 1000　1/16

2024 年 6 月第一次印刷　印张：36 3/4

字数：738 000

定价：298.00 元

（如有印装质量问题，我社负责调换）

总　序

循证社会科学（Evidence-based Social Science）是循证医学与社会科学交叉而成的一个新兴学科，主要基于最佳证据、运用循证方法来揭示和阐释社会科学领域的规律性问题、因果性问题和决策性问题。循证社会科学是随着 20 世纪 90 年代兴起的循证实践运动（Evidence-based Practice Movements）的发展而产生的，21 世纪以来逐渐受到关注并在国际上得到较快发展。目前，循证社会科学已成为一个具有一定学术影响力和社会影响力的新的学科交叉研究领域。

循证社会科学的兴起和发展不是偶然的，它反映了科学发展的规律和某种必然的趋势，也蕴含着深层次的驱动因素。具体来看主要有以下四个因素。

一是循证医学发展的科学影响。自 1992 年加拿大学者 Gordon Guyatt 等在《美国医学会杂志》上发表 *Evidence-based medicine：A new approach to teaching the practice of medicine* 一文标志着循证医学正式诞生以来，循证医学“基于问题的研究，遵循证据的决策，关注实践的后果，后效评价，止于至善”的理念和“有证查证用证，无证创证用证”的方法就广受科学界及社会高度认可。借鉴循证医学的理念、方法和技术，在社会科学领域通过最佳证据的生产、传播、转化和应用，进而促进科学决策的循证实践更是被誉为社会科学的第三次“科学化”浪潮。可以说，循证医学给了循证社会科学发展的理论基础和动力。

二是学科交叉融合的发展结果。当前，全球新一轮科技革命和产业变革呈现出信息、生命、材料等众多领域知识汇聚融合的新特点，在此大背景下，人类在解决经济、社会等关系人类生存和社会发展的重大问题时，越来越多地需要综合运用多学科知识，需要在不同学科间开展广泛的交流与合作。在此过程中，学科之间知识不断交叉、融合、渗透，科学研究呈现出从“单一学科”向“交叉学科”的范式转变的趋势，我们已经进入了交叉科学时代。循证医学独特的视角、先进的理念、科学的方法和跨学科、跨地域合作的创新模式对自然科学领域和社会科学领域各学科的发展产生了深远的影响。心理学界自 20 世纪七八十年代开始即制订了相关心理学实践的原则、手册、指南与标准，在学校心理学、咨询心理学、家庭心理学、行为分析甚至各种社会服务或社区服务等领域开展了一场声势浩大、席卷全球的循证实践运动，推动着循证的思想、理念与方法交叉发展并渗透到传统的管理学、教育学、社会学、经济学等社会科学领域，循证社会科学在不断深化的交叉融合下迎来了一次次发展机会。

三是科学研究范式的演变革新。随着大数据时代的到来和数据的爆炸性增长，计算机不仅仅能做模拟仿真，还能进行分析总结和理论阐释，这一时代的变化显而易见的是让数据模型构建、定量分析方法及利用计算机来分析和解决科学问题的第三科研范式——计算机科学有了丰富和可以计算的数据基础，更为重要的是推动了数据密集范式从第三范式中分离出来，成为一个独特的科学研究范式——第四范式：数据密集型科学研究范式。在数据密集型科学研究范式环境下，科学研究由传统的假设驱动向基于科学数据进行探索的科学方法转变，由大数据组成的科学数据成为科学家们进行科学研究的最佳证据选择，也就是说科学研究范式的演变革新为循证社会科学发展提供了坚定的证据保障及应用驱动。

四是社会重大问题的治理需要。循证的理念、思想和方法已经在西方发达国家的科学决策、政府治理和智库研究中受到重视并推广应用。1999 年，英国布莱尔政府公布了《政府现代化》（*Modernizing Government*）白皮书，提出“本届政府要更好地利用证据和研究的方法来制定政策，更多地专注于能产生长期影响的政策”。2007 年澳大利亚总理陆克文指出“循证决策是改革政府的核心”。2016 年 3 月 18 日，美国第 114 届国会通过了成立“循证决策委员会”的法案[H.R.1831（114th）：*Evidence-based Policymaking Commission Act of 2016*]，以确保联邦政府在制定每年为社会服务提供 1.6 万亿美金的资助政策和干预措施时是基于证据的，同时评估联邦计划和税收支出的有效性。由此可见，循证社会科学已在社会治理、政府建设等领域得到一定的应用，循证社会科学的价值在实践层面得到了挖掘和彰显。

在我国，循证社会科学研究与实践尚处于萌芽阶段，虽然教育学、法学、社会工作、管理学等社会科学领域的从业者、决策者和研究者们逐渐意识到循证科学决策的重要性和紧迫性，但相关研究证据较少，涉及领域比较局限，而且也没有支持循证社会科学研究与实践的平台。此外，人们对大数据时代获取、生产、评价、转化利用社会科学领域证据的方法知之甚少。所以，开展循证社会科学的理论与实践研究，探索和厘清循证社会科学的理论、证据、应用、平台等问题，对填补当前我国循证社会科学发展的诸多空白，推动循证的理念、方法和技术惠及更多的社会科学研究及实践，显而易见具有重要的学理意义和实践意义。部分学者及国家相关机构也已经意识到了发展循证社会科学的价值所在，并开展了相应的自觉行动。2019 年 5 月 30 日，科技部组织召开的香山科学会议——“循证科学的形成发展与学科交融”（第 S49 次学术讨论会），就是国家在循证科学研究领域的战略布局和发展引领的标志。

兰州大学是教育部直属的全国重点综合性大学，是国家“985 工程”“211 工程”“双一流”重点建设高校之一。成立于 2005 年的兰州大学循证医学中心一直重视将循证的理念和方法推广运用到社会科学的研究和实践领域，以推动循证社会科学研究的发展。中心邀请了国际循证社会科学权威学术组织 Campbell 协作网主席 Haluk Soydan 教授、美国南加利福尼亚大学社会工作学院 Iris Chi 教授等国际一流循证社会科学专家到兰州大学进行学术交流和开展培训工作。2010 年 1 月，派出博士研究生拜争刚赴美国南加利福尼亚大学师从 Haluk Soydan 教授学习；2010 年 12 月，开始与加拿大麦克马斯特大学合作推出“卫生系统证据”数据库中文版，并联合培养循证卫生决策管理方向的研究生；2014 年，与南加利福尼亚大学社会工作学院签署合作备忘录，共同开发“中国儿童与老年健康证据转化数据库”，组织团队对 Campbell 协作网及 Campbell 系统评价进行学习研究；2016 年，在兰州大学的立项支持下组建了由法学、管理学、经济学、教育学、心理学、哲学、社会工作、公共卫生、医学等学科研究人员组成的循证社会科学研究团队，开展循证方法学的培训和学术研究；2017 年，派出博士研究生王小琴赴加拿大渥太华大学师从 Campbell 协作网主席 Jeremy Grimshaw 教授研修学习，12 月，兰州大学正式成立“循证社会科学研究中心”，并将“循证社会科学研究平台建设”作为“双一流”建设项目给予优先支持。

扬帆起航的兰州大学循证社会科学研究中心以“原创导向、交叉融合、开放合作、超前发展”为指导原则，充分发挥兰州大学循证医学学科的人才优势和方法学优势，整合国内外及学校相关人文社会科学的优质资源，瞄准循证社会科学研究的前沿及空白点进行探索研究及应用。2018 年，编著出版国内第一本“循证社会科学”教材《循证社会科学研究方法：系统评价与 Meta 分析》。2018 年至 2022 年，前后举办 10 期“循证社会科学研究方法”培训班，来自全国 20 余个省（自治区、直辖市）的近百所高校、科研机构的千余名学员参加培训，“循证社会科学研究方法”作为“研究生学科前沿交叉课程”得到兰州大学立项支持；每年主办“循证科学与知识转化”论坛，邀请国际循证医学创始人、加拿大皇家科学院院士、加拿大麦克马斯特大学 Gordon Guyatt 教授，全球证据委员会共同主席、加拿大麦克马斯特大学 John N. Lavis 教授，Campbell 协作网前执行总裁 White Howard 教授，Campbell 图书馆（Campbell Library）总主编 Vivian A. Welch 教授等国际循证社会科学权威学者来兰州大学讲学，分别与 Campbell 协作网、美国哈佛大学、美国南加利福尼亚大学、英国贝尔法斯特女王大学、加拿大循证卫生决策研究中心、加拿大麦克马斯特大学、加拿大渥太华大学、瑞士日内瓦大学签署了合作协议，就循证社会科学的人才培养、科学研究、学术交流、国际合作等方面开展了实质性合作。2018 年，兰州大学循证社会科学研究中心入选中国智库索引（Chinese Think Tank Index，CTTI）。2019 年 12 月，中心申请到全国第一个“循证社会科学”国家社会科学基金重大项目“循证社会科学的理论体系、国际经验与中国路径研究”（项目编号：19ZDA142），并率先开始在全国招收循证社会学方向的博士研究生。2021 年，“循证社会科学的课程体系及教材建设实践”获教育部首批新文科研究与改革实践项目立项支持，循证科学被兰州大学列入“十四五”规划交叉学科重点建设名单，获批国家留学基金管理委员会“循证社会科学创新人才联合培养项目”；2022 年，再次获批国家留学基金管理委员会“全球卫生青年创新人才联合培养项目”，两年间连续派出 11 位青年教师和研究生赴哈佛大学、麦克马斯特大学、贝尔法斯特女王大学、日内瓦大学、鲁汶大学等国际知名大学师从权威专家进行交流访学或接受联合培养。同年，“循证科学”交叉学科博士学位授权点正式获批；“循证社会科学交叉创新实验室”作为兰州大学哲学社会科学实验室(首批)获立项支持，Campbell 协作网前执行总裁 White Howard 教授被兰州大学聘任为循证社会科学交叉创新实验室外籍教授；与全球证据委员会合作，翻译并发布了《全球证据委员会报告》（中文版）；循证社会科学研究中心被列为兰州大学新型智库建设试点单位，并入选“CTTI2022 年度高校智库百强榜”；6 门课程与 6 本教材获兰州大学立项建设，系列课程与系列教材渐成体系。

在已有的发展和研究基础上，兰州大学循证社会科学研究中心将目光瞄准到更为广阔的理论和实践领域拓展上，组织相关专家完成“循证社会科学研究系列丛书”以适应和回应循证社会科学研究和实践发展的需要。丛书包括杨克虎等的《循证社会科学研究方法：系统评价与 Meta 分析》，胡晓玲、柳春艳的《循证教育学概论》，魏丽莉、斯丽娟的《循证经济学》，李秀霞的《循证卫生决策研究方法与实践》，刘光华的《法循证学理论与实践》，王学军的《循证治理》，郭丽萍的《循证教育学研究方法与实践》，徐争的《循证艺术疗法理论与实践》，刘勐、袁陇珍的《循证图书馆信息实践》，以及《中国循证社会科学发展年报》等 10 余部著作、刊物。期待“循证社会科学研究系列丛书”的出版能为确立循证社会科学的理论体系，探索循证社会科学发展的中国路径，促进中国循证社会科学的发展，奠定我国在国际循证社会科学研究领域的学术地位发挥相应的作用。

本丛书的出版，得到了全国哲学社会科学规划办公室、国家自然科学基金委员会、甘肃省科技厅、甘肃省哲学社会科学规划办公室，以及兰州大学学科建设与发展规划处、社会科学处、科学技术发展研究院和中央高校基本科研基金的支持和资助，得到了许多领导和专家的关注和大力支持。在此表示由衷感谢！

杨克虎

2023 年 2 月

前　言

19 世纪末，英国生物学家弗朗西斯·高尔顿（Francis Galton）使用回归分析探索植物和动物的遗传规律，并提出了“回归到平均数”的概念。20 世纪初期，统计学的重要人物之一卡尔·皮尔逊（Karl Pearson）针对相关性和回归线的研究成果有力推动了回归分析方法的发展。其后，罗纳德·费希尔（Ronald A. Fisher）对方差分析和拟合优度展开了深入研究，这对回归分析的理论和实践产生了深远影响。20 世纪中叶以来，随着计算技术的发展和统计理论的进步，线性回归模型得到了广泛的应用，成为许多实际问题的解决工具。随着时间的推移，回归分析方法不断发展，包括非线性回归、广义线性模型、混合效应模型等。这些方法使得回归分析能够更好地适应不同类型的数据和研究问题。迄今为止，回归分析方法已成为社会科学领域展开定量研究的主流。

循证的理念、方法和工具最早萌芽于医学领域。20 世纪末以来，系统评价（Systematic Review）作为一种对大量原始研究证据进行全面综合的方法开始广泛应用于循证领域，而元分析（Meta-analysis）被作为系统评价中对多个原始研究的结果进行定量综合的主要手段。迄今为止，元分析方法在医学、心理学、教育学等领域得到了广泛的应用。研究者利用元分析方法对治疗效果、风险因素、预后效果等进行定量综合分析，从而产生更可靠和客观的结论，指导临床实践和政策制定。

本书的目标，是立足于社会科学领域大量原始研究基于回归分析而展开，以一组真实的研究数据为案例，全面介绍如何基于回归分析而“生产”海量原始证据。本书中全部例题的数据均源自笔者已结项的前一个国家自然科学基金项目（课题名称：信息致贫的微观机理与信息减贫的宏观制度关联研究，研究周期：2019—2022 年，主持人：周文杰）中围绕信息致贫的微观机理所展开的调查而获取的关于信息贫困成因的证据信息。同时，本书也是兰州大学杨克虎教授领衔的国家社会科学基金重大项目“循证社会科学的理论体系、国际经验与中国路径研究”（项目编号：19ZDA142）具体研究成果之一。

目前，笔者所主持的国家自然科学基金面上项目“循证信息贫困研究”（项目编号：72374170，主持人：周文杰）正在全力推进，本书正是这一项目的结晶。本书紧密围绕“信息贫困”这一主题，广泛介绍了以计量经济学为代表的各类回归分析方法如何应用于信息贫困研究中，进行原始研究证据的生产，以期为后续应用元回归实现对信息贫困领域原始证据的综合奠定基础。我们期望，通过对这些回归分析方法的全面介绍，为读者有效参与循证科学研究并展开证据综合奠定基础。当然，作为一本学术著作，本书借鉴了计量经济学、统计学等领域大量前人成果，但也存在诸多不尽完善的地方。为此，我们愿以最谦卑的心态，期待着来自读者和专家的评点与指教。

周文杰

2024 年 5 月

目　　录

第 1 章　循证信息贫困研究概述

循证研究（evidence-based research）以进行原始研究证据的整合（research synthesis），从而提高证据质量为目标。循证研究的要义，可归纳为证据内外部效度的提升。本章将对循证研究的基本概念进行简要介绍，并对循证效度协同展开解析。

1.1　信息贫困研究中的原始证据与证据综合

在社会科学领域，实证研究毋庸置疑成了主流范式。应用科学的测量方法获取经验证据，并使用严谨的数理统计方法对这些证据加以解析，以获得由样本到总体的一般性认识，构成了当代社会科学实证研究范式的逻辑主线。显然，以“证据”为核心，开展对原始证据的获取和整合，是当代社会科学研究范式最精确的概括，也是循证社会科学的逻辑起点。

“证据”二字在春秋战国时期就有使用。“证”在古汉语中的意思之一就是证据。例如，《墨子·天志下》提出，“以此知其罚暴之证”[①]。“据”在古汉语里也有“证据”的意思。如在《后汉书·鲁恭传》中，有“难者必明其据，说者务立其义”[②]之句。1600 多年前东晋葛洪所著的《抱朴子·弭讼》称：“若有变悔而证据明者，女氏父母兄弟，皆加刑罪。”[③]句中“证据”可理解为证明事实的根据。《现代汉语词典》中对证据的定义是“能够证明某事物真实性的有关事实或材料”[④]。

英语中“evidence”一词出现于 14 世纪，《牛津简明英语词典》对证据的解释包括：①证明意见或主张真实有效的信息或符号（information or signs indicating whether a belief or proposition is true or valid）；②法律调查中或法庭上接纳证词时用来确证事实的信息（information used to establish facts in a legal investigation or

---

① 吴毓江. 墨子校注[M]. 北京：中华书局，1993：320.

② 范晔. 后汉书[M]. 北京：中华书局，1965：875.

③ 杨明照. 抱朴子外篇校笺[M]. 北京：中华书局，1997：567.

④ 商务国际辞书编辑部. 现代汉语词典[M]. 北京：商务印书馆，2017：1673.

admissible as testimony in a law court）。[①]

法律中的证据有其特定含义，《中华人民共和国刑事诉讼法》第五章第五十条规定：可以用于证明案件事实的材料，都是证据。证据包含以下 8 种：①物证；②书证；③证人证言；④被害人陈述；⑤犯罪嫌疑人、被告人供述和辩解；⑥鉴定意见；⑦勘验、检查、辨认、侦查实验等笔录；⑧视听资料、电子数据。但法律中的证据概念在统一性和精确性方面仍存在问题，已引起相关学者的关注。

循证社会科学中证据的内涵与循证医学领域中关于证据的界定较为接近。循证医学领域的证据既有别于生活中的证据，也有异于法律中的证据。2000 年，循证医学奠基人大卫·萨基特（David Sackett）等人将临床证据定义为“以患者为研究对象的各种临床研究（包括防治措施、诊断、病因、预后、经济学研究与评价等）所得到的结果和结论”[②]，即证据是由研究得出的结论。循证医学创始人戈登·盖亚特（Gordon Guyatt）等人则将证据定义为“任何经验性的观察都可以构成潜在的证据，无论其是否被系统或不系统地收集”[③]。2005 年，加拿大卫生服务研究基金资助了一项研究，用系统评价的方法来定义证据，其结论为“证据是最接近事实本身的一种信息，其形式取决于具体情况，高质量、方法恰当的研究结果是最佳证据。由于研究常常不充分、自相矛盾或不可用，其他种类的信息就成为研究的必要补充或替代”[④]。2008 年，有循证领域的学者将证据定义为“是经过系统评价后的信息”[⑤]。

循证社会科学正处于快速发展的初创时期，因此，关于证据的定义，循证社会科学领域的研究者一方面集采众长，兼容并包；另一方面针对社会科学领域研究对象的特有属性，试图概括出具有自身特色的证据定义来。整体而言，循证社会科学领域关于证据的界定遵循信息科学等领域“数据—信息—知识—智慧”的转化路径（即 DIKW 模型），遵循科学、系统、简明、反映事物本质的原则，以内涵定义为主，以求概念外延边界的清晰化。为此，可以立足于社会科学研究的本质属性，以“证据是最接近事实本身的一种信息”为起点，应用形式逻辑关于科学概念“属”加“种差”的界定方法，突出术语学特点，以符合名词定义规范，对循证社会科学领域“证据”这一基础性科学术语做出如

① 皮尔索尔. 牛津简明英语词典[M]. 北京：外语教学与研究出版社，2004.

② Sackett D L, Straus S E, Richardson W S. Evidence-based medicine: How to practice and teach EBM [J]. Journal of the American Medical Association，2000，300(1)：91-95.

③ Guyatt G H，Feeny D H，Patrick D L. Measuring health-related quality of life [J]. Annals of Internal Medicine，1993，118(8)：622-629.

④ Katz D L，Cushman W C. Clinical Epidemiology：A Basic Science for Clinical Medicine [M]. Philadelphia：Lippincott Williams & Wilkins，2013：68.

⑤ 陈耀龙，王梦书，李晓，等. 卫生研究中证据的定义与循证规范[J]. 中国循证医学杂志，2008，8（12）：1034-1038.

表 1-1 所示的定义。

表 1-1　证据的定义

被定义项	定义联项	定义项
证据	是	经过特定社会领域的专业人员应用元分析、系统评价等循证科学方法加工处理后的（种差）信息（属）

这一定义具有如下三个方面的特点。

①动态性。循证社会科学领域的证据具有“当前最佳，不断更新”的特征。也就是说，在循证社会科学领域，研究者通过元分析与系统评价等手段，不断将新的信息加以“荟萃”，纳入循证研究的闭环之中。可见，循证社会科学领域的证据绝非一成不变。相反，时代不同，环境不同，证据的内容和质量也不同，必须用发展的观点看待证据。②全面性。相比于通过个别观察或个案研究而获得的局部的、片段的原始证据，基于元分析和系统评价等工具和方法，可以兼顾证据应用场景的多元化和应用情境的历时性，从而获得更全面、更接近真实的证据。也就是说，循证社会科学领域的证据既强调对证据演化的纵向评价（基于问题的全程评价），也重视对证据质量的横向评价（基于问题的全面评价）。③科学性。如图 1-1 所示，在 DIKW 模型中，证据源于数据，高于信息，是知识乃至智慧形成的必要前提。具体而言，在循证社会科学领域，信息是一种“附加了意义的数据”，而证据则是一种“经过了（元分析等循证工具）加工的信息”。显然，当证据经过个体认知而纳入其知识结构时，就被转化成了知识甚至智慧。

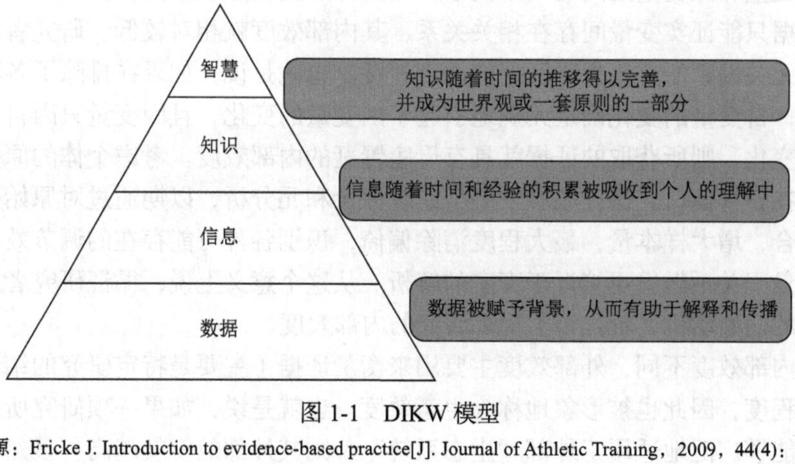

图 1-1　DIKW 模型

资料来源：Fricke J. Introduction to evidence-based practice[J]. Journal of Athletic Training，2009，44(4)：428-432；Middleton S. Evidence-based practice：A primer for radiographers[J]. Radiography，2002，8(4)：271-280.

1.2 信息贫困研究证据的效度问题

证据作为一种经过专业人员加工处理后的高质量资源，具有源于数据、高于数据的特征。从原始的、片断的证据到循证领域所“荟萃提炼”的最佳证据，效度是衡量表征社会科学领域证据本质属性的最关键特征。所谓证据的效度，即证据中所凝含的效应值在现实情境中的真实、有效程度，是一种旨在对基于特定研究设计或测量工具所获取的原始证据及基于循证处理后的高质量证据的科学程度做出评判的指标。根据证据取得的方式，效度通常可以从研究的效度和测量的效度两个不同的层次加以理解。简而言之，循证社会科学领域的证据效度，主要指证据整合的有效性，以及与其关联的原始证据提取的全面性和合理性。

1.2.1 研究效度

所谓研究效度，主要是从研究设计的角度对证据（即研究结果）的科学性进行评估的一项指标。具体而言，研究效度用来衡量特定的研究中为获取证据而涉及的各种变量之间关系的真实性和确定性。就循证社会科学而言，研究效度主要用来对证据整合过程中采取的消除各种偏倚、识别调节效度等方面措施的科学性作出评价。研究效度进而被区分为内部效度和外部效度。

内部效度主要用来衡量在特定的研究中，根据其研究设计所依据的初始理论，变量间关系具有何种程度的确定性和真实性。例如，在实际研究中，如果能确凿证实自变量和因变量之间的因果关系，则内部效度显然就较高；反之，如果所获取的证据只能证实变量间存在相关关系，其内部效度就相对较低。研究者常常通过控制无关因素的方法提高证据的内部效度。也就是说，如果在排除了各种干扰因素后，自变量的变化确定无疑地引起了因变量的变化，且因变量只因自变量的变化而变化，则所获取的证据就具有毋庸置疑的内部效度。考虑个体的原始研究可能存在各种偏倚，循证领域发展了系统评价和元分析，以期通过对原始研究证据的整合，增大样本量，最大程度消除偏倚，识别各种可能存在的调节效应，从而对变量间关系做出更接近于真实的解析。从这个意义上说，循证研究者展开证据整合的初始动机，就是为了提高研究的内部效度。

与内部效度不同，外部效度主要用来衡量证据（主要是特定研究的结论）的可外推程度，因此也被形象地称为生态效度。也就是说，如果一项研究所获得的证据越能够广泛地适用于外部“生态系统”，则其外部效度就越高。显然，为提高外部效度，特定的研究结果需要在存在不同干扰因素的情况下，仍然具有确定的解释能力。例如，如果在随机对照试验（randomized controlled trial，RCT）中所获得的关于财政投入之于农民脱贫的正向影响的相关证据能够适应于不同区域、不同产业传统和生活习惯的人群，则其外部效度就毋庸置疑。循证研究者常常通过元分析等方法，把来自不同研究情境的原始研究结果加以整合，从而丰富研究结果的适用情境。可见，与个体的原始研究相比，循证研究（特别是基于元分析方法开展的研究整合）可有效提升研究的外部效度。

总之，如果研究者越有可靠的证据证明所阐释的变量之间关系确实是成立的，那么研究的内部效度就越高；如果研究者越有把握把研究所得的结论推广到一般化和普遍化的情境中，那么研究所获证据的外部效度就越高。对于原始研究而言，内部效度与外部效度之间存在着此消彼长的对立统一关系。例如，研究者为提高内部效度，追求尽量多地控制干扰因素并营造目标变量之间"纯净"的关系，从而使其在事实上存在各种干扰因素的外部情境中很难成立；反之，为追求普适性和概括性，研究者不得不在对所关心的变量间关系加以解析时"包容"一些无关因素（甚至很可能是干扰因素），从而对内部效度做出牺牲。然而，对于循证研究而言，内部效度和外部效度可以通过证据整合加以有效协调。具体而言，循证研究者将来自原始研究的证据加以有效整合，消除其偏倚，丰富其适用情境，从而实现在提高内部效度的同时增加外部效度的目标。循证社会科学的生命力，恰恰在于其在有效协同内部与外部效度、提升研究证据科学性方面所具有的独特优势。

1.2.2　测量效度

所谓测量效度，主要是对测量工具的有效性加以判断的一种指标。在社会科学领域，几乎所有证据的取得都必须从测量开始。与自然科学领域相比，循证社会科学领域的测量对象常常比较抽象、模糊，测量工具的发展已成为制约社会科学领域证据生产质量的一个主要因素。为此，在循证社会科学领域，需要对证据的测量效度做出全面评估。迄今为止，社会科学领域的研究者已发展出了表面效度、构念效度、内容效度、效标关联效度等一系列指标，用以对测量工具的科学性进行检验。在循证社会科学领域，当研究者完成证据的检索后，就需要从原始研究文献中提取所需要整合的证据元素。这一过程，事实上也是一种对变量加以测量的过程。

表面效度（face validity）是指测量的结果与人们的共识吻合的程度，通俗地说，就是指从表面上看特定测量工具测到了其原来计划要测量的属性的程度。在实际检验中，研究者常常通过匹配特定测量问项与人们直观、表面的感受之间的一致程度对表面效度加以衡量。循证研究中，当研究者所提取的证据元素与人们对这些元素所涉及的研究对象的一般认识越接近，则其证据元素提取的测量效度越高。

构念效度（construct validity）关注的是特定测量工具所涉及的项目在多大程度上能够与所测量的构念相匹配。为检验构念效度，研究者常常采用验证性因子分析的方法，对测量工具中的项目与理论构想之间的一致性加以判断。经过多年的发展，研究者使用了以聚合效度和区分效度为核心的多质多法（multitrait-multimethod）等检验方法。其中，聚合效度（convergent validity）反映使用不同测量工具度量相同变量时所得出的结果之间的一致性。区别效度（discriminate validity）用以考察特定测量方法得出的测量结果的独立程度。多质多法是一种基于聚合效度和区别效度而发展起来的系统性构念效度检验方法，其基本理念是：测量同一特质的不同测量工具的测量结果之间相关程度应该很高（即聚合效度），不同特质的不同测量工具的测量结果之间相关程度应该很低（即区别效度）。在循证研究者展开的研究证据析取中，在有效实现将同类证据加以整合，将不同类的证据加以区别时，就体现了循证研究的构念效度。

内容效度（content validity）也是一种极其重要的效度指标。内容效度主要用以考察特定的测量工具中，是否包括了足够有代表性的项目来度量应该测量的变量的内容，并同时将该测量工具所测变量之外的无关内容排除出去的程度。例如，一份试卷如果能在很好涵盖拟考查知识点的同时，把考试范围之外的知识点都排除出去，则其内容效度较高。在循证研究中，内容效度主要用来衡量研究者所提取的原始证据要素的全面性和代表性。

效标关联效度（criterion-related validity）也是一种应用范围较为广泛的效度指标，其基本原理是，通过对测量结果与测量目标的一致程度进行衡量，从而对测量工具的科学性做出判断。在实际实用中，研究者通常在拟测量的事项上先选定一个约定俗成的标准（即效标），然后应用特定测量工具展开测量，并对测量所得的结果与效标之间的匹配度进行权衡。如果效标与测量结果之间的关联程度越高，则测量工具的效标关联效度就越高，反之亦然。循证研究中的效标关联效度主要用来衡量研究者所提取的证据元素与“全部证据”相比较的全面性。

1.3 循证领域研究效度与测量效度的联系与区别

测量效度与研究效度之间的紧密联系主要表现在，二者都是对证据质量的检验，都是为了确保循证过程与结果的科学性、真实性和准确性，因此，二者在本质上是一致的。在同一项证据生产活动中，只有测量效度高，研究效度才能得到保障。同时，高效度的测量只有融入高水平的研究设计之中，才有意义。从这个意义上说，测量效度是研究效度的基础，研究效度是测量效度的归宿。循证研究的首要目标，是为了提升研究效度。同时，为了提高研究效度，循证研究者又不得不关注证据元素提取过程中的测量效度问题。

从循证社会科学的角度看，测量效度与研究效度存在的差异在于，二者所关注的侧重点有所不同。概括而言，研究效度主要针对证据生产过程中的研究设计展开，用以衡量产出特定证据的研究设计的可靠性和研究结论的可推广性；测量效度则主要针对证据生产过程中变量测度的科学性，对测量工具的有效性和可靠性进行判断。由于对变量的测量直接影响到变量间关系的描述和外推，因此，相对于研究效度，测量效度更具有基础性作用。显然，如果变量的测度不够真实、恰当，则无论对变量间关系展开多么精密的揭示都没有实际意义。由此可见，测量效度是获得研究效度的前提和基础，只有具备较高的测量效度，研究的内部效度和外部效度才有实际意义。当然，研究效度作为研究结果科学性的最终判断标准，既依赖于测量效度，更依赖于对揭示变量间关系的程序与方法的合理设计。对于循证研究者而言，首先应立足测量效度，关注证据元素提取的科学性问题；进而，在获得全面、有效证据元素的前提下，着眼于研究效度的提升，展开有效的证据整合。

1.4　循证社会科学研究中效度问题的实质、影响因素及解决方案

证据整合（research synthesis）是循证研究获取高质量证据的一个基本渠道。从本质上说，循证研究者之所以需要将原始的单个证据通过元分析等方法加以整合，是为了获取更高层次、更加可信的综合性证据，从而提高证据的效度。因此，系统评价事实上是对若干原始研究证据的效度加以拓展后的结果报告。然而，在实现由原始研究向证据整合的过程中，会受到各种因素的影响，从而使循证研究面临着一定的效度风险。

1.4.1　循证研究的本质是提高证据整合的效度

如前文所述，对原始研究的证据加以整合，从而获得比单一研究证据更高级、更具有普遍性和概括力的科学证据，是循证研究的主要优势和基本特征。对于原始研究而言，其内部效度和外部效度很大程度上取决于研究设计。对无关因素做出严格控制的随机对照试验所获取的证据，通常被认为具有最高层级的效度保障。显然，RCT 的高效度，主要指其源自严谨研究设计而产生的高质量内部效度。事

实上，当研究者开始反思来自RCT的证据是否能够适用于“真实世界”的问题时，就涉及对其外部效度的衡量。

在自然科学领域，由于反映自然现象的变量及其关系具有客观性，因此，只要测量工具设计合理，变量的测度就基本不存在效度风险。同时，当针对自然现象的特定研究设计具备高内部效度时，其研究结果通常就可以被视为对自然规律和自然现象本质的一般性揭示，从而也同时具备了较高的外部效度。从这个意义上说，在自然科学领域的原始研究中，内部效度与外部效度是统一而不可分割的。自然科学领域的原始研究证据具有较充分的效度保障，因此通过元分析或系统评价的方法对研究证据加以整合，其存在的效度风险就较小。

与自然科学领域相比，社会科学领域由于具有主观能动性的人成了主要研究对象，因此原始研究中的变量测度及变量间关系的揭示也常常充斥着主观性。换言之，正是由于人所特有的主观性，社会科学领域对变量测度和研究设计的效度加以检验就显得尤其必要且紧迫。

在原始的一手研究中，对测量效度做出评估是判断研究证据质量的基本依据。然而，社会科学领域研究对象的主观性使社会科学的原始研究在变量间关系的析出方面充满着变异性和不确定性，由此使社会科学领域的研究设计效度评价存在一组“悖论”：一方面，精巧的研究设计通过对无关因素的有效控制（如样本的随机对照），厘清变量间关系的实质，从而获得较高的内部效度；另一方面，经过控制后的“纯净”的变量关系与“真实世界”中的实际情况往往相去甚远，从而丧失了外部效度。可见，从研究设计的角度看，社会科学领域的原始研究中的内部效度与外部效度存在着矛盾和对立，需要研究者加以权衡和评判。

与自然科学领域相比，社会科学领域的研究在研究设计方面存在着更多的效度威胁因素，因此社会科学领域针对相同研究对象展开的不同原始研究常常存在不一致甚至相互矛盾的结果。由此可见，研究者一方面亟待对社会科学领域原始研究证据的效度加以评价，另一方面也有必要对基于这些原始研究的证据整合效度加以评判。循证社会科学的发展，正是着眼于全面提升证据的内外部效度以支撑各类社会实践兴起的一个新兴领域。关于循证社会科学如何协同内外部效度的问题，本章后续部分将进一步展开阐释。

1.4.2 威胁循证研究效度的主要因素

虽然循证领域的研究者已基于越来越完善的系统评价和元分析，发展了一整套理论、方法和工具用以保障从原始研究证据向经过整合的更高层次的证据转化，但在循证社会科学领域，威胁证据整合的效度问题还远远没有得到解决。

1982 年，哈里斯·库帕（Harris Cooper）在对唐纳德·坎贝尔（Donald

Campbell）和朱利安·斯坦利（Julian Stanley）于 1965 年提出的研究效度的概念加以发展的基础上，提出了研究结果整合效度的五阶段模型。[①]2017 年，库帕将这一模型进一步发展为由问题的形成（formulating the problem）、文献搜索（searching the literature）、从研究中收集信息（gathering information from studies）、对研究质量进行评价（evaluating the quality of studies）、分析和整合研究结果（analyzing and integrating the outcomes of studies）、解释证据（interpreting the evidence）、展示结果（presenting the results）组成的七阶段模型。在这一模型中，库帕重点提取了如下可能破坏研究结果整合可信度的效度威胁因素。[②]

（1）概念定义的宽度和概念间区分方面的差异可能导致研究者在对相关结果选取和调节效应的检验中出现差异。这种差异主要威胁循证研究的内部效度。

（2）检索源（或检索途径）的差异可能导致检索结果的系统性差异。这种差异主要威胁循证研究的外部效度。

（3）从研究中析取信息（即编码）的差异可能导致循证研究者在“什么应该被作为累计结果加以检验”的问题上出现分岐。这种分歧主要威胁证据整合的内容效度。

（4）研究方法判定标准的差异可能导致被包含到研究结果整合中的实际研究成果出现系统性差异。这种差异主要威胁证据整合的构念效度。

（5）对结果进行概括和对照的方法方面的差异可能导致循证研究结果整合的差异。这种差异主要威胁证据整合的结构效度。

（6）对研究结果重要性和需要关注细节的标引标准差异可能导致对研究结果解释的系统性差异。这种差异主要威胁证据整合的表面效度。

（7）对研究结果报告的差异可能影响读者对研究结果的信任度及研究结果的可复制性。这种差异主要威胁证据整合的效标关联效度。

库帕所提出的七阶段模型及所概括的效度威胁因素既涉及了循证研究设计，也与证据整合的可靠性密切相关。然而，上述循证研究的效度威胁是从宏观、全流程展开解析的结果。文献检索是展开后续循证研究的基础，因此，从更加微观、具体的层面来看，对科学化的循证社会科学研究首先需要关注证据检索的效度问题。

① Cooper H M. Literature-searching strategies of integrative research reviewers：A first survey[J]. Knowledge Creation Diffusion Utilization，1987，8(2)：372-383.

② Cooper H M，Hedges L V，Valentine J C. Handbook of Research Synthesis and Meta-analysis [M]. New York：Russell Sage Foundation，2019.

1.4.3 元分析是提高证据整合效度的主要工具

如前所述，将充满不确定性的原始研究证据转化为经过整合的高效度证据是循证社会科学研究的基本逻辑。这种逻辑付诸实践的最关键一步，是发展一套完善的研究证据整合方法与程序。系统评价和元分析的产生，正是基于这一背景，系统评价和元分析的深入发展，使研究结果的整合越来越深入、可靠。特别是埃格（Egger）等关于元分析中发表偏倚的探查①、希金斯（Higgins）等关于元分析中异质性评价指标 I^2 的提出②及元分析报告质量评价标准的编制③，都从方法和报告规范的角度，对研究结果整合的可靠性、精确性和有效性进行了深入讨论。这些工作，使由原始研究证据向科学证据整合的理论、方法和工具越来越完善，系统评价和元分析的效度也越来越有保障。

1.5 信息贫困研究中的循证效度协同

如上所述，在社会科学研究中，为提高内部效度，研究者更倾向于通过控制更多干扰因素而“纯化”研究情境，以析出变量间“纯净”的因果关系。然而，经过“纯化”的研究情境与现实中多样化情境之间很可能存在着巨大差异，从而使研究结果无法稳健地适应多种多样的实际情境，从而导致其普适性差，外部效度降低。可见，在科学研究中，内外部效度既对立又统一，存在着一组“效度悖论”。基于此，循证社会科学研究者需要对社会科学领域“效度悖论”的成因及其表现形式进行解析，并基于证据生态系统的理念，对循证效度协同的基本原理与循证研究的效度环构建逻辑展开系统性解析。

1.5.1 社会科学研究中效度问题的界定

1. 社会科学研究中的内部效度问题

如前所述，社会科学研究者之所以需要关注内部效度问题，是由于影响变量间关系的诸多复杂因素常常交织在一起，从而使研究者难以区分特定关系产生的

---

① Egger M，Davey Smith G，Schneider M，et al. Bias in meta-analysis detected by a simple，graphical test[J]. British Medical Journal，1997(315)：629-634.

② Higgins J P T，Thompson S G. Quantifying heterogeneity in a meta-analysis[J]. Statistical in Medical，2002(21)：1539-1558.

③ Moher D，Cook D J，Eastwood S，et al. Improving the quality of reports of meta-analyses of randomized controlled trials：The QUOROM statement. Quality of reporting of meta-analyses[J]. Lancet，1999(354)：1896-1900.

实际原因。由此，导致研究结果常常无法成为变量间因果关系唯一可靠的解释。例如，在反贫困研究中，一般认为外部资金的投入有助于弱势人群摆脱“贫困陷阱”。然而，当研究者观测到贫困者的收入随着外部资金投入的增加而增加这一现象时，却很难断定外部资金投入是否是贫困者收入增长的唯一原因。特别是对于存在年龄、文化程度、种族等方面差异的贫困者而言，同样的外部资金投入很可能带来不同的减贫效果，因此，贫困者收入的差异也可归因于年龄、文化程度等因素。正是由于对贫困者收入差异存在着不同的归因方式，将外部投入作为减贫效益唯一原因的相关证据的内部效度必然会受到质疑。

在社会科学研究中，为了提高证据的内部效度，研究者一般通过合理、严谨的研究设计，以便尽可能对无关因素和干扰变量加以控制，析出“纯净”的因果关系。例如，2019 年度的诺贝尔经济学奖获得者阿比吉特·班纳吉（Abhijit Banerjee）等采用现场实验的方法，通过有效控制无关因素，解析了资金投入方式与贫困人群生产和生活的因果关系，从而获得了反贫困干预方式及其减贫效果的洞见。[①]与传统的反贫困研究相比，班纳吉因富有创造力的变量控制方法而有力地提升了研究的内部效度，从而更令人信服地揭示了资金投入方式与减贫效益之间稳定可靠的关系。

2. 社会科学研究中的外部效度问题

与内部效度不同，外部效度主要关注的是研究结果是否可以广泛外推至更加普遍的情境之中。例如，斯特拉克（Strack）等人以伊利诺伊州立大学的学生为被试（subject），测试了人们在观看卡通片时微笑表情和皱眉表情所带来的不同体验。研究者认为，虽然本研究以大学生为被试，但鉴于人的表情—情绪—认知的一致性是人类共通的指标，因此，本研究的结果可以外推到大学生之外的任何一个其他人群。[②]

制约外部效度的原因很多。如果一项研究所控制的“无关因素”事实上是影响研究结果的本质因素，则显然会增大研究结果的外部效度风险。一般情况下，如果研究设计所依赖的理论依据不足，或研究者在对变量之间关系进行检验时的逻辑不够严谨，则常常得到仅仅在约束条件下才能成立的结果，从而导致外部效度降低。例如，在前文所述的反贫困研究中，为了对外部干预措施的减贫效益进行检验，如果研究者为控制无关因素而仅仅在特定时间、地点针对某一

---

① Banerjee A，Duflo E. Poor Economics：A Radical Rethinking of the Way to Fight Global Poverty[M]. New York：Public Affairs，2012.

② Strack F，Martin L L，Stepper S. Inhibiting and facilitating conditions of the human smile：A nonobtrusive test of the facial feedback hypothesis[J]. Journal of Personality and Social Psychology，1988，54(5)：768-777.

类性别、年龄、文化程度的人群进行解析，从而获得“量身定做”的研究结果，则将这样的证据在其他时间、地点应用于其他类型的人群时，就会存在诸多风险和问题。

显然，在社会科学研究中，内部效度与外部效度之间存在着既对立又统一的关系。二者的统一性体现在，内外部效度都共同致力于提高研究的质量，揭示更加真实、更为科学的变量间因果关系。二者的对立性则体现在：为了提高内部效度，研究者倾向于营造更可控、更纯净的研究情境，但这种人为营造的研究情境却很可能与实际外部环境之间存在差异，从而使其研究结果难以外推，带来外部效度风险。可见，提高内部效度往往意味着放松甚至牺牲外部效度。内部效度与外部效度的这种既对立又统一的关系，就构成了社会科学研究的“效度悖论”。

1.5.2 社会科学证据生产中的“效度悖论”

1. 社会科学领域“效度悖论”问题的源起

与自然科学研究不同，社会科学的研究对象具有高度的异质性、多样性和能动性。为此，在社会科学研究中，研究者通过有限的样本选择、严格的变量控制及研究情境的“纯净化”等方式所生产的“软科学”证据，面临着比作为“硬科学”领域的自然科学更为明显的“效度悖论”。迄今为止，为平衡内外部效度，社会科学领域已分化出定量研究与定性研究两种泾渭分明的“范式”[①]。前者主张借鉴自然科学的理念与方法，通过对严格控制后的变量关系做出定量分析（如随机对照试验），从而得到唯一科学的因果解释。后者则认为，既然社会现象相互交织、复杂多样，则立足于真实的研究情境而观察、解释社会现象才是社会科学证据生产的可行路径（如人种志研究）。显然，定量研究范式更注重内部效度，而定性研究范式则更强调外部效度。

无论研究者采用的是定量范式还是定性范式，单一的原始研究都无法摆脱其所生产证据的“效度悖论”。例如，在定量研究者通过尽可能多地控制各种干扰因素而析出所关心变量间“纯净”的效应，以期获得较高的内部效度的同时，由于对干扰因素过于严格的控制，事实上却很可能人为地塑造了一种研究结果适用的“理想化”情境，导致研究结果在事实上多元化的外部情境中的普适性和可外推性存疑，从而制约证据的外部效度。反之，定性研究者倾向于将研究情境设置在更为真实自然的情境中，从而放松对干扰因素的控制，以获取更具外部适应性的科学证据，但所生产证据的内部效度则会受到质疑。

① Kuhn T S. The Structure of Scientific Revolutions[M]. Chicago：University of Chicago Press，1996：28.

如果对社会科学研究中“效度悖论”产生的源头进行深入解析就会发现，当研究者试图通过尽可能全面地控制无关因素以获得更加确定的因果关系时，事实上会营造一个与现实生活存在距离的理想化研究情境。这种人为设置的研究情境，如同栽培花朵的“温室”一样，因其生态环境与外界之间的差异，而使生长于其中的生物难以存活于真实环境。更何况研究者在对“无关因素”进行识别和控制的过程中，可能出现误判，将关乎本质的因素识别为干扰变量，由此进一步增加了研究结果难以适应现实情境的风险。如前文所述，相对于自然科学，社会科学研究中证据生产的“效度悖论”问题格外突出。具体而言，在社会科学领域的证据生产过程中，由于研究情境的多样性、研究对象的异质性以及各种变量间关系的复杂性，研究者不得不在严格控制变量间关系还是对现象做出整体上解析、获取具有更高内部效度的“纯净效应”还是考虑外部情境本身的多样性与异质性而获得有外部效度保障的“一般特征”之间做出权衡。着眼于此，最近二十余年，国内外研究者积极倡导将循证研究的理论与方法应用于社会科学领域，以提高证据的可靠性、科学性和普适性。换言之，循证社会科学的本质就是对个体的原始研究的结果加以有效整合，以获取效度更高的科学证据。

2. 社会科学领域“效度悖论”的表现形式

定量社会科学研究面临的外部效度风险。社会科学领域的定量研究范式主要借鉴了以物理学为代表的自然科学研究路径，试图通过对变量的严谨测度和变量间因果关系的精确数理模型化解析，获得能够揭示事物本质的、具有因果关系的科学证据。显然，物理学范式的高度科学化研究设计，能够有效保障研究的内部效度。然而，社会科学的研究对象是具有高度主观能动性的人，且社会环境也比自然界要复杂，因此，社会科学研究中经过严格控制所获得的理想情境下的定量研究结论常常难以适应于多元异质的社会现实。可见，定量社会科学研究主要面临着外部效度风险。

定性社会科学研究面临的内部效度风险。与定量研究相比，社会科学领域的定性研究范式更强调立足于多元化的社会情境，对特定社会现象加以整体性认识和解读。为此，研究者常常通过参与式的观察或探索式的访谈，获取关于所研究社会现象的诸多质性特征（而不是定量测度），并结合参与者的理解与判断（而不是数理化的统计与推导），从而生产出具有良好情境适应性的证据。可见，定性的社会研究更具有外部效度的保障。然而，正是由于采用定性研究方法的社会问题研究者重视社会现象解析的整体性和研究情境的多元性，在研究设计中不强调“无关因素”的控制、变量的精确测度和变量间关系的数理模型化，其研究的内部效度因此受到诟病。

总之，社会领域证据生产的定量范式在追求高内部效度的同时，存在着牺牲外部效度的倾向；而定性证据生产范式则重在追求证据的外部普适性，从而在提升了外部效度的同时在一定程度上牺牲了内部效度。可见，难以兼顾内、外部效度是社会领域证据生产过程中一个亟待突破的关键问题。近年来，循证社会科学领域所发展的证据整合等方法，已经使社会科学研究中内部效度与外部效度的有效协同成为可能。

1.5.3 循证效度协同的基本原理

1. 循证效度协同的含义及其必要性

基于前文对社会科学领域证据生产的“效度悖论”的源起与形式的解析可以看出，无论是定性研究还是定量研究，都旨在获取关于特定社会问题的高质量证据，但二者存在着明显的差异。即定量的社会科学研究范式强调获取高内部效度的科学证据，而定性的社会科学研究范式则更注重研究证据的外部适应性和解释力。如前文所述，定量和定性两种类型的原始证据之间存在固有的差异，使社会科学研究不可避免地陷入了“效度悖论”。循证社会科学的发展，旨在通过对原始证据加以整合，以期实现内部效度与外部效度之间的协同，从而提升社会科学领域证据的整体效度。这一过程，被称为循证效度协同。

概括而言，所谓循证效度协同，是指研究者借助循证的理念、工具与方法，通过对零散的定量或定性原始证据加以整合，从而有效提升其内外部效度，并以系统评价（systematic review）的形式对整合后的高效度证据加以报告的过程。由于自然科学普遍采用定量研究范式，而社会科学研究者则同时采用定性与定量两种范式。因此，本书所述的循证效度协同主要指社会科学领域通过证据合并而实现的证据质量的提升。在循证医学等领域，将不同研究设计中赖以提升证据质量的进程描述为如图 1-2 所述的“证据金字塔”。同时，为评价证据的质量，包括循证医学在内的诸领域已发展了 GRADE 等证据质量分级和推荐强度系统，以便促进合理的证据质量评价与转化应用。①

循证效度协同为社会科学领域的研究者破解证据生产内外部效度难以兼顾的“效度悖论”问题提供了基础。具体而言，社会科学研究中，通过将个别原始研究所获得的证据加以整合，既有助于“纯化”变量间关系，提高证据生产的内部效度，又能够将多样化的研究情境纳入证据质量的评价之中，从而实现了社会科学研究证据内外部效度的提升。

① 陈耀龙，杨克虎，姚亮，等. GRADE 系统方法学进展[J]. 中国循证儿科杂志，2013，8(1)：64-65.

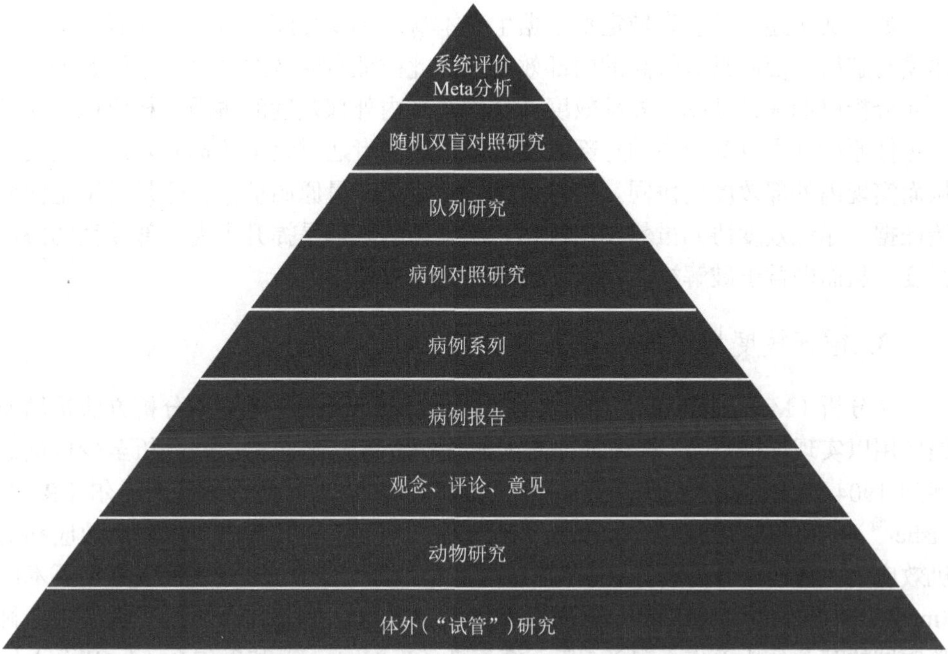

图 1-2　循证医学领域的“证据金字塔”

资料来源：杨克虎. 循证医学[M]. 北京：人民卫生出版社，2017：22.

2. 循证效度协同的类型

循证社会科学是一个旨在为理解和解决社会问题提供高质量证据的学科领域。在这一领域，证据生产者应用循证的工具和方法，实现对原始证据的整合，通过实现证据内外部效度协同来提升证据的质量。面对定量原始研究所生产的证据、来自真实世界的证据及大数据等展开的证据整合被称为定量研究整合（quantitative research synthesis），主要采用数理统计的方法展开，被称为元分析[①]；面向定性原始研究所生产的证据、观察或描述性的证据资料展开的证据整合被称为定性研究整合（qualitative research synthesis），主要采用共性研究观点的归类与再表征（re-presenting representations）的方式展开，称之为元综述。无论对于元分析还是元综述，对证据整合结果的报告都需要通过系统评价的形式完成，不过定量的系统评价主要报告 p 值合并结果、偏倚的识别及真实效应值的发现，而定性的系统评价则主要通过现象学、人种志、扎根理论等质性分析方法进行解释性整合（interpretive integration）。

① Cooper H M，Hedges L V，Valentine J C. The Handbook of Research Synthesis and Meta-analysis[M]. New York：Russell Sage Foundation，2019：43.

如前文所述，社会领域定量证据生产本身基于变量间的数量特征展开深入的建模与解析，因此具有较高的内部效度，因此循证研究者通过对定量原始证据进行元分析以期提升证据的外部效度，从而实现内外部效度的协同；相应地，立足于定性原始证据自身较高的外部效度，循证研究者通过元综述提升其内部效度，从而实现内外部效度的协同。可见，无论是对于定量原始证据，还是对于定性原始证据，循证效度协同虽然作用过程相反，但结果都是提升了内外部效度的协作程度，从而助益于破解社会领域证据生产的“效度悖论”。

3. 循证效度协同的主要工具

元分析（Meta-analysis）和元综述（Meta-summaries）等荟萃分析方法是循证领域用以实现证据整合、提高证据效度的基本工具。[①]最早的荟萃分析至少可被追溯到 1904 年统计学家皮尔逊（K. Pearson[②]）和 1925 年统计学家费希尔（R. A. Fisher[③]）的研究。1954 年，科克伦（W. G. Cochran）正式提出了以固定效应和随机效应为主体的荟萃分析方法。[④]1976 年，格拉斯（G. V. Glass）首次提出了术语“meta-analysis”。[⑤]1977 年，史密斯（M. L. Smith）和格拉斯出版了首部社会科学领域的荟萃分析著作。[⑥]1985 年，海奇斯（L. Hedges）和奥尔金（I. Olkin）出版了首部荟萃分析统计方法的教科书。[⑦]1993 年，利普斯（M. W. Lipsey）和威尔逊（D. B. T. Wilson）对来自社会科学领域的 302 篇文献的处理效应进行了荟萃分析。[⑧]同年，考克兰协作组织（Cochrane Collaboration）正式成立。1995 年，查尔默斯（I. Chalmers）和奥尔特曼（D. G. Altman）首次提出了“系统评价”（systematic review）这一术语。[⑨]1999 年，坎贝尔合作组织（Campbell collaboration）正式成立。2002 年，拉姆利（T. Lumley）提出了“网状荟萃分析”（Network meta-analysis）。[⑩]2009

---

① Gurevitch J，Koricheva J，Nakagawa S，et al. Meta-analysis and the science of research synthesis[J]. Nature，2018(555)：175-182.

② Pearson K. Report on certain enteric fever inoculation statistics[J]. British Medicine Journal，1904(2)：1243-1246.

③ Fisher R A. Statistical methods for research workers[J]. Oliver and Boyd，1925：86.

④ Cochran W G. The combination of estimates from different experiments[J]. Biometrics，1954(10)：101-129.

⑤ Glass G V. Primary，secondary，and meta-analysis of research[J]. Education Research，1976(5)：3-8.

⑥ Smith M L，Glass G V. Meta-analysis of psychotherapy outcome studies[J]. American Psychologist，1977(32)：752-760.

⑦ Hedges L，Olkin I. Statistical Methods for Meta-analysis[M]. New York: Academic Press，1985：112.

⑧ Lipsey M W，Wilson D B T. The efficacy of psychological，educational，and behavioral treatment：Confirmation from meta-analysis[J]. American Psychologist，1993(48)：1181-1209.

⑨ Chalmers I，Altman D G. Systematic Reviews[M]. London: BMJ Publishing Group，1995：77.

⑩ Lumley T. Network meta-analysis for indirect treatment comparisons[J]. Statistics in Medicine，2002，21(16)：2313-2324.

年，PRISMA（Preferred Reporting Items for Systematic Reviews and Meta-Analyses）指南正式发布。[①]伴随着荟萃分析和系统评价理论和方法的成熟，最近十多年中，一些重要的统计软件包（例如 R 和 Stata）均开发出了荟萃分析统计模块，极大地提升了荟萃分析的数据处理能力。

在循证社会科学研究中，研究者通过元分析和元综述对来自定量或定性等不同类型原始研究的结果加以合并，从而不仅能够将研究情境的多元性纳入分析，也通过增大样本量实现获取更接近真实效应值的目标。概括而言，循证社会科学研究者将不同原始研究情境的多元性纳入分析，进而增强了证据生产的外部效度，而通过证据整合获取真实效应值提升了证据生产的内部效度。由此可见，基于元分析和系统评价而展开的证据整合是循证社会科学研究实现效度提升的主要途径。

高质量地展开元分析和元综述的前提，是研究者尽可能全面、详尽地占有丰富的原始研究证据。因此，证据的检索和获取是研究结果整合的基础，也是保障循证研究内部效度和外部效度的关键环节。本课题组经过系统性文献调查发现，虽然循证研究在整合、协同证据的内部效度方面具有明显的优势，且社会科学研究中的内部效度与外部效度问题一直广受关注，但关于循证领域实现证据协同的原理及证据的检索如何影响循证效度协同等问题还没有得到清晰的回答。据此，本书旨在在对社会领域证据生产的“效度悖论”加以解析的基础上，围绕循证效度协同的原理，应用本课题组前期构建的文献数据集，针对文献证据检索对元分析和系统评价等证据整合工具的内部效度和外部效度的基础性影响展开实证分析，以期为循证社会科学研究的科学化提供参考。

1.5.4　循证社会科学研究的效度环

从本质上说，循证社会科学领域对证据整合的目的，是通过对大量原始证据的合并，从而获取更加稳定可靠、更具有效度保障的高层次证据。实现循证效度协同的预期目标，需要经历从原始证据的生产与检索，再到证据的合并、转化、评估与应用，是一个循环往复的“生态系统”。

鉴于前文所述的社会科学领域定性和定量两种原始证据所固有的效度差异，虽然二者都基于共同的证据生态系统，但循证效度协同的结果最终会形成“定性”“定量”两种本质一致但方向相反的内外部效度协同过程闭环。概括而言，证据生态系统、定性循证研究效度环和定量循证研究效度环三者之间的关系可如图 1-3 所示。

① Moher D，Liberati A，Tetzlaff J，et al. Preferred reporting items for systematic reviews and meta-analyses：The PRISMA statement [J]. Journal of Integrative Medicine，2009，7(9)：889-896.

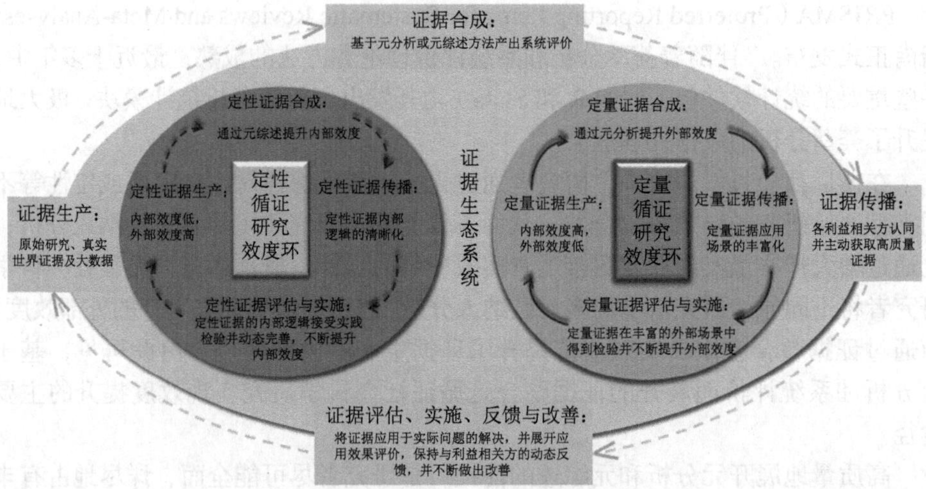

图 1-3　循证社会科学研究的效度环

如图 1-3 所示，证据的生产，合成，传播，评估、实施、反馈与改善构成了证据由低级向高级不断进化的一个系统。四者之间不断循环往复，构成了证据生态系统，四部分之间相互支撑、互相制约，共同造就证据生态系统的平衡。前文所述的循证效度协同通过定性循证研究效度环和定量循证研究效度环嵌入证据生态系统中。其中，定性循证研究效度环从内部效度低而外部效度高的定性证据生产开始，以元综述为工具进行证据合成，基于更加清晰的定性证据内部逻辑而提升内部效度，在获取证据应用中各利益相关方的认同后，应用于实践并通过评估、反馈对证据质量进行进一步完善，从而又生产出新的定性证据，进而展开下一轮的循环。定量循证研究的效度环则由内部效度高而外效度低的证据生产开始，以元分析为工具对来自不同场景的原始证据加以合成，从而通过应用场景的丰富化提升外部效度，进而展开与定性循证研究类似的传播、评估、实施、反馈与完善的"轮回"。

综上所述，循证社会科学的兴起，旨在破解社会科学研究中的"效度悖论"，以便在保持不同研究设计原有效度优势的前提下，弥补其潜在的效度"短板"。概括而言，循证社会科学领域实现内外部效度协同的基本原理是：对于本就具备较高内部效度的定量证据，循证研究者通过元分析，整合了多种情境下的研究证据，扩大了样本量，纳入了更丰富的研究对象，从而有效提升了研究结果的外部效度。对于外部效度相对较高的定性研究，循证研究者通过元综述，归类、析取来自不同原始研究的科学证据中的共性成分，从而通过提升证据的抽象概括程度，实现对内部效度的提升。由此可见，定性或定量的循证研究通过元综述或元分析方法对零散的原始证据加以整合，其本质都是从整体上提升证据的效度。

1.5.5　循证效度协同的意义

面对“效度悖论”，社会科学领域的研究者常常不得不在证据的“科学性”和“解释力”之间做出选择。所谓证据的“科学性”，是指研究者对证据是否基于严格的控制而取得所做出的评估。例如，一般认为，随机对照试验是一个评价证据质量的“金标准”。也就是说，在证据取得的过程中，越是严格实行了随机化的对比分析，越能够将“无关因素”剔除出去，因此所得到的研究结果也就越“科学”。然而，由于各种社会现象内部及现象之间交织着多种因素的复杂影响，研究者越想通过随机对照等方法营造“纯净”的研究情境，则这个通过人为设计而构造的研究情境距离真实世界越远。[①]随着越来越多的因素得到控制，研究者虽然对研究结果的“科学性”越来越有信心，但因为研究者赖以获得证据的假设情境与真实世界之间的距离越来越远，而研究结果得以成立的前提条件也越来越理想化，从而使极其复杂的研究设计常常仅能得到常识性的研究发现，有些研究发现甚至成了“正确的废话”。例如，在反贫困研究中，为了考察外部投入对贫困人群的减贫效果，通过严格随机的方法对样本人群进行选择，并假设研究者通过“尽善尽美”的对照设计而剔除了所有除外部投入和减贫效益之外 “无关因素”（例如，年龄、性别、文化程度、家庭规模、地域环境等）的影响。最终，研究者确实获得了一个关于外部投入如何影响贫困者脱贫的真实效应“最科学”的证据，但当把这种效应放到存在着年龄、性别等诸多差异的真实贫困人群中时，其适应性就很值得怀疑了。

由于严格的随机对照试验在社会问题的研究中既不经济，也不可行，且研究结果的生存能力较弱，社会领域的研究者就积极倡导在研究设计中放松“随机”“对照”及其他控制手段。于是，在社会科学研究中，研究者越来越倾向于由严格参照物理学范式的“真实验设计”转向更具有情境适应性的“准实验设计”，以及更多质性元素参与的调查研究、现场观察、文本分析、案例研究等。这种转向的逻辑是，社会现象常常是整体性的，当在社会科学研究中把一些看似“无关”的因素剥离出去后，所揭示的现象已不再真实。因此，研究者为追求研究结果对真实世界中相应现象的解释能力，就应当适当降低“科学性”假定的严格性。

总之，社会科学研究中的“效度悖论”常常使研究者面临着一个“两难选择”：或者降低研究设计的内部效度要求，以便使研究情境更接近于真实世界，从而提高研究结果在外部世界的“生存能力”；或者尽量提高研究的内部效度，以期发现纯净的、完全抽象的理论化因果关系，但不必关注这种因果关系是否能够充分解释真实世界中所发生的现象。循证效度协同的必要性，恰恰在于破解这种“两

① 例如，物理学中常常假设“真空条件”。

难选择”。

研究者之所以能够基于循证方法而实现证据效度的协同，首先在于元分析等循证研究的工具使研究者可以通过提取具有高内部效度的研究证据，并将其加以综合，从而将多元化的研究情境也纳入了研究之中。显然，循证效度协同的研究路径，实现了使高内部效度的证据适应于高外部效度环境的目标。因此，对于社会科学研究者而言，循证效度协同在理论上不仅是可行的，而且也是必要的。

除去兼顾内外部效度，有效平衡社会科学研究证据的“科学性”与“解释力”外，循证效度协同在沟通理论与实践之间也扮演着桥梁的作用。多年来，社会科学领域的理论研究成果如何指导和服务于实践，一直是一个“历久弥新”的争论话题。事实上，社会领域理论与实践之间的断裂已备受诟病，并使研究者与实践者两个社群都蒙受了损失。循证效度协同的一个重要应用价值，就是将个别的、零散的原始研究所获得的理论证据加以综合，形成适应多元化、异质性的真实情境，从而在社会科学领域搭建起沟通理论与实践的桥梁。

着眼于社会科学研究中科学证据生产所存在的“效度悖论”问题，循证研究者需要基于证据生态系统理念，立足于循证效度协同的概念，解析循证效度协同的基本原理。在此基础上，循证工作者需要从社会科学研究的主流范式入手，遵循定性和定量两种循证研究效度环，破解社会科学领域证据生产的“效度悖论”。

本节所提出的循证效度协同概念及定性和定量社会科学研究效度环的构建，为破解社会科学研究中证据生产的“效度悖论”提供了一个比较可行的解决方案。具体而言，循证效度协同可望在如下几方面对循证社会科学的长远发展提供启示：首先，循证社会科学研究的主要贡献在于提高证据生产的质量，而效度既是循证领域研究者提升证据质量的主要理论依据，也为证据质量的评价提供了工具。从这个角度看，效度理论为循证社会科学的发展奠定了理论基础。其次，经过整合的研究证据是循证社会科学研究最重要的产出，而实现效度协同则是循证社会科学领域进行研究证据整合的核心目标和主要优势。为此，在循证社会科学的理论建设和实践活动过程中，需要将效度协同问题贯穿于证据检索、效应量提取、偏倚控制、异质性解析等各环节。最后，要明确认识到循证研究与原始研究在内外部效度的协同方面的特征、差异与联系。社会领域多种多样的原始研究为循证社会科学研究提供了丰富的“样本”与“素材”，但这些原始研究在效度方面存在着不足。在社会科学领域，循证研究正是为了弥补原始研究在效度方面的不足，通过研究证据的整合而提供更具效度、更具高质量的高层次证据。

第 2 章　循证信息贫困研究的理论背景与测量工具

本章将对循证信息贫困研究的理论基础和测量工具分别加以介绍，以便为后续实证分析的展开提供基础。本章主要涉及三个问题：为什么要研究信息贫困？信息贫困已得到了哪些研究？我们将如何研究信息贫困？具体而言：2.1 节将对循证信息贫困研究的背景加以介绍；2.2 节将主要介绍信息贫困领域的研究现状及本研究得以展开的理论背景；2.3 节重点介绍本研究所涉及的主要变量及变量间可能存在的理论关联。

2.1　信息贫困问题研究的背景

在社会信息化程度急剧加深的背景下，信息贫困问题已成为一个不容忽视的重要社会问题。大量证据表明，信息贫困问题的产生与解决，不仅受制约于宏观层面的信息资源配置，也与微观层面的居民个体信息意识与能力紧密关联。

信息化进程与信息资源配置的不均衡是导致信息贫困发生的重要宏观原因。具体表现在：一方面，城乡二元结构被“复制”到了信息化进程之中，从而导致了城市人群与农村人群对于信息资源的占有与利用状况的不平衡。根据《第 50 次中国互联网络统计报告》，截至 2022 年 6 月，我国网民规模达 10.51 亿，较 2021 年 12 月增长 1919 万，互联网普及率达 74.4%，较 2021 年 12 月提升 1.4 个百分点。我国城镇网民规模达 7.58 亿，占网民整体的 72.1%；农村网民规模达 2.93 亿，占网民整体的 27.9%。另一方面，区域间经济发展的不平衡也导致了东西部信息基础设施建设之间“鸿沟”的加剧。《2015 年度中国信息化与工业化融合发展水平评估报告》指出，城（省）域网出口带宽指数最高的广东达到 141.05，而最低的青海只有 15.4；固定宽带家庭普及率指数最高的福建达到 100，而最低的西藏仅 45.34。与经济发展不均衡会导致诸多不良社会后果相类似，信息化进程的不均衡势必造成一部分区域和人群被疏离于信息社会的发展洪流之外，从而陷入结构性、整体性的信息贫困状态。

居民信息意识和能力的缺失则是导致信息贫困发生的基本微观原因。大量学者[如列夫洛夫（Lievrouw）和法尔布（Farb）]等研究表明，在人们缺乏信息使用能力的前提下，即使最均衡的信息资源配置也无法保障信息贫困问题得以自行解决。也就是说，即使区域、城乡之间的信息资源配置趋于平衡，微观个体层面的信息贫困问题也无法得以自行解决。

如上所述，信息贫困的发生既受宏观的社会结构因素的影响，也受微观的个体主观能动性因素的影响，通过文献调查发现，当前政府、社会组织和研究者都倾向于将关注焦点放在信息资源配置的均衡化方面，但在“精准”对接信息致贫的微观机理并建立与之相匹配的信息贫困干预与治理的制度方面则存在明显不足。本研究通过理论梳理发现，学术界对于信息致贫机理理论解读的分歧（甚至对立）是导致信息贫困干预制度无法“精准化”的重要原因。概括而言，现有研究倾向于把信息贫困的发生归因于技术、制度（或社会结构）、主观能动性三者之一，从而形成了技术决定论、结构决定论、主体建构论等观点迥异（甚至对立）的理论流派。事实上，不同理论流派对于信息贫困归因趋向的分歧，恰恰体现了社会科学理论中根深蒂固的理论断层——结构和主体能动性的二元对立①，而这种二元区隔的理论视角不可避免地妨碍人们对活生生的信息社会现实的理解，进而导致国家关于信息公平的政策设计和社会关于信息减贫的制度安排与居民信息贫困现实之间不同程度的脱节。

面对这一现状，本研究旨在基于大量一手经验证据，在对导致信息贫困发生的微观机理进行深入解析的基础上，将其与促进信息公平的宏观制度相关联展开研究，以期对如下三个研究问题做出回答：信息源从物理存在到被个体纳入“信息源视野”（information source horizon）的机理是什么？影响个体信息富裕化的行为和认知因素有哪些？旨在促进信息公平的制度安排是否可能及如何“精准”对接个体的信息富裕化？

综上所述，本课题的研究目标是：以个人信息世界及认知学派与行为主义等相关学说为理论基础，研究物理上可及（available）的信息源如何成为用户事实上可获（accessible）的信息源并进而促进其信息富裕化，据此在揭示信息贫困发生微观机理并对现有信息减贫政策的实际效应做出评估的基础上，考察宏观的信息公平保障制度（如公共图书馆服务体系）“精准”对接促使用户信息富裕化的若干认知与行为特征的可能性、主要途径及其有效性。

---

① 于良芝，刘亚. 结构与主体能动性：信息不平等研究的理论分野及整体性研究的必要[J]. 中国图书馆学报，2010，36(1)：4-19.

2.2　信息贫困研究现状与几个重点研究问题

2.2.1　信息贫困研究现状

1. 技术决定论

以“数字鸿沟”名义展开的研究在很大程度上代表了这一流派。例如，罗迪诺-科洛西诺（Rodino-Colocino）认为迄今为止信息贫困领域经历了两波数字鸿沟的研究。[①]第一波数字鸿沟（Digital Divide I：The First Wave）可称为“硬技术决定主义”，认为技术直接影响社会变化。美国商务部 1995 年以来出台的系列报告可被视为硬技术主义的代表。第二波数字鸿沟（Digital Divide II：The Second Wave）属于“软技术决定主义”，在认为技术是一种影响社会的现象的同时，又把技术本身作为一种社会问题的症状。如荣格（Jung）等在对第一波数字鸿沟进行批判性分析的基础上，提出以连接度（connectedness）代替获取（access）。[②]数字鸿沟研究虽然取得了大量成果，但也招致越来越多的批评和质疑。如普鲁尔曼-文格菲尔德特（Pruulmann-Vengerfeldt）认为，以数字鸿沟为代表的研究陷入了一个误区——把技术作为了社会发展变化的唯一动力。[③]布拉曼（Braman）[④]、麦凯（MacKay）[⑤]、达顿（Dutton）[⑥]、怀亚特（Wyatt）[⑦]等的研究均表明，社会的变化与发展并非仅仅由技术驱动，测量计算机、光缆以及连接度只能反映信息社会的一小部分。曼塞尔（Mansell）[⑧]和温恩（When）[⑨]也指出，技术自身并不创造社会

---

① Rodino-Colocino M. Reaching for the evidence in internet-era rhetoric and composition[J]. Computers and Composition，2006，23(2)：185-202.

② Jung T. Web-based research：Issues and opportunities[J]. Journal of Database Management，2001，12(4)：1-9.

③ Pruulmann-Vengerfeldt P. Exploring social theory as a framework for social and cultural measurements of the information society[J]. The Information Society，2006，22(5)：303-310.

④ Braman S. Understanding the cultural effects of the Internet[J]. The Information Society，2006，22(4)：209-215.

⑤ MacKay W. Software agents for future communication systems[J]. Communications of the ACM，2000，43(4)：49-53.

⑥ Dutton W H. The Internet and public life[M]//The Oxford Handbook of Internet Studies. Oxford：Oxford University Press，2001.

⑦ Wyatt S. Non-users also matter：The construction of users and non-users of the Internet[M]// Keeble L，Loader B (Eds.). Community informatics：Shaping computer-mediated social relations. London：Routledge，2003：67-78.

⑧ Mansell R. The challenge of governance in cyberspace[J]. International Journal of Communications Law and Policy，2003，7(2)：1-17.

⑨ When S. Self-organizing systems，learning，and complexity：The educational implications of complexity theory[J]. Systems Research and Behavioral Science，2003，20(3)：205-218.

的转型，技术本身也是由特定社会、经济和技术环境中的人设计并应用的。

2. 结构决定论

相当数量的研究者将信息贫困解释为一种主要由地域、性别、年龄、教育水平及家庭因素等社会结构因素所决定的现象。例如，杜塔（Dutta）发现，由于居住地域位置的局限，相对偏远的农村地区居民在信息内容的获取方面处于明显劣势。[①]黛安娜（Diana）等通过实证研究，证实了信息获取方面的性别差距。[②]莫科（Mooko）发现，女性更倾向于通过面对面的互动获得信息，而人际信息源常常存在信息价值贫乏的状况。[③]很多学者从社会网络角度对人们的信息行为及其后果进行了分析，如孙晓娥、边燕杰等通过对“拜年网”等社交网络的分析，发现具有很高同质性的“强关系”网络带来的信息价值相对较低；而越沉浸于同质性的强关系网络中的个体，事实上越信息贫困。[④]

围绕早期“知识沟”假说展开的研究是结构决定论的一个代表。知识沟假说的提出者蒂奇纳（Tichenor）[⑤]、多诺霍（Donohue）[⑥]和奥利恩（Olien）[⑦]认为，信息流入社区时，会进一步增大经济社会地位优势人群与劣势人群之间的鸿沟，从而使现有的不平等更趋恶化。围绕知识沟展开的大量后续研究，从不同侧面解读了教育水平对于人们信息贫富状况的明显影响。

除去上述从显在的社会结构因素的角度对信息贫困的发生做出的理论解释，还有一些研究者对隐性的社会结构因素在“形塑”信息贫困中的作用展开了大量研究。较典型的，如美国学者查特曼（Chatman）所提出的“小世界理论”。查特曼通过对贫穷的老年女工、监狱中的犯人、低技能的工人进行深入访谈，发现社会和文化标准规制了这些人的信息行为，在这些弱势人群中形成了“小世界”[⑧]，从

---

① Dutta M J. Communicating Health：A Culture-centered Approach[M]. Cambridge：Polity Press，2009.

② Diana L. Storytelling rights：The uses of oral and written texts by urban adolescents[J]. Journal of Adolescent & Adult Literacy，2011，55(7)：581-589.

③ Mooko N P. Digital divide and e-learning in Africa：Some theoretical and practical considerations[J]. International Journal of Education and Development Using ICT，2005，1(1)：58-69.

④ 孙晓娥，边燕杰. 留美科学家的国内参与及其社会网络强弱关系假设的再探讨[J]. 社会，2011，31(2)：194-215.

⑤ Tichenor P J，Donohue G A，Olien C N. Mass media flow and differential growth in knowledge[J]. Public Opinion Quarterly，34(2)，1970：159-170.

⑥ Donohue G A，Tichenor P J，Olien C N. Media dependency relationships：Antecedents and effects of media use among youth[J]. Human Communication Research，1982，8(4)：447-461.

⑦ Olien C N. Communication research on mental health and mental illness：Issues and problems in the light of the knowledge gap hypothesis[J]. Journal of Health and Social Behavior，1973，14(3)：228-237.

⑧ Chatman E A. Life in a small world：Applicability of gratification theory to information-seeking behavior[J]. Journal of the American Society for Information Science，1991，42(6)：438-449.

而造成了信息贫困。[①]除此之外，社会资本、公共产品等概念也被很多研究者，如迪马乔（DiMaggio）等[②]、普特南（Putnam）[③]、韦尔曼（Wellman）[④]等用于信息贫困的解释。

3. 主体建构论

由布伦达·德尔温（Brenda Dervin）等人发展的“意义建构”（Sense-making）理论是这一流派的代表。依据“意义建构”理论的逻辑，关注信息贫困问题的研究者关注的重点是信息资源配置的质量（而不是数量）以及人们是否使用和如何使用这些信息资源。“意义建构”理论直接催生了信息服务领域的“用户中心”理念。德尔温本人虽然没有直接将意义建构用于信息贫困的解释，但后续研究者却大量将建构主义的思想用到了信息贫困问题的解析之中。斯蒂芬（Stefan）[⑤]认为，意义建构存在于两个层面：经济视角下的意义建构是主体为使其行为效果最大化而进行的建构活动；心理视角下的意义建构则是主体通过获取更多信息以克服其认知障碍而展开的建构活动。两个层面可能导致两种不同的后果：无法完成经济角度意义建构的主体，在行为后果方面无法实现价值最大化而陷于经济上的不利地位；无法完成心理角度意义建构的主体，在认知结构方面存在劣势而陷入信息上的贫困。

如上所述，不同流派的研究者站在不同的立场上，对信息贫困做出了不同的理论解释。这些研究大致可分为两个界限模糊的阶段：在社会信息化的初级阶段，由于信息基础设施的不完备和信息资源的欠缺，更多研究倾向于把信息贫困的发生归咎于物理信息源的可得性；而在信息基础设施得以改善之后，研究者则更倾向于从个体自身的主客观因素方面寻找信息贫困的原因。以数字鸿沟等名义展开的研究是第一个阶段的代表，这类研究将信息贫困的发生归因于技术的获取，认为技术的可获取性（accessibility）决定了信息贫困与富裕；以意义建构学说为代表的研究则是第二阶段的代表，这类研究认为，信息活动是一种充满主观性的认知建构行为，信息贫困者因无法完成对信息意义的建构而陷入信息贫困。持

---

① Chatman E A，Pendleton V K. The centrality of libraries in the information strategies of urban African American youth[J]. Journal of the Association for Information Science and Technology，2000，51(10)：884-902.

② DiMaggio P，Hargittai E，Celeste C，et al. From unequal access to differentiated use：A literature review and agenda for research on digital inequality[M]//Neckerman K. Social Inequality. New York：Russell Sage Foundation，2004：355-400.

③ Putnam R D. Bowling alone：America’s declining social capital[J]. Journal of democracy，1995，6(1)：65-78.

④ Wellman B. Physical place and cyberplace：The rise of personalized networking[J]. International Journal of Urban and Regional Research，2001，25(2)：227-252.

⑤ Stefan S. Theories of meaning construction in social media[M]//Consalvo M，Ess S. The Handbook of Internet Studies. Oxford：Wiley-Blackwell，2017：277-295.

有信息政治经济学和早期的“知识沟”理论立场的研究者则游离于第一阶段与第二阶段之间，这类研究认为，信息贫富分化现象是现有经济、政治、文化关系不平衡的复制。

概括而言，本领域现有研究倾向于把信息贫困发生的原因归结为技术、制度（或社会结构）、主观能动性三者之一，从而形成了技术决定论、结构决定论、主体建构论等观点迥异（甚至对立）的理论流派。事实上，不同理论流派对于信息贫困归因趋向的分歧，恰恰体现了社会科学理论中根深蒂固的理论断层——结构和主观能动性的二元对立[①]，而这种二元对立的理论视角不可避免地妨碍人们对信息社会现实的理解，进而导致国家关于信息公平的政策设计和社会关于信息减贫的制度安排出现偏误。加强信息致贫微观机理与宏观制度之间的关联分析，从而克服信息贫困干预措施的偏误，正是本研究得以展开的一个基本背景。

2.2.2 信息致贫微观机理分析的理论基础

“个人信息世界”是于良芝教授基于 2003 年以来所获取的 300 多份访谈、调研数据，通过重点分析其中 40 位访谈对象的信息实践而归纳出的一个用以分析人们信息贫富状况的理论框架。于良芝提出，个人信息世界是个人作为信息主体的活动领域，其状态由个人信息世界的内容、边界和动力三大要素界定。[②]具体而言，可及信息源（available information sources）、可获信息源（accessible information sources）、惯用信息源（或称基础信息源，habitual information sources）和信息资产（information assets）构成了个人信息世界内容要素的四个维度；时间、空间和智识（intellectual sophistication）构成了个人信息世界边界要素的三个维度；无意识的信息实践和知觉性信息实践则被整合为个人信息世界的动力维度。

行为主义理论是一种可被用于对人们的信息行为进行解释的理论工具。早期行为主义者认为，如果一个人已从一组刺激中习得某种反应（如获取了信息），在出现另一组类似的刺激时，他会做出同样的反应，这就是泛化。威廉姆·埃斯蒂斯（William K. Estes）提出了刺激抽样理论，假定由于个体“知觉系统能量有限”，因此具体的习得行为（如信息搜寻）是一种对刺激要素抽样的过程——只有被用户抽中的要素（如图书馆或特定信息载体），才能被纳入其知觉系统之中。克拉克·赫尔（Clark L. Hull）指出，诱因动机是从刺激到行为的重要中介

① 于良芝，刘亚. 结构与主体能动性：信息不平等研究的理论分野及整体性研究的必要[J]. 中国图书馆学报，2010，36（1）：4-19.

② 于良芝.“个人信息世界”—— 一个信息不平等概念的发现及阐释[J]. 中国图书馆学报，2013，39（1）：4-12.

变量，两个刺激越是相类似，其中任何一个刺激就越有可能代替另一个刺激引起条件反应。

认知学派相关理论为揭示外在信息被个体内化为信息资产的过程提供了丰富的理论工具。根据认知理论，知识（注：在图书馆情报学领域，知识与信息是两个相辅相成的概念，限于篇幅，此部分将知识与信息视为类同概念，具体研究中，二者是有区别的）可分为程序性知识（即“如何做”的知识）和陈述性知识（即“是什么”的知识）。本书主要针对陈述性知识展开研究。认知学派的代表人物杰罗姆·布鲁纳（Jerome S. Bruner）用编码系统解释了人们对陈述性知识的学习过程。奥苏伯尔（D. P. Ausubel）则发展了关于知识迁移与同化的理论。此外，让·皮亚杰（Jean Piaget）作为建构主义学习理论的代表人物之一，系统地论述了认知发展过程中同化（assimilation）、顺化（accommodation）与平衡（equilibration）的关系。布伦达·德尔温及其同事发展的意义建构理论认为，信息交流过程是信息用户的主观建构活动，信息交流的过程是一连串互动的、解决问题的过程。

2.2.3　信息致贫微观机理解析的几个关键问题

本章关于信息减贫微观机理的研究主要以个人信息世界的三个要素八个维度为框架，以行为主义和认知学派理论为分析工具而展开。以下三个主题是本部分研究的示例。

示例 1：信息资产的形成机理

这一主题主要针对个人信息世界概念框架中的内容要素而展开。本主题的主要任务是考察物理存在的信息源如何在若干行为和认知因素的影响下，最终被个体内化为信息资产并促使其实现信息的富裕化。具体而言，本示例将回答如下三个问题。

➢ 在从可及信息源到可获信息源的内化过程中，个体行为和认知因素的作用机理是什么？

➢ 在从可获信息源到惯用信息源的内化过程中，个体行为和认知因素的作用机理是什么？

➢ 在从惯用信息源到信息资产的内化过程中，个体行为和认知因素的作用机理是什么？

示例 2：智识的形成机理

这一主题主要针对个人信息世界概念框架中的边界要素展开。依照个人信息世界概念，时间、空间、智识共同限定了个人信息世界边界的大小。由于个体用于信息获取的时间所反映的是信息行为的结果，而空间则明显与信息源的物理存在有关，这两个因素与个人信息世界丰富化的过程关联度不高。为此，本主题将重点研究智识与信息资源利用程度之间的关联。在多数情况下，智识是个体受教育过程、职业类型、生活经验等多种因素累加影响、综合作用的一种结果。从认知结构完善化的角度看，信息资源于个体智识产生影响的最大潜能在于信息组织的形式。为此，本书将重点考察不同类型个体的智识水平与信息组织形式之间的关联。具体而言，本示例将重点回答如下三个问题。

➢ 教育水平不同的个体对于信息资源的利用效率与信息组织形式有何关联？

➢ 职业类型不同的个体对于信息资源的利用效率与信息组织形式有何关联？

➢ 生活环境不同的个体对于信息资源的利用效率与信息组织形式有何关联？

示例 3：知觉性信息实践的形成机理

这一主题主要针对个人信息世界概念框架中的动力要素而展开。依照个人信息世界概念框架，无意识信息实践和知觉性信息实践反映了个人信息世界的动力。本主题的重点在于揭示个体信息富裕化的机理，因此，本主题将重点分析知觉性信息实践的形成过程。具体而言，本示例拟回答如下问题。

➢ 个体知觉性信息实践的主要类型及其形成过程是什么？

2.3 个人信息世界的测度

前文通过文献调研，确认了本书在信息贫富分化研究领域的前沿性，提出了研究问题。本书以城市成年人群[①]为研究的目标人群。在国家自然科学基金项目的资助下，研究者参照分层抽样的相关标准选择了在区域位置、经济发展水平、人口规模等方面具有代表性的 6 座城市为研究实施地，并针对这些城市中的 6048 位城市居民进行了测量。

本书以问卷调研为数据收集工具，以聚类分析、方差分析、回归分析等为数据分析方法，展开定量研究。就测量工具而言，本书选用于良芝教授编制的《个人信息世界量表》（Information World of Individuals Scale，IWoIS）作为对受访者个人信息世界贫富程度进行测量的工具；选用由拉尔夫·施瓦泽（Ralf Schwarzer）

① 本研究中的“城市成年人群”指具有城市户籍、在本研究实施时居住于城市的年龄在 18 岁及以上的人群。

编制[①]，张建新和施瓦泽翻译[②]，王才康、刘勇进行了信效度检验[③]的《一般自我效能感量表》（General Self-Efficacy Scale，GSES）（中文版）作为对受访者自我效能感进行测量的工具；此外，本研究还根据现有研究成果和本研究的目的添加了对性别、年龄、民族、收入、职业和教育水平等变量进行测度的问项。现将本研究所使用测量工具的具体情况介绍如下。

2.3.1　《个人信息世界量表》的结构

如前所述，个人信息世界理论是作为考察信息不平等的基础性概念而提出的。自 2003 年以来，于良芝教授基于三项相互关联的课题，先后访谈了大量城乡居民。田野研究所获得的证据不仅为个人信息世界概念的提出与完善提供了条件，也为测度个人信息世界的贫富程度提供了依据。《个人信息世界量表》（以下简称“该量表”）的编制正是基于上述研究成果而实现的。具体而言，根据于良芝的相关研究[④]，个人信息世界由内容、边界和动力三个要素构成，因此，该量表包括了对这三方面各维度的测度。

首先，该量表对于个人信息世界内容的测量包括信息主体的可及信息源、可获信息源、惯用信息源和信息资产四个层次。具体而言，在对可及信息源和可获信息源的测量方面，该量表提供了一些有代表性的物质和人际的信息源供受访者选择。在对惯用信息源和信息资产的测量方面，该量表则不仅提供了信息源，而且依据知识信息的类别对每种信息源进行了进一步区分，并请受访者报告了其对每种信息源使用的频率。

其次，该量表对于个人信息世界边界的测量是通过时间、空间和智识三个维度进行的。在时间维度的测度方面，该量表要求受访者报告自己每天花在信息搜索、阅读/浏览、参观、学习等信息获取活动的时间，并据此衡量其个人信息世界时间边界的大小。在空间维度的测度方面，该量表首先提供了一系列信息活动场

① Schwarzer R，Aristi B. Optimistic self-beliefs：Assessment of general perceived self-efficacy in thirteen cultures[J]. World Psychology，1997，2(1-2)：177-190.

② Zhang J X，Schwarzer R. Measuring optimistic self-beliefs：A Chinese adaptation of the General Self-efficacy Scale[J]. Psychologia，1995，38(3)：174-181.

③ 王才康，刘勇. 一般自我效能感与特质焦虑、状态焦虑和考试焦虑的相关研究[J]. 中国临床心理学杂志，2000（4）：229-230.

④ Yu Liangzhi. How poor informationally are the information poor? Evidence from an empirical study of daily and regular information practices of individuals[J]. Journal of Documentation，2010，66(6)：906-935; Yu Liangzhi. Information worlds of Chinese farmers and their implications for agricultural information services：a fresh look at ways to deliver effective services [EB/OL]. [2010-06-25][2024-02-28]. http://www.ifla.org/files/hq/papers/ifla76/85-yu-en.pdf; Yu Liangzhi. Towards a reconceptualization of the ‘information worlds of individuals’[J]. Journal of Librarianship and Information Science，2011，22(10)：1-16.

所，请受访者选择自己在过去一年中开展过信息搜索、阅读/浏览、参观、学习等信息获取活动的场所，据此判断其个人信息世界空间边界的范围。对于智识维度的测度方面，该量表设计了三类问项，分别考察了受访者的语言水平、信息搜索技能和批判思维能力。

依据个人信息世界理论，目的性信息实践、知觉性信息实践和无意识信息实践体现了个人信息世界发展变化的动力。因此，该量表对于受访者的个人信息世界动力的强弱程度，是通过考察其在上述三种信息实践中对阅读、上网、看电视和与人交流四种信息获取途径的使用频繁程度测量的。

2.3.2 《个人信息世界量表》的问项设计

在该量表中，动力、信息资产、时间和智识维度均采用类似李克特量表式设计，由受访者直接在不同层级的项目上进行选择；可及信息源、可获信息源、惯用信息源和空间维度采用“有/无”式设计，由受访者根据实际情况作出选择。

2.3.3 《个人信息世界量表》赋分规则

该量表通过专家调查的方式，对量表所涉及的信息源及信息实践之于个人信息获取的重要性进行了加权。2012 年 6 月，课题组向熟悉信息问题研究的 10 位专家发放问卷，收回有效问卷 9 份。经过计算，制定了该量表的赋分规则表，并据此对量表中的原始问项进行了赋分。赋分完成后，把每个维度上的得分进行了无量纲化处理，使其转换成一个满分为 100 分的分值。

2.3.4 《个人信息世界量表》的信度

1. 检验方法及样本

该量表首先采用了重测法进行信度检验，以南开大学商学院 2011 级本科生为测试对象，于 2012 年 6 月 12 日进行了第一次预测试，2012 年 6 月 28 日进行了第二次预测试，两次测试共得到可以匹配的样本 27 个。为进一步确认本书的信度，本书还分别计算了全体问项和 8 个维度的克隆巴赫系数（Cronbach's Alpha）。

2. 各维度重测得分的差异性与相关性

通过重测，研究者获得了 27 个样本在该量表各维度的得分。为考察前后测之间的差异程度，研究者对前后测得分进行了配对样本的 t 检验。检验结果表明，所有变量在前后两次测度中的得分均不存在显著差异。[①]本书进而分析了各变量前后测得分的相关性。分析发现，该量表各维度的在两次测试中的得分均在 0.01 水平（双侧）上显著相关，相关系数如下：可获信息源维度为 0.737，可及信息源维度为 0.589，惯用信息源维度为 0.664，信息资产维度为 0.831，时间维度为 0.773，空间维度为 0.784，智识维度为 0.900，动力维度为 0.554。

总之，无论是通过差异性还是相关性来衡量，该量表都具有较满意的重测信度。

3. Cronbach’s Alpha 检验结果

在对该量表的全部问项进行了一致性检验后发现，其 Cronbach’s Alpha 系数为 0.909。对照现有统计标准[②]，可以确认该量表具有较高的内部一致性。

2.3.5　《个人信息世界量表》的效度

1. 检验方法及样本

根据埃尔弗瑞达·查特曼（Elfreda Chatman）的研究，人的信息行为受社会和文化标准规制，在特定人群中会形成“小世界”，从而造成了信息贫困。[③]本研究参照查特曼和彭德尔顿（Pendleton）的标准[④]，选择天津市西青区一个建筑工地的农民工为调查对象。在该工地共发放问卷 60 份，收回有效问卷 59 份。在问卷发放过程中，研究者注意到问卷发放地是一个非常典型的“小世界”：由于研究者为受访者提供了一份小礼品，在第一个工地发放过程中受访者积极性很高。研究者在第一个工地发放 40 余份问卷，历时 2 小时（由于需要不断向受访者解释问卷的内容，因此耗时较长）。之后，来到 200 米外的另一个工地发放问卷，发现这里的农民工完全没有听到隔壁工地填写问卷领取礼品的消息。进一步交谈发

① 本部分关于前后测得分差异显著性的 t 检验使用了于良芝教授 2012 年 11 月在南开大学商学院信息资源管理系组织的“信息资源管理论坛”上的相关数据分析结果。

② Cronbach’s Alpha 的可信程度的参考范围：信度≤0.30，不可信；0.30<信度≤0.40，初步的研究，勉强可信；0.40<信度≤0.50，稍微可信；0.50<信度≤0.70，可信（最常见的信度范围）；0.70<信度≤0.90，很可信（次常见的信度围）；0.90<信度，十分可信。

③ Chatman E A. Information，mass media use and the working poor[J]. Library & Information Science Research，1985，7(32)：97-115; Chatman E A. The information world of low-skilled workers[J]. Library & Information Science Research，1987，9(21)：265-285; Chatman E A. The Information World of Retired Women[M]. Westport：Greenwood Press，1992：44-56; Chatman E A. Framing social life in theory and research[J]. New Review of Information Behaviour Research，2000，1(34)：3-17.

④ Chatman E A, Pendleton V E M. Knowledge gaps, information-seeking and the poor[J]. The Reference Librarian，1995，1(49/50)：135-145.

现，第一个工地的务工者全部来自同一村落，他们与邻近工地的农民工基本上没有交流。据此认为，将这个群体与南开大学的学生群体进行比较，可有效揭示该量表的效度。

2. 检验结果

通过对南开大学学生和西青区农民工得分进行独立样本的 t 检验发现，南开大学的学生在各维度上的得分均显著地高于西青区农民工。作为一所全国重点大学，南开大学的学生需要具备很强的学习能力。从整体上说，南开大学的学生代表着一个信息相对富裕的人群；而根据上文所述查特曼关于信息贫困的“小世界”的描述，建筑工地上的农民工从整体上更符合信息贫困人群的特征。如表 2-1 所示，南开大学学生在各个维度上的得分的均值均高于西青建筑工地的农民工，进一步观察表 2-2 发现，上述两个群体之间在各维度上的得分的差异均极其显著（$p<0.001$），因此，该量表很好地契合了信息贫困研究领域现有研究的理论发现，能够有效地区分不同人群的个人信息世界的丰富程度，有着良好的效度。

表 2-1　南开大学学生与西青农民工各维度均值比较

《个人信息世界量表》的维度	受访人群	N	均值	标准差
可及信息源（available information sources）	大学生	27	12.46	5.303
	农民工	59	5.27	5.814
可获信息源（accessible information sources）	大学生	27	11.46	5.186
	农民工	59	5.73	5.745
惯用信息源（habitual information sources）	大学生	27	69.12	16.859
	农民工	59	34.63	21.746
信息资产（information assets）	大学生	27	131.20	41.714
	农民工	59	55.78	36.546
空间（space）	大学生	27	11.36	5.848
	农民工	59	4.46	4.485
时间（time）	大学生	27	2.20	0.610
	农民工	59	1.12	0.745
智识（intellectual sophistication）	大学生	27	39.49	6.358
	农民工	59	14.22	8.092
动力（dynamics）	大学生	27	81.08	11.542
	农民工	59	39.68	28.452

表 2-2　南开大学学生与西青农民工各维度的 *t* 检验

维度	均值方程的 *t* 检验		
	t	df	Sig.（双侧）
可及信息源	10.941	116	0.000
可获信息源	12.073	116	0.000
惯用信息源	9.629	116	0.000
信息资产	10.723	116	0.000
空间	7.190	108.691	0.000
时间	8.657	116	0.000
智识	18.862	116	0.000
动力	10.359	76.586	0.000

习　　题

简答题：

针对研究问题：父母的职业会决定大学生的信息贫富状况吗？回答下列问题。

1. 对此问题展开研究的理论基础是什么？
2. 与此问题相关的研究文献如何检索？
3. 在这个问题上，理论基础与文献综述的区别是什么？

计算机练习：

1. 应用 2020 年 8 月 18 名本科同学调研前后两次填写的问卷，分别计算和政数据中的各项目、维度的信度和效度。
2. 用探索性因子分析，对和政数据中的个人信息世界部分的数据进行维度分析。

第 3 章　循证信息贫困研究原始证据的获取

个人信息世界概念框架的提出，旨在构建一个用以解析信息贫困发生微观机理的测度体系。第 2 章已对个人信息世界的理论构念进行了介绍。本章将在对个人信息世界测量的主要维度及其测量与分析方法进行系统介绍的基础上，对信息源视野理论、ICT 的使用、受访者的经济社会地位等相关因素的测量加以系统介绍。其中，3.1 节将重点介绍个人信息世界三要素八维度的测量项目及分析方法。3.2 节至 3.4 节将分别对信息源视野理论、受访者的社会资本与社会支持、ICT 设备的应用状况等信息贫困关联因素的测量加以介绍。

3.1　个人信息世界量表

3.1.1　个人信息世界的内容要素

个人信息世界的内容要素主要包括可及信息源、可获信息源、惯用信息源和信息资产四个维度。注意这四个维度存在相互递进的关系，可以单独分析，也可以汇总分析。但在汇总分析中要注意，这四个维度之间存在着先因后果的关系，而且在测量项目上也存在着共线性问题。本研究关于信息贫困微观机理的分析，侧重于上述四个维度如何实现转换递进方面的分析。

1. 可及信息源维度

可及信息源是指信息主体在物理上可及的信息源（available information sources），如分布在信息主体生活区域内的图书馆资源、信息中心的资源、各种咨询机构的专家、私人藏书、亲戚朋友的藏书等（表 3-1）。

表 3-1　可及信息源维度的测量

测量构念	变量名	测量项目	说明	
周边存在的信息源	available1	可及信息源-图书馆	此三种信息源为传统信息源，可单独作为一个变量，也可汇总为一个变量	可将所有这些变量汇总为可及信息源的总得分
	available2	可及信息源-书店		
	available3	可及信息源-政府信息公开点		

续表

测量构念	变量名	测量项目	说明	
周边存在的信息源	available4	可及信息源-电脑	此两种信息源属网络信息源，可汇总分析	可将所有这些变量汇总为可及信息源的总得分
	available5	可及信息源-数据库		
是否认识以下人员	available6	可及信息源-政府工作人员	此四种信息源为人际信息源，可单独分析，也可汇总分析	
	available7	可及信息源-研究人员		
	available8	可及信息源-医生或农技员		
	available9	可及信息源-记者		

2. 可获信息源维度

可获信息源（accessible information sources）是指位于信息主体从事信息活动的空间之内、他有时间获取和利用的、能够被他的认知所处理的信息源。这些资源不仅是信息主体在物理上可及的，也必须是他在时间上和智识上可及的（表 3-2）。

表 3-2　可获信息源维度的测量

测量构念	变量名	测量项目	说明
工作或生活中有问题时，获取信息的渠道	accessible1	可获信息源-图书馆	变量汇总方法同可及信息源。 此处存在的研究问题是：为什么明明可及的信息源，对于某些特定人群来说，就成为不了可获信息源？分析中要注意加入控制变量
	accessible2	可获信息源-书店	
	accessible3	可获信息源-政府信息公开点	
	accessible4	可获信息源-互联网	
	accessible5	可获信息源-数据库	
	accessible6	可获信息源-政府工作人员	
	accessible7	可获信息源-研究人员	
	accessible8	可获信息源-医生或农技员	
	accessible9	可获信息源-记者	

3. 惯用信息源维度

惯用信息源是指一个人的基础信息源，是他常规性地作为信息源而加以利用的各类客观事物、知识记录或人员，即他可以声称具有“用户身份”（usership）的那部分信息源。对于特定的信息主体来说，可以获取和利用的信息源或许很多，但很少有人会常规性地利用他能获取的所有信息源。具体是指可获取信息源中那些被信息主体常规性利用的种类，这些信息源不仅是信息主体在物理、时间及智识上可及的，而且也是他的利用习惯可及的（表 3-3）。

表 3-3　惯用信息源维度的测量

测量构念	变量名	测量项目	说明	
过去半年读过的书	habitual11	惯用信息源-故事类图书	这些信息源可被视为传统信息源, 具体分析中, 可每种信息源单独作为一个变量进行分析，也可按故事、知识、实用、政策等类型进行汇总后加以分析	按照理论预期，惯用信息源很可能是一个中介变量。在实际分析中，对一种信息源如何由可获变为惯用，应该加入更多行为、认知及人口统计学特征因素加以分析
	habitual12	惯用信息源-知识类图书		
	habitual13	惯用信息源-实用类图书		
	habitual14	惯用信息源-政策类图书		
过去半年读过的杂志文章	habitual21	惯用信息源-故事类杂志文章		
	habitual22	惯用信息源-知识类杂志文章		
	habitual23	惯用信息源-实用类杂志文章		
	habitual24	惯用信息源-新闻时政类杂志文章		
过去半年读过的报纸栏目	habitual31	惯用信息源-故事类报纸栏目		
	habitual32	惯用信息源-知识类报纸栏目		
	habitual33	惯用信息源-新闻时政类报纸栏目		
	habitual34	惯用信息源-实用类报纸栏目		
过去半年看过的电视节目	habitual41	惯用信息源-故事类电视节目		
	habitual42	惯用信息源-知识类电视节目		
	habitual43	惯用信息源-实用性电视节目		
	habitual44	惯用信息源-新闻时政电视节目		
过去半年用过的网站	habitual51	惯用信息源-游戏网站	这些信息源可单独分析, 也可汇总为网络信息源加以分析	
	habitual52	惯用信息源-专业网站		
	habitual53	惯用信息源-实用网站		
	habitual54	惯用信息源-新闻时政网站		
	habitual55	惯用信息源-政府网站		
过去半年内咨询信息的人	habitual61	惯用信息源-乡镇政府工作人员	这些信息源可单独分析, 也可汇总为人际信息源加以分析	
	habitual62	惯用信息源-研究人员		
	habitual63	惯用信息源-医生或农技员		
	habitual64	惯用信息源-记者		

4. 信息资产维度

本维度主要由惯用信息源维度通过赋分而得到。因此，在实际分析中，信息资产维度与惯用信息源维度具有很强的共线性关系，不宜作为自变量同时加入模型。此外，信息资产维度是个人信息世界框架中最重要的维度，这一维度上的得分，可被作为因变量构建大量有意义的模型。除惯用信息源维度的赋分外，本维度还需要计入如下几个变量（表 3-4）。

信息源一旦被利用，就有可能产生一系列效果，例如信息主体可能由此获得其中的信息，记住信息的内容并将其纳入自己的知识结构；该主体同时还可能了解如何查到该信息以及从何处可以获取类似信息。在这里，这些被利用的信息及其在利用过程中产生的认知结果被称为个人信息资产。个人信息资产如同个人的经济资产一样，具备可积累性。个人阅读过的信息在量上可以积累，由此获得的知识、技能和见识也可以积累。具体是指那些确实被信息主体利用过的信息产品及其产生的认知结果，这些资源经过了信息主体的利用，与他发生了认知上的亲密接触，至少在一定程度上成为信息主体记忆可及的，如前所述，这部分资源及其产生的结果被称为信息资产或资产化的信息（information assets）。

表 3-4　信息资产维度的测量

测量问题	变量名	测量项目	说明
过去一年用过的搜索工具	asset71	信息资产-网络搜索引擎	这三个变量针对受访者的高端信息能力，可单独分析，也可汇总分析
	asset72	信息资产-计算机检索的藏书目录	
	asset73	信息资产-专业数据库	

3.1.2　个人信息世界的边界要素

个人信息世界由时间、空间和智识三个维度共同决定了其边界。这三个维度中，智识维度更具有分析价值。要注意的是，受访者最终的受教育水平既是智识维度的一部分，也是一个独立的变量。

空间、时间、智识三个边界同时限定了个人获取信息、提取信息价值、积累信息资产的可能性，因而限定了个人信息世界的内容及信息主体的经历和体验。一个边界狭小的个人信息世界意味着贫乏的信息经历和体验，因而对应着贫弱的信息主体。这样的信息主体才是真正意义上的信息穷人。

1. 时间维度

本维度直接调查了受访者每天用于信息获取的时间，其变量名为 time。这一变量是一个连续变量，在实际分析中应注意，此变量需要与职业等其他变量大量混合在一起使用才有意义，而且此变量作为自变量和因变量可能意味着不同的问题。

个人信息世界的时间边界是指个人在日常生活和工作中有意识地分配给信息活动的时间。有些人的大部分工作时间和相当比例的工作外时间都用来从事信息活动，有些人主要利用工作外时间从事信息活动，而有些人则很少将自己的任何时间（无论是工作内还是工作外的）专门用于从事信息活动。人们用于信息活动的时间长度不同、时段（工作内或工作外）不同，可获取的信息源也将不同，他们作为信息主体的经历和体验也必然不同。正因为如此，时间也在很大程度上决定个人信息世界的存在状态，并成为个人信息世界的边界之一。

2. 空间维度

空间指有意识的信息活动（即下文所说的知觉性和目的性信息实践活动）发生的场所，如家庭、图书馆、博物馆、书店、教室或培训场所、报告厅、实验室、办公室、广场、集市、地铁、火车、飞机等。

个人信息世界空间边界的差异首先表现在量的方面，即信息主体开展信息活动场所的多样性。个人信息世界空间边界的差异其次表现在质的方面，即信息主体开展信息活动的场所的类别。不同的场所与信息活动的关联度不同：有些是社会为了支持特定信息活动而专门设置的，例如图书馆；而有些则是为了其他目的而设置的，但可能会被某些人用来从事信息活动，如火车、飞机。假定一个人经常利用社会为支持信息活动而设置的大部分场所（图书馆、博物馆、书店等），而另一个人的信息活动则与任何社会性信息活动场所无关，那么，我们可以说这两人的个人信息世界具有不同性质的空间边界，并因此获得不同的信息经历和体验。由此可见，一个信息主体经常性利用的场所及其性质在很大程度上界定着个人信息世界的状态（表 3-5）。

表 3-5 空间维度的测量

测量构念	变量名	测量项目	说明
过去一年，是否在以下场所获取过有用信息	space1	获取有用信息的场所-图书馆	空间维度与可及和可获信息源在测量项目上有着很多重复，可以对照检查测量的信度 本维度同样可以单项分析，也可以汇总分析
	space2	获取有用信息的场所-会议	
	space3	获取有用信息的场所-车站	
	space4	获取有用信息的场所-博物馆	
	space5	获取有用信息的场所-书店	
	space6	获取有用信息的场所-旅行中	
	space7	获取有用信息的场所-课堂	
	space8	获取有用信息的场所-地铁	

3. 智识维度

智识水平指个人信息活动可以达到的智力和知识水平，在认知心理学中，比较接近的概念是“智识能力”（intellectual ability），即在特定时间点上个人已经获得的认知技能的总和，包括认字与计算能力、语言能力、分析能力、信息检索能力等。智识不同，人们实际上可以获取的信息源也会不同，由此限定的信息体验或经历也将不同。智识与空间、时间一样，具有重新界定信息可获取性、限定信息体验的效果，并因此构成个人信息世界的边界之一。个人信息世界的智识边界越狭小，能够进入其信息体验的信息源也就越匮乏（表 3-6）。

表 3-6　智识维度的测量

测量构念	变量名	测量项目	说明
中文阅读水平	intelligence11	智识-中文阅读水平	在个人信息世界中，信息资产和智识维度是两个最重要的分析维度 智识维度可以单项分析，也可以汇总分析
外文阅读水平	intelligence12	智识-英文阅读水平	
是否通过以下手段进行过信息搜索	intelligence21	智识-日常生活信息搜索工具	
	intelligence22	智识-工作学习信息搜索工具	
您在看电视、报刊及上网时，最高曾达到哪种程度	intelligence31	智识-知识性报纸栏目	
	intelligence32	智识-新闻时政报纸栏目	
	intelligence33	智识-专业性电视节目	
	intelligence34	智识-新闻时政电视节目	
	intelligence35	智识-知识性网站	
	intelligence36	智识-新闻时政网站	
最后阶段的教育	edulevel	最后阶段的教育水平	

3.1.3　动力要素

在当代社会，信息主体是个人在经济主体、社会主体等角色之外获得的又一重要角色。这一角色之所以重要，是因为个人能够作用于或行动于信息和信息源这一客体之上，即针对信息源和信息开展信息实践，并因此获得不同于经济活动和社会文化活动的经历。

个人在日常生活和工作中开展的信息实践具有不同类型。

第一类是无意识的信息实践。这是指个人开展的不以信息生产、获取或利用为目的，但有可能偶发信息获取行为的实践活动。无意识的信息实践一般要满足两个特征：一是个人在开展这一活动时并不是以获取信息为目的，也没有意识到自己正在开展信息活动；二是在这一过程中实际上发生着信息的传播与交流。在这类信息实践中，信息或信息源作为潜在的客体存在，但个人的实践活动却另有目标，缺乏信息主体的自觉。

第二类信息实践被本研究称为知觉性信息实践。知觉性信息实践是指个人为了实现一般的信息目标（如为了增长见识或为了在某一方面保持知晓度）而开展的信息活动，或应他人的要求/邀请而参与的信息活动。在这类信息实践中，信息主体知道自己正在从事特定的信息活动，但尚未将这一活动与特定问题、特定行动、特定决策等具体目标相关联。信息主体知晓正在从事的信息活动，因此，对信息内容具有较高的关注度。这样的关注度使信息主体除了完成“增加见识”“获得知晓”的目标，还可以经常捕捉到对自己当前或未来生活问题有价值的信息。知觉性信息实践与无意识的信息实践的根本区别在于，在前者中，个人意识到自己正在开展信息活动，也会关注信息这一客体对象，即已经具备信息主体的自觉，而后者缺乏这种自觉。由此可见，动力维度需要与可及、可获信息信息、职业类型、手机和电脑使用情况相结合进行大量分析。

第三类信息实践被本研究称为目的性信息实践。这是信息主体为了解决具体问题、支持具体决策或行为、填补具体的认识空白而主动开展的信息活动。目的性信息实践包括三个特征：①有特定的问题或需要作为目标，信息活动受到明确的目标驱动；②个人意识到目标的实现需要信息支持，信息活动建立在对信息价值的明确预期之上；③个人针对问题主动寻找信息并有一系列相关的信息活动，如选择信息渠道、评估信息相关性、记录和保存信息等。在本研究收集的有关农民信息实践的数据中，比较典型的目的性信息实践就是为了解决种植、养殖过程中出现的病虫害而开展的信息活动（如咨询邻居、查阅图书、咨询农业技术员）。

个人作为信息主体的实践活动发生在怎样的空间中，他作为信息主体的活动领域就具有怎样的空间特征；个人作为信息主体的实践发生在怎样的时段和时间长度，他作为信息主体的活动领域就具有怎样的时间特征；个人作为信息主体的实践达到怎样的智识水平，他作为信息主体的活动领域就具有怎样的智识特征；同样，个人作为信息主体的实践以哪类信息和信息源为客体，其个人信息世界就具有怎样的内容特征。要改变个人信息世界的边界或内容，就需要改变信息主体的实践。可以说，个人信息世界的形成、维护和发展是通过信息主体的实践实现的；知觉性和目的性信息实践因此构成了个人信息世界发展变化的基本动力（表 3-7）。

表 3-7 动力维度的测量

测量构念	变量名	测量项目	说明
遇到生活问题时的信息获取途径	dynamic11	生活问题-阅读	这些测量项目可以分项统计，也可以汇总后进行分析
	dynamic12	生活问题-上网	
	dynamic13	生活问题-问人	
了解新闻动态，开阔眼界	dynamic21	开阔眼界-阅读	
	dynamic22	开阔眼界-上网	
	dynamic23	开阔眼界-看电视	
	dynamic24	开阔眼界-问人	
休息休闲的信息来源	dynamic31	休息休闲-阅读	
	dynamic32	休息休闲-上网	
	dynamic33	休息休闲-看电视	
	dynamic34	休息休闲-问人	

3.2 信息源视野

舒茨（Schutz）认为[①]，人们知识的结构化是通过其日常生活与周边区域的关联来实现的。依照相关程度可把人们日常生活的区域区分为如下几种：①触手可及的区域，指人们日常行为发生的区域，属最相关的区域；②潜在可及的区域，指当人们有需要时，其行为可扩展到的区域，属第二位的相关区域；③相对无关区域，指与人们的直接兴趣暂时无关的区域；④绝对无关区域，为了考察个体信息来源的广泛程度，桑纽瓦尔德（Sonnenwald）[②]等设计了“信息视野”方法，通过让个体提名他们的信息源，并依据这些信息源离其自身的远近绘制“信息视野地图”，据此对个体信息行为的特征进行分析。

“信息源视野”理论正是基于舒茨的理论，并借鉴桑纽瓦尔德的方法而提出的。“信息源视野”理论认为，舒茨所划分的区域经过“信息源偏好标准”（information source preference criteria）过滤后，形成了三个层次的信息源：最重要信息源、次重要信息源和边际信息源。信息源偏好标准包括：信息的可及性

① Schutz A. The problem of social reality[M]. The Hague：Martinus Nijhoff，1962：89.

② Sonnenwald D H. Information horizons，telescopes，and landscapes[J]. Journal of the American Society for Information Science，1999，5(50)：399-407.

（availability）和可获性（accessibility），信息内容（如质量），信息的可用性（如有清晰组织的信息），用户特征（如媒体选择习惯）和情境因素（如缺乏时间）。基于经验研究，萨沃莱宁（Savolainen）①发现，为满足当下的兴趣，个体对日常生活中的知识进行结构化，使其信息行为的相关区域不断扩大，这种结构化同时也反映了个体对信息源所提供信息的重要程度的评估。在搜寻满足最主要兴趣的信息中，个体最主动；反之，当搜寻的信息只满足边缘兴趣时，个体则比较被动。通过经验研究，萨沃莱宁发现，信息源偏好对信息源的选择产生明显影响，日常生活中人们倾向于选择最熟悉、最容易获取的信息源。

对于最重要、次重要和最不重要信息源的提名情况，可以进行因子分析，以提取信息源使用背后的抽象理论结构。这个结构有助于完善个人信息世界的结构，也有助于验证其效度。同时，这部分的分析不仅要与个人信息世界各维度进行关联分析，也可以与访谈资料相结合，展开更加深入的分析。

3.2.1 最重要信息源

本课题中设计这部分研究，主要是为了从个人信息世界之外的另一个理论视角，对前述三要素八维度所构建的模型的稳健性进行检验，并对个人信息世界的理论效度加以讨论。为达此目的，在实际分析中，需要将受访者对不同类型信息源的选择与其个人特征因素结合起来加以分析。例如，受访者受教育水平、职业类型与其提名重要信息源之间，就很可能存在关联（表 3-8）。

表 3-8 最重要信息源提名情况

变量名	测量项目	说明	
horizon1_1	最重要信息源-书籍或文献	传统信息源	对于信息源视野的分析可从如下三个角度展开 第一，可以对不同类型信息源进行赋分，然后汇总总分成为一个变量。将这个变量与个人信息世界得分进行分析，以确定个人信息世界测量的复本信度 第二，可以将各类型信息源与个人信息世界相关维度的测量进行关联分析，以确认相关模型的稳健性 第三，将各信息源独立作为因变量
horizon1_2	最重要信息源-熟人	人际信息源	
horizon1_3	最重要信息源-上网	网络信息源	
horizon1_4	最重要信息源-阅读	传统信息源	
horizon1_5	最重要信息源-研究者	人际信息源	
horizon1_6	最重要信息源-大学	机构信息源	
horizon1_7	最重要信息源-家人	人际信息源	
horizon1_8	最重要信息源-电视	传统信息源	
horizon1_9	最重要信息源-专业杂志	传统信息源	

① Savolainen R. Everyday life information seeking：Approaching information seeking in the context of 'way of life'[J]. Library & Information Science Research，1995，3(17)：259-294.

续表

变量名	测量项目	说明	
horizon1_10	最重要信息源-商业企业	机构信息源	对于信息源视野的分析可从如下三个角度展开 第一，可以对不同类型信息源进行赋分，然后汇总总分成为一个变量。将这个变量与个人信息世界得分进行分析，以确定个人信息世界测量的复本信度 第二，可以将各类型信息源与个人信息世界相关维度的测量进行关联分析，以确认相关模型的稳健性 第三，将各信息源独立作为因变量
horizon1_11	最重要信息源-同事	人际信息源	
horizon1_12	最重要信息源-研究成果	传统信息源	
horizon1_13	最重要信息源-亲戚	人际信息源	
horizon1_14	最重要信息源-图书馆	传统信息源	
horizon1_15	最重要信息源-学生	人际信息源	
horizon1_16	最重要信息源-手机	网络信息源	
horizon1_17	最重要信息源-剧院	机构信息源	
horizon1_18	最重要信息源-学校员工	人际信息源	
horizon1_19	最重要信息源-市民活动	人际信息源	
horizon1_20	最重要信息源-专家	人际信息源	
horizon1_21	最重要信息源-妻子/丈夫	人际信息源	
horizon1_22	最重要信息源-电影	传统信息源	
horizon1_23	最重要信息源-过路人	人际信息源	
horizon1_24	最重要信息源-电话	传统信息源	
horizon1_25	最重要信息源-父母	人际信息源	
horizon1_26	最重要信息源-老师	人际信息源	
horizon1_27	最重要信息源-期刊	传统信息源	
horizon1_28	最重要信息源-光盘资料	传统信息源	
horizon1_29	最重要信息源-报纸	传统信息源	
horizon1_30	最重要信息源-电子邮件	传统信息源	
horizon1_31	最重要信息源-朋友	人际信息源	
horizon1_32	最重要信息源-收音机	传统信息源	
horizon1_33	最重要信息源-个人经验	人际信息源	
horizon1_34	最重要信息源-字典	传统信息源	
horizon1_35	最重要信息源-培训课程	机构信息源	
horizon1_36	最重要信息源-组织机构	机构信息源	
horizon1_37	最重要信息源-其他		

3.2.2　次重要信息源

对次重要信息源的分析可以结合最重要信息源进行比较分析。各类型信息源见表 3-8。

3.2.3　最不重要信息源

对最不重要信息源的分析，同样需要结合受访者的个体特征加以分析。在实际分析中，要突出解读为什么在特定受访者看来这些信息源是最不重要的，据此反证其信息贫富状况。各类型信息源见表 3-8。

3.3　信息能力感知与 ICT 的使用

3.3.1　信息能力自我感知

这些变量与个人信息世界各维度得分之间存在着相互印证的关系，在实际分析中，可以用来验证模型的稳健性。此外，这些变量可以用来支持动力维度的分析（表 3-9）。

表 3-9　受访者信息能力自我感知测量

测量项目	变量名	标签
工作中遇到问题时的信息获取渠道	jobsupport	这些变量可以作为控制变量，应用于后续的数据分析。另外，予以赋分后可作为与其他变量对应的分析变量进行分析
阅读与上网丰富了受访者的知识	enable	
上网扩大了受访者的人际圈子	personnet	
自我感知每天的信息需求	infoneed	
信息对升职是否重要	promotion	
找工作时对网络的依赖度	jobsearch	
手机不能上网时是否着急	cellrely	
获取信息是否有利于孩子成长	kidedu	
获取信息是否有利于保护自己的权益	selfprotect	
做决策前先上网查询	decision	
信息获取增加收入	increaseinc	
了解国家政策	policy	
您平时关注的新闻是	newsC	
	newsL	

3.3.2 ICT 使用情况

这些变量与个人信息世界各维度得分之间存在着相互印证的关系，在实际分析中，可以用来验证模型的稳健性。此外，这些变量可以用来支持动力维度的分析（表 3-10）。

表 3-10　手机使用情况调查

测量项目	变量名	标签
第一次拥有手机	cellphone	第一次拥有手机
第一次手机上网	internetcell	第一次手机上网
第一次拥有电脑	PC	第一次拥有电脑
第一次电脑上网	internetPC	第一次电脑上网
每月上网费用	internetfee	每月上网费用
身边可以上网的电脑	PCnumber	身边可以上网的电脑
过去一个月手机使用情况	celluse1	接打电话
	celluse2	接发信息
	celluse3	接发邮件
	celluse4	玩网络游戏
	celluse5	拍摄照片或视频
	celluse6	使用搜索引擎
	celluse7	使用社交媒体
	celluse8	听音乐或看视频
	celluse9	定位或导航
	celluse10	使用理财工具
	celluse11	使用电商平台购物
	celluse12	使用电商平台销售
	celluse13	看电子书或上网络公开课
	celluse14	浏览网络新闻
过去一个月电脑使用情况	PCuse1	文字编辑或数据管理
	PCuse2	接发信息
	PCuse3	接发邮件
	PCuse4	玩网络游戏

续表

测量项目	变量名	标签
过去一个月电脑使用情况	PCuse5	使用搜索引擎
	PCuse6	使用社交媒体
	PCuse7	听音乐或看视频
	PCuse8	使用理财工具
	PCuse9	使用电商平台购物
	PCuse10	使用电商平台销售
	PCuse11	看电子书或上网络公开课
	PCuse12	浏览网络新闻
早上醒来打开手机的第一件事	cellinitial1	刷朋友圈
	cellinitial2	看微信或 QQ
	cellinitial3	看今日头条
您使用快手或抖音吗	tiktok	是否使用快手或抖音

3.3.3 信息获取渠道

这些变量与个人信息世界各维度得分之间存在着相互印证的关系，在实际分析中，可以用来验证模型的稳健性。此外，这些变量可以用来支持动力维度的分析（表 3-11）。

表 3-11 受访者所获新闻资讯的获取渠道调查

测量项目	变量名	标签
您平时关注的新闻是	newsC	中央新闻
	newsL	地方新闻
最近半年来，您了解新冠疫情的主要途径是	channel1	了解疫情渠道-看电视
	channel2	了解疫情渠道-读报纸
	channel3	了解疫情渠道-百度查询
	channel4	了解疫情渠道-今日头条
	channel5	了解疫情渠道-听别人说
如果在生活上遇到问题，您首先会想到从什么渠道获得信息	dailyinf	生活信息获取渠道

3.4　信息贫困的关联因素

3.4.1　人口统计学变量

表 3-12 这些变量主要作为控制变量或分组变量使用。

表 3-12　人口统计学变量

题目内容	变量名	标签	说明
受访者的性别	gender	性别	由于这些变量的外生性，这些变量适合作为控制变量加以分析。要注意教育水平同时已作为智识维度使用 另外，家庭人口数量与婚姻状况也可以与社会资本进行关联分析
受访者的年龄	age	出生年份	
受访者的居住地	reside	居住地	
最后阶段的教育	edulevel	最后阶段的教育水平	
家庭人口数量	familypop	家庭人口数量	
受访者婚姻状况	marriage1	受访者婚姻状况	
受访者婚龄	marriage2	受访者婚龄	
城市受访者工作类型	urbanjob	城市受访者工作类型	

3.4.2　社会资本与社会支持

考虑到社会资本和社会支持变量的外生性，在实际分析中，表 3-13 中的变量可以作为控制变量加以使用。这些变量很可能存在调节效应，因此，在具体分析中要留意。

表 3-13　社会资本与社会支持的测量

测量项目	变量名	标签
家庭成员最高学历	edufamily	这些变量作为社会资本和社会支持的测量，可以按照相关理论计为一个总分，也可对部分维度进行汇总计算 社会资本与社会支持变量可以作为自变量或控制变量加以使用。后续研究中，也可以进一步检验调节效应甚至中介效应
14 岁时父亲教育水平	Fedu	
14 岁时父亲职业	Fjob	
14 岁时母亲教育水平	Medu	
14 岁时母亲职业	Mjob	
受访者的第一份工作	firstjob	
农村居民最近五年所从事的工作	ruraljob	
农村外出务工者的第一次外出务工的时间	ruraljobT1	

续表

测量项目	变量名	标签
农村外出务工者的第一次外出务工的工作地点	ruraljobL1	这些变量作为社会资本和社会支持的测量，可以按照相关理论计为一个总分，也可对部分维度进行汇总计算 社会资本与社会支持变量可以作为自变量或控制变量加以使用。后续研究中，也可以进一步检验调节效应甚至中介效应
农村外出务工者的第二次外出务工的时间	ruraljobT2	
农村外出务工者的第二次外出务工的工作地点	ruraljobL2	
农村外出务工者的第三次外出务工的时间	ruraljobT3	
农村外出务工者的第三次外出务工的工作地点	ruraljobL3	
已婚受访者配偶的教育水平	mateedu	
已婚受访者配偶的工作	matejob	
受访者有无子女	kids	
有子女受访者子女数量	kidsnumber	
受访者第一个子女就学学校的层次	kidschool11	
受访者第一个子女就学学校的位置	kidschool12	
受访者第二个子女就学学校的层次	kidschool21	
受访者第二个子女就学学校的位置	kidschool22	
受访者第三个子女就学学校的层次	kidschool31	
受访者第三个子女就学学校的位置	kidschool32	
如果电脑或手机出现故障，首先寻求谁的帮助	techsupport	

3.4.3 收入

收入变量从理论上是信息贫困的结果变量。在实际分析中，需要补充更多经济类的文献，才能明确其理论关系（表 3-14）。

表 3-14 受访者收入情况调查

测量项目	变量名	标签
受访者十年前收入	income10	收入是一个重要的结果变量。但在有一些研究中，收入也可能是基本的控制变量
受访者五年前收入	income5	
受访者三年前收入	income3	
受访者两年前收入	income2	
受访者去年收入	income1	
受访者去年的家庭总收入	familyinc	
受访者目前个人平均收入	averageinc	
参加医保的时间	medcare	

3.4.4 自我感知生活水平

表 3-15 中的此类变量主要作为调节变量加以分析。

表 3-15　受访者对其生活水平的自我感知测量

测量项目	变量名	标签
受访者生活水平的层次	lifelevel	此变量也可以作为自变量或控制变量使用，也可以进一步检验调节效应和中介效应
与同龄人相比的社会经济地位	SES1	
与三年前相比的社会经济地位	SES2	
受访者对自己生活是否幸福的感知	happiness	

习　　题

简答题：

1. 人口统计学特征与信息贫困状况之间的关联。
   （1）如何识别不同性别、职业、收入的受访者在个人信息世界特定维度上的差异？
   （2）在实证研究中，对上述人口统计学变量加以控制的原理是什么？
   （3）除本章所列的个人因素外，还有哪些个体因素会对信息贫困产生影响？
2. 社会资本与信息贫困的理论关联。
   （1）社会网与信息贫困测量之间有何相似性？
   （2）“弱连带优势”（strength of weak ties）理论对于信息贫困研究有何理论启示？
   （3）如何基于“小世界”理论提出信息贫困研究的假设？
3. 受访者自我意识与其信息贫困状况的关联。
   （1）自陈式测量应用于信息贫困测量的意义是什么？
   （2）信息能力自我意识的测量项目如何与质性的访谈文本分析相结合？

计算机练习：

1. 对个人信息世界量表的各维度进行赋分。
   （1）根据动力维度的赋分规则，对和政数据中的女性受访者进行赋分。
   （2）根据可及信息源维度的赋分规则，对和政数据中收入超过 5000 元的人群进行赋分。
   （3）将惯用信息源前五个测量项目转化为信息资产，并进行赋分。
2. 对个人信息世界量表的各维度进行百分制转换。
   （1）求出内容要素的总分，并进行百分制转换。
   （2）求出边界要素的总分，并进行百分制转换。
   （3）求出动力要素的总分，并进行百分制转换。
3. 求个人信息世界八个维度的总分，并计算基尼系数。

第 4 章　循证信息贫困研究的证据类型与定量分析

信息贫困是一种非常复杂的社会现象。在农业社会和工业社会，信息并没凸显出其作为社会最重要战略资源和市场要素的重要性，因此信息贫困问题并未引起人们的关注。随着社会信息化程度的加深，个人的贫困和社会的进步都需要被赋予新的且具有时代特征的界定和解读。这种解读主要涉及两个层面：一是微观个体层面，须首先了解信息贫困是如何发生的；二是宏观社会层面，需要考察信息贫困现象如何得以有效治理。第 3 章已对信息贫困研究的理论基础和测量工具进行了介绍，并提出了信息贫困研究中的诸多一般性研究问题。本章中，4.1 节将概要介绍信息贫困研究领域主要的数据搜集和分析方法，4.2 节主要介绍信息贫困研究数据的结构，4.3 节将重点介绍信息贫困研究数据的分析步骤。

4.1　信息贫困研究证据的数据类型

如果我们得到了一种关于信息贫困现象的理论解释（如知识沟假说），那么，我们如何对其展开经验研究呢？或者，我们如果想发展一个关于信息贫困的理论框架，那该如何获得经验数据的支持？设想如何获得关于个体是信息贫困还是富裕的经验数据呢？又或者，我们基于相关领域的理论对信息贫困现象做出了一些假设，我们如何通过经验数据对这些假设加以验证呢？与经济、管理、社会等其他领域的研究相类似，信息贫困方面的研究者可能随时都面临着对上述令人生畏的问题做出回答的挑战。

4.1.1　定性数据和定量数据

在信息贫困研究领域（如同其他社会问题的研究领域一样），无论是信息贫困的理论研究还是实证分析，都首先需要得到可靠的经验数据。一般来说，如果按照搜集与分析方法的不同来划分，那么信息贫困研究领域的经验数据可大致分为定性数据和定量数据两种类型。

观察和访谈是信息贫困领域常用的定性数据搜集方法。在对信息贫困人群的“小世界”现象加以研究的过程中，美国学者查特曼曾大量观察了服刑人员、底层劳动妇女等人群。观察法获取数据的主要形式是研究者对所观察到的现象加以记录。具体记录形式可以是录音、录像、书面记录等多种形式，但通常作为研究资料的观察数据是文字资料。同样，在发展个人信息世界概念框架的过程中，于良芝教授大量采用了访谈法收集经验数据。在访谈的具体形式上，信息贫困研究者可以采用个别访谈形式，也可以采用焦点组形式集中访谈。与观察法相类似，尽管访谈结果可能以录音、录像及书面记录等形式呈现，但最终用于分析时，常常都转化为文字资料。由此可见，对于信息贫困领域的定性研究而言，文字资料是主要的数据呈现形式。在社会科学领域，扎根理论和案例研究是定性数据分析的主流方法，基于此而展开的研究也被称为质性研究方法。

与定性研究相对应，当前信息贫困领域主流的研究方法是定量研究方法。问卷调查是信息贫困领域研究定量数据的主要搜集方式。与观察、访谈等方法不同，问卷调查可以获得大量第一手的定量数据。当经过精心设计的调查问卷（或量表等形式的测量工具）与合理的抽样方式相结合时，所获的数据就可以应用主流的定量分析方法加以分析。在信息贫困研究领域，问卷调查是非常高效的数据搜集方式。迄今为止，在信息贫困研究的各个领域都已出现了大量的问卷与测量工具。本课题所使用的《个人信息世界量表》就是其中的一个例子。

除问卷调查之外，科研研究领域所发展的实验、准实验与自然实验方法对于信息贫困领域的研究也有借鉴价值。与问卷调查法相比，实验相关的研究方法的重要优势是对潜在的因果加以揭示。实验法对于因果关系加以验证的主要原理是基于对控制组与实验组的对照。随机对照试验方法源自自然科学领域，是目前在科学研究中确定因果关系最为有效的方法之一。但遗憾的是，在信息贫困研究领域，组织随机对照试验几乎是不可能的。这是因为，像信息贫困这种复杂的社会现象，在研究中既无法完全随机地选择研究对象，也难以如同自然科学那样有效地对无关变量加以控制。更重要的是，由于伦理、成本等方面的原因，对于信息研究者所关注的自变量，常常难以实现有效操作，以观测其效应。相对而言，准实验和自然实验方法因为更接近于信息贫困发生的社会情境，因此也具有更大的应用价值和理论效度。基于准实验和自然实验而展开信息贫困研究的主要优势在于对无关变量的控制，而多元回归分析中通过加入控制变量也可以实现类似的目标。因此，准实验、自然实验和问卷调查方法除在“控制”无关变量的时机、程序、方法等方面有所区别外，其实质是一样的。

针对信息贫困研究中的定量数据，迄今为止，有两种类型的分析方法比较盛行：一种是基于多元回归而发展的计量经济学模型，另一种是基于潜变量理论而发展的结构方程模型。这两种方法之间也分享了大量基本的原理与工具。本书后续的定量分析部分，就主要是围绕这两种方法展开的。

在信息贫困研究领域，无论是定性研究方法，还是定量研究方法，其数据从获得途径上都明显区别于自然科学领域的实验，因此，可大致称之为非实验数据。信息贫困研究领域的非实验数据主要强调这些并非从控制实验而来，但信息贫困研究也可能通过控制实验而获得的数据。对于信息贫困研究领域实验数据的取得与分析，本章将在后续部分加以介绍。与定量研究相比，对于以文字资料为主要形式的信息贫困研究定性数据的分析，并没有统一的程序、模式或方法。关于信息贫困领域这些定性分析方法的讨论，将在定量分析方法之后进行。

需要注意的是，上述关于信息贫困研究领域数据搜集和分析方法的分类并非绝对，观察、访谈与问卷调查的数据亦可称之为观测数据或回顾。事实上，将信息贫困领域的定量数据搜集方法分为调查和实验法两类，只是强调前者是被动收集数据这一事实而已。

4.1.2 横截面数据、时间序列数据与面板数据

在实际的研究情境中，无论是通过实验还是观测，如果按照所获取数据实际特征，就可将信息贫困领域的定量数据划分为如下几种类型。

第一种是横截面数据（cross-sectional dataset）。所谓横截面数据，是指在给定时点对个人、家庭、企业、城市、国家或一系列其他单位采集样本所构成的数据集。需要注意的是，有时候，横截面数据中所有单位的数据并非完全对应于同一时间段。例如，受访者可能在一年中不同的时点被调查。通常，横截面数据中细小的时间差别被忽略了，因此，即使在不同时点上获得的数据，也仍被视为纯粹的横截面数据集。横截面数据通常隐含一个重要假定，即这些样本数据通过在总体中随机抽样而得到。

在实际的信息贫困研究中，完全随机的抽样事实上是不可能的。例如，如果我们对可及信息源如何转化为可获信息源感兴趣，虽然我们尽可能随机地选择了受访者，但因为信息源的可及人群在总体中的分布是有规律的，因此，所获得的样本其实也就无法做到完全随机。但是，基于很多现实原因，我们常常是在随机抽样框架下进行统计处理的。

表 4-1 是我们于 2020 年 8 月在甘肃陇西调研得到的数据的一个简要截图。这个截图是 Excel 中的格式。其中第一列只是一个序号，其他列各反映了一个测量的变量。

表 4-1 横截面数据的 Excel 格式

number	newsL	dynamic21	dynamic22	dynamic23	dynamic24	Channel1	Channel2
0300101	1	1	2	3	2	5	3
0300201	1	2	3	3	2	5	4
0300302	4	2	3	3	2	4	3

续表

number	newsL	dynamic21	dynamic22	dynamic23	dynamic24	Channel1	Channel2
0300401	4	3	3	3	3	5	5
0300501	2	2	3	3	3	4	4
0300602	1	3	3	1	1	3	3
0300701	2	1	3	1	1	1	1
0300802	2	1	2	1	1	1	1
0300902	1	1	3	3	1	2	2
0301002	2	1	3	3	3	5	3
0301102	1	1	2	2	1	5	3
0301202	2	2	3	3	3	5	5
0301302	2	1	3	2	2	4	1
0301402	3	1	3	2	3	2	1
0301502	1	1	3	1	3	1	1

对于信息贫困研究者而言，获定量数据的目标是进行有效的统计分析。因此，需要将上述数据导入统计软件加以处理。在 stata 中，表 4-1 的数据格式如表 4-2 所示。

表 4-2　横截面数据的 stata 格式

number	newsL	dynamic21	dynamic22	dynamic23	dynamic24	Channel1
0300101	从不关注	从不	偶尔	经常	偶尔	完全符合
0300201	从不关注	偶尔	经常	经常	偶尔	完全符合
0300302	每天都关注	偶尔	经常	经常	偶尔	有点符合
0300401	每天都关注	经常	经常	经常	经常	完全符合
0300501	每个月关注一两次	偶尔	经常	经常	经常	有点符合
0300602	从不关注	经常	经常	从不	从不	不确定
0300701	每个月关注一两次	从不	经常	从不	从不	完全不符合
0300802	每个月关注一两次	从不	偶尔	从不	从不	完全不符合
0300902	从不关注	从不	经常	经常	从不	有点不符合
0301002	每个月关注一两次	从不	经常	经常	经常	完全符合
0301102	从不关注	从不	偶尔	偶尔	从不	完全符合
0301202	每个月关注一两次	偶尔	经常	经常	经常	完全符合
0301302	每个月关注一两次	从不	经常	偶尔	偶尔	有点符合
0301402	每个星期关注一两次	从不	经常	偶尔	经常	有点不符合
0301502	从不关注	从不	经常	从不	经常	完全不符合
0301601	每天都关注	从不	经常	偶尔	偶尔	有点符合

在以上两张表所显示的数据中，有连续的数值型变量，也有 0-1 型的分类变量。这些变量的具体统计处理，构成了信息贫困定量研究的核心。

信息贫困研究领域的第二种数据类型是时间序列数据（time series data）。时间序列数据是由一个或几个变量在不同时点上的观测值所构成的。例如，以月为单位，对淘宝商品检索数量进行统计。时间序列数据分析的逻辑是，过去的事件可以影响到未来的事件，行为滞后性是社会科学中的普遍现象，因此，时间本身是一个非常重要的分析维度。与横截面数据不同的是，时间序列数据观测值按时间先后排序。对于信息贫困问题的研究者而言，移动平均及季节效应的计算都是基本的统计方法。

信息贫困研究领域的第三类数据形式是混合横截面数据（pooled cross-section data）。此类数据既有横截面数据的特点，又有时间序列的特点。例如，我们曾于 2012 年对天津、东莞、太原、兰州、大连、阳泉六个城市的六千余位城市居民进行了信息贫富状况的调查，2016 年，我们进一步对甘肃、陕西、青海等西部省份的农村地区的 990 位农村居民进行了调查；2019 年 8 月和 2020 年 8 月，又两次通过西北师范大学在校学生团队对城乡居民进行了调查，分别获得了 1500 份和 700 份问卷。由于这一系列的调查都是基于同一个研究问题而展开，但却是在不同的时点进行的，就构成了一组混合横截面数据。

在信息贫困研究领域的第四类数据形式是面板数据（panel data），也是携带统计信息最为丰富的数据形式。面板数据是由数据集中每个横截面单位的一个时间序列组成。例如，我们针对北京市的多家互联网企业搜集了其 5 年活跃用户、营销支出、销售收入等方面的数据，或针对同一组县搜集了其 5 年来的网民数量、在线购物费用等。

面板数据与横截面数据最主要的区别是，面板数据增加了对研究对象的追踪。这种追踪，极大地增加了数据获取的难度，但也非常有效地拓宽了统计分析的空间，从而使我们可以通过面板数据的分析回答许多横截面数据无法回答的问题。当前，在计量统计领域发展的双重差分、断点回归等新型的因果效应识别的方法，通常都是基于面板数据的。

4.2 信息贫困定量分析的三个功能

如同其他社会科学领域的研究一样，信息贫困研究大致有如下三个目的：描述、预测和因果关系识别。所谓描述，是指把信息贫困这种社会现象的各种特征通过数字和文字加以展现。例如，通过条形图描述不同性别人群对图书馆这种信息源的使用差别。描述是信息贫困研究的初始阶段。在具体研究中，对信息贫困现象描述得越全面，则研究者对信息贫困现象的把握就越准确。

例 4.1　受访者可及信息源使用情况的描述

2012 年，周文杰对全国六个城市进行了调查，针对城市人群信息贫富分化状况获得了问卷 4548 份。经过数据整理与清洗后，最终用于数据分析的有效问卷数为 3368 份，结果如图 4-1 所示。

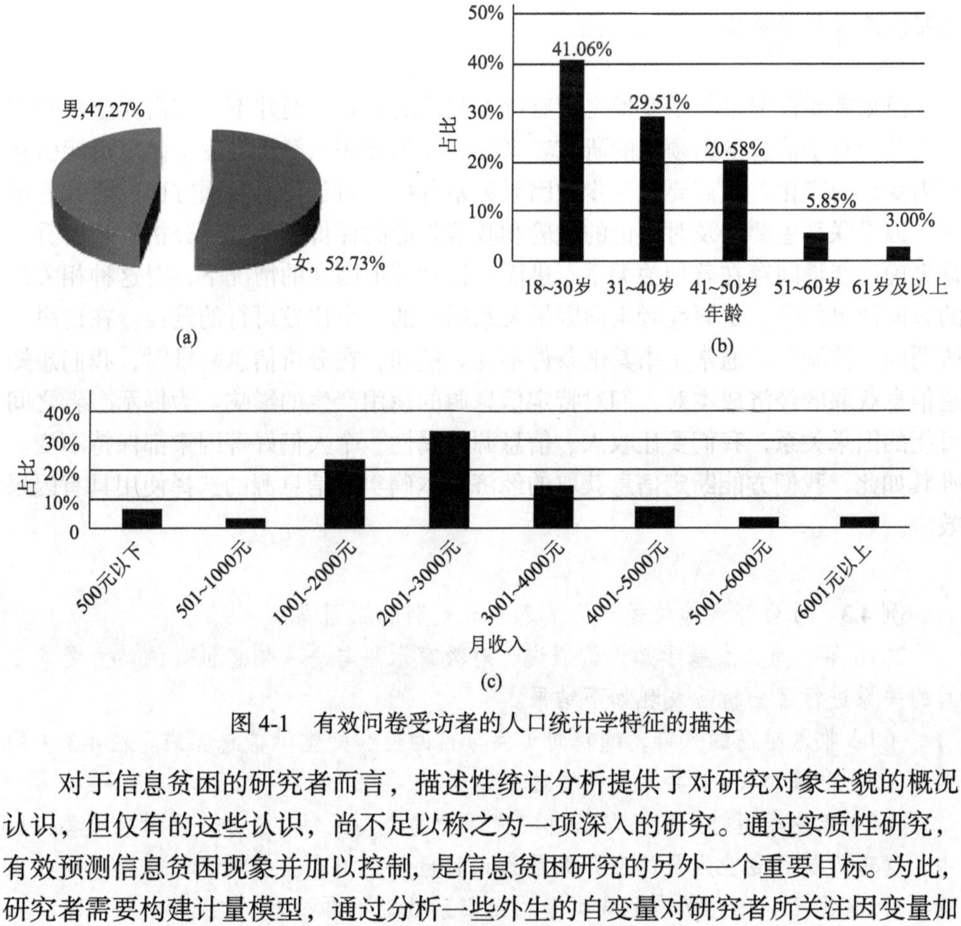

图 4-1　有效问卷受访者的人口统计学特征的描述

对于信息贫困的研究者而言，描述性统计分析提供了对研究对象全貌的概况认识，但仅有的这些认识，尚不足以称之为一项深入的研究。通过实质性研究，有效预测信息贫困现象并加以控制，是信息贫困研究的另外一个重要目标。为此，研究者需要构建计量模型，通过分析一些外生的自变量对研究者所关注因变量加以预测，也是信息贫困研究的一个重要目标。

例 4.2　通过子女的外出就学预测家长的信息源使用偏好

我们在甘肃农村的调研中发现，许多家庭有孩子在外地上学。那么，为了保持和孩子的联系，家长是否会倾向于更加频繁地使用某种信息源呢？也就是说，我们能否预期，孩子的外出上学会导致家长信息源使用情况发生变化呢？如果这种预期是合理的，同时由于孩子外出上学的行为发生于家长信息源改变之前，那么，我们可以用孩子外出就学来预测家长的信息源使用偏好变化。于是，我们测量了孩子外出就学和家长信息源使用偏好这两个变量，在控制其他变量的情况下，构建了定量分析模型。基于这一模型，就可以对那些孩子将要（但尚未）外出就学的家庭，预测今后一个时期内家长信息源偏好的可能变化。这种预测，不仅有利于揭示家长信息需求与信息贫富状况的变化，而且也对于一些应用性项目的开发具有参考价值。

预测需要自变量与因变量之间有比较明确的关系，但并不一定需要坚实的理论关系。对于信息贫困领域的研究者来说，如果要深入解析自变量何以可能引起了因变量的变化，则需要进一步的因果关系分析。对于信息贫困方面的研究者来说，因果联系主要涉及对理论的检验和政策效应的评价。从统计分析的角度看，首先确认变量间存在着相关关系，进而在控制其他因素的情况下，对这种相关性的方向做出判断，是研究者走向因果关系揭示的一个比较可行的路径。在这里，所谓的“控制”，通常是指其他条件不变。例如，在分析信息需求时，我们想知道信息获取的经济成本对人们对特定信息源的使用产生的影响。为揭示二者之间可能的因果关系，我们要让收入、信息源的属性、个人偏好等因素都保持不变。唯其如此，我们方能断定信息获取的经济成本确实对信息源的选择使用具有因果效应。

例 4.3　社会经济地位是人们信息获取差别的原因吗？

2016 年，周文杰基于知识沟假说，对教育水平与个人信息世界的动力要素之间的关系进行了分析后发现如下结果。

（1）收入越高的人群，越趋向于参与目的性和知觉性信息实践。表 4-3 中的模型（2）和模型（4）共同支持了这一结论。

（2）职业类型对人们参与信息实践活动的类型无独立影响。尽管在模型（1）中，管理人员和专业人员的回归系数为正且显著，但在当控制了教育水平和收入状况后[模型（4）]，所有职业类型的回归系数都不再显著。

（3）各种教育层次的人群之间在参与信息实践的类型方面并无明显差异。虽然在模型（3）中，除大学水平的受教育者回归系数统计显著，但由模型（4）可见，当把职业类型和收入水平加入模型后，各层次的教育水平的回归系数都不再显著。

表 4-3　收入、职业类型和教育水平对人们信息实践类型的影响

项目	(1)	(2)	(3)	(4)
男性	0.636	1.836*	0.934	1.719
	(0.71)	(2.23)	(1.14)	(1.89)
年龄	−4.540***	−5.410***	−5.903***	−5.978***
	(−10.51)	(−15.74)	(−9.63)	(−8.65)
少数民族	4.048	2.881	5.215	2.036
	(1.86)	(1.41)	(1.66)	(0.91)
销售人员	−0.720			−1.986
	(−0.33)			(−0.90)
制造业、交通业及类似工人	−2.777			−5.146
	(−1.44)			(−1.60)
办事人员	1.226			−0.888
	(0.66)			(−0.46)
管理人员	5.894***			−0.0780
	(5.34)			(−0.04)
专业人员	5.132**			−1.089
	(5.21)			(−0.63)
收入		2.077***		2.386***
		(7.91)		(6.83)
小学			−2.574	4.769
			(−0.39)	(0.61)
初中			−4.672	−0.463
			(−0.83)	(−0.07)
高中			−1.736	2.210
			(−0.31)	(0.34)
技校/中专			5.421	5.310
			(0.62)	(0.81)
大专			7.728	8.727
			(1.41)	(1.33)
大学			15.17*	11.90
			(2.31)	(1.75)

续表

项目	(1)	(2)	(3)	(4)
硕士及以上			9.496	9.088
			(1.50)	(1.23)
_cons	67.88***	64.16***	64.28***	55.21***
	(35.74)	(39.55)	(11.31)	(7.62)
N	2739	3095	3051	2571

注：括号中为 t 值，*表示 $p < 0.05$，**表示 $p < 0.01$，***表示 $p < 0.001$

4.3 循证信息贫困研究定量数据分析的两类计量模型

信息贫困是一个具有明确应用价值的研究领域。就微观层次的信息贫困形成机理而言，个人信息世界内部的理论结构目前非常不明确。为此，在信息贫困研究中，不仅需要发展和完善相关理论，更需要构建实证模型并对现有的理论假设加以检验。一般而言，在信息贫困领域，研究借助定性数据来发展和完善理论，并借助定量数据来进行假设检验。

当涉及对信息贫困领域的理论假设进行检验时，就需要构造规范的统计模型。这些模型由描述信息贫困领域各种关系的数据方程构成。例如，在个人信息世界的概念框架下，需要用数理模型来描述信息源如何由可及、可获，最终形成人们的信息资产。这些模型形成了信息贫困问题分析的基础。

例 4.4 信息获取收益的计量模型

由于信息贫困领域还没有形成非常完备的理论体系，因此此处借鉴经济学的效用最大化框架，构建一个用以描述个人对信息源“理性”选择的模型。虽然每次信息源的选择使用都可能产生回报，但信息源的选择使用同样也有成本。从经济学关于效用最大化的理论视角来看，决定是否使用某种信息源是考虑各种选择行为的成本和收益后的一个“理性”决策。

在一般化的假定之下，我们便能推导出一个方程，把花在信息活动上的时间描述成各种影响因素的函数。这个方程可被表示为

$$y=f(x_1, x_2, x_3, x_4, x_5, x_6, x_7) \tag{4.1}$$

其中，

y=花在信息活动上的小时数；

x_1=信息活动的“额外”收益；

x_2=正常收益；

x_3=正常收入和信息收益之外的收入；

x_4=信息获取失败的概率；

x_5=信息获取失败后的机会成本；

x_6=信息获取的经济成本；

x_7=年龄。

虽然还有其他因素通常会影响个人对信息源的选择使用的决策，但上述因素从规范的经济分析来看可能具有代表性。如经济理论的惯常做法那样，我们未对式（4.1）中的函数 f 进行任何设定。这个函数取决于经济学角度的效用函数。尽管如此，借助于经济理论，我们可以对每个变量之于个体信息源的使用情况进行预测，这正是信息贫困研究的基础所在。

虽然规范的信息贫困模型的构建常常是实证研究的开始，但更普遍的情况是，信息贫困领域的多数研究问题都无法找到恰当而精确的理论依据。在很多情况下，信息贫困领域的实证研究由于一开始无法借助于规范的理论，在很多情况下是依赖于直觉（当然，那些借助于理论而构建的模型通常也都非常符合我们的直觉）。规范的理论推导常常带来很多直觉看不到的洞见，而基于直觉的推导也常常会推进理论认识的深化，二者是相得益彰的。

与例 4.4 不同，下面的例 4.5 就并没有依据规范的理论推理。

例 4.5　信息源使用与人们的收入

假如我们想了解信息源的使用对人们收入所产生的影响，此时，就基本不需要预先存在的规范的理论。信息社会的基本特征足以使我们认识到，面对信息化日益加深的社会条件，人们的教育、工作经历和信息源的使用效率会影响他们的收入。据此，我们可以构建如下模型：

$$\text{wage}=f(\text{educ, exper, inforuse}) \tag{4.2}$$

其中，

wage=年收入；

educ=受教育年限；

exper=工龄；

inforuse=信息源的使用效率。

虽然其他因素也会影响人们的收入，但立足于信息源使用情况，式（4.2）还是揭示了信息社会中信息作为生产要素的本质。

信息贫困实证研究中，理论模型与计量模型是既相区别又有联系的。由例 4.4

可见，理论模型在构建之前，我们已经基于理论关系的推导而明确了函数 $f(*)$ 的形式。但我们也必须注意到，就方程（4.1）而言，不仅存在一些变量无法准确观测的问题（例如，关于信息获取失败的概率，我们通常并不能直接观测到，但却可以推导出一个近似的概率来），甚至还存在一些变量很难被列入的情况。正是由于方程（4.1）是对效用最大化理论的极度简化推演，因此，虽然存在上述情况，但借助于方程（4.1），我们多少都还可以对信息社会中人们关于信息源选择使用的机制做出解释。

之所以应用经验数据去最大程度拟合一个源自理论推导的计量模型，在于我们需要借助于计量模型而解决理论模型中内在的不确定性。例如：在例 4.4 中，基于"理性人"的假设，人们之所以愿意把时间花在信息活动上，是为了实现其收益的最大化。效用最大化在信息实践方面的简化表达形式构成了如下模型：

$$\text{inforhr} = \beta_0 + \beta_1\text{inforbnf} + \beta_2\text{income} + \beta_3\text{inforfal} + \beta_4\text{inforcost} + \mu \tag{4.3}$$

其中，

inforhr=花在信息活动上的时间；

inforbnf=信息活动的额外收益；

income=正常的收入；

inforfal=信息获取失败的概率；

inforcost=信息获取的经济成本。

之所以选择上述变量，首先是基于对理性人假设下的效用最大化理论，同时也考虑了数据的可获性。μ 这一项包括了诸多不可观测的因素。这些因素中，有一些是可能对信息活动时间产生影响的变量，另外一些则是在对变量进行测量的过程中所产生的误差。理论上，可以通过增加变量来消除不可观测因素，但完全消除 μ 几乎是不可能的。在回归模型中，μ 叫做误差项（error term）或干扰项（disturbance term），这是计量分析中最重要的内容。

常数 β_0，β_1，β_2，β_3，β_4 是这个计量模型的参数，它们描述了在这个模型中个体选择使用信息源的决定因素与信息源使用时间之间关系的方向和强度。

对于例 4.5 来说，其完整的计量模型是

$$\text{wage} = \beta_0 + \beta_1\text{edu} + \beta_2\text{exper} + \beta_3\text{inforuse} + \mu \tag{4.4}$$

其中，μ 中包含的因素可能有天生能力、教育质量、家庭背景等，以及能影响一个工资的其他与信息使用的因素。在这些自变量中，显然我们更关心信息源的使用情况，因此，β_3 是我们关注的参数。

对信息贫困领域的研究者来说，实证研究通常是从一个计量模型设定开始的。在设定此类模型的过程中，对于一些细节问题，研究者常常暂时不予考虑。

这样做的主要原因是，对一个信息贫困计量模型进行仔细推导，不仅费时费力，而且研究者会因理论上的不完善性而陷入困境。如果把信息贫困研究领域的计量模型总结为理论导向和直觉推导两种类型的话，例 4.4 显然属于前者。在构建理论导向的信息贫困计量模型的过程中，研究者需要根据既有的理论逻辑，把任何一种信息贫困理论都体现在计量模型的设定之中。而对于例 4.5 这种基于直觉推导而构建的计量模型，则常常以本领域的“通用”逻辑和常识作为选择变量的向导。尽管后者看起来不如理论导向的计量分析那样深刻，但在实际研究中却通常更加高效、易用。

每一项信息贫困研究的经验分析都需要数据。在收集了数据之后，应用计量方法估计计量模型中的参数，并规范地检验所关心的假设。在宏观的信息贫困研究中，还需要借助计量模型展开政策效应的评估。

习　　题

简答题：

1. 我们计划开展一项信息贫困干预项目，以确定如果为大学提供 CNKI 检索的培训是否会提高他们毕业论文的成绩。
   （1）如果你能实施你想做的任何实验，你如何设计呢？
   （2）如果你能搜集到全国各类大学生使用 CNKI 与毕业论文成绩的数据，而且你也知道各大学对 CNKI 使用情况的培训课时数，为什么我们可以预期培训时数与毕业论文成绩正相关？
   （3）正相关关系一定意味着 CNKI 的培训导致了更好的毕业论文成绩吗？为什么？
2. CNKI 培训的目的是提高学生的文献检索能力。假设要求你评估 CNKI 培训是否提高了大学生的毕业论文质量，不过，你没有学生的个人数据，而是有安宁五校的数据。具体而言，对每所大学，你都有人均参加培训时数和毕业论文成绩方面的信息。
   （1）开展一次思维试验，仔细陈述这个研究问题背后的控制变量、干扰变量、无关变量、自变量与因变量。
   （2）文献数据库检验的培训有可能独立于学生的个人特征吗？学生可观测与不可观测的特征有哪些？
   （3）除学生的个人特征之外，再列出一个影响学生毕业论文的因素。
   （4）你如果发现培训时间与毕业论文成绩正相关，能令人信服地证明 CNKI 的培训提高了毕业成绩吗？
3. “学生参加 CNKI 培训的小时数与其毕业论文成绩正相关”这句话可否说成“学生参加 CNKI 培训导致了其毕业论文成绩的提高”？为什么？

计算机练习：

使用和政数据，完成如下任务。

1. 求出样本中的平均受教育程度，报告最低和最高受教育年数是多少？
2. 求出样本中的平均收入，并与当地当时平均收入进行比较，以确定是高还是低？
3. 应用因子分析，构造一个信息贫困指数。
4. 画出性别的饼图。
5. 样本中有多少男性使用数据库？
6. 求出个人信息世界内容维度的最大值和最小值，这个范围合理吗？
7. 根据个人信息世界得分，求出信息贫富的基尼系数。
8. 信息资产和个人幸福感的相关系数是多少？
9. 求个人信息世界八个维度的均值和标准差，你认为哪个维度波动最大？
10. 学历为大学的男性对今日头条的使用率是多少？
11. 学历为小学的男性对今日头条的使用率是多少？
12. 比较 10 和 11，你能否得出教育水平导致了对今日关系使用的不同的结论？

第 5 章　循证信息贫困研究中的简单回归

回归分析是当代社会科学实证研究的主流方法。本章中，将对以一元线性回归为主体的简单回归的基本原理及其主要统计假定加以系统介绍。

5.1　OLS 对样本数据的性质

5.1.1　拟合值和残差

如果以可及信息源（availableP）为自变量，构建一个用以解释信息资产（assetP）变异情况的简单回归模型，则我们基于样本人群的测量而得到的信息资产得分是一个观测值，而我们基于所构建模型计算得到的信息资产得分则是一个估计值。残差便是观测值与估计值之差。在关于信息资产的这个模型中，残差体现了在可及信息源之外的其他因素对于信息资产的影响。在总体中，残差对应着随机误差项。

基于我们针对陇西的样本人群调查得到的数据，我们可以计算得到截距和斜率的估计值 $\widehat{\beta}_0$ 和 $\widehat{\beta}_1$ ，这样我们就可能获得每个受访者信息资产得分的估计值 $\widehat{\mathrm{assetP}_i}$ 。信息资产的每个拟合值都在 OLS 的回归线上。与第 i 次观测相联系的 OLS 残差 $\widehat{\mu}_i$ 是信息资产维度上每个受访者实际得分 assetP_i 与其拟合值 $\widehat{\mathrm{assetP}_i}$ 之差。对于 $\widehat{\mu}_i$ ，最理想的情况是 $\widehat{\mu}_i = 0$ ，这意味着可及信息源 100%准确地解释了信息资产得分。显然，这在实际研究中几乎是不可能的。通常情况下，$\widehat{\mu}_i$ 或正或负但极少为零。若 $\widehat{\mu}_i$ 为正，则基于可及信息源构建的回归线低估了信息资产维度的实际得分 assetP_i ；若 $\widehat{\mu}_i$ 为负，则回归线高估了 assetP_i 。在信息贫困研究中，受访者在信息资产与其可及信息源、智识与信息检索手段之间都可以存在着线性的回归关系。为此，我们通过如下例子来对以上问题加以说明。

例 5.1　通过可及信息源预测和分析信息资产

基于我们对陇西样本人群的调查，我们计划构建一个预测信息资产的模型。为了寻找一个可靠的自变量，我们首先对两个可能对信息资产有预测功能的变量——可及信息源和可获信息源——与信息资产之间的关系进行理论分析。

从理论上讲，物理上可及的信息源对于其信息资产的累积具有基础性作用。换言之，一个物理上信息源并不非常匮乏的环境，是个体信息资产丰富化的前提条件。从信息源的可及性与信息资产之间的逻辑关系看，是因为先有了物理上可及的信息源，进而用户从中汲取了信息效用，最终才积淀了其信息资产。从这个意义上说，可及信息源之于信息资产是一个外生变量，具备经过可获信息源而预测信息资产的理论预期条件。

按照个人信息世界概念框架，可及信息源只有在用户的认知上可获时，才能得到用户的真正使用，也才有可能促使用户信息资产的丰富化。那么，可获信息源是否也可以用来预测信息资产呢？答案是否定的。这是因为，对于具体用户而言，可获信息源得分较高是其信息资产丰富的一个体现。从这个角度看，可获信息源是形成信息资产的原因。但用户可能因信息资产丰富而认知能力更强，从而导致其更可能把可及信息源转化为可获信息源。因此，从理论上讲，可获信息源与信息资产孰因孰果殊难判别。如果二者互为因果，则会导致可获信息源因内生性问题而难以对信息资产做出预测和分析。

基于上述理论基础，我们假设可及信息源是信息资产富裕化的原因，因而构成下述回归模型：

$$\text{assetP} = \beta_0 + \beta_1 \text{availableP} + \mu$$

式中，assetP 表示基于陇西调查而得到的受访者的信息资产得分；

availableP 表示基于陇西调查而得到的受访者的可及信息源得分；

μ 表示在可及信息源之外，对于信息资产丰富化有影响的其他因素。

```
. reg assetP availableP
      Source |       SS       df       MS              Number of obs =     634
-------------+------------------------------           F(1, 632)     =   90.42
       Model |  15851.1178     1  15851.1178           Prob > F      =  0.0000
    Residual |  110792.349   632  175.30435            R-squared     =  0.1252
-------------+------------------------------           Adj R-squared =  0.1238
       Total |  126643.467   633  200.068669           Root MSE      =   13.24
------------------------------------------------------------------------------

      assetP |      Coef.   Std. Err.      t    P>|t|     [95% Conf. Interval]
-------------+----------------------------------------------------------------
  availableP |   .2530668   .0266135     9.51   0.000     .2008053    .3053284
       _cons |    14.7187   1.151134    12.79   0.000     12.45819    16.97921
```

基于以上数据，我们基于 OLS 而估计的一元回归模型为

$$\widehat{\text{assetP}} = 14.72 + 0.25\text{availableP}$$

此式中，之所以没有出现 μ，是因为这是一个基于 OLS 而估计的均值模型，按照回归模型的假定，残差 μ 因随机性而均值为零。

我们计算前十位受访者的信息资产的实际得分与预测得分 $\widehat{\text{assetP}}$，以及每个样本上的残差值均值 $\hat{\mu}$。

例 5.2　通过可及信息源预测和分析收入

基于和政调研得出的数据样本，我们计划构建一个预测收入的模型。

当信息越丰富时，一般来说个人的收入水平也会越随之增加。因此从该意义上来说，可及信息源可以作为收入的一个外生变量，具备经过可获信息源而预测收入的理论预期条件。

就获得信息的场所、获取个人所需信息每日花费时长与收入的回归分析结果来看，回归结果的 p 值均大于 0.05，故不足以支持其线性回归关系成立。

```
. reg incomeY spaceP
      Source |       SS         df        MS      Number of obs   =       246
-------------+----------------------------------  F(1, 244)       =      0.90
       Model |  4.8330e+09       1  4.8330e+09    Prob > F        =    0.3443
    Residual |  1.3133e+12     244  5.3822e+09    R-squared       =    0.0037
-------------+----------------------------------  Adj R-squared   =   −0.0004
       Total |  1.3181e+12     245  5.3800e+09    Root MSE        =     73364
------------------------------------------------------------------------------
     incomeY |      Coef.   Std. Err.      t    P>|t|     [95% Conf. Interval]
-------------+----------------------------------------------------------------
      spaceP |   208.6608   220.1982     0.95   0.344    −225.0711    642.3928
       _cons |   39405.07   6238.692     6.32   0.000     27116.51    51693.63
------------------------------------------------------------------------------
```

```
. reg incomeY needspend
      Source |       SS         df        MS      Number of obs   =       237
-------------+----------------------------------  F(1, 235)       =      0.22
       Model |  1.2095e+09       1  1.2095e+09    Prob > F        =    0.6418
    Residual |  1.3101e+12     235  5.5751e+09    R-squared       =    0.0009
-------------+----------------------------------  Adj R-squared   =   −0.0033
       Total |  1.3114e+12     236  5.5566e+09    Root MSE        =     74667
```

incomeY	Coef.	Std. Err.	t	P>|t|	[95% Conf. Interval]	
needspend	844.8082	1813.762	0.47	0.642	−2728.502	4418.119
_cons	41278.03	6481.277	6.37	0.000	28509.2	54046.85

基于上述理论，我们假设可及信息源是收入增加的原因，因而构成下述回归模型：

$$\text{incomeY} = \beta_0 + \beta_1 \text{availableP} + \mu$$

式中，incomeY 表示基于和政调查而得到的受访者的收入；availableP 表示基于和政调查而得到的受访者的可及信息源得分；μ 表示在可及信息源之外，对于收入有影响的其他因素。

. reg incomeY availableP

Source	SS	df	MS			
				Number of obs	=	251
				F(1, 249)	=	4.30
Model	2.2448e+10	1	2.2448e+10	Prob > F	=	0.0392
Residual	1.3002e+12	249	5.2216e+09	R-squared	=	0.0170
				Adj R-squared	=	0.0130
Total	1.3226e+12	250	5.2905e+09	Root MSE	=	72261

incomeY	Coef.	Std. Err.	t	P>|t|	[95% Conf. Interval]	
availableP	530.5368	255.8765	2.07	0.039	26.57848	1034.495
_cons	21822.93	11067.45	1.97	0.050	25.17528	43620.68

基于以上数据，我们基于 OLS 而估计的一元回归模型为

$$\widehat{\text{incomeY}} = 21426.82 + 541.2071\text{availableP}$$

此式中，之所以没有出现 μ，是因为这是一个基于 OLS 而估计的均值模型，按照回归模型的假定，残差 μ 因随机性而均值为零。

通过以下命令，得到叠加拟合线的散点图（图 5-1）。

twoway lift incomeY availableP || scatter incomeY available

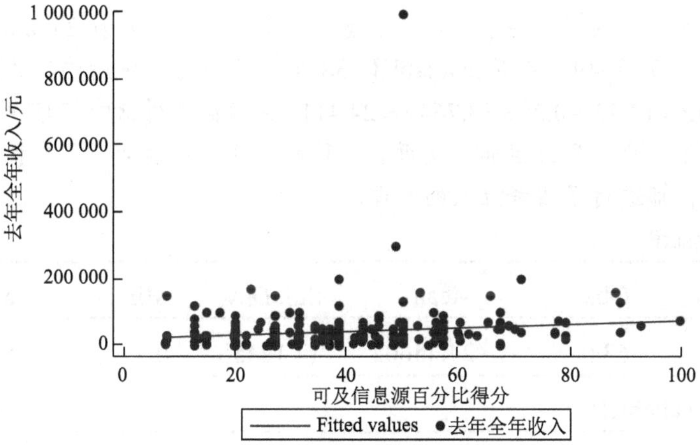

图 5-1　散点图示例

就我们上述可及信息源对收入的回归模型而言，对于任何 i 值，都有

$$\text{incomeY}_i = \widehat{\text{available}_i} + \widehat{\mu_i}$$

SST（总平方和）度量了样本人群收入 incomeY_i 中的总波动（收入在样本中的分散程度）。

SSE（解释平方和）度量了基于上式构建的回归模型而估计的 $\widehat{\text{available}_i}$ 的离散程度。

SSR（残差平方和）度量了无法通过可及信息源而估计的收入 $\widehat{\mu_i}$ 的波动。

5.1.2 OLS 统计量的代数性质

（1）OLS 残差和及其样本均值都为零。数学表述为

$$\sum_{i=1}^{n} \widehat{\mu_i} = 0 \tag{5.1}$$

OLS 的估计值 $\widehat{\beta_0}$ 和 $\widehat{\beta_1}$ 是根据残差和为零来选择的，并不涉及每一次观测的残差是多少。

（2）自变量和 OLS 残差的样本协方差为零。数学表述为

$$\sum_{i=1}^{n} \widehat{\mu_i} x_i = 0 \tag{5.2}$$

（3）点（$\bar{x}$，$\bar{y}$）总在回归线上。

例 5.3 性质（3）的证明

对于陇西调研数据，样本中可获信息源维度的平均得分为 24.456，信息资产的平均得分为 38.7649。若将 availableP=38.76 代入例 5.1 中所构建的回归方程，则得到 $\widehat{\text{assetP}} = 14.72 + 0.25 \times 38.7649 = 24.411$。回归估计得到的值与我们直接求得的均值虽然不完全一致，但非常接近。这种微小的不一致性，源自我们在计算截距和斜率中，都进行了四舍五入的处理。

. sum assetP

Variable	Obs	Mean	Std. Dev.	Min	Max
assetP	634	24.45602	14.14456	0	80.0844

sum availableP

Variable	Obs	Mean	Std. Dev.	Min	Max
availableP	713	38.7649	19.69065	0	99.98592

就我们上述可及信息源对信息资产的回归模型而言，对于任何 i 值，都有

$$\text{assetP}_i = \widehat{\text{assetP}_i} + \widehat{\mu}_i \tag{5.3}$$

因此，可以把可及信息源对信息资产的 OLS 估计看作把实际信息资产得分 asssetP_i 分成拟合值 $\widehat{\text{assetP}}$ 和残差 $\widehat{\mu}_i$ 两部分。在样本中，拟合值和残差不相关。据此，可以定义 SST、SSE 和 SSR。

SST，即总平方和（total sum of squares）度量了样本人群信息资产得分 assetP_i 中的总波动（或者说，它度量了 y_i 在样本中的分散程度）。SST 的计算公式为每个受访者信息资产实际得分 $assetP_i$ 与整个样本人群信息资产得分离差（$\text{assetP}_i - \overline{\text{assetP}}$）的平方和。即

$$\text{SST} = \sum_{i=1}^{n}\left(\text{assetP}_i - \overline{\text{assetP}}\right)^2 \tag{5.4}$$

SST 度量了样本人群中，信息资产得分的离散程度。如果以 SST 除以 n-1，则得到 y 的样本方差。即

$$\text{Var}\left(\text{assetP}_i\right) = \frac{\sum_{i=1}^{n}\left(\text{assetP}_i - \overline{\text{assetP}}\right)^2}{n-1} \tag{5.5}$$

SSE，即解释平方和（explained sum of squares）度量了基于例 5.1 所构建的回归模型而估计的 $\widehat{\text{assetP}}$ 的离散程度。其计算公式为

$$\text{SSE}=\sum_{i=1}^{n}\left(\widehat{\text{assetP}_i}-\overline{\text{assetP}}\right)^2 \tag{5.6}$$

SSR，即残差平方和（residual sum of squares，也叫剩余平方和）则度量了我们无法观测的变量的离散程度。其计算公式为

$$\text{SSR}=\sum_{i=1}^{n}\widehat{\mu_i}^2$$

因为 SST 度量了因变量的总变异程度，SSE 则度量了在 SST 中，通过回归模型可以得到估计的变异情况，剩余部分则被归入无法观测的变异 SSR 之中。所以 SSE 在 SST 中所占的比重，便是我们所构建的回归模型之于因变量总变异解释能力的基本表达。这就是拟合优度 R^2 的含义。仍然以可及信息源对信息资产的简单回归模型，通过图 5-2 来直观展示 R^2 得以构造的基本原理。

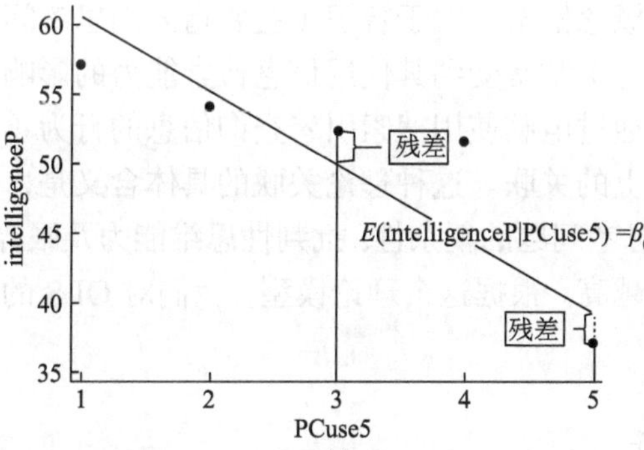

(a)

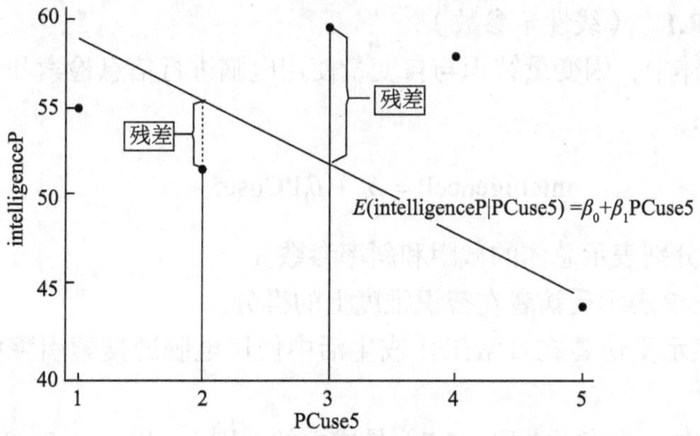

(b)

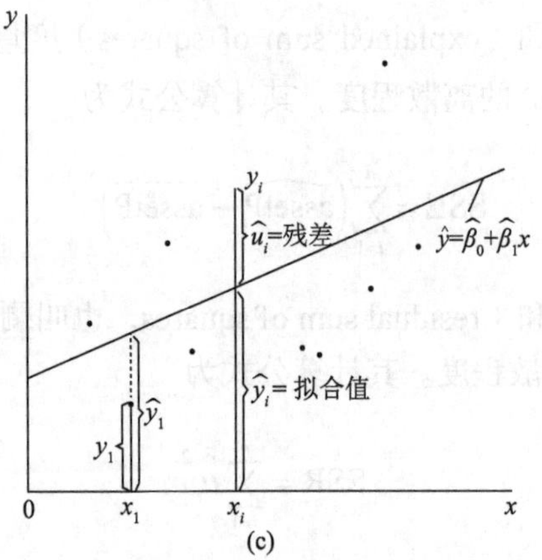

图 5-2　R^2 的含义

5.2　OLS 的无偏性和同方差性

按照个人信息世界概念框架，由于智识（主要指人们思考问题的复杂性、批判性思维能力及其眼界等）常常受到其使用信息检索能力的影响，据此，我们假设了智识维度的得分与通过电脑使用搜索引擎查询信息的行为（以下简称为电脑检索）之间存在着理论上的关联。这种理论关联的具体含义是，人们越频繁使用电脑进行信息检索，其思考问题的复杂性、批判性思维能力及眼界就可能越开阔，其智识维度的得分也会越高。根据这个理论模型，我们对 OLS 的几点假定可以展开解析。

5.2.1　OLS 的无偏性

假定 MLR.1　（线性于参数）

假设在总体中，因变量智识与自变量使用电脑进行信息检索和干扰项 μ 之间存在如下关系：

$$\text{intelligenceP} = \beta_0 + \beta_1 \text{PCuse5} + \mu \tag{5.7}$$

其中，β_0和β_1分别表示总体的截距和斜率参数。

intelligenceP 表示受访者在智识维度上的得分。

PCuse5 表示受访者在日常工作或生活中使用电脑通搜索引擎检索信息的频繁程度。

在此假定中，要使得方程（5.7）是成立的，则 intelligenceP、PCuse5 和干扰

项 μ 都是随机变量，且 PCuse5 对于 intelligenceP 的影响是线性的。事实上，我们也可以考虑上述两个变量之间可能存在的非线性关系，并据此对理论进行修正和完善。

假定 MLR.2　（随机抽样）

我们在陇西调研得到的数据是一个服从模型方程（5.7）的随机样本，样本容量为 642。

此时，方程（5.7）可写为

$$\text{intelligenceP}_i = \beta_0 + \beta_1 \text{PCuse5}_i + \mu_i \tag{5.8}$$

此式中，对因变量、自变量和干扰项都增加了下标 i，表示第 i 个观测。例如，intelligenceP_i 表示第 i 个受访者智识维度的百分制得分，PCuse5_i 表示第 i 个受访者对电脑搜索引擎的使用频率（使用李克特五点量表测量），μ_i 表示对第 i 个受访者进行观测中影响 intelligenceP 的不可观测因素。就我们针对陇西的调研而言，智识和电脑检索两个变量的基本情况如下。

例 5.4　变量的描述

. sum intelligenceP

Variable	Obs	Mean	Std. Dev.	Min	Max
intelligenceP	642	43.87155	18.13401	9.304	95.366

. tab PCuse5

电脑使用搜索引擎	Freq.	Percent	Cum.
每次打开电脑都使用	72	10.33	10.33
每天至少使用一次	89	12.77	23.10
每周至少使用一次	120	17.22	40.32
一个月以上使用一次	97	13.92	54.23
从不	319	45.77	100.00
Total	697	100.00	

假定 MLR. 3　（解释变量的样本有波动）

受访者使用电脑搜索引擎进行信息检索的频繁（即 PCuse5_i；$i = 1,2,3,\cdots,n$）不是完全相同的数值。在实际的数据分析中，我们可以通过计算标准差来对此假定加以确认。例如，就方程（5.8）而言，其标准差为 1.41，这表明受访者使用电脑搜索引擎的频率确实在变动之中。

例 5.5　解释变量波动的观测

. sum PCuse5

Variable	Obs	Mean	Std. Dev.	Min	Max
PCuse5	697	3.72023	1.412406	1	5

受访者可及信息源的得分不是完全相同的数值，通过和政数据，我们通过计算标准差可以对此加以确定。

. sum availableP

Variable	Obs	Mean	Std. Dev.	Min	Max
availableP	713	38.7649	19.69065	0	99.98592

假定 MLR. 4　（零条件均值）

给定每一个受访者对电脑搜索引擎的使用频率，误差的期望值都为零。对于总体来说，就是

$$E(\mu|\text{PCuse5}) = 0 \qquad (5.9)$$

由于受访者来自一个随机抽样的群体，因此，根据样本值所估计的统计量具有无偏性。具体证明如下。

定理 5.1　OLS 的无偏性

利用假定 MLR.1 至 MLR.4，对 β_0和β_1的任何值，我们都有

$E\left(\widehat{\beta_0}\right) = \beta_0$ 和 $E\left(\widehat{\beta_1}\right) = \beta_1$

也就是说，$\widehat{\beta_0}$ 是对 β_0 的无偏估计，$\widehat{\beta_1}$ 是对 β_1 的无偏估计。这一定理具体可证明如下。

例 5.6　OLS 估计无偏性的证明

设有四个观测值 10、20、30、40，如果随机重复抽样，则构成如表 5-1 所示的组合：

$$\bar{\bar{x}} = \bar{X} = \frac{400}{16} = 25$$

表 5-1　四个观测值组成的样本组合

样本序号	样本组成	样本平均数	平均数离差	离差平方
1	10，10	10	−15	225
2	10，20	15	−10	100
3	10，30	20	−5	25
4	10，40	25	0	0

续表

样本序号	样本组成	样本平均数	平均数离差	离差平方
5	20，10	15	−10	100
6	20，20	20	−5	25
7	20，30	25	0	0
8	20，40	30	5	25
9	30，10	20	−5	25
10	30，20	25	0	0
11	30，30	30	5	25
12	30，40	35	10	100
13	40，10	25	0	0
14	40，20	30	5	25
15	40，30	35	10	100
16	40，40	40	15	225
合计	—	400	0	1000

由此可见，在穷尽所有抽样组合的情况下，样本均值等于总体均值。故，OLS 的无偏性得到证明。

OLS 具有无偏性，因此可以计算抽样平均误差，以便进行区间估计。所谓抽样平均误差，指样本平均数的标准差。本例中用 μ 来表示。

$$\mu_i = \sqrt{\frac{\sum\left(\bar{x} - \bar{\bar{x}}\right)}{M}}$$

式中，$\bar{x}$ 表示样本平均数；

$\bar{\bar{x}}$ 表示样本平均数的平均数；

M 表示样本的可能组成数目。

比如，上述例题中，抽样平均误差是

$$\mu_{\bar{x}} = \sqrt{\frac{\sum\left(\bar{x} - \bar{X}\right)}{M}} = \sqrt{\frac{1000}{16}} \triangleq 7.91$$

在我们对于陇西样本人群的调查中，由于这是一组随机抽样的数据，在总体均值未知的情况下，需要借助于抽样平均误差（多数统计学书籍中称之为标准误，Std. Err.）做出区间估计。点估计与区间估计的区别见附录 A。

例 5.7　用 Std. Err.做区间估计

（1）以陇西数据为例。

```
. reg intelligenceP PCuse5
      Source |       SS           df       MS      Number of obs   =       632
-------------+----------------------------------   F(1, 630)       =    113.13
       Model |  31271.5472         1  31271.5472   Prob > F        =    0.0000
    Residual |  174143.347       630   276.41801   R-squared       =    0.1522
-------------+----------------------------------   Adj R-squared   =    0.1509
       Total |  126643.467       631  325.538659   Root MSE        =    16.626
------------------------------------------------------------------------------
intelligenceP|      Coef.   Std. Err.      t    P>|t|     [95% Conf. Interval]
-------------+----------------------------------------------------------------
      PCuse5 |  -4.967661   .4670468   -10.64   0.000    -5.884818   -4.050504
       _cons |    62.0401   1.838296    33.75   0.000     58.43017    65.65003
------------------------------------------------------------------------------
```

在此输出结果中，先计算拟合优度：

$$R^2 = \frac{SSR}{SST} = \frac{31271.5472}{205414.894} = 0.1522$$

对 95%置信区间进行计算：

下限=−4.967661−1.96×0.4670468=−5.884818

上限=−4.967661+1.96×0.4670468=−4.050504

用以下命令，得到叠加了置信区间的图 5-3。

twoway lfitci intelligenceP PCuse5 || scatter intelligenceP PCuse5

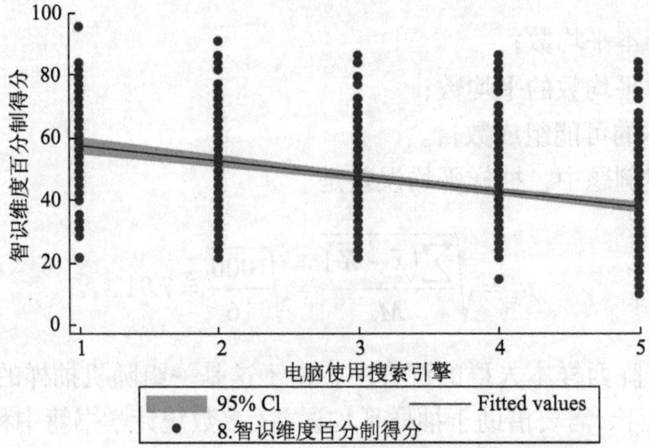

图 5-3　使用搜索引擎与智识得分拟合线

如果要估计电脑检索频率为频繁（每天至少使用一次）的用户在智识维度上的得分，则先求出各种检索频率下的估计值、估计值的标准误和预测值的标准误（用 predict xb 取得回归拟合值，用 predict se1，stdp 取得估计值的标准误，用 predict se2，stdf 取得预测值的标准误）。然后，列出前十条。

list intelligenceP PCuse5 xb sel se2 in 1/10

序号	intelligenceP	PCuse5	xb	se1	se2
1	39.542	从不	37.20179	有点不符合	16.65052
2	79.084	一个月以上使用一次	42.16945	完全符合	16.63968
3	13.956	从不	37.20179	完全符合	16.65052
4	67.454	每天至少使用一次	52.10477	完全符合	16.6573
5	32.564	从不	37.20179	有点符合	16.65052
6	44.194	每周至少使用一次	47.13712	有点符合	16.64194
7	41.868	从不	37.20179	完全不符合	16.65052
8	69.78	一个月以上使用一次	42.16945	不确定	16.63968
9		从不	37.20179	完全不符合	16.65052
10	20.934	从不	37.20179	完全不符合	16.65052

注：第 9 条数据，智识得分调查数据存在缺失

每天至少使用一次电脑检索的用户，其智识维度得分的区间为：$54.12303 \pm 1.96 \times 0.5986953 = 54.12303 \pm 1.173442788$，即（55.296，52.949）。

（2）以和政数据为例。

```
. reg incomeY availableP
      Source |       SS          df       MS      Number of obs   =       251
-------------+----------------------------------- F(1, 249)       =      4.30
       Model |  2.2448e+10        1  2.2448e+10   Prob > F        =    0.0392
    Residual |  1.3002e+12      249  5.2216e+09   R-squared       =    0.0170
-------------+----------------------------------- Adj R-squared   =    0.0130
       Total |  1.3226e+12      250  5.2905e+09   Root MSE        =     72261
------------------------------------------------------------------------------
     incomeY |      Coef.   Std. Err.      t    P>|t|     [95% Conf. Interval]
-------------+----------------------------------------------------------------
  availableP |   530.5368   255.8765     2.07   0.039     26.57848    1034.495
       _cons |   21822.93   11067.45     1.97   0.050     25.17528    43620.68
------------------------------------------------------------------------------
```

在此输出结果中，先计算拟合优度：

$$R^2 = \frac{\text{SSR}}{\text{SST}} = \frac{2.2448\text{e}+10}{1.3226\text{e}+12} = 0.0170$$

对95%置信区间进行计算：

下限=530.5368−1.96×255.8765=26.57848

上限=530.5368+1.96×255.8765= 1034.495

用以下命令，得到叠加了置信区间的图5-4。

twoway lfitci incomeY available || scatter incomeY available

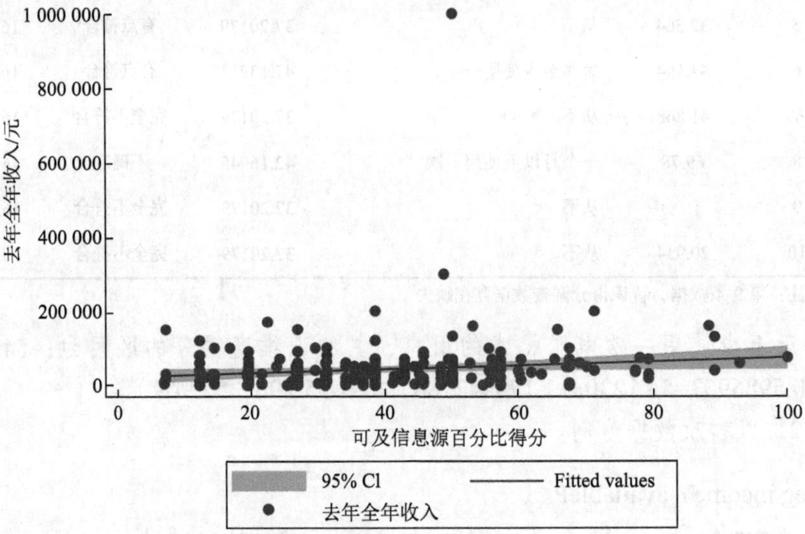

图5-4　可及信息源百分比得分与去年全年收入的拟合线

图5-4为可及信息源对收入简单回归的置信区间图。

例5.8　可及信息源对信息资产简单回归的置信区间图

变量PCuse5旨在测量人们使用电脑搜索引擎进行信息检索的频率。因为这种测量借鉴了五点量表的形式，从实质上，这五点仍然不是连续的。所以，上述例子存在着一定的局限。为克服这种局限，我们进一步以例5.1中的模型为对象，得到叠加了置信区间的图。相对而言，图5-5更准确。

twoway lfitci assetP availableP || scatter assetP availableP

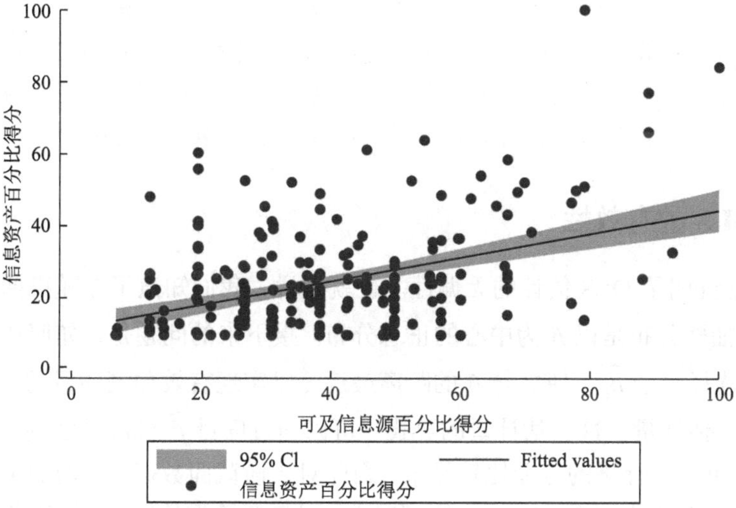

图 5-5　可及信息源百分比得分与信息资产百分比得分的拟合线

一元回归存在的一个潜在问题，就是由于遗漏变量而导致内生性问题。为此，需要对 μ 与 x 是否相关进行识别，以便为采取更多更优的处理策略提供基础。

例 5.9　μ 与 x 的相关与内生性问题

在式（5.8）中，当 μ 包含影响智识得分且与电脑检索也相关的因素时，使用简单回归会导致伪相关。也就是说，我们发现智识得分和电脑检索的关系实际上源于既影响智识同时又恰巧与电脑检索相关的不可观测因素。例如，受访者的受教育水平是影响智识的一个重要因素，而且这一因素很可能与用户使用电脑进行检索的行为也存在关联。以下，我们通过相关系数与偏相关系数的对比，解析了这种情况。

corr intelligenceP PCuse5

	intelligenceP	PCuse5
intelligenceP	1.0000	
PCuse5	−0.3902	1.0000

由上表可见，智识维度与电脑检索之间相关系数为−0.3902。

pcorr intelligenceP PCuse5 edulevel

Variable	Partial corr.	Semipartial corr.	Partial corr.^2	Semipartial corr.^2	Significance value
PCuse5	−0.2495	−0.2314	0.0623	0.0535	0.0000
edulevel	0.2257	0.2081	0.0509	0.0433	0.0000

进而，我们在对教育水平加以控制的前提下，计算了智识维度得分与电脑检索之间的相关系数，发现相关程度明显变小，相关系数变为−0.2495。据此可以初步判断，忽略教育水平这一因素，很可能会导致智识与电脑检索之间的伪相关。此类现象因而可能会涉及由于遗漏变量而导致内生性等相关问题。

5.2.2 OLS 的有效性

例 5.7 证明了 OLS 估计的无偏性。也就是说，我们知道了在随机抽样的条件下，$\widehat{\beta}_1$ 的抽样分布是以 β_1 为中心的正态分布。接下来的问题是，如何在诸多无偏估计量中选择一个 $\widehat{\beta}_1$，使之与 β_1 的距离最近（以实现有效预测的目的），从而成为一个最佳估计量。这一估计量的寻找，可以通过度量 $\widehat{\beta}_1$ 标准差实现。

计算 OLS 估计量的方差比较复杂，因此对于横截面数据，就增加了一个同方差（homoskedasticity）假定。这一假定要求，以自变量为条件，无法观测变量 μ 的方差是一个常数。

假定 MLR.5 （同方差性）

对于上文中智识维度的分析而言，给定任意一个电脑检索频率值，方程（5.7）中的误差项 μ 都具有相同的方差。

$$\mathrm{Var}(\mu|\mathrm{PCuse5})=\sigma^2 \tag{5.10}$$

同方差假定与零条件均值假定［即 $E(\mu|\mathrm{PCuse5})=0$］非常不同。假定 MLR.4 涉及的是 μ 的期望值，而假定 MLR.5 关心的是 μ 的方差。在无须假定 MLR.5 的情况下，例 5.7 已证明了 OLS 估计量的无偏性，这表明，同方差假定对于证明 $\widehat{\beta}_0$ 和 $\widehat{\beta}_1$ 的无偏性没有作用。之所以需要 MLR.5 是因为同方差假定简化了 $\widehat{\beta}_0$ 和 $\widehat{\beta}_1$ 方差的计算。而且，它还意味着 OLS 估计的有效性。在我们关于电脑检索之于智识影响的讨论中，如果假定 PCuse5 和 μ 是相互独立的，那么给定 PCuse 下的 μ 的分布就不依赖于 PCuse（独立性），因此 $E(\mu|\mathrm{PCuse5})=0$ 且 $\mathrm{Var}(\mu|\mathrm{PCuse5})=\sigma^2$。

PCuse 与 μ 之间相互独立，因此 $\mathrm{Var}(\mu|\mathrm{PCuse5})=E(\mu^2|x)-[E(\mu|x)]^2$。进而，因为 $E(\mu|x)=0$，所以 $\sigma^2=E(\mu^2|x)$，这意味着 σ^2 也是 μ^2 的无条件期望值。换言之，σ^2 是 μ 的无条件方差，因此 σ^2 经常被称为误差方差（error variance）或干扰方差。σ^2 的平方根 σ 是误差的标准差，越大的 σ，表示影响因变量的无法观测因素的分布越分散，因此模型的预测效率越低。

就前述的智识模型而言，零均值假定和同方差假定可以写成如下形式：

$$E(\mathrm{intelligenceP}\,|\mathrm{PCuse})=\beta_0+\beta_1 x \tag{5.11}$$

$$\text{Var}\left(\text{intelligenceP}|\text{PCuse} = \sigma^2\right) \tag{5.12}$$

这种情形可如图 5-6 所示。

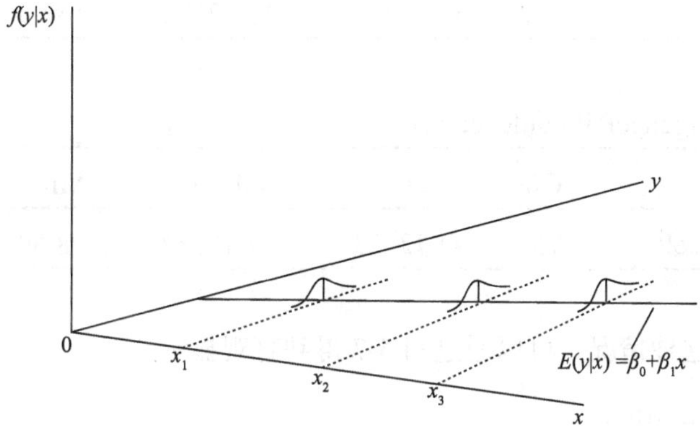

图 5-6　同方差下的简单回归

与上述情况相反，如果 Var(intelligence | PCuse)取决于 PCuse 时[也就是说，只要 Var (intelligence | PCuse) 是 PCuse 的函数]，便称误差项有异方差性 (heteroskedasticity)。

例 5.10　教育对智识影响的异方差性

为了在其他条件不变的情况下得到教育水平对智识的影响，我们必须假定 Var (μ | edulevel) =0。也就是 E (intelligenceP | edulevel) = $\beta_0 + \beta_1$edulevel。如果我们还做出同方差假定，那么 Var (μ | edulevel) = σ^2 就不依赖于受教育程度，这就等同于假定 Var (intelligence | edulevel) = σ^2。因此，虽然智识可随着受教育程度的提高而增加（这种增加正是我们所关注的研究效应），但在每个受教育层级上，智识均值的波动都保持不变。这非常不符合常理。因为受教育水平越高的人，有着越多信息获取的机会和渠道（例如，高等教育可能使人们掌握外语），且高教育水平者面临的就业机会和类型也与低教育水平者有所不同。这就导致受教育程度越高，智识得分的波动可能会越大。为证实这种可能性，我们对陇西调研数据进行了探查和分析。如下表所示，对于不满小学水平的 13 名受访者 (edulevel==1)，其方差为 11.456，而对于 148 名接受了初中教育的受访者，其智识得分的方差扩大到了 15.429，对于 75 名具有职高或中专水平的受访者，其智识得分的方差进一步扩大为 17.189。

. sum intelligenceP if edulevel==1

Variable	Obs	Mean	Std. Dev.	Min	Max
intelligenceP	13	20.03938	11.45574	9.304	46.52

. sum intelligenceP if edulevel==3

Variable	Obs	Mean	Std. Dev.	Min	Max
intelligenceP	148	36.25731	15.42877	13.956	83.736

. sum intelligenceP if edulevel==5

Variable	Obs	Mean	Std. Dev.	Min	Max
intelligenceP	75	44.72123	17.18882	18.608	86.062

上例中的这种情况，可以通过图 5-7 得到直观显示。

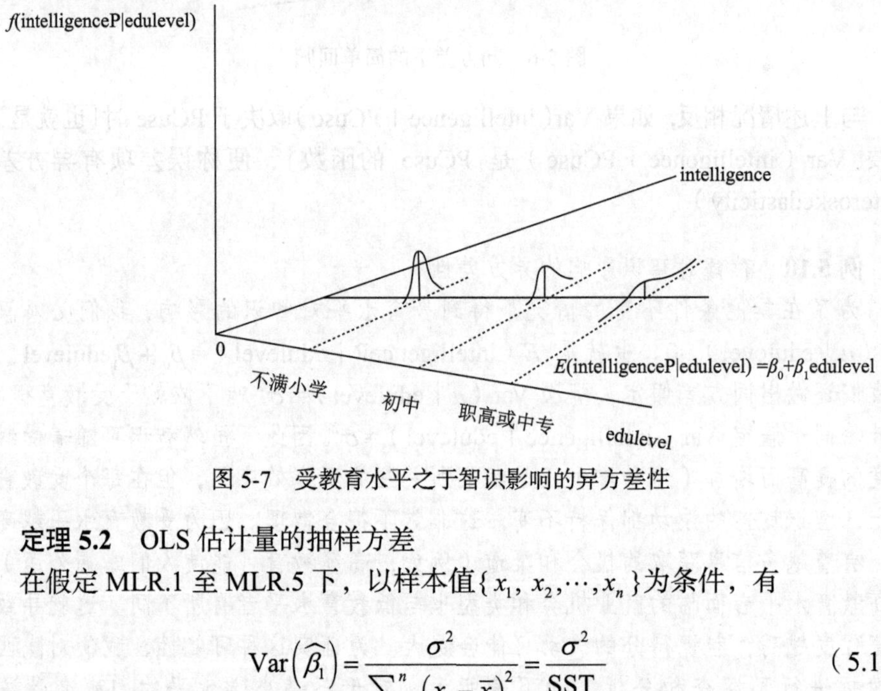

图 5-7 受教育水平之于智识影响的异方差性

定理 5.2 OLS 估计量的抽样方差

在假定 MLR.1 至 MLR.5 下，以样本值$\{x_1, x_2, \cdots, x_n\}$为条件，有

$$\operatorname{Var}\left(\widehat{\beta_1}\right)=\frac{\sigma^2}{\sum_{i=1}^n\left(x_i-\bar{x}\right)^2}=\frac{\sigma^2}{\mathrm{SST}_x} \tag{5.13}$$

和

$$\operatorname{Var}\left(\widehat{\beta_0}\right)=\frac{\sigma^2 n^{-1}\sum_{i=1}^n x_i^2}{\sum_{i=1}^n\left(x_i-\bar{x}\right)^2} \tag{5.14}$$

在出现异方差性后，$\operatorname{Var}\left(\widehat{\beta_1}\right)$和$\operatorname{Var}\left(\widehat{\beta_0}\right)$的计算公式就失效了，在多元回归

中，当我们估计置信区间和进行假设检索时，会导致一系列问题出现。

我们之所以关注 $\mathrm{Var}\left(\widehat{\beta_1}\right)$，是因为误差方差越大，$\mathrm{Var}\left(\widehat{\beta_1}\right)$就越大。对于智识维度的探讨而言，影响智识的不可观测因素波动越大，要准确估计 β_1 就越难。但与此同时，样本中的受访者的教育水平波动越大越好：随着受访者教育水平的波动增加，$\widehat{\beta_1}$ 的方差就会减小。也就是说，如果样本中受访者的受教育程度越分散，就越容易找出 E（intelligenceP | edulevel）和 edulevel 之间的关系，因而越容易估计出 β_1。如果受访者的教育水平都在同一层次上，我们就很难识别出 E(intelligenceP | edulevel)如何随 edulevel 变化而变化。通常，当样本容量扩大时，受访者教育水平的总体波动也会增长，因此，较大的样本容量会使 $\widehat{\beta_1}$ 的方差变小。

思考题：

在估计 β_0 的时候，最好是有 $\overline{\text{edulevel}} = 0$。在这种情况下，$\mathrm{Var}\left(\widehat{\beta_0}\right)$是多少呢？

由此可见，对于智识的分析，要准确预测 β_1，就要尽量使受访者的 edulevel 离散。比较可行的办法是，尽量获取更多的样本。

为了对估计的统计量构造置信区间和做出假设检验，我们需要用到 $\widehat{\beta_0}$ 和 $\widehat{\beta_1}$ 的方差 $\mathrm{Var}\left(\widehat{\beta_0}\right)$和 $\mathrm{Var}\left(\widehat{\beta_1}\right)$及其标准差 $\mathrm{sd}\left(\widehat{\beta_0}\right)$和$\mathrm{sd}\left(\widehat{\beta_1}\right)$。

为构造 σ^2 的估计量，需要对误差（或干扰）与残差之间加以深入的区分。利用随机观测样本，我们把总体模型写成 $y_i = \beta_0 + \beta_1 x_1 + \mu_i$，其中 μ_i 是第 i 次观测的误差。我们还可以将观测值 y_i 用其拟合值和残差表示出来：$y_i = \widehat{\beta_0} + \widehat{\beta_1} x_1 + \widehat{\mu_i}$。比较这两个方程，我们可以看出，一方面，误差出现在包括总体参数 β_0和β_1 的方程中，残差则出现在 $\widehat{\beta_0}$ 和 $\widehat{\beta_1}$ 的估计方程中。误差是无法观测的，但残差却可以从数据中计算出来。

根据以上方程，我们可以得到残差与误差的函数：

$$\widehat{\mu_i} = \mu_i - \left(\widehat{\beta_0} - \beta_0\right) - (\beta_1 - \widehat{\beta_1}) x_i \tag{5.15}$$

可见，虽然根据 OLS 的无偏性，$\widehat{\beta_0}$ 的期望值等于 β_0，以及 $\widehat{\beta_i}$ 的期望等于 β_i，因此 $\widehat{\mu_i}$ 与 μ_i 之差的期望值为零，但由于每一个具体的 $\widehat{\mu_i}$ 来自特定的一次抽样（因为有抽样误差存在，因此 $\widehat{\beta_0} - \beta_0$ 和 $\widehat{\beta}_1 - \beta_1$ 并不一定等于 0），因此 $\widehat{\mu_i}$ 也并不总是等于 μ_i。$\widehat{\mu_i}$ 事实上不仅包含着无法观测的随机变量 μ_i，也包含着抽样误差造成的具体 $\widehat{\beta_0}$ 和 β_0、具体 $\widehat{\beta_1}$ 和 β_1 之间的不同。

基于上述误差与残差的区别，我们现在讨论 σ^2 的估计。误差方差 σ^2 是 μ^2 的无条件期望值，因此，根据$E(\mu)=0$，有$\sigma^2=E(\mu^2)=\mathrm{Var}(\mu)$。$\sigma^2$的平方根$\sigma$是误差的标准差。越大的$\sigma$，表示影响因变量的无法观测因素的分布越分散，因此模型的预测效率越低。因为$\sigma^2=E(\mu^2)$①，所以，σ^2的一个无偏“估计量”就是$\frac{\sum_{i=1}^{n}\mu_i^2}{n}$。虽然$\mu_i$观察不到，但因为我们有$\mu_i$的估计量（即OLS残差$\widehat{\mu_i}$），所以，我们可以用OLS的残差代替误差，从而得到$\frac{\sum_{i=1}^{n}\widehat{\mu_i}^2}{n}=\mathrm{SSR}/n$。然而，$\mathrm{SSR}/n$是有偏的，因为它没有考虑OLS残差的两个约束条件②：

$$\sum_{i=1}^{n}\widehat{\mu_i}=0,\ \sum_{i=1}^{n}x_i\widehat{\mu_i}=0$$

为此，OLS残差只有$n-2$个自由度。所以，我们对自由度进行调整，以获得σ^2的无偏估计量：

$$\sigma^2=\frac{\sum_{i=1}^{n}\widehat{\mu_i}^2}{n-2}=\frac{\mathrm{SSR}}{n-2} \tag{5.16}$$

定理 5.3　σ^2的无偏估计

在假定 MLR.1 至 MLR.2 下，我们有

$$E(\hat{\sigma}^2)=\sigma^2$$

证明：

首先，对式（5.15），即$\widehat{\mu_i}=\mu_i-(\widehat{\beta_0}-\beta_0)-(\beta_1-\widehat{\beta_1})x_i$中各下标为$i$的项进行平均。

并利用OLS残差均值为零的结论，得到$0=\widehat{\mu_i}-(\widehat{\beta_0}-\beta_0)-(\widehat{\beta_1}-\beta_1)\overline{x}$。

进而从式（5.15）中减去上式则得到$\widehat{\mu_i}=(\mu_i-\overline{\mu})-(\widehat{\beta_1}-\beta_1)(x_i-\overline{x})$。

据此可知，$\widehat{\mu_i}^2=(\mu_i-\overline{\mu})^2-(\beta_1-\widehat{\beta_1})^2(x_i-\overline{x})^2-2(\mu_i-\overline{\mu})(\widehat{\beta_1}-\beta_1)(x_i-\overline{x})$

对所有下标为i的项求和，得到

$$\sum_{i=1}^{n}\widehat{\mu_i}^2=\sum_{i=1}^{n}(\mu_i-\overline{\mu})^2+(\widehat{\beta_1}-\beta_1)^2\sum_{i=1}^{n}(x_i-\overline{x})^2-2(\widehat{\beta_1}-\beta_1)\sum_{i=1}^{n}\mu_i(x_i-\overline{x})。$$

① 因为σ^2针对总体而产生的误差，而μ^2则是每次抽样产生的残差。这种关系与β_1和$\widehat{\beta_1}$的关系类同。

② 这两个约束都是基于零条件均值假定 MLR.3 做出的。

因为 $\sum_{i=1}^{n}(\mu_i-\bar{\mu})^2$ 的期望值是 $(n-1)\sigma^2$，$E[(\widehat{\beta_1}-\beta_1)^2]=\mathrm{Var}\left(\widehat{\beta_1}\right)=\dfrac{\sigma^2}{\mathrm{SST}_x}$，所以 $(\widehat{\beta_1}-\beta_1)^2\sum_{i=1}^{n}(x_i-\bar{x})^2$ 的期望值是 σ^2。

最后，第三项可写成 $-2(\widehat{\beta_1}-\beta_1)^2\mathrm{SST}_x$，取期望值便得到 $-2\sigma^2$。

综上可得，$E\left(\sum_{i=1}^{n}\widehat{\mu_i^2}\right)=(n-1)\sigma^2+\sigma^2+2\sigma^2=(n-2)\sigma^2$。

最终得到 $E[\mathrm{SSR}/(n-2)]=\sigma^2$。

通过 σ^2，我们得到 $\mathrm{Var}(\widehat{\beta_1})$ 和 $\mathrm{Var}(\widehat{\beta_0})$ 的无偏估计量。得到 $\widehat{\beta_1}$ 和 $\widehat{\beta_0}$ 的标准差估计量，就需要对 σ 的自然估计量加以估计：

$$\hat{\sigma}=\sqrt{\sigma^2}$$

$\hat{\sigma}$ 被称为回归标准误（standard error of the regression，SER）。[①]尽管 $\hat{\sigma}$ 不是 σ 的无偏估计量（因为自由度），但却是 σ 的一致估计量。

在此，σ^2 未知，因此需要利用残差均方（MSE）作为其无偏估计。即

$$\sigma_\varepsilon^2=\mathrm{MSE}=\frac{\sum\mu_i^2}{n-2}=\frac{\sum\left(y_i-\widehat{y_i}\right)^2}{n-2}=\frac{\mathrm{SSE}_y}{n-2} \tag{5.17}$$

估计值 $\hat{\sigma}$ 值得关注，因为它是影响 y 的不可观测因素的标准差的估计值，也就是说，它估计了把 x 的影响排除之后 y 的标准差。stata 中，给出了 root MSE 的值。

我们所感兴趣的，是利用 $\hat{\sigma}$ 来估计 $\widehat{\beta_0}$ 和 $\widehat{\beta_1}$ 的标准差。因为

$$\mathrm{se}\left(\hat{\beta}_1\right)=\frac{\hat{\sigma}}{\sqrt{\mathrm{SST}_x}}=\frac{\hat{\sigma}}{\sqrt{\sum_{i=1}^{n}\left(x_i-\bar{x}\right)^2}} \tag{5.18}$$

$\mathrm{se}\left(\widehat{\beta_1}\right)$ 被称为 $\widehat{\beta_1}$ 的标准误。当我们考虑对 y 的不同样本使用 OLS 时，因为 $\hat{\sigma}$ 随着样本的不同而变化，所以将 $\mathrm{se}\left(\widehat{\beta_1}\right)$ 看作一个随机变量。对于一个给定的样本，$\mathrm{se}\left(\widehat{\beta_1}\right)$ 如同 $\widehat{\beta_1}$ 一样，只是诸多值中间因具体样本而得到的一个特定值。

$\mathrm{se}\left(\widehat{\beta_1}\right)$ 主要用来衡量估计值 $\widehat{\beta_1}$ 的准确性，我们也用它来构造检验统计量和置信区间。

① 此值也叫均方根误或残差均方，即 MSE。

附录 A：点估计与区间估计

1. 点估计

在回归模型中，常用的点估计方法有三种：最小二乘估计、最大似然估计和矩估计。我们在这里主要介绍最小二乘估计。

最小二乘估计的基本思想是：对于 n 个点（x_i, y_i），i=1, 2, …, n，如果 $y_i = \beta_0 + \beta_1 x_1 + \mu_i$，其中 μ_i 为随机项，那么估计一条直线 $\widehat{y_i} = \widehat{\beta_0} + \widehat{\beta_1} x_1$，使得位于估计直线上的点（$x_i, \widehat{y_i}$）与观测点（$x_i, y_i$）之间垂直距离的平方和最小，即 $\min\sum_{i=1}^{n}\left(y_i - \overline{y}_i\right)^2 = \min\sum_{i=1}^{n}\left(\widehat{y_i} - \widehat{\beta_0} - \widehat{\beta_1} x_1\right)^2$。此时，$\widehat{\beta_0}$，$\widehat{\beta_1}$ 就是对 β_0，β_1 的最小二乘估计。一般线性回归模型的建立多使用这种方法。

点估计有如下三个评判标准：①无偏性。我们希望估计的量不要偏高也不要偏低，这就要求估计量的平均值与总体参数基本一致。要注意的是，样本均值是总体均值的无偏估计量，而调整后的样本方差

$$S^2 = \frac{\sum_{i=1}^{n}\left(x_i - \overline{x}\right)^2}{n-1}$$

才是总体方差的无偏估计量。②有效性。是指估计值所在的抽样分布是否具有尽可能小的方差。方差越小，说明估计值的分布越集中在被估参数的周围，估计的可靠性也就越高。③一致性。指随着样本容量的扩大，估计量越来越接近总体参数的真实值。

2. 区间估计

区间估计是将测量误差通过置信度和置信区间表示出来，从而得到参数估计的一个取值区间，而不仅仅是一个确切值。

对于一个服从独立同分布的正态总体，其均值的置信区间可以利用下面的公式计算：

$$\left(\overline{X} - Z_{\alpha/2} \cdot \frac{\sigma}{\sqrt{n}}, \overline{X} + Z_{\alpha/2} \cdot \frac{\sigma}{\sqrt{n}}\right)$$

式中，$\overline{X}$ 为样本均值，σ 为总体标准差，n 为样本量。如果总体方差未知且为大

样本时，可用样本标准差 s 来代替总体标准差 σ 进行估计。

习　　题

简答题：

1. 以智识维度为因变量，通过理论分析先确定一个自变量，构建回归模型，展开分析。
2. 以陇西调查中涉及的其他有关变量为自变量（须先说明选择自变量的原因），探查这些变量对信息资产的预测能力。

第 6 章　循证信息贫困研究中的多元回归估计

在第 5 章中，我们介绍了简单回归的基本统计原理。本章将在第 5 章基础上，将内容进一步扩展到多元回归分析。

6.1　循证信息贫困研究中使用多元回归的动因

6.1.1　含有两个自变量的模型

依据个人信息世界理论框架，被利用的信息及其在利用过程中产生的认知结果被称为个人信息资产。“知识沟”假定认为，“当大众传媒信息在一个社会系统中的流通不断增加时，社会经济地位高的人将比社会经济地位低的人以更快的速度接受信息，因此，这两类人之间的知识沟将呈扩大而非缩小之势”。依据理论我们可以认为社会地位不同的人会选择不同的渠道获取生活信息，就个人而言，父亲（母亲）的受教育程度很大程度上影响父亲（母亲）的职业选择与社会经济地位，从而对个人的社会经济地位产生巨大影响，信息主体信息资产维度得分也会产生不一样的影响。

据此，我们假设 assetdfT（个人信息资产维度得分）与信息主体父亲（母亲）受教育程度有关，我们用一个简单的一元回归模型表示。

$$\text{assetdfT} = \beta_0 + \beta_1\text{fedu} + \mu \quad (6.1)$$

$$\text{assetdfT} = \beta_0 + \beta_1\text{medu} + \mu \quad (6.2)$$

其中 β_0 和 β_1 分别代表总体的斜率和参数。

根据该方程，assetdfT（个人信息资产维度得分）与信息主体父母受教育程度有关，并受无法观测的其他因素的影响。

例 6.1

陇西调研的样本是服从式（6.1）（6.2）的随机样本，此时式（6.1）（6.2）可写成：

$$\text{assetdfT} = \widehat{\beta_0} + \widehat{\beta_1}\ \text{fedu}$$
$$\text{assetdfT} = \widehat{\beta_0} + \widehat{\beta_1}\ \text{medu}$$

针对陇西调研而言，信息资产维度因子得分基本情况如下。

. sum assetdfT

Variable	Obs	Mean	Std. Dev.	Min	Max
assetdfT	634	74.10915	42.86231	0	242.68

针对陇西调研样本中父母受教育水平变量的详细信息如下。

```
. tab   medu1
   14 岁时母 |
     亲教育  |
      年限   |      Freq.     Percent        Cum.
-------------+-----------------------------------
           0 |        231       35.43       33.43
           6 |        226       32.71       66.14
           9 |        126       18.23       84.37
          12 |         72       10.42       94.79
          15 |         20        2.89       97.68
          16 |         11        1.59       99.28
          20 |          5        0.72      100.00
-------------+-----------------------------------
       Total |        691      100.00
. tab fedu1
   14 岁时父 |
     亲教育  |
      年限   |      Freq.     Percent        Cum.
-------------+-----------------------------------
           0 |         97       14.18       14.18
           6 |        184       26.90       41.08
           9 |        206       30.12       71.20
          12 |        135       19.74       90.94
          15 |         23        3.36       94.30
          16 |         22        3.22       97.51
          20 |         17        2.49      100.00
```

```
----------------+-----------------------------------------------
          Total |        684      100.00
. reg assetdfT fedu1
      Source |       SS       df       MS              Number of obs =     612
-------------+------------------------------           F(1, 610)     =   52.36
       Model |  88006.2385     1  88006.2385           Prob > F      =  0.0000
    Residual |  1025244.96   610  1680.72944           R-squared     =  0.0791
-------------+------------------------------           Adj R-squared =  0.0775
       Total |   1113251.2   611  1822.01505           Root MSE      =  40.997

------------------------------------------------------------------------------
    assetdfT |      Coef.   Std. Err.      t    P>|t|     [95% Conf. Interval]
-------------+----------------------------------------------------------------
       fedu1 |   2.625453   .3628244     7.24   0.000     1.912917     3.33799
       _cons |   53.57568   3.406911    15.73   0.000     46.88499    60.26638
------------------------------------------------------------------------------
. reg assetdfT medu1
      Source |       SS       df       MS              Number of obs =     616
-------------+------------------------------           F(1, 614)     =   44.60
       Model |  75788.4958     1  75788.4958           Prob > F      =  0.0000
    Residual |  1043436.14   614   1699.4074           R-squared     =  0.0677
-------------+------------------------------           Adj R-squared =  0.0662
       Total |  1119224.64   615  1819.87746           Root MSE      =  41.224

------------------------------------------------------------------------------
    assetdfT |      Coef.   Std. Err.      t    P>|t|     [95% Conf. Interval]
-------------+----------------------------------------------------------------
       medu1 |    2.32892     .34874     6.68   0.000     1.644052    3.013788
       _cons |   61.52556   2.575577    23.89   0.000     56.46755    66.58357
------------------------------------------------------------------------------
```

式（6.1）（6.2）的两个一元模型表明：信息主体的父母受教育水平越高，家庭的经济水平社会地位越高，信息主体的信息资产越丰富。

同时个人受教育水平对信息主体个人的职业和收入产生影响，这也与信息主体个人社会经济地位息息相关，在式（6.1）的基础上加入个人的受教育程度：

$$\text{assetdfT} = \beta_0 + \beta_1\text{fedu} + \beta_2\text{edulevell} + \mu \tag{6.3}$$

$$\text{assetdfT} = \beta_0 + \beta_1\text{medu} + \beta_2\text{edulevell} + \mu \tag{6.4}$$

对式（6.1）至式（6.4）进行回归分析，结果如表 6-1 所示。

表 6-1　信息主体受教育程度的一元回归与多元回归结果

项目	(6.1) e1	(6.3) e2	(6.2) e3	(6.4) e4
fedu1	0.0229***	0.00863***		
	(0.00315)	(0.00317)		
edulevel1		0.0423***		0.0436***
		(0.00399)		(0.00402)
medu1			0.0208***	0.00515*
			(0.00302)	(0.00308)
_cons	−0.183***	−0.587***	−0.115***	−0.561***
	(0.0296)	(0.0472)	(0.0224)	(0.0463)
N	684	678	691	685
R^2	0.072	0.200	0.064	0.196

注：括号中为标准误，*表示 $p < 0.1$，***表示 $p < 0.01$

通过对式（6.1）与式（6.3）的比较，式（6.3）有效地将 edulevel1（个人受教育程度）从误差项中取出，并把它明确代入方程之中，式（6.3）中的系数 β_2 度量了个人受教育程度在其他条件不变的情况下对信息资产维度因子得分的影响，此时 β_1 度量了在其他条件不变的情况下，信息主体父亲（母亲）受教育程度对信息资产维度因子得分的影响。但在式（6.1）简单回归分析中，我们将信息主体个人受教育程度放入了误差项中，这样我们必须假定信息主体父亲（母亲）受教育程度与主体受教育程度不相关，而这个假定一般很难满足。

例 6.2

再来看一个例子，我们考虑解释一个人生活中获取信息渠道（dailyinf）对信息资产（assetP）的影响，而信息资产又受到每天花在浏览信息上的时间（time）的影响，以及其他不可观测因素的影响，根据陇西调研所得到的样本，我们可以得到样本模型：

$$\text{assetP} = \beta_0 + \beta_1\text{dailyinf} + \beta_2\text{time} + \mu \tag{6.5}$$

出于研究目的，我们关心的是系数 β_1，即 dailyinf 在其他条件不变的情况下对 assetP 的影响，通过在模型中纳入 time，我们就能明确控制 time 对 assetP 的影响，因为生活中获取信息的渠道可能与每天花在浏览信息上的时间有关（生活中获取信息的渠道包括：自己琢磨、查书籍、上网、问家里人、问朋友或同事，如果通过这些渠道获取信息很便利，一旦遇到问题每天花在浏览信息上的时间就可能会增多），在简单回归分析中，time 也被包含在误差项中，如果 time 与 dailyinf 相关，那么就会导致 β_1 的 OLS 估计有偏误。

项目	assetyzdf e1	assetP e2
dailyinf	0.0731***	5.057***
	(0.0200)	(0.773)
time	0.0172**	1.043***
	(0.00711)	(0.293)
_cons	−0.266***	12.70***
	(0.0582)	(2.265)
N	507	458
R^2	0.039	0.062

注：括号中为标准误，**表示 $p < 0.05$，***表示 $p < 0.01$

根据上述几个例子，我们已经说明了如何把除主要关注的变量外的其他可观测因素也包括在回归模型中。一般地，我们可以把含有两个自变量的模型写成

$$y = \beta_0 + \beta_1 x_1 + \beta_2 x_2 + \mu \tag{6.6}$$

其中 β_0 是截距，β_1 度量了在其他条件不变的情况下 y 相对于 x_1 的变化，β_2 度量了在其他条件不变的情况下 y 相对于 x_2 的变化。

例 6.3

多元回归分析对推广变量之间的函数关系也有帮助。举例，假设 assetP 信息资产得分是信息主体 edulevel 最后受教育阶段的一个二次函数，依据陇西调研的样本，我们可以写出估计模型：

$$\text{assetP} = \beta_0 + \beta_1 \text{edulevel} + \beta_2 \text{edulevel}^2 \tag{6.7}$$

在这个模型中，信息资产只取决于信息主体最终的受教育程度，虽然看上去一个简单的回归分析就可以解决估计问题，但实际上简单回归不能处理这个模型，因为它包含了教育的两个参数 edulevel 与 edulevel^2，因此就有三个参数

β_0、β_1、β_2。

式（6.7）与之前方程一个重要的差别就是人们如何对参数进行解释，式（6.5）中 β_1 是 dailyinf 在其他条件不变的情况下对 assetP 的影响，但在式（6.7）中的 β_1 不能这样解释，度量 edulevel^2 不变的情况下 edulevel 对 assetP 的影响是没有意义的，因为 edulevel 变化，edulevel^2 一定也会随之变化。

但对式（6.7）求导可得，相对信息资产的变化的信息主体最终受教育水平的变化可近似为

$$\frac{\Delta\text{assetP}}{\Delta\text{edulevel}} \approx \beta_1 + 2\beta_2$$

项目	assetP	assetyzdf
	e1	e2
edulevel1	0.865*	0.0153
	(0.466)	(0.0128)
edulevel2	0.0466**	0.00150**
	(0.0222)	(0.000605)
_cons	6.478***	−0.429***
	(2.461)	(0.0685)
N	632	705
R^2	0.242	0.205

注：括号中为标准误，*表示 $p < 0.1$，**表示 $p < 0.05$，***表示 $p < 0.01$

在上述模型中，将最后的学历水平平方以后并没有什么现实意义，所以，如果要使用二次的回归函数来解释被解释变量，解释变量一般应该为连续变量。

在

$$\text{assetP} = \beta_0 + \beta_1\text{dailyinf} + \beta_2\text{time} + \mu \tag{6.8}$$

含有两个自变量的模型中，关于 μ 与 dailyinf 和 time

$$E(\mu|\text{dailyinf, time}) = 0 \tag{6.9}$$

对于式（6.9）与简单回归中 MLR.4（零条件均值）解释类似，它意味着对于总体的信息世界中 dailyinf 与 time 的任何值，无法观测因素的均值都等于零，也就意味着影响信息资产得分的其他值与 dailyinf 和 time 均无关，这个假定中最重要的部分在于，在各种 dailyinf 和 time 的组合之中，μ 的期望值都相同，也就是在各种生活信息获取渠道和每天花在浏览信息上的时间的组合之中，信息主体使用信息以及将信息转变为信息资产的能力都是相同的，这个可能正确，也可能不正确。

例 6.4

Bernard Berelson 发现，人们的经济社会地位与其对图书馆使用情况正相关，据此，我们假设 accessible_1ysdf（可获信息源-图书馆得分）与个人的教育程度有关，用一个简单的一元回归模型表示。下面以和政数据为例进行说明。

$$\text{accessible\_1ysdf} = \beta_0 + \beta_1 \text{edulevel} + \mu$$

其中 β_0 和 β_1 分别代表总体的斜率和参数。

根据该方程，accessible_1ysdf（可获信息源-图书馆得分）受到教育程度和无法观测的其他因素的影响。

和政数据符合随机样本，因此可以写成

$$\overline{\text{accessible\_1ysdf}} = \beta_0 + \beta_1 \text{edulevel}$$

```
. reg accessible_1ysdf edulevel
      Source |       SS       df       MS        Number of obs  =     704
-------------+------------------------------     F(1, 702)      =   18.47
       Model |  32.4444551     1  32.4444551     Prob > F       =  0.0000
    Residual |  1233.21276   702  1.75671333     R-squared      =  0.0256
-------------+------------------------------     Adj R-squared  =  0.0242
       Total |  1265.65722   703  1.80036588     Root MSE       =  1.3254

------------------------------------------------------------------------------
accessible_1ysdf|    Coef.    Std. Err.     t     P>|t|     [95% Conf. Interval]
----------------+-------------------------------------------------------------
       edulevel |  .1215391   .0282811    4.30   0.000    .0660134    .1770648
          _cons | -.2050183   .1429835   -1.43   0.152   -.4857448    .0757081
------------------------------------------------------------------------------
```

$$\text{accessible\_1ysdf} = -0.205 + 0.122\text{edulevel}$$

这个一元模型表明：一个人的受教育程度越高，他从图书馆获得的信息就会越多。

当我们加入人生价值观因素时，可写成：

$$\text{accessible\_1ysdf} = \beta_0 + \beta_1 \text{edulevel} + \beta_2 \text{lifevalueP} + \mu$$

```
. reg accessible_1ysdf edulevel lifevalueP
      Source |       SS       df       MS        Number of obs  =     259
```

```
--------------+------------------------------------------ F(2, 256)      =    10.59
        Model |  47.0448689         2 23.5224345 Prob > F        =   0.0000
     Residual |  568.411221       256 2.22035633 R-squared       =   0.0764
--------------+------------------------------------------ Adj R-squared   =   0.0692
        Total |  615.45609        258 2.38548872 Root MSE        =   1.4901

------------------------------------------------------------------------------------
accessible_1ysdf |    Coef.    Std. Err.      t    P>|t|    [95% Conf. Interval]
-----------------+------------------------------------------------------------------
        edulevel |  .2286662  .0545097     4.19  0.000   .1213218    .3360107
      lifevalueP |  .0051749   .004565     1.13  0.258  -.0038148    .0141646
           _cons | -.6819162  .3705509    -1.84  0.067  -1.411632       .0478
------------------------------------------------------------------------------------
```

此模型为

$$\widehat{accessible\_1ysdf} = -0.681 + 0.228 edulevel + 0.005 lifevalueP$$

在这个模型中，β_0代表截距，β_1代表的是在其他条件不变的情况下受教育程度对图书馆获取信息的影响，β_2代表的是在其他条件不变时人生价值观对信息主体从图书馆获取信息的影响。

项目	(1) accessible_1ysdf	(2) accessible_1ysdf
edulevel	0.242^{***}	0.216^{***}
	(5.72)	(4.95)
lifevalueP		0.00297^{*}
		(2.41)
_cons	-0.375^{*}	-0.643^{***}
	(−2.48)	(−3.43)
N	337	336

注：括号中为 t 值，*表示 $p<0.05$，***表示 $p<0.001$

再举一个例子。

例 6.5

“知识沟”假说认为，处于不同社会经济地位的人获得知识的速度是不同的，社会经济地位高的人将比社会经济地位较低的人以更快速度获取这类信息。因为社会经济地位受教育、收入、职业的影响，据此，我们考虑一个人的教育水平及年收入会对他的信息资产产生影响。以和政数据为例。

$$\widehat{\text{assetP}} = \beta_0 + \beta_1 \text{edulevel} + \beta_2 \log(\text{incomeY})$$

```
. gen log_incomeY = log(incomeY)
. reg assetP edulevel log_incomeY
      Source |       SS         df       MS      Number of obs   =       218
-------------+----------------------------------  F(2, 215)       =     47.91
       Model |  14445.7182       2  7222.85912   Prob > F        =    0.0000
    Residual |   32414.855     215  150.766768   R-squared       =    0.3083
-------------+----------------------------------  Adj R-squared   =    0.3018
       Total |  46860.5733     217  215.947342   Root MSE        =    12.279
------------------------------------------------------------------------------
      assetP |      Coef.   Std. Err.      t    P>|t|     [95% Conf. Interval]
-------------+----------------------------------------------------------------
    edulevel |   4.461902    .488099     9.14   0.000      3.49983    5.423974
 log_incomeY |   .9859604   .7567617     1.30   0.194    −.5056616    2.477582
       _cons |  −1.520782   7.548857    −0.20   0.841    −16.40003    13.35846
------------------------------------------------------------------------------
```

如上，可以得知

$$\widehat{\text{assetP}} = -1.521 + 4.462\text{edulevel} + 0.986\text{log\_incomeY}$$

一般地，我们可以把含有两个自变量的模型写成

$$y = \beta_0 + \beta_1 x_1 + \beta_2 x_2 + \mu \tag{6.10}$$

其中 β_0 是截距，β_1 度量了在其他条件不变的情况下 y 相对于 x_1 的变化，β_2 度量了在其他条件不变的情况下 y 相对于 x_2 的变化。

继续以上面这个回归模型为例：

$$\text{accessible\_1ysdf} = \beta_0 + \beta_1 \text{edulevel} + \beta_2 \text{lifevalueP} + \mu \tag{6.11}$$

含有两个自变量的模型中，关于 μ 与 edulevel 和 lifevalueP 有

$$E\left(\mu \middle| \text{edulevel}, \text{lifevalueP}\right) = 0$$

与简单回归中 SLR.4（零条件均值）解释类似，它意味着对于总体的信息世界中 edulevel 与 lifevalueP 的任何值，无法观测因素的均值都等于零，也就意味着影响信息资产得分的其他值与 edulevel 和 lifevalueP 均无关。

6.1.2　含有 K 个自变量的模型

一旦开始多元就没有必要局限于两个自变量。

例如，在个人信息世界中个人信息世界的形成、维护和发展是通过信息主体的实践实现的；知觉性和目的性信息实践因此构成了个人信息世界发展变化的基本动力。

例 6.6　有两个自变量的回归模型

根据陇西调研的样本，我们可以假设信息主体的获取信息的动力得分（dynamicP），与信息主体的空间维度得分（spaceP）、做决定的方式（decision）对中央新闻的关注程度（newsC）以及对地方新闻关注程度（newsL）相关：

$$\log(\text{dynamicP}) = \beta_0 + \beta_1 \text{spaceP} + \beta_2 \text{decision} + \beta_3 \text{newsC} + \beta_4 \text{newsL}$$

在其他条件不变的情况下，β_1 表示空间维度评分增加 1 分，导致动力维度评分提高的百分数。

```
      Source |       SS       df       MS      Number of obs    =      480
-------------+------------------------------   F(4, 475)        =    38.14
       Model |  5.23039915     4  .807599787   Prob > F         =   0.0000
    Residual |  10.0570732   475  .021172786   R-squared        =   0.2431
-------------+------------------------------   Adj R-squared    =   0.2367
       Total |  15.2874724   479  .027740026   Root MSE         =   .14551

------------------------------------------------------------------------------
logdynamicP |     Coef.    Std. Err.     t    P>|t|     [95% Conf. Interval]
-------------+----------------------------------------------------------------
    decision |  .0095474   .0044787    2.13   0.034    .0007468     .018348
       newsC |  .0323565   .0067328    4.81   0.000    .0191267    .0455863
       newsL |  .0314202   .0064493    4.87   0.000    .0187475     .044093
```

```
     spaceP |   .0017607   .0003084    5.71  0.000   .0011546    .0023668
      _cons |   5.872589   .0246082  157.37  0.000   5.824234    5.920943
------------------------------------------------------------------------------
```

$$\log\left(\widehat{\text{dynamicP}}\right) = 5.87 + 0.002\text{spaceP} + 0.010\text{decision} + 0.032\text{newsC} + 0.031\text{newsL}$$

在其他条件不变的情况下，空间维度评分每增加 1 分，动力维度评分提高 0.2%，决策时上网查询频率评分每增加 1 分，动力维度评分提高 1%，看中央新闻的频率每提高 1 分，动力维度评分提高 3%，看地方新闻的频率每增加 1 分，动力维度评分提高 3%。

一般多元回归模型的关键假定，用条件期望的形式可以很容易地表示为

$$E(u \mid x_1,\ x_2, x_3, \cdots, x_k) = 0$$

这个假定放在例题中关于总体假设的模型中可以表示为

$$E(u \mid \text{spaceP}, \text{decision}, \text{newsC}, \text{newsL}) = 0$$

这个假定表示，在对动力维度分数解释的过程中，在设定模型里是不可观测的。误差项中的所有因素都已经与空间维度、做决策前上网查询的频率、看中央新闻以及地方新闻的频率没有关系。

例 6.7　回归系数的解释

围绕知识沟展开的大量后续研究，从不同侧面解读了教育水平对人们信息贫困状况的明显影响。据此，我们考虑将教育水平作为自变量，同时加入一些个人特性变量为影响因素，探究其对信息资产的影响。根据和政调研数据，我们可以假设信息主体的信息资产（assetT）与教育水平（edulevel）、批判性思维（attitudeT）、观念开放性（openT）以及人生价值观（lifevalueT）有关

$$\ln\left(\widehat{\text{assetT}}\right) = \beta_0 + \beta_1\text{edulevel} + \beta_2\text{attitudeT} + \beta_3\text{openT} + \beta_4\text{lifevalueT}$$

```
. gen lnassetT=ln(assetT)

. reg lnassetT edulevel attitudeT openT lifevalueP

     Source |       SS           df       MS      Number of obs   =       252
-------------+----------------------------------   F(4, 247)       >  99999.00
      Model |  25.7046301         4  6.42615752   Prob > F        =    0.0000
```

```
    Residual |  1.6367e-12   247  6.6265e-15 R-squared      =    1.0000
-------------+------------------------------ Adj R-squared  =    1.0000
       Total |  25.7046301   251  .102408885 Root MSE       =   8.1e-08

------------------------------------------------------------------------------
     lnassetT |      Coef.   Std. Err.      t    P>|t|     [95% Conf. Interval]
-------------+----------------------------------------------------------------
    edulevel |       .146   3.32e-09   4.4e+07  0.000        .146        .146
   attitudeT |       .074   5.07e-09   1.5e+07  0.000        .074        .074
       openT |       .017   1.63e-09   1.0e+07  0.000        .017        .017
  lifevalueP |      .0008   2.68e-10   3.0e+06  0.000       .0008       .0008
       _cons |       2.59   2.67e-08   9.7e+07  0.000        2.59        2.59
------------------------------------------------------------------------------
```

据此可得：

$$\ln\left(\widehat{\text{assetT}}\right) = 2.59 + 0.146\text{edulevel} + 0.074\text{attitudeT} + 0.017\text{openT} + 0.004\text{lifevalueT}$$

在其他条件不变的情况下，教育水平得分每增加 1 分，信息资产得分就会提高 14.6%；批判性思维得分每增加 1 分，信息资产得分就会提高 7.5%；观念开放性得分每增加 1 分，信息资产得分就会提高 1.7%；人生价值观得分每增加 1 分，信息资产得分就会提高 0.4%。

$$E(u \mid x_1, x_2, x_3, \cdots, x_k) = 0$$

这个假定放在例题中关于总体假设的模型中可以表示为

$$E(u \mid \text{edulevel}, \text{attitudeT}, \text{openT}, \text{lifevalueT}) = 0$$

这个假定表示，模型里不可观测的误差项中的所有因素都已经与空间得分、时间得分和智识得分没有关系。

6.2 普通最小二乘法的操作和解释

6.2.1 对 OLS 回归方程的解释

我们仍然使用陇西数据，对例 6.6 进一步展开分析，如式（6.12）和（6.13）。

$$\log(\text{dynamicP}) = \beta_0 + \beta_1\text{spaceP} + \beta_2\text{decision} + \beta_3\text{newsC} + \beta_4\text{newsL} + u \quad (6.12)$$

$$\log\widehat{(\text{dynamicP})} = 5.87 + 0.001\text{spaceP} + 0.009\text{decision} + 0.32\text{newsC} + 0.031\text{newsL} \quad (6.13)$$

β_0=5.87 是截距项，是在所有自变量均为 0 的条件下的预测值，虽然它对于信息主体信息世界的解释没有太大的意义，但为了从 OLS 回归中得到 y 的预测值，总是需要截距项的。

估计值 $\widehat{\beta_1}$、$\widehat{\beta_2}$、$\widehat{\beta_3}$、$\widehat{\beta_4}$ 具有偏效应（其他条件不变）的解释。

从式（6.12）我们可以得到

$$\Delta\log(\text{dynamicP}) = \widehat{\beta_1}\Delta\text{spaceP} + \widehat{\beta_2}\Delta\text{decision} + \widehat{\beta_3}\Delta\text{newsC} + \widehat{\beta_4}\Delta\text{newsL}$$

所以我们才能在给定 $\text{spaceP}, \text{decision}, \text{newsC}, \text{newsL}$ 的情况下预测 $\log(\text{dynamicP})$ 的变化。

6.2.2 多元回归中“保持其他因素不变”的含义

我们在陇西调研中没有办法做到在经常看中央新闻的人中进行抽样，或者要绝对保证在经常看中央新闻，经常看地方新闻并且做决定时经常上网查询的人中进行抽样调查，对他们获取信息的空间维度得分数据与动力维度得分数据，进行简单的回归分析。而多元回归使得我们在对受访者不加以任何限制的情况下访问收获数据后，有效地模拟了上述施加条件时的情况。

6.2.3 同时改变不止一个自变量

通过式（6.13），在获取信息空间维度评分与做决定时上网查询频率得分一致时，一个人对于中央与地方新闻的关注评分同时多增加 1 分，动力维度评分上升 6%（0.03+0.03=0.06，只要将 newsC 和 newsL 的系数相加并乘以 100，就得到了总影响的百分数）。

$$\ln\left(\widehat{\text{assetT}}\right) = 2.59 + 0.146\text{edulevel} + 0.074\text{attitudeT} + 0.017\text{openT} + 0.004\text{lifevalueT}$$

如上，对于例 6.7 计算的模型，在其他条件不变的情况下，当一个人的批判性思维得分和观念开放性得分同时增加 1 分时，信息资产得分就会提高 9.1%[（0.074+0.017）×100]。

6.2.4　OLS 的拟合值和残差

我们仍以和政数据为例来进行说明。假设智识维度得分受到受访者目前个人平均收入（logaver）、可及信息源得分（availableP）、自我感知每天的信息需求（infoneed）、获取信息是否有利于保持自己的权益（selfprotect）、获取信息是否有利于孩子成长（kidedu）、做决策前先上网查询（decision）以及家庭人口（familypop）等因素的影响，如例 6.8。

例 6.8　OLS 的拟合值和残差

```
. gen logaver = averageinc
. reg intelligenceT logaver availableP infoneed selfprotect kidedu decision familypop
      Source |       SS       df       MS      Number of obs   =       421
-------------+------------------------------   F(7, 413)       =      6.73
       Model |  2660.43908     7  380.062725   Prob > F        =    0.0000
    Residual |  23309.8507   413  56.4403165   R-squared       =    0.1024
-------------+------------------------------   Adj R-squared   =    0.0872
       Total |  25970.2898   420  61.8340233   Root MSE        =    7.5127
------------------------------------------------------------------------------
intelligen~T |      Coef.   Std. Err.      t    P>|t|     [95% Conf. Interval]
-------------+----------------------------------------------------------------
     logaver |   .0000227   5.82e-06     3.90   0.000     .0000113    .0000341
  availableP |   .0802127   .0190375     4.21   0.000     .0427902    .1176353
    infoneed |   .6921077   .2821752     2.45   0.015     .1374289    1.246787
 selfprotect |  −.3902018   .3554572    −1.10   0.273    −1.088933    .3085291
      kidedu |  −.5709814    .302072    −1.89   0.059    −1.164772     .022809
    decision |   .3655173   .2567685     1.42   0.155    −.1392189    .8702536
   familypop |   .2439672   .2418145     1.01   0.314    −.2313735     .719308
       _cons |   14.11646   2.110455     6.69   0.000     9.967891    18.26504
------------------------------------------------------------------------------
```

如上可得：

$$\text{intelligenceT}=14.116+0.080\text{availableP}+0.692\text{infoneed}-0.390\text{selfprotect}-0.571\text{kidedu}+0.366\text{decision}+0.244\text{familypop}$$

对于任何一个在陇西取得的样本，实际的智识维度因子得分都不等于上式代入具体数值后的得分，OLS使得预测误差的平方的平均值最小化了，但对于每一个陇西调研取得的样本，在智识维度因子得分上的预测误差都没有说明，第 i 个观测的残差只是像在简单回归中那样被定义为

$$\widehat{u_i}=y_i-\widehat{y_i}$$

这里的 y 就是 intelligenceT，$\widehat{u_i}$ 的正负表示的是实际值是被高估还是低估。

从简单回归推至多元回归就有以下性质。

（1）残差的样本均值为 0，即 $\widehat{u_i}=y_i-\widehat{y_i}=0$，$\overline{y}=\overline{\hat{y}}$。

（2）每个自变量的 OLS 残差之间的样本协方差为零，于是，OLS 拟合值和 OLS 残差之间的样本协方差为零（这里理解为所有的自变量均与残差无关）。

（3）点（$\overline{x}_1,\overline{x}_2,\cdots,\overline{x}_k,\overline{y}$）总是位于 OLS 的回归线上：$\overline{y}=\widehat{\beta_0}+\widehat{\beta_1}\overline{x}_1+\widehat{\beta_2}\overline{x}_2+\cdots+\widehat{\beta_k}\overline{x}_k$。

6.2.5 对多元回归“排除其他变量影响”的解释

在应用 OLS 时，我们不需要知道估计值的明确表达式，但为进行某些推导，我们需要估计值的明确表达式，再次考虑 K=2 的情形，一种方式为

$$\widehat{\beta_1}=\frac{\sum_{i=1}^{n}(\widehat{r_{i1}}-\overline{\widehat{r_{i1}}})\left(y_i-\overline{y_i}\right)}{\sum_{i=1}^{n}(\widehat{r_{i1}}-\overline{\widehat{r_{i1}}})^2}=\frac{\sum_{i=1}^{n}\widehat{r_{i1}}y_i}{\sum_{i=1}^{n}\overline{\widehat{r_{i1}}}^2} \tag{6.14}$$

$\widehat{r_{i1}}$ 是用现有样本将 x_1 与 x_2 进行简单回归 $\widehat{x_1}=\widehat{\gamma_0}+\widehat{\gamma_1}x_2$ 得到的 OLS 残差。

式（6.14）表明，只要将 y 对 $\widehat{r_1}$ 进行简单回归就能得到 $\widehat{\beta_1}$。

式（6.14）意味着：将 y 同时对 x_1 与 x_2 回归得出的对 x_1 的影响，与先将 x_1 对 x_2 回归得到残差，再将 y 对此残差回归得到的 x_1 的影响相同。这意味着只有 x_1 中与 x_2 不相关的部分与 y 有关，所以 $\widehat{\beta_1}$ 表示了在 x_2 被“排除影响之后”，我们再估计的 x_1 对 y 的影响。

在一个含有 k 个解释变量的模型中，$\widehat{\beta_1}$ 仍然可以写成：

$$\hat{\beta}_1=\frac{\sum_{i=1}^{n}\hat{r}_{i1}y_i}{\sum_{i=1}^{n}\overline{\hat{r}_{i1}}^2}$$

但残差 $\widehat{r_1}$ 是来自对 x_1 对 x_2，…，x_k 的回归。于是 $\widehat{\beta_1}$ 衡量的是，在排除 x_2，…，

x_k 等变量的影响之后，x_1 对 y 的影响。

例 6.9 “排除其他变量影响”的解释

```
gen logaver=log（averageinc）
. reg dynamicT logaver spaceP infoneed familypop
      Source |       SS       df       MS      Number of obs   =     352
-------------+------------------------------   F(4, 347)       =   10.11
       Model |  4176.42936     4  1044.10734   Prob > F        =  0.0000
    Residual |  35837.5593   347  103.278269   R-squared       =  0.1044
-------------+------------------------------   Adj R-squared   =  0.0941
       Total |  40013.9886   351  113.999968   Root MSE        =  10.163

------------------------------------------------------------------------------
    dynamicT |      Coef.   Std. Err.      t    P>|t|     [95% Conf. Interval]
-------------+----------------------------------------------------------------
     logaver |   .6387016   .7513643     0.85   0.396    -.8390997    2.116503
      spaceP |   .1213215    .025066     4.84   0.000     .0720212    .1706219
    infoneed |   1.191698   .3998212     2.98   0.003     .4053198    1.978076
   familypop |  -.3471242   .3536501    -0.98   0.327    -1.042692    .3484434
       _cons |   50.58236   8.344336     6.06   0.000     34.17052     66.9942
------------------------------------------------------------------------------
```

上述模型意味着只有受访者近年平均收入中与受访者信息收集空间评分、受访者对个人信息需求感知评分以及受访者家庭人口数不相关的部分与 dynamicT 有关，所以 $\widehat{\beta_1}$ 表示在 spaceP infoneed familypop 被“排除影响之后”，我们再估计的 logaver 对 y 的影响。

6.2.6　简单回归和多元回归估计值的比较

y 对 x_1 的简单回归：$y=\widetilde{\beta_0}+\widetilde{\beta_1}x_1$

y 对 x_1，x_2 的简单回归：$\hat{y}=\widehat{\beta_0}+\widehat{\beta_1}x_1+\widehat{\beta_2}x_2$

一般的 $\widehat{\beta_1}$ 与 $\widetilde{\beta_1}$ 并不相等，事实上它们之间有简单的关系

$$\widetilde{\beta_1}=\widehat{\beta_1}+\widehat{\beta_2}\widetilde{\delta_1}$$

其中，$\widetilde{\delta_1}$ 是 x_2 对 x_1 进行简单回归的斜率系数。二者相等的情况：

样本中 x_2 对 y 的偏效应为零，即 $\widehat{\beta_2}$ =0。

样本中 x_1 与 x_2 不相关，即 $\widetilde{\delta}_1=0$。

例 6.10　简单回归和多元回归估计值的比较

对下式：

$$\widetilde{\beta}_1=\widehat{\beta}_1+\widehat{\beta}_2\widetilde{\delta}_1$$

进行换算：

$$0.0725\approx 0.0471+0.00692\times 1.917=0.6036$$

项目	reg dynamicyzdf logaver e1	reg dynamicyzdf logaver spaceP e2	reg spaceP logaver e3
logaver	0.0725^{**}	0.0471	1.917^{*}
	(0.0356)	(0.0347)	(1.037)
spaceP		0.00692^{***}	
		(0.00117)	
_cons	-0.721^{*}	-0.658^{*}	7.594
	(0.377)	(0.364)	(11.00)
N	367	364	499
R^2	0.011	0.100	0.007

注：括号中为标准误，*表示 $p<0.1$，**表示 $p<0.05$，***表示 $p<0.01$

6.2.7　拟合优度

拟合优度是指一个统计模型对观测数据拟合程度的度量。在回归分析中，拟合优度通常用 R^2（Coefficient of Determination）来衡量，其取值范围从 0 到 1，表示模型对数据的解释程度。R^2 越接近 1，说明模型对数据的解释程度越好，拟合优度越高。反之，R^2 越接近 0，说明模型对数据的解释程度越差，拟合优度越低。通常情况下，R^2 大于等于 0.7 才被认为是一个合理的拟合优度，值越高越好。但是，需要注意的是，拟合优度只能说明模型对观测数据的解释程度，不能说明模型是否具有预测能力。

总平方和（Sum of Squares Total，SST）是统计学中用于衡量一组数据的变异性的度量。SST 表示所有观测值与整体平均值之差的平方和，可以用以下公式表示：

$$\mathrm{SST}=\sum(y_i-\overline{y})^2$$

其中，y_i 表示第 i 个观测值，$\overline{y}$ 表示所有观测值的平均值。

SST 可以用来计算回归分析中的 R^2，即拟合优度。回归模型的 R^2 等于 1 减去残差平方和（SSE）除以总平方和（SST），因此 SST 越大，R^2 越小，反之亦然。此外，SST 也可以用来计算方差分析表中的总变异性。

平方和误差（Sum of Squares Error，SSE）是指回归模型中所有观测值与模型预测值之差的平方和，它是评估模型拟合优度的重要指标之一。SSE 也可以用来计算方差分析表中的误差变异性，误差变异性等于所有观测值与其所在组的平均值之差的平方和，即

$$\text{解释平方和SSE} = \sum(\widehat{y_i} - \overline{y})^2$$

其中，$\widehat{y_i}$ 表示第 i 个预测值，$\overline{y}$ 表示第 i 组的平均值。

SSE 度量了模型预测值与真实值之间的差异，是由于模型不能完全解释因变量的所有变化而导致的误差。在回归分析中，SSE 越小表示模型的预测能力越强，拟合优度越高，因为模型能够更好地解释观测数据的变化。相反，SSE 越大则表示模型的预测能力越弱，拟合优度越低。

SSE 可以用来计算回归模型的 R^2，R^2 等于 1 减去 SSE 除以总平方和（SST），即

$$R^2 = 1 - \text{SSE} / \text{SST}$$

残差平方和（Sum of Squares Residual，SSR）是指回归模型中所有观测值的预测误差（即残差）的平方和，也就是模型无法解释的部分的平方和。在回归分析中，SSR 是用来评估模型的拟合程度和预测能力的重要指标之一。

SSR 可以用以下公式计算：

$$\text{残差平方和SSR} = \sum(\hat{u}_i)^2$$

SSR 可以用来计算回归模型的 R^2，R^2 等于 1 减去残差平方和除以总平方和（SST），即

$$R^2 = 1 - \text{SSR} / \text{SST}$$

R^2 越接近 1 表示模型的拟合程度越好，预测能力越强，反之则表示模型的拟合程度越差，预测能力越弱。因此，在选择回归模型时，通常会选择 R^2 较高的模型。

判定系数 R^2（R-squared）是用来衡量回归模型对观测数据变异性解释程度的一种统计量。它表示回归模型中自变量对因变量的解释程度，也称为拟合优度

指标。

R^2 的取值范围是 0 到 1 之间，其中，0 表示回归模型不能解释因变量的任何变异性，1 表示回归模型完全解释因变量的所有变异性。

R^2 可以用以下公式计算：

$$\text{判定系数 } R^2 = 1 - \frac{\text{SSE}}{\text{SST}}$$

R^2 越接近 1 表示回归模型越能够解释因变量的变异性，拟合优度越好，反之则表示回归模型解释因变量的能力越差，拟合优度越低。

虽然 R^2 是一种重要的回归分析指标，但需要注意的是，它并不能确定回归模型是否具有因果关系，也不能说明回归模型是否正确。此外，如果样本量较小，R^2可能会被过度解释，因此需要谨慎使用。

6.2.8　过原点的回归

有时一些理论告诉我们截距应该为零，所以需要提及截距项为零的多元 OLS 估计，此时回归方程为

$$\tilde{y} = \widetilde{\beta_0} + \widetilde{\beta_1} x_1 + \widetilde{\beta_2} x_2 + \cdots + \widetilde{\beta_k} x_k \tag{6.15}$$

注意：

（1）我们以前推导的 OLS 性质对于过原点的回归不再适用，特别是 OLS 残差的样本平均值不再是零时。

（2）若总体模型中截距项非零，而做了过原点的回归，则斜率参数的 OLSE 将有偏。若总体模型中确实不含截距项，而做了带截距项的回归则斜率参数的 OLSE 方程会变大。

6.3　OLS 估计量的期望值

OLS 估计量的期望值基于如下三个假定。

假定 MLR.1（线性于参数）。

假定 MLR.2（随机抽样）。

假定 MLR.3（不存在完全共线性）。

在样本中，没有一个自变量是常数，自变量之间不存在严格（完全）的线性关系。我们现在必须关注所有自变量之间的关系，如果方程中一个自变量是其他

自变量的线性组成，那么我们说这个模型遇到了完全共线性问题（两个变量完全相关最简单的方式就是一个变量是另一个变量的常数倍）。

例 6.11 OLS 估计量的期望值

比较如下两个模型。

模型一：

```
. reg intelligenceP assetP habitualP celluse
      Source |       SS       df       MS      Number of obs   =      239
-------------+------------------------------   F(3, 235)       =    42.82
       Model |  16163.0699     3  5387.68998   Prob > F        =   0.0000
    Residual |  29570.5289   235  125.832038   R-squared       =   0.3534
-------------+------------------------------   Adj R-squared   =   0.3452
       Total |  45733.5988   238  192.157978   Root MSE        =   11.217

------------------------------------------------------------------------------
intelligenceP |     Coef.   Std. Err.      t    P>|t|     [95% Conf. Interval]
--------------+---------------------------------------------------------------
       assetP |   .7214184   .102678     7.03   0.000    .5191314    .9237054
    habitualP |  -.3338071  .1154306    -2.89   0.004   -.5612181   -.1063962
      celluse |   .6136718  .3722277     1.65   0.101   -.1196577    1.347001
        _cons |   9.304692  1.759858     5.29   0.000    5.837578    12.77181
------------------------------------------------------------------------------
```

模型二：

```
. reg assetP habitualP
      Source |       SS       df       MS      Number of obs   =      243
-------------+------------------------------   F(1, 241)       =   511.03
       Model |  33186.5155     1  33186.5155   Prob > F        =   0.0000
    Residual |  15650.4984   241  64.9398273   R-squared       =   0.6795
-------------+------------------------------   Adj R-squared   =   0.6782
       Total |  48837.0139   242  201.805842   Root MSE        =   8.0585

------------------------------------------------------------------------------
      assetP |     Coef.   Std. Err.      t    P>|t|     [95% Conf. Interval]
-------------+----------------------------------------------------------------
   habitualP |   1.022415  .0452274    22.61   0.000    .9333232    1.111506
       _cons |   16.70452  .6114173    27.32   0.000    15.50011    17.90892
------------------------------------------------------------------------------
```

项目	e1	e2
assetP	0.329***	
	(0.0847)	
habitualP	0.245***	0.516***
	(0.0478)	(0.00951)
celluse11	−1.206***	
	(0.458)	
_cons	31.37***	4.212***
	(1.986)	(0.442)
N	578	634
R^2	0.432	0.823

注：括号中为标准误，***表示 $p < 0.01$

assetP 中很多维度的得分与 habitualP 是一致的，通过 e2 我们可以看出 e1 中 assetP 与 habitualP 两者具有很强的共线性。

假定 MLR.4

给定自变量的任何值，误差 u 的期望值为 0：

$$E(u|x_1, x_2, \cdots, x_k) = 0$$

会使 MLR.4 不成立的情况如下。

（1）错误设定函数关系（可能是非线性设定为线性）。

（2）当一个变量在总体中应该以对数出现时，却使用了水平值，或者相反。

（3）漏掉解释变量。

（4）随机误差 u 以其他方式与某个解释变量之间出现相关（内生性）。

定理 6.1　（OLS 的无偏性）

在 MLR.1 至 MLR.4 均满足的条件下，此时 $E(\widehat{\beta_j}) = \beta_j, j = 0,1,2,\cdots,k$，即 OLS 估计量是总体参数的无偏估计量。

就现实情况而言，估计值是不可能无偏的，因为一个估计值就是从一个特定的样本得到的固定值，它通常不等于总体参数。我们这里说的 OLS 在四个假定下是无偏的，是指当我们将用来得到 OLS 估计值的程序在重复不断的随机抽样（可以近似地看作穷尽了所有抽样的组合，来计算每组样本均值的标准差即抽样平均误差）中得到系数时，这个程序是无偏的。

例 6.12　无偏性的证明

```
. reg habitualT infoneed
      Source |       SS        df       MS       Number of obs    =       616
-------------+------------------------------------ F(1, 614)        =     11.46
       Model |  10731.4277      1  10731.4277 Prob > F           =    0.0008
    Residual |  575062.576    614     936.584 R-squared          =    0.0183
-------------+------------------------------------ Adj R-squared    =    0.0167
       Total |  585794.004    615  952.510575 Root MSE           =    30.604

------------------------------------------------------------------------------
   habitualT |      Coef.   Std. Err.      t    P>|t|     [95% Conf. Interval]
-------------+----------------------------------------------------------------
    infoneed |   2.863093   .8458242     3.38   0.001     1.202034    4.524153
       _cons |   38.64515   3.432541    11.26   0.000     31.90421     45.3861
------------------------------------------------------------------------------
```

其拟合线表示如图 6-1。

twoway lfitci habitualT infoneed||scatter habitualT infoneed

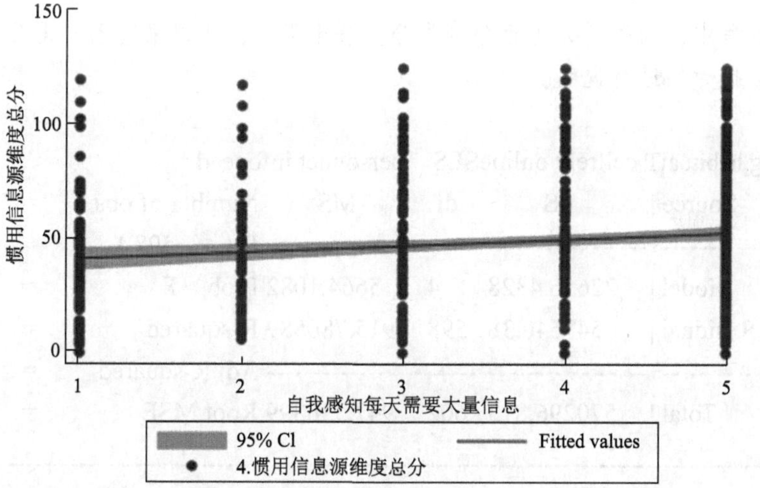

图 6-1　自我感知每天需要的信息与惯用信息源得分拟合线

6.3.1　在回归模型中包含了无关变量

对无偏性产生影响的情况：

$$y = \beta_0 + \beta_1 x_1 + \beta_2 x_2 + \beta_3 x_3 + u \tag{6.16}$$

假定回归模型中包含一个无关变量的情形：这个模型满足四条假定，但控制

x_1、x_2 之后，x_3 对 y 没有影响即 $\beta_3 = 0$。

此时用条件期望表示就是：

$$E\left(y|x_1, x_2, x_3\right) = E\left(y|x_1, x_2\right) = \beta_0 + \beta_1 x_1 + \beta_2 x_2 \tag{6.17}$$

加不加 x_3 对结果没有影响，此时

$$E(\widehat{\beta_1}) = \beta_1, E(\widehat{\beta_2}) = \beta_2, E(\widehat{\beta_3}) = \beta_3 \tag{6.18}$$

即：在一个多元回归模型中，对模型进行过度设定不会影响 OLS 的无偏性，但过度设定会对 OLS 的方差产生不利影响。

例 6.13　无关变量的识别

在信息世界的测定中，我们误认为手机上不了网的着急程度会影响惯用信息源得分（上不了网很着急的人可能惯用手机上网查资料），但其实两者关系并不显著。如果我们对影响惯用信息源维度得分的方程写为

$$\text{habitualT}=\beta_0 + \beta_1\text{cellrely}+\beta_2\text{onlineSES}+\beta_3\text{personnet}+\beta_4\text{ infoneed}+ u$$

（方程中，因子得分比百分制得分显著水平高，所以采用因子得分）。下面以陇西数据为例进行说明。

```
. reg habitualT cellrely onlineSES    personnet infoneed
      Source |       SS        df       MS       Number of obs   =      603
-------------+------------------------------ F（4，598）      =     6.18
       Model |  22656.4328      4  5664.1082 Prob > F        =   0.0001
    Residual |   547640.38    598  915.786589 R-squared       =   0.0397
-------------+------------------------------ Adj R-squared   =   0.0333
       Total |  570296.813    602  947.336899 Root MSE        =   30.262
------------------------------------------------------------------------------
   habitualT |      Coef.   Std. Err.      t    P>|t|     [95% Conf. Interval]
-------------+----------------------------------------------------------------
    cellrely |  −1.573215   .8599737   −1.83   0.068    −3.262151    .1157209
   onlineSES |   1.313939    .885806    1.48   0.139    −.4257293    3.053608
   personnet |   2.199325   .8367656    2.63   0.009     .5559689    3.842682
    infoneed |   2.152258    .927507    2.32   0.021     .3306914    3.973825
       _cons |   37.15269   4.475789    8.30   0.000     28.36251    45.94286
------------------------------------------------------------------------------
```

```
reg habitualT cellrely
      Source |       SS       df       MS      Number of obs   =     615
-------------+------------------------------   F(1, 613)       =    0.24
       Model |  224.511041     1  224.511041   Prob > F        =  0.6277
    Residual |  584623.336   613  953.708541   R-squared       =  0.0004
-------------+------------------------------   Adj R-squared   = -0.0012
       Total |  584847.847   614  952.520923   Root MSE        =  30.882

------------------------------------------------------------------------------
   habitualT |      Coef.   Std. Err.      t    P>|t|     [95% Conf. Interval]
-------------+----------------------------------------------------------------
    cellrely |  -.4008146   .8260999    -0.49   0.628    -2.023144    1.221515
       _cons |   50.92416   3.387149    15.03   0.000     44.27234    57.57599
------------------------------------------------------------------------------
reg habitualT onlineSES personnet infoneed
      Source |       SS       df       MS      Number of obs   =     605
-------------+------------------------------   F(3, 601)       =    7.09
       Model |  19546.2905     3  6515.43016   Prob > F        =  0.0001
    Residual |  552285.068   601  918.943541   R-squared       =  0.0342
-------------+------------------------------   Adj R-squared   =  0.0294
       Total |  571831.358   604   946.74066   Root MSE        =  30.314

------------------------------------------------------------------------------
   habitualT |      Coef.   Std. Err.      t    P>|t|     [95% Conf. Interval]
-------------+----------------------------------------------------------------
   onlineSES |   1.406194   .8857437     1.59   0.113    -.3333352    3.145723
   personnet |   1.941331   .8297172     2.34   0.020     .3118338    3.570829
    infoneed |   1.809114   .9014638     2.01   0.045     .0387125    3.579516
       _cons |   33.04785   3.901198     8.47   0.000     25.38621    40.70949
------------------------------------------------------------------------------
```

项目	e1	e2	e3
cellrely	−0.0212*	−0.00411	
	(0.0111)	(0.0107)	
onlineSES	0.0275**		0.0287**
	(0.0117)		(0.0118)

续表

项目	e1	e2	e3
personnet	0.0310***		0.0269**
	(0.0109)		(0.0109)
infoneed	0.0305**		0.0254**
	(0.0121)		(0.0118)
_cons	−0.195***	0.0156	−0.244***
	(0.0580)	(0.0438)	(0.0509)
N	676	690	679
R^2	0.049	0.000	0.042

注：括号中为标准误，*表示 $p < 0.1$，**表示 $p < 0.05$，***表示 $p < 0.01$

在 e1 列中方程式为

$$\text{habitualT}=\beta_0 + \beta_1\text{cellrely} + \beta_2\text{onlineSES} + \beta_3\text{personnet} + \beta_4\text{infoneed} + u$$

根据 e1 我们测定 habitualT 与 cellrely 之间的关系并不显著（e2）。去掉 cellrely 测定 e3 得到最终的估计方程：

$$\text{habitualT} = \beta_0 + \beta_1\text{onlineSES} + \beta_2\text{personnet}+\beta_3\text{infoneed} + u$$

可知：

$$E(\text{habitualT1cellrely,onlineSES, personnet, infoneed})$$
$$=E(\text{habitualT1onlineSES, personnet, infoneed})$$

6.3.2 遗漏变量的偏误（模型设定不足）

假定我们不是包含了一个无关变量，而是遗漏了一个实际上应包括在真实（或总体）模型中的变量，这通常称为对模型设定不足。

如果本来的设定为

$$y = \beta_0 + \beta_1 x_1 + \beta_2 x_2 + u$$

并且模型满足 MLR.1-MLR.4，因为疏忽或数据不足，我们在排除 x_2 的情况下得到

$$\tilde{y} = \widetilde{\beta_0} + \widetilde{\beta_1} x_1$$

假定为二元回归，其中一元不可测，使用 $v = \beta_2 + u$ 来代替。

由于之前得到的关系 $\widetilde{\beta_1}=\widehat{\beta_1}+\widehat{\beta_2}\widetilde{\delta_1}$。其中 $\widehat{\beta_1}$ 和 $\widehat{\beta_2}$ 是 y 对 x_1x_2 的二元回归参数估计量。其中 $\widetilde{\delta_1}$ 是 x_2 对 x_1 进行简单回归的斜率系数，只与自变量有关。

由多元回归的无偏性我们有

$$E(\widetilde{\beta_1})=E(\widehat{\beta_1}+\widehat{\beta_2}\widetilde{\delta_1})=E(\widehat{\beta_1})+E(\widehat{\beta_2}\widetilde{\delta_1})=\beta_1+\beta_2\widetilde{\delta_1}$$

$$\widetilde{\beta_1}\text{的偏误}\mathrm{Bias}(\widetilde{\beta_1})=E(\widetilde{\beta_1})-\beta_1=\beta_2\widetilde{\delta_1}$$

两种情形下偏误为零：

$$\beta_2=0,\widetilde{\beta_1}\text{是无偏的}$$

$$\tilde{\delta}_1=0,\widetilde{\beta_1}\text{是无偏的}$$

因为 δ_1 是 x_1 和 x_2 的样本协方差与 x_1 的样本方差的比值，所以当且仅当 x_1 与 x_2 不相关时 $\widetilde{\delta_1}=0$。即当 x_1 与 x_2 不相关时，$\widetilde{\beta_1}$ 是无偏的。$\widetilde{\delta_1}$ 的符号与 x_1，x_2 之间的相关系数具有相同的符号。

$\mathrm{corr}(x_1,x_2)>0$	$\mathrm{corr}(x_1,x_2)<0$
偏误为正	偏误为负
偏误为负	偏误为正

例 6.14 遗漏变量

在个人信息世界中，我们认为个体信息动力维度的评分（dynamicP）受到手机接发信息频率（celluse2）、个人收集信息空间维度评分（spaceP）和信息主体对上网扩大人际圈子评分（personnet）的影响。事实上，个体信息动力维度的评分（dynamicP）也是受到信息主体可获信息评分（accessibleP）的影响。同时，信息主体可获信息评分（accessibleP）与个人收集信息空间维度评分（spaceP）相关。

所以，我们本来的设定为

$$\text{dynamicP}=\beta_0+\beta_1\text{celluse2}+\beta_2\text{spaceP}+\beta_3\text{personnet}+\beta_4\text{accessibleP}+u$$

但遗漏变量后，我们的设定变为

$$\text{dynamicP}=\widetilde{\beta_0}+\widehat{\beta_1}\text{celluse2}+\widehat{\beta_2}\text{spaceP}+\widehat{\beta_3}\text{personnet}$$

$$\widetilde{\beta_2}=\widehat{\beta_4}+\widehat{\beta_4}\widetilde{\delta_1}$$

$$0.1304773=0\ .0892358+0.0892358\times0.2958262=0.11563409$$

```
reg dynamicP celluse2 spaceP   personnet
     Source |       SS           df       MS      Number of obs   =       487
-------------+----------------------------------   F(3, 483)       =     27.79
      Model |  7881.45743         3  2627.15248   Prob > F        =    0.0000
   Residual |  45657.4811       483  94.5289465   R-squared       =    0.1472
-------------+----------------------------------   Adj R-squared   =    0.1419
      Total |  53538.9386       486  110.162425   Root MSE        =    9.7226

------------------------------------------------------------------------------
   dynamicP |      Coef.   Std. Err.      t    P>|t|     [95% Conf. Interval]
-------------+----------------------------------------------------------------
   celluse2 |  −2.514732   .5657904    −4.44   0.000    −3.626447   −1.403018
     spaceP |   .1304773   .0204724     6.37   0.000     .0902513    .1707032
  personnet |   .4082629   .2837318     1.44   0.151    −.1492382     .965764
      _cons |    61.6588   1.648676    37.40   0.000     58.41934    64.89826
------------------------------------------------------------------------------
reg dynamicP celluse2 spaceP      personnet accessibleP
     Source |       SS           df       MS      Number of obs   =       486
-------------+----------------------------------   F(4, 481)       =     24.17
      Model |  8919.51506         4  2229.87877   Prob > F        =    0.0000
   Residual |  44373.8399       481  92.2533054   R-squared       =    0.1674
-------------+----------------------------------   Adj R-squared   =    0.1604
      Total |  53293.3549       485  109.883206   Root MSE        =    9.6049

------------------------------------------------------------------------------
   dynamicP |      Coef.   Std. Err.      t    P>|t|     [95% Conf. Interval]
-------------+----------------------------------------------------------------
   celluse2 |  −2.513075   .5591424    −4.49   0.000    −3.611738   −1.414411
     spaceP |   .1060781   .0220445     4.81   0.000     .0627628    .1493935
  personnet |   .3154624   .2814152     1.12   0.263    −.2374927    .8684175
accessibleP |   .0892358    .028594     3.12   0.002     .0330513    .1454204
      _cons |    60.1481   1.703359    35.31   0.000     56.80116    63.49505
------------------------------------------------------------------------------
```

reg accessibleP spaceP

项目	e1	e2	e3
celluse2	-2.515^{***}	-2.513^{***}	
	(0.566)	(0.559)	
spaceP	0.130^{***}	0.106^{***}	0.296^{***}
	(0.0205)	(0.0220)	(0.0250)
personnet	0.408	0.315	
	(0.284)	(0.281)	
accessibleP		0.0892^{***}	
		(0.0286)	
_cons	61.66^{***}	60.15^{***}	19.38^{***}
	(1.649)	(1.703)	(0.850)
N	487	486	708
R^2	0.147	0.167	0.165

注：括号中为标准误，***表示 $p < 0.01$

以和政数据为例。

例 6.15　遗漏变量的检验

我们本来在例 6.4 中的模型的设定为

$$\widehat{\text{accessible\_1ysdf}} = \beta_0 + \beta_1 \text{edulevel} + \beta_2 \text{lifevalueP}$$

项目	(1) accessible_1ysdf	(2) accessible_1ysdf	(3) edulevel
edulevel	0.216^{***}	0.242^{***}	
	(4.95)	(5.72)	
lifevalueP	0.00297^{*}		0.00720^{***}
	(2.41)		(4.80)
_cons	-0.643^{***}	-0.375^{*}	2.289^{***}
	(−3.43)	(−2.48)	(11.52)
N	336	337	337

注：括号中为 t 值，*表示 $p<0.05$，***表示 $p<0.001$

但遗漏变量 edulevel 后，我们的设定变为

$$\widehat{\text{accessible\_1ysdf}} = \widehat{\beta_0} + \widehat{\beta_1}\text{edulevel}$$

看自变量之间相关系数的正负，然后估计偏误。偏误过大是指估计值的平均值太大了，这是对于所有的随机样本来说的，而不是针对某一个样本来说的。

在以上模型的前提下：

若 $E(\widetilde{\beta_1}) > \beta_1$ 我们称有向上的偏误，若 $E(\widetilde{\beta_1}) < \beta_1$ 我们称有向下的偏误。

向零的偏误是指 $E(\widetilde{\beta_1})$ 比 β_1 更接近零的情况，如果 β_1 为正，则 $\widetilde{\beta_1}$ 向下的偏误就是向零的偏误；反之，如果 β_1 为负，则 $\widetilde{\beta_1}$ 向上的偏误就是向零的偏误。

但是在实际中，我们遗漏的变量是一个未知的参数，因此我们就不能肯定 β_2 是正的还是负的，但在多数情况下，我们可以对正相关还是负相关做出猜测。

6.3.3 遗漏变量的偏误：更一般的情形

一个解释变量与误差之间存在相关性，一般会导致所有的 OLS 都产生偏差。例如：总体模型

$$y = \beta_0 + \beta_1 x_1 + \beta_2 x_2 + \beta_3 x_3 + u$$

满足假定 MLR.1-MLR.4，但我们遗漏了变量 x_3，并且估计模型为

$$\tilde{y} = \widetilde{\beta_0} + \widetilde{\beta_1} x_1 + \widetilde{\beta_2} x_2 \tag{6.19}$$

现在假设 x_2 与 x_3 无关，但 x_1 与 x_3 相关，此时 $\widetilde{\beta_1}$ 和 $\widetilde{\beta_2}$ 通常是有偏的（遗漏一个变量对所有的参数都会产生影响），唯一的例外是 x_1 与 x_2 不相关的时候。

即使是上述相当简单的模型，也很难判断偏误的方向，因为 x_1，x_2，x_3 很可能会两两相关，但如果我们假设 x_1 与 x_2 无关，那么遗漏 x_3，可以像在总体和所估计的模型中没有 x_2 一样去研究偏误（此时 x_2 与 x_3 无关，x_1 与 x_3 相关，我们只是在一个只有 x_1 和 x_3 的模型中，丢掉了 x_3）。

实际上，当 x_1 与 x_2 无关时，可以证明

$$E(\widetilde{\beta_1}) = \beta_1 + \beta_3 \frac{\sum_{i=1}^{n}(x_{i1} - \overline{x_1})x_{i3}}{\sum_{i=1}^{n}\left(x_{i1} - \overline{x_1}\right)^2} \tag{6.20}$$

遗漏的变量只要与一个变量相关，所有的回归系数都会有偏，当保留在回归方程中的两个变量互不相关时，才会回到简单情形。

6.4　OLS 估计量的方差

6.4.1　假定 MLR.5（同方差性）

给定任意解释变量值，误差 μ 都具有相同的方差，换言之：

$$\operatorname{var}\left(\mu | x_1, x_2, \cdots, x_k\right) = \sigma^2 \tag{6.21}$$

这个假定意味着，以解释变量为条件不管解释变量出现怎样的组合，误差项 μ 的方差都是一样的。如果假定不成立就出现异方差性。

在方程

$$\text{logaver} = \beta_0 + \beta_1 \text{dynamicT} + \beta_2 \text{habitualT} + u \tag{6.22}$$

中，按照同方差性的要求，不可观测的误差方差不依赖于动力维度和惯用信息源维度的因子得分，即

$$\text{Var} = \left(u | \text{dynamicT, habitualT}\right) = \sigma^2$$

例 6.16　用图分析遗漏变量

继续使用式（6.22）模型，在分别遗漏 habitualT 和 dynamicT 变量的情况下，其拟合线如图 6-2、图 6-3 所示。

graph twoway lfitci logaver dynamicT ||scatter logaver dynamicT

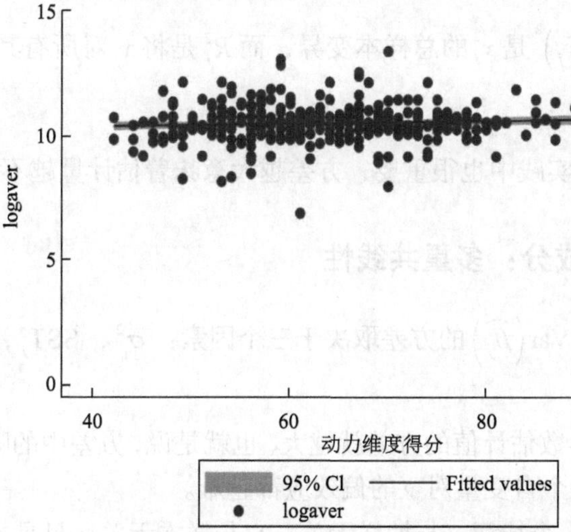

图 6-2　动力维度得分与因子得分拟合线

graph twoway lfitci logaver habitualT || scatter logaver habitualT

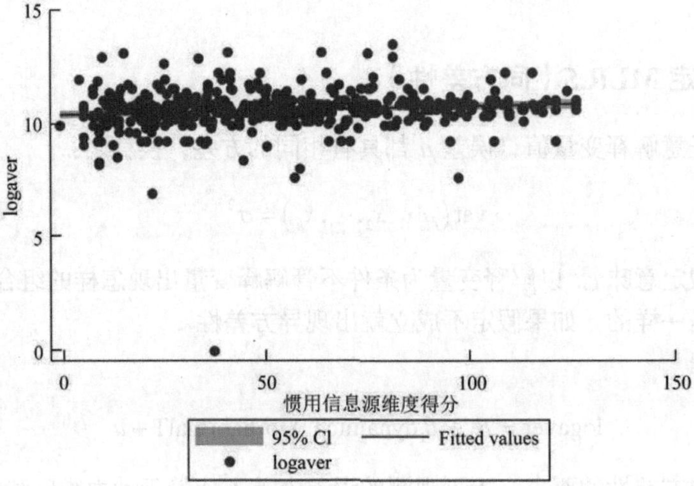

图 6-3　惯用信息源维度得分与因子得分拟合线

假定 MLR.1 至 MLR.5 一起称为（横截面数据回归的）高斯–马尔可夫假定。

定理 6.2（OLS 斜率估计量的抽样方差）

在假定 MLR.1-MLR.5 之下，以自变量的样本值为条件，对所有的 $j=1, 2, \cdots, k$ 都有

$$\operatorname{Var}\left(\widehat{\beta_j}\right)=\frac{\sigma^2}{\mathrm{SST}_j\left(1-R_j^2\right)} \tag{6.23}$$

其中，$\mathrm{SST}_j=\sum_{i=1}^{n}\left(x_{ij}-\bar{x}_j\right)^2$ 是 x_j 的总样本变异，而 R_j^2 是将 x_j 对所有其他自变量进行回归所得到的 R^2。

$\operatorname{Var}\left(\widehat{\beta_j}\right)$ 的大小在实践中也很重要，方差越大意味着估计量越不精确。

6.4.2　OLS 方差的成分：多重共线性

由定理 6.2 可知，$\operatorname{Var}\left(\widehat{\beta_j}\right)$ 的方差取决于三个因素：σ^2，SST_j，R_j^2。

关于误差方差 σ^2：

σ^2 越大，意味着参数估计值的方差就越大。也就是说，方差中的噪声越多（越大），使得估计任何一个自变量对 y 的偏效应都越难。

由于 σ^2 是总体的一个特征，与抽样无关，它与样本无关，只是式（6.23）中

未知因素中的一个组成部分，要想降低它，唯一的方法是在方程中添加解释变量（将某些因素从误差项中取出），但这种方法不一定有效。

例 6.17　多重共线性

```
. sum logaver
    Variable |       Obs        Mean    Std. Dev.       Min        Max
-------------+---------------------------------------------------------
     logaver |       502    10.56115    .9183158          0   13.45884
. reg logaver dynamic22df selfprotect
      Source |       SS           df       MS      Number of obs   =       491
-------------+----------------------------------   F(2, 488)       =      4.52
       Model |  7.4565589          2  3.72827945   Prob > F        =    0.0113
    Residual |  402.519829       488  .824835715   R-squared       =    0.0182
-------------+----------------------------------   Adj R-squared   =    0.0142
       Total |  409.976388       490  .836686506   Root MSE        =     .9082

------------------------------------------------------------------------------
     logaver |      Coef.   Std. Err.      t    P>|t|     [95% Conf. Interval]
-------------+----------------------------------------------------------------
 dynamic22df |   .0455558   .0154184     2.95   0.003     .0152612    .0758505
 selfprotect |   .0181863   .0361053     0.50   0.615    -.0527547    .0891273
       _cons |   10.00923   .2276458    43.97   0.000     9.561942    10.45652
------------------------------------------------------------------------------
. reg logaver dynamic22df selfprotect eduleveldf
      Source |       SS           df       MS      Number of obs   =       486
-------------+----------------------------------   F(3, 482)       =      5.11
       Model |  12.5347593         3  4.17825312   Prob > F        =    0.0017
    Residual |  393.869034       482  .817155672   R-squared       =    0.0308
-------------+----------------------------------   Adj R-squared   =    0.0248
       Total |  406.403793       485  .837945965   Root MSE        =    .90397

------------------------------------------------------------------------------
     logaver |      Coef.   Std. Err.      t    P>|t|     [95% Conf. Interval]
-------------+----------------------------------------------------------------
 dynamic22df |   .0393908   .0155044     2.54   0.011     .0089262    .0698555
 selfprotect |   .0269508   .0365069     0.74   0.461    -.0447816    .0986832
```

```
   eduleveldf |   .063044   .0249381  2.53   0.012  .0140432   .1120449
        _cons |   9.719725   .251404 38.66   0.000  9.225742   10.21371
------------------------------------------------------------------------------
```

SST_j（解释样本 x_j 的波动，总的离差平方和）。x_j 的样本越分散，SST_j 越大，则估计值的方差越小，所以我们希望 x_j 的取值越分散越好，扩大样本容量可以提高每一个变量的变异程度，当我们从总体中抽样时，随着样本量越来越大，SST_j 将无限递增，如果 SST_j 很小，那么估计值的方差将很大，但是只要 SST_j 不为零，都是不违背假定 MLR.3 的。

```
. reg decision habitual53ysdf habitual52ysdf habitual51ysdf
      Source |       SS       df       MS       Number of obs  =     668
-------------+------------------------------   F(3, 664)      =    7.46
       Model |  50.9802171     3  16.9934057   Prob > F       =  0.0001
    Residual |  1512.92847   664  2.27850673   R-squared      =  0.0326
-------------+------------------------------   Adj R-squared  =  0.0282
       Total |  1563.90868   667  2.34469068   Root MSE       =  1.5095

------------------------------------------------------------------------------
      decision |    Coef.   Std. Err.    t    P>|t|    [95% Conf. Interval]
---------------+--------------------------------------------------------------
habitual53ysdf |  .0500608  .0251743   1.99   0.047   .0006299   .0994916
habitual52ysdf |  .0279833  .0230823   1.21   0.226  −.0173399   .0733065
habitual51ysdf |  .1311877  .0676199   1.94   0.053  −.0015868   .2639623
         _cons |  3.140323  .0924385  33.97   0.000   2.958817    3.32183
------------------------------------------------------------------------------
. reg decision habitual53ysdf
      Source |       SS       df       MS       Number of obs  =     678
-------------+------------------------------   F（1, 676）     =   17.46
       Model |  40.0000019     1  40.0000019   Prob > F       =  0.0000
    Residual |  1548.71976   676  2.29100557   R-squared      =  0.0252
-------------+------------------------------   Adj R-squared  =  0.0237
       Total |  1588.71976   677  2.34670571   Root MSE       =  1.5136

------------------------------------------------------------------------------
      decision |    Coef.   Std. Err.    t    P>|t|    [95% Conf. Interval]
---------------+--------------------------------------------------------------
```

```
habitual53ysdf |    .0828013   .0198162    4.18   0.000    .0438926    .12171
         _cons |    3.200647   .0861061   37.17   0.000     3.03158   3.369715
------------------------------------------------------------------------------
```

自变量之间的线性关系 R_j^2。

先考虑两个变量的情形：

$$\text{decision} = \beta_0 + \beta_1 \text{habitual51ysdf} + \beta_2 \text{habitual52ysdf} + u$$

$$\text{Var}\left(\widehat{\beta_1}\right) = \frac{\sigma^2}{\text{SST}_j\left(1 - R_1^2\right)}$$

其中，R_1^2 就是 habitual51ysdf 对 habitual52ysdf 进行简单回归得到的 R^2，如果 R_1^2 越向 1 靠近，此时 $\text{Var}\left(\widehat{\beta_1}\right)$ 就变得越大，表明 habitual51ysdf 与 habitual52ysdf 之间线性关系的程度越高，OLS 斜率估计值的方差就越大（就越不准确）。

σ^2 越接近 1，估计值的方差越大。

一般情况下，R_j^2 是 x_j 总变异中可以由其他自变量解释的部分，对于给定的 σ^2 和 SST_j：

当 $R_j^2 = 0$ 时，$\text{Var}\left(\widehat{\beta_1}\right)$ 最小，当且仅当 x_j 与其他每个自变量的相关系数均为零时才会发生。

当 $R_j^2 = 1$ 时，$\text{Var}\left(\widehat{\beta_1}\right)$ 无穷大，此时违背假定 MLR.3 的，可以理解为此时的 x_j 是其他自变量的线性组合。

当 R_j^2 接近于 1 时，$\text{Var}\left(\widehat{\beta_1}\right)$ 会很大，事实上 $R_j^2 \to 1$ 时，$\text{Var}\left(\widehat{\beta_1}\right) \to \infty$，此时，两个或者多个自变量之间高度（但不完全）相关，称为多重共线性（这里只是给出接近 1 时，会出现的多重共线性问题，但至于 R_j^2 为多少就能成为多重共线性的临界值，没有定论）。

小结：$\text{Var}\left(\widehat{\beta_1}\right)$ 很大意味着，估计出的参数其实在一个很大的范围（无穷大）内波动，此时我们的预测就失去了意义，之所以在这样大的范围内波动，有可能是因为对应的自变量与别的自变量高度相关，也有可能是该自变量样本的选取范围过小使得样本的离散程度很小（SST_j 过小）。

尽管不能确切地界定多重共线性问题，但我们很清楚，就估计来说，x_j 与其他自变量之间越不相关越好，对于信息世界测量数据集，我们可以尝试着去掉一些自变量来减少多重共线性的影响，但由前可知，去掉模型的一个自变量又会导致偏误。在社会科学的研究中，我们通常是被动的数据收集者，除了搜集更多的数据，我们没有更好的办法能够减少无偏估计量的方差。

另外一个重要的问题是，虽然模型中的一些自变量之间高度相关，但对模型中其他参数估计的效果而言可能并不重要。比如：

$$y = \beta_0 + \beta_1 x_1 + \beta_2 x_2 + \beta_3 x_3 + u$$

其中 x_2 与 x_3 高度相关，于是 $\mathrm{Var}\left(\widehat{\beta_2}\right)$ 和 $\mathrm{Var}\left(\widehat{\beta_3}\right)$ 均很大，但 x_2 与 x_3 之间的相关性对于 $\mathrm{Var}\left(\widehat{\beta_1}\right)$ 没有影响。如果 x_1 与 x_2、x_3 都不相关，则无论 x_2 与 x_3 有多么相关，都有 $R_1^2 = 0$ 和 $\mathrm{Var}\left(\widehat{\beta_1}\right) = \dfrac{\sigma^2}{\mathrm{SST}_1}$。

当我们关心参数 β_1 时，不必在意 x_1 与 x_2、x_3 的相关程度。

在一个特定的应用中，一些研究者觉得计算那些用于确定多重共线性严重程度的统计量很有用，但因为我们不能区分解释变量之间到底有多强的相关性才算"太强"，所以我们很容易误用这些统计量。

最常用的统计量是方差膨胀因子（VIF）：

$$\mathrm{VIF}_j = \frac{1}{1 - R_j^2} \tag{6.24}$$

结合式（6.23）我们可以把 $\mathrm{Var}\left(\widehat{\beta_j}\right)$ 写作：

$$\mathrm{Var}\left(\widehat{\beta_j}\right) = \frac{\sigma^2}{\mathrm{SST}_j}\mathrm{VIF}_j \tag{6.25}$$

我们可以看出，若 x_j 与其他解释变量有关，那么 VIF_j 较大，则会使 $\mathrm{Var}\left(\widehat{\beta_j}\right)$ 较大，但 VIF 的值并不能真正影响我们的决定。

比如在 decision = β_0 + $\beta_1$habitual51ysdf + $\beta_2$habitual52ysdf + u 中，如果我们只想知道 habitual52ysdf（惯用信息源_知识或专业网站）对信息主体做决定前上网查询频率得分的影响，那么我们就能完全忽略其余解释变量的 VIF。

有时候，会选中 VIF 等于 10 作为零界值：如果 VIF 超过 10，那我们就会说多重共线性对估计 β_j 会成为一个"问题"，但是 VIF_j 超过 10 并不意味着 $\widehat{\beta_j}$ 的标准差太大以致它没有用处了，因为标准差还取决于 σ^2 和 SST_j，后者会随着样本量的增加而增加。就像关注 R_j^2 的大小一样，直接看 VIF_j 的大小用处也有限。

例 6.18　VIF 的检验

```
. estat vif
           Variable |       VIF       1/VIF
--------------------+----------------------------
   habitual52ysdf |      1.08      0.927188
   habitual51ysdf |      1.08      0.927188
--------------------+----------------------------
        Mean VIF |      1.08
```

6.4.3　误设模型中的方差

在一个模型中是否包含一个自变量的决策，可以通过分析偏误和方差之间的替代关系而做出。之前，我们推导了当真实模型包含 2 个自变量时，遗漏其中一个自变量所产生的偏误，接下来我们通过比较方差继续研究这个问题，满足高斯-马尔可夫假定的模型：

例 6.19　误设模型中的方差

$$\text{policy} = \beta_0 + \beta_1\text{available3ysdf} + \beta_2\text{habitual14ysdf}$$

```
. reg policy available3ysdf   habitual14ysdf

      Source |       SS         df        MS        Number of obs    =        688
-------------+------------------------------------ F(2, 685)        =      35.50
       Model |   113.93427       2    56.9671349 Prob > F         =     0.0000
    Residual |  1099.22271     685    1.60470468 R-squared        =     0.0939
-------------+------------------------------------ Adj R-squared    =     0.0913
       Total |  1213.15698     687    1.76587624 Root MSE         =     1.2668

----------------------------------------------------------------------------------------
         policy |      Coef.    Std. Err.     t     P>|t|      [95% Conf. Interval]
----------------+-----------------------------------------------------------------------
 available3ysdf |   .0964108   .0268832    3.59    0.000      .0436274   .1491941
```

habitual14ysdf	.1457238	.0210846	6.91	0.000	.1043256	.1871221
_cons	2.73948	.0690012	39.70	0.000	2.604	2.874959

估计量来自多元回归：

$$policy=2.739+0.096available3ysdf+0.146habitual14ysdf$$

我们得到的模型是在模型遗漏 habitual14ysdf，得到的简单回归模型

. reg policy available3ysdf

Source	SS	df	MS			
				Number of obs	=	699
				F(1, 697)	=	20.35
Model	35.1050518	1	35.1050518	Prob > F	=	0.0000
Residual	1202.19109	697	1.72480787	R-squared	=	0.0284
				Adj R-squared	=	0.0270
Total	1237.29614	698	1.77263057	Root MSE	=	1.3133

policy	Coef.	Std. Err.	t	P>|t|	[95% Conf.	Interval]
available3ysdf	.1230397	.0272729	4.51	0.000	.0694929	.1765865
_cons	2.913265	.0663326	43.92	0.000	2.78303	3.043501

$$policy=2.913+0.123available3ysdf$$

cor available3ysdf habitual14ysdf
（obs=701）

	av~3ysdf	h~14ysdf
available3~f	1.0000	
habitual14~f	0.1661	1.0000

如果两个自变量之间不相关就不会有偏误。

$$\mathrm{Var}\left(\widehat{\beta}_1\right)=\frac{\sigma^2}{\mathrm{SST}_1\left(1-R_1^2\right)}=\frac{2264.66069}{2328.90923*（1-0.0276）}=1.000013$$

```
. reg available3ysdf habitual14ysdf
      Source |       SS        df       MS      Number of obs   =       701
-------------+----------------------------------  F(1, 699)       =     19.83
       Model |  64.2485368      1   64.2485368  Prob > F        =    0.0000
    Residual |  2264.66069    699   3.23985793  R-squared       =    0.0276
-------------+----------------------------------  Adj R-squared   =    0.0262
       Total |  2328.90923    700   3.32701318  Root MSE        =       1.8

------------------------------------------------------------------------------
available3ysdf |      Coef.   Std. Err.      t    P>|t|     [95% Conf. Interval]
---------------+--------------------------------------------------------------
habitual14ysdf |   .1306192   .0293318    4.45   0.000     .0730303    .1882082
         _cons |   1.429679   .0806582   17.73   0.000     1.271317     1.58804
------------------------------------------------------------------------------
```

$$\operatorname{Var}\left(\widetilde{\beta_1}\right)=\frac{\sigma^2}{\mathrm{SST}_1}=\frac{1202.19109}{2328.90923}=0.5162035$$

满足高斯-马尔可夫假定的模型：

$$y=\beta_0+\beta_1x_1+\beta_2x_2+u$$

估计量来自多元回归：

$$\hat{y}=\widehat{\beta_0}+\widehat{\beta_1}x_1+\widehat{\beta_2}x_2$$

如果我们得到的模型是在模型遗漏 x_2，得到的简单回归模型

$$\tilde{y}=\widetilde{\beta_0}+\widetilde{\beta_1}x_1$$

除非 x_1 与 x_2 不相关，否则就会有偏误。

另一方面，无论 β_2 等于多少，$\widehat{\beta_1}$ 都是 β_1 的无偏估计，因此如果只是以偏误为准，那么 $\widehat{\beta_1}$ 比 $\widetilde{\beta_1}$ 好。考虑两个估计量的方差：

$$\operatorname{Var}\left(\widehat{\beta_1}\right)=\frac{\sigma^2}{\mathrm{SST}_1\left(1-R_1^2\right)}\qquad \operatorname{Var}\left(\widetilde{\beta_1}\right)=\frac{\sigma^2}{\mathrm{SST}_1}$$

可以看得出来，除非 x_1 与 x_2 不相关，否则总会有 $\operatorname{Var}\left(\widetilde{\beta_1}\right)<\operatorname{Var}\left(\widehat{\beta_1}\right)$。

若我们假设 x_1 与 x_2 相关，可以得到：

当 $\beta_2 \neq 0$，$\widetilde{\beta_1}$ 是有偏的，$\widehat{\beta_1}$ 是无偏的，且 $\mathrm{Var}\left(\widetilde{\beta_1}\right) < \mathrm{Var}\left(\widehat{\beta_1}\right)$。

当 $\beta_2 = 0$，$\widetilde{\beta_1}$ 是无偏的，$\widehat{\beta_1}$ 是无偏的，且 $\mathrm{Var}\left(\widetilde{\beta_1}\right) < \mathrm{Var}\left(\widehat{\beta_1}\right)$，此时 $\mathrm{Var}\left(\widetilde{\beta_1}\right)$ 趋向于无穷小。

从数学表达简单地看，$\beta_2 = 0$ 效果更好，但从实际意义上来说，增加一个无关因变量的自变量除了加剧多重共线性，导致 β_1 的估计偏误更高以外，没有其他实际的意义。

数学家认为偏误不一定服从任何形式，不会随着样本容量的扩大而缩小，偏误对任何样本容量都大致相等；另外，随着 n 的增大，$\mathrm{Var}\left(\widetilde{\beta_1}\right)$ 和 $\mathrm{Var}\left(\widehat{\beta_1}\right)$ 都逐步减少至零。意味着随着样本量的增大，由 x_2 导致的多重共线性将没有那么重要。

6.4.4 估计 σ^2：OLS 估计量的标准误

现在我们来证明如何选择 σ^2 的一个无偏估计量，从而使我们得到 $\mathrm{Var}\left(\widehat{\beta_j}\right)$ 的无偏估计量。

在一般的多元回归情形中，σ^2 的无偏估计量是

$$\hat{\sigma}^2 = \frac{\sum_{i=1}^{n} \widehat{u_i}^2}{n-k-1} = \frac{\mathrm{SSR}}{n-k-1} \tag{6.26}$$

方程中 $n-k-1$ 是含有 n 个观测量和 k 个自变量的一般 OLS 问题的自由度，这是由于在一个含有 k 个自变量和一个截距项的模型有 k+1 个参数。

定理 6.3 σ^2 的无偏估计：在高斯–马尔可夫假定 MLR.1-MLR.5 下：

$$E\left(\widehat{\sigma}^2\right) = \sigma^2$$

$\hat{\sigma}^2$ 的正平方根 $\hat{\sigma}$ 被称为回归标准误（SER）。

$\hat{\beta}_j$ 的标准差[$\mathrm{Var}(\widehat{\beta_j})$ 的平方根]：

$$\mathrm{sd}\left(\widehat{\beta_j}\right) = \frac{\sigma}{[\mathrm{SST}_j\left(1-R_j^2\right)]^{1/2}} \tag{6.27}$$

σ 是未知的，所以用 $\hat{\sigma}$ 来取代，这就是 $\widehat{\beta_j}$ 的标准误：

$$\mathrm{se}\left(\widehat{\beta_j}\right)=\frac{\hat{\sigma}}{[\mathrm{SST}_j\left(1-R_j^2\right)]^{1/2}} \tag{6.28}$$

注意：从式（6.28）中可以发现，异方差的出现尽管不会导致 $\widehat{\beta_j}$ 的偏误，却会让 $\mathrm{Var}\left(\widehat{\beta_j}\right)$ 的常用公式产生偏误，从而使标准误无效。

$$\mathrm{se}\left(\widehat{\beta_j}\right)=\frac{\hat{\sigma}}{\mathrm{sd}\left(x_j\right)\sqrt{n^{-1}}\sqrt{1-R_j^2}} \tag{6.29}$$

$$\mathrm{sd}\left(x_j\right)=\sqrt{n^{-1}\sum_{i=1}^{n}(x_{ij}-\overline{x}_j)^2} \tag{6.30}$$

从式（6.30）我们可以看出，当样本量（n）迅速增加时， $\hat{\sigma}$ ，$\mathrm{sd}\left(x_j\right)$，$R_j^2$ 均会随着样本量的变化而变化，当 n 越来越大时，三者会趋于常数，此时 $\mathrm{se}\left(\widehat{\beta_j}\right)$ 接近于 0，这就向我们证明了 $\widehat{\beta_j}$ 的精确度会随着样本的增加而增加。

6.5　OLS 的有效性

定理 6.4　（高斯-马尔可夫定理）

在假定 MLR.1 到 MLR.5 下，$\widehat{\beta_0}$，$\widehat{\beta_1}$，$\widehat{\beta_2}$,⋯，$\widehat{\beta_k}$ 分别是 β_0，β_1,⋯，β_k 的最优线性无偏估计量。

无偏估计量：$E(\widehat{\beta_j})=\beta_j$ 。

线性：$\widehat{\beta_j}=\sum_{i=1}^{n}w_{ij}y_i$（ $\widehat{\beta_j}$ 可以表示成因变量数据的一个线性函数）。

最优：对于任何一个线性无偏估计量 $\widetilde{\beta_j}$ ，都有 $\mathrm{Var}\left(\widehat{\beta_1}\right)<\mathrm{Var}\left(\widetilde{\beta_1}\right)$（最小方差）。

高斯-马尔可夫定理的重要意义就在于，当这个标准假定集成立时，我们不需要再去寻找其他的无偏估计量，因为没有一个会比 OLS 更好。

习　　题

简答题：

1. 请解释多元回归分析如何帮助研究者分析多个自变量对信息贫困的影响。
2. 请说明 OLS 估计量方差的概念，并讨论它如何影响模型系数的稳定性和可靠性。

3. 请描述 OLS 估计量要成为最佳线性无偏估计（BLUE）所需满足的假设条件，并解释这些条件对估计量有效性的影响。
4. 请简述如何通过图形分析和统计检验来检查多元回归模型是否满足同方差性假设。
5. 请说明当误差项不满足正态分布假设时，可以使用哪些估计方法，并简述这些方法的优缺点。
6. 请说明如何解释多元回归模型中每个自变量的回归系数，并讨论这些系数在解释模型时的重要性。

第 7 章　循证信息贫困研究中的多元回归推断

本章主要涉及的问题：①在高斯-马尔可夫假定的基础上，进一步对 OLS 估计量进行正态性假定；②对单个参数的检验假设（t 检验）；③涉及多个参数的检验假设（t 检验）；④对多个线性约束的检验（F 检验）。

高斯-马尔可夫假定包括：假定 MLR.1 线性于参数、假定 MLR.2 随机抽样、假定 MLR.3 不存在完全共线性、假定 MLR.4 零条件均值、假定 MLR.5 同方差性。前四个用于证明 OLS 的无偏性，增加的第五个是为了推导常用的方差表达式，并断定 OLS 是最优线性无偏估计。

我们现在转向对总体回归模型中的参数（β_j）进行假设检验的问题。在总体误差（σ^2）服从正态分布这个新增假定下，我们从求 OLS 估计量的分布开始入手。7.2 节和 7.3 节讨论对单个参数的假设检验（t 检验），7.4 节讨论如何检验涉及多个参数的假设（t 检验），在 7.5 节对多重约束进行检验（F 检验），并强调了在一个模型中自变量如何取舍的问题。

7.1　OLS 估计量的抽样分布

在前几章的讨论中我们知道了在一系列假定下 OLS 是无偏的，在高斯-马尔可夫假定下 OLS 估计量的方差，并且此方差是最小的。虽然了解 OLS 估计量的期望值和方差，有助于描述 OLS 估计量的精确性。但是为了进行统计推断（根据样本估计值对总体参数做出推断），我们不仅需要知道估计量的期望值和方差，还需要知道因变量的抽样分布。那么，为何需要了解数据的分布呢？因为我们希望发现世界的规律，但是我们无法获取总体的数据，只能获得样本的数据，因此我们要进行统计推断。在得到 $\widehat{\beta_j}$ 后，我们需要知道用于计算 $\widehat{\beta_j}$ 的样本服从什么分布，之后利用此分布的性质进行相关的运算，以便在统计上证明我们的假设是否正确。

我们现在假定，总体中不可观测的误差值是正态分布的，我们称之为正态性假定，因为正态的均值为零，如果不为零，就是还有一个系统性的因素在影响着 y，有可能是遗漏变量和测量误差。

根据技术决定论，信息贫困可以用技术手段解决。根据这个理论，我们提出了下面的模型：

$$\begin{aligned}\text{lnassetP} = {} & \beta_0 + \beta_1\text{cellphone} + \beta_2\text{aage} + \beta_3\text{i.reside} + \beta_4\text{edulevel1} \\ & + \beta_5\text{familypop} + \beta_6\text{marriage2} + u\end{aligned} \tag{7.1}$$

其中，assetP 为信息资产维度得分，cellphone 为第一次拥有手机的时间，aage 为受访者年龄，reside 为居住地，edulevel1 为受教育年限，familypop 为家庭人口数，marriage2 为婚龄。

假定 MLR.6 （正态性）

根据模型（7.1），总体误差 u 独立于解释变量 cellphone，familypop，aage，reside，edulevel1，marriage2，而且服从均值为零和方差为 σ^2 的正态分布：$u \sim N\left(0,\sigma^2\right)$。由于在假定 MLR.6 下 u 独立于我们的解释变量，所以

$$E\left(u|\text{cellphone}, \text{familypop}, \text{aage}, \text{reside}, \text{edulevel1}, \text{marriage2}\right) = E\left(u\right) = 0$$

和

$$\text{Var}\left(u|\text{cellphone}, \text{familypop}, \text{aage}, \text{reside}, \text{edulevel1}, \text{marriage2}\right) = \text{Var}\left(u\right) = \sigma^2$$

因此，如果我们做出假定 MLR.6，我们就必然假定了 MLR.4（零条件均值）和 MLR.5（同方差）。为了强调现在所做的假定比以前多，我们将使用从假定 MLR.1 到 MLR.6 的全套假定。

就横截面回归中的应用而言，从假定 MLR.1 到 MLR.6 这六个假定被称为经典线性模型（CLM）假定。于是我们将这六个假定下的模型称为经典线性模型。

在 CLM 假定下，OLS 估计量 $\widehat{\beta_0}, \widehat{\beta_1}, \widehat{\beta_2}, \widehat{\beta_3}, \widehat{\beta_4}, \widehat{\beta_5}, \widehat{\beta_6}$，比在高斯-马尔可夫假定下具有更强的效率性质（因为多了正态性的假定，所以我们可以更加准确地估计与判断，但是由于多了一个假设，普及性相对下降，对于残差并非正态分布的模型 CLM 就不再适合了）。OLS 估计量是最小方差无偏估计量，即在所有的无偏估计中，OLS 具有最小的方差；我们不再需要把我们的比较限制在 lnassetP_i 为线性的估计量内，lnassetP 的条件分布将会是正态分布：

$$\begin{aligned}\text{lnassetP} \mid X \sim N\big(& \beta_0 + \beta_1\text{cellphone} + \beta_2\text{aage} + \beta_3\text{i.reside} \\ & + \beta_4\text{edulevel1} + \beta_5\text{familypop} + \beta_6\text{marriage2}, \sigma^2\big)\end{aligned} \tag{7.2}$$

也就是说，以 X 为条件的 lnassetP，服从一个正态分布，分布均值线性于

cellphone，aage，reside，edulevel1，familypop，marriage2，分布方差为常数。图 7-1 给出了只有一个自变量 reside 理想的情形。

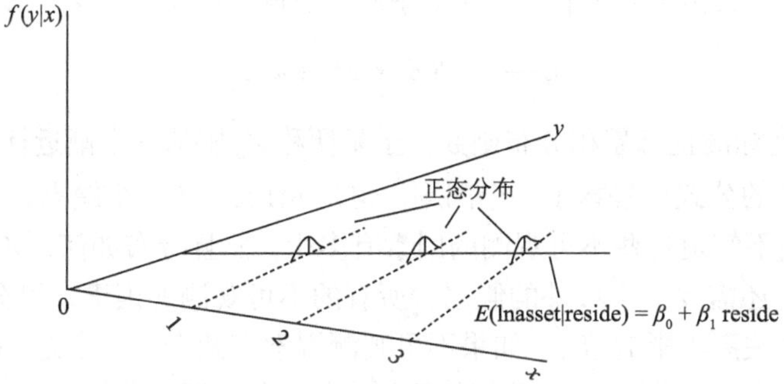

图 7-1　单独一个解释变量的同方差正态分布

后续的正态性检验也证明了这一点。

. sktest lnassetP if reside==1

Variable	Obs	Pr(skewness)	Pr(kurtosis)	Adj chi2(2)	Prob>chi2
lnassetP	94	0.0001	0.0897	14.67	0.0007

. sktest lnassetP if reside==2

Variable	Obs	Pr(skewness)	Pr(kurtosis)	Adj chi2(2)	Prob>chi2
lnassetP	90	0.0000	0.0001	28.19	0.0000

. sktest lnassetP if reside==3

Variable	Obs	Pr(skewness)	Pr(kurtosis)	Adj chi2(2)	Prob>chi2
lnassetP	409	0.0000	0.0000	56.93	0.0000

为何误差服从正态分布？我们通常这样推理：因为许多观测不到且影响着 assetP 的因素之和影响着 u，所以我们可以借助于中心极限定理（CLT）断定 u 具有近似正态分布。

中心极限定理：任何（具有有限方差的）总体的一个随机样本（陇西调研的数据）的均值（$\overline{\text{assetP}}$）经过标准化后，都服从一个渐近标准正态分布。

$$Z_n = \frac{\overline{\text{assetP}_n} - \mu}{\sigma / \sqrt{n}} \tag{7.3}$$

即 Z_n 服从一个渐近标准正态分布。那么，为何 Z_n 服从一个渐近标准正态分布？这是因为渐近正态性：

令 $\{Z_n : n = 1,2,\cdots\}$ 是一个随机变量序列，使得对所有的数 Z，都有：

$$n \to \infty, P(Z_n < z) \to \phi(z)$$

其中，$\phi(z)$ 是标准正态累积分布函数。于是便称 Z_n 服从一个渐近标准正态分布。

其实上面的公式也暴露了一个问题，也是 MLR.6 的一个缺点，u 是不可观测的因素，我们不知道这些不可观测的因素有多少，而且分布如何，如果 MLR.6 假定成立，我们还需要一个额外的假定，所有的不可观测的因素以可分离而又可加的方式（线性关系）影响着 y。如果不可观测因素有两个，一个是（0，1）分布，一个是非正态分布，那么 u 就不会表现出正态分布，那么我们使用经典线性模型就是个错误的决定。

在实际应用中，是否可以假定 u 的正态性，实际上是一个经验问题。例如，没有任何一个定理可以证明，取决于 cellphone，aage，reside，edulevel1，familypop，marriage2 的 assetP 服从正态分布。因为我们可以从反面来解释这一点。

正态分布要求：$\int_{-\infty}^{+\infty} \varphi(\text{assetP})\,\text{dassetP} = 1$，但是 assetP 大于等于 0。

```
. sum assetP
    Variable |       Obs        Mean    Std. Dev.       Min        Max
-------------+----------------------------------------------------------
      assetP |       634    24.45602    14.14456          0    80.0844
```

其实，实际的积分是这样 $\int_{0}^{+\infty} \varphi(\text{assetP})\,\text{dassetP} = 1$

$$\because \int_{-\infty}^{+\infty} \varphi(\text{assetP})\,\text{dassetP} = \int_{-\infty}^{0} \varphi(\text{assetP})\,\text{dassetP} + \int_{0}^{+\infty} \varphi(\text{assetP})\,\text{dassetP}$$

$$\text{又} \because \int_{-\infty}^{0} \varphi(\text{assetP})\,\text{dassetP} > 0, \int_{0}^{+\infty} \varphi(\text{assetP})\,\text{dassetP} = 1$$

$$\therefore \int_{-\infty}^{+\infty} \varphi(\text{assetP})\,\text{dassetP} > 1 \neq 1$$

以上分布非正态分布，因此出现这样的问题也并不是一个严重的问题，取对数就可以解决。

```
. reg assetP cellphone aage i.reside edulevel1 familypop marriage2
      Source |       SS           df       MS      Number of obs   =       470
-------------+----------------------------------   F(9, 460)       =     16.08
       Model |  21645.1883         9  2405.02092   Prob > F        =    0.0000
    Residual |  68779.7052       460  149.521098   R-squared       =    0.2394
-------------+----------------------------------   Adj R-squared   =    0.2245
       Total |  90424.8935       469  192.803611   Root MSE        =    12.228
------------------------------------------------------------------------------
      assetP |      Coef.   Std. Err.      t    P>|t|     [95% Conf. Interval]
-------------+----------------------------------------------------------------
   cellphone |  −.2284458   .1540285    −1.48   0.139    −.5311325     .074241
        aage |  −.0859881   .1104575    −0.78   0.437    −.3030519    .1310756
      reside |
        乡镇 |    3.00656   2.125967     1.41   0.158     −1.17125    7.184371
        县城 |   1.002513   1.717054     0.58   0.560    −2.371728    4.376754
      地级市 |   1.505654   4.480203     0.34   0.737    −7.298548    10.30986
        省城 |  −10.10741   6.339748    −1.59   0.112    −22.56587    2.351044
   edulevel1 |   1.620302   .1849063     8.76   0.000     1.256937    1.983668
   familypop |  −.2251633   .3585096    −0.63   0.530    −.9296829    .4793564
   marriage2 |  −.1011449   .1018784    −0.99   0.321    −.3013497    .0990598
       _cons |   467.5106   310.5744     1.51   0.133    −142.8098    1077.831
------------------------------------------------------------------------------

. reg lnassetP cellphone aage i.reside edulevel1 familypop marriage2
      Source |       SS           df       MS      Number of obs   =       468
-------------+----------------------------------   F(9, 458)       =     22.23
       Model |  62.3716313         9  6.93018125   Prob > F        =    0.0000
    Residual |  142.755416       458  .311693047   R-squared       =    0.3041
-------------+----------------------------------   Adj R-squared   =    0.2904
       Total |  205.127047       467  .439244212   Root MSE        =    .55829
------------------------------------------------------------------------------
    lnassetP |      Coef.   Std. Err.      t    P>|t|     [95% Conf. Interval]
-------------+----------------------------------------------------------------
   cellphone |  −.0176351   .0070411    −2.50   0.013     −.031472   −.0037982
        aage |  −.0132918   .0050493    −2.63   0.009    −.0232144   −.0033692
```

```
     reside |
       乡镇 |  .2175245  .0975082    2.23  0.026   .0259055  .4091434
       县城 |  .0717975  .0788579    0.91  0.363  -.0831707  .2267657
     地级市 | -.0453003  .2046391   -0.22  0.825  -.4474483  .3568477
       省城 | -.3255163  .2895367   -1.12  0.261  -.8945014  .2434689
  edulevel1 |  .0833795  .0085612    9.74  0.000   .0665554  .1002035
  familypop |  -.018512  .0163873   -1.13  0.259  -.0507157  .0136916
  marriage2 | -.0004916  .0046592   -0.11  0.916  -.0096476  .0086644
      _cons |  37.88866  14.19607    2.67  0.008   9.991163  65.78616
------------------------------------------------------------------------------
```

从上面两个回归就可以看出，加上对数之后，p 值从 0.139 降到了 0.013，从不显著到了 5%显著。

既然不加对数的 assetP 肯定不是正态分布，那么我们的回归结果是不是不可信呢？结果还是可信的，因为相对于很大的样本容量来说，误差的非正态性算不上一个严重问题，而且这一点很重要。

定理 7.1 （正态抽样分布）

在 CLM 假定 MLR.1 到 MLR.6 下，以自变量的样本值为条件，有

$$\widehat{\beta_j} \sim \text{Normal}\left(\beta_j, \text{Var}\left(\widehat{\beta_j}\right)\right) \tag{7.4}$$

因此

$$\frac{\widehat{\beta_j} - \beta_j}{\text{sd}\left(\widehat{\beta_j}\right)} \sim \text{Normal}(0,1) \tag{7.5}$$

根据正态分布随机变量的性质，可以得到式（7.6）。每个变量都可以写成：

$$\widehat{\beta_j} = \beta_j + \sum_{i=1}^{n} w_{ij} u_i \tag{7.6}$$

其中，$w_{ij} = \widehat{r_{ij}} / \text{SSR}_j$，$\widehat{r_{ij}}$ 是 x_j 对所有其他自变量进行回归的第 i 个残差，而 SSR_j 是这个回归的残差平方和。$\widehat{\beta_j}$ 表示排除了其余自变量后 x_j 和 y 之间的样本关系，可以理解为 $\widehat{\beta_j}$ 是总体的 β_j 加上 u 的结果，W_{ij} 为权重（排除其他变量对于 y 的影响）。

因此，$\widehat{\beta_j}$ 只是样本误差$\{u_i\text{：}\ i=1,2,\cdots,n\}$的一个线性组合。在假定 MLR.6（和随机抽样假定 MLR.2）下，误差是独立同分布的正态（0，σ^2）随机变量。有关独立正态随机变量的一个重要特征是，这种随机变量的线性组合仍是正态分布（利于我们后面构造 t 分布）。

即使没有误差的正态性，在大样本下 OLS 估计量的正态性也会近似成立。

7.2　检验对单个总体参数的假设：t 检验

本节探讨一个重要的专题：对总体回归函数中有关某个参数的假设进行验证。例如，以下的总体模型：

$$\begin{aligned}\text{lnassetP} = \beta_0 + \beta_1\text{cellphone} + \beta_2\text{gender} + \beta_3\text{aage} + \beta_4\text{edulevel1} \\ + \beta_5\text{familypop} + \beta_6\text{marriage1} + u\end{aligned} \tag{7.7}$$

而且我们假定它满足 CLM 假定。我们知道，OLS 得到 β_j 的无偏估计量。在本节中，我们研究如何检验那些有关某个特定 β_j 的假设。虽然 β_j 是总体的未知特征，而且我们将永远不会确定地知道它们，但是我们还是可以对 β_j 的值做出假设，然后通过统计推断来验证我们的假设。

为了构造假设检验，我们需要如下结论。

```
. reg lnassetP cellphone gender aage edulevel1 familypop i.marriage1
      Source |       SS           df       MS      Number of obs   =       521
-------------+----------------------------------   F(7, 513)       =     33.10
       Model |  72.6452452         7  10.3778922   Prob > F        =    0.0000
    Residual |  160.835876       513  .313520226   R-squared       =    0.3111
-------------+----------------------------------   Adj R-squared   =    0.3017
       Total |  233.481121       520  .449002156   Root MSE        =    .55993
------------------------------------------------------------------------------
    lnassetP |      Coef.   Std. Err.      t    P>|t|     [95% Conf. Interval]
-------------+----------------------------------------------------------------
   cellphone |  -.0178637   .0070266    -2.54   0.011    -.0316681   -.0040593
      gender |   .0444299   .0516267     0.86   0.390    -.0569959    .1458557
        aage |  -.0137613   .0028844    -4.77   0.000     -.019428   -.0080947
   edulevel1 |   .0833479   .0080806    10.31   0.000     .0674728     .099223
```

familypop	−.0223323	.0155267	−1.44	0.151	−.0528361	.0081715
marriage1						
已婚	.0080706	.0748862	0.11	0.914	−.1390507	.1551919
离异	−.6472177	.2679199	−2.42	0.016	−1.173573	−.1208626
_cons	38.44792	14.17499	2.71	0.007	10.59975	66.2961

7.2.1 定理 7.2——标准化估计量的 *t* 分布

在 CLM 假定 MLR.1 到 MLR.6 下：

$$\widehat{\beta}_j - \beta_j / \mathrm{se}\left(\widehat{\beta}_j\right) \sim t_{n-(k+1)} = t_{\mathrm{df}} \tag{7.8}$$

其中，k+1 是总体模型（7.7）$\mathrm{lnassetP} = \beta_0 + \beta_1\mathrm{cellphone} + \beta_2\mathrm{gender} + \beta_3\mathrm{aage} + \beta_4\mathrm{edulevel1} + \beta_5\mathrm{familypop} + \beta_6\mathrm{marriage1} + u$ 中未知参数的个数（k 个斜率参数和截距 β_0），$n-(k+1)$ 是自由度（df）。

定理 7.2 的重要性在于，它使我们能检验有关 β_j 的假设。在多数应用中，我们主要的兴趣在于检验原假设 H_0： β_j =0。

其中 j 对应着 k 个自变量中的任何一个。β_j 是在控制了所有其他自变量后，增加一单位的 x_j 而 y 增加（减少）了 β_j。对应于总体模型（7.7），原假设 H_0： β_1 =0 意味着，只要对性别、年龄、教育水平、家庭人口和婚姻状况进行控制，那么第一次拥有手机的年限对于信息资产维度百分制得分的对数就没有影响。这是一个有经济意义的假设，它若正确，则意味着在某种程度上，技术手段不能影响信息贫困，它若不正确，则意味着在某种程度上，技术手段能影响信息贫困。

我们的任务是了解如何用回归结果来验证我们关心的假设。我们用于检验原假设的统计量被称为 $\widehat{\beta}_1$ 的"所谓" t 统计量或"所谓" t 比率，并被定义为 $t_{\widehat{\beta}_1} \equiv \widehat{\beta}_1 / \mathrm{se}\left(\widehat{\beta}_1\right)$。之所以将"所谓"两字加引号，是因为要检验 β_1 的其他假设，还需要 t 统计量的一个更一般的形式[$t_{\widehat{\beta}_1} \equiv \left(\widehat{\beta}_1 - C\right) / \mathrm{se}\left(\widehat{\beta}_1\right)$]。因为 $\mathrm{se}\left(\widehat{\beta}_1\right)$ 是开根号后的标准误，总为正，所以 $t_{\widehat{\beta}_1}$ 的正负号取决于 $\widehat{\beta}_1$：若 $\widehat{\beta}_1$ 为正，则 $t_{\widehat{\beta}_1}$ 也为正；若 $\widehat{\beta}_1$ 为负，则 $t_{\widehat{\beta}_1}$ 也为负。

因为我们要检验的是 H_0： β_1=0，所以用 β_1 的无偏估计量 $\widehat{\beta}_1$ 作为指标是比较自然的。在任何一个有意义的应用中，无论 H_0 是否正确，点估计值 $\widehat{\beta}_1$ 都不可能正好等于零。问题是，$\widehat{\beta_1}$ 与零相差有多大？若 $\widehat{\beta_1}$ 的样本值与零相差很远，就为拒绝 H_0：$\beta_1=0$ 提供了证据。但是我们必须承认，在我们的估计值 $\widehat{\beta_1}$ 中也存在抽样误差，所以 $\widehat{\beta_1}$ 的大小必须由其抽样误差来衡量。因为 $\widehat{\beta_1}$ 的标准误是 $\widehat{\beta_1}$ 标准差的一个估计值，所以 $t_{\widehat{\beta_1}}$ 度量了被估计的标准差 $\widehat{\beta_1}$ 与零相差多大。$t_{\widehat{\beta_1}}$ 的值充分远离零，将导致拒绝 H_0。确切的拒绝法则取决于备择假设和所选择的验证显著性水平（一般选择 5%）。

我们需要记住，我们正在检验的假设是关于总体参数的，而不是特定样本的估计值。如果原假设 H_0：$\widehat{\beta_1}=0$，或者 H_0：$-0.018=0$，都是毫无意义的。我们要检验的是，未知总体值 β_1 是否为零。

某些关于回归分析的讨论，将 t 值定义为 $|t_{\widehat{\beta_1}} \equiv \widehat{\beta_1} / \mathrm{se}\left(\widehat{\beta_1}\right)|$，从而 t 值总为正。这种做法的缺陷是，它使得对单侧备择假设进行检验身份累赘。在我们的总体模型（7.7）中就非常不适用，因为我们的理论就表明负相关。

思考题 7.1

假如我们的模型（7.7）独立于解释变量，而且以相同的概率 1/5 取值−2、−1、0、1 和 2。这会违背高斯-马尔可夫假定吗？会违背 CLM 假定吗？

这不会影响高斯-马尔可夫假定，但是违背了 CLM 假定，因为零条件均值和同方差仍然满足，但是却不是正态分布。

7.2.2　对单侧备择假设的检验

为了决定一个拒绝 H_0 的法则，我们需要决定相关的备择假设。首先考虑如下形式的一个单侧备择假设：

$$H_1: \beta_1 < 0$$

当我们设定这样的备择假设时，我们实际上在说原假设是 H_0：$\beta_1 \geqslant 0$，在我们的模型（7.2）中，当 β_1 在实际中是负数时，我们只关心 β_1 是否不为零。因为根据理论 β_1 不可能为正数，所以我们只需要考虑小于零和等于零的两种情况，原假设就是等于零，备择假设就是小于零。

之后我们要确定显著性水平（通常为 5%）来拒绝 H_0，或当 H_0 实际上正确时判断它为错的概率（也叫第一类错误，第二类错误是当 H_0 实际上错误时判断它为正确的概率，减少了第一类错误就会增大第二类错误，减少了第二类错误就会增大第一类错误，因为我们也不知道 H_0 实际上是正确的还是错误的，我们只有样本数据，没有总体数据）。在 H_0 下，$t_{\hat{\beta}_1}$ 服从一个 t 分布（因而均值为零），而在备择假设 H_1：$\beta_1 < 0$ 下，$t_{\hat{\beta}_1}$ 的期望值为负。因此我们在寻找 $t_{\hat{\beta}_1}$ 的一个“足够小”的负值，以拒绝 H_0：$\beta_1 = 0$ 而支持 H_1：$\beta_1 < 0$。正的 $t_{\hat{\beta}_1}$ 则不能作为支持 H_1 的证据。

在 5%的显著性水平上“足够小”的定义是，在含有 $n-k-1$ 个自由度的 t 分布中，处在百分位中第 5 位的数值，且用 c 表示。即在 $t_{\hat{\beta}_1} < c$ 时，H_0 在 5%的显著性水平上被拒绝并支持 H_1。通过我们对临界值 c 的选择，当 H_0 正确时，对所有随机样本有 5%的可能会拒绝 H_0。我们的模型（7.7）中使用的是单侧检验，我们的自由度（df）是 513，显著性水平是 2.5%（单侧，平时我们所说的显著性水平多为双侧），c 为−1.96，而我们的 t 值为−2.54<−1.96，所以我们在 5%（双侧，2.5%单侧）水平上拒绝 H_0。t 分布的临界值见表 7-1。

表 7-1　t 分布的临界值

		显著性水平				
单侧		0.100	0.050	0.025	0.010	0.005
双侧		0.200	0.100	0.050	0.020	0.010
	1	3.078	6.314	12.706	31.821	63.657
	2	1.886	2.920	4.303	6.965	9.925
	3	1.638	2.353	3.182	4.541	5.841
	4	1.533	2.132	2.776	3.747	4.604
	5	1.476	2.015	2.571	3.365	4.032
	6	1.440	1.943	2.447	2.143	3.707
	7	1.415	1.895	2.365	2.998	3.499
自由度	8	1.397	1.860	2.306	2.896	3.355
	9	1.383	1.833	2.262	2.821	3.250
	10	1.372	1.812	2.228	2.794	3.169
	11	1.363	1.796	2.201	2.718	3.106
	12	1.356	1.782	2.179	2.681	3.055
	13	1.350	1.771	2.160	2.650	3.012
	14	1.345	1.761	2.145	2.624	2.977
	15	1.341	1.753	2.131	2.602	2.947
	16	1.337	1.746	2.120	2.583	2.921

续表

显著性水平						
单侧		0.100	0.050	0.025	0.010	0.005
双侧		0.200	0.100	0.050	0.020	0.010
自由度	17	1.333	1.740	2.110	2.567	2.898
	18	1.330	1.734	2.101	2.552	2.878
	19	1.328	1.729	2.093	2.539	2.861
	20	1.325	1.725	2.086	2.528	2.845
	21	1.323	1.721	2.080	2.518	2.831
	22	1.321	1.717	2.074	1.508	2.819
	23	1.319	1.714	2.069	2.500	2.807
	24	1.318	1.711	2.064	2.492	2.797
	25	1.316	1.708	2.060	2.485	2.787
	26	1.315	1.706	2.056	2.479	2.779
	27	1.314	1.703	2.052	2.473	2.771
	28	1.313	1.701	2.048	2.467	2.763
	29	1.311	1.699	2.045	2.462	2.756
	30	1.310	1.697	2.042	2.457	2.750
	40	1.303	1.684	2.021	2.423	2.704
	60	1.296	1.671	2.000	2.390	2.660
	90	1.291	1.662	1.987	2.368	2.632
	120	1.289	1.658	1.980	2.358	2.617
	∞	1.282	1.645	1.960	2.326	2.576

注：自由度为25的单侧检验的1%临界值是2.485。大自由度（>120）双侧检验的5%临界值是1.96

资料来源：本表由Stata@的function invttail生成

从表7-1可以看出，只要自由度大于120，就可以使用标准正态的临界值1.96。

例 7.1

使用陇西调研数据得到如下模型（1）：

$$\begin{aligned}\text{lnassetP} = \beta_0 + \beta_1\text{cellphone} + \beta_2\text{aage} + \beta_3\text{edulevel1} + \beta_4\text{familypop} \\ + \beta_5\text{i.marriage1} + \beta_6\text{marriage2} + u\end{aligned} \tag{1}$$

```
. reg lnassetP cellphone aage edulevel1 familypop i.marriage1 marriage2
```

```
      Source |       SS           df       MS      Number of obs   =       483
-------------+----------------------------------   F(6, 476)       =     32.24
       Model |  60.1690542         6  10.0281757   Prob > F        =    0.0000
    Residual |  148.062526       476  .311055728   R-squared       =    0.2890
-------------+----------------------------------   Adj R-squared   =    0.2800
       Total |  208.231581       482  .432015728   Root MSE        =    .55772

------------------------------------------------------------------------------
     lnassetP |      Coef.   Std. Err.      t    P>|t|     [95% Conf. Interval]
-------------+----------------------------------------------------------------
   cellphone |  −.0183113   .0074444    −2.46   0.014    −.0329394   −.0036833
        aage |  −.0145873   .0049867    −2.93   0.004     −.024386   −.0047887
   edulevel1 |   .0827378   .0082499    10.03   0.000     .0665272    .0989485
   familypop |  −.0225899   .0158444    −1.43   0.155    −.0537235    .0085438

   marriage1 |
        已婚 |   .0050536   .0780375     0.06   0.948    −.1482869    .1583941
   marriage2 |   .0008077   .0047467     0.17   0.865    −.0085194    .0101347
       _cons |   39.37885   15.01871     2.62   0.009     9.867689    68.89001
------------------------------------------------------------------------------
```

此回归可用来检验在控制了 aage, edulevel1 , familypop , i.marriage1 , marriage2 的情况下，总体中 cellphone 对 lnassetP 的影响是否为零，以负相关为备择假设。

$$H_0: \beta_1 = 0$$

$$H_1: \beta_1 < 0$$

因为我们有 476 个自由度，所以我们可以使用标准正态临界值。显著性水平为 2.5%（单侧，双侧的话为 5%）的临界值是 1.96，显著性水平为 0.5%（单侧，双侧的话为 1%）的临界值是 2.76，β_1 的 t 值是−2.46，所以在 5%（双侧）的水平上显著，或者说在 5%的显著性水平上，$\widehat{\beta_1}$ 是统计显著大于零的。

虽然每晚拥有手机一年，在信息资产维度百分制的得分就减少 1.83%，其经济意义并不大，但是我们还是证明了负相关。图 7-2 为自由度为 476 和显著性水平为 5%（双侧），备择假设 H_1: $\beta_1 < 0$ 的拒绝法则。

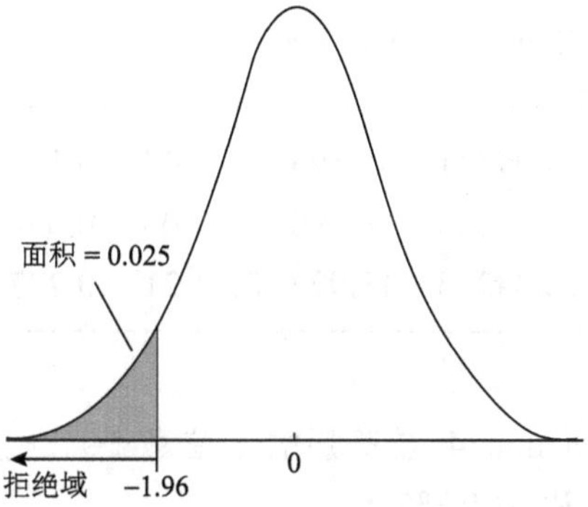

图 7-2　双侧检验示意图

思考题 7.2

令信息资产维度百分制得分由下面的模型（2）决定：

$$\text{lnassetP} = \beta_0 + \beta_1\text{cellphone} + \beta_2\text{gender} + \beta_3\text{aage} + \beta_4\text{edulevel1} + \beta_5\text{familypop} + \beta_6\text{marriage1} + uu \quad （2）$$

如何在控制了性别、年龄、教育水平、家庭人口和婚姻状况的条件下，表述资产维度百分制得分与第一次使用手机的年份无关的原假设，如何表述有负相关的备择假设：

$$H_0\text{:}\ \beta_1 = 0$$

$$H_1\text{:}\ \beta_1 < 0$$

例 7.2　函数形式对于回归的影响

$$\text{lnassetP} = \beta_0 + \beta_1\text{cellphone} + \beta_2\text{dynamic24df} + u$$

dynamic24 表示开阔眼界——问人。

```
. reg lnassetP cellphone dynamic24df
      Source |       SS           df       MS      Number of obs   =       495
-------------+----------------------------------   F(2, 492)       =      3.00
       Model |  2.75822907         2  1.37911454   Prob > F        =    0.0509
    Residual |  226.534543       492  .460436063   R-squared       =    0.0120
-------------+----------------------------------   Adj R-squared   =    0.0080
       Total |  229.292772       494  .464155409   Root MSE        =    .67855
------------------------------------------------------------------------------
```

```
    lnassetP |      Coef.   Std. Err.      t    P>|t|     [95% Conf. Interval]
-------------+----------------------------------------------------------------
   cellphone |    .009831   .0069337    1.42   0.157    −.0037924    .0234543
dynamic24df |   .0206523   .0099072    2.08   0.038     .0011866     .040118
       _cons |  −16.84333   13.92447   −1.21   0.227    −44.20208    10.51543
------------------------------------------------------------------------------
```

上面的回归中，dynamic24 显著影响了信息资产维度百分制得分，p 值为 0.038，且调整后方程的 R^2 为 0.8%。

```
. reg lnassetP cellphone lndynamic24df
      Source |       SS       df       MS              Number of obs   =       495
-------------+------------------------------           F(2, 492)       =      3.69
       Model |  3.38639569     2  1.69319784           Prob > F        =    0.0257
    Residual |  225.906376   492  .459159302           R-squared       =    0.0148
-------------+------------------------------           Adj R-squared   =    0.0108
       Total |  229.292772   494  .464155409           Root MSE        =    .67761
------------------------------------------------------------------------------
    lnassetP |      Coef.   Std. Err.      t    P>|t|     [95% Conf. Interval]
-------------+----------------------------------------------------------------
   cellphone |   .0099381   .0069232    1.44   0.152    −.0036646    .0235407
lndynamic24df |    .171959   .0718646    2.39   0.017     .0307597    .3131584
       _cons |  −17.23271   13.90778   −1.24   0.216    −44.55868    10.09327
------------------------------------------------------------------------------
```

对 dynamic24 取对数后，lndynamic24 依旧显著影响了信息资产维度百分制得分，但是 p 值下降至 0.017，且调整后方程的 R^2 也提高至 1.08%。

那么，我们应该如何选择自变量和控制变量的形式？我们应该选择对于我们的研究结果有利的函数形式，也说明这种函数形式能更好地解释变量之间的关系。

7.2.3 双侧备择假设

在应用中，常常针对双侧备择假设来检验 H_0：$\beta_j = 0$，即 H_1：$\beta_j \neq 0$。当理论（或者常识）没有很好地说明 β_j 的符号时，这是一个恰当的备择假设。

若备择假设是双侧的，则我们关心的是 t 统计量的绝对值，拒绝 H_0：$\beta_j = 0$ 的法

则是$\left|t_{\widehat{\beta_j}}\right| > c$。为了找到 c，我们需要确定一个显著性水平，比如说 5%，对一个双侧检验而言，选择的 c 要使 t 分布两端的面积各等于 2.5%。换句话说，c 就是含有 $n-k-1$ 个自由度的 t 分布中的第 97.5 个百分位。当 $n-k-1=121$（大于 120）时，双侧检验在显著性水平为 5%时的临界值是 1.96。图 7-3 给出了这个分布的一个说明。

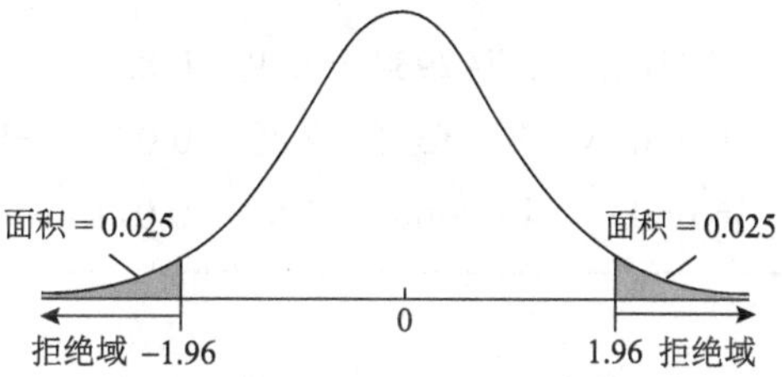

图 7-3　自由度为 121 显著性水平为 5%，备择假设 H_1：$\beta_1 \neq 0$时的拒绝法则

我们通常默认为双侧，显著性为 5%。如果在 5%的显著性水平上拒绝 H_0：$\beta_j = 0$ 而支持备择假设 H_1：$\beta_j \neq 0$，我们通常说："x_j 是统计显著的，或在显著性水平为 5%时统计上显著异于零。"如果 H_0：$\beta_j = 0$ 未被拒绝，我们就说："x_j 在显著性水平为 5%时是统计不显著的。"

例 7.3　双侧 t 检验

```
. reg lnassetP cellphone aage i.reside edulevel1 familypop i.marriage1
      Source |       SS       df       MS        Number of obs   =      510
-------------+------------------------------     F(10, 499)      =    23.47
       Model |  72.9068667    10  7.29068667     Prob > F        =   0.0000
    Residual |  154.976401   499  .310573951     R-squared       =   0.3199
-------------+------------------------------     Adj R-squared   =   0.3063
       Total |  227.883268   509  .447707796     Root MSE        =   .55729
------------------------------------------------------------------------------
    lnassetP |      Coef.   Std. Err.      t    P>|t|     [95% Conf. Interval]
-------------+----------------------------------------------------------------
   cellphone |  −.0170623   .0071108   −2.40   0.017    −.0310331   −.0030914
        aage |   −.012332   .0028862   −4.27   0.000    −.0180027   −.0066614
      reside |
        乡镇 |   .2207212   .0930657    2.37   0.018     .0378723    .4035701
        县城 |     .08618   .0771085    1.12   0.264    −.0653172    .2376773
```

```
       地级市|  -.0560824  .2035774  -0.28  0.783   -.4560569   .3438922
         省城|  -.3324136  .2887007  -1.15  0.250   -.8996323   .2348052
    edulevel1 |   .0872337  .0082444  10.58  0.000    .0710358   .1034316
    familypop |  -.0172538  .0157799  -1.09  0.275   -.0482571   .0137495
    marriage1 |
         已婚|  -.0141613  .0747934  -0.19  0.850     -.16111   .1327874
         离异|  -.9769696  .3381516  -2.89  0.004   -1.641346  -.3125932
        _cons |   36.66037  14.34861   2.55  0.011    8.469232   64.85151
------------------------------------------------------------------------------
```

$$\begin{aligned}\text{lnassetP} = {} & \beta_0 + \beta_1\text{cellphone} + \beta_2\text{aage} + \beta_3\text{i.reside} + \beta_4\text{edulevel1} \\ & + \beta_5\text{familypop} + \beta_6\text{i.marriage1} + u\end{aligned} \tag{7.9}$$

以和政数据为例：

给定模型（7.9）

gen lnlifevalueT =ln（lifevalueT）

$$\begin{aligned}\text{lnassetP} = {} & \beta_0 + \beta_1\text{celluse} + \beta_2\text{gender} + \beta_3\text{aage} + \beta_4\text{edulevel1} \\ & + \beta_5\text{family} + \beta_6\text{marriage} + \beta_7\text{lnlifevalueT} + \mu\end{aligned} \tag{7.10}$$

H_0： $\beta_7=0$

H_1： $\beta_7 \neq 0$

例 7.4

```
. reg lnassetP celluse gender aage edulevel family i.marriage lnlifevalueT

      Source |       SS           df       MS      Number of obs   =       239
-------------+----------------------------------   F(8, 230)       =     27.62
       Model |  32.3955322         8  4.04944153   Prob > F        =    0.0000
    Residual |  33.7179593       230  .146599823   R-squared       =    0.4900
-------------+----------------------------------   Adj R-squared   =    0.4723
       Total |  66.1134915       238  .277787779   Root MSE        =    .38288

------------------------------------------------------------------------------
    lnassetP |      Coef.   Std. Err.      t    P>|t|     [95% Conf. Interval]
-------------+----------------------------------------------------------------
```

celluse	.0607055	.013048	4.65	0.000	.0349967	.0864143
gender	−.0216019	.0563885	−0.38	0.702	−.1327059	.0895021
aage	−.008785	.0025168	−3.49	0.001	−.0137439	−.0038261
edulevel	.1036123	.0168185	6.16	0.000	.0704743	.1367503
family	.0226643	.0157411	1.44	0.151	−.008351	.0536795
marriage						
1	.0353996	.1057856	0.33	0.738	−.1730331	.2438324
2	.0280028	.2152281	0.13	0.897	−.3960679	.4520735
lnlifevalueT	.2052047	.0758837	2.70	0.007	.0556887	.3547207
_cons	2.191502	.2945709	7.44	0.000	1.6111	2.771905

我们的模型（7.9）中使用的是双侧检验，我们的自由度（df）是 230，显著性水平是 5%，c 为 1.96，而我们的 t 值为 2.70＞1.96，所以我们在 5%水平上拒绝 H_0，接受 H_1。

经济意义：在保持其他因素不变的情况下，个人人生价值观得分增加 1%，信息资产维度百分制得分增加 20.5%。

7.2.4　检验 β_j 的其他假设

尽管 H_0：$\beta_j=0$ 是最常见的假设，但是我们有时也想检验 β_j 是否等于其他某个给定的常数。两个常见的例子是 $\beta_j=1$ 和 $\beta_j=-1$。通常，若原假设表述为 H_0：$\beta_j=a_j$，那么相应的 t 统计量就是 $t=\left(\widehat{\beta_j}-a_j\right)/\mathrm{se}\left(\widehat{\beta_j}\right)$，和前面一样，$t$ 度量的是 $\widehat{\beta_j}$ 偏离 β_j 的假设值达到了估计标准差的多少倍。一般的 t 统计量最好写成：

$$t=\frac{\text{估计值}-\text{假设值}}{\text{标准误}}$$

当 $a_j=0$ 时，便得到通常的 t 统计量。

例 7.5　检验 β_j 的其他假设

使用陇西数据，考虑年均收入和信息资产维度百分制得分的一个简单模型：

$$\ln(\text{averageinc})=\beta_0+\beta_1\ln(\text{assetP})+u$$

```
. reg lnaverageinc lnassetP
```

Source	SS	df	MS			
				Number of obs	=	447
				F(1, 445)	=	3.96
Model	3.32970579	1	3.32970579	Prob > F	=	0.0472
Residual	374.247469	445	.841005547	R-squared	=	0.0088
				Adj R-squared	=	0.0066
Total	377.577174	446	.846585593	Root MSE	=	.91706

naverageinc	Coef.	Std. Err.	t	P>|t|	[95% Conf.	Interval]
lnassetP	.1439857	.0723629	1.99	0.047	.0017703	.2862012
_cons	10.14196	.2300427	44.09	0.000	9.689859	10.59407

如果我们要检验的假设是，年均收入对信息资产维度百分制得分的弹性是 0.1，即 H_0: $\beta_1 = 0.1$，这意味着，信息资产维度百分制得分每增加 1%，年均收入大致也增加 0.1%。那么备择假设就是 H_1: $\beta_1 \neq 0.1$，它意味着信息资产维度百分制得分每增加 1%，年均收入不止增加 0.1%。

上述回归提供的 t 值是在 H_0: $\beta_1 = 0$ 的情况下，根据我们刚才提的原假设，我们需要重新构造: $t = (0.1440 - 0.1) / 0.0724 = 0.6077$，含有 445 个自由度的 t 分布，显著性水平为 5%的双侧检验的临界值约为 1.96，所以我们在显著性水平为 5%时明确拒绝备择假设，不能拒绝原假设。

我们不能说接受原假设，因为对于 H_0: $\beta_1 = 0.10001$，H_1: $\beta_1 > 0.10001$ 我们也是拒绝原假设，那么我们就要接受两个不同的原假设，二者系数不同，这显然矛盾，所以我们只能说不能拒绝原假设。

例 7.6 检验 β_j 的其他假设

$$\text{lnaverageinc} = \beta_0 + \beta_1 \text{lndynamicP} + u$$

. reg lnaverageinc lndynamicP

Source	SS	df	MS			
				Number of obs	=	360
				F(1, 358)	=	2.67
Model	1.41375316	1	1.41375316	Prob > F	=	0.1034
Residual	189.892352	358	.530425564	R-squared	=	0.0074
				Adj R-squared	=	0.0046
Total	191.306105	359	.532886086	Root MSE	=	.7283

naverageinc	Coef.	Std. Err.	t	P>|t|	[95% Conf. Interval]	
lndynamicP	.3806634	.2331667	1.63	0.103	−.0778852	.839212
_cons	8.990808	.964833	9.32	0.000	7.093356	10.88826

虽然 lndynamicP 的系数显著异于零，但是我们不想检验 H_0：$\beta_1 = 0$。我们所关心的是 H_0：$\beta_1 = 0.3$，对应的 t 值是（0.3807−0.3）/0.2332=0.3461，不显著，所以我们没有 β_1 异于 0.3 的证据。

7.2.5　计算 *t* 检验的 *p* 值

在不同显著性水平下的 t 值是不一样的，与其在不同的显著性水平上进行检验，不如回答如下有更多信息的问题：给定 t 统计量的观测值，能拒绝原假设的最小显著性水平是多少？这个水平被称为检验的 p 值，我们通过计算 t 随机变量（大于 120 个自由度）在绝对值上大于 1.96 的概率，我们就能得到实际的 p 值。也就是发生的概率小，我们就认为不发生，即不发生 H_0，会发生 H_1。具体如图 7-4 所示。

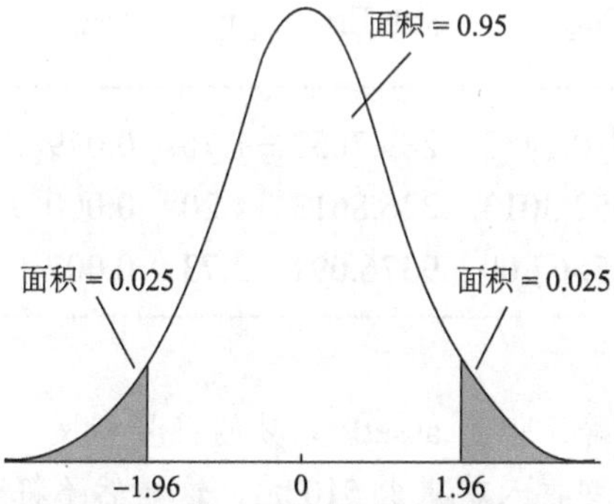

图 7-4　当 t=1.96，df > 120 时，相对双侧备择假设所得到的 p 值

$$p = P(|T| > |t|) = 2P(T > 1.96) = 2 \times 0.025 = 0.05$$

一旦计算出了 p 值，在任何理想的显著性水平下都能进行经典检验。如果用 α 表示检验的显著性水平（以小数形式表示），那么，若 $p<\alpha$，则拒绝原假设；否则，在 $100\alpha\%$ 的显著性水平下，就不能拒绝 H_0。

要得到单侧备择假设的 p 值也很简单：只需将双侧备择假设的 p 值除以 2 即可。

7.2.6　经济或实际显著性与统计显著性

我们之前一直强调统计显著，其实统计显著只是一方面，我们还需要经济显著（系数要符合实际，不能太小，符号也不能相反），因为统计显著代表了数学理论，而经济显著代表了实际，我们需要理论和实际的结合。

例 7.7　显著性检验（1）（陇西数据）

```
. reg averageinc assetP intelligence
      Source |       SS           df       MS      Number of obs   =       424
-------------+----------------------------------   F(2, 421)       =      9.10
       Model |  8.5630e+10         2  4.2815e+10   Prob > F        =    0.0001
    Residual |  1.9814e+12       421  4.7064e+09   R-squared       =    0.0414
-------------+----------------------------------   Adj R-squared   =    0.0369
       Total |  2.0670e+12       423  4.8866e+09   Root MSE        =     68603
------------------------------------------------------------------------------
  averageinc |      Coef.   Std. Err.      t    P>|t|     [95% Conf. Interval]
-------------+----------------------------------------------------------------
      assetP |  −510.1459   289.7652   −1.76   0.079    −1079.713    59.42089
intelligenceP|   952.3013   226.8613    4.20   0.000     506.3793    1398.223
       _cons |   25567.09   9376.091    2.73   0.007     7137.306    43996.87
------------------------------------------------------------------------------
```

上面的例子虽然显著，但是 assetP 系数的符号相反，即信息资产维度百分制得分每提高一单位，年均收入就减少 510 元，这显然不符合我们的逻辑。

对于大样本容量，参数可以估计得相当准确：标准误与系数估计值相比通常都相当小，从而常常导致统计显著性。一些研究者坚持在样本容量逐渐扩大时使用越来越小的显著性水平，部分原因就是要作为抵偿标准误越来越小的一种办法。比如，当 n 为几百时，我们认为 5%的显著性水平就满意了，而当 n 为几千时，我们可能要使用 1%的显著性水平。使用较小的显著性水平，意味着经济上和统计上的显著性更可能达成一致。

例 7.8　显著性检验（2）（陇西数据）

$$\begin{aligned}\text{lnassetP} = \beta_0 + \beta_1\text{aage} + \beta_2\text{edufamily} + \beta_3\text{fedu} + \beta_4\text{i.fjob} + \beta_5\text{medu}\\ + \beta_6\text{i.mjob} + \beta_7\text{i.firstjob} + \beta_8\text{kids} + \beta_9\text{kidsnumber} + u\end{aligned}$$

```
. reg lnassetP aage edufamily fedu i.fjob medu i.mjob i.firstjob kids kidsnumber
     Source |       SS           df       MS      Number of obs   =       454
------------+----------------------------------   F(25, 428)      =      7.07
      Model |  55.5010288        25  2.22004115   Prob > F        =    0.0000
   Residual |   134.48195       428  .314210165   R-squared       =    0.2921
------------+----------------------------------   Adj R-squared   =    0.2508
      Total |  189.982979       453  .419388475   Root MSE        =    .56054
--------------------------------------------------------------------------------
        lnassetP |      Coef.   Std. Err.      t    P>|t|     [95% Conf. Interval]
-----------------+--------------------------------------------------------------
            agge |   −.010703   .0031189    3.43   0.001   −.0168332   −.0045728
       edufamily |   .0974022   .0187567    5.19   0.000    .0605355    .1342688
            fedu |   .0571529   .0242248    2.36   0.019    .0095385    .1047674
            fjob |
     专业技术人员|  −.3854814   .2998502    1.29   0.199   −.9748436    .2038809
   办事人员和有关  −.1160174   .2704663    0.43   0.668    −.647625    .4155901
             人员|
 商业、服务业人员|  −.0043106   .2814228    0.02   0.988   −.5574533     .548832
   农、林、牧、渔、  −.215712   .2565422    0.84   0.401   −.7199515    .2885274
   水利业生产人员|
 生产、运输设备操作 −.2025386   .2584858    0.78   0.434   −.7105982     .305521
   人员及有关人员|
             军人|  .0484984    .344791    0.14   0.888   −.6291959    .7261927
             退休|  −.1791777   .4852808    0.37   0.712   −1.133008    .7746525
            medu |   .0071966   .0304404    0.24   0.813   −.0526346    .0670279
            mjob |
   办事人员和有关    .0174607   .2520037    0.07   0.945   −.4778581    .5127796
             人员|
 商业、服务业人员|  −.0666119   .2354122    0.28   0.777   −.5293198     .396096
   农、林、牧、渔、   .0783917   .2191456    0.36   0.721   −.3523439    .5091273
   水利业生产人员|
 生产、运输设备操作  .1045855   .2195083    0.48   0.634    −.326863     .536034
   人员及有关人员|
             退休|  .0353824   .2305214    0.15   0.878   −.4177125    .4884773
        firstjob |
```

专业技术人员 |	.3821283	.2907469	1.31	0.189	−.1893412	.9535978
办事人员和有关人员 |	.4516063	.2842349	1.59	0.113	−.1070637	1.010276
商业、服务业人员 |	.1559319	.281094	0.55	0.579	−.3965646	.7084283
农、林、牧、渔、水利业生产人员 |	−.3626759	.296364	1.22	0.222	−.945186	.2198341
生产、运输设备操作人员及有关人员 |	.2398784	.2772169	0.87	0.387	−.3049974	.7847543
军人 |	.2865952	.3149469	0.91	0.363	−.3324399	.9056302
退休 |	−.2079838	.487195	0.43	0.670	−1.165576	.7496088
kids |	−.0369901	.0967063	0.38	0.702	−.2270686	.1530883
kidsnumber |	−.0108399	.0377031	0.29	0.774	−.0849461	.0632663
_cons |	2.636525	.4318049	6.11	0.000	1.787803	3.485247

我们可以看到年龄对于信息资产维度百分制得分竟然是负相关，这和我们的常识不相符，所以其虽然在统计上显著，但是并没有什么实质性的经济含义。

我们知道，即使样本容量看上去相当大，很大的标准误也仍可能是多重共线性（某些自变量之间高度相关）造成的结果，但是我们除了搜集更多的数据和从模型中去掉一些自变量而改变分析范围外，就无能为力了。

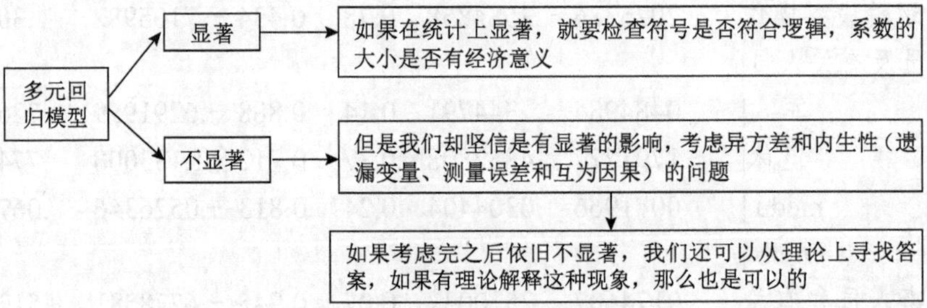

7.3 置信区间

在经典线性模型（classical linear model，CLM）的假定之下，我们能很容易地为总体参数 β_j 构造一个置信区间（CI）。因为置信区间为总体参数的可能只提供了一个范围，而不只是一个点估计值，所以又被称为区间估计（值）。

利用$\left(\widehat{\beta_j}-\beta_j\right)/\mathrm{se}\left(\widehat{\beta_j}\right)$服从自由度为 $n-k-1$ 的 t 分布这个事实，经简单计算就能得到未知 β_j 的一个置信区间。一个 95%的置信区间就是$\widehat{\beta_j}\pm c*\mathrm{se}\left(\widehat{\beta_j}\right)$，其中，常数 c 则是一个 t_{n-k-1} 分布的第 97.5 个百分位数。更准确地说，置信区间的下界和上界分别是 $\beta_{-j}\equiv\widehat{\beta_j}-c*\mathrm{se}\left(\widehat{\beta_j}\right)$ 和 $\overline{\beta_j}\equiv\widehat{\beta_j}+c*\mathrm{se}\left(\widehat{\beta_j}\right)$

到目前为止，回顾一下置信区间的含义很有好处。如果一次又一次地获得随机样本，每次都计算出 β_{-j} 和 $\overline{\beta_j}$，那么，总体值 β_j 将在 95%的样本的区间（β_{-j}，$\overline{\beta_j}$）中出现。不幸的是，对于我们用来构造置信区间的单个样本，我们并不知道 β_j 是否确实包含在这个区间中。我们希望得到的样本是所有样本中的区间估计值（95%）包括了 β_j 的一个。

只要自由度大于 120，t_{n-k-1} 分布充分接近正态分布，我们就可以使用标准正态分布中的第 97.5 个百分位，来构造一个置信水平为 95%的置信区间：$\widehat{\beta_j}\pm1.96*\mathrm{se}\left(\widehat{\beta_j}\right)$。

一旦构造了一个置信区间，进行双侧假设检验就很容易。如果原假设是 $\mathrm{H}_0:\beta_j=\alpha_j$，那么仅当 α_j 不在置信水平为 95%的置信区间时，相对于 $\mathrm{H}_1:\beta_j\neq\alpha_j$ 的 H_0 才会在 5%的水平上被拒绝。

例 7.9　模型（陇西数据）

$$\begin{aligned}\text{lnassetP}=\beta_0+\beta_1\text{cellphone}+\beta_2\text{fedu}+\beta_3\text{medu}+\beta_4\text{i.mjob}\\+\beta_5\text{i.firstjob}+\beta_6\text{kids}+\beta_7\text{kidsnumber}+u\end{aligned}$$

```
. reg lnassetP cellphone fedu medu i.mjob i.firstjob kids kidsnumber
      Source |       SS           df       MS      Number of obs   =       427
-------------+----------------------------------   F(17, 409)      =      8.00
       Model |  42.5591995        17  2.50348232   Prob > F        =    0.0000
    Residual |  127.935103       409  .312799764   R-squared       =    0.2496
-------------+----------------------------------   Adj R-squared   =    0.2184
       Total |  170.494303       426  .400221368   Root MSE        =    .55929
------------------------------------------------------------------------------
    lnassetP |      Coef.   Std. Err.      t    P>t     [95% Conf. Interval]
-------------+----------------------------------------------------------------
   cellphone |  -.0208176    .0074661    2.79   0.006    -.0354943    -.006141
        fedu |   .0639903     .022039    2.90   0.004     .0206665     .107314
```

medu |	.0267556	.0297154	0.90	0.368	−.0316584	.0851696
mjob |						
办事人员和有关人员|	.0647774	.3064172	0.21	0.833	−.5375717	.6671266
商业、服务业人员|	.1020279	.246402	0.41	0.679	−.3823445	.5864003
农、林、牧、渔、水利业生产人员|	.0211411	.2418769	0.09	0.930	−.4543359	.4966181
生产、运输设备操作人员及有关人员|	−.0265235	.2497197	0.11	0.915	−.5174178	.4643708
退休|	.07316	.2537552	0.29	0.773	−.4256672	.5719872
firstjob |						
专业技术人员|	.3897947	.3010293	1.29	0.196	−.2019629	.9815523
办事人员和有关人员|						
商业、服务业人员|	.4729896	.2959798	1.60	0.111	−.108842	1.054821
农、林、牧、渔、水利业生产人员|	.1813162	.2905589	0.62	0.533	−.3898589	.7524914
生产、运输设备操作人员及有关人员|	−.3985527	.3072025	1.30	0.195	−1.002446	.2053402
军人|	.2442013	.2896963	0.84	0.400	−.3252782	.8136809
退休|	.3247237	.3408594	0.95	0.341	−.3453313	.9947787
kids |	−.1535707	.0994173	1.54	0.123	−.3490033	.0418618
kidsnumber |	−.0988282	.0370909	2.66	0.008	−.1717407	−.0259156
_cons |	44.60621	15.01593	2.97	0.003	15.08818	74.12425

在这个例题中，我们的原假设是 $H_0: \beta_j = 0$，那么仅当 0 不在置信水平为 95%的置信区间时，相对于 H_1：$\beta_j \neq 0$ 的 H_0 才会在 5%的水平上被拒绝。

只要 OLS 的基本假设得到满足，置信区间的可靠性就会得到提高。否则，当我们漏掉了与解释变量相关的重要因素时，系数估计值就不可靠：OLS 是有偏的。

如果出现了异方差，那么标准误就不能作为 $\mathrm{sd}\left(\widehat{\beta_j}\right)$（注：$\widehat{\beta_j}$ 的标准差）的一个估计值，使用这些标准误计算得来的这个置信区间，也并非一个置信水平真正为 95%的置信区间。尽管我们在得到这些置信区间时也已经用到了对误差的正态性假定，但对于一个涉及几百个观测的样本来说，这一假定并不是那么重要。

7.4　检验关于参数的一个线性组合假设

如何对涉及不止一个参数 β_j 的单个假设进行检验？我们想要检验大专和本科对于信息资产维度百分制得分的影响是否有显著的差别。

首先，我们生成是否本科（benke）和是否大专（dazhuan）这两个虚拟变量：

gen dazhuan=（edulevel==6）

gen benke=（edulevel==7）

下面是我们的模型（7.11）

$$\begin{aligned} \text{assetP} = {} & \beta_0 + \beta_1 \text{dazhuan} + \beta_2 \text{benke} + \beta_3 \text{cellphone} + \beta_4 \text{aage} \\ & + \beta_5 \text{familypop} + \beta_6 \text{marriage1} + \beta_7 \text{marriage2} + u \end{aligned} \tag{7.11}$$

例 7.10　模型（陇西数据）

```
. reg assetP cellphone aage dazhuan benke familypop i.marriage1
      Source |       SS           df       MS      Number of obs   =       531
-------------+----------------------------------   F(7, 523)       =     20.12
       Model |  22438.6413         7  3205.52018   Prob > F        =    0.0000
    Residual |  83325.7506       523  159.322659   R-squared       =    0.2122
-------------+----------------------------------   Adj R-squared   =    0.2016
       Total |  105764.392       530  199.555456   Root MSE        =    12.622
------------------------------------------------------------------------------
      assetP |      Coef.   Std. Err.      t    P>|t|     [95% Conf. Interval]
-------------+----------------------------------------------------------------
   cellphone |  -.3919985   .1546868   -2.53   0.012    -.6958823   -.0881147
        aage |  -.2576902   .0617018   -4.18   0.000    -.3789041   -.1364763
     dazhuan |   6.677581   1.521575    4.39   0.000     3.688432    9.666731
       benke |   12.64915   1.452384    8.71   0.000     9.795925    15.50237
```

```
familypop |  -.3267691  .3433338 -0.95  0.342   -1.001252   .3477136
 marriage1 |
      已婚|   -.939135  1.662672 -0.56  0.572   -4.205471   2.327201
      离异|  -4.638486  5.998125 -0.77  0.440   -16.42186   7.144891

     _cons |   819.3418  311.7028  2.63  0.009    206.9986   1431.685
------------------------------------------------------------------------
```

```
cor dazhuan benke，c
（obs=714）

             |  dazhuan     benke
-------------+------------------
     dazhuan |   .145533
       benke |  -.038611    .17099
```

注意，大专和本科这两个虚拟变量并没有完全共线性，他们的排列组合为（0，0）、（0，1）和（1，0）。从上面的结果可知，大专和本科这两个虚拟变量都各自显著。我们所关心的原假设为 H_0：$\beta_{\text{dazhuan}}=\beta_{\text{benke}}$，我们所关心的备择假设是 H_1：$\beta_{\text{dazhuan}}<\beta_{\text{benke}}$。为了便于我们后续构造 t 统计量，我们可以把原假设和备择假设转化为 H_0：$\beta_{\text{dazhuan}}-\beta_{\text{benke}}=0$ 和 H_1：$\beta_{\text{dazhuan}}-\beta_{\text{benke}}<0$，考虑到抽样误差，我们还需要对上面的差值除以标准误：

$$t=\frac{\widehat{\beta_{\text{dazhuan}}}-\widehat{\beta_{\text{benke}}}}{\text{se}\left(\widehat{\beta_{\text{dazhuan}}}-\widehat{\beta_{\text{benke}}}\right)}=\frac{\widehat{\beta_{\text{dazhuan}}}-\widehat{\beta_{\text{benke}}}}{\sqrt[2]{\text{se}\left(\widehat{\beta_{\text{dazhuan}}}\right)^2+\text{se}\left(\widehat{\beta_{\text{benke}}}\right)^2-2s_{12}}} \tag{7.12}$$

s_{12} 表示 Cov（$\widehat{\beta_{\text{dazhuan}}},\widehat{\beta_{\text{benke}}}$）的一个估计值。通过 stata 计算出二者的协方差为−0.038611，代入上式的 t 统计量得出结果

$$t=\frac{6.677581-12.64915}{\sqrt[2]{1.521575^2+1.452384^2-2\times-0.038611}}=\frac{-5.971569}{2.1217521}=-2.8144518$$

t 值在 1%水平上显著，说明我们接受备择假设。

上面是通过计算得出的，接下来我们直接在方程中进行计算。令 $\theta_1=\beta_{\text{dazhuan}}-\beta_{\text{benke}}$，于是我们的假设变成 H_0：$\theta_1=0$ 和 H_1：$\theta_1<0$，用 t 统计量表示就是 $t=\widehat{\theta_1}/\text{se}\left(\widehat{\theta_1}\right)$，现在我们需要想办法在方程中出现参数 θ_1，让 stata 自动帮助我们计算，所以可以进行下面的转化：$\beta_{\text{dazhuan}}=\theta_1+\beta_{\text{benke}}$，代入我们的原先的方程，整理之后如下：

$$\text{assetP} = \beta_0 + \theta_1\text{dazhuan} + \beta_2\left(\text{benke} + \text{dazhuan}\right) + \beta_3\text{cellphone} + \beta_4\text{aage} + \beta_5\text{familypop} + \beta_6\text{marriage1} + \beta_7\text{marriage2} + u \quad (7.13)$$

因此我们要构造一个新的变量 totcoll = benke + dazhuan，之后就可以正常运算了。

```
. reg assetP cellphone aage dazhuan totcoll familypop i.marriage1 marriage2，r
Linear regression                          Number of obs    =      486
                                           F(7, 478)        =    16.59
                                           Prob > F         =   0.0000
                                           R-squared        =   0.2070
                                           Root MSE         =   12.406
------------------------------------------------------------------------------
       assetP |     Coef.    Std. Err.    t    P>|t|    [95% Conf. Interval]
--------------+---------------------------------------------------------------
    cellphone |  −.3760212  .1491728  −2.52  0.012   −.6691366   −.0829058
         aage |  −.2036061  .1079594  −1.89  0.060   −.4157396    .0085275
      dazhuan |  −5.892659  1.970392  −2.99  0.003   −9.764359   −2.020959
      totcoll |   12.05903  1.666425   7.24  0.000    8.784605    15.33345
    familypop |  −.2588517  .3008638  −0.86  0.390   −.8500307    .3323273
    marriage1 |
        已婚  |    −.23263  1.825338  −0.13  0.899   −3.819308    3.354048
    marriage2 |   −.078264  .1076348  −0.73  0.468   −.2897598    .1332317
        _cons |   785.1304  300.7983   2.61  0.009    194.0801    1376.181
------------------------------------------------------------------------------
```

上面的回归结果中 $t = \widehat{\theta}_1 / \text{se}\left(\widehat{\theta}_1\right) = -2.99$ 在 1%水平上显著。

7.5　对多个线性约束的检验：F 检验

通常情况下，我们还想检验关于基本参数 $\beta_0, \beta_1, \beta_2, \cdots, \beta_k$ 的多重假设。我们首先从检验一组自变量是否对因变量都没有影响这个首要问题开始。

7.5.1 对排除性约束的检验

我们已经知道如何检验某一自变量是否对因变量没有偏效应：使用 t 统计量。现在，我们想检验一组自变量对因变量是否都没有影响，更准确地说，原假设是在控制了一些变量之后，余下的那些变量对 y 没有任何影响。我们以下面的模型（7.14）为例：

$$\begin{aligned}\text{lnassetP} = {} & \beta_0 + \beta_1\text{cellphone} + \beta_2\text{fedu1} + \beta_3\text{fjob} + \beta_4\text{mjob} + \beta_5\text{firstjob1} \\ & + \beta_6\text{firstjob2} + \beta_7\text{firstjob3} + \beta_8\text{firstjob4} + \beta_9\text{firstjob5} + \beta_{10}\text{firstjob6} \\ & + \beta_{11}\text{firstjob7} + \beta_{12}\text{kids} + \beta_{13}\text{kidsnumber} + u\end{aligned} \quad (7.14)$$

假设我们想检验的原假设是，控制了其他变量的情况下， i.firstjob 对信息资产维度百分制得分的对数没有影响。

原假设可以使用模型的参数表示为

$$\text{H}_0\text{：} \beta_5 = 0, \beta_6 = 0, \beta_7 = 0, \beta_8 = 0, \beta_9 = 0, \beta_{10} = 0, \beta_{11} = 0$$

原假设由 7 个排除性约束构成：若原假设正确，则在控制了其余变量之后， i.firstjob 对 lnassetP 没有影响，就应该把它们从模型中排除。这是多重约束的一个例子，因为我们对模型（7.13）中的参数施加了不止一个约束。对多重约束进行的检验被称为多重假设检验或联合假设检验。

我们合适的备择假设应该是 H_1：H_0 不正确。如果 $\beta_5 \sim \beta_{11}$ 中至少有一个异于零，那么备择假设就成立。尽管我们可以采用单侧的备择假设，但是在这种备择假设之下，上述检验将不会是最好的检验。我们之所以不采用 t 统计量来进行上述检验，是因为 t 统计量只能检验一个对其他参数没有任何限制的假设。

```
. reg lnassetP cellphone fedu1 i.fjob i.mjob i.firstjob kids kidsnumber
      Source |       SS           df       MS      Number of obs   =       426
-------------+----------------------------------   F(23, 402)      =      6.11
       Model |  44.1528201        23  1.91968783   Prob > F        =    0.0000
    Residual |  126.294703       402  .314165929   R-squared       =    0.2590
-------------+----------------------------------   Adj R-squared   =    0.2166
       Total |  170.447524       425  .401052997   Root MSE        =    .56051
------------------------------------------------------------------------------
    lnassetP |      Coef.   Std. Err.      t    P>|t|     [95% Conf. Interval]
-------------+----------------------------------------------------------------
   cellphone |    -.02012   .0076284   -2.64   0.009    -.0351166   -.0051234
```

fedu1 |	.0280945	.0075744	3.71	0.000	.013204	.0429849
fjob |						
专业技术人员|	−.2531373	.3340683	−0.76	0.449	−.9098763	.4036018
办事人员和有关人员|	.0215468	.3091581	0.07	0.944	−.5862218	.6293154
商业、服务业人员|	.0488757	.3225365	0.15	0.880	−.5851933	.6829446
农、林、牧、渔、水利业生产人员|	−.0651756	.2911771	−0.22	0.823	−.6375956	.5072443
生产、运输设备操作人员及有关人员|	−.0924432	.2983813	−0.31	0.757	−.6790258	.4941394
军人|	.0037893	.4111064	0.01	0.993	−.8043976	.8119763
退休|	−.1375558	.510628	−0.27	0.788	−1.141391	.8662789
mjob |						
办事人员和有关人员|	−.0254481	.3182263	−0.08	0.936	−.6510437	.6001475
商业、服务业人员|	−.1086437	.2603022	−0.42	0.677	−.6203674	.40308
农、林、牧、渔、水利业生产人员|	−.1031099	.2329772	−0.44	0.658	−.5611157	.3548958
生产、运输设备操作人员及有关人员|	−.1322194	.2459731	−0.54	0.591	−.6157737	.3513348
退休|	−.080038	.2523497	−0.32	0.751	−.5761279	.4160519
firstjob |						
专业技术人员|	.4336791	.3342158	1.30	0.195	−.22335	1.090708
办事人员和有关人员|	.5078992	.3257524	1.56	0.120	−.1324917	1.14829
商业、服务业人员|	.2126542	.3231386	0.66	0.511	−.4225985	.8479068

农、林、牧、渔、水利业生产人员 |	−.3407471	.3376051	−1.01	0.313	−1.004439	.3229449
生产、运输设备操作人员及有关人员 |	.2802947	.3204444	0.87	0.382	−.3496613	.9102507
军人 |	.3918579	.3706053	1.06	0.291	−.3367085	1.120424
退休 |	−.2266881	.5123107	−0.44	0.658	−1.233831	.7804547
kids |	−.1726807	.0996045	−1.73	0.084	−.3684916	.0231301
kidsnumber |	−.0867251	.0375483	−2.31	0.021	−.1605406	−.0129096
_cons |	43.37343	15.34597	2.83	0.005	13.20504	73.54181

我们在 t 检验中用变量的系数和标准误来构造 t 统计量进行显著性检验，但是联合假设检验并不适用于这种情况，我们可以通过对比有约束和无约束条件下方程的残差平方和来进行显著性检验。（7.14）就是无约束条件下的方程

$$\begin{aligned}\text{lnassetP} = \beta_0 + \beta_1\text{cellphone} + \beta_2\text{fedu1} + \beta_3\text{fjob} + \beta_4\text{mjob} + \beta_5\text{firstjob1} \\ + \beta_6\text{firstjob2} + \beta_7\text{firstjob3} + \beta_8\text{firstjob4} + \beta_9\text{firstjob5} + \beta_{10}\text{firstjob6} \\ + \beta_{11}\text{firstjob7} + \beta_{12}\text{kids} + \beta_{13}\text{kidsnumber} + u\end{aligned} \quad (7.15)$$

有约束的方程为

$$\begin{aligned}\text{lnassetP} = \beta_0 + \beta_1\text{cellphone} + \beta_2\text{fedu} + \beta_3\text{fjob} + \beta_4\text{mjob} \\ + \beta_{12}\text{kids} + \beta_{13}\text{kidsnumber} + u\end{aligned} \quad (7.16)$$

. reg lnassetP cellphone fedu1 i.fjob i.mjob   kids kidsnumber

Source |	SS	df	MS			
				Number of obs	=	438
				F(16, 421)	=	5.78
Model |	31.3266678	16	1.95791674	Prob > F	=	0.0000
Residual |	142.538396	421	.338571013	R-squared	=	0.1802
				Adj R-squared	=	0.1490
Total |	173.865064	437	.397860559	Root MSE	=	.58187

lnassetP |	Coef.	Std. Err.	t	P>|t|	[95% Conf.	Interval]
cellphone |	−.0216214	.0077198	−2.80	0.005	−.0367955	−.0064473

fedu1 |	.0361656	.0076077	4.75	0.000	.0212119	.0511194
fjob |						
专业技术人员 |	−.196619	.317043	−0.62	0.535	−.8198034	.4265654
办事人员和有关人员|	.0547312	.2918377	0.19	0.851	−.5189093	.6283718
商业、服务业人员|	.0388983	.303764	0.13	0.898	−.5581846	.6359812
农、林、牧、渔、水利业生产人员|	−.0254095	.2719369	−0.09	0.926	−.5599326	.5091137
生产、运输设备操作人员及有关人员|	−.090148	.2775012	−0.32	0.745	−.6356084	.4553125
军人|	.0668016	.4030925	0.17	0.868	−.7255229	.8591261
退休|	−.1715026	.5115624	−0.34	0.738	−1.177037	.834032
mjob |						
办事人员和有关人员|	−.0617534	.3049279	−0.20	0.840	−.6611241	.5376173
商业、服务业人员|	−.0817967	.2512388	−0.33	0.745	−.5756355	.412042
农、林、牧、渔、水利业生产人员|	−.1267612	.2225792	−0.57	0.569	−.5642663	.3107438
生产、运输设备操作人员及有关人员|	−.0719745	.2356964	−0.31	0.760	−.5352629	.3913138
退休|	−.0690623	.2445299	−0.28	0.778	−.5497139	.4115893
kids |	−.2051495	.1011803	−2.03	0.043	−.4040309	−.0062681
kidsnumber |	−.0996357	.0383452	−2.60	0.010	−.1750077	−.0242637
_cons |	46.60893	15.54024	3.00	0.003	16.06281	77.15505

我们定义 F 统计量为

$$F \equiv \frac{\left(\mathrm{SSR}_r - \mathrm{SSR}_{\mathrm{ur}}\right)/q}{\mathrm{SSR}_{\mathrm{ur}}/\left(n-k-1\right)}$$

其中，SSR_r 是受约束模型的残差平方和，$\mathrm{SSR}_{\mathrm{ur}}$ 是不受约束模型的残差平方和。

$$q = \text{分子自由度} = \mathrm{df}_r - \mathrm{df}_{\mathrm{ur}}$$

$$n-k-1 = \text{分母自由度} = \mathrm{df}_{\mathrm{ur}}$$

对于 F 统计量我们可以这样理解：分子为单位自由度改善的残差平方和；分母为单位自由度无约束方程的残差平方和。如果改善的残差平方的占比达到了一定的比例，我们就可以认为加入的变量组是有效的。

F 分布 10%，5%，1%的临界值 c 可以通过查表得到。如果 $F>c$，我们就在所选定的显著性水平上拒绝 H_0 而支持 H_1。在大多数的应用中，分子的自由度都比分母的自由度要小得多，当分母的自由度达到 120 时，F 分布对它就不再敏感了（就像 t 分布随着 df 的变大而越来越接近正态分布）。F 检验有一个缺点，就是我们只能知道这一组变量是否显著，而对于不显著的一组变量来说，具体是里面的哪一个变量不显著，不得而知。

接下来我们来进行我们模型（7.15）的 F 检验：

$$F = \frac{\left(142.538396 - 126.294703\right)/7}{126.294703/\left(426-23-1\right)} = \frac{2.3205276}{0.31416593} = 7.39 > 2.64\left(1\%\text{水平下对应的}c\right)$$

之前每个变量单独的 t 检验不显著，这里的联合检验却显著了。可能有人会认为，这 7 个变量之间可能有共线性的问题导致 F 检验不准确，其实多重共线性只会导致 t 检验不准确。F 统计量检验这 8 个变量（包括 lnassetP）是否联合显著，而这 7 个约束变量之间的多重共线性对检验这个联合假设而言就远没有那么重要。

7.5.2　F 统计量和 t 统计量之间的关系

因为 t_{n-k-1}^2 具有 $F_{1,n-k-1}$ 分布，所以在双侧备择假设下，这两种方法会得到完全一样的结果，但是在单侧备择假设下，t 检验还是首选。我们需要注意的是，两个显著的变量，放在一起可能不显著；两个不显著的变量，放在一起可能显著。做这方面的检验时，应该全面而不能草率地省略。

7.5.3　F 统计量的 R^2 型

由于 $\mathrm{SSR} = \mathrm{SST}\left(1-R^2\right)$，带入 F 统计量的公式可以得到：

$$F \equiv \frac{(\mathrm{SSR}_r - \mathrm{SSR}_{\mathrm{ur}})/q}{\mathrm{SSR}_{\mathrm{ur}}/(n-k-1)} \equiv \frac{(R_{\mathrm{ur}}^2 - R_r^2)/q}{(1-R_{\mathrm{ur}}^2)/(n-k-1)}$$

此为 F 统计量的 R^2 型。

我们用 F 统计量的 R^2 型再次对模型（7.14）进行计算：

$$F = \frac{(0.2590-0.1802)/7}{(1-0.2590)/(426-23-1)} = \frac{0.01125714}{0.0017601} = 6.39573 > 2.64(1\%\text{水平下对应的}c)$$

```
. reg lnassetP cellphone fedu1 i.fjob medu1 i.mjob
      Source |       SS           df       MS      Number of obs   =       459
-------------+----------------------------------   F(15, 443)      =      5.18
       Model |  27.1540679        15  1.81027119   Prob > F        =    0.0000
    Residual |  154.730025       443  .349277708   R-squared       =    0.1493
-------------+----------------------------------   Adj R-squared   =    0.1205
       Total |  181.884093       458   .39712684   Root MSE        =      .591
------------------------------------------------------------------------------
    lnassetP |      Coef.   Std. Err.      t    P>|t|     [95% Conf. Interval]
-------------+----------------------------------------------------------------
   cellphone |  -.0010735   .0066125   -0.16   0.871    -.0140693    .0119223
       fedu1 |   .0361231   .0080793    4.47   0.000     .0202445    .0520017
        fjob |
    专业技术
        人员 |  -.0950099   .3208392   -0.30   0.767    -.7255659    .5355461
办事人员和有
      关人员 |   .2150183   .2912946    0.74   0.461    -.3574727    .7875094
商业、服务业
        人员 |   .1804433   .3050548    0.59   0.554    -.4190911    .7799778
  农、林、牧、
渔、水利业生
      产人员 |   .0607492   .2744619    0.22   0.825      -.47866    .6001584
生产、运输设
备操作人员及
    有关人员 |   .0446022   .2800405    0.16   0.874    -.5057707    .5949752
        军人 |   .1899145   .3817792    0.50   0.619    -.5604089     .940238
```

退休	.1237146	.5140547	0.24	0.810	−.8865743	1.134003
medu1	.0198075	.0078654	2.52	0.012	.0043493	.0352656
mjob						
办事人员和有关人员	−.0683288	.2785507	−0.25	0.806	−.6157737	.4791162
商业、服务业人员	−.0500325	.246481	−0.20	0.839	−.5344499	.4343848
农、林、牧、渔、水利业生产人员	−.0377205	.223847	−0.17	0.866	−.4776545	.4022136
生产、运输设备操作人员及有关人员	.0034903	.2313878	0.02	0.988	−.4512639	.4582444
退休	−.0767239	.2397739	−0.32	0.749	−.5479596	.3945117
_cons	4.782677	13.28376	0.36	0.719	−21.32434	30.8897

例 7.11 方程的 F 检验模型（7.15）（无约束模型）

利用陇西数据，我们对以下模型进行检验。

$$\text{lnassetP} = \beta_0 + \beta_1\text{cellphone} + \beta_2\text{fedu1} + \beta_3\text{fjob} + \beta_4\text{medu1} + \beta_5\text{mjob} + \beta_6\text{kids} + \beta_7\text{kidsnumber} + u$$

约束模型：

$$\text{lnassetP} = \beta_0 + \beta_1\text{cellphone} + \beta_2\text{fedu1} + \beta_3\text{fjob} + \beta_4\text{medu1} + \beta_5\text{mjob} + u$$

. reg lnassetP cellphone fedu1 i.fjob medu1 i.mjob kids kidsnumber

Source	SS	df	MS			
				Number of obs	=	436
				F(17, 418)	=	5.72
Model	32.6648919	17	1.92146423	Prob > F	=	0.0000
Residual	140.302325	418	.335651496	R-squared	=	0.1889
				Adj R-squared	=	0.1559
Total	172.967217	435	.397625787	Root MSE	=	.57935

lnassetP	Coef.	Std. Err.	t	P>|t|	[95% Conf. Interval]	

cellphone |	−.0200842	.0077252	−2.60	0.010	−.0352693	−.0048992
fedu1 |	.0300736	.0081626	3.68	0.000	.0140289	.0461184
fjob |						
专业技术人员|	−.17565	.315837	−0.56	0.578	−.7964768	.4451768
办事人员和有关人员|	.0660419	.2906108	0.23	0.820	−.5051988	.6372826
商业、服务业人员|	.0491739	.3025107	0.16	0.871	−.5454579	.6438057
农、林、牧、渔、水利业生产人员|	−.0265503	.2708037	−0.10	0.922	−.558857	.5057563
生产、运输设备操作人员及有关人员|	−.0601424	.2766054	−0.22	0.828	−.6038533	.4835684
军人|	.0991495	.4016136	0.25	0.805	−.6902846	.8885835
退休|	−.1594271	.5094617	−0.31	0.754	−1.160853	.841999
medu1 |	.0159567	.0078669	2.03	0.043	.000493	.0314204
mjob |						
办事人员和有关人员|	−.0422581	.303729	−0.14	0.889	−.6392847	.5547685
商业、服务业人员|	.0096376	.2543364	0.04	0.970	−.4903002	.5095754
农、林、牧、渔、水利业生产人员|	.0241973	.2320057	0.10	0.917	−.4318459	.4802406
生产、运输设备操作人员及有关人员|	.0160288	.2390721	0.07	0.947	−.4539046	.4859623
退休|	.0415807	.2498168	0.17	0.868	−.449473	.5326344
kids |	−.1718413	.1015846	−1.69	0.091	−.3715217	.0278391
kidsnumber |	−.1022868	.0383036	−2.67	0.008	−.1775786	−.026995
_cons |	43.32611	15.55428	2.79	0.006	12.75175	73.90047

根据上面回归的结果计算 F 值：

$$F=\frac{(0.1889-0.1493)/2}{(1-0.1889)/(436-17-1)}=\frac{0.0198}{0.00194043}=10.20>4.61(1\%\text{水平下对应的}c)$$

所以我们要拒绝 H_0，认为 kids 和 kidsnumber 在方程中是联合显著的。

7.5.4 计算 *F* 检验的 *p* 值

在 F 检验的背景下，p 值被定义为

$$p\text{值}=P(F_{\text{obs}}>F)$$

其中，F_{obs} 是观察到的 F 统计量，许多计量软件都会提供 F 值，比起手工运算更加精准更加迅速。

t 分布定义：设随机变量 $X\sim N(0,1), Y\sim x_n^2$，且 X 和 Y 独立，则称

$$T=\frac{X}{\sqrt{Y/n}}$$

为自由度为 n 的 t 变量，其分布称为自由度为 n 的 t 分布，记为 $T\sim t_n$。

F 分布定义：设随机变量 $X\sim x_m^2$，$Y\sim x_n^2$，且 X 和 Y 独立，则称

$$F=\frac{X/m}{Y/n}$$

为自由度分别为 m 和 n 的 F 变量，其分布称为自由度分别为 m 和 n 的 F 分布，记为 $F\sim F_{m,n}$。

思考题 7.3

其实 t_{n-k-1}^2 具有 $F_{1,n-k-1}$ 分布，从上述的定义式就可以看出，所以我们也可以通过 $\sqrt[2]{F_{1,n-k-1}}$ 得到 t_{n-k-1}。

我们使用模型（3）来验证上面的关系式。

$$\begin{aligned}\text{lnassetP}=&\beta_0+\beta_1\text{internetcell}+\beta_2\text{availableP}+\beta_3\text{accessibleP}+\beta_4\text{spaceP}\\&+\beta_5\text{intelligenceP}+\beta_6\text{time}+\beta_7\text{sparetime1}+\beta_8\text{sparetime2}\\&+\beta_9\text{sparetime3}+\beta_{10}\text{sparetime4}+\beta_{11}\text{sparetime5}+u\end{aligned}\qquad(3)$$

约束模型：

$$\begin{aligned}\text{lnassetP} = {} & \beta_0 + \beta_1\text{internetcell} + \beta_2\text{availableP} + \beta_3\text{accessibleP} + \beta_4\text{spaceP} \\ & + \beta_5\text{intelligenceP} + \beta_6\text{time} + \beta_7\text{sparetime1} + \beta_8\text{sparetime2} \\ & + \beta_9\text{sparetime3} + \beta_{10}\text{sparetime4} + u\end{aligned}$$

我们使用 F 值来计算 sparetime5 的 t 值。

例 7.12　使用 F 值来计算 sparetime5 的 t 值

```
. reg lnassetP internetcell availableP accessibleP spaceP intelligenceP time
sparetime1 sparetime2 sparetime3 sparetime4 sparetime5
      Source |       SS       df       MS      Number of obs   =     526
-------------+------------------------------   F(11, 514)      =   36.92
       Model |  83.6706082    11  7.60641892   Prob > F        =  0.0000
    Residual |  105.893008   514  .206017526   R-squared       =  0.4414
-------------+------------------------------   Adj R-squared   =  0.4294
       Total |  189.563616   525  .361073555   Root MSE        =  .45389
------------------------------------------------------------------------------
     lnassetP |      Coef.   Std. Err.      t    P>|t|     [95% Conf. Interval]
--------------+----------------------------------------------------------------
 internetcell |  −.0226327   .0052779   −4.29   0.000    −.0330015   −.0122639
   availableP |   .0005215     .00129    0.40   0.686    −.0020128    .0030557
  accessibleP |   .0051506   .0015378    3.35   0.001     .0021294    .0081717
       spaceP |   .0045295   .0011587    3.91   0.000     .0022532    .0068058
intelligenceP |    .015423   .0012355   12.48   0.000     .0129958    .0178503
         time |   .0306765   .0088762    3.46   0.001     .0132384    .0481147
   sparetime1 |   .0316192    .043052    0.73   0.463    −.0529603    .1161988
   sparetime2 |  −.0694422   .0445634   −1.56   0.120    −.1569911    .0181067
   sparetime3 |  −.0944796   .0414447   −2.28   0.023    −.1759014   −.0130578
   sparetime4 |   .0440774    .043946    1.00   0.316    −.0422586    .1304133
   sparetime5 |   .0970644    .045105    2.15   0.032     .0084517    .1856772
        _cons |   47.52586   10.62486    4.47   0.000     26.65236    68.39935
------------------------------------------------------------------------------

. reg lnassetP internetcell availableP accessibleP spaceP intelligenceP time
sparetime1 sparetime2 sparetime3 sparetime4
      Source |       SS       df       MS      Number of obs   =     526
-------------+------------------------------   F(10, 515)      =   39.87
```

Model |	82.7165484	10	8.27165484	Prob > F	= 0.0000
Residual |	106.847068	515	.207470035	R-squared	= 0.4364
				Adj R-squared	= 0.4254
Total |	189.563616	525	.361073555	Root MSE	= .45549

lnassetP |	Coef.	Std. Err.	t	P>|t|	[95% Conf.	Interval]
internetcell |	−.023031	.0052932	−4.35	0.000	−.0334298	−.0126321
availableP |	.0008295	.0012865	0.64	0.519	−.0016979	.003357
accessibleP |	.0051979	.001543	3.37	0.001	.0021665	.0082294
spaceP |	.0048267	.0011544	4.18	0.000	.0025587	.0070947
intelligenceP |	.0158055	.001227	12.88	0.000	.013395	.0182159
time |	.0303563	.0089062	3.41	0.001	.0128593	.0478532
sparetime1 |	.0374905	.0431167	0.87	0.385	−.0472157	.1221967
sparetime2 |	−.0605647	.0445282	−1.36	0.174	−.148044	.0269146
sparetime3 |	−.0944067	.0415905	−2.27	0.024	−.1761146	−.0126988
sparetime4 |	.0554632	.0437799	1.27	0.206	−.030546	.1414723
_cons |	48.30931	10.65599	4.53	0.000	27.37476	69.24387

根据上面的回归结果计算 F 值：

$$F=\frac{\left(0.4643-0.4610\right)/1}{\left(1-0.4643\right)/\left(525-11-1\right)}=\frac{0.0033}{0.00104425}=3.1601628$$

$$t_{\text{sparetime5}}=\sqrt[2]{F}=1.78$$

实际的 t 值为 1.97，与我们计算的相差不大，可能是计算过程中四舍五入导致的。

7.5.5 回归整体显著性的 *F* 统计量

模型（7.17）：

$$
\begin{aligned}
\text{lnassetP} = {} & \beta_0 + \beta_1\text{internetcell} + \beta_2\text{availableP} + \beta_3\text{dynamicP} \\
& + \beta_4\text{accessibleP} + \beta_5\text{spaceP} + \beta_6\text{intelligenceP} + \beta_7\text{sparetime1} \\
& + \beta_8\text{sparetime2} + \beta_9\text{sparetime3} + \beta_{10}\text{sparetime4} \\
& + \beta_{11}\text{sparetime5} + u
\end{aligned} \tag{7.17}
$$

约束模型：

$$\text{lnassetP} = \beta_0 + u \tag{7.18}$$

在模型（7.17）中，我们可以把原假设写成：

$$H_0\text{：} \beta_1 = \beta_2 \cdots = \beta_{11} = 0$$

因为约束模型中没有解释变量，所以 R^2 为零，所以 F 统计量可以写成：

$$F = \frac{R^2 / k}{\left(1 - R^2\right) / \left(n - k - 1\right)}$$

我们称之为回归的整体显著性。有时候 R^2 很小，但是 F 值却很大，我们不能单纯的只看 R^2 来判断联合显著性，从公式中也可以看出，F 值还取决于样本量和参数的个数。

7.5.6 检验一般的线性约束

例 7.13　模型（7.19）

$$
\begin{aligned}
\text{assetP} = {} & \beta_0 + \beta_1\text{internetcell} + \beta_2\text{availableP} + \beta_3\text{dynamicP} + \beta_4\text{accessibleP} \\
& + \beta_5\text{spaceP} + \beta_6\text{intelligenceP} + \beta_7\text{sparetime1} + \beta_8\text{sparetime2} + \beta_9\text{sparetime3} \\
& + \beta_{10}\text{sparetime4} + \beta_{11}\text{sparetime5} + u
\end{aligned}
$$

我们假设 accessibleP 和 spaceP 联合起来无助于解释 assetP，假设 $\beta_6 = 1$。即原假设 H_0：$\beta_6 = 1, \beta_4 = \beta_5 = 0$，这样我们的约束模型就是

$$
\begin{aligned}
\text{assetP} = {} & \beta_0 + \beta_1\text{internetcell} + \beta_2\text{availableP} + \beta_3\text{dynamicP} + \text{intelligenceP} \\
& + \beta_7\text{sparetime1} + \beta_8\text{sparetime2} + \beta_9\text{sparetime3} + \beta_{10}\text{sparetime5} \\
& + \beta_{11}\text{sparetime5} + u
\end{aligned}
$$

我们依旧先估计无约束模型

```
. reg assetP internetcell availableP dynamicP accessibleP spaceP intelligenceP
sparetime1 sparetime2 sparetime3 sparetime4 sparetime5
```

```
      Source |       SS       df       MS      Number of obs   =     400
-------------+------------------------------   F(11, 388)      =   33.14
       Model |  37906.9716    11  3446.08833   Prob > F        =  0.0000
    Residual |  40348.0485   388  103.989816   R-squared       =  0.4844
-------------+------------------------------   Adj R-squared   =  0.4698
       Total |  78255.0201   399   196.12787   Root MSE        =  10.198
------------------------------------------------------------------------------
      assetP |      Coef.   Std. Err.      t    P>|t|     [95% Conf. Interval]
-------------+----------------------------------------------------------------
internetcell |  -.3308163   .1353877   -2.44   0.015    -.5970017   -.0646309
  availableP |   .0627138   .0322302    1.95   0.052     -.000654    .1260816
    dynamicP |   .2452326   .0556747    4.40   0.000     .1357707    .3546945
 accessibleP |     .09524   .0370018    2.57   0.010     .0224909    .1679891
      spaceP |   .0983015   .0297202    3.31   0.001     .0398686    .1567343
intelligenceP|   .3269662    .033061    9.89   0.000      .261965    .3919674
  sparetime1 |   .0972414   1.118801    0.09   0.931    -2.102429    2.296912
  sparetime2 |   -2.12824   1.131747   -1.88   0.061    -4.353363    .0968838
  sparetime3 |  -2.141506   1.065387   -2.01   0.045     -4.23616   -.0468516
  sparetime4 |   .8237093    1.14971    0.72   0.474    -1.436731     3.08415
  sparetime5 |   1.122756   1.167375    0.96   0.337    -1.172415    3.417928
       _cons |   654.3007   272.7936    2.40   0.017     117.9621    1190.639
------------------------------------------------------------------------------
```

之后第二步估计约束模型，与之前处理的不同，在 stata 中处理的时候要新生成一个变量：

gen newy = assetP − intelligenceP

$$\begin{aligned}\text{assetP} - \text{intelligenceP} = \beta_0 &+ \beta_1\text{internetcell} + \beta_2\text{availableP} + \beta_3\text{dynamicP}\\ &+ \beta_8\text{sparetime1} + \beta_9\text{sparetime2} + \beta_{10}\text{sparetime4}\\ &+ \beta_{11}\text{sparetime5} + u\end{aligned}$$

```
. reg newy internetcell availableP dynamicP sparetime1 sparetime2 sparetime3
sparetime 4 sparetime5
      Source |       SS       df       MS      Number of obs   =     401
-------------+------------------------------   F(8, 392)       =    0.91
       Model |  1558.70339     8  194.837924   Prob > F        =  0.5116
    Residual |   84328.445   392  215.123584   R-squared       =  0.0181
```

```
--------------+------------------------------------------ Adj R-squared    =   -0.0019
        Total |   85887.1484   400   214.717871 Root MSE          =    14.667
-------------------------------------------------------------------------------------
         newy |      Coef.    Std. Err.      t    P>|t|     [95% Conf. Interval]
--------------+----------------------------------------------------------------------
 internetcell |   -.1286945    .192934    -0.67   0.505    -.5080093    .2506204
   availableP |    .0758524   .0399763     1.90   0.059    -.0027424    .1544472
     dynamicP |     .012088   .0761173     0.16   0.874    -.1375613    .1617373
   sparetime1 |   -2.533085   1.589896    -1.59   0.112    -5.658874    .5927037
   sparetime2 |   -.7089542   1.617858    -0.44   0.661    -3.889718    2.471809
   sparetime3 |   -1.432283   1.513974    -0.95   0.345    -4.408807     1.54424
   sparetime4 |   -1.209499   1.606204    -0.75   0.452    -4.367352    1.948353
   sparetime5 |   -.8916793   1.663042    -0.54   0.592    -4.161277    2.377919
        _cons |    239.6308   388.6425     0.62   0.538    -524.4537    1003.715
-------------------------------------------------------------------------------------
```

我们根据上面的回归结果计算 F 值，需要注意的是，因为因变量发生了变化，所以两个方程的总平方和将会不同，所以我们不能使用 R^2 的 F 公式，而要用 SSR 的 F 公式：

$$F=\frac{(65700.5266-37939.7573)/4}{37937.7573/(398-11-1)}=\frac{6940.6923}{98.284345}$$
$$=70.618493>3.32(1\%\text{水平下对应的}c)$$

所以我们拒绝 H_0，认为 availableP、accessibleP 和 spaceP 联合起来有助于解释 lnassetP 且 $\beta_7 \neq 1$。

7.6　报告回归结果

我们的回归结果应该包括 OLS 系数的估计值、标准误和 R^2，另外，如果我们估计了好几个方程，我们应该将结果归纳在一个或多个表格中。

例 7.14　估计模型

$$\begin{aligned}\text{lnassetP} = {} & \beta_0 + \beta_1\text{internetcell} + \beta_2\text{jobsupport} + \beta_3\text{enable} + \beta_4\text{personnet} + \beta_5\text{infoneed} \\ & + \beta_6\text{promotion} + \beta_7\text{jobsearch} + \beta_8\text{cellrely} + \beta_9\text{kidedu} + \beta_{10}\text{selfprotect} \\ & + \beta_{11}\text{decision} + \beta_{12}\text{increaseinc} + \beta_{13}\text{policy} + \beta_{14}\text{newsC} + \beta_{15}\text{newsL} + u\end{aligned}$$

我们将每个变量逐次放入方程，估计了 15 个方程。

stata 代码如下：

```
reg lnassetP internetcell i.jobsupport,r
estimates store nocontrol
reg lnassetP internetcell i.jobsupport,r
estimates store onecontrol
reg lnassetP internetcell i.jobsupport i.enable ,r
estimates store twocontrol
reg lnassetP internetcell i.jobsupport i.enable i.personnet,r
estimates store threecontrol
reg lnassetP internetcell i.jobsupport i.enable i.personnet i.infoneed,r
estimates store fourcontrol
reg lnassetP internetcell i.jobsupport i.enable i.personnet i.infoneed i.promotion,r
estimates store fivecontrol
reg lnassetP internetcell i.jobsupport i.enable i.personnet i.infoneed i.promotion
i.jobsearch,r
estimates store sixcontrol
reg lnassetP internetcell i.jobsupport i.enable i.personnet i.infoneed i.promotion
i.jobsearch i.cellrely,r
estimates store sevencontrol
reg lnassetP internetcell i.jobsupport i.enable i.personnet i.infoneed i.promotion
i.jobsearch i.cellrely i.kidedu,r
estimates store eightcontrol
reg lnassetP internetcell i.jobsupport i.enable i.personnet i.infoneed i.promotion
i.jobsearch i.cellrely i.kidedu i.selfprotect,r
estimates store ninecontrol
reg lnassetP internetcell i.jobsupport i.enable i.personnet i.infoneed i.promotion
i.jobsearch i.cellrely i.kidedu i.selfprotect i.decision,r
estimates store tencontrol
reg lnassetP internetcell i.jobsupport i.enable i.personnet i.infoneed i.promotion
i.jobsearch i.cellrely i.kidedu i.selfprotect i.decision i.increaseinc,r
```

estimates store elevencontrol

reg lnassetP internetcell i.jobsupport i.enable i.personnet i.infoneed i.promotion i.jobsearch i.cellrely i.kidedu i.selfprotect i.decision i.increaseinc i.policy,r

estimates store twelvecontrol

reg lnassetP internetcell i.jobsupport i.enable i.personnet i.infoneed i.promotion i.jobsearch i.cellrely i.kidedu i.selfprotect i.decision i.increaseinc i.policy i.newsC,r

estimates store thirteencontrol

reg lnassetP internetcell i.jobsupport i.enable i.personnet i.infoneed i.promotion i.jobsearch i.cellrely i.kidedu i.selfprotect i.decision i.increaseinc i.policy i.newsC i.newsL,r

estimates store fourteencontrol

esttab *control using 回归系数表 1.rtf, se r2 mtitle star（* 0.1 ** 0.05 *** 0.01）

习　　题

练习题：

1. 描述 OLS 估计量抽样分布的期望值、方差及分布类型。
2. 给定一个多元回归模型的系数估计值、标准误差和自由度，展示如何进行 t 检验。
3. 给定一个包含多个约束的回归模型，展示如何进行 F 检验。

简答题：

1. 解释为什么 OLS 估计量的抽样分布对于进行统计推断至关重要。
2. 举例说明在循证信息贫困研究中，为何需要检验参数的线性组合。
3. 解释 F 检验在检验多个系数时的优势，并比较它与 t 检验的不同之处。

第 8 章　循证信息贫困研究中的 OLS 渐近性

在前面的章节，我们讨论学习了总体模型

$$y = \beta_0 + \beta_1 x_1 + \beta_2 x_2 + \beta_3 x_3 + \cdots + \beta_k x_k + u \tag{8.1}$$

中 OLS 估计量的有限样本、小样本或精确性质。如 OLS 在前四个高斯-马尔可夫假定下的无偏性就是一个有限样本的性质，它对任何样本容量（n 必须至少和回归模型中参数的总个数 k+1 一样大）都成立。类似地，OLS 在全套高斯-马尔可夫假定（从 MLR.1 到 MLR.5）下是最优线性无偏估计量的事实，也是一个有限样本性质。

在第 7 章，我们增加了经典线性模型假定 MLR.6，它表明误差项 u 服从正态分布并独立于解释变量。这就使我们能够（以样本中的解释变量为条件）推导出 OLS 估计量精确的抽样分布。特别是，定理 7.1 表明，OLS 估计量具有正态的抽样性质，这就直接产生了 t 和 F 统计量的 t 和 F 分布。如果误差不是正态分布的，那么，对任意的样本容量，t 统计量的分布就不再恰好是 t 分布，F 统计量也不再完全服从一个 F 分布。

除了有限样本外，了解估计量和检验统计量的渐近性质或大样本性质也很重要。定义这些性质不是针对样本容量，而是针对样本容量无限增加的情况。在我们所做的假定下，OLS 具有令人满意的大样本性质。至少在大样本的情况下，即使没有正态性假定，t 和 F 统计量也近似服从 t 和 F 分布。

MLR.1 线性于参数

MLR.2 随机抽样

MLR.3 不存在完全共线性

MLR.4 条件均值为零

MLR.5 同方差性

MLR.6 正态性

8.1　一　致　性

前面的章节介绍了估计量的无偏性 $E\left(\widehat{\beta_j}\right) = \beta_j$，$j$=0，1，…，$k$。即 OLS 估计

量是总体参数的无偏估计量。估计量的无偏性固然很重要，但并不是总能实现的。如在第 6 章所讨论的，回归标准误 $\hat{\sigma}$ 就不是误差 u 的标准差 σ 的一个无偏估计量。

在高斯–马尔可夫假定（MLR.1-MLR.5）下，OLS 估计量是无偏的。如果不能实现无偏估计，那么我们怎么去衡量估计量是否可以解释我们的研究呢？所以几乎所有经济学家认为，一致性是对一个估计量最起码的要求。也就是说，估计量无偏时自然是最可以说明问题的，但如果不能具有无偏性，就要求一定要有一致性。

在假定 MLR.1 至 MLR.4 下，我们说 $E\left(\widehat{\beta_j}\right)=\beta_j$，此时估计量的均值就是 β_j。这是无偏性。一致性是说，随着样本容量的不断增加，$\widehat{\beta_j}$ 就会越来越紧密地分布在 β_j 的周围。当 n 趋于无穷时，$\widehat{\beta_j}$ 的分布就会缩成一个单一的点。对每个 n，$\widehat{\beta_j}$ 都有一个概率分布。n 越大，$\widehat{\beta_j}$ 越接近真值。

无偏性：参数估计量的期望值与总体参数真值是相等的，这种性质称为无偏性，具有无偏性的估计量称为无偏估计量。

一致性：用估计量估计参数涉及一个样本容量大小问题，如果样本容量越大估计值越接近真值，那么这种估计量是相合估计量。

例 8.1　结构决定论

有些学者将信息贫困解释为一种主要由地域、性别、年龄、教育水平及家庭因素等社会结构多因素决定的现象。受教育年限较高的人群相对受教育年限较低的人群在信息内容的获取方面具有优势。根据在陇西的调研数据，我们回归如下。

```
. reg assetP edulevel1 in 1/200
     Source |        SS        df        MS     Number of obs   =       186
------------+------------------------------     F(1, 184)       =     30.12
      Model |  3738.64864       1  3738.64864   Prob > F        =    0.0000
   Residual |  22835.5386     184  124.106188   R-squared       =    0.1407
------------+------------------------------     Adj R-squared   =    0.1360
      Total |  26574.1872     185  143.644255   Root MSE        =     11.14
---------------------------------------------------------------------------
     assetP |      Coef.   Std. Err.      t    P>|t|   [95% Conf. Interval]
------------+--------------------------------------------------------------
  edulevel1 |    1.32325    .2410912    5.49  0.000    .8475916   1.798909
      _cons |   5.023666     3.04364    1.65  0.101   -.9812547   11.02859
---------------------------------------------------------------------------
. reg assetP edulevel1 in 1/400
```

```
      Source |       SS       df       MS              Number of obs =     358
-------------+------------------------------           F(1, 356)     =   92.22
       Model |  14929.8428     1  14929.8428           Prob > F      =  0.0000
    Residual |  57632.6931   356  161.889587           R-squared     =  0.2058
-------------+------------------------------           Adj R-squared =  0.2035
       Total |  72562.5359   357  203.256403           Root MSE      =  12.724

------------------------------------------------------------------------------
      assetP |      Coef.   Std. Err.      t    P>|t|     [95% Conf. Interval]
-------------+----------------------------------------------------------------
   edulevel1 |   1.759687   .1832388     9.60   0.000     1.399321    2.120054
       _cons |   2.585527   2.310654     1.12   0.264    −1.958722    7.129775
------------------------------------------------------------------------------
```

```
. reg assetP edulevel1
      Source |       SS       df       MS              Number of obs =     632
-------------+------------------------------           F(1, 630)     =  195.82
       Model |  29442.4561     1  29442.4561           Prob > F      =  0.0000
    Residual |  94723.9095   630  150.355412           R-squared     =  0.2371
-------------+------------------------------           Adj R-squared =  0.2359
       Total |  124166.366   631  196.777125           Root MSE      =  12.262

------------------------------------------------------------------------------
      assetP |      Coef.   Std. Err.      t    P>|t|     [95% Conf. Interval]
-------------+----------------------------------------------------------------
   edulevel1 |   1.803898   .1289094    13.99   0.000     1.550754    2.057042
       _cons |    2.60042   1.628992     1.60   0.111      −.59849    5.799331
------------------------------------------------------------------------------
```

例 8.2 样本容量不一样时，β_j 的分布

我们考虑将教育水平作为自变量，探究其对信息资产的影响，当我们的样本容量不一样时，β_j 的分布是不一样的。下面以和政数据为例进行说明。

```
.reg assetT edulevel in 1/100
      Source |       SS       df       MS              Number of obs =      85
-------------+------------------------------           F(1, 83)      =   34.97
       Model |  23410.8857     1  23410.8857           Prob > F      =  0.0000
```

```
    Residual |   55567.334      83  669.485951 R-squared         =    0.2964
-------------+------------------------------------ Adj R-squared     =    0.2879
       Total |  78978.2197      84  940.216901 Root MSE          =    25.874

------------------------------------------------------------------------------
      assetP |      Coef.   Std. Err.      t    P>|t|     [95% Conf. Interval]
-------------+----------------------------------------------------------------
   edulevel1 |    8.97319    1.51743     5.91  0.000     5.955083    11.9913
       _cons |   23.47195   5.639405     4.16  0.000      12.2554    34.6885
------------------------------------------------------------------------------
. reg assetT edulevel in 1/200
      Source |       SS           df       MS      Number of obs     =       185
-------------+------------------------------------ F(1, 183)         =     58.12
       Model |  41083.1832         1  41083.1832 Prob > F          =    0.0000
    Residual |  129360.399       183  706.887428 R-squared         =    0.2410
-------------+------------------------------------ Adj R-squared     =    0.2369
       Total |  170443.583       184  926.323818 Root MSE          =    26.587

------------------------------------------------------------------------------
      assetP |      Coef.   Std. Err.      t    P>|t|     [95% Conf. Interval]
-------------+----------------------------------------------------------------
   edulevel1 |   8.567857   1.123868     7.62   0.000    6.350452    10.78526
       _cons |   24.23078   4.335434     5.59   0.000    15.67692    32.78465
------------------------------------------------------------------------------
. reg assetT edulevel
      Source |       SS           df       MS      Number of obs     =       243
-------------+------------------------------------ F(1, 241)         =     94.29
       Model |  68296.2839         1  68296.2839 Prob > F          =    0.0000
    Residual |  174565.303       241  724.337359 R-squared         =    0.2812
-------------+------------------------------------ Adj R-squared     =    0.2782
       Total |  242861.587       242  1003.56028 Root MSE          =    26.914

------------------------------------------------------------------------------
      assetP |      Coef.   Std. Err.      t    P>|t|     [95% Conf. Interval]
-------------+----------------------------------------------------------------
   edulevel1 |   9.788818   1.008097     9.71  0.000     7.803012    11.77462
```

```
       _cons |    19.4687   3.926238    4.96  0.000    11.73458   27.20283
------------------------------------------------------------------------------
```

对于任何一个具体的应用，我们都有一个固定的样本容量，这就是难以理解诸如一致性等渐近性质的主要原因（渐近性质或者大样本性质是针对样本容量无限增加的情况）。如图 8-1，一致性涉及一个样本容量变大（同时每个样本容量下都得到大量随机样本）的假想实验。如果得到更多的数据，还不能更接近关心的估计值，那就是使用的估计程序表现欠佳。

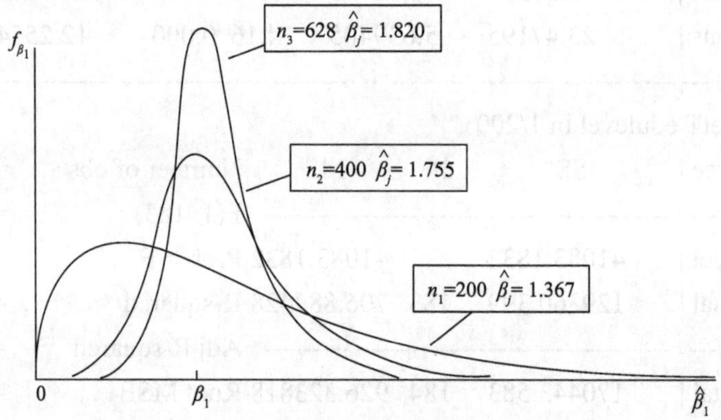

图 8-1　$\widehat{\beta}_1$ 在样本容量 $n_1 < n_2 < n_3$ 情况下的抽样分布

8.1.1　定理 8.1

在假定 MLR.1 到 MLR.4 下，对所有的 j=0, 1, 2, ⋯, k，OLS 估计量 $\widehat{\beta}_j$ 都是 β_j 的一致估计。

假定 MLR.4′（零均值和零相关）：

对所有的 j=1, 2, ⋯, k，都有 $E(u)=0$ 和 $\mathrm{Cov}(x_{ji}, u)=0$

假定 MLR.4（零条件均值）：

$$E(u|x_1, x_2, \cdots, x_k)=0$$

假定 MLR.4′是比 MLR.4 更弱的假定。假定 MLR.4′只要求每个 x_i 都与 u 无关。从某种意义来说，假定 MLR.4 是更自然的假定，当我们考虑一些违背 MLR.4 的情形时，我们通常会想到某些 j 有 $\mathrm{Cov}(x_{ji}, u)\neq 0$。

在前面的学习中，为什么我们一直在用的是 MLR.4 假定呢？在假定 MLR.4 下，OLS 估计量都是有偏误的（但是一致的），其次当满足 MLR.4 假定时，我们可以写成 $E(y|x, \cdots, x_k)=\beta_0+\beta_1 x_1+\cdots+\beta_k x_k$，这样我们就可以得到解释变量对 y

的平均值或期望值的偏效应。当我们只假定 MLR.4′时，这个式子就不一定代表了总体回归函数，我们也就面临着 x_j 的某些非线性函数（x_j^2）可能与误差相关的可能性。在假定 MLR.4 下，我们可能就会忽略掉这种非线性的关系，当我们知道我们的研究模型中存在着非线性关系时，通常才会假定 MLR.4′。而通常情况下，零条件均值假定更加适合。

例 8.3　同样以上面的例 8.1 解释。生成一个新的变量 edu=edulevel1^2

```
gen edu=edulevel1^2
. reg assetP edulevel1 edu
     Source |       SS           df       MS      Number of obs   =       632
-------------+----------------------------------   F(2, 629)       =    100.64
      Model |  30100.3686         2  15050.1843   Prob > F        =    0.0000
   Residual |   94065.997       629  149.548485   R-squared       =    0.2424
-------------+----------------------------------   Adj R-squared   =    0.2400
      Total |  124166.366       631  196.777125   Root MSE        =    12.229
------------------------------------------------------------------------------
     assetP |      Coef.   Std. Err.      t    P>|t|     [95% Conf. Interval]
-------------+----------------------------------------------------------------
  edulevel1 |   .8650699   .4657004     1.86   0.064    -.0494458    1.779586
        edu |   .0466029   .0222188     2.10   0.036      .002971    .0902349
      _cons |   6.477966   2.461102     2.63   0.009     1.644995    11.31094
------------------------------------------------------------------------------
```

8.1.2　推导 OLS 的不一致性

就像 $E(u|x_1, x_2, \cdots, x_k)=0$ 不成立会导致 OLS 估计量出现偏误一样，u 和 x_1，x_2 等中的任何一个相关都会导致所有的 OLS 估计量失去一致性。简单理解就是：如果误差与任何一个自变量相关，那么 OLS 就是有偏而又不一致的估计。这种情况下，随着样本的容量增大，偏误将继续存在。

$$\text{plim}\widehat{\beta}_1-\beta_1=\text{Cov}(x_1,u)/\text{Var}(x_1) \tag{8.2}$$

因为 $\text{Var}(x_1)>0$，所以 x_1 和 u 正相关，则 $\widehat{\beta}_1$ 的不一致性就为正，若 x_1 和 u 负相关，则 $\widehat{\beta}_1$ 的不一致性就为负。如果 x_1 和 u 之间的协方差相对 x_1 的方差很小，那么这种不一致性就可以被忽略。由于 u 是观测不到的，我们甚至不能估计出这个协方差有多大。我们可以利用式（8.2）来推导遗漏变量偏误的渐近类似情况。假设真实模型：

$$Y = \beta_0 + \beta_1 x_1 + \beta_2 x_2 + u \tag{8.3}$$

满足前四个高斯-马尔可夫假定，那么u的均值就是 0，而且x_1与x_2都不相关。如果$\widehat{\beta_0},\widehat{\beta_1}$和$\widehat{\beta_2}$是 OLS 的估计量，根据定理 8.1，就意味着这些估计量都是一致的。

如果漏掉x_2，将y对x_1回归，那么$v = \beta_2 x_2 + u$。那么$\widehat{\beta_1}$表示斜率的估计量。

$$\text{plim}\ (\widetilde{\beta_1}) = \beta_1 + \beta_2\ \delta_1 \tag{8.4}$$

其中，$\delta_1 = \text{Cov}\ (x_1, x_2) / \text{Var}\ (x_1)$。

我们可以把这种不一致性看作偏误。区别：不一致性用x_1的总体方差与x_1和x_2之间的总体协方差表示，偏误是x_1和x_2之间的样本协方差与x_1的样本方差之比。具体判别方式同表 8-1。

表 8-1 遗漏变量各种情形识别

项目	$\text{corr}(x_1, x_2) > 0$	$\text{corr}(x_1, x_2) < 0$
$\beta_2 > 0$	偏误为正	偏误为负
$\beta_2 < 0$	偏误为负	偏误为正

以陇西数据为例。

例 8.4

动力维度：这类变量解释的是信息主体为了解决具体问题、支持具体决策或行为、填补具体的认识空白而主动开展的信息活动。infoneed（自我感知每天的信息需求），自我感知每天的信息需求有些模糊，不能很准确地测量。如果社会群体中的个人 accessibleP 得分越高，那么他能获取信息的能力就越强，β_1应该就为正：所有其他条件不变，可获信息源得分越高的人，那么动力维度的得分就越高。按照一种猜测，由于其他因素不变的情况，infoneed（自我感知每天的信息需求）越高的人，在信息实践中会越多地关注周围的信息源，所以β_2为正。如果个体周围有很丰裕的可获信息源，以及很高的信息需求，那么 accessibleP 和 infoneed 就正相关。所以$\delta_1 > 0$，则有$\beta_1 + \beta_2\ \delta_1 > \beta_1$，可见 dynamicP 对 accessibleP 的简单回归倾向于高估了 accessibleP 的影响。

```
reg  dynamicP  accessibleP                              (1)

      Source |       SS          df       MS      Number of obs   =       505
-------------+----------------------------------  F(1, 503)       =     39.85
       Model |  4015.90932        1  4015.90932   Prob > F        =    0.0000
```

```
    Residual |   50685.199    503  100.765803 R-squared         =   0.0734
-------------+----------------------------------- Adj R-squared     =   0.0716
       Total |  54701.1083    504  108.533945 Root MSE          =   10.038
------------------------------------------------------------------------------

    dynamicP |     Coef.    Std. Err.      t    P>|t|     [95% Conf. Interval]
-------------+----------------------------------------------------------------
 accessibleP |   .1686144    .0267091     6.31  0.000     .1161393   .2210896
       _cons |  57.7s8515    .8592556    67.25  0.000     56.09698   59.47332
------------------------------------------------------------------------------
```

通过计算可以发现，我们的预测和数据计算出来的结果是相吻合的，β_1= 0.168>0。

```
reg  dynamicP  infoneed                          （2）
      Source |       SS       df       MS      Number of obs     =      490
-------------+------------------------------ F(1, 488)         =    25.52
       Model |  2670.21243      1  2670.21243 Prob > F          =   0.0000
    Residual |  51059.9597    488  104.631065 R-squared         =   0.0497
-------------+------------------------------ Adj R-squared     =   0.0477
       Total |  53730.1721    489  109.877653 Root MSE          =   10.229
------------------------------------------------------------------------------

 accessibleP |     Coef.    Std. Err.      t    P>|t|     [95% Conf. Interval]
-------------+----------------------------------------------------------------
    infoneed |   1.615653    .3198199     5.05  0.000      .987259   2.244047
       _cons |   56.42372     1.31119    43.03  0.000     53.84744   58.99999
------------------------------------------------------------------------------
```

通过计算可以发现，我们的预测和数据计算出来的结果是相吻合的，β_2= 1.6156>0。

```
. reg  dynamicP  accessibleP  infoneed            （3）
      Source |       SS       df       MS      Number of obs     =      489
-------------+------------------------------ F(2, 486)         =    28.92
       Model |  5687.85798      2  2843.92899 Prob > F          =   0.0000
```

```
    Residual |   47798.8487   486  98.3515405 R-squared       =    0.1063
-------------+----------------------------------- Adj R-squared   =    0.1027
       Total |   53486.7067   488  109.603907 Root MSE        =    9.9172
------------------------------------------------------------------------------

    dynamicP |      Coef.   Std. Err.      t    P>|t|     [95% Conf. Interval]
-------------+----------------------------------------------------------------
 accessibleP |   .1495117   .0271919     5.50   0.000     .0960834    .2029399
    infoneed |   1.404256   .3128752     4.49   0.000     .7895012    2.019011
       _cons |   53.04001   1.406402    37.71   0.000     50.27663    55.80338
------------------------------------------------------------------------------
```

计算相关系数：

```
pwcorr accessibleP infoneed
             | access~P infoneed
-------------+------------------
 accessibleP |   1.0000
    infoneed |   0.1496   1.0000
```

相关系数同样为正。和我们的预测也是一致的。

模型	accessibleP 系数（β_1）	infoneed 系数（β_2）
模型（1）	0.1686	
模型（2）		1.615
模型（3）	0.1495	1.404

在模型（1）中：accessibleP 的系数为正，0.1686。

在模型（2）中：infoneed 的系数为正，1.615。

accessibleP 和 infoneed 的相关系数为正，0.1496。

在模型（3）中：accessibleP 的系数为正，0.1495。

由于 infoneed 对因变量 dynamicP 有影响，而且是正向影响，对于模型（1）而言，我们回归分析没有考虑 infoneed，而只是考虑了 accessibleP，这放大了 accessibleP 对 dynamicP 的影响。

0.1686+1.615×0.1496=0.41024

对于 OLS 估计量的不一致性来说，这个问题不会随着在样本中增加更多的观测值而消失，更多的数据有可能使得这个问题变得更糟糕：样本量增大，OLS 估计量会越接近 $\beta_1 + \beta_2\delta_1$。

用如下方程解释：$y=\beta_0+\beta_1x_1+\beta_2x_2+u$

假设 x_2 和 u 不相关，但 x_1 和 u 相关。于是，OLS 估计量 $\widehat{\beta_1}$ 和 $\widehat{\beta_2}$ 通常都是不一致的。（截距估计量也将是不一致的。）x_1 和 x_2 通常是相关的，从而引起 $\widehat{\beta_2}$ 的不一致性。如果 x_1 和 x_2 不相关，那么 x_1 和 u 之间的任意相关都不会导致 $\widehat{\beta_2}$ 的不一致性：plim $\widehat{\beta_2}=\beta_2$。此外，$\widehat{\beta_1}$ 的不一致性和式（7.4）中一样。在一般情形中，这一命题同样成立：如果 x_1 与 u 相关，但 x_1 和 u 与其他自变量都不相关，那么就只有 $\widehat{\beta_1}$ 是不一致的。

以和政数据为例。

例 8.5

当我们想要研究一个人的价值观会不会对他获取信息的能力产生影响时，在我们只考虑用 lifevalueP（人生价值观）为自变量，accessibleP（可获信息源得分）为因变量，而忽略 laborvalueP（劳动价值观）这一影响因素的情况下，我们在进行数据统计之前，可以通过经验分析得出偏误的方向。

人生价值观得分越高表明一个人的人生价值观越积极，我们猜测一个积极面对人生的人会更愿意获取信息，也就是人生价值观得分与可获信息源得分是正相关的，即 $\widehat{\beta_1}>0$。劳动价值观得分越高，表明这个人越热爱劳动，因此我们推断他会因为热爱劳动而更想获取更多信息，也就是劳动价值观与可获信息源得分成正相关，即 $\widehat{\beta_2}>0$。而我们认为人生价值观与劳动价值观也会是一个正相关的关系，即 $\hat{\delta}>0$。综上，我们研究的这个回归模型中，所产生的偏误应该是正的，也就是我们估计出的 $\hat{\beta}$ 应该大于实际的 β。当然，这些全是我们依据经验猜测的。

reg accessibleP lifevalueP （1）

模型（1）中，数据统计得到的 $\beta_1>0$，和我们的推测一致。

```
. reg accessibleP lifevalueP
      Source |       SS       df       MS      Number of obs  =      258
-------------+------------------------------   F(1, 256)      =     2.50
       Model |  723.639915     1  723.639915   Prob > F       =   0.1147
    Residual |  73953.5375   256  288.881006   R-squared      =   0.0097
-------------+------------------------------   Adj R-squared  =   0.0058
       Total |  74677.1775   257  290.572675   Root MSE       =   16.996
------------------------------------------------------------------------------
```

```
accessibleP |      Coef.    Std. Err.      t    P>|t|     [95% Conf. Interval]
------------+----------------------------------------------------------------
 lifevalueP |   .0813072    .0513721     1.58   0.115    −.0198585   .1824728
      _cons |   23.94741    3.953344     6.06   0.000     16.16219   31.73262
-----------------------------------------------------------------------------
```

reg accessibleP laborvalueP　　　　　　（2）

模型（2）中，数据统计出得到的β_2>0，和我们的推测同样一致。

```
. reg accessibleP laborvalueP
     Source |       SS        df       MS       Number of obs   =       246
------------+------------------------------     F(1, 244)       =      3.70
      Model |  1073.50489      1  1073.50489    Prob > F        =    0.0557
   Residual |  70876.3599    244  290.476885    R-squared       =    0.0149
------------+------------------------------     Adj R-squared   =    0.0109
      Total |  71949.8648    245  293.672917    Root MSE        =    17.043
-----------------------------------------------------------------------------
accessibleP |      Coef.    Std. Err.      t    P>|t|     [95% Conf. Interval]
------------+----------------------------------------------------------------
laborvalueP |   .1319492    .0686374     1.92   0.056    −.0032481   .2671466
      _cons |   19.07588    5.742614     3.32   0.001      7.76446    30.3873
-----------------------------------------------------------------------------
```

reg accessibleP lifevalueP laborvalueP　　　　　　（3）

```
     Source |       SS        df       MS       Number of obs   =       246
------------+------------------------------     F(2, 243)       =      2.85
      Model |  1649.78873      2  824.894367    Prob > F        =    0.0597
   Residual |   70300.076    243  289.300724    R-squared       =    0.0229
------------+------------------------------     Adj R-squared   =    0.0149
      Total |  71949.8648    245  293.672917    Root MSE        =    17.009
-----------------------------------------------------------------------------
accessibleP |      Coef.    Std. Err.      t    P>|t|     [95% Conf. Interval]
------------+----------------------------------------------------------------
 lifevalueP |    .081363    .0576479     1.41   0.159    −.0321904   .1949165
laborvalueP |   .0940584    .0735714     1.28   0.202    −.0508607   .2389775
```

```
       _cons |    16.0849   6.110243   2.63  0.009    4.049101   28.1207
------------------------------------------------------------------------------
```

项目	(1)	(2)	(3)
	accessibleP	accessibleP	accessibleP
lifevalueP	0.0813***		0.0813***
	(0.514)		(0.576)
laborvalueP		0.0319***	0.0941***
		(0.069)	(0.0736)
_cons	23.95***	19.08***	16.08***
	(3.95)	(5.74)	(6.11)
N	258	246	246

注：括号中为 t 值，***表示 $p<0.001$

```
. pwcorr lifevalueP laborvalueP

             |  lifeva~P  laborv~P
-------------+------------------
  lifevalueP |    1.0000
 laborvalueP |    0.3677   1.0000
```

lifevalueP 和 laborvalueP 的相关系数也是正数，和预测一致。

在（1）中，我们没有考虑到 laborvalue 对 accessible 的影响，此时 lifevalue 对 accessible 的影响 β_1 是 0.081，当我们考虑到 laborvalue 之后，β_1 变小了，这是因为没有加上 laborvalue 时，其实是放大了 lifevalue 对 accessible 的影响。此时偏误为正，与我们经验猜测一致。

0.0813+0.0941×0.4058=0.1195

对于 OLS 估计量的不一致性来说，这个问题不会随着 n 的增加而消失，更多的数据有可能使得这个问题变得更糟糕：随着样本量的增大，OLS 估计量会越来越接近 $\beta_1+\beta_2\delta_1$。也就是说，当我们的模型中遗漏了变量时，样本量的增加只会更加证明我们遗漏掉了某些应该在模型中的自变量。

8.2 渐近正态和大样本推断

估计量的一致性是一个重要的性质，但是仅有一致性还不足以进行统计推断。为了对参数假设进行检验，我们还需要 OLS 估计量的抽样分布。假定 MLR.1-MLR.6 下，抽样分布是正态的，这是我们应用 t 和 F 分布的基础。

假定 MLR.6 提出，给定 $x_1, x_2, \cdots, x_k$，y 的分布是正态的。但是事实上，很多 y 是不可能正态分布的。

尽管 y_i 不是来自正态分布，利用中心极限定理推断：OLS 估计量满足渐近正态性。在大样本下，OLS 估计量是近似正态分布的，如图 8-2 所示。

```
drop if internetfee>500
histogram internetfee
```

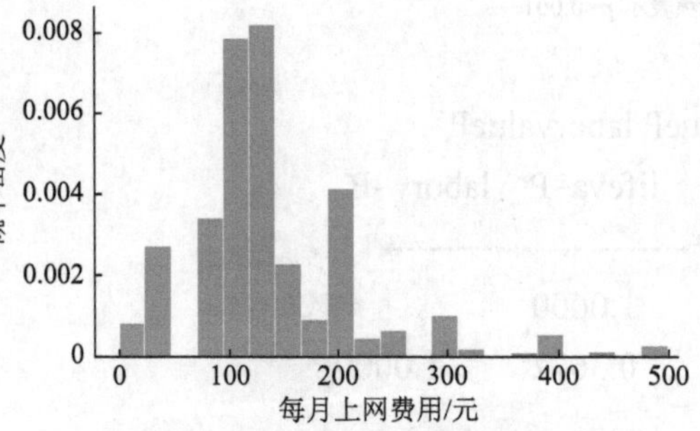

图 8-2 每月上网费用柱状图

我们知道正态性对 OLS 的无偏性不起作用，也不影响 OLS 在高斯-马尔可夫假定下称为最优线性无偏估计的结论。但是基于 t 或 F 统计量还是需要假定 MLR.6。尽管 y_i 不是来自正态分布，但利用中心极限定理推断：OLS 估计量满足渐近正态性。在大样本下，OLS 估计量是近似正态分布的。

8.2.1 定理 8.2 OLS 的渐近正态性

在高斯-马尔可夫假定 MLR.1 到 MLR.5 下：

（1）$\sqrt{n}\left(\hat{\beta}_j - \beta_j\right)$~Normal$(0, \sigma^2/a_j^2)$

其中 $\sigma^2/a_j^2>0$ 是 $\sqrt{n}\,(\widehat{\beta}_j - \beta_j)$的渐近方差（asymptotic variance）；至于斜率系数，$a_j^2 = \text{p}\lim(n^{-1}\sum_{i=1}^{n}\hat{\gamma}_{ij}^2)$，其中 $\hat{\gamma}_{ij}^2$ 是 x_j 对其余自变量进行回归所得到的残差。

（2）δ δ^2是 σ^2=Var(u)的一个一致估计量。

（3）对每个 j，都有 $(\widehat{\beta_j}-\beta_j)\,/\mathrm{sd}(\widehat{\beta_j})\overset{\alpha}{\sim}\overset{\alpha}{\sim}\mathrm{Normal}(0, 1)$

并且

$$(\widehat{\beta_j}-\beta_j)/\mathrm{se}(\widehat{\beta_j})\overset{\alpha}{\sim}\overset{\alpha}{\sim}\mathrm{Normal}(0, 1)$$

其中，$\mathrm{se}(\widehat{\beta_j})$就是通常的 OLS 标准误。

定理 8.2 的重要性在于，去掉了正态性假定；对误差分布的限制是，它具有有限方差。同样还对 u 假定了零条件均值（MLR.4）和同方差性（MLR.5）

当样本量增加时，区分误差 u 的总体分布和 $\widehat{\beta_j}$ 的抽样分布很重要。一个常见的错误是认为样本量增加会导致 u 的分布的变化（u 的分布接近“正态”），需要记住总体分布是恒定的与样本量的大小无关。

例 8.6　在我们的例子中的变量 time（每天用于获取信息的时间）是小的非负整数，这在总体中是确定的，如图 8-3。因而，从该整体中取出一个大小为 10 人或 100 人的样本对总体分布没有影响。

*histogram time

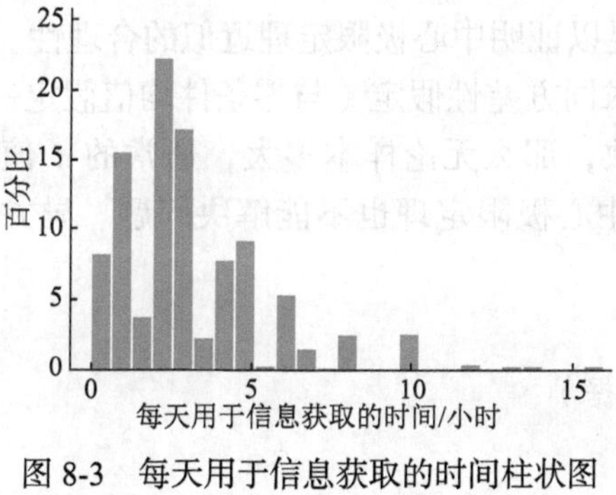

图 8-3　每天用于信息获取的时间柱状图

从图 8-3 中的时间维度可以发现，每天用于信息获取的时间主要分布在 5 个小时以内，超过 5 个小时的就很少了。

定理 8.2 表明，无论 u 的分布如何，合理标准化后的 OLS 估计量都是近似正态分布的。由于 OLS 估计量涉及对样本均值的使用，对于几乎所有的总体分布来说，潜在误差均值的分布序列都是趋于正态分布的。

下面是具体推断过程。

我们注意到：无论用 $\widehat{\beta_j}-\beta_j$ 的值除以 sd($\widehat{\beta_j}$)（无法观测到，因为其结果取决于 σ)还是除以 se($\widehat{\beta_j}$)（可以由数据计算得到，因为其结果取决于 $\hat{\sigma}$)，标准化 $\widehat{\beta_j}$ 均服从于渐近标准正态分布。换句话说，从渐近的观点来看，是否必须用 $\hat{\sigma}$ 代替 σ 并不重要。当然，用 $\hat{\sigma}$ 代替 σ 会影响标准化 $\widehat{\beta_j}$ 的精确分布。例如，我们在第 4 章中看到，在经典线性模型的假设下，($\widehat{\beta_j}-\beta_j$)/sd($\widehat{\beta_j}$)服从精确的 Normal(0, 1) [即 $N(0, 1)$]分布，而($\widehat{\beta_j}-\beta_j$)/se($\widehat{\beta_j}$)服从精确的 t_{n-k-1} 分布。

如果我们用的是大样本分析，那么就应该使用标准正态分布作为参考，而非 t 分布。如下写法也是合理的。

$$\left(\widehat{\beta_j}-\beta_j\right)/\operatorname{se}\left(\widehat{\beta_j}\right)\overset{a}{\sim}t_{n-k-1}=t_{\mathrm{df}} \tag{8.5}$$

这是由于 t_{df} 的分布在 df 的增大下趋向于服从 $N(0, 1)$。因为我们知道在 CML 下 t_{n-k-1} 是完全成立的，所以即使在假定 MLR.6 不成立的情况下，将($\widehat{\beta_j}-\beta_j$)/sd($\widehat{\beta_j}$)视为 t_{n-k-1} 的广义随机变量也是有意义的。

方程（8.5）告诉我们，进行 t 检验和构造置信区间，都与在经典线性模型的假定下完全一样。这意味着，如果高斯-马尔可夫假定成立，那么对上述 time 之类因变量的分析，根本没有必要改变，在这两种情况下，我们都有 700 个观测（符合大样本），这肯定足以证明中心极限定理近似的合理性。

定理 8.2 必须要求同方差性假定（与零条件均值假定一起），这很重要。如果 Var（$y|x$）不是常数，那么无论样本多大，通常的 t 值和置信区间都是无效的。出现异方差时，中心极限定理也不能解决问题。异方差的处理将在后续章节中讨论。

例 8.7 （陇西数据）

```
. sum assetP if edulevel1==6
    Variable |       Obs        Mean    Std. Dev.       Min        Max
-------------+--------------------------------------------------------
      assetP |        29    13.91963    9.454316          0    36.5244
. sum assetP if edulevel1==9
    Variable |       Obs        Mean    Std. Dev.       Min        Max
-------------+--------------------------------------------------------
      assetP |       150    18.74717     8.91326       3.96    53.6844
. sum assetP if edulevel1==15
```

Variable	Obs	Mean	Std. Dev.	Min	Max
assetP	112	28.80264	13.09563	7.8144	72.8244

怀特检验得到的结果也是如此，方程存在异方差（线性检验）。

例 8.8 （陇西数据）

estat imtest, white

White's test for Ho: homoskedasticity

against Ha: unrestricted heteroskedasticity

chi2(2) = 9.08

Prob > chi2 = 0.0107

Cameron & Trivedi's decomposition of IM-test

Source	chi2	df	p
Heteroskedasticity	9.08	2	0.0107
Skewness	9.52	1	0.0020
Kurtosis	0.01	1	0.9096
Total	18.61	4	0.0009

注：

BP 检验：（非线性检验）；

estat hettest, iid（默认使用拟合值 $\hat{y}$）；

estat hettest, rhs iid（使用方程右边的解释变量，而不是 $\hat{y}$）；

estat hettes, [varlist] iid（指定使用某些解释变量）。

定理 8.2 的结论之一是，$\hat{\delta}^2$ 是 δ^2 的一个一致估计量；由定理 8.1 我们已经知道，在高斯-马尔可夫假定下，$\hat{\delta}^2$ 是 δ^2 的无偏估计量。

$\widehat{\beta_j}$ 的估计方差如下：

$$\text{Var}(\widehat{\beta_j}) = \hat{\delta}^2 / \text{SST}_j(1-R_j^2) \tag{8.6}$$

其中，SST_j 为样本中 x_j 的总平方和，而 R_j^2 则是将 x_j 对其余所有自变量进行回归而得到的 R^2。随着样本容量的扩大，$\hat{\delta}^2$ 依概率收敛于常数 δ。而且，R_j^2 也趋近于一个严格介于0和1的数（所以 $1-R_j^2$ 也收敛于0和1的某个数）。x_j 的样本方差是 SST_j/n，所以 SST_j/n 也随着样本容量的扩大而收敛于 $\text{Var}(x_j)$。这意味着，SST_j 增加的速度近似于样本容量增加的速度：$\text{SST}_j \approx n\delta^2$，其中 δ^2 是 x_j 的总体方差。综合上述结论，我们发现，Var（$\widehat{\beta_j}$）以速度 1/*n* 收缩至零。这就说明了样本容量为什么越大越好。

思考题

在一个样本容量很大的回归模型中，假定 MLR.1 到 MLR.5 下，$\widehat{\beta_j}$ 的 95%近似置信区间是什么？

区间上限：$\widehat{\beta_j}+1.96\text{se}(\widehat{\beta_j})$

区间下限：$\widehat{\beta_j}-2\text{se}(\widehat{\beta_j})$

例 8.9　（陇西数据）

```
. reg assetP edulevel1
      Source |       SS       df       MS      Number of obs   =       602
-------------+------------------------------   F(1, 600)       =    177.77
       Model |  26946.7729     1  26946.7729   Prob > F        =    0.0000
    Residual |  90946.8639   600  151.578107   R-squared       =    0.2286
-------------+------------------------------   Adj R-squared   =    0.2273
       Total |  117893.637   601  196.162457   Root MSE        =    12.312
------------------------------------------------------------------------------
      assetP |      Coef.   Std. Err.      t    P>|t|     [95% Conf. Interval]
-------------+----------------------------------------------------------------
   edulevel1 |   1.852398    .138931    13.33   0.000     1.579548    2.125248
       _cons |   2.189191   1.768693     1.24   0.216    −1.284391    5.662772
------------------------------------------------------------------------------
```

区间上限：1.85+1.96*0.138931=2.125248

区间下限：1.85−1.96*0.138931=1.579548

我们把这个置信区间叫做渐近置信区间。

当 u 不是正态分布时，模型（$\text{assetP}=\beta_0+\beta_1\text{edulevel1}+u$）的平方根有时被称为渐近标准误（asymptotic standard error），而 t 统计量也被称为渐近 t 统计量

（asymptotic t statistics）。因为它们和我们在前面讨论的两个量一样，所以我们就把它们称为标准误和 t 统计量，但在理解时知道它们有时只在大样本情况下才是正确的。

使用前面有关估计方差的论述，我们可以写出

$$\text{se}(\widehat{\beta}_j) \approx c_j / \sqrt{n}$$

其中，c_j 是一个不依赖于样本容量的常数，且为正。事实上，常数 c_j 可以表示为

$$c_j = \frac{\sigma}{\sigma_j \sqrt{1-\rho_j^2}}$$

这里，σ=sd（u），σ_j=sd（x_j），ρ_j^2 是 x_j 关于其他解释变量回归得到的 R^2。我们可以用该 c_j 的表达式来研究较大的误差标准差（σ）、x_j 中更大的总体差异（σ_j），以及总体中的多重共线性（ρ_j^2）的影响。

虽然上述方程只是一个近似，但它是一个有用的经验法则：可以预期标准误的收缩速度为样本容量平方根的倒数。

以陇西数据为例。

例 8.10

当代社会，信息主体是个人在经济主体/社会主体等角色外获得的又一角色，是因为个人能够作用于或行动于信息和信息源这一客体上，针对信息源和信息开展信息实践。

使用我们在陇西调研的数据，其中因变量是（动力维度 dynamicP 的得分），自变量是：accessibleP（可获信息源），edulevel1（受教育年限），infoneed（自我感知每天的信息需求），increaseinc（信息获取增加收入）。观察总数为 482 个（总样本 714 个）。使用前面接近一半的观察值 252 个，得到 $\widehat{\beta\text{accessibleP}}$ 的标准误约为 0.0354。使用全部的观测所得到的标准误约为 0.0273。后一个标准误与前一个标准误的比为 0.0273/0.0354≈0.771。这相当于从方程（8.6）中近似得到的比率 $\sqrt{252/482} \approx 0.723$。换句话说，方程（8.6）意味着使用较大的样本容量的标准误，应该约为较小容量标准误的 72.3%，这个百分比接近我们从标准误的比率中计算的 77.1%。

OLS 估计量的渐近正态性，意味着大样本容量下，F 统计量具有近似的 F 分布。因此，对排除性约束和其他多元假设的检验，与前面的一致。

```
reg dynamicP accessibleP   edulevel1 infoneed   increaseinc in 1/280
     Source |       SS       df       MS          Number of obs   =       258
-------------+------------------------------      F(4, 253)       =      9.66
      Model |  3343.20049     4  835.800123       Prob > F        =    0.0000
   Residual |  21888.3572   253  86.5152457       R-squared       =    0.1325
-------------+------------------------------      Adj R-squared   =    0.1188
      Total |  25231.5576   257  98.1772671       Root MSE        =    9.3014
------------------------------------------------------------------------------
   dynamicP |      Coef.   Std. Err.      t    P>|t|     [95% Conf. Interval]
-------------+----------------------------------------------------------------
accessibleP |   .1433942   .0354236     4.05   0.000     .0736315    .2131568
  edulevel1 |   .6007565   .1888282     3.18   0.002      .228881     .972632
   infoneed |   .5467595   .4161099     1.31   0.190    −.2727211     1.36624
increaseinc |   .6352886   .4255685     1.49   0.137    −.2028194    1.473397
      _cons |   47.52289   2.836614    16.75   0.000      41.9365    53.10927
------------------------------------------------------------------------------
. reg dynamicP accessibleP    edulevel1 infoneed    increaseinc
     Source |       SS       df       MS          Number of obs   =       465
-------------+------------------------------      F(4, 460)       =     19.95
      Model |  7201.58788     4  1800.39697       Prob > F        =    0.0000
   Residual |  41522.0201   460  90.2652612       R-squared       =    0.1478
-------------+------------------------------      Adj R-squared   =    0.1404
      Total |   48723.608   464  105.007776       Root MSE        =    9.5008
------------------------------------------------------------------------------
   dynamicP |      Coef.   Std. Err.      t    P>|t|     [95% Conf. Interval]
-------------+----------------------------------------------------------------
accessibleP |   .1077055     .02733     3.94   0.000     .0539984    .1614126
  edulevel1 |   .7554408   .1340167     5.64   0.000     .4920799    1.018802
   infoneed |   .9769095    .316476     3.09   0.002     .3549916    1.598827
increaseinc |   .5539818   .3033191     1.83   0.068     −.042081    1.150045
      _cons |   45.50201   2.053906    22.15   0.000     41.46581    49.53821
------------------------------------------------------------------------------
```

例 8.11　（以和政数据为例）

技术决定论认为，信息贫困可以用技术手段解决，根据这个理论，我们提出下面这个模型：

$$\text{assetT} = \beta_0 + \beta_1\text{celluse} + \beta_2\text{aage} + \beta_3\text{edulevel} + \beta_4\text{strategyT} + \beta_5\text{virspaceT} + \mu$$

使用我们在和政调研的数据，其中因变量是 assetT（个人信息资产得分），自变量是 celluse（手机每天使用时间）、aage（年龄）、edulevel（最后阶段的教育水平）、strategyT（脱贫策略）、virspaceT（对新闻算法推荐平台功能使用程度）。

所有的观测值有 207 个，因此我们先取前 100 个。

```
reg assetT celluse aage edulevel strategyT virspaceT in 1/100
     Source |       SS          df       MS      Number of obs   =        70
------------+----------------------------------  F(5, 64)        =     19.12
      Model |  39287.3868        5  7857.47735   Prob > F         =    0.0000
   Residual |  26302.2212       64  410.972206   R-squared        =    0.5990
------------+----------------------------------  Adj R-squared    =    0.5677
      Total |  65589.608        69  950.574028   Root MSE         =    20.272
------------------------------------------------------------------------------

     assetT |      Coef.   Std. Err.      t    P>|t|     [95% Conf. Interval]
------------+-----------------------------------------------------------------
    celluse |   5.031389   1.268692     3.97   0.000     2.496886    7.565893
       aage |  -.3298911   .2075372    -1.59   0.117    -.7444944    .0847121
   edulevel |   3.381907   1.587063     2.13   0.037     .2113842    6.552429
  strategyT |   1.531896   .5490934     2.79   0.007      .434956    2.628837
  virspaceT |   .6390807   .6101477     1.05   0.299    -.5798294    1.857991
      _cons |   1.848796   17.48755     0.11   0.916    -33.08661     36.7842
------------------------------------------------------------------------------
. reg assetT celluse aage edulevel strategyT virspaceT
     Source |       SS          df       MS      Number of obs   =       207
------------+----------------------------------  F(5, 201)       =     30.10
      Model |  89214.5756        5  17842.9151   Prob > F         =    0.0000
   Residual |  119148.691      201  592.779558   R-squared        =    0.4282
------------+----------------------------------  Adj R-squared    =    0.4139
```

Total	208363.267	206	1011.47217	Root MSE	=	24.347

assetT	Coef.	Std. Err.	t	P>|t|	[95% Conf.	Interval]
celluse	3.258478	.8867255	3.67	0.000	1.510001	5.006956
aage	−.3148197	.1607504	−1.96	0.052	−.6317933	.0021539
edulevel	6.283184	1.125076	5.58	0.000	4.064717	8.501651
strategyT	.800277	.4083953	1.96	0.051	−.0050117	1.605566
virspaceT	.5784106	.390993	1.48	0.141	−.1925636	1.349385
_cons	11.87452	14.07791	0.84	0.400	−15.88481	39.63386

可以得到 $\widehat{\beta_1}$ 的标准误为 1.2687。

当我们使用所有样本时：可以得到 $\widehat{\beta_1}$ 的标准误为 0.8867。

后一个标准误与前一个标准误的比为 0.8867/1.2687≈0.6989。

这相当于从方程（8.6）中近似得到的比率 $\sqrt{51/207} \approx 0.4893$。

换句话说，方程（8.6）意味着使用较大的样本容量的标准误，应该约为较小容量之标准误的 48.93%，这个百分比接近我们从标准误的比率中计算出的 69.89%。

8.2.2 其他大样本检验：拉格朗日乘数统计量

渐近分析还有其他的检验统计量可用于假设检验。多数情况下，没有理由去用 t 和 F 之外的统计量，这些统计量无须正态性假定而具有大样本下的正确性。不过有时候用其他方法检验多元排除约束也很有用，我们现在就来讨论拉格朗日乘数（LM）统计量[Lagrange multiplier (LM) statistic]。如果被排除变量 x_{k-q-1} 到 x_k 在总体中的系数都为零，那么 $\tilde{u}$ 应该与样本中这些变量中的每一个都不相关，至少近似无关。

这就建议我们将这些残差对那些在 H_0 下被排除的变量进行一个回归，LM 检验基本上就是这样做的。然而事实证明，为了得到一个能使用的检验统计量，我们必须在回归中包含所有自变量（我们必须包含所有回归元是因为，约束模型中遗漏的回归元通常都与其中出现的回归元相关）。于是我们进行 $\tilde{u}$ 对 x_1，x_2，…，x_k 的回归，这就是辅助回归。

为了推导 LM 统计量，考虑通常包含 k 个自变量的多元回归模型：

$$y = \beta_0 + \beta_1 x_1 + \beta_2 x_2 + \beta_3 x_3 + \cdots + \beta_k x_k + u$$

我们想检验的是，这些变量中最后的 q 个，是否在总体中都具有参数零。原假设是

$$\text{H}_0\text{：} \beta_{k-q+1} = 0, \cdots, \beta_k = 0$$

它对模型施加了 q 个排除性约束。和 F 检验一样，上式的备择假设是这些参数中至少有一个异于零。

LM 统计量仅要求估计约束模型。于是，假定我们进行了如下回归：

$$y = \tilde{\beta}_0 + \tilde{\beta}_1 x_1 + \cdots + \tilde{\beta}_k x_k + \tilde{u}$$

其中，“~”表示估计值都来自约束模型。具体而言，$\tilde{u}$ 表示约束模型的残差。（和往常一样，这种简单记法无法表示，我们对样本中的每次观测都得到一个约束残差。）

q 个排除性约束的拉格朗日乘数统计量。

（1）将 y 对施加限制后的自变量集进行回归，并保存残差 $\bar{u}$。

（2）将 $\tilde{u}$ 对所有自变量进行回归，并得到 R^2，记为 R_u^2：（以区别于将 y 作为因变量时所得到的 R^2）。

（3）计算 $\text{LM} = nR_u^2$ [样本容量乘以第（2）步所得到的 R^2]。

（4）将 LM 与 χ_q^2 分布中适当的临界值 c 相比较；如果 LM $>c$，就拒绝原假设。最好能得到 p 值，即 χ_q^2 随机变量超过检验统计量值的概率。如果小于理想的显著性水平，那么就拒绝 H_0。否则，我们就不能拒绝 H_0。拒绝法则在本质上与 F 检验如出一辙。

例 8.12

使用我们在陇西调研的数据，其中因变量是 dynamicP（动力维度的得分），自变量是：accessibleP（可获信息源），edulevel1（受教育年限），infoneed（自我感知每天的信息需求），increaseinc（信息获取增加收入）。

我们假设：控制了其他因素后，infoneed，increaseinc 对 dynamicP 没有影响。

```
reg dynamicP accessibleP   edulevel1 infoneed    increaseinc
    Source |        SS           df       MS      Number of obs   =       465
-------------+----------------------------------  F(4, 460)       =     19.95
     Model |  7201.58788          4  1800.39697   Prob > F        =    0.0000
  Residual |  41522.0201        460  90.2652612   R-squared       =    0.1478
```

```
------------+------------------------------------ Adj R-squared   =   0.1404
      Total |   48723.608   464  105.007776 Root MSE        =   9.5008
------------------------------------------------------------------------------
  dynamicP |      Coef.    Std. Err.      t    P>|t|     [95% Conf. Interval]
------------+-----------------------------------------------------------------
accessibleP |   .1077055     .02733     3.94  0.000     .0539984   .1614126
  edulevel1 |   .7554408   .1340167     5.64  0.000     .4920799   1.018802
   infoneed |   .9769095    .316476     3.09  0.002     .3549916   1.598827
increaseinc |   .5539818   .3033191     1.83  0.068     -.042081   1.150045
      _cons |   45.50201   2.053906    22.15  0.000     41.46581   49.53821
------------------------------------------------------------------------------
```

（1）删除缺失值，保证数据都是来自同样的样本。

```
drop if dynamicP==.
drop if accessibleP==.
drop if edulevel1==.
drop if infoneed==.
drop if increaseinc==.
reg  dynamicP  accessibleP  edulevel1
predict e, resid 保存残差。
```

```
     Source |       SS        df       MS      Number of obs   =       465
------------+------------------------------   F(2, 462)       =     31.46
      Model |  5840.39425       2  2920.19713 Prob > F        =    0.0000
   Residual |  42883.2138     462   92.820809 R-squared       =    0.1199
------------+------------------------------   Adj R-squared   =    0.1161
      Total |   48723.608     464  105.007776 Root MSE        =    9.6344
------------------------------------------------------------------------------
  dynamicP |      Coef.    Std. Err.      t    P>|t|     [95% Conf. Interval]
------------+-----------------------------------------------------------------
accessibleP |   .1131756   .0275806     4.10  0.000     .0589767   .1673745
  edulevel1 |   .8030148   .1353223     5.93  0.000     .5370913   1.068938
      _cons |   49.75235   1.758192    28.30  0.000     46.29731    53.2074
------------------------------------------------------------------------------
```

（2）将残差和所有的自变量进行回归。

```
reg   accessibleP   edulevel1 infoneed   increaseinc
      Source |       SS           df       MS      Number of obs   =       465
-------------+----------------------------------   F(3, 461)       =      6.74
       Model |  5302.01787         3  1767.33929   Prob > F        =    0.0002
    Residual |  120848.777       461  262.144852   R-squared       =    0.0420
-------------+----------------------------------   Adj R-squared   =    0.0358
       Total |  126150.795       464  271.876712   Root MSE        =    16.191
------------------------------------------------------------------------------
 accessibleP |      Coef.   Std. Err.      t    P>|t|     [95% Conf. Interval]
-------------+----------------------------------------------------------------
   edulevel1 |   .8607282   .2248401     3.83   0.000     .4188897    1.302567
    infoneed |   1.060599   .5370588     1.97   0.049     .0052118    2.115985
 increaseinc |  -.5481035   .5162735    -1.06   0.289    -1.562645    .4664376
       _cons |   14.54731   3.433982     4.24   0.000     7.799113    21.29551
------------------------------------------------------------------------------
```

LM: nR_U^2=465×0.0420=19.53

自由度为 2 的卡方分布在显著性水平是 10%时的临界值是 7.99，因此我们在 5%的水平上拒绝原假设 β_{infoneed}=0 和 $\beta_{\text{increaseinc}}$=0。

例 8.13　（以和政数据为例）

我们研究社会经济地位对信息主体信息资产的影响，因此我们考虑将最后阶段的教育、年收入，以及 11 种工作作为自变量，信息资产得分为因变量。

$$\begin{aligned}\text{lnassetP} &= \beta_0 + \beta_1\text{edulevel} + \beta_2\text{lnincomeY} + \beta_3\text{job1} + \beta_4\text{job2} + \beta_5\text{job3} + \beta_6\text{job4}\\ &+ \beta_7\text{job5} + \beta_8\text{job6} + \beta_9\text{job7} + \beta_{10}\text{job8} + \beta_{11}\text{job9} + \beta_{12}\text{job10} + \beta_{13}\text{job11} + u\end{aligned}$$

我们假设：控制了其他因素后，job7、job8、job9、job10、job11 对 lnassetP 没有影响。

reg　lnassetP edulevel lnincomeY job_1 job_2 job_3 job_4 job_5 job_6 job_7 job_8 job_9 job_10 job_11

```
      Source |       SS           df       MS      Number of obs   =       218
-------------+----------------------------------   F(13, 204)      =     11.30
```

```
   Model |  26.5532294    13  2.04255611 Prob > F          =   0.0000
Residual |  36.8804494   204  .180786517 R-squared         =   0.4186
---------+------------------------------ Adj R-squared     =   0.3815
   Total |  63.4336789   217  .292321101 Root MSE          =   .42519
-------------------------------------------------------------------------------
 lnassetP |      Coef.   Std. Err.      t   P>|t|    [95% Conf. Interval]
----------+--------------------------------------------------------------------
 edulevel |   .1364912   .0220507    6.19  0.000     .0930147    .1799676
lnincomeY |   .0304079   .0281887    1.08  0.282    −.0251706    .0859865
    job_1 |   .2246342   .1008107    2.23  0.027     .0258696    .4233988
    job_2 |   .0266976   .1065964    0.25  0.802    −.1834744    .2368696
    job_3 |   .0077978   .1345839    0.06  0.954    −.2575561    .2731516
    job_4 |   −.292854   .0912987   −3.21  0.002    −.4728642   −.1128439
    job_5 |   .1507519   .1356293    1.11  0.268     −.116663    .4181668
    job_6 |  −.0231155   .0860103   −0.27  0.788    −.1926986    .1464676
    job_7 |  −.1531468   .0697653   −2.20  0.029    −.2907004   −.0155933
    job_8 |   .0484801   .0992862    0.49  0.626    −.1472786    .2442389
    job_9 |  −.0189083   .0619895   −0.31  0.761    −.1411305     .103314
   job_10 |  −.0581746   .0692627   −0.84  0.402    −.1947372    .0783879
   job_11 |   .0877491    .098434    0.89  0.374    −.1063294    .2818276
    _cons |   2.326596   .2906295    8.01  0.000     1.753573    2.899618
-------------------------------------------------------------------------------
```

（1）predict e, resid 保存残差。

（2）将残差和所有的自变量进行回归。

（3）LM: nR_U^2 =281×0.0246=6.9126。

自由度为 5 的卡方分布在显著性水平为 10%时的临界值是 9.24，为 5%时的临界值是 6.63，所以我们在 10%的水平上拒绝原假设，在 5%的水平上不拒绝原假设。

这就是 LM 统计量，在大样本的情况下，我们几乎看不到 LM 和 *F* 检验的结果之间有什么重大分歧。

```
. reg  lnassetP edulevel lnincomeY  job_1 job_2 job_3 job_4 job_5 job_6

  Source |     SS        df      MS    Number of obs     =     218
---------+------------------------------ F(8, 209)         =   17.19
```

Model	25.1742525	8	3.14678156	Prob > F	=	0.0000
Residual	38.2594263	209	.183059456	R-squared	=	0.3969
				Adj R-squared	=	0.3738
Total	63.4336789	217	.292321101	Root MSE	=	.42785

lnassetP	Coef.	Std. Err.	t	P>|t|	[95% Conf.	Interval]
edulevel	.1516458	.0189242	8.01	0.000	.114339	.1889527
lnincomeY	.0330037	.028192	1.17	0.243	−.0225734	.0885808
job_1	.1890579	.0893793	2.12	0.036	.0128574	.3652585
job_2	.0053443	.0977619	0.05	0.956	−.1873814	.1980701
job_3	−.0277371	.1268894	−0.22	0.827	−.2778843	.22241
job_4	−.287764	.0890146	−3.23	0.001	−.4632455	−.1122825
job_5	.1261394	.1336605	0.94	0.346	−.1373561	.3896349
job_6	−.0051243	.0834283	−0.06	0.951	−.1695931	.1593445
_cons	2.195953	.2876535	7.63	0.000	1.628879	2.763027

习　　题

简答题：

1. 解释在多元回归分析中，OLS 估计量的一致性指的是什么，以及为什么这一性质对估计量的质量至关重要。
2. 阐述 OLS 估计量渐近正态性的概念，并讨论这一性质如何影响大样本推断。
3. 讨论在循证信息贫困研究中，OLS 估计量的渐近性质如何帮助研究者进行更准确的统计推断。
4. 描述 OLS 估计量的渐近性质如何帮助研究者在面对多个可能的模型时做出选择。

第 9 章　循证信息贫困多元回归的几个相关问题

本章主要对影响多元回归的若干问题进行解析。这些问题既包括了测量因素导致的问题，也包括了函数形式相关的问题。

9.1　数据的测量单位对 OLS 统计量的影响

第 8 章中只是简单地讨论了改变度量单位后对 OLS 截距和斜率的影响，并且证明改变度量单位并不影响 R^2。当我们改变因变量或自变量数据的度量单位时，对截距、系数、标准误、t 统计量、F 统计量和置信区间会有什么影响呢？

在个人信息世界中，个人的信息资产被定义为个人利用其信息资源库内外资源，形成的信息成果。基于定义，研究者认为信息主体信息资产（assetP）受到信息主体生活环境周围可获信息源——图书馆（accessible1），以及个人中文阅读水平（intelligence11df）的影响。

形成简单的关系式：

$$\widehat{\text{assetP}} = \widehat{\beta}_0 + \widehat{\beta}_1\text{accessible1} + \widehat{\beta}_2\text{intelligence11df} \tag{9.1}$$

例 9.1（数据来源：陇西数据）

在陇西调研的数据中，为了统一度量核心维度，我们采用了百分制转化，其中信息资产的百分制得分公式为：$\text{assetP} = \text{assetdfT} \times 0.33$

因变量		assetP	assetdfT
自变量	accessible1	8.854461	26.8317
		4.31	4.31
	intelligence11df	6.951269	21.06445
		9.21	9.21
R^2		0.1602	0.1602
SSR		103906.867	954149.372

续表

因变量	assetP	assetdfT
SSE	12.977156	39.324716
$\widehat{\beta_0}$	1.299998	3.939389
	0.52	0.52

1）回归截距与斜率（x 改变仅影响斜率，y 改变影响截距、斜率）

$$\widehat{\beta_1} = \frac{\sum(x_i - \overline{x}) \quad (y_i - \overline{y})}{\sum(x_i - \overline{x})^2}$$

$$\widehat{\beta_0} = \overline{y} - \widehat{\beta_1}\overline{x}$$

$\widehat{\beta_1}$ 受到 y 变动的影响而变动，但当 x 成比例变动时，分母平方所带来的系数，刚好与均值的系数约掉。

2）拟合优度 R^2（不受 x, y 的影响）

$$\text{SSE} = \sum(\widehat{y_i} - \overline{y})^2$$

$$\text{SST} = \sum(y_i - \overline{y})^2$$

$$\text{SSR} = \sum \hat{u}^2$$

$$R^2 = \frac{\text{SSE}}{\text{SST}}$$

$$R^2 = \frac{\text{SSE}}{\text{SST}}$$

3）随机项方差的估计量 $\hat{\sigma}_u^2$（y 单位变化就会受到影响）

$$\hat{\sigma}_u^2 = \sqrt{\frac{\sum(y_i - \overline{y})^2}{n-k-1}}$$

4）t 统计量：（x 与 y 的变动不影响 t 的变动）

$$t = \frac{\widehat{\beta_1}}{\text{se}\left(\widehat{\beta_1}\right)}$$

$$\mathrm{se}\left(\widehat{\beta}_1\right)=\sqrt{\frac{\hat{\sigma}_u^2}{\sum\left(x_i-\overline{x}\right)^2}}$$

$$\widehat{\beta}_1=\frac{\sum(x_i-\overline{x})\quad(y_i-\overline{y})}{\sum(x_i-\overline{x})^2}$$

5）F 统计量（不受 x 与 y 计量单位的影响）：

$$F=\frac{\left(R_U^2-R_R^2\right)/q}{\left(1-R_U^2\right)/\left(n-k-1\right)}$$

6）置信区间（受到 x 与 y 单位变动的影响）：

$$[\,\widehat{\beta}_j-t_{\frac{\alpha}{2}}\mathrm{se}\left(\widehat{\beta}_j\right),\widehat{\beta}_j+t_{\frac{\alpha}{2}}\mathrm{se}\left(\widehat{\beta}_j\right)]$$

前面我们证明，如果因变量以对数形式出现，那么改变其度量单位就不会影响斜率系数，这是基于一个简单的事实：对于任何常数 $c_1>0$，都有 $\log(c_1y_i)=\log(c_1)+\log(y_i)$，新的截距将是 $\log(c_1)+\widehat{\beta}_0$。所以可知，对于任何一个 x_j，当它在回归中以 $\log(x_j)$ 出现时，改变其度量单位也只能影响到截距（不会影响系数）。

以和政数据为例。

（1）当改变因变量的单位时。

例 9.2（数据来源：和政数据）

在个人信息世界中，个人的信息资产被定义为个人利用其信息资源库内外资源，形成的信息成果。据此，我们考虑一个人的信息资产（assetP）受到他生活环境周围可获信息源——图书馆（accessible_1ysdf）及中文阅读水平等智识维度（intelligenceT）的影响：

$$\widehat{\mathrm{assetP}}=\widehat{\beta}_0+\widehat{\beta}_1\mathrm{accessible\_1ysdf}+\widehat{\beta}_2\mathrm{intelligenceT}$$

$$\widehat{\mathrm{assetT}}=\widehat{\beta}_0+\widehat{\beta}_1\mathrm{accessible\_1ysdf}+\widehat{\beta}_2\mathrm{intelligenceT}$$

assetT 是数据的信息资产原始得分，assetP 是对其进行百分比转化之后的信息资产得分。转化公式为：assetP=assetT×0.45

```
reg assetP accessible_1ysdf intelligenceT
```

```
      Source |       SS           df       MS      Number of obs   =       240
-------------+----------------------------------   F(2, 237)       =     60.74
       Model |  16398.8697         2  8199.43487   Prob > F        =    0.0000
    Residual |  31992.4769       237  134.989354   R-squared       =    0.3389
-------------+----------------------------------   Adj R-squared   =    0.3333
       Total |  48391.3467       239  202.474254   Root MSE        =    11.618
------------------------------------------------------------------------------
      assetP |      Coef.   Std. Err.      t    P>|t|     [95% Conf. Interval]
-------------+----------------------------------------------------------------
accessi~1ysdf|   1.498572   .4865867     3.08   0.002     .5399843    2.457159
intelligenceT|   1.394878   .1413116     9.87   0.000      1.11649    1.673265
       _cons |   9.129402   1.612365     5.66   0.000     5.953005     12.3058
------------------------------------------------------------------------------
reg assetT accessible_1ysdf intelligenceT
      Source |       SS           df       MS      Number of obs   =       240
-------------+----------------------------------   F(2, 237)       =     60.74
       Model |  81549.9399         2    40774.97   Prob > F        =    0.0000
    Residual |  159095.389       237  671.288562   R-squared       =    0.3389
-------------+----------------------------------   Adj R-squared   =    0.3333
       Total |  240645.329       239  1006.88422   Root MSE        =    25.909
------------------------------------------------------------------------------
      assetT |      Coef.   Std. Err.      t    P>|t|     [95% Conf. Interval]
-------------+----------------------------------------------------------------
accessi~1ysdf|   3.341815   1.085088     3.08   0.002     1.204165    5.479466
intelligenceT|   3.110577   .3151248     9.87   0.000     2.489774     3.73138
       _cons |   20.35857   3.595574     5.66   0.000      13.2752    27.44193
------------------------------------------------------------------------------
```

将上面的结果进行对比可得

项目	assetT	assetP
$\widehat{\beta}_1$	3.341815	1.498572
$\widehat{\beta}_2$	3.110577	1.394878

续表

项目		assetT	assetP
$\widehat{\beta_0}$		20.35857	9.129402
R^2		0.3389	0.3389
t 统计量	accessible _1ysdf	3.08	3.08
	intelligenceT	9.87	9.87
F 统计量		60.74	60.74
SSR		159095.389	31992.4769
SSE		671.288562	134.989354

①截距与斜率。

在我们的这个例子中，截距和斜率均改变了，这是因为我们改变的是因变量。

$$\widehat{\beta_1}=\frac{\sum(x_i-\overline{x})\quad(y_i-\overline{y})}{\sum(x_i-\overline{x})^2}$$

$$\widehat{\beta_0}=\overline{y}-\widehat{\beta_1}\overline{x}$$

当改变的是自变量单位时，截距是不变的。

注意：因变量变化会引起斜率和截距的变化，但是当因变量以对数形式出现时，不会影响斜率，由 $\log(c_1 y_i)=\log(c_1)+\log(y_i)$ 可得。

②R^2、t 统计量、F 统计量。

从这个例子中可以看出，R^2、t 统计量、F 统计量没有因为单位的改变而变化。

（2）当改变自变量的单位时：

$$\widehat{\text{assetP}}=\widehat{\beta_0}+\widehat{\beta_1}\text{accessibleP}+\widehat{\beta_2}\text{intelligenceT} \tag{9.2}$$

$$\widehat{\text{assetP}}=\widehat{\beta_0}+\widehat{\beta_1}\text{accessibleT}+\widehat{\beta_2}\text{intelligenceT} \tag{9.3}$$

其中，accessibleP=accessibleT × 2.22

例 9.3（数据来源：和政数据）

```
reg assetP accessibleP intelligenceT
      Source |       SS           df       MS      Number of obs   =       239
-------------+----------------------------------   F(2, 236)       =     63.17
       Model |  16862.1883         2 8431. 09416   Prob > F        =    0.0000
```

```
    Residual |   31500.2027   236  133.475435 R-squared         =   0.3487
-------------+------------------------------- Adj R-squared     =   0.3431
       Total |    48362.391   238  203.203324 Root MSE          =   11.553
------------------------------------------------------------------------------
      assetP |      Coef.    Std. Err.    t    P>|t|    [95% Conf. Interval]
-------------+----------------------------------------------------------------
 accessibleP |   .1684063   .0466972    3.61   0.000    .0764097    .260403
intelligenceT|   1.313754   .1462312    8.98   0.000    1.025668   1.601839
       _cons |   5.695926   1.859236    3.06   0.002    2.033107   9.358744
------------------------------------------------------------------------------
reg assetP accessibleT intelligenceT
      Source |       SS         df       MS   Number of obs     =        239
-------------+------------------------------- F(2, 236)         =      63.17
       Model |   16862.1883      2  8431.09413 Prob > F         =     0.0000
    Residual |   31500.2028    236  133.475435 R-squared        =     0.3487
-------------+------------------------------- Adj R-squared     =     0.3431
       Total |    48362.391    238  203.203324 Root MSE         =     11.553
------------------------------------------------------------------------------
      assetP |      Coef.    Std. Err.    t    P>|t|    [95% Conf. Interval]
-------------+----------------------------------------------------------------
 accessibleT |   .3301438   .0915452    3.61   0.000    .1497935    .510494
intelligenceT|   1.313754   .1462312    8.98   0.000    1.025668   1.601839
       _cons |   5.695926   1.859236    3.06   0.002    2.033107   9.358744
------------------------------------------------------------------------------
```

将上面的结果进行对比可得：

项目	accessibleP	accessibleT
$\widehat{\beta_1}$	.1684063	.3301438
$\widehat{\beta_2}$	1.313754	1.313754
$\widehat{\beta_0}$	5.695926	5.695926
R^2	0.3487	0.3487
t 统计量	3.61	3.61

续表

项目	accessibleP	accessibleT
F统计量	63.17	63.17
SSR	31500.2027	31500.2028
SSE	133.475435	133.475435

从上例中，我们可以看出，当改变自变量的单位时，只会引起自身的斜率发生变化，而截距和其他变量的斜率都未发生变化；同时，R^2、t 统计量、F 统计量也没有因为单位的改变而变化。

在信息世界中，如果想研究信息主体空间维度分数（spaceP）和受教育得分（edulevel1）对信息资产（assetP）的影响，由于三者量纲的不同，我们可以使用空间维度分数、信息主体受教育得分与信息资产得分的标准分来进行回归，这样就能估计当模型中的一个自变量以一定倍数提高其标准分时，对因变量的影响。

将得到的所有变量都标准化后进行回归的结论是很有用的（剔除了量纲的影响）。样本标准化的过程，就是将一个变量减去其均值，然后除以其标准差，这意味着，我们对样本中每一个变量都计算 Z 分数，然后，用这些 Z 分数进行回归。

标准化的主要用处在于淡化量纲的影响

$$\text{assetP}_i = \widehat{\beta_0} + \widehat{\beta_1}\text{edulevel1}_{i1} + \widehat{\beta_2}\text{spaceP}_{i1} + \widehat{u_i} \tag{9.4}$$

方程中包含了表述观测次数的 i，用于强调我们的标准化适用于所有的样本值，现在，如果我们对式（9.4）求出其平均方程，利用 $\hat{u}_i$ 具有零样本均值的事实，并将式（9.4）减去平均方程，我们就能得到：

$$\text{assetP}_i - \overline{\text{assetP}} = \widehat{\beta_1}(\text{edulevel1}_{i1} - \overline{\text{edulevel1}}) + \widehat{\beta_2}(\text{spaceP}_{i1} - \overline{\text{spaceP}}) + \widehat{u_i}$$

现在令 $\hat{\sigma}_{\text{asset}}$ 为因变量的样本标准差，$\hat{\sigma}_{\text{edulevel1}}$ 为 $x_{\text{edulevel1}}$ 的样本标准差，$\hat{\sigma}_{\text{spaceP}}$ 为 x_{spaceP} 的样本标准差，等等，经过简单的运算就得到方程

$$\begin{aligned}\left(\text{assetP}_i - \overline{\text{assetP}}\right)/\hat{\sigma}_{\text{asset}} &= \left(\hat{\sigma}_{\text{edulevel1}}/\hat{\sigma}_{\text{asset}}\right)\widehat{\beta_1}\left[\left(\text{edulevel1}_{i1} - \overline{\text{edulevel1}}\right)\right]/\hat{\sigma}_{\text{edulevel1}}\,]\\ &+\left(\hat{\sigma}_{\text{spaceP}}/\hat{\sigma}_{\text{asset}}\right)\widehat{\beta_2}\left[\left(\text{space}P_{i1} - \overline{\text{spaceP}}\right)\right]/\hat{\sigma}_{\text{spaceP}}\\ &+\hat{u}_i/\hat{\sigma}_{\text{asset}}\end{aligned} \tag{9.5}$$

式（9.5）中的每个变量都用其 Z 分数而被标准化，这就得到一些新的斜率参

数。比如$\left[(\text{edulevel1}_{i1}-\overline{\text{edulevel1}})/\hat{\sigma}_{\text{edulevel1}}\right]$的斜率参数为$(\hat{\sigma}_{\text{edulevel1}}/\hat{\sigma}_{\text{asset}})\widehat{\beta_1}$，这个系数也就是原系数$\widehat{\beta_1}$乘以$x$与$y$的标准差之比，截距项完全消失。

改写式（9.4）为

$$\text{assetP}_i=\hat{b}_{\text{edulevel1}}z_{\text{edulevel1}i}+\hat{b}_{\text{spaceP}}z_{\text{spaceP}i} \quad (9.6)$$

其中，传统上称$\widehat{b_j}$为标准化系数或β系数。

例 9.4（数据来源：和政数据）

```
reg ZassetP Zedulevel1 ZspaceP
      Source |       SS       df       MS      Number of obs   =     629
-------------+------------------------------   F(2, 626)       =  143.82
       Model |  195.347822     2  97.6739109   Prob > F        =  0.0000
    Residual |  425.143985   626  .679143747   R-squared       =  0.3148
-------------+------------------------------   Adj R-squared   =  0.3126
       Total |  620.491807   628  .988044279   Root MSE        =   .8241
------------------------------------------------------------------------------
     ZassetP |      Coef.   Std. Err.      t    P>|t|     [95% Conf. Interval]
-------------+----------------------------------------------------------------
  Zedulevel1 |   .3880013   .0343809   11.29   0.000     .3204855    .4555171
     ZspaceP |   .2914747   .0349058    8.35   0.000      .222928    .3600213
       _cons |  −.0030768     .03286   −0.09   0.925    −.0676059    .0614523
------------------------------------------------------------------------------
```

$$\text{assetP}_i=0.388z_{\text{edulevel1}i}+0.291z_{\text{spaceP}i}$$

上述方程赋予β系数很有意思的含义：如果 edulevel1 提高一倍的标准分，那么 assetP 就提高 0.388 倍的标准分。

标准化的意义在于：在 OLS 估计中，$\widehat{\beta_j}$表示在其他变量保持不变时，自变量x_j每变动一个单位（自变量自己的单位）引起的因变量的平均变化量，不可能断定具有最大系数的解释变量就“最重要”（有可能是自变量单位，导致的系数较高）。标准化系数 $\widehat{b_j}$ 表示在其他变量保持不变时 x_j 每变动一个相对单位（相对其标准差），引起因变量平均变化的单位数（相对其标准差）。当每个 x_i 都被标准化，标准化后的回归方程就将所有的变量都放在同等的地位上，由此得出的 β 系数就更具有说服力。在这个例子中，对于信息资产而言教育比空间系数更大，也就更加重要。虽然标准化系数的可比性增强了，但是经济意义变得不再明确。

例 9.5（数据来源：和政数据）

在研究信息贫困问题时，我们想知道信息主体的空间得分（spaceP）和教育水平（edulevel）对信息资产（assetP）的影响，由于三者量纲的不同，我们可以使用空间维度分数、信息主体受教育得分与信息资产得分的标准分来进行回归。

标准化的过程就是将一个变量减去其均值，然后除以其标准差。标准化的主要用处在于淡化量纲的影响。

$$\text{assetP}_i = \widehat{\beta_0} + \widehat{\beta_1}\text{edulevel}_{i1} + \widehat{\beta_2}\text{spaceP}_{i2} + \widehat{u_i}$$

令 $\hat{\sigma}_{\text{asset}}$ 为因变量的样本标准差，$\hat{\sigma}_{\text{edulevel1}}$ 为 $x_{\text{edulevel1}}$ 的样本标准差，$\hat{\sigma}_{\text{spaceP}}$ 为 x_{spaceP} 的样本标准差，对上式分别减去其平均值并除以标准差可得

$$\left(\text{assetP}_i - \overline{\text{assetP}}\right)/\hat{\sigma}_{\text{asset}} = \left(\hat{\sigma}_{\text{edulevel}}/\hat{\sigma}_{\text{asset}}\right)\widehat{\beta_1}\left[\left(\text{edulevel}_{i1} - \overline{\text{edulevel}}\right)\right]/\hat{\sigma}_{\text{edulevel}}$$
$$+\left(\hat{\sigma}_{\text{spaceP}}/\hat{\sigma}_{\text{asset}}\right)\widehat{\beta_2}\left[\left(\text{spaceP}_{i1} - \overline{\text{spaceP}}\right)\right]/\hat{\sigma}_{\text{spaceP}} + \widehat{u_i}/\hat{\sigma}_{\text{asset}}$$

上式中的每个变量都用其 Z 分数而被标准化，这就得到一些新的斜率参数。比如 $\left[(\text{edulevel}_i - \overline{\text{edulevel}})/\hat{\sigma}_{\text{edulevel}}\right]$ 的斜率为 $(\hat{\sigma}_{\text{edulevel}}/\hat{\sigma}_{\text{asset}})\widehat{\beta_1}$，这个系数就是原系数 $\widehat{\beta_1}$ 乘上了一个 x_1 与 y 的标准差之比，截距项完全消失。

故，上式可以写成：

$$\text{assetP}_i = \hat{b}_{\text{edulevel}} z_{\text{edulevel}i} + \hat{b}_{\text{spaceP}} z_{\text{spaceP}i}$$

```
reg assetP edulevel spaceP, beta
     Source |       SS           df       MS      Number of obs   =       238
-------------+----------------------------------   F(2, 235)       =     63.21
      Model |  16986.4214         2  8493.21069   Prob > F        =    0.0000
```

```
    Residual |   31574.0643   235  134.357721 R-squared        =   0.3498
-------------+------------------------------ Adj R-squared    =   0.3443
       Total |   48560.4857   237  204.896564 Root MSE         =   11.591
-------------------------------------------------------------------------

      assetP |      Coef.     Std. Err.      t     P>|t|          Beta
-------------+-----------------------------------------------------------
    edulevel |    3.552429    .4720627     7.53    0.000      .4275785
      spaceP |    .1823085    .0372908     4.89    0.000      .2777764
       _cons |     8.27005    1.706657     4.85    0.000             .
-------------------------------------------------------------------------
```

其中，$\widehat{b_j}$ 被称为标准化系数或 β 系数。

$$\text{assetP}_i = 0.431 z_{\text{edulevel}i} + 0.299 z_{\text{spaceP}i}$$

在这个方程中，β 系数的含义是：如果 edulevel 提高一倍的标准分，那么 assetP 就会提高 0.431 倍的标准分。

标准化的意义在于：在我们进行标准化之前，$\widehat{\beta_j}$ 表示在其他标量不变时，x_j 每变动一个单位（自变量自己的单位）引起的因变量的平均变化量，由于各自变量的单位不同，我们不能认为 $\widehat{\beta_j}$ 中最大的就是对因变量产生最大影响的变量。

例如，当我们给 edulevel 这个变量乘以 365，再进行上面这个回归分析，可以得到：

```
gen edulevel1= edulevel*365
. reg assetP edulevel1 spaceP
      Source |       SS       df       MS      Number of obs    =      238
-------------+------------------------------ F(2, 235)        =    63.21
       Model |   16986.4214     2  8493.21069 Prob > F         =   0.0000
    Residual |   31574.0643   235  134.357721 R-squared        =   0.3498
-------------+------------------------------ Adj R-squared    =   0.3443
       Total |   48560.4857   237  204.896564 Root MSE         =   11.591
-------------------------------------------------------------------------

      assetP |      Coef.   Std. Err.      t    P>|t|   [95% Conf. Interval]
-------------+-----------------------------------------------------------
   edulevel1 |    .0097327   .0012933    7.53   0.000   .0071847   .0122807
```

```
      spaceP |   .1823085   .0372908    4.89   0.000    .1088415    .2557755
       _cons |    8.27005   1.706657    4.85   0.000    4.907748    11.63235
------------------------------------------------------------------------------
```

$$\text{assetP} = 8.2701 + 0.0097\text{edulevel} + 0.1823\text{spaceP}$$

在这个回归方程中，在其他条件不变的情况下，当教育水平每提高一天，信息资产得分就会提高 0.0097 分；当空间得分每提高 1 分时，信息资产就会提高 0.1823 分。教育水平的单位是年，而空间得分的单位是分，是无法进行比较的，更不能说因为 0.1823>0.0097，所以空间因素比教育水平更加重要。事实也正好相反，在进行标准化之后得到的 β 系数中可以看出，教育水平是更加重要的。

当我们进行标准化之后，β 系数就表示在其他变量保持不变时，x_j 每变动一个相对单位（相对其标准差），引起因变量平均变化的单位数（相对其标准差）。当每个 x_i 都被标准化，标准化后的回归方程就将所有的变量都放在同等的地位上，由此得出的 β 系数就更具有说服力。

9.2 对函数形式的进一步讨论

9.2.1 对使用对数函数形式的进一步讨论

例 9.6（数据来源：陇西数据）

首先，我们先回忆如何解释带对数的模型

$$\ln \text{averageinc} = \beta_0 + \beta_1\text{edulevel} + \beta_2\text{asset73} + \beta_3\text{familypop} + u$$

系数 β_1 就是 averageinc 对 edulevel 的半弹性。系数 β_2 在 Δasset73（信息资产_专业数据库）=1 时 lnaverageinc 的变化，如同之前解释的一样，它乘以 100 就近似于个人平均收入变化的百分位数。100× β_2 有时也被称为 averageinc 对 asset73 的半弹性。

```
generate lnaver=ln(averageinc)
reg lnaver edulevel asset73ysdf familypop
      Source |       SS           df       MS      Number of obs   =       451
```

```
------------+------------------------------------------ F(3, 447)      =    4.07
      Model |  10.1976672      3  3.3992224 Prob > F        =  0.0071
   Residual |  372.929249    447 .834293622 R-squared       =  0.0266
------------+------------------------------------------ Adj R-squared   =  0.0201
      Total |  383.126916    450 .851393147 Root MSE        =   .9134
-----------------------------------------------------------------------------------

       lnaver |     Coef.   Std. Err.      t   P>|t|   [95% Conf. Interval]
--------------+--------------------------------------------------------------------
    edulevel1 |  .0502165   .0273436    1.84   0.067   -.0035213   .1039544
  asset73ysdf |  .0407139   .0172596    2.36   0.019    .0067939    .074634
    familypop |  .0027848   .0271772    0.10   0.918   -.0506262   .0561958
        _cons |  10.24095     .19888   51.49   0.000    9.850091    10.6318
-----------------------------------------------------------------------------------
```

我们可以得到：

$$\widehat{\ln averageinc} = 10.241 + 0.050edulevel + 0.041asset73 + 0.003familypop$$

在保持其他条件不变的情况下，当教育评分提高 1 分时，信息主体个人平均收入增加 5.0%，在其他条件不变的情况下，使用专业数据库频率得分每增加 1 分，信息主体个人平均收入增加 4.1%。这其实多少有点不准确，随着 log（y）变得越来越大，$\%\Delta y \approx \Delta\log(y)$ 就会变得越来越不准确。但可以计算取了对数后较为准确的变化率：

对于

$$\widehat{\ln averageinc} = 10.241 + 0.050edulevel + 0.041asset73 + 0.003familypop$$

当 edulevel 变动 1 个单位，其他 x 不变，有

$$\begin{aligned}\ln(averageinc + \Delta averageinc) = 10.184 + 0.050(edulevel + 1)\\ + 0.041asset73 + 0.003familypop\end{aligned}$$

两式相减 $\ln(averageinc + \Delta averageinc) - \ln averageinc = 0.05$

$$\ln\left(\frac{\text{averageinc}+\Delta\text{averageinc}}{\text{averageinc}}\right)=0.05\rightarrow 1+\frac{\Delta\text{averageinc}}{\text{averageinc}}=e^{0.05}$$

$\frac{\Delta\text{averageinc}}{\text{averageinc}}=e^{0.05}-1=1.0513-1=0.0513$，比起直接由 β_1 得到的 0.05，更加准确。

$$\ln\left(\frac{y+\Delta y}{y}\right)=\beta_1\rightarrow 1+\frac{\Delta y}{y}=e^{\beta_1}$$

$\frac{\Delta y}{y}=e^{\beta_1}-1=\left(e^{\beta_1}-1\right)*100\%$ 这是一个 x_1 变动引起 y 增长率的准确值。

$\widehat{\beta_1}(\Delta\ln y\approx\frac{\Delta y}{y})$	$e^{\widehat{\beta_1}}-1\left(=\frac{\Delta y}{y}\right)$
0.01	0.01005
0.1	0.105171
0.5	0.648721
1	1.718282
2	6.389056

当 $\widehat{\beta_1}$ 系数越大，越应该使用较为准确的 $\left(e^{\beta_1}-1\right)*100\%$ 来衡量因变量的变化。

使用对数的优点：降低异常值的影响百分比是相对值，适用于跨数列的比较，回报率都是（与 Z 分数的异同）。如果 y 的条件方差存在异方差，$\ln y$ 的异方差程度变小。斜率系数不受 y 计量单位变化的影响。

对数形式的限制如图 9-1 所示。

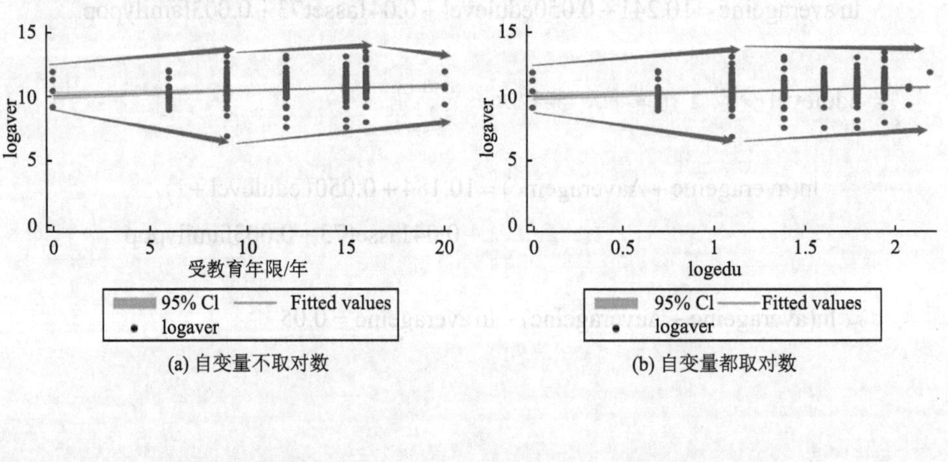

(a) 自变量不取对数　　　　　(b) 自变量都取对数

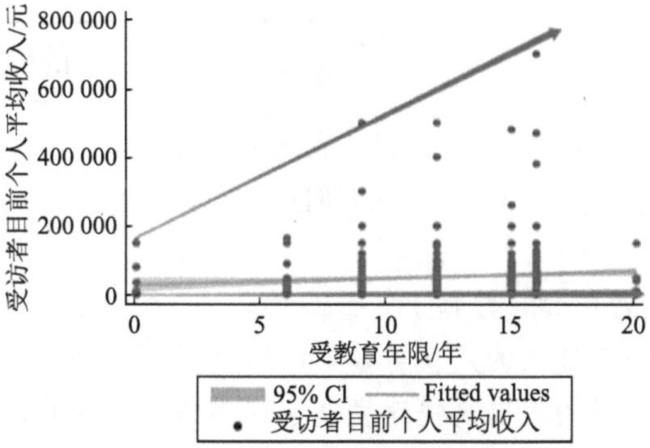

(c) 自变量都不取对数

图 9-1　取对数形式比较

（1）一个变量取零或负值，则不能使用对数[如果 y 非负值但可以取零，则有时使用 $\log(1+y)$]。

（2）取对数后，预测 y 需要转换。

（3）拟合优度 R^2 在 y 与 $\ln y$ 做因变量时，是不可比的（SST 不是一致的，SSE 也是不可比的）。

对数变换将变量的变化转变为百分比的形式，而不是线性的形式。

在双对数模型（如表 9-1 所示）中：

$$\ln(y_i)=\beta_0+\beta_1\ln(x_i)+\mu_i$$

表 9-1　三种对数回归模型

线性对数模型	$y_i=\beta_0+\beta_1\ln(x_i)+\mu_i$
对数线性模型	$\ln(y_i)=\beta_0+\beta_1 x_i+\mu_i$
双对数模型	$\ln(y_i)=\beta_0+\beta_1\ln(x_i)+\mu_i$

当 x 变化时：

$$\ln(y+\Delta y)=\beta_0+\beta_1\ln(x+\Delta x)$$

$$\ln(y+\Delta y)-\ln(y)=\beta_1\left[\ln(x+\Delta x)-\ln(x)\right]$$

$$\frac{\Delta y}{y}=\beta_1\frac{\Delta x}{x}$$

Y 的变化率

$$\beta_1 = \frac{\Delta y / y}{\Delta x / x}$$ —— X的变化率

所以，x 按比例变化 1%时，引起 y 成比例变化 β_1%。
在双对数模型中，β_1 是 y 关于 x 的弹性。

例 9.7（数据来源：和政数据）

处于不同社会经济地位的人获得知识的速度是不同的，社会经济地位高的人将比社会经济地位较低的人以更快速度获取这类信息。因此，我们考虑一个人的教育水平（edulevel）及年收入（incomeY）会对他的信息资产产生影响。

$$\widehat{\text{lnassetP}} = \widehat{\beta_0} + \widehat{\beta_1}\text{edulevel} + \widehat{\beta_2}\text{lnincomeY}$$

β_1 就是 lnassetP 对 edulevel 的半弹性。β_2 就是 lnassetP 对 incomeY 的弹性。

```
gen lnassetP=ln( assetP)
gen lnincomeY=ln( incomeY )
reg lnassetP edulevel lnincomeY
      Source |       SS           df       MS      Number of obs   =       218
-------------+----------------------------------   F(2, 215)       =     57.28
       Model |  22.0511449         2  11.0255724   Prob > F        =    0.0000
    Residual |   41.382534       215  .192476902   R-squared       =    0.3476
-------------+----------------------------------   Adj R-squared   =    0.3416
       Total |  63.4336789       217  .292321101   Root MSE        =    .43872
------------------------------------------------------------------------------
   lnassetP |      Coef.   Std. Err.      t    P>|t|     [95% Conf. Interval]
-------------+----------------------------------------------------------------
    edulevel |   .1678932   .0174399     9.63   0.000     .1335181    .2022683
   lnincomeY |   .0632148   .0270393     2.34   0.020     .0099187    .1165109
       _cons |   1.801606   .2697228     6.68   0.000     1.269966    2.333245
------------------------------------------------------------------------------
```

我们可以得到：

$$\text{lnassetP} = 1.802 + 0.168\text{edulevel} + 0.063\text{lnincomeY} \quad (1)$$

在其他条件不变的情况下，当教育评分每提高 1 分时，信息主体信息资产评分就会提高 18.1%；在其他条件不变时，一个人的年收入每提高 1%，信息主体信息资产评分就会提高 8%。

但是事实上，直接用 $\beta_1\times 100\%$来形容这种变化是不准确的。

lnincomeY 不变时，当 edulevel 增加一个单位，则有

$$\ln \text{assetP}+\Delta\text{assetP}=1.802+0.168(\text{edulevel}+1)+0.063\text{lnincomeY} \qquad (2)$$

用（2）式-（1）式可得：

$$\ln\left(\frac{\text{assetP}+\Delta\text{assetP}}{\text{assetP}}\right)=0.168$$

$$\frac{\Delta\text{assetP}}{\text{assetP}}=e^{0.168}-1=0.183$$

此时我们通过计算得到的 18.3%比起直接由 $\beta_1\times 100\%$得到的 16.8%更加准确。

对于一个一般模型来说：

$$\ln(y)=\beta_0+\beta_1\ln(x_1)+\beta_2x_2$$

当固定 x_1 不变时，x_2 每增加一个单位时

$$\ln(y+\Delta y)=\beta_0+\beta_1\ln(x_1)+\beta_2(x_2+1)$$

两式相减可得

$$\ln\left(\frac{y+\Delta y}{y}\right)=\beta_1$$

即

$$\frac{\Delta y}{y}=e^{\beta_1}-1=(e^{\beta_1}-1)*100\%$$

这是一个 x_1 变动引起 y 增长率的准确值，并且随着 β_1 的增大，这个准确值与 $\beta_1\times100\%$ 的差别会越来越大，也就是说，当 β_1 很大时，我们考虑使用这个准确值 $\left(e^{\beta_1}-1\right)*100\%$ 来衡量因变量的变化。

我们对 x 或 y 或 x、y 取对数之后会得到新的线性关系，系数可由 OLS 估计得出，之前所讲过的假设检验和置信区间在这里依然适用，只是在不同的模型中，β_1 有了不同的解释。在我们的研究中，究竟要不要取对数，对谁取对数，这些问题需要经过检验、画图来判断，要看哪种解释最有意义。

对数模型的变量衡量的是百分比变化，因此可以忽略以对数形式出现的变量的度量单位，直接对弹性进行估计。对于 $y>0$ 的模型，严格为正的变量，其条件分布经常具有异方差性或偏态性，而取对数之后可以使之有所缓和。取对数通常可缩小变量的取值范围，减少异常值带来的影响。

例 9.8（数据来源：和政数据）

例如，当我们直接选择去年全年收入为自变量，信息资产为因变量时，拟合图如图 9-2 所示。

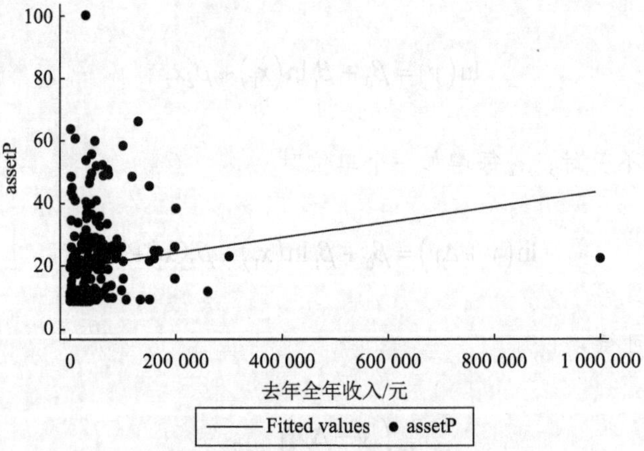

图 9-2　未取对数时的拟合图

从图 9-2 中可以看出，去年年收入的跨度很大，大部分数据集中在 200 000 以下，这样就会使这条拟合线不具有很强的解释力。

当我们对年收入取对数之后，拟合图如图 9-3 所示。

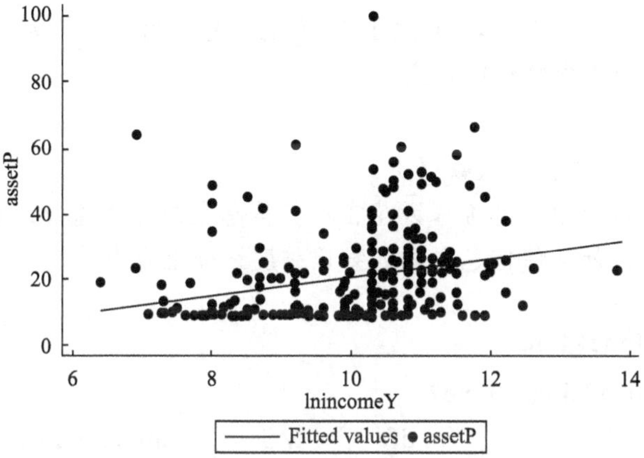

图 9-3　对自变量（全年收入）取对数后的拟合图

可以看出，对去年全年收入取了对数之后，数据之间的距离减小了，同时特殊值的影响也减少了，此时的点均匀分布在拟合线的上下方。

9.2.2　含二次式的模型

对于形式为 $y=\beta_0+\beta_1x_1+\beta_2x_1^2+u$ 的模型，我们不能单独将 β_1 解释为关于 x, y 变化的度量，我们需要将 β_2 也考虑进来，因为

$$\hat{y}=\widehat{\beta_0}+\widehat{\beta_1}x_1+\widehat{\beta_2}x_1^2$$

$$\Delta\hat{y}=(\widehat{\beta_1}+\widehat{\beta_2}x_1)\ \Delta x_1$$

$$\frac{\Delta\hat{y}}{\Delta x_1}=(\widehat{\beta_1}+2\widehat{\beta_2}x_1)$$

边际递增还是递减取决于 $\widehat{\beta_2}$ 前的符号。

在一般的多元回归方程中，β_1 表示的是当 x_2 不变时，x_1 对 y 的影响，但是对于形式为 $y=\beta_0+\beta_1x_1+\beta_2x_1^2+u$ 的模型，如果 x_2（也就是 x_1^2）不变时，x_1 就没办法变化。因此，在含有二次项的回归方程中，我们不能单独将 β_1 解释为关于 x, y 变化的度量，我们需要将 β_2 也考虑进来。

二次式用于刻画边际效用递增（或递减），边际效用最大或最小的 x 是

$$x=\left|\frac{\widehat{\beta_1}}{2\widehat{\beta_2}}\right|$$

具体是抛物线还是U形，取决于$\widehat{\beta_1}$、$\widehat{\beta_2}$的符号，当x_1系数为正，$x_1{}^2$的系数为负时，二项式便具有抛物线的形态。

例 9.9（数据来源：和政数据）

在个人信息世界中，是否每天花在浏览信息上的时间越长，信息主体可能接触的信息就越多，就会使信息主体的智识维度评分上升呢？

```
gen time2= time* time
reg intelligenceP time    time2
    Source |       SS        df       MS       Number of obs    =       238
-----------+-----------------------------      F(2, 235)        =     13.33
     Model |  3786.33531      2  1893.16766    Prob > F         =    0.0000
  Residual |  33366.9872    235  141.987179    R-squared        =    0.1019
-----------+-----------------------------      Adj R-squared    =    0.0943
     Total |  37153.3225    237  156.765074    Root MSE         =    11.916
---------------------------------------------------------------------------

intelligenceP |     Coef.    Std. Err.      t    P>|t|    [95% Conf. Interval]
--------------+-------------------------------------------------------------
         time |   1.000884   .5520813    1.81  0.071    −.086777   2.088545
        time2 | −0.0300317   .0340634    0.88  0.379   −.0370769   .0971403
        _cons |   22.34695   1.294754   17.26  0.000    19.79614   24.89776
----------------------------------------------------------------------------
```

$$\widehat{\text{intelligenceP}} = 22.35 + 1.00\text{time} - 0.03\text{time}^2$$

这个模型说明浏览信息的时间对智识维度的百分制得分具有递减的效应（如图 9-4 所示）。

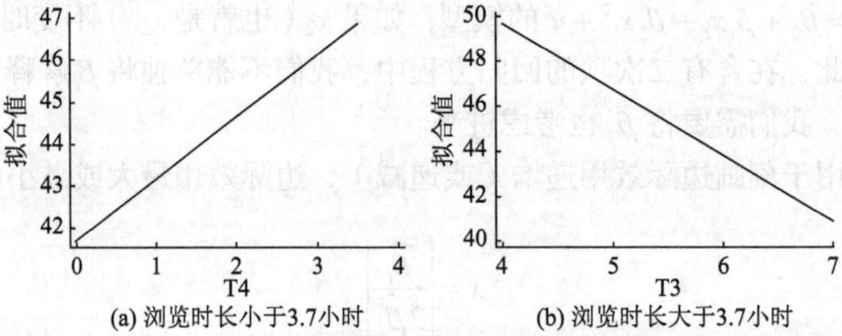

(a) 浏览时长小于3.7小时　　(b) 浏览时长大于3.7小时

图 9-4　浏览信息的时长与智识维度得分的关系图

边际效用最值是 $X=\left|\frac{4.51}{2*(-0.6)}\right|=3.7$

```
sum intelligenceP if time <=3.7
      Variable |  Obs        Mean       Std. Dev.    Min          Max
---------------+------------------------------------------------------
 intelligenceP |  175        24.02011   10.57182     5.12         79.36
sum intelligenceP if time > 3.7
      Variable |  Obs        Mean       Std. Dev.    Min          Max
---------------+------------------------------------------------------
 intelligenceP |  81         30.53037   18.02383     10.24        92.16
---------------+------------------------------------------------------
```

通过陇西调研的数据，我们得知，浏览信息时长达到 3.7 小时时，对智识的回报达到零（但这也不一定准确，因为我们没有添加控制变量，智识受到信息主体受教育水平的影响）。

以和政数据为例。

受教育水平（edulevel）对信息主体的可获信息源得分（accessibleP）是否也是呈一种抛物线的关系？

$$\widehat{accessibleP}=17.093+11.667edulevel-0.984edulevel^2$$

```
gen edulevel2= edulevel*edulevel
reg accessibleP edulevel edulevel2
     Source |       SS       df       MS       Number of obs   =     259
------------+------------------------------   F(2, 256)       =   14.34
      Model |  7572.52293     2  3786.26147   Prob > F        =   0.000
   Residual |  67611.9037   256  264.108999   R-squared       =   0.1007
------------+------------------------------   Adj R-squared   =   0.0937
      Total |  75184.4266   258  291.412506   Root MSE        =   16.251
-------------------------------------------------------------------------------
accessibleP |      Coef.     Std. Err.      t    P>|t|    [95% Conf. Interval]
------------+------------------------------------------------------------------
 edulevel1 |    8.096906    2.599692     3.11  0.002    2.977401    13.21641
 edulevel2 |   -.6506062    .3172416    -2.05  0.041   -1.275342   -.0258706
      _cons |      11.48    4.637068     2.48  0.014    2.348348    20.61166
-------------------------------------------------------------------------------
```

边际效用的最值是 $X = \left|\frac{8.097}{-0.651*2}\right| = 5.219$

也就是说，当教育水平小于 5.2 时，它对信息资产的影响是正向的，当教育水平大于 5.2 时，它对信息资产的影响就是负向的（教育水平 5 为中专，6 为大专，7 为本科）。

我们想知道在教育水平大于 5.2 之后，教育水平和可获信息源得分的关系是否显著。

```
reg accessibleP edulevel if edulevel>5.2
    Source |       SS           df       MS      Number of obs   =        49
-----------+----------------------------------   F(1, 47)        =      0.17
     Model |  81.5197763         1  81.5197763   Prob > F        =    0.6815
  Residual |  22459.8401        47  477.868938   R-squared       =    0.0036
-----------+----------------------------------   Adj R-squared   =   -0.0176
     Total |  22541.3598        48  469.611663   Root MSE        =     21.86
------------------------------------------------------------------------------

accessibleP |      Coef.   Std. Err.      t    P>|t|     [95% Conf. Interval]
------------+----------------------------------------------------------------
  edulevel1 |  -2.606399     6.3105    -0.41   0.681    -15.30149    10.08869
      _cons |   53.60574   40.68752     1.32   0.194      -28.247    135.4585
------------------------------------------------------------------------------
```

可以得到，此时教育水平和可获信息源得分的关系是不显著的，也就是说，当教育水平在大专及以上时，教育水平这一因素不再对可获信息源得分产生影响。

（1）教育水平小于 5.9 时，拟合线如图 9-5。

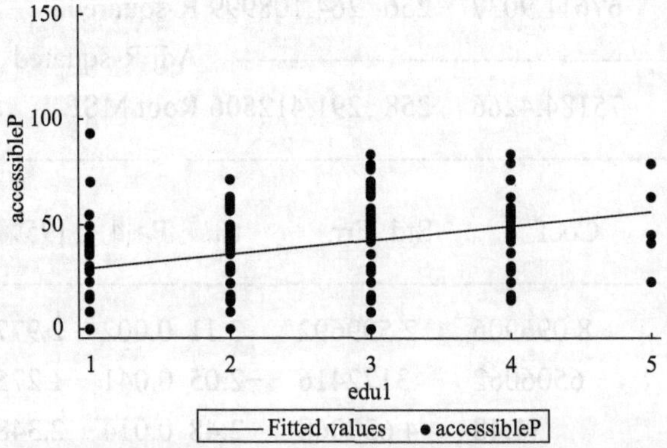

图 9-5　教育水平小于 5.9 与可获信息源得分拟合图

（2）教育水平大于 5.9 时，拟合线如图 9-6 所示。

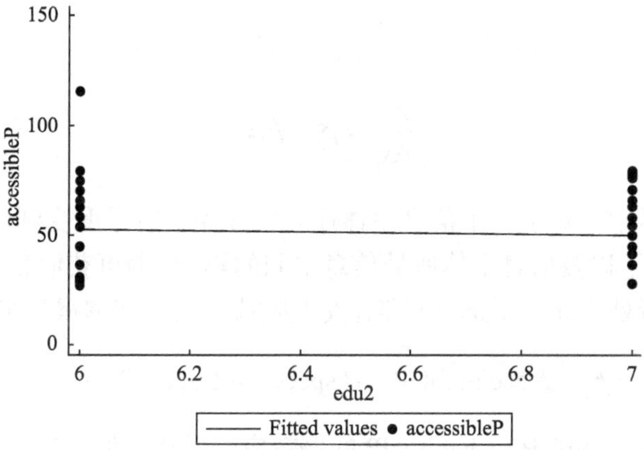

图 9-6　教育水平大于 5.9 与可获信息源得分拟合图

可以看出，此时教育水平对信息资产得分的影响是非常小的。

由此，我们可以得出结论，学历在中专以下（包括中专）时，教育水平会对信息资产得分产生明显正向影响；当学历达到大专以上（包括大专）时，教育水平就不再对信息资产产生明显的正向影响（如图 9-7 所示）。

二次函数最终必须转向，如果这个转折点超过了样本中绝大多数人，那么就不值得考虑。

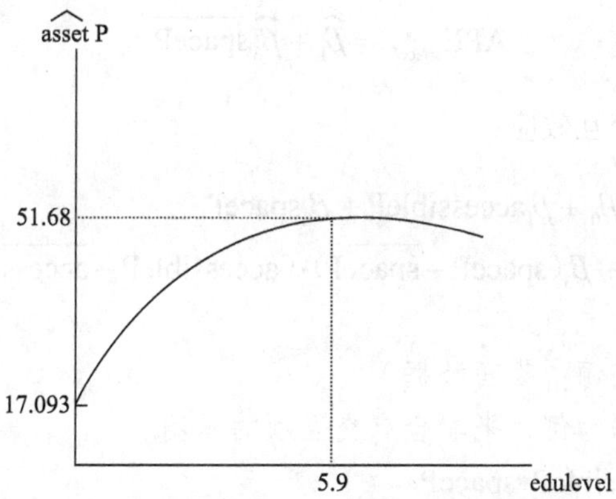

图 9-7　受教育年限与信息资产得分的关系图

9.2.3　含交叉项的模型

多元回归的一般形式中，$y = \beta_0 + \beta_1 x_1 + \beta_2 x_2 + uu$

$\frac{\Delta y}{\Delta x_1}$可能依赖于$x_2$时，我们就要加入$(x_1 \cdot x_2)$这一交互项。

$$y = \beta_0 + \beta_1 x_1 + \beta_2 x_2 + \beta_3(x_1 \cdot x_2) + uu$$

$$\frac{\Delta y}{\Delta x_1} = \beta_1 + \beta_3 x_2$$

在信息世界中，对于一个信息主体而言，惯用信息维度受到信息主体能够获得的周边信息源、以及信息主体所处信息空间的影响，而可获信息源（accessibleP）又与信息主体所处空间（spaceP）存在交互效应，所以能够得到模型：

$$\text{habitualP} = \beta_0 + \beta_1\text{accessibleP} + \beta_2\text{spaceP} + \beta_3\text{spaceP} \cdot \text{accessibleP} + u \quad (9.7)$$

可以得到 accessibleP 对 habitualP 的偏效应（保持其他变量不变）：

$$\Delta\text{habitualP} / \Delta\text{accessibleP} = \beta_1 + \beta_3\text{spaceP} \quad (9.8)$$

如果β_3小于 0，随着 spaceP 评分的上升，造成可获信息源维度得分的下降，从而使得信息主体惯用信息源维度的评分下降。

这里如果用一个值去描述 spaceP 与 habitualP 之间的关系，总度量就是平均偏效应（APE），也被称为平均边际效应。

由于无法对陇西调研中所获得的所有样本逐一计算偏效应，对样本的均值进行测度，具体计算就是：

$$\text{APE}_{\text{spaceP}} = \widehat{\beta_1} + \widehat{\beta_3}\overline{\text{spaceP}} \quad (9.9)$$

同时可以观察交互效应：

$$\begin{aligned}\text{habitualP} = &\ \beta_0 + \beta_1\text{accessibleP} + \beta_2\text{spaceP} \\ &+ \beta_3(\text{spaceP} - \overline{\text{spaceP}}) \cdot (\text{accessibleP} - \overline{\text{accessibleP}}) + u\end{aligned} \quad (9.10)$$

例 9.10（数据来源：陇西数据）

下面以陇西数据为例，来看含有交互项的示例。

```
. gen mix= accessibleP*spaceP

. reg habitualP accessibleP spaceP mix

      Source |       SS           df       MS      Number of obs   =       630
-------------+----------------------------------   F(3, 626)       =     71.30
```

```
       Model |   99632.4608     3  33210.8203 Prob > F        =   0.0000
    Residual |   291581.168   626  465.784614 R-squared       =   0.2547
-------------+----------------------------------- Adj R-squared   =   0.2511
       Total |   391213.629   629  621.961255 Root MSE        =   21.582
------------------------------------------------------------------------------
   habitualP |      Coef.   Std. Err.      t    P>|t|     [95% Conf. Interval]
-------------+----------------------------------------------------------------
 accessibleP |    .550858   .0937994     5.87   0.000     .3666585    .7350574
      spaceP |   .3125427    .076149     4.10   0.000     .1630043    .4620812
         mix |   -.000317   .0021101    -0.15   0.881    -.0044606    .0038267
       _cons |   16.60626   2.503052     6.63   0.000     11.69086    21.52166
------------------------------------------------------------------------------
```

$$\text{intelligenceP} = \beta_0 + \beta_1 \text{available1} + \beta_2 \text{edulevel1} + \beta_3 \text{available1} \cdot \text{edulevel} + u$$

reg intelligenceP available1　available1#edulevel1（可获信息源_书店）

```
note: 1.available1#20.edulevel1 omitted because of collinearity.
      Source |       SS           df       MS      Number of obs   =       612
-------------+----------------------------------   F（13，598）    =      8.51
       Model |   31029.5043        13  2386.88494   Prob > F        =    0.0000
    Residual |   167682.534       598  280.405575   R-squared       =    0.1562
-------------+----------------------------------   Adj R-squared   =    0.1378
       Total |   198712.038       611  325.224285   Root MSE        =    16.745
------------------------------------------------------------------------------
intelligenceP|      Coef.   Std. Err.      t    P>|t|     [95% Conf. Interval]
-------------+----------------------------------------------------------------
  available1 |   37.88057   11.55537     3.28   0.001     15.18654     60.5746
 available1# |
   edulevel1 |
        无#6 |   9.839349   7.458956     1.32   0.188    -4.809585    24.48828
        无#9 |   16.80645   6.590624     2.55   0.011     3.862869    29.75003
       无#12 |   23.30154   6.523922     3.57   0.000     10.48895    36.11412
       无#15 |   26.88191   6.638052     4.05   0.000     13.84519    39.91864
       无#16 |   30.35168   6.614188     4.59   0.000     17.36182    43.34154
```

无#20	26.25057	17.90149	1.47	0.143	−8.90687	61.40801
有#0	−38.9605	12.78945	−3.05	0.002	−64.07819	−13.84281
有#6	−34.50233	11.84073	−2.91	0.004	−57.7568	−11.24787
有#9	−22.85193	9.919069	−2.30	0.022	−42.33237	−3.371485
有#12	−12.02978	9.891909	−1.22	0.224	−31.45689	7.397323
有#15	−8.584048	10.00724	−0.86	0.391	−28.23766	11.06956
有#16	−6.404928	9.875848	−0.65	0.517	−25.80049	12.99063
有#20	0	(omitted)				
_cons	20.26943	6.329134	3.20	0.001	7.839396	32.69946

例 9.11（数据来源：和政数据）

在信息世界中，信息主体的可获信息源得分（accessibleP）会受到手机使用时间（celluse）的影响，我们考虑这种影响可能会受中文水平（Chinesedf）高低的影响，因此我们引入手机使用时间与中文水平得分的交互项（Chinesedf · celluse）：

$$\text{accessibleP} = \beta_0 + \beta_1\text{celluse} + \beta_2\text{Chinesedf} + \beta_3\text{Chinesedf}\cdot\text{celluse} + uu$$

gen mixxx=celluse*Chinesedf

reg accessibleP celluse Chinesedf mixxx

Source	SS	df	MS		
				Number of obs =	257
				F(3, 253) =	13.26
Model	10182.9368	3	3394.31228	Prob > F =	0.0000
Residual	64766.9726	253	255.995939	R-squared =	0.1359
				Adj R-squared =	0.1256
Total	74949.9094	256	292.773084	Root MSE =	16

accessibleP	Coef.	Std. Err.	t	P>|t|	[95% Conf. Interval]	
celluse	6.213546	1.938977	3.20	0.002	2.394954	10.03214
Chinesedf	9.794749	1.990762	4.92	0.000	5.874171	13.71533
mixxx	−1.661795	.5805995	−2.86	0.005	−2.805219	−.5183715
_cons	−1.727955	5.769028	−0.30	0.765	−13.08939	9.63348

$$\text{accessibleP} = -1.728 + 6.214\text{celluse} + 9.795\text{Chinesedf} - 1.662\text{Chinesedf} \cdot \text{celluse}$$

可以得到 celluse 对 accessibleP 的偏效应（就是保持其他变量不变）：

$$\Delta\text{accessibleP} / \Delta\text{celluse} = \beta_1 + \beta_3\text{Chinesedf} = 6.214 - 1.662\text{Chinesedf}$$

9.3　拟合优度和回归元选择的进一步探讨

9.3.1　调整的决定系数 $\bar{R}^2$

回忆一下我们学过的 R^2：

R^2 是 y 的变异在总体中能被解释变量的解释比例，它是自变量个数的增函数：

$$R^2 = \frac{\text{SSE}}{\text{SSR}} = 1 - \frac{\text{SSR}}{\text{SST}}$$

$$\bar{R}^2 = 1 - \frac{\dfrac{\text{SSR}}{n-k-1}}{\dfrac{\text{SST}}{n-1}} = 1 - \frac{\text{SSR}}{\text{SST}} \cdot \frac{n-1}{n-k-1} = (1-\hat{\sigma}^2) / \frac{\text{SST}}{n-1}$$

R^2 用 SSR/n 来估计 σ_u^2 是有偏误的，那么我们也可以用 $\dfrac{\text{SSR}}{n-k-1}$ 来取代 SSR/n，作为 σ_u^2 的无偏估计量（残差是剔除了解释变量后总方差剩余的部分，所以在无偏的估计公式中自由度是样本量−解释变量−常数项）用 $\dfrac{\text{SST}}{n-1}$ 来取代 SST/n $\left(\dfrac{\text{SST}}{n-1}\text{是}\sigma_y^2\text{的无偏估计量}\right)\left[\dfrac{n-1}{n-k-1}\text{自由度惩罚因子}\right]$，调整后的 $\bar{R}^2$，虽然纠正了两个偏误，但两个无偏估计量之比不一定是无偏估计量，$\bar{R}^2$ 的根本吸引力在于为在模型中另外增加自变量施加了惩罚。在模型中添加变量 $\bar{R}^2$ 只会增高不会变低，但在 $\bar{R}^2$ 的公式中可以看出，增加变量虽然降低了 SSR，但 $\text{df} = n-k-1$ 也下降，所以在回归中增加一个新的自变量时 $\dfrac{\text{SSR}}{n-k-1}$，可能增加也可能减小，在数学结论中，如果在回归方程中增加一个新的变量，当且仅当新变量的 t 统计量在绝对值上大于 1，$\bar{R}^2$ 才会有显著提高，（推广后，当回归中加入一组变量时，当且仅当这些新变量的联合显著性的 F 统计量大于 1，$\bar{R}^2$ 才会有显著提高）。当 $\bar{R}^2$ 为负，表明它相对于自由度个数而言是一个很差的模型，以“意义建构学说”

为代表的研究者认为，信息活动是一种充满主观性的认知建构行为，信息贫困者因为无法完成对信息有意义的建构而陷入贫困。

信息世界中信息主体的信息搜索技能影响着信息世界有意义的建构，intelligence35df（知识性网站的使用得分）是信息主体信息搜索技能的重要组成部分，它受到 PC1（拥有电脑的年限）、cellphone1（拥有手机的年限）的影响：

$$\text{intelligence35df} = \beta_0 + \beta_1 \text{PC1} + \beta_2 \text{cellphone1} + uu \qquad (9.11)$$

例 9.12（数据来源：陇西数据）

```
reg intelligence35df PC1 cellphone1
      Source |       SS       df       MS              Number of obs =     509
-------------+------------------------------           F(2, 506)     =    7.44
       Model |  72.9609903     2  36.4804951           Prob > F      =  0.0007
    Residual |  2481.58518   506  4.90431853           R-squared     =  0.0286
-------------+------------------------------           Adj R-squared =  0.0247
       Total |  2554.54617   508  5.02863419           Root MSE      =  2.2146
------------------------------------------------------------------------------
intelligence35df|    Coef.   Std. Err.      t    P>|t|     [95% Conf. Interval]
----------------+-------------------------------------------------------------
            PC1 |  .0569162   .0227826    2.50   0.013     .012156    .1016763
     cellphone1 | -.0924107   .0248233   -3.72   0.000   -.1411802   -.0436412
          _cons |  3.335743    .312508   10.67   0.000     2.72177    3.949716
------------------------------------------------------------------------------
```

在控制拥有电脑年限的条件下，使用电脑上网的年限会不会对知识性网站的使用得分产生影响呢？

```
reg intelligence35df PC1 cellphone1 internetPC1
      Source |       SS       df       MS              Number of obs =     467
-------------+------------------------------           F(3, 463)     =    4.86
       Model |  69.6586675     3  23.2195558           Prob > F      =  0.0024
    Residual |  2212.94519   463  4.77957924           R-squared     =  0.0305
-------------+------------------------------           Adj R-squared =  0.0242
       Total |  2282.60385   466  4.89829153           Root MSE      =  2.1862
------------------------------------------------------------------------------
```

intellig~5df	Coef.	Std. Err.	t	P>|t|	[95% Conf.	Interval]
PC1	−.0243197	.0327027	−0.74	0.457	−.0885838	.0399444
cellphone1	−.0885587	.0266039	−3.33	0.001	−.1408381	−.0362794
internetPC1	.0724122	.0318709	2.27	0.024	.0097826	.1350417
_cons	3.278265	.337931	9.70	0.000	2.614196	3.942333

但是如果加入信息主体上网开阔眼界（dynamic22df）[理解为使用知识性网站的动力]。

reg intelligence35df PC1 cellphone1 dynamic12df

Source	SS	df	MS			
				Number of obs	=	487
				F(3, 483)	=	9.64
Model	138.924178	3	46.3080595	Prob > F	=	0.0000
Residual	2319.75344	483	4.80280215	R-squared	=	0.0565
				Adj R-squared	=	0.0506
Total	2458.67762	486	5.05900744	Root MSE	=	2.1915

intellig~5df	Coef.	Std. Err.	t	P>|t|	[95% Conf.	Interval]
PC1	.0420069	.0230733	1.82	0.069	−.0033295	.0873433
cellphone1	−.0870296	.0251081	−3.47	0.001	−.1363641	−.037695
dynamic12df	.1191192	.0315299	3.78	0.000	.0571665	.1810719
_cons	2.24391	.4468529	5.02	0.000	1.365894	3.121926

在三个例子中，可以看到：

$$R^2 = 0.0177 \rightarrow 0.0090 \rightarrow 0.0394$$

$$\overline{R^2} = 0.0143 \rightarrow 0.0034 \rightarrow 0.0341$$

例 9.13（数据来源：和政数据）

以“意义建构学说”为代表的研究者认为，信息活动是一种充满主观性的认知建构行为。因此，我们考虑一个人的观念开放度（openT）会不会影响他的可获信息源（accessibleP）评分。

$$accessibleP = \beta_0 + \beta_1 openT + u$$

```
reg accessibleP openT
      Source |       SS       df       MS              Number of obs =     254
-------------+------------------------------           F(1, 252)     =    9.08
       Model |  2560.2445      1  2560.2445            Prob > F      =  0.0029
    Residual |  71083.295    252  282.076568           R-squared     =  0.0348
-------------+------------------------------           Adj R-squared =  0.0309
       Total | 73643.5395    253  291.081184           Root MSE      =  16.795

------------------------------------------------------------------------------
 accessibleP |      Coef.   Std. Err.      t    P>|t|     [95% Conf. Interval]
-------------+----------------------------------------------------------------
       openT |   .8919489   .2960621     3.01   0.003     .3088777     1.47502
       _cons |   16.54029   4.581267     3.61   0.000     7.517842    25.56274
------------------------------------------------------------------------------
```

当我们考虑控制教育水平（edulevel）这一变量之后：

$$accessibleP = \beta_0 + \beta_1 openT + \beta_2 edulevel + u$$

```
reg accessibleP openT edulevel
      Source |       SS       df       MS              Number of obs =     254
-------------+------------------------------           F(2, 251)     =   12.58
       Model | 6709.51984      2  3354.75992           Prob > F      =  0.0000
    Residual | 66934.0197    251  266.669401           R-squared     =  0.0911
-------------+------------------------------           Adj R-squared =  0.0839
       Total | 73643.5395    253  291.081184           Root MSE      =   16.33

------------------------------------------------------------------------------
 accessibleP |      Coef.   Std. Err.      t    P>|t|     [95% Conf. Interval]
-------------+----------------------------------------------------------------
       openT |   .5116299   .3035805     1.69   0.093    -.0862598     1.10952
    edulevel |   2.478281   .6282769     3.94   0.000     1.240915    3.715648
       _cons |   13.65209   4.514171     3.02   0.003     4.761613    22.54257
------------------------------------------------------------------------------
```

当我们再考虑加入批判性思维（attitudeP）这一变量时：

```
reg accessibleP openT edulevel attitudeP
      Source |       SS       df       MS      Number of obs   =      251
-------------+------------------------------   F(3, 247)       =     9.66
       Model |  7690.66338     3  2563.55446   Prob > F        =   0.0000
    Residual |  65563.3352   247  265.438604   R-squared       =   0.1050
-------------+------------------------------   Adj R-squared   =   0.0941
       Total |  73253.9986   250  293.015994   Root MSE        =   16.292
------------------------------------------------------------------------------
 accessibleP |      Coef.   Std. Err.      t    P>|t|     [95% Conf. Interval]
-------------+----------------------------------------------------------------
       openT |    .417308   .3109823     1.34   0.181    -.1952073    1.029823
    edulevel |    2.02042   .6639309     3.04   0.003      .712732    3.328108
   attitudeP |   .2225898   .1014519     2.19   0.029     .0227686     .422411
       _cons |   10.80914   4.845519     2.23   0.027     1.265329    20.35294
------------------------------------------------------------------------------
```

可以看出：R^2 的变化是 0.0348、0.0911、0.1050

$\bar{R}^2$ 的变化是 0.0309、0.0839、0.0941

9.3.2　利用 $\bar{R}^2$ 在两个非嵌套模型中进行选择

如果两个模型中任何一个都不是另一个的特例，我们就称两个模型为非嵌套模型（前提是因变量相同）。

F 检验使我们知道一组变量中是否至少存在一个变量会影响因变量，但是却不能知道具体是哪一个变量有影响，我们想选择一个没有多余自变量的模型，调整 R^2 刚好可以帮我们做到这一点。

F 检验中，约束模型嵌套于无约束模型中（受约束回归是无约束回归的一个特例，当约束条件为真的时候，无约束回归→受约束回归，F 检验筛选。但这种筛选就是批量筛选，只能确定这组变量中是否至少有一个会影响因变量，批量接受或者批量拒绝，但这个检验不能让我们确定哪个变量有影响，要想确定一个没有多余自变量的模型，$\bar{R}^2$ 可以实现）。

例 9.14 （数据来源：陇西数据）

接上例进行分析，父母的教育水平以及家庭人口数量，对家庭收入和社会经济地位产生影响，同时，对信息主体拥有手机和电脑的时间产生影响，因为三者有一定的相关性，所以我们想在以下三个模型中选一个：

$$\text{intelligence35df} = \beta_0 + \beta_1 \text{PC1} + \beta_2 \text{cellphone1} + \beta_3 \text{fedu} + uu$$

$$\text{intelligence35df} = \beta_0 + \beta_1 \text{PC1} + \beta_2 \text{cellphone1} + \beta_3 \text{medu} + uu$$

$$\text{intelligence35df} = \beta_0 + \beta_1 \text{PC1} + \beta_2 \text{cellphone1} + \beta_3 \text{familypop} + uu$$

项目	R^2	$\overline{R}^2$
fedu	0.0148	0.0095
medu	0.0182	0.0129
familypop	0.0192	0.0140

结合 R^2 与 $\overline{R}^2$ 来看：

$$\text{intelligence35df} = \beta_0 + \beta_1 \text{PC1} + \beta_2 \text{cellphone1} + \beta_3 \text{familypop} + uu$$

模型比较好一点。

```
reg intelligence35df PC1 cellphone1 familypop
      Source |       SS           df       MS      Number of obs   =       504
-------------+----------------------------------   F(3, 500)       =      5.16
       Model |   75.636106         3  25.2120353   Prob > F        =    0.0016
    Residual |  2444.35596       500  4.88871191   R-squared       =    0.0300
-------------+----------------------------------   Adj R-squared   =    0.0242
       Total |  2519.99206       503  5.00992458   Root MSE        =     2.211
------------------------------------------------------------------------------

intelligence35df|      Coef.   Std. Err.      t    P>|t|     [95% Conf. Interval]
----------------+----------------------------------------------------------------
            PC1 |   .0576462   .0229776     2.51   0.012     .0125016    .1027908
     cellphone1 |  −.0940678   .0248809    −3.78   0.000    −.1429518   −.0451838
      familypop |   −.009997   .0608401    −0.16   0.870    −.1295307    .1095367
          _cons |    3.40321   .4278642     7.95   0.000     2.562577    4.243843
---------------------------------------------------------------------------------
```

手机使用系数一直为负数，怀疑可能是非线性，门槛回归后使用手机超过 20 年，对于信息资产得分不再有效用（年龄），既然与年龄有关，是不是添加年龄后，浏览信息的时间与信息资产会出现新的变化。

在和政数据中，教育水平（edulevel）、中文水平（Chinesedf）对可获信息源得分（accessibleP）产生影响，由于两者具有一定的相关性，因此我们想在下面两个模型中选择一个：

$$\text{accessibleP} = \beta_0 + \beta_1 \text{celluse} + \beta_2 \text{edulevel} + uu \tag{9.12}$$

$$\text{accessibleP} = \beta_0 + \beta_1 \text{celluse} + \beta_2 \text{Chinesedf} + uu \tag{9.13}$$

项目	R^2	$\bar{R}^2$
edulevel	0.1879	0.1833
Chinesedf	0.2145	0.2100

结合 R^2 和 $\bar{R}^2$ 来看：

$$\text{accessibleP} = \beta_0 + \beta_1 \text{celluse} + \beta_2 \text{Chinesedf} + u \tag{9.14}$$

这个模型比较好一点。

除此之外，当我们想知道自变量的不同函数中哪一种会对因变量的解释更好时，也可以通过 $\bar{R}^2$ 来选择。

例如："知识沟"假说认为，社会经济地位会影响一个人的信息贫富，我们用教育水平（edulevel）、去年全年收入（incomeY）作为衡量社会经济地位的指标，来研究其对信息资产得分（assetP）的影响，但是我们想知道去年年收入的哪一种函数形式会更好，以此构建对数和二次项的两种回归模型：

$$\text{assetP} = \beta_0 + \beta_1 \text{edulevel} + \beta_2 \text{lnincomeY} + u \tag{9.15}$$

$$\text{assetP} = \beta_0 + \beta_1 \text{edulevel} + \beta_2 \text{incomeY} + \beta_3 \text{incomeY}^2 + u \tag{9.16}$$

```
reg assetP edulevel lnincomeY
      Source |       SS        df       MS      Number of obs   =       218
-------------+------------------------------    F(2, 215)       =     47.91
       Model |  14445.7182      2  7222.85912   Prob > F        =    0.0000
    Residual |   32414.855    215  150.766768   R-squared       =    0.3083
-------------+------------------------------    Adj R-squared   =    0.3018
```

```
     Total |  46860.5733   217  215.947342 Root MSE          =   12.279
------------------------------------------------------------------------------
    assetP |      Coef.   Std. Err.      t    P>|t|     [95% Conf. Interval]
-------------+----------------------------------------------------------------
  edulevel |   4.461902    .488099     9.14  0.000      3.49983   5.423974
 lnincomeY |   .9859604   .7567617     1.30  0.194    -.5056616   2.477582
     _cons |  -1.520782   7.548857    -0.20  0.841    -16.40003   13.35846
------------------------------------------------------------------------------
gen income2=incomeY*incomeY
reg assetP edulevel incomeY income2
    Source |       SS       df       MS      Number of obs   =       234
-------------+------------------------------ F(3, 230)       =     31.59
     Model |  13966.7754     3  4655.59182   Prob > F        =    0.0000
  Residual |   33893.495   230  147.363022   R-squared       =    0.2918
-------------+------------------------------ Adj R-squared   =    0.2826
     Total |  47860.2704   233  205.408886   Root MSE        =    12.139
------------------------------------------------------------------------------
    assetP |      Coef.   Std. Err.      t    P>|t|     [95% Conf. Interval]
-------------+----------------------------------------------------------------
  edulevel |   4.272317   .4752126     8.99  0.000     3.335991   5.208644
   incomeY |   .0000413   .0000242     1.70  0.090    -6.44e-06   .0000891
   income2 |  -5.27e-11   2.72e-11    -1.93  0.054    -1.06e-10   9.64e-13
     _cons |   7.815228   1.867252     4.19  0.000     4.136122   11.49433
------------------------------------------------------------------------------
```

项目	R^2	$\bar{R}^2$
lnincomeY	0.3083	0.3018
$incomeY^2$	0.2918	0.2826

结合 R^2 和 $\bar{R}^2$ 来看：

$$assetP = \beta_0 + \beta_1 edulevel + \beta_2 lnincomeY + u \tag{9.17}$$

这个模型比较好一点。

注意：

（1）不能用 $\bar{R}^2$ 在因变量的不同函数形式之间进行选择。

（2）当我们的模型很复杂时，最好是使用 $\bar{R}^2$ 进行模型选择。

为什么通过最大化 $\bar{R}^2$ 或最小化 $\hat{\sigma}^2$ 来选择模型是一回事？

$$\bar{R}^2 = 1 - \frac{\dfrac{\text{SSR}}{n-k-1}}{\dfrac{\text{SST}}{n-1}}$$

所以，当 $\dfrac{\text{SSR}}{n-k-1}$ 足够小，等同于 $\bar{R}^2$ 足够大。R^2 数学原理也是一致，两者的不同之处只是在于对残差平方的估计是否有偏误。

非嵌套模型择优的方法如下。

化为嵌套模型，进行约束条件的 F 检验（可能都被接受或拒绝），比较两个不同函数形式的 $\bar{R}^2$，大者为优。

9.3.3　回归分析中控制了过多的因素（自变量过多）

我们要记住多元回归的其他条件不变的性质，在有些情形中，某些因素可能会随着某个变量的改变而发生改变，那么保持这些因素不变就没有了意义。

9.3.4　增加自变量减少残差平方

虽然增加自变量意味着原模型中残差的一部分被解释了，残差平方降低（$\hat{\sigma}^2$），模型解释能力提高，但同时可能带来多重共线性的问题。比如，如果同时将智识、教育水平、中英文阅读水平四个变量放在同一模型中，去解释信息资产的丰裕程度，可能会出现多重共线性问题。因此，我们想要增加的变量一定是既影响 y，又与所有我们关心的变量无关，这样就不会导致出现多重共线性却又可以减小误差方差。

习　题

简答题：

1. 讨论不同测量单位（如百分比、比率、绝对数值）对 OLS 估计量、标准误差和 t 值的影响。
2. 描述函数形式选择不当可能导致的问题，如非线性关系、异方差性等，并解释如何选择合适的函数形式。
3. 解释多重共线性对 OLS 估计量的影响，并提出解决这一问题的策略。
4. 描述过度拟合的概念，以及它如何影响模型的泛化能力和预测性能。
5. 解释非线性关系和交互作用的概念，并讨论如何在回归模型中适当地包含这些因素。

第 10 章　循证信息贫困研究中含有定性信息的多元回归分析

前面几章中，循证信息贫困研究模型中的因变量和自变量都具有定量的含义，如信息资产维度百分制得分、动力维度百分制得分等。本章的绝大部分内容都在探讨定性变量。第一节介绍了描述定性信息的适当方法之后，后续三节中又说明了如何在多元回归模型中很容易地包含定性解释变量。我们在第五节还讨论了定性因变量的一种特殊情况即二值因变量，在这种情况下，多元回归模型具有一个有趣的含义，线性概率模型。

10.1　对定性信息的描述

定性信息通常以二值信息的形式出现，例如 gender（性别）。在我们的调查数据中，变量 tiktok（是否使用快手或抖音），以及 horizon1_1（是否认为书籍或文献是重要的信息源）都是定性变量。在所有这些例子中的，都是二值变量或 0-1 变量，在循证信息贫困研究中最常见的称呼是虚拟变量。

例 10.1　二值变量的名称选择（陇西数据）

在结构决定论中，社会地位决定了信息贫困。我们认为性别的差异会对信息贫困产生影响，于是估计模型（1）：

$$\text{assetP} = \beta_0 + \beta_1\text{gender} + \beta_2\text{availableP} + \beta_3\text{accessibleP} + \beta_4\text{spaceP} + \beta_5\text{time} + u \quad (1)$$

在这项研究中，我们想要了解不同性别对于信息资产维度百分制得分的影响，需要表明每个受访者的性别，那么名称 gender 是二值变量的一个明智选择吗？更好的名称是什么？

其实 gender 不是二值变量的一个明智选择，用 male 或者 female 是一个更好的选择，是否为男性，0 表示否，1 表示是，这也更容易让人理解。但是 gender

这个变量并没有指出虚拟变量何时取 1：当 gender=1 时对应的是男性还是女性。

于是在模型（1）中，我们把 gender 换成 male：

. gen male=gender

$$assetP = \beta_0 + \beta_1 male + \beta_2 availableP + \beta_3 accessibleP + \beta_4 spaceP + \beta_5 time + u \quad (2)$$

. reg assetP male availableP accessibleP spaceP time

Source	SS	df	MS			
				Number of obs	=	588
				F(5, 582)	=	42.75
Model	29628.8956	5	5925.77912	Prob > F	=	0.0000
Residual	80672.2515	582	138.612116	R-squared	=	0.2686
				Adj R-squared	=	0.2623
Total	110301.147	587	187.906554	Root MSE	=	11.773

assetP	Coef.	Std. Err.	t	P>|t|	[95% Conf.	Interval]
male	3.199039	.9730092	3.29	0.001	1.288001	5.110076
availableP	.0437865	.0310107	1.41	0.158	−.01712	.104693
accessibleP	.2375459	.0367004	6.47	0.000	.1654646	.3096272
spaceP	.1611583	.0269738	5.97	0.000	.1081805	.2141361
time	.9095996	.2189531	4.15	0.000	.4795651	1.339634
_cons	7.814629	1.383648	5.65	0.000	5.097078	10.53218

以和政数据为例。

性别对信息资产的影响：在结构决定论中，社会地位决定了信息贫困。我们认为性别的差异会对信息贫困产生影响，于是估计如下模型：

$$lnassetP = \beta_0 + \beta_1 gender + \beta_2 availableP + \beta_3 accessibleP + \beta_4 dynamicT + \mu \quad (3)$$

在这项研究中，我们想要了解不同性别对于信息资产维度百分制得分的影响，需要表明每个受访者的性别，那么可以用 gender 作为一个二值变量来使用吗？实际上 gender 不是二值变量的一个明智选择，因为 gender 这个变量并没有指出虚拟变量何时取 1：当 gender=1 时对应的是男性还是女性。用 male 或者 female 是一个更好的选择，即是否为男性（0 表示否，1 表示是），这也更容易让人理解。

于是，在上述模型中，我们把 gender 换成 male：

· gen male=gender

$$\text{lnassetP} = \beta_0 + \beta_1\text{male} + \beta_2\text{availableP} + \beta_3\text{accessibleP} + \beta_4\text{dynamicT} + \beta_5\text{intelligenceP} + \mu \tag{4}$$

```
. reg lnassetP male availableP accessibleP dynamicT intelligenceP
      Source |       SS           df       MS      Number of obs   =       234
-------------+----------------------------------   F(5, 228)       =     32.65
       Model |  26.6789139         5  5.33578279   Prob > F        =    0.0000
    Residual |  37.2656555       228  .163445857   R-squared       =    0.4172
-------------+----------------------------------   Adj R-squared   =    0.4044
       Total |  63.9445694       233  .274440212   Root MSE        =    .40428

------------------------------------------------------------------------------
    lnassetP |      Coef.   Std. Err.      t    P>|t|     [95% Conf. Interval]
-------------+----------------------------------------------------------------
        male |   -.075284    .056845    -1.32   0.187    -.1872928    .0367248
  availableP |   .0034853   .0023495     1.48   0.139    -.0011441    .0081147
 accessibleP |    .003381   .0023824     1.42   0.157    -.0013133    .0080753
    dynamicT |   .0541151   .0101792     5.32   0.000     .0340577    .0741724
intelligenceP|   .0167992   .0022225     7.56   0.000     .0124199    .0211785
       _cons |    2.17118    .089271    24.32   0.000     1.995279    2.347082
------------------------------------------------------------------------------
```

我们为什么一定要用数值 0 和 1 来描述定性信息呢？用 1 和 2 或者 3 和 4 不行吗？其实也可以，结果是一样的，但是使用 0/1 变量来刻画定性信息可以让回归模型中的参数有十分自然的解释（0 代表否，1 代表有，1 和 2 或者 3 和 4 的组合就不行）。

10.2 只有一个虚拟自变量

10.2.1 自变量为虚拟变量系数的解释

考虑如下的模型：

$$\begin{aligned}\text{assetP} = \beta_0 + \beta_1\text{male} + \beta_2\text{availableP} + \beta_3\text{accessibleP} + \beta_4\text{spaceP} \\ + \beta_5\text{intelligenceP} + \beta_6\text{time} + u\end{aligned} \quad (10.1)$$

在模型（10.1）中，有 6 个被观测因素影响信息资产维度百分制得分：availableP（可及信息源维度百分制得分）、accessibleP（可获信息源维度百分制得分）、spaceP（空间维度百分制得分）、intelligenceP（智识维度百分制得分）、time（每天用于信息获取时间）。由于对于男性 male=1，而对女性 male=0，所以参数 β_1 具有如下含义：在控制上述 6 个变量的情况下，β_1 是男性与女性之间在 assetP（信息资产维度百分制得分）上的差异。如果 $\beta_1 > 0$，那么在其他因素相同的情况下，男性在信息资产维度百分制得分上比女性高。

用期望的术语来讲，如果我们假定了零条件均值假定：

$$E(u \mid \text{male}, \text{availableP}, \text{accessibleP}, \text{spaceP}, \text{intelligenceP}, \text{time}) = 0$$

那么

$$\begin{aligned}\beta_1 = E\left(u \middle| \text{male} = 1, \text{availableP}, \text{accessibleP}, \text{spaceP}, \text{intelligenceP}, \text{time}\right) \\ - E(u \mid \text{male} = 0, \text{availableP}, \text{accessibleP}, \text{spaceP}, \text{intelligenceP}, \text{time})\end{aligned}$$

由于 male=1 对应于男性，male=0 对应于女性，我们可以更简单地把这个模型写成：

$$\begin{aligned}\beta_1 = E(u \mid \text{male}, \text{availableP}, \text{accessibleP}, \text{spaceP}, \text{intelligenceP}, \text{time}) \\ - E(u \mid \text{female}, \text{availableP}, \text{accessibleP}, \text{spaceP}, \text{time})\end{aligned}$$

这里的关键在于，在两个预期中，控制了上述的 4 个变量，差值 β_1 只是由于性别所致。

例 10.2（和政数据）

```
. reg assetP male availableP accessibleP spaceP intelligenceP time
    Source |       SS          df       MS      Number of obs   =       223
-----------+------------------------------------ F(6, 216)       =     23.67
     Model |  17178.5604        6  2863.0934    Prob > F        =    0.0000
  Residual |  26129.3177      216  120.969063   R-squared       =    0.3967
-----------+------------------------------------ Adj R-squared   =    0.3799
     Total |  43307.8781      222  195.080532   Root MSE        =    10.999
-----------------------------------------------------------------------------
```

assetP	Coef.	Std. Err.	t	P>|t|	[95% Conf.	Interval]
male	−1.030046	1.568413	−0.66	0.512	−4.1214	2.061308
availableP	.1553755	.0649618	2.39	0.018	.0273353	.2834158
accessibleP	.0570459	.0658015	0.87	0.387	−.0726494	.1867412
spaceP	.0753357	.0425712	1.77	0.078	−.0085724	.1592438
intelligenceP	.3224388	.0721698	4.47	0.000	.1801916	.4646861
time	1.193906	.3052839	3.91	0.000	.5921891	1.795623
_cons	4.180458	2.336515	1.79	0.075	−.4248293	8.785746

$$\begin{aligned}\text{assetP}_{\text{male}} = {} & 4.18+(-1.03)\times 1+0.15\text{availableP}+0.057\text{accessibleP}+0.07\text{spaceP}\\ & +0.32\text{intelligenceP}+1.19\text{time}+u\end{aligned}$$

此时，你可能在思考，我们为什么没有在式（10.1）中包括另一个虚拟变量 female，它对男性取值 0 和对女性取值 1？原因在于这样做是多余的。在式（10.1）中，女性线的截距是 β_0，男性线的截距是 $\beta_0+\beta_1$。因为只有两组数据，所以我们只需要两个不同的截距。这意味着，除了 β_0 之外，我们只需要一个虚拟变量；我们已经选择了针对男性的虚拟变量。由于 $\text{male}+\text{female}=1$ 意味着 female 是 male 的一个完全线性函数，使用两个虚拟变量将导致完全多重共线性。包括两个性别虚拟变量，是所谓虚拟变量陷阱中最简单的例子，当使用过多的虚拟变量来描述给定组数的数据时，就会掉进这种虚拟变量陷阱。我们后面还要讨论这个问题。

在式（10.1）中，我们已经选择了女性为基准组，即与之进行比较的那一组。这就是为什么 β_0 表示了女性的截距，而 β_1 为男性与女性之间的截距差异。通过将模型写成：

$$\begin{aligned}\text{assetP} = {} & \beta_0+\beta_1\text{female}+\beta_2\text{availableP}+\beta_3\text{accessibleP}+\beta_4\text{spaceP}\\ & +\beta_5\text{intelligenceP}+\beta_6\text{time}+u\end{aligned} \quad (10.2)$$

我们就能选择男性为基组，其中男性的截距是 β_0，而女性的截距是 $\beta_0+\beta_1$，其实这与式（10.1）中男性女性的截距没有区别。在任何一个实际应用中我们如何选择基组并不重要，但重要的是，要保持基组不变。

有些研究者喜欢将模型中的截距去掉，而将每一组的虚拟变量都包括进来。那么，这里的方程就是

$$
\begin{aligned}
\text{assetP} = {} & \beta_0\text{female} + \beta_1\text{male} + \beta_2\text{availableP} + \beta_3\text{accessibleP} + \beta_4\text{spaceP} \\
& + \beta_5\text{intelligenceP} + \beta_6\text{time} + u
\end{aligned} \tag{10.3}
$$

其中女性的截距是 β_0，男性的截距是 β_1。在这种情况下，因为没有截距，所以不存在虚拟变量陷阱。但由于检验截距的差值更加困难，而且对不含截距项的回归怎样计算 R^2 没有一个统一的方法，这个表达式很少有人使用。因此，我们总是引入一个截距项。

例 10.3　负截距

.reg assetP male availableP accessibleP spaceP intelligenceP time

Source	SS	df	MS			
				Number of obs	=	545
				F(6, 538)	=	82.66
Model	47601.7457	6	7933.62428	Prob > F	=	0.0000
Residual	51637.9848	538	95.9813844	R-squared	=	0.4797
				Adj R-squared	=	0.4739
Total	99239.7305	544	182.425975	Root MSE	=	9.797

assetP	Coef.	Std. Err.	t	P>|t|	[95% Conf.	Interval]
male	1.695435	.8488436	2.00	0.046	.0279808	3.362889
availableP	.0261662	.0268146	0.98	0.330	−.026508	.0788405
accessibleP	.1243136	.0320192	3.88	0.000	.0614156	.1872115
spaceP	.101467	.0238536	4.25	0.000	.0546093	.1483246
intelligenceP	.4394213	.0283028	15.53	0.000	.3838239	.4950188
time	.6721592	.1873318	3.59	0.000	.3041677	1.040151
_cons	−5.113735	1.505795	−3.40	0.001	−8.071694	−2.155776

负截距（这里是女性组的截距）不是很有意义，因为样本中没有一个人在上述所有解释变量上都接近于 0。重要的是由于我们已经进行了多元回归并控制了 availableP、accessibleP、spaceP、intelligenceP 和 time，所以 male 变量前的系数 1.72 是信息资产维度百分制得分的差距，且这种差距不能由上述控制变量所解释。我们可以断定，这 1.72 分的差距是由性别或我们在回归中没有控制的与性别相关的因素所致。

将式（10.3）中所有控制变量都去掉，便得到式（10.4）：

$$\text{assetP} = \beta_0 + \beta_1 \text{male} + u \qquad (10.4)$$

例 10.4（和政数据）

```
. reg assetP male
      Source |       SS           df       MS      Number of obs   =       243
-------------+----------------------------------   F(1, 241)       =      0.03
       Model |  6.11289282         1  6.11289282   Prob > F        =    0.8623
    Residual |   48830.901       241  202.617846   R-squared       =    0.0001
-------------+----------------------------------   Adj R-squared   =   −0.0040
       Total |  48837.0139       242  201.805842   Root MSE        =    14.234
------------------------------------------------------------------------------
      assetP |      Coef.   Std. Err.      t    P>|t|     [95% Conf. Interval]
-------------+----------------------------------------------------------------
        male |  −.3397326   1.955927    −0.17   0.862    −4.192628    3.513163
       _cons |   24.31563   1.611727    15.09   0.000     21.14075     27.4905
------------------------------------------------------------------------------
```

比较这两个模型中 male 的系数估计值是有益的。对式（10.4）中的系数有一个简单的解释：这个截距就是样本中女性在信息资产维度百分制得分上的均值，所以样本中的女性在信息资产维度百分制得分上的平均分是 24.31 分。male 的系数为男性和女性的平均得分差。因此，样本中男性的平均得分是 24.31−0.33=23.98 分。

式（10.4）为女性和男性这两组之间进行均值比较提供了一个简单的方法。估计性别差异−0.33 的 t 值−0.17 在统计上是十分显著的（当然−0.33 分在经济意义上也相当大）。一般而言，对一个常数和一个虚拟变量进行简单回归，是比较两组均值的直接方法。要使通常的 t 值生效，我们还必须假定同方差性，这就意味着，男女工资的总体方差相同。

例 10.5 方差齐性检验（和政数据）

```
. sdtest assetP, by(male)
Variance ratio test
       Group |     Obs        Mean    Std. Err.   Std. Dev.   [95% Conf. Interval]
-------------+--------------------------------------------------------------------
```

0	78	24.31563	1.639161	14.47668	21.05164	27.57961
1	165	23.97589	1.099178	14.1192	21.80553	26.14626
Combined	243	24.08494	.911305	14.20584	22.28984	25.88005

```
ratio =sd(0)/sd(1)                                    f =1.0513
Ho: ratio= 1                          Degrees of freedom = 77, 164
Ha: ratio < 1            Ha: ratio != 1               Ha: ratio > 1
Pr(F < f) = 0.6101       2*Pr(F > f) = 0.7797     Pr(F > f) = 0.3899
```

上述是方差齐性检验，原假设为方差齐性，但是我们的结果是拒绝原假设，所以男女在信息资产维度百分制得分上的总体方差不齐性。

由于式（10.4）没有控制 availableP、accessibleP、spaceP、intelligenceP 和 time，女性在上述控制变量的总体平均值比男性要低一些，所以估计出来的男女工资差异比式（10.3）要大。

例 10.6　查看不同性别在上面变量的平均值（和政数据）

. tabstat availableP accessibleP spaceP intelligenceP time, by(male) stat(mean)

Summary statistics: Mean

Group variable: male

male	availableP	accessibleP	spaceP	intelligenceP	time
0	38.68908	29.35474	17.40924	26.112	2.370889
1	39.31599	30.14093	19.45186	26.06545	2.665921
Total	39.11586	29.88898	18.78701	26.08	2.567985

根据上面的结果，在 availableP 上男性比女性的平均分高了 0.7 分，所以加入此控制变量，我们的解释变量系数会变小（从这里也可以看出 male 和 availableP 正相关，所以导致了一元回归的系数产生了正偏误，使得 β_1 被高估）。

. reg assetP male availableP //加入 availableP

```
      Source |       SS           df       MS      Number of obs   =       243
-------------+----------------------------------   F(2, 240)       =     24.56
```

```
       Model |  8297.12953     2  4148.56477 Prob > F        =    0.0000
    Residual |  40539.8843   240  168.916185 R-squared       =    0.1699
-------------+----------------------------------- Adj R-squared   =    0.1630
       Total |  48837.0139   242  201.805842 Root MSE        =    12.997
------------------------------------------------------------------------------

      assetP |      Coef.   Std. Err.      t    P>|t|     [95% Conf. Interval]
-------------+----------------------------------------------------------------
        male |  -.4478869   1.785935    -0.25   0.802    -3.965997    3.070223
  availableP |   .3313647   .0472975     7.01   0.000     .2381935    .4245359
       _cons |   11.33439   2.366171     4.79   0.000     6.673273     15.9955
------------------------------------------------------------------------------
```

根据技术决定论，信息贫困可以用技术手段解决，因此周围是否有电脑会影响信息资产维度百分制得分，我们想知道在我们的样本中是否如此（表 10-1）。

表 10-1　在估计方程（3，40）的过程中遗漏了变量 x_2 时，$\tilde{\beta}_1$ 的偏误汇总表

项目	$\mathrm{Corr}(x_1, x_2)>0$	$\mathrm{Corr}(x_1, x_2)<0$
$\beta_2>0$	偏误为正	偏误为负
$\beta_2<0$	偏误为负	偏误为正

例 10.7　周围是否有电脑对信息资产维度百分制得分的影响（陇西数据）

为了验证我们的假设：在信息资产维度百分制得分上周围信息源中有电脑的人比没有电脑的人得分要高。我们估计如下模型：

$$\begin{aligned}\text{assetP} = \beta_0 + \beta_1\text{available4} + \beta_2\text{gender} + \beta_3\text{aage} + \beta_4\text{edulevel1}\\ + \beta_5\text{familypop} + \beta_6\text{marriage1} + u\end{aligned} \tag{5}$$

其中，虚拟变量 availabel4 为在周围的信息源中有电脑的取 1，而在其他情况下取值 0。

```
. reg assetP available4 gender aage edulevel1 familypop i.marriage1
      Source |       SS       df       MS      Number of obs   =       595
-------------+------------------------------------ F(7, 587)       =     27.37
       Model |  28881.5582     7  4125.93689 Prob > F        =    0.0000
    Residual |  88501.4959   587  150.769158 R-squared       =    0.2460
-------------+------------------------------------ Adj R-squared   =    0.2371
```

```
       Total |  117383.054   594  197.614569 Root MSE        =   12.279
------------------------------------------------------------------------------
      assetP |      Coef.   Std. Err.      t    P>|t|     [95% Conf. Interval]
-------------+----------------------------------------------------------------
  available4 |   2.653708   1.351276     1.96   0.050    -.0002157    5.307632
      gender |   2.551869   1.053019     2.42   0.016     .4837259    4.620013
        aage |  -.1352207   .0529168    -2.56   0.011      -.23915   -.0312915
   edulevel1 |   1.505687   .1666684     9.03   0.000     1.178348    1.833026
   familypop |   -.334336    .312969    -1.07   0.286    -.9490115    .2803394
   marriage1 |
        已婚 |  -.0862523   1.495929    -0.06   0.954    -3.024277    2.851772
        离异 |  -.0282478   5.764181    -0.00   0.996    -11.34918    11.29268
       _cons |   9.684252   3.695789     2.62   0.009     2.425672    16.94283
------------------------------------------------------------------------------
```

这个结果意味着，一个在周围的信息源中有电脑的人，预期其信息资产维度百分制得分比一个在周围的信息源中没有电脑的人高了 2.65 分，而且显著。

不要轻易删除我们已经确定的控制变量，尤其是在理论与实际上也有影响的控制变量，即使控制变量不显著且系数很低，删除之后也会影响我们估计的准确性。在上述的控制变量中 familypop 系数较低，且非常不显著，所以我们尝试着删除此控制变量。

例 10.8（陇西数据）

```
. reg assetP available4 gender aage edulevel1 i.marriage1
      Source |       SS       df       MS      Number of obs   =       602
-------------+------------------------------   F(6, 595)       =     32.61
       Model |  29318.5852     6  4886.43087   Prob > F        =    0.0000
    Residual |  89150.0052   595  149.831942   R-squared       =    0.2475
-------------+------------------------------   Adj R-squared   =    0.2399
       Total |   118468.59   601  197.119119   Root MSE        =    12.241
------------------------------------------------------------------------------
      assetP |      Coef.   Std. Err.      t    P>|t|     [95% Conf. Interval]
-------------+----------------------------------------------------------------
  available4 |    2.51181    1.32586     1.89   0.059    -.0921244    5.115744
```

gender |	2.377173	1.02992	2.31	0.021	.3544512	4.399894
aage |	−.1187803	.0508459	−2.34	0.020	−.2186396	−.0189211
edulevel1 |	1.544629	.1621082	9.53	0.000	1.226255	1.863003
marriage1 |						
已婚 |	−.3959553	1.470565	−0.27	0.788	−3.284085	2.492174
离异 |	.1796593	5.732764	0.03	0.975	−11.07925	11.43857
_cons |	7.433719	3.078724	2.41	0.016	1.387231	13.48021

删除 familypop 变量后，available4 的系数虽然变化不是很大，但是显著性水平却下降了。

前面每一个例子都可视为有政策分析的含义。在第一个例子中，我们对信息资产维度百分制得分中的性别差别感兴趣。在第二个例子中，我们考虑了周围信息源中是否有电脑对信息资产维度百分制得分的影响。

项目评价是一种特殊的政策分析，我们在项目评价中想了解的是，某些经济或社会项目对个人、企业、邻居或城市的影响。在最简单的项目评价中，把对象分为两组。对照组不参加这个项目，而试验组或处理组则参加。这些名称来自试验科学的文献，不应该从字面上进行理解。除非在极少数情形中，对对照组和处理组的选择都不是随机的。但在某些情况下，为了估计项目中的因果效应，可以使用多元回归分析来控制足够多的其他因素。

例 10.9 周围是否有书店/报刊亭对信息资产维度百分制得分的影响（和政数据）

根据技术决定论的观点，信息贫困可以用技术手段解决，所以周围是否有书店/报刊亭会影响信息资产维度百分制得分，我们想知道在我们的样本中是否也是如此。

为了验证我们的假设：在信息资产维度百分制得分上周围信息源中有书店/报刊亭的人比没有电脑的人得分要高。我们估计如下模型：

$$\begin{aligned}\text{assetP} = \beta_0 + \beta_1\text{available\_2} + \beta_2\text{gender} + \beta_3\text{aage} \\ + \beta_4\text{edulevel} + \beta_5\text{family} + \beta_6\text{marriage} + \mu\end{aligned} \quad (6)$$

其中，虚拟变量 available_2 为在周围的信息源中有书店/报刊亭的取 1，无则取 0。

```
. reg assetP available_2 gender aage edulevel family i.marriage
      Source |       SS           df       MS      Number of obs   =       240
-------------+----------------------------------   F(7, 232)       =     19.67
       Model |  18015.4604         7  2573.6372    Prob > F        =    0.0000
    Residual |  30352.2223       232  130.828545   R-squared       =    0.3725
-------------+----------------------------------   Adj R-squared   =    0.3535
       Total |  48367.6827       239  202.375242   Root MSE        =    11.438
------------------------------------------------------------------------------
      assetP |      Coef.   Std. Err.      t    P>|t|     [95% Conf. Interval]
-------------+----------------------------------------------------------------
 available_2 |   4.374509   1.728401     2.53   0.012     .9691412    7.779877
      gender |   .2375157   1.674074     0.14   0.887    −3.060816    3.535847
        aage |  −.3300618   .0661314    −4.99   0.000    −.4603567   −.1997669
    edulevel |    2.82261   .5256998     5.37   0.000     1.786854    3.858366
      family |   .1396182   .4689016     0.30   0.766    −.7842315    1.063468
    marriage |
           1 |  −1.141806   3.151967    −0.36   0.717    −7.351944    5.068331
           2 |   .7046033   6.428906     0.11   0.913     −11.9619     13.3711
       _cons |   27.47476   4.924431     5.58   0.000     17.77244    37.17708
------------------------------------------------------------------------------
```

这个结果意味着，一个在周围的信息源中有书店/报刊亭的人，预期其信息资产维度百分制得分比一个在周围的信息源中没有书店/报刊亭的人高了 4.37 分，而且显著。

二值变量作为解释变量，其系数可以解释为因果效应。

例 10.10 （陇西数据）

我们估计如下模型：

$$\begin{aligned}\text{assetP} = \beta_0 + \beta_1\text{accessible4} + \beta_2\text{gender} + \beta_3\text{aage} \\ + \beta_4\text{edulevel1} + \beta_5\text{familypop} + u\end{aligned} \quad (7)$$

```
. reg assetP accessible4 gender aage edulevel1 familypop
```

Source	SS	df	MS			
				Number of obs	=	606
				F(5, 600)	=	47.32
Model	34009.0191	5	6801.80382	Prob > F	=	0.0000
Residual	86253.069	600	143.755115	R-squared	=	0.2828
				Adj R-squared	=	0.2768
Total	120262.088	605	198.780311	Root MSE	=	11.99

assetP	Coef.	Std. Err.	t	P>|t|	[95% Conf.	Interval]
accessible4	6.922928	1.311223	5.28	0.000	4.347784	9.498072
gender	2.762639	1.004034	2.75	0.006	.7907899	4.734487
aage	−.0864302	.0472895	−1.83	0.068	−.1793033	.0064429
edulevel1	1.462448	.1525841	9.58	0.000	1.162784	1.762111
familypop	−.2632442	.2918789	−0.90	0.367	−.8364728	.3099843
_cons	4.431931	3.629127	1.22	0.222	−2.695404	11.55927

上例中，解释变量是 accessible4，在生活或者工作中遇到不熟悉但是迫切需要解决的问题时能否从互联网获取信息，能则取 1，不能则取 0。gender 表示性别，男性为 1，女性为 0。aage 为年龄，edulevel1 为教育年限，familypop 为家庭人口变量 accessible4 在统计 1%水平上显著。在控制了性别、年龄、教育水平、家庭人口和孩子数量之后，能从互联网获取在生活或者工作中遇到不熟悉但是迫切需要解决问题的人比不能的人在信息资产维度百分制得分上多了 6.92 分。由于样本中信息资产维度百分制得分的平均分为 24.46 分, accessible4 像预期那样对信息资产维度百分制得分具有很大的影响。

例 10.11（陇西数据）

. sum assetP

Variable	Obs	Mean	Std. Dev.	Min	Max
assetP	634	24.45602	14.14456	0	80.0844

在上述方程中，accessible4 在信息资产维度百分制得分上的差异，是使用互联网寻找解决问题所导致的吗？会不会是因为其子女会使用互联网，一旦遇到问题就让其子女帮忙解决，而其子女都是在其身旁直接用互联网查找解决问题的办

法。因为我们还没有控制其他可能影响的因素，所以我们的回归结果不能代表因果效应，除非是一个完全随机的实验。我们的回归只是尽我们的所能控制其他因素，以期得到一个相对而言可靠的结果。

此处，我们给出一个新的模型：

$$\begin{aligned}\text{assetP} = \beta_0 + \beta_1\text{accessible\_4} + \beta_2\text{gender} + \beta_3\text{aage} \\ + \beta_4\text{edulevell} + \beta_5\text{family} + \mu\end{aligned} \tag{10.5}$$

例 10.12（和政数据）

```
. reg assetP accessible_4 gender aage edulevel family
     Source |       SS           df       MS      Number of obs   =       240
------------+----------------------------------   F(5, 234)       =     26.77
      Model |  17597.6945         5  3519.53889   Prob > F        =    0.0000
   Residual |  30769.9883       234  131.495676   R-squared       =    0.3638
------------+----------------------------------   Adj R-squared   =    0.3502
      Total |  48367.6827       239  202.375242   Root MSE        =    11.467
------------------------------------------------------------------------------
      assetP |      Coef.   Std. Err.      t    P>|t|     [95% Conf. Interval]
-------------+----------------------------------------------------------------
accessible_4 |   3.363501       1.83     1.84   0.067     -.241881    6.968882
      gender |    .130928   1.652569     0.08   0.937    -3.124886    3.386742
        aage |  -.2908252   .0661893    -4.39   0.000    -.4212282   -.1604221
    edulevel |   3.065095   .5091777     6.02   0.000     2.061937    4.068253
      family |   .0820835   .4551657     0.18   0.857    -.8146628    .9788298
       _cons |   23.25324   4.729473     4.92   0.000     13.93545    32.57103
------------------------------------------------------------------------------
```

上式中，解释变量是 accessible_4，在生活或者工作中遇到不熟悉但是迫切需要解决的问题时能否通过手机或电脑获取信息，能则取 1，不能则取 0。gender 表示性别，男性为 1，女性为 0。aage 为年龄，edulevell 为教育年限，family 为家庭人口。变量 accessible_4 在统计 1%水平上显著。在控制了性别、年龄、教育水平、家庭人口之后，能通过手机/电脑获取在生活或者工作中遇到不熟悉但是迫切需要解决问题的人比不能的人在信息资产维度百分制得分上多了 1.75 分。

例 10.13（和政数据）

```
. sum assetP
    Variable |       Obs        Mean    Std. Dev.       Min        Max
-------------+---------------------------------------------------------
      assetP |       243    24.08494    14.20584    9.41704        100
```

由于样本中信息资产维度百分制得分的平均分为 24.08 分，所以 accessible_4 像预期那样对信息资产维度百分制得分具有很大的影响。

在上述模型中，我们想知道，accessible_4 在信息资产维度百分制得分上的差异，是使用手机/电脑寻找解决问题所导致的吗？会不会是因为其子女会使用手机/电脑，一旦遇到问题就让其子女帮忙解决，而其子女都是在其身旁直接用手机/电脑查找解决问题的办法。因为我们还没有控制其他可能影响的因素，所以我们的回归结果不能代表因果效应，除非是一个完全随机的实验。因此我们的回归只是尽可能地控制其他因素，以期得到一个相对而言可靠的结果。

10.2.2 当因变量为 ln(*y*)时，对虚拟变量系数的解释

在应用研究中有一个常见的设定：当自变量中有一个或多个虚拟变量时，因变量以对数形式出现（不同组的样本量不同，所以用百分比）。在这种情况下，我们该如何解释虚拟变量的系数呢？无足为奇，该系数具有一种百分比解释。

我们估计如下方程：

$$\begin{aligned}\text{lnassetP} = \beta_0 + \beta_1\text{available4} + \beta_2\text{gender} + \beta_3\text{aage} + \beta_4\text{edulevel1}\\ + \beta_5\text{kidsnumber} + u\end{aligned} \tag{10.6}$$

例 10.14 ln(*y*)的解释（陇西数据）

```
. reg lnassetP available4 gender aage edulevel1 kidsnumber
      Source |       SS           df       MS      Number of obs   =       586
-------------+----------------------------------   F(5, 580)       =     49.10
       Model |  80.8066358         5  16.1613272   Prob > F        =    0.0000
    Residual |  190.918985       580  .329170665   R-squared       =    0.2974
-------------+----------------------------------   Adj R-squared   =    0.2913
       Total |  271.725621       585  .464488242   Root MSE        =    .57373
-----------------------------------------------------------------------------
```

lnassetP	Coef.	Std. Err.	t	P>|t|	[95% Conf.	Interval]
available4	.1301322	.0622168	2.09	0.037	.0079345	.2523299
gender	.0431462	.0483992	0.89	0.373	−.0519128	.1382053
aage	−.0088826	.0023527	−3.78	0.000	−.0135034	−.0042618
edulevel1	.0821317	.0078918	10.41	0.000	.0666318	.0976317
kidsnumber	.014813	.0262416	0.56	0.573	−.0367272	.0663532
_cons	2.205977	.1456983	15.14	0.000	1.919816	2.492137

对于解释变量的系数，我们可以这么解释：在控制了上述控制变量之后，周围信息源中有电脑的人比没有的人在信息资产维度百分制得分上多了 13%。

我们估计方程：

$$\begin{aligned}\text{lnassetP} = \beta_0 + \beta_1\text{accessible4} + \beta_2\text{gender} + \beta_3\text{aage} + \beta_4\text{edulevel1} \\ + \beta_5\text{familypop} + \beta_6\text{kidsnumber} + uu\end{aligned} \tag{10.7}$$

例 10.15　当因变量为 ln(*y*)时，对虚拟变量系数的精确解释（陇西数据）

. reg lnassetP accessible4 gender aage edulevel1 familypop kidsnumber

Source	SS	df	MS		
				Number of obs =	573
				F(6, 566) =	51.44
Model	94.0881768	6	15.6813628	Prob > F =	0.0000
Residual	172.554674	566	.304866915	R-squared =	0.3529
				Adj R-squared =	0.3460
Total	266.642851	572	.46615883	Root MSE =	.55215

lnassetP	Coef.	Std. Err.	t	P>|t|	[95% Conf.	Interval]
accessible4	.4573413	.0634134	7.21	0.000	.332787	.5818957
gender	.0712897	.0478984	1.49	0.137	−.0227906	.1653701
aage	−.0062339	.0024823	−2.51	0.012	−.0111096	−.0013582
edulevel1	.0771978	.0076286	10.12	0.000	.0622139	.0921817
familypop	−.008126	.0149236	−0.54	0.586	−.0374384	.0211864
kidsnumber	.0181033	.0278745	0.65	0.516	−.0366469	.0728534

```
      _cons |   1.919632   .1766738   10.87  0.000    1.572616   2.266648
------------------------------------------------------------------------------
```

如果只是想要粗略地估计，对于解释变量系数的解释和例 10.7 一样。但是如果我们想要精确地解释：

$$\widehat{\text{assetP}_{\text{accessible4=1}}} - \widehat{\text{assetP}_{\text{accessible4=0}}} / \widehat{\text{assetP}_{\text{accessible4=0}}}$$

从前面计算中我们得到：

$$\ln(\widehat{\text{assetP}_{\text{accessible4=1}}}) - \ln(\widehat{\text{assetP}_{\text{accessible4=0}}}) = 0.457$$

$$e^{\ln(\widehat{\text{assetP}_{\text{accessible4=1}}}) - \ln(\widehat{\text{assetP}_{\text{accessible4=0}}})} = e^{0.457}$$

$$\frac{e^{\ln(\widehat{\text{assetP}_{\text{accessible4=1}}})}}{e^{\ln(\widehat{\text{assetP}_{\text{accessible4=0}}})}} = e^{0.457}$$

$$\frac{\widehat{\text{assetP}_{\text{accessible4=1}}}}{\widehat{\text{assetP}_{\text{accessible4=0}}}} = e^{0.457}$$

$$\frac{\widehat{\text{assetP}_{\text{accessible4=1}}}}{\widehat{\text{assetP}_{\text{accessible4=0}}}} - 1 = e^{0.457} - 1$$

$$(\widehat{\text{assetP}_{\text{accessible4=1}}} - \widehat{\text{assetP}_{\text{accessible4=0}}}) / \widehat{\text{assetP}_{\text{accessible4=0}}} = e^{0.457} - 1 \approx 0.579$$

这个更加精确的估计值意味着，能从互联网获取在生活或者工作中遇到不熟悉但是迫切需要解决问题的人比不能的人在信息资产维度百分制得分上多了 57.9%。

10.3　使用多类别虚拟变量

10.3.1　使用多类别虚拟变量的解释

在前文的分析中，我们认为能从互联网获取在生活或者工作中遇到不熟悉但是迫切需要解决问题的人比不能的人在信息资产维度百分制得分上多了 57.9%，其实这个解释有一个重要的局限，假定此解释变量带来的影响对男性和女性而言都是一样的，如式（10.8）就放松了这个假定，使解释变量带来的影响对男性和女性而言不一样。估计如下模型：

$$\begin{aligned} \text{lnassetP} = &\beta_0 + \beta_1\text{acc40male} + \beta_2\text{acc41male} + \beta_3\text{acc41female} + \beta_4\text{aage} \\ &+ \beta_5\text{edulevel1} + \beta_6\text{familypop} + \beta_7\text{kidsnumber} + u \end{aligned} \quad (10.8)$$

例 10.16　男性和女性存在差别（陇西数据）

```
. gen acc40male=(accessible4==0 & gender==1)
. gen acc40female=(accessible4==0 & gender==0) //基组
. gen acc41male=(accessible4==1 & gender==1)
. gen acc41female=(accessible4==1 & gender==0)
```

我们对 accessible4 变量和 gender 变量进行了一个排列组合，分成了四组，来估计此解释变量带来的影响对男性和女性而言是否一样。

```
. reg lnassetP acc40male acc41male acc41female aage edulevel1 kidsnumber
      Source |       SS           df       MS      Number of obs   =       591
-------------+----------------------------------   F(6, 584)       =     52.56
       Model |   97.516405         6  16.2527342   Prob > F        =    0.0000
    Residual |  180.597825       584  .30924285    R-squared       =    0.3506
-------------+----------------------------------   Adj R-squared   =    0.3440
       Total |   278.11423       590  .47138005    Root MSE        =     .5561
------------------------------------------------------------------------------
    lnassetP |      Coef.   Std. Err.      t    P>|t|     [95% Conf. Interval]
-------------+----------------------------------------------------------------
   acc40male |   .0120305   .1034293     0.12   0.907    -.1911083    .2151693
   acc41male |   .4657909   .0879862     5.29   0.000     .2929829    .6385988
 acc41female |    .388235   .0852857     4.55   0.000      .220731     .555739
        aage |  -.0051391   .0023266    -2.21   0.028    -.0097085   -.0005697
   edulevel1 |   .0776792   .0073171    10.62   0.000     .0633081    .0920503
  kidsnumber |   .0065539   .0253694     0.26   0.796    -.0432725    .0563804
       _cons |    1.91191   .1526379    12.53   0.000     1.612123    2.211696
------------------------------------------------------------------------------
```

因为我们选择了 accessible4==0 且 gender==0 为基组，所以另外三个控制变量的估计值度量的都是与不能从互联网获取在生活或者工作中遇到不熟悉但是迫切需要解决问题的女性相比，信息资产维度百分制得分的差异。根据上述的回归结果，能从互联网获取在生活或者工作中遇到不熟悉但是迫切需要解决问题的男性比不能从互联网获取在生活或者工作中遇到不熟悉但是迫切需要解决问题的女性，在信息资产维度百分制得分上高了 46.58%，且 1%显著；能从互联网获取在生活或者工作中遇到不熟悉但是迫切需要解决问题的女性比不能从互联网获取在生活或者工作中遇到不熟悉但是迫切需要解决问题的女性，在信息资产维度百分制得分上高了 38.82%，且 1%显著。

从主观上判断，我们会觉得 acc40male 和 acc41male 之间有显著差异，但是实际上是否在统计学上有差异，我们还需要进一步的判断。

```
. test acc40male=acc41male
(1) acc40male − acc41male = 0
      F(1, 584) = 29.43
         Prob > F = 0.0000
```

上述的 F 检验说明，两个变量的回归系数是有显著差异的。

以和政数据为例，在模型（10.8）中，我们认为能从手机/电脑获取在生活或者工作中遇到不熟悉但是迫切需要解决问题的人比不能的人在信息资产维度百分制得分上多了 38%，其实该解释有一个重要的局限，即假定此解释变量带来的影响对男性和女性而言都是一样的，但例 10.17 则放松了这个假定。

我们对 accessible_4 变量和 gender 变量进行了一个排列组合，分成了四组，来估计此解释变量带来的影响对男性和女性而言是否一样。即让我们估计一个信息资产百分制得分对如下四组人都不同的模型：不能从手机/电脑获取信息的男性、不能从手机/电脑获取信息的女性、能够从手机/电脑获取信息的男性和能够从手机/电脑获取信息的女性。为了进行估计，我们必须选择一个基组；我们选择不能从手机/电脑获取信息的女性（0, 0）。于是，我们必须对剩下的每一组都定义一个虚拟变量，并称之为 acc40male、acc41male 和 acc41female。

```
· gen acc40male=(accessible_4==0 & gender==1)
· gen acc40female=(accessible_4==0 & gender==0) //基组
· gen acc41male=(accessible_4==1 & gender==1)
· gen acc41female=(accessible_4==1 & gender==0)
```

将这些变量代入式（10.8），注意要省去基组 acc40female。

$$\begin{aligned}\text{lnassetP} = {} & \beta_0 + \beta_1\text{acc40male} + \beta_2\text{acc41male} + \beta_3\text{acc41female} \\ & + \beta_4\text{aage} + \beta_5\text{edulevel1} + \beta_6\text{family} + \mu\end{aligned} \tag{10.9}$$

例 10.17　（陇西数据）

```
. reg lnassetP acc40male acc41male acc41female aage edulevel1
      Source |       SS           df       MS      Number of obs   =       622
-------------+----------------------------------   F(5, 616)       =     68.32
       Model |   103.20112         5  20.6402239   Prob > F        =    0.0000
    Residual |  186.101336       616  .302112558   R-squared       =    0.3567
-------------+----------------------------------   Adj R-squared   =    0.3515
       Total |  289.302455       621  .465865468   Root MSE        =    .54965
------------------------------------------------------------------------------

    lnassetP |      Coef.   Std. Err.      t    P>|t|     [95% Conf. Interval]
-------------+----------------------------------------------------------------
   acc40male |   .0162501   .0982983     0.17   0.869    -.1767904    .2092906
   acc41male |   .4791211   .0835903     5.73   0.000     .3149646    .6432775
 acc41female |   .3843761   .0812367     4.73   0.000     .2248416    .5439106
        aage |  -.0056515   .0020989    -2.69   0.007    -.0097733   -.0015298
   edulevel1 |   .0764067   .0067585    11.31   0.000     .0631341    .0896792
       _cons |   1.954446   .1440081    13.57   0.000     1.671639    2.237252
------------------------------------------------------------------------------
```

由于我们选择了 accessible4==0 且 gender==0 为基组，另外三个控制变量的估计值度量的都是与不能从手机/电脑上获取在生活或者工作中遇到不熟悉但是迫切需要解决问题的女性相比，信息资产维度百分制得分的差异。根据上述的回归结果，能通过手机/电脑获取在生活或者工作中遇到不熟悉但是迫切需要解决问题的男性比不能通过手机/电脑获取在生活或者工作中遇到不熟悉但是迫切需要解决问题的女性，在信息资产维度百分制得分上高了 48%，且 1%显著；能通过手机/电脑获取在生活或者工作中遇到不熟悉但是迫切需要解决问题的女性比不能通过手机/电脑获取在生活或者工作中遇到不熟悉但是迫切需要解决问题的女性，在信息资产维度百分制得分上高了 38.4%，且 1%显著。

从主观上判断，我们会觉得 acc40male 和 acc41male 之间有显著差异，但是实际上是否在统计学上有差异，我们还需要进一步的判断。在此，我们采用 *F* 检验的方法。

例 10.18（陇西数据）

. test acc40male= acc41male//回归中的系数是否有显著差异（*F* 检验）

(1) acc40male - acc41male = 0

$F(1, 616) = 34.45$

Prob > F = 0.0000

上述的 F 检验说明，两个变量的回归系数是有显著差异的。

思考一下，避免多重共线性。我们在方程（10.9）中其实有四组虚拟变量，我们之所以不把基组放入方程，就是因为考虑了完全共线性，且只放入三组虚拟变量也能得到我们想要的结果。

前面这个例子说明了在方程中包括虚拟变量象征着不同组的一般原则：如果回归模型具有 g 组或 g 类不同截距，我们就需要在模型中包含 g–1 个虚拟变量和一个截距。基组的截距就是模型的总截距，某一组的虚拟变量系数则表示了该组与基组之间在截距上的估计差异。一种办法是包括 g 个虚拟变量和一个截距，这将导致虚拟变量陷阱。另一种办法是包括 g 个虚拟变量而没有总截距。包括 g 个虚拟变量而不使用总截距的做法有时很有用，但这样做又有两个实际缺陷。首先，它使得对于相对基组差别的检验变得更烦琐。其次，在模型不包含总截距时，回归软件通常都会改变 R^2 的计算方法。具体而言，就是公式 $R^2 = 1 - \text{SSR} / \text{SST}$ 中的总平方和 SST，被一个没有将 y_i 减去其均值的总平方和 $\text{SST}_0 = \sum_{i=1}^{n} y_i^2 \left[\text{SST} = \sum_{i=1}^{n} (y_i - \overline{y})^2\right]$ 取代。由此得到的 $R_0^2 = 1 - \text{SSR} / \text{SST}_0$ 有时又被称为未中心化 R^2。不幸的是，作为一个拟合优度指标，R_0^2 几乎总是难以胜任。$\text{SST}_0 \geqslant \text{SST}$ 总是成立的，而且只有在 $\overline{y} = 0$ 时才取等号。通常，SST_0 总是远大于 SST，这就意味着 R_0^2 总是远大于 R^2。比如在前面的那个例子中，如果我们将 lnassetP 对 acc40male、acc40female、acc41male、acc41female 和控制变量在不使用截距的情况下进行回归，结果如下。

例 10.19（陇西数据）

.reg lnassetP acc40male acc40female acc41male acc41female aage edulevel1 kidsnumber, noconstant

```
      Source |       SS           df       MS      Number of obs   =       591
-------------+----------------------------------   F(7, 584)       =   2261.48
       Model |  5407.02984         7  772.432834   Prob > F        =    0.0000
    Residual |  199.471209       584  .341560289   R-squared       =    0.9644
-------------+----------------------------------   Adj R-squared   =    0.9640
       Total |  5606.50105       591  9.48646539   Root MSE        =    .58443

------------------------------------------------------------------------------
```

lnassetP	Coef.	Std. Err.	t	P>|t|	[95% Conf. Interval]	
acc40male	1.392986	.1542114	9.03	0.000	1.09011	1.695863
acc40female	1.409893	.1513358	9.32	0.000	1.112664	1.707122
acc41male	1.855729	.1406593	13.19	0.000	1.579469	2.131988
acc41female	1.806923	.1325385	13.63	0.000	1.546613	2.067233
aage	.0012343	.0022934	0.54	0.591	−.00327	.0057386
edulevel1	.0983976	.0071868	13.69	0.000	.0842824	.1125128
kidsnumber	.0208564	.0266528	0.78	0.434	−.0314906	.0732034

Stata 报告的 R^2 就是 $R_0^2 = 0.9644$。这么高的 R^2 是在计算中没有对总平方和进行中心化处理导致的假象。方程（10.9）给出了正确的 R^2 为 0.3506。包括 Stata 在内的有些回归软件，就算模型中没有包含总截距项，也有强行计算中心化 R^2 的选项，而使用这一选择通常是一个好主意。在绝大多数情形中，任何一个基于比较 SSR 和 SST 而得到的 R^2，在计算 SST 时都应该对 y_i 围绕着 $\bar{y}$ 进行中心化处理。我们可以把这个 SST 看成我们仅用样本均值 $\bar{y}$ 来预测每个 y_i 所得到的残差平方和。当然，对于任何一个模型，如果我们所度量的是这个模型相对于一个常数预测而言的拟合优度，那么我们肯定是把这个均值设定得太低了。对于一个没有截距项而又拟合得不太理想的模型，有可能 $\text{SSR} > \text{SST}$，这就意味着 R^2 可能为负。而未中心化的 R^2 总是介于 0 到 1，这可能就解释了，为什么在回归模型没有估计截距时，它通常都是默认选择。

10.3.2　通过使用虚拟变量来包含序数信息

假设我们想估计在工作学习中遇到问题如何搜寻答案（intelligence22）对于信息资产维度百分制得分的影响。intelligence22 的取值与对应的含义为：询问他人或请人代查=1，利用百度简单搜索=2，利用百度高级搜索页面=3，数据库的高级搜索功能=4。1 表明自主获取信息的能力较差，4 表示自主获取信息的能力强，所以这是一个定序变量。为了验证我们的假设，我们估计方程（10.10）：

$$\begin{aligned}\text{assetP} = {}& \beta_0 + \beta_1 \text{i.intelligence22} + \beta_2 \text{aage} + \beta_3 \text{edulevel1} \\ & + \beta_4 \text{kidsnumber} + \beta_5 \text{gender} + u\end{aligned} \tag{10.10}$$

例 10.20　定序变量作为解释变量，如何提原假设

在方程（10.10）中，怎样检验在工作学习中遇到问题如何搜寻答案

（intelligence22）对于信息资产维度百分制得分没有影响的原假设？

H_0：所有定序变量均不显著。

intelligence22 有 4 个数值，所以我们用 i.intelligence22 会产生 3 个虚拟变量，只要每个都不显著就表明没有影响，因为每个虚拟变量的系数含义是与 intelligence22=1 相比在信息资产维度百分制得分上的差距，那么只要有一个显著就表明有影响。

例 10.21 估计方程（10.16）（陇西数据）

```
. reg assetP i.intelligence22 aage edulevel1 kidsnumber gender
      Source |       SS           df       MS      Number of obs   =       559
-------------+----------------------------------   F(7, 551)       =     36.16
       Model |  33135.3557         7  4733.62224   Prob > F        =    0.0000
    Residual |  72132.9726       551  130.912836   R-squared       =    0.3148
-------------+----------------------------------   Adj R-squared   =    0.3061
       Total |  105268.328       558  188.652918   Root MSE        =    11.442
------------------------------------------------------------------------------
      assetP |      Coef.   Std. Err.      t    P>|t|     [95% Conf. Interval]
-------------+----------------------------------------------------------------
intelligence22 |
利用百度简单
        搜索 |   6.715605   1.312371     5.12   0.000     4.137744    9.293467
利用百度高级
    搜索页面 |   12.93087   2.343387     5.52   0.000      8.32781    17.53394
数据库的高级
    搜索功能 |   18.11623   3.124187     5.80   0.000     11.97946    24.25301
             |
        aage |  −.0373083   .0492426    −0.76   0.449    −.1340345     .059418
   edulevel1 |   1.320395   .1595974     8.27   0.000     1.006902    1.633889
  kidsnumber |  −.6352485    .544056    −1.17   0.243    −1.703926    .4334292
      gender |   2.291241   .9938359     2.31   0.022     .3390706    4.243412
       _cons |   3.802202   3.105916     1.22   0.221    −2.298683    9.903087
------------------------------------------------------------------------------
```

在控制了上述控制变量的情况下，能利用百度简单搜索的人比询问他人或请他人待查的人在信息资产维度百分制得分上高出 6.71 分，其余系数的解释不再赘述。

之后我们检验这种差别在不同性别之间是否会有显著的差距。

```
. reg assetP i.intelligence22##i.gender aage edulevel1 familypop kidsnumber
      Source |       SS           df       MS      Number of obs   =       549
-------------+----------------------------------   F（11，537）     =     22.51
       Model |  32803.591        11  2982.14464    Prob > F        =    0.0000
    Residual |  71144.5526      537  132.4852      R-squared       =    0.3156
-------------+----------------------------------   Adj R-squared   =    0.3016
       Total |  103948.144      548  189.686394    Root MSE        =     11.51
-------------------------------------------------------------------------------

              assetP |      Coef.   Std. Err.      t    P>|t|     [95% Conf. Interval]
---------------------+---------------------------------------------------------------
     intelligence22 |
 利用百度简单搜索 |   5.809481    1.83021     3.17   0.002     2.214233    9.404729
 利用百度高级搜索页面 |   13.17933   3.511893     3.75   0.000     6.280593    20.07806
 数据库的高级搜索功能 |   12.47604   5.023056     2.48   0.013     2.608789    22.34329
              gender |
                  男 |   .4215505   2.265282     0.19   0.852    −4.028349     4.87145
     intelligence22#
              gender |
 利用百度简单搜索#男 |   2.349986   2.536031     0.93   0.355    −2.631771    7.331743
 利用百度高级搜索页面#男 |  −.0053358  4.628669    −0.00   0.999    −9.097854    9.087183
 数据库的高级搜索功能#男 |   9.593258   6.368345     1.51   0.133    −2.916666    22.10318
                aage |  −.0475109   .0537247    −0.88   0.377    −.1530473    .0580254
           edulevel1 |   1.291446   .1643365     7.86   0.000     .9686252    1.614267
           familypop |  −.2349902   .3294318    −0.71   0.476    −.8821233    .4121428
          kidsnumber |  −.6450298   .6001612    −1.07   0.283    −1.823981    .5339218
               _cons |   6.450295   3.759275     1.72   0.087    −.9343936    13.83498
---------------------------------------------------------------------------------------
```

```
. testparm i.intelligence22#i.gender //检验交互项是否联合显著
 (1) 2.intelligence22#1.gender = 0
 (2) 3.intelligence22#1.gender = 0
 (3) 4.intelligence22#1.gender = 0
    F(3, 537) = 0.92
       Prob > F = 0.4315
```

结果均不显著，说明这种差别在不同性别上是一致的。

方程（10.16）将固定偏效应模型作为一个特殊情形包含进来，意味着固定偏效应模型的三个约束可写成 $\beta_2' = 2\beta_1', \beta_3' = 3\beta_1'$。

在某些情况下，序数变量取值过多，以致不能对每个值都包括进来一个虚拟变量。比如一个关键解释变量是排名，一共有 100 个名次，此时对每一个排名用虚拟变量的形式表现就会消耗太多的自由度，所以我们可以对这 100 个名次进行分类：top10、r11-25、r26-40、r41-60、r61-100。

例 10.22 序数变量中的数值太大（陇西数据）

```
. reg assetP i.edulevel aage personnet jobsearch policy
      Source |       SS        df       MS       Number of obs   =       582
-------------+------------------------------------ F（12，569）    =     19.73
       Model |  32948.9273     12  2745.74394    Prob > F        =    0.0000
    Residual |  79187.1609    569     139.169    R-squared       =    0.2938
-------------+------------------------------------ Adj R-squared  =    0.2789
       Total |  112136.088    581  193.005315    Root MSE        =    11.797
------------------------------------------------------------------------------
      assetP |      Coef.   Std. Err.      t    P>|t|     [95% Conf. Interval]
-------------+----------------------------------------------------------------
    edulevel |
        小学 |   6.771446   4.024619    1.68  0.093    −1.133477    14.67637
        初中 |   10.75979   3.465936    3.10  0.002     3.952196    17.56738
        高中 |   12.57081   3.549182    3.54  0.000     5.599716    19.54191
    职业高中 |   13.47052   3.698078    3.64  0.000     6.206975    20.73407
    或中专 |
        大专 |   19.25285   3.583836    5.37  0.000     12.21369    26.29201
        本科 |   22.92004    3.60545    6.36  0.000     15.83843    30.00166
```

硕士	25.5019	9.01962	2.83	0.005	7.786083	43.21771
博士	23.21651	12.35558	1.88	0.061	−1.051603	47.48463
aage	−.0789217	.0480974	−1.64	0.101	−.1733918	.0155484
personnet	1.01289	.3203372	3.16	0.002	.3837025	1.642078
jobsearch	.7923224	.3718439	2.13	0.034	.0619683	1.522677
policy	1.729361	.3998767	4.32	0.000	.9439469	2.514776
_cons	1.842677	4.332898	0.43	0.671	−6.66775	10.3531

. reg assetP edulevel1 aage personnet jobsearch policy

Source	SS	df	MS			
				Number of obs	=	582
				F(5, 576)	=	45.17
Model	31585.5949	5	6317.11897	Prob > F	=	0.0000
Residual	80550.4933	576	139.844606	R-squared	=	0.2817
				Adj R-squared	=	0.2754
Total	112136.088	581	193.005315	Root MSE	=	11.826

assetP	Coef.	Std. Err.	t	P>|t|	[95% Conf.	Interval]
edulevel1	1.506384	.1567955	9.61	0.000	1.198423	1.814344
aage	−.0893847	.0477651	−1.87	0.062	−.1831997	.0044303
personnet	.9430379	.317718	2.97	0.003	.3190109	1.567065
jobsearch	.8406962	.3702721	2.27	0.024	.1134481	1.567944
policy	1.775906	.3987247	4.45	0.000	.9927746	2.559038
_cons	−.8902552	3.319156	−0.27	0.789	−7.40938	5.62887

使用教育水平这个分类变量，基本上都显著，Adj R-squared=0.2789；虽然使用教育年限这个连续变量也是显著，但是 Adj R-squared=0.2754，小于分类变量的 Adj R-squared，这说明了教育水平这个分类变量的回归方程比教育年限这个连续变量的回归方程更有灵活性。

在推导普通最小二乘性质的过程中，我们假定使用的是随机样本，虽然我们的例 10.15 中并没有这个问题，但要注意的是，如果使用的是类似于排名这种变量，可能就不是随机了，因为一个人或组织机构的排名必然取决于他人或组织机构，这就违背了上述假定。如果能确定不随机的解释项与残差不相关，那么也不会导致任何严重问题。

10.4 涉及虚拟变量的交互作用

10.4.1 虚拟变量之间的交互作用

就像具有定量意义的变量在回归模型中可以有交互（调节）作用一样，虚拟变量也能产生交互作用。在方程（10.11）我们其实就看到了这样的一个例子。

$$\begin{aligned}\text{lnassetP} = &\beta_0 + \beta_1\text{acc40male} + \beta_2\text{acc41male} + \beta_3\text{acc41female} + \beta_4\text{aage}\\ &+ \beta_5\text{edulevel1} + \beta_6\text{familypop} + \beta_7\text{kidsnumber} + u\end{aligned} \quad (10.11)$$

```
. gen acc40male=(accessible4==0 & gender==1)
. gen acc40female=(accessible4==0 & gender==0) //基组
. gen acc41male=(accessible4==1 & gender==1)
. gen acc41female=(accessible4==1 & gender==0)
```

事实上，我们可以在 accessible4 和 gender 分别出现的模型中，增加一个 accessible4 和 gender 的交互项来重建这个模型。这就使得 accessible4（在工作或生活中有问题时，是否可以从互联网获取信息）对信息资产维度百分制得分的影响与性别有关。方程（10.12）就是包含了交互项。分类变量 i.依旧要加上：

$$\begin{aligned}\text{lnassetP} = &\beta_0 + \beta_1\text{accessible4} + \beta_2\text{gender} + \beta_3\text{accessible4\#gender} + \beta_4\text{aage}\\ &+ \beta_5\text{edulevel1} + \beta_6\text{familypop} + \beta_7\text{kidsnumber} + u\end{aligned} \quad (10.12)$$

例 10.23 （陇西数据）

```
.reg lnassetP i.accessible4 i.gender i.accessible4#i.gender aage edulevel1 familypop kidsnumber
      Source |       SS           df       MS      Number of obs   =       573
-------------+----------------------------------   F(7, 565)       =     44.04
       Model |  94.1331267         7  13.4475895   Prob > F        =    0.0000
    Residual |  172.509724       565  .305326945   R-squared       =    0.3530
-------------+----------------------------------   Adj R-squared   =    0.3450
       Total |  266.642851       572  .46615883    Root MSE        =    .55256
------------------------------------------------------------------------------
```

lnassetP	Coef.	Std. Err.	t	P>|t|	[95% Conf. Interval]	
accessible4						
有	.4329867	.0897571	4.82	0.000	.2566883	.6092852
gender						
男	.0342798	.1077116	0.32	0.750	−.1772842	.2458438
accessible4# gender						
有#男	.0456262	.118914	0.38	0.701	−.1879413	.2791937
aage	−.0062002	.0024857	−2.49	0.013	−.0110826	−.0013177
edulevel1	.0770797	.0076406	10.09	0.000	.0620722	.0920871
familypop	−.0080889	.0149352	−0.54	0.588	−.0374241	.0212463
kidsnumber	.0180166	.0278965	0.65	0.519	−.0367768	.0728101
_cons	1.940326	.18485	10.50	0.000	1.577249	2.303403

回归结果表明 accessible4 和 gender 并没有显著的调节效应。这个模型还使我们能得到所有四组之间的预期工资差异。

取 accessible4=0 和 gender=0，这就排除了 accessible4、gender 和 accessible4*gender，所以对应于在工作或生活中有问题时，不能从互联网获取信息的女性这个基组。通过 gender=0，accessible4=1，就给出了在工作或生活中有问题时，能从互联网获取信息的女性的截距 1.94+0.43=2.37。

方程（10.12）不过是得到各种 accessible4 和 gender 组合之间信息资产维度百分制得分差异的一种不同方法。它并不比方程（10.11）有什么真正的优势；实际上，方程（10.11）更适合检验任何一组与基组之间的差异。

例 10.24　c.edulevel1#accessible4 的交互项（陇西数据）

$$\begin{aligned}\text{lnassetP} = \beta_0 + \beta_1\text{available4} + \beta_2\text{gender} + \beta_3\text{available4\#gender} + \beta_4\text{aage} \\ + \beta_5\text{edulevel1} + \beta_6\text{familypop} + \beta_7\text{kidsnumber} + u\end{aligned}$$

. reg lnassetP i.available4 i.gender i.available4#i.gender aage edulevel1 familypop kidsnumber

```
      Source |       SS           df       MS      Number of obs   =       574
-------------+----------------------------------   F(7, 566)       =     34.85
       Model |  80.3258441         7  11.4751206   Prob > F        =    0.0000
    Residual |  186.375143       566  .329284705   R-squared       =    0.3012
-------------+----------------------------------   Adj R-squared   =    0.2925
       Total |  266.700987       573  .465446749   Root MSE        =    .57383
------------------------------------------------------------------------------

    lnassetP |      Coef.   Std. Err.      t    P>|t|     [95% Conf. Interval]
-------------+----------------------------------------------------------------
  available4 |
          有 |   .1953438   .0837929     2.33   0.020     .0307609    .3599267
      gender |
          男 |   .1194496   .1051278     1.14   0.256    −.0870386    .3259377
 available4#
      gender |
       有#男 |  −.0937385   .1176134    −0.80   0.426    −.3247506    .1372735
        aage |  −.0097042   .0025377    −3.82   0.000    −.0146886   −.0047198
   edulevel1 |   .0826272   .0081913    10.09   0.000     .0665381    .0987164
   familypop |  −.0084487   .0154695    −0.55   0.585    −.0388334     .021936
  kidsnumber |   .0213264   .0288516     0.74   0.460    −.0353428    .0779957
       _cons |    2.20866   .1819687    12.14   0.000     1.851243    2.566076
------------------------------------------------------------------------------
```

在此方程中，基组为在周围的信息源中没有电脑的女性，在周围的信息源中有电脑的男性比有电脑的女性在信息资产维度百分制得分取对数上高了2.57%。

10.4.2 允许出现不同的斜率

虚拟变量也可能与那些非虚拟的解释变量有交互作用，使得出现斜率差异。假如我们还想检验教育在信息资产维度百分制得分的回归会不会存在性别差异，考虑方程（10.13）。

$$\begin{aligned}\text{lnassetP} = \beta_0 + \beta_1\text{edulevel1} + \beta_2\text{accessible4} + \beta_3\text{c.edulevel1\#accessible4} \\ + \beta_4\text{gender} + \beta_5\text{aage} + \beta_6\text{familypop} + \beta_7\text{kidsnumber} + u\end{aligned} \tag{10.13}$$

也可以写成如下形式：

$$\begin{aligned}\text{lnassetP} &= (\beta_0 + \beta_1\text{accessible4}) + (\beta_2 + \beta_3\text{accessible4})\text{edulevel1} + \beta_4\text{gender} \\ &\quad + \beta_5\text{aage} + \beta_6\text{familypop} + \beta_7\text{kidsnumber} + u\end{aligned} \quad (10.14)$$

方程中，在工作或生活中有问题时，不能从互联网获取信息这一组的截距是 β_0，斜率是 β_2。在工作或生活中有问题时，能从互联网获取信息这一组的截距是 $\beta_0+\beta_1$，斜率是 $\beta_2+\beta_3$。所以，β_1 度量了在工作或生活中有问题时，能和不能从互联网获取信息这两组在截距上的差异，而 β_3 度量了在工作或生活中有问题时，能和不能从互联网获取信息这两组在教育对于信息资产维度百分制得分回归上的差异。β_1 和 β_3 的符号有四种情形，下面给出了两种，如图 10-1 所示。

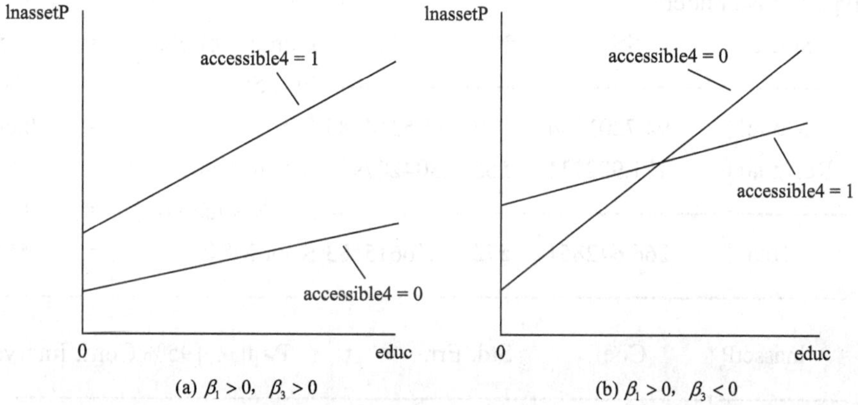

图 10-1　方程（10.13）拟合图

图 10-1（a）表明，在工作或生活中有问题时不能从互联网获取信息这一组的截距，小于在工作或生活中有问题时能从互联网获取信息这一组的截距；在工作或生活中有问题时不能从互联网获取信息这一组的斜率，小于在工作或生活中有问题时能从互联网获取信息这一组的斜率。图 10-1（b）表明，在工作或生活中有问题时不能从互联网获取信息这一组的截距，小于在工作或生活中有问题时能从互联网获取信息这一组的截距；在工作或生活中有问题时不能从互联网获取信息这一组的斜率，大于在工作或生活中有问题时能从互联网获取信息这一组的斜率，随着教育程度的提高，两组的差距会缩小，到了一定的程度后会反超。

一个重要的假设就是，在工作或生活中有问题时不能从互联网获取信息这一组，与在工作或生活中有问题时能从互联网获取信息这一组的教育回报是相同的，在方程（10.16）中就是 H_0：$\beta_3=0$，在这种假设之下就是图中的两条线平行。

我们还对受教育程度相同的 accessible=1 和 accessible=0 的平均信息资产维度

百分制得分的对数相同这个假设感兴趣。这意味着，在这个原假设下 β_1 和 β_3 都必须同时为零。但是，在我们之前的诸多回归中男性的截距总是比女性的截距要大，所以我们拒绝这个假设。

例 10.25 估计方程（陇西数据）

$$\text{lnassetP} = \beta_0 + \beta_1\text{edulevel1} + \beta_2\text{accessible4} + \beta_3\text{c.edulevel1}\#\text{accessible4} + \beta_4\text{gender} + \beta_5\text{aage} + \beta_6\text{familypop} + \beta_7\text{kidsnumber} + u$$

```
. reg lnassetP edulevel1 i.accessible4 c.edulevel1#i.accessible4 gender aage
familypop kidsnumber
      Source |       SS           df       MS      Number of obs   =       573
-------------+----------------------------------   F(7, 565)       =     44.47
       Model |  94.7201394         7  13.5314485   Prob > F        =    0.0000
    Residual |  171.922711       565  .304287985   R-squared       =    0.3552
-------------+----------------------------------   Adj R-squared   =    0.3472
       Total |  266.642851       572   .46615883   Root MSE        =    .55162

------------------------------------------------------------------------------
    lnassetP |      Coef.   Std. Err.      t    P>|t|     [95% Conf. Interval]
-------------+----------------------------------------------------------------
   edulevel1 |   .0923464   .0129838     7.11   0.000      .066844    .1178489
 accessible4 |
          有 |   .6897358   .1732568     3.98   0.000     .3494298    1.030042
 accessible4#
 c.edulevel1 |
          有 |  -.0216363   .0150134    -1.44   0.150    -.0511253    .0078526
      gender |   .0759775   .0479633     1.58   0.114    -.0182308    .1701857
        aage |   -.005983   .0024861    -2.41   0.016     -.010866   -.0010999
   familypop |  -.0085318   .0149121    -0.57   0.567    -.0378217     .020758
  kidsnumber |   .0143822   .0279675     0.51   0.607    -.0405508    .0693152
       _cons |   1.765199   .2064892     8.55   0.000     1.359619     2.17078
------------------------------------------------------------------------------
. testparm i.accessible4 c.edulevel1#i.accessible4
 (1) 1.accessible4 = 0
```

(2) 1.accessible4#c.edulevel1 = 0
　$F(2, 565) = 27.09$
　　Prob > F = 0.0000

在这个方程中，估计在工作或生活中有问题时，不能从互联网获取信息这一组的教育回报率为 9.23%，在工作或生活中有问题时，能从互联网获取信息这一组的教育回报率为 0.0923-0.0216=7.07%。在工作或生活中有问题时，能从互联网获取信息这一组的教育回报率，比在工作或生活中有问题时，不能从互联网获取信息这一组的教育回报率低 2.16%，有一定的经济意义，但是在统计上不显著。之后我们对 accessible4 和 c.edulevel1#accessible4 这两个变量进行 F 检验，结果显著，说明要在方程中加入这两个变量。我们因此断定，没有证据能够拒绝在工作或生活中有问题时，不能从互联网获取信息这一组与在工作或生活中有问题时，能从互联网获取信息这一组的教育回报是相同的这个假设。

在精英俘获现象的研究中，我们找到了交互项显著的例子。

. gen lnincome3 = ln(income3)

. reg lnincome3 edulevel accessible6ysdf c.edulevel1#c.accessible6ysdf i.celluse14 i.PCuse12

Source	SS	df	MS			
				Number of obs	=	461
				F（11，449）	=	3.29
Model	19.2283568	11	1.74803244	Prob > F	=	0.0002
Residual	238.841862	449	.531941787	R-squared	=	0.0745
				Adj R-squared	=	0.0518
Total	258.070219	460	.561022216	Root MSE	=	.72934

lnincome3	Coef.	Std. Err.	t	P>|t|	[95% Conf.	Interval]
edulevel	.0768474	.0268183	2.87	0.004	.0241425	.1295523
accessible6ysdf	.1631329	.0707332	2.31	0.022	.0241237	.3021421
c.edulevel1# c.accessible6ysdf	−.0103496	.0054464	−1.90	0.058	−.0210533	.000354
celluse14						
每天至少使用一次	.083671	.1025965	0.82	0.415	−.117958	.2853
每周至少使用一次	−.040548	.1263106	−0.32	0.748	−.2887813	.2076853

```
一个月以上使用   -.2804984  .1807947  -1.55  0.121  -.6358073   .0748105
          一次 |
          从不 |  -.4924047  .1777336  -2.77  0.006  -.8416977  -.1431117
       PCuse12 |
  每天至少使用    .1986262   .166574   1.19  0.234  -.1287352   .5259876
          一次 |
  每周至少使用    .2251282  .1679098   1.34  0.181  -.1048585   .5551148
          一次 |
一个月以上使用    .3043424  .1627509   1.87  0.062  -.0155058   .6241905
          一次 |
          从不 |   .2013941  .1474458   1.37  0.173  -.0883754   .4911635
         _cons |   9.933498  .2010237  49.41  0.000   9.538434   10.32856
------------------------------------------------------------------------------
```

例 10.26　考虑 accessible4 不同组的年龄对于 lnassetP 的影响（陇西数据）

$$\text{lnassetP} = \beta_0 + \beta_1\text{aage} + \beta_2\text{accessible4} + \beta_3\text{c.aage\#accessible4} + \beta_4\text{edulevel1} + \beta_5\text{gender} + \beta_6\text{familypop} + \beta_7\text{kidsnumber} + u$$

首先我们先检验我们的关键变量是否联合显著，结果如下，表明联合显著。

```
. gen aageacc=aage*accessible4
(10 missing values generated)
. qui:reg lnassetP aage accessible4 aageacc edulevel1 gender familypop kidsnumber
. qui:reg lnassetP aage accessible4 aageacc edulevel1 gender familypop kidsnumber

. test aage accessible4 aageacc
(1) aage = 0
(2) accessible4 = 0
(3) aageacc = 0
      F(3, 565) = 25.14
          Prob > F = 0.0000
. reg lnassetP aage accessible4 c.aage#accessible4 edulevel1 gender familypop
kidsnumber
      Source |       SS        df        MS      Number of obs    =     573
-------------+---------------------------------- F(7, 565)        =   45.62
```

```
    Model |   96.2805316     7  13.7543617 Prob > F        =    0.0000
 Residual |   170.362319   565  .301526228 R-squared       =    0.3611
----------+----------------------------------- Adj R-squared   =    0.3532
    Total |   266.642851   572   .46615883 Root MSE        =    .54911
------------------------------------------------------------------------------
   lnassetP |      Coef.   Std. Err.      t    P>|t|   [95% Conf. Interval]
------------+-----------------------------------------------------------------
       aage |   -.015454   .0042174   -3.66  0.000   -.0237377  -.0071703
accessible4 |  -.0782136   .2083865   -0.38  0.708   -.4875205   .3310933
accessible4#
     c.aage |
         有 |   .0128631   .0047704    2.70  0.007    .0034932   .0222329
   edulevel1 |    .074964   .0076318    9.82  0.000    .0599737   .0899542
      gender |    .074823   .0476533    1.57  0.117   -.0187762   .1684222
   familypop |  -.0054306   .0148752   -0.37  0.715   -.0346481   .0237869
  kidsnumber |   .0075268   .0279975    0.27  0.788   -.0474651   .0625187
       _cons |   2.353853   .2383351    9.88  0.000    1.885722   2.821984
------------------------------------------------------------------------------
```

交互项显著，可能有调节效应，但是 accessible4 不显著，我们怀疑存在多重共线性，进行 VIF 检验。确实有多重共线性问题，所以进行标准化处理。

```
. estat vif
    Variable |   VIF       1/VIF
-------------+----------------------
        aage |   4.52    0.221100
 accessible4 |  12.71    0.078668
accessible4# |
      c.aage |
           1 |  12.21    0.081906
   edulevel1 |   1.44    0.696200
      gender |   1.08    0.929306
   familypop |   1.22    0.819409
  kidsnumber |   1.65    0.607040
-------------+----------------------
    Mean VIF |   4.97
```

缓解多重共线性。

. reg lnassetP zaage accessible4 c.zaage#accessible4 edulevel1 gender familypop kidsnumber

```
      Source |       SS           df       MS      Number of obs   =       573
-------------+----------------------------------   F(7, 565)       =     45.62
       Model |  96.2805316         7  13.7543617   Prob > F        =    0.0000
    Residual |  170.362319       565  .301526228   R-squared       =    0.3611
-------------+----------------------------------   Adj R-squared   =    0.3532
       Total |  266.642851       572  .46615883    Root MSE        =    .54911
------------------------------------------------------------------------------

    lnassetP |      Coef.   Std. Err.      t    P>|t|     [95% Conf. Interval]
-------------+----------------------------------------------------------------
       zaage |  -.1844035   .0503236    -3.66  0.000    -.2832477   -.0855594
 accessible4 |   .4004341   .0665026     6.02  0.000     .2698116    .5310566
accessible4# |
     c.zaage |
          有 |   .1534872   .0569219     2.70  0.007     .0416828    .2652915
   edulevel1 |    .074964   .0076318     9.82  0.000     .0599737    .0899542
      gender |    .074823   .0476533     1.57  0.117    -.0187762    .1684222
   familypop |  -.0054306   .0148752    -0.37  0.715    -.0346481    .0237869
  kidsnumber |   .0075268   .0279975     0.27  0.788    -.0474651    .0625187
       _cons |   1.778793   .1346069    13.21  0.000     1.514402    2.043185
------------------------------------------------------------------------------
```

例 10.27 性别对于教育回报的影响（陇西数据）

$$\text{lnassetP} = \beta_0 + \beta_1\text{gender} + \beta_2\text{edulevel1} + \beta_3\text{gender}\#\text{c.edulevel1} + \beta_4\text{aage} + \beta_5\text{accessible4} + \beta_6\text{familypop} + \beta_7\text{kidsnumber} + u$$

检验关键变量是否联合显著：

. qui:reg lnassetP i.gender edulevel1 i.gender#c.edulevel1 aage accessible4 familypop kidsnumber

. testparm i.gender edulevel1 i.gender#c.edulevel1

(1) 1.gender = 0

```
(2) edulevel1 = 0
(3) 1.gender#c.edulevel1 = 0
   F(3, 565) = 37.63
      Prob > F = 0.0000
```

```
. reg lnassetP i.gender edulevel1 i.gender#c.edulevel1 aage accessible4 familypop kidsnumber
      Source |       SS          df       MS      Number of obs   =       573
-------------+----------------------------------  F(7, 565)       =     44.21
       Model |  94.3592989        7  13.4798998   Prob > F        =    0.0000
    Residual |  172.283552      565  .30492664    R-squared       =    0.3539
-------------+----------------------------------  Adj R-squared   =    0.3459
       Total |  266.642851      572  .46615883    Root MSE        =     .5522
------------------------------------------------------------------------------
    lnassetP |      Coef.   Std. Err.      t    P>|t|     [95% Conf. Interval]
-------------+----------------------------------------------------------------
      gender |
          男 |  -.0788524   .1662771    -0.47   0.636    -.4054492    .2477443
   edulevel1 |   .0711552   .0099636     7.14   0.000     .0515849    .0907254
gender#c.edu
      level1 |
          男 |     .01228   .0130231     0.94   0.346    -.0132995    .0378595
        aage |  -.0059607   .0024994    -2.38   0.017    -.0108699   -.0010514
 accessible4 |   .4537241   .0635355     7.14   0.000     .3289294    .5785188
   familypop |  -.0084768   .0149297    -0.57   0.570    -.0378013    .0208476
  kidsnumber |    .016227   .0279482     0.58   0.562     -.038668     .071122
       _cons |   1.988719   .1912794    10.40   0.000     1.613013    2.364424
------------------------------------------------------------------------------
```

交互项不显著，gender 也不显著，怀疑存在多重共线性。

```
. estat vif
    Variable |       VIF       1/VIF
-------------+----------------------
    1.gender |     12.96    0.077188
   edulevel1 |      2.42    0.413073
     gender# |
```

```
      c.edulevel1 |
                1 |   14.42      0.069344
             aage |    1.57      0.636606
      accessible4 |    1.17      0.855800
        familypop |    1.22      0.822615
       kidsnumber |    1.62      0.616054
------------------+---------------------------
         Mean VIF |    5.05
```

进行标准化处理，以缓解多重共线性。

```
. egen zedulevel1=std(edulevel1)
(8 missing values generated)
. reg lnassetP i.gender zedulevel1 i.gender#c.zedulevel1 accessible4 familypop kidsnumber

      Source |       SS           df       MS      Number of obs   =       579
-------------+----------------------------------   F(6, 572)       =     50.11
       Model |  92.2869595         6  15.3811599   Prob > F        =    0.0000
    Residual |  175.561584       572  .306925846   R-squared       =    0.3445
-------------+----------------------------------   Adj R-squared   =    0.3377
       Total |  267.848544       578  .463405785   Root MSE        =    .55401

------------------------------------------------------------------------------
    lnassetP |      Coef.   Std. Err.      t    P>|t|     [95% Conf. Interval]
-------------+----------------------------------------------------------------
      gender |
          男 |   .0468135   .0470498     0.99   0.320    −.0455979    .1392249
  zedulevel1 |   .2659961   .0364608     7.30   0.000     .1943826    .3376095
     gender# |
c.zedulevel1 |
          男 |   .0666328   .0479365     1.39   0.165    −.0275201    .1607858
 accessible4 |   .4745051   .0625505     7.59   0.000     .3516483    .5973618
   familypop |   .0011772   .0143481     0.08   0.935    −.0270041    .0293586
  kidsnumber |  −.0114306   .0255058    −0.45   0.654    −.0615271    .0386659
       _cons |   2.612787   .0913198    28.61   0.000     2.433424     2.79215
------------------------------------------------------------------------------
```

虽然 gender 显著了，但是交互项依旧不显著。

```
. estat vif
     Variable |   VIF      1/VIF
--------------+------------------
     1.gender |   1.04    0.960977
  zedulevel1 |   2.36    0.423842
      gender# |
 c.zedulevel1 |
            1 |   2.02    0.494041
  accessible4 |   1.14    0.880409
    familypop |   1.12    0.894233
   kidsnumber |   1.35    0.740608
--------------+------------------
     Mean VIF |   1.50
```

VIF 检验也表明已经缓解了多重共线性的问题。

10.4.3　检验不同组之间回归函数上的差别

假设我们想检验是否有一个相同的回归模型来描述在 accessible4 取值不同的情况下的 lnassetP。相同的回归模型就是方程（10.15）：

$$\begin{aligned} \text{lnassetP} = \beta_0 + \beta_1\text{edulevell} + \beta_2\text{aage} + \beta_3\text{familypop} \\ + \beta_4\text{kidsnumber} + \beta_5\text{gender} + u \end{aligned} \tag{10.15}$$

如果我们想检验在 accessible4 取值不同的情况下是否存在差异，就必须允许模型的截距和斜率对两组而言都不相同：

$$\begin{aligned} \text{lnassetP} = \beta_0 + \beta_1\text{accessible4} + \beta_2\text{edulevell} + \beta_3\text{accessible4\#}c.\text{edulevell} \\ + \beta_4\text{aage} + \beta_5\text{accessible4\#}c.\text{aage} + \beta_6\text{familypop} \\ + \beta_7\text{accessible4\#}c.\text{ familypop} + \beta_8\text{kidsnumber} \\ + \beta_9\text{accessible4\#}c.\text{kidsnumber} + \beta_{10}\text{gender} + u \end{aligned} \tag{10.16}$$

我们的原假设认为没有差别 H_0：$\beta_1 = 0, \beta_3 = 0, \beta_5 = 0, \beta_7 = 0, \beta_9 = 0$，原假设中的系数只要有一个异于零，那么就认为这两组有差别。

例 10.28　（陇西数据）

reg lnassetP accessible4 edulevel1 accessible4#c.edulevel1 aage accessible4#c.aage familypop accessible4#c.familypo

```
> p kidsnumber accessible4#c.kidsnumber gender
      Source |       SS           df       MS      Number of obs   =       573
-------------+----------------------------------   F（10，562）    =     32.05
       Model |  96.8373133        10  9.68373133   Prob > F        =    0.0000
    Residual |  169.805537       562  .302145084   R-squared       =    0.3632
-------------+----------------------------------   Adj R-squared   =    0.3518
       Total |  266.642851       572  .46615883    Root MSE        =    .54968
------------------------------------------------------------------------------

     lnassetP |      Coef.   Std. Err.      t    P>|t|     [95% Conf. Interval]
--------------+----------------------------------------------------------------
  accessible4 |    −.10274    .384644   −0.27   0.789    −.8582555    .6527755
    edulevel1 |   .0827141    .014431    5.73   0.000     .0543688    .1110593
 accessible4#
  c.edulevel1 |
           有 |  −.0099836   .0169665   −0.59   0.556     −.043309    .0233419
         aage |  −.0160334   .0046731   −3.43   0.001    −.0252123   −.0068544
 accessible4#
       c.aage |
           有 |    .013968   .0054651    2.56   0.011     .0032335    .0247024
    familypop |  −.0372031   .0300311   −1.24   0.216    −.0961899    .0217838
 accessible4#
  c.familypop |
           有 |   .0407934   .0344488    1.18   0.237    −.0268707    .1084576
   kidsnumber |   .0631218   .0650202    0.97   0.332    −.0645905     .190834
 accessible4#
 c.kidsnumber |
           有 |  −.0681939   .0720135   −0.95   0.344    −.2096424    .0732546
       gender |   .0746945   .0478151    1.56   0.119    −.0192237    .1686126
        _cons |   2.361548   .3306798    7.14   0.000     1.712029    3.011067
-------------------------------------------------------------------------------

. testparm accessible4 accessible4#c.edulevel1 accessible4#c.aage accessible4#c.familypop
accessible4#c.kidsnumber
 (1) accessible4 = 0
 (2) 1.accessible4#c.edulevel1 = 0
```

(3) 1.accessible4#c.aage = 0

(4) 1.accessible4#c.familypop = 0

(5) 1.accessible4#c.kidsnumber = 0

F(5, 562) = 12.32

Prob > F = 0.0000

根据上面的检验，拒绝了原假设，我们认为两组之间还是有差别的。假定accessible4=0 就是认为两组的截距是相同的，但有时候我们只关心斜率是否相同，对于截距并不是十分关心，因为截距就是所有的解释变量都为 0，我们很难在我们的样本中找到这样的样本，所以这时候截距的意义就不是很大。

. testparm accessible4#c.edulevel1 accessible4#c.aage accessible4#c.familypop accessible4#c.kidsnumber

(1) 1.accessible4#c.edulevel1 = 0

(2) 1.accessible4#c.aage = 0

(3) 1.accessible4#c.familypop = 0

(4) 1.accessible4#c.kidsnumber = 0

F(4, 562) = 2.27

Prob > F = 0.0601

上述的检验表明不同组之间的斜率在 10%的水平上有差距。

上述检验的大致思路就是计算单位参数（约束）改善的残差平方和对单位自由度残差平方和的占比。这里用到了邹至庄统计量：

$$F = \frac{\left[\mathrm{SSR}_P - \left(\mathrm{SSR}_1 + \mathrm{SSR}_2\right)\right]/\left(k+1\right)}{\left(\mathrm{SSR}_1 + \mathrm{SSR}_2\right)/\left[n-2\left(k+1\right)\right]} \tag{10.17}$$

其实这就是一个 F 统计量，约束模型（10.17）的残差平方和是 SSR_P，SSR_1 和 SSR_2 是两组分别回归的残差平方和[也是无约束模型（10.17）的残差平方和]，分子上的 k+1 是无约束模型到约束模型减少的参数个数，分母的 $n-2(k+1)$ 是无约束模型（10.17）的自由度，实质上还是一个 F 统计量。

10.5　二值因变量：线性概率模型

当我们的因变量为二值变量时，我们将不再使用经典线性模型，因为在 CLM 中因变量都是连续型变量，所以在这种情况下我们要使用线性概率模型（LPM）。

我们将用 LPM 来估计方程（10.18）。

$$\text{assetPrich} = \beta_0 + \beta_1 \text{accessible4} + \beta_2 \text{aage} + \beta_3 \text{edulevel1} + \beta_4 \text{familypop} + \beta_5 \text{kidsnumber} + \beta_6 \text{gender} + u \quad (10.18)$$

例 10.29（陇西数据）

```
. sum assetP
   Variable |       Obs        Mean    Std. Dev.       Min        Max
-------------+---------------------------------------------------------
     assetP |       634    24.45602    14.14456          0    80.0844
. gen assetPrich=(assetP>=r(mean))
. reg assetPrich accessible4 aage edulevel1 familypop kidsnumber gender
      Source |       SS       df       MS      Number of obs =      641
-------------+------------------------------   F(6, 634)     =    20.59
       Model |  26.103818     6  4.35063633   Prob > F      =   0.0000
    Residual | 133.974185   634  .211315749   R-squared     =   0.1631
-------------+------------------------------   Adj R-squared =   0.1551
       Total | 160.078003   640  .25012188    Root MSE      =   .45969
------------------------------------------------------------------------------
  assetPrich |     Coef.   Std. Err.      t    P>|t|     [95% Conf. Interval]
-------------+----------------------------------------------------------------
 accessible4 |  .2278761   .0505472     4.51  0.000      .128616    .3271362
        aage |  .0000483    .001954     0.02  0.980    -.0037887    .0038854
   edulevel1 |  .0379616   .0059257     6.41  0.000     .0263253    .0495979
   familypop | -.0110844   .0119024    -0.93  0.352    -.0344573    .0122885
  kidsnumber | -.0214363     .02236    -0.96  0.338    -.0653449    .0224723
      gender |  .0382121   .0377522     1.01  0.312    -.0359224    .1123466
       _cons |  -.099976   .1377415    -0.73  0.468    -.3704606    .1705087
------------------------------------------------------------------------------
```

由于 assetPrich 只能取两个值，β_j 就不能再被理解为，在其他条件不变的情况下，x_j 每提高一个单位 y 提高 β_j。y 要么从 0 到 1，要么从 1 到 0，在零条件均值下，即

$$E\left(u|\text{accessible4}, \text{aage}, \text{edulevel1}, \text{familypop}, \text{kidsnumber}, \text{gender}\right) = 0$$

我们会像往常一样得到

$$E(\text{assetPrich}|X) = \beta_0 + \beta_1\text{accessible4} + \beta_2\text{aage} + \beta_3\text{edulevell} + \beta_4\text{familypop} + \beta_5\text{kidsnumber} + \beta_6\text{gender}$$

在二值因变量的情况下

$$P(\text{assetPrich} = 1|X) = E(\text{assetPrich} \mid X)$$

也就是“成功”（y=1）的概率等于 y 的期望。

β_1 的系数意味着，在控制方程（10.18）中控制变量的条件下，在工作中遇到迫切需要解决的问题，能在互联网上寻找答案的人比不能在互联网上寻找答案的人成为信息富裕群体的概率要高 22.78%。

线性概率模型也有缺点。首先，因为预测值都是概率，所以范围在 0～1 内，但是我们的结果却出现了负数。

例 10.30（陇西数据）

```
. predict assetPrichat
(option xb assumed; fitted values)
(73 missing values generated)
. table assetPrichat
------------------------------
                  |   Frequency
------------------+--------
Fitted values     |
−.2933204         |    1
−.2284239         |    1
−.216808          |    1
−.207519          |    1
−.2053854         |    1
−.1853502         |    1
−.1734444         |    1
−.162505          |    1
−.1522497         |    1
−.1464134         |    1
−.1463651         |    1
```

```
-.1449078  |  1
-.0692246  |  1
-.0411523  |  1
-.0339942  |  1
.0098985   |  1
.0101907   |  1
.0154294   |  1
.0385723   |  1
.0426125   |  1
.0430473   |  1
.047523    |  1
.0487004   |  1
.0487309   |  1
.0488353   |  1
.0595815   |  1
.0599298   |  1
.0707548   |  1
.0811628   |  1
.0814044   |  1
.081501    |  1
.1009863   |  1
.1093428   |  1
.1137419   |  1
.1141966   |  1
.1225675   |  1
.1238798   |  1
.1337003   |  1
.1337969   |  1
.1339418   |  1
.1349565   |  1
.1398748   |  1
.1401647   |  2
.1449779   |  1
.1452601   |  1
……
```

这就无法提供一个合理的解释。

还有一个问题是，概率不可能永远与解释变量或控制变量线性相关，可能会有递减或者递增的形式。

我们通常对 $\widehat{\text{assetPrich}} \geqslant 0.5$ 时取值 1 并在 $\widehat{\text{assetPrich}} < 0.5$ 时取值 0，再比较 $\widehat{\text{assetPrich}}$ 与 assetPrich 的匹配程度，查看正确预测百分比，这便是二值因变量拟合优度的一个广泛使用的指标。

例 10.31　（陇西数据）

```
. sum assetPrichat if assetPrichat>=0.5
    Variable |   Obs      Mean      Std. Dev.     Min        Max
 ------------+--------------------------------------------------------
 assetPrichat |  342    .6319718   .0763332   .5024915   .8500314
. sum assetPrichat if assetPrichat<0.5
    Variable |   Obs      Mean      Std. Dev.     Min        Max
 ------------+--------------------------------------------------------
 assetPrichat |  299    .3139319   .1636481   -.2933204  .4987895
. table assetPrich
-----------------------------
                |  Frequency
----------------+--------
assetPrich      |
     0          |  366
     1          |  348
     Total      |  714
-----------------------------
```

样本中，assetPrich==1 有 268 个，我们估计的结果有 252 个；assetPrich==0 有 366 个，我们估计的结果有 389 个，这说明拟合的结果较好。

例 10.32　教育水平对于是否信息贫困的影响（陇西数据）

$$\begin{aligned}\text{assetPrich} = {} & \beta_0 + \beta_1\text{edulevel1} + \beta_2\text{accessibleP} + \beta_3\text{intelligenceP} \\ & + \beta_4\text{sparetime5} + \beta_5\text{aage} + u\end{aligned}$$

```
. reg assetPrich edulevel1 accessibleP intelligenceP sparetime5 aage
```

Source	SS	df	MS			
Model	43.93754	5	8.787508	Number of obs	=	626
Residual	112.369169	620	.181240596	F(5, 620)	=	48.49
				Prob > F	=	0.0000
				R-squared	=	0.2811
				Adj R-squared	=	0.2753
Total	156.306709	625	.250090735	Root MSE	=	.42572

assetPrich	Coef.	Std. Err.	t	P>|t|	[95% Conf. Interval]	
edulevel1	.0314002	.0056659	5.54	0.000	.0202735	.0425269
accessibleP	.006917	.0011798	5.86	0.000	.0046001	.0092339
intelligenceP	.0076828	.0010699	7.18	0.000	.0055817	.0097838
sparetime5	.0451358	.037391	1.21	0.228	−.0282925	.1185641
aage	−.0001952	.0016027	−0.12	0.903	−.0033425	.0029521
_cons	−.4446774	.1088101	−4.09	0.000	−.6583583	−.2309964

10.6 对政策分析和项目评价的进一步讨论

在政策分析和项目分析中，处理组和对照组也是虚拟变量，但是需要注意的是，个人是否进入处理组和对照组必须是随机分组的。如果不是随机分组，而是自由选择，就会产生自选择的问题。

定义 college 为上大学的取 1，反之取 0：

$$\text{assetP} = \beta_0 + \beta_1 \text{college} + u \qquad (10.19)$$

上不上大学不是一个随机选择, 会受家庭的影响, 例如父母的受教育水平高，通常来说孩子上大学的概率会大，还有许多我们观察不到的因素在影响着，这样可能会有内生性的问题。如果把这个变量作为随机的结果，就会产生估计量有偏的结果，因为 $E(u \mid \text{college}=1) \neq E(u \mid \text{college}=0)$ ，不满足零条件均值假定。虽然找到残差中影响 college 的变量进行多元回归能缓解内生性的问题，但是有时候残差中可能包含不可观测的因素与 college 相关，这就比较棘手，需要用工具变量法。

心理学以 35 岁划分青年期和成年期，这是一个随机的结果，不受人为控制，一个人只要年龄到了 35 岁就进入了成年期，无法选择回到青年期，所以我们估计方程（10.20）。

$$\text{lnassetP} = \beta_0 + \beta_1\text{adult} + \beta_2\text{dynamicP} + \beta_3\text{availableP} + \beta_4\text{accessibleP} + \beta_5\text{spaceP} + \beta_6\text{intelligenceP} + u \quad (10.20)$$

例 10.33

```
gen adult=(aage>=35)
. reg lnassetP adult dynamicP availableP accessibleP spaceP intelligenceP
      Source |       SS           df       MS      Number of obs   =       414
-------------+----------------------------------   F(6, 407)       =     62.78
       Model |  75.0377652         6  12.5062942   Prob > F        =    0.0000
    Residual |  81.0753391       407  .199202307   R-squared       =    0.4807
-------------+----------------------------------   Adj R-squared   =    0.4730
       Total |  156.113104       413  .377997831   Root MSE        =    .44632
------------------------------------------------------------------------------
    lnassetP |      Coef.   Std. Err.      t    P>|t|     [95% Conf. Interval]
-------------+----------------------------------------------------------------
       adult |  -.1302356   .0448601    -2.90   0.004     -.218422   -.0420491
    dynamicP |    .011402   .0023369     4.88   0.000     .0068081    .0159958
  availableP |   .0037524   .0013517     2.78   0.006     .0010952    .0064095
 accessibleP |   .0050162   .0015704     3.19   0.002      .001929    .0081033
      spaceP |   .0034034   .0012482     2.73   0.007     .0009497    .0058571
intelligenceP|   .0135612   .0014012     9.68   0.000     .0108066    .0163158
       _cons |   1.427068   .1448222     9.85   0.000     1.142376    1.711761
------------------------------------------------------------------------------
```

adult 系数显著，说明成年期的人比青年期的人在信息资产维度百分制得分上少了 13.02%。

10.7　离散因变量的回归结果解释

二值因变量是离散因变量的一种特殊情况，离散变量还包括计数变量。我们用方程（10.21）来说明离散因变量的系数解释：

$$\text{kidsnumber} = \beta_0 + \beta_1\text{assetPrich} + \beta_2\text{edulevel1} + \beta_3\text{aage} + \beta_4\text{edufamily1} + \beta_5\text{dynamicP} + \beta_6\text{availableP} + \beta_7\text{accessibleP} + \beta_8\text{spaceP} + \beta_9\text{intelligenceP} + \beta_{10}\text{time} + u \quad (10.21)$$

例 10.34

```
. reg kidsnumber assetPrich edulevel1 aage edufamily1 dynamicP availableP
accessibleP spaceP intelligenceP time
      Source |       SS       df       MS      Number of obs =     369
-------------+------------------------------   F（10，358）  =   18.78
       Model |  145.635966    10  14.5635966   Prob > F      =  0.0000
    Residual |  277.572706   358  .775342754   R-squared     =  0.3441
-------------+------------------------------   Adj R-squared =  0.3258
       Total |  423.208672   368  1.15002357   Root MSE      =  .88054
------------------------------------------------------------------------------

  kidsnumber |      Coef.   Std. Err.      t    P>|t|   [95% Conf. Interval]
-------------+----------------------------------------------------------------
  assetPrich |  −.1643725   .1136533    −1.45  0.149   −.3878844    .0591394
   edulevel1 |  −.0805426   .0191735    −4.20  0.000   −.1182494   -.0428359
        aage |   .0333232   .0043634     7.64  0.000    .0247422    .0419043
  edufamily1 |  −.0497359   .0201928    −2.46  0.014   −.0894474   -.0100244
     dynamic |  −.0016888   .0049132    −0.34  0.731   −.0113512    .0079736
  availableP |   .0016918   .0029344     0.58  0.565   −.0040789    .0074626
 accessibleP |   .0066397   .0034866     1.90  0.058    −.000217    .0134964
      spaceP |   .0004674   .0025947     0.18  0.857   −.0046354    .0055701
intelligence |   .0000982   .0031348     0.03  0.975   −.0060668    .0062631
        time |  −.0506986   .0189503    −2.68  0.008   −.0879665   -.0134308
       _cons |   1.984889   .4143674     4.79  0.000    1.169989    2.799789
------------------------------------------------------------------------------
```

我们在解释系数含义的时候不能像以前那样认为受教育年限（edulevel1）每增加一年，家庭中的孩子会减少 0.08 个，因为我们的因变量必须是整数。对应的处理方法就是如果 100 个人中的每一个人的受教育年限都增加一年，我们估计这 100 个人总共会少生大约 8 个孩子。对于 assetPrich 这种虚拟变量，我们的解释类似。如果 100 个人从信息贫困变成信息富裕，我们估计这 100 个人总共会少生大约 9 个孩子。

虽然离散因变量也能用线性模型，但是线性模型不总是给出对 $E(y|X)$ 偏效应的最佳估计。虽然还有更好的模型用来估计和解释离散因变量，但是用 OLS 估计的线性模型至少能在平均意义下给出好的真实偏效应的近似。

习　题

简答题：

1. 描述虚拟变量在表示定性信息（如分类变量）时的作用，以及它们如何影响回归分析的结果。
2. 解释在模型中只包含一个虚拟变量时，如何解释该变量的系数，并讨论其对模型的贡献。
3. 讨论如何通过引入交互项来探究不同定性变量之间的关系，以及这如何增强模型的解释力。
4. 讨论在处理具有多个类别的定性变量时，如何选择参照组，并解释这样做的统计意义。
5. 描述在回归模型中适当处理定性信息的方法，以及这些方法如何帮助提高模型的预测准确性。

第 11 章　循证信息贫困研究中的异方差问题

多元回归分析中介绍的同方差假定表明，以解释变量为条件（观测不到的）的误差 u 的方差是常数。只要不可观测因素的方差随总体的不同部分（由不同的解释变量值所决定）而变化，同方差性就不能成立。比如，在一个储蓄方程中，如果影响储蓄而又无法观测的因素的方差随收入而变化，就会出现异方差性。

我们在前面章节看到，即便样本容量很大，要在线性回归模型中使用 OLS 估计的 t 检验、F 检验和置信区间，也需要同方差假定。我们在本章讨论出现异方差性时的一些修正措施，并说明如何检验是否存在异方差。我们从简要评论异方差性对普通最小二乘估计所造成的影响开始。

11.1　异方差性对 OLS 所造成的影响

再次考虑多元线性回归模型；

$$y=\beta_0+\beta_1 x_1+\beta_2 x_2+\cdots+\beta_k x_k+u \tag{11.1}$$

在前四个高斯-马尔可夫假定 MLR.1 到 MILR.4 下，证明了 OLS 估计量 $\widehat{\beta_0}$，$\widehat{\beta_1}$，…，$\widehat{\beta_k}$ 的无偏性，同样这前四个假定意味着 OLS 的一致性。用误差方差表示为 $\mathrm{Var}(u|x_1, x_2, \cdots, x_k)=\sigma^2$ 的同方差假定 MLR.5，在证明 OLS 的无偏性和一致性的过程中，并没有起到什么作用。重要的是记住，异方差性并不会导致 β_j 的 OLS 估计量出现偏误或产生不一致性，但诸如省略一个重要变量之类的情况出现则具有这种影响。

我们对拟合优度指标 R^2 和 $\bar{R}^2$ 的解释也不受异方差性的影响。通常的 R^2 和调整 $\bar{R}^2$ 都是估计总体 R^2 的不同方法，而总体 R^2 无非就是 $1-\sigma_u^2/\sigma_y^2$，其中 σ_u^2 是总体误差方差，σ_y^2 是 y 的总体方差。关键是，由于总体 R^2 中这两个方差都是无条件方差，所以总体 R^2 不受 $\mathrm{Var}(u|x_1, x_2, \cdots, x_k)$中出现异方差性的影响。而且，无论 $\mathrm{Var}(u|x_1, x_2, \cdots, x_k)$是否为常数，SSR/$n$ 都一致地估计了 σ_u^2，SST/n 也一致地估计了 σ_y^2。当我们使用自由度调整时，依然如此。因此，无论同方差假定是否

成立，R^2 和 $\bar{R}^2$ 都一致地估计了总体 R^2。

如果异方差性不会导致偏误和不一致性，那么我们为什么还要引入它作为一个高斯-马尔可夫假定呢？估计量的方差 Var（$\hat{\beta}_j$）在没有同方差假定的情况下是有偏的。由于 OLS 标准误直接以这些方差为基础，它们都不能用来构造置信区间和 t 统计量。在出现异方差性时，通常普通最小二乘法的 t 统计量就不具有 t 分布，使用大样本容量也不能解决这个问题。类似地，F 统计量也不再是 F 分布，而 LM 统计量也不服从一个渐近 χ^2 分布。总之，在出现异方差性的情况下，我们在高斯-马尔可夫假定下用来检验假设的统计量都不再成立。

我们还知道，OLS 之所以是最优线性无偏估计，关键是依靠同方差假定。如果 $\mathrm{Var}(u|x)$不是常数，OLS 就不再是 BLUE。此外，定理 5.3 中描述的一类估计量中，OLS 也不再是渐近有效的。如我们在 10.4 节中看到的那样，在出现异方差性的情况下，可能会找到比 OLS 更有效的估计量（尽管这要求我们知道异方差的形式）。在样本容量相对较大时，得到一个有效估计量可能就不是那么重要。我们在下一节将说明，如何修正通常的 OLS 检验统计量，并使之至少渐近有效。

11.2　OLS 估计后的异方差——稳健推断

由于假设检验在计量经济分析中如此重要，而通常的 OLS 推断在出现异方差时一般都是错的，我们必须决定，是否应该完全放弃 OLS。幸运的是，OLS 仍然有用。在最近 20 年间，计量经济学家已经知道了该如何调整标准误、t 统计量、F 统计量和 LM 统计量，使之在出现未知形式的异方差性时仍可用。这是很方便的，因为它意味着，无论总体中出现的异方差性类型如何，我们都能报告可用的新统计量。因为无论误差方差是否为常数（我们不需要知道到底是哪种情况），它们都（至少在大样本下）是有效的，所以我们把本节讨论的这种方法称为异方差—稳健过程。

11.2.1　计算异方差—稳健的 t 统计量

我们首先概述在出现异方差时如何估计方差 Var（$\hat{\beta}_j$），理论推导远超出本书范围，但由于现在许多统计和计量经济软件包中都有计算这些统计量的选项，对异方差—稳健方法的应用十分容易。

首先，考虑具有单个自变量的模型，其中为强调起见，我们用了下标 i：

$$y_i = \beta_0 + \beta_1 x_i + u_i$$

之后的模型均假定前四个高斯-马尔可夫假定成立。如果误差包含异方差性，那么

$$\mathrm{Var}(u_i \mid x_i) = \sigma_i^2$$

其中，我们给 σ^2 加上下标 i，表示误差方差取决于工 i 的特定值。将 OLS 估计量写成：

$$\widehat{\beta}_1 = \beta_1 + \frac{\sum_{i=1}^{n}(x_i - \overline{x})u_i}{\sum_{i=1}^{n}(x_i - \overline{x})^2}$$

在假定 MLR.1 到 MLR.4 下（仅没有同方差假定），并以样本中 x_i 的值为条件，我们可利用与之前同样的论证来证明

$$\mathrm{Var}(\widehat{\beta}_1) = \frac{\sum_{i=1}^{n}(x_i - \overline{x})\sigma^2}{\mathrm{SST}_x^2} \quad (11.2)$$

其中，$\mathrm{SST}_x^2 = \sum_{i=1}^{n}(x_i - \overline{x})^2$ 为 x_j 的总平方和。当对所有的 i 都有 $\sigma_i^2 = \sigma^2$ 时，这个表达式就简化成通常形式 σ^2/SST_x。方程（11.2）明确表明，对于简单回归情形来说，在出现异方差性时，同方差条件下推导出来的方差公式就不再正确。

由于 $\widehat{\beta}_1$ 的标准误直接基于对 Var（$\widehat{\beta}_1$）的估计，在出现异方差性时，我们就需要一种估计方程（11.2）的方法。怀特说明了这种做法，令 $\widehat{u}_i$ 表示原来 y 对 x 做回归所得到的 OLS 残差。那么，对于任何形式的异方差（包括同方差），Var（$\widehat{\beta}_1$）的一个有效估计量是：

$$\frac{\sum_{i=1}^{n}(x_i - \overline{x})\widehat{u}_i^2}{\mathrm{SST}_x^2} \quad (11.3)$$

它很容易从 OLS 回归后的数据中计算出来。方程（11.3）在哪种意义上会是 Var（$\widehat{\beta}_1$）的一个有效估计量呢？这相当微妙。简言之，可以证明，将方程（11.3）乘以样本容量 n 后，会依概率收敛于 $E\left[(x_i - u_x)^2\right]/\left(\sigma_x^2\right)^2$，即方程（11.2）与 n 之积的概率极限。最终，这就是用标准误构造置信区间和 t 统计量正确的必要条件。大数定律和中心极限定理在证明这些收敛中起到关键作用。详细内容可参见怀特的原始论文，但那篇论文相当技术化。也可参见伍德里奇（Wooldridge）的著作。[①]

① 伍德里奇. 计量经济学导论[M]. 费剑平，译校. 北京：中国人民大学出版社, 2010.

在一般多元回归模型：

$$y=\beta_0+\beta_1x_1+\beta_2x_2+\cdots+\beta_kx_k+u$$

也有一个类似公式。可以证明，在假定 MLR.1 到 MILR.4 下，Var（$\hat{\beta}_1$）的一个有效估计量是

$$\widehat{\mathrm{Var}(\widehat{\beta_j})}=\frac{\sum_{i=1}^{n}\widehat{r}_{ij}^{2}\widehat{u}_{i}^{2}}{\mathrm{SSR}_{j}^{2}} \tag{11.4}$$

其中，$\widehat{r}_{ij}$ 表示将 x_j 对所有其他自变量做回归所得到的第 i 个残差，而 SSR_j 则是这个回归的残差平方和。式（11.4）的平方根被称为 β_j 的异方差—稳健的标准误。在计量经济学中，这些稳健的标准误通常都由怀特提出。统计学的更早期著作，特别是埃克和胡伯也曾指出过得到这种稳健标准误的可能性。在应用研究中，有时又把它们称为怀特、胡伯或埃克标准误（或用连字符将他们的名字连在一起）。我们只是把它们称为异方差—稳健的标准误，甚或在不引起混淆的情况下就称其为稳健标准误。

有时，作为对自由度的一种修正，在将式（11.4）开平方之前先乘以 $n/(n-k-1)$。进行这种调整的根据是，如果 OLS 残差的平方 $\widehat{u}_i^2$ 对所有观测 i 都相同——样本中同方差性是最可能的形式，那么我们将得到通常的 OLS 标准误。麦金农和怀特还研究了对式（11.4）的其他修正。由于所有形式都只是渐近合理，而且它们渐近等价，没有哪个形式一定比所有其他形式都更好。通常，我们总是采用手边所用的回归软件包计算出来的任意形式。

一旦得到了异方差—稳健的标准误，构造一个异方差—稳健的 t 统计量就很容易。回想 t 统计量的一般形式是

$$t=\frac{\text{估计值}-\text{假设值}}{\text{标准误}}$$

由于我们仍在使用 OLS 估计值，而且事先选定了假设值，通常 OLS 的 t 统计量和异方差—稳健的 t 统计量之间的唯一区别，就是如何计算标准误。

在式（11.4）中，SSR_j 这一项可以被 $\mathrm{SST}_j(1-R_j^2)$代替，其中，SST_j 是 x_j 的总平方和，R_j^2 是 x_j 对其余所有解释变量进行回归所得到的一般 R^2。因此，x_j 非常微小的变化，或者是 x_j 和其他解释变量之间很强的线性关系——即多重共线性——可能导致异方差—稳健的标准误变得很大。我们曾经讨论过与一般最小二乘回归标准差相关的类似问题。

例 11.1

例子来自假设 1-1：自身教育水平越高的用户，越有可能把图书类的可及信息源转化为可获信息源。在估计方程的时候，报告通常的 OLS 标准误的同时，也把异方差—稳健的标准误报告出来，以便我们比较。

```
reg cha edulevel1 mateedu1 infoneed policy
reg cha edulevel1 mateedu1 infoneed policy, r
```

项目	(1) OLS	(2) 稳健的 OLS
edulevel1	1.950**	1.950**
	(0.954)	(0.932)
mateedu1	0.270	0.270
	(0.598)	(0.797)
infoneed	1.436	1.436
	(1.624)	(1.407)
policy	1.418	1.418
	(1.792)	(1.583)
_cons	−1.886	−1.886
	(11.65)	(9.218)
N	187	187
R^2	0.062	0.062

注：括号中为标准误，**表示 $p<0.05$

结果以表格的形式展现，稳健的 OLS 仍由 OLS 估计而来，唯一的新内容就是标准误的变化。从上面得到的结果来看，在这个特定应用中，任何一个使用一般的 t 统计量认为显著的变量，使用异方差—稳健的 t 统计量仍然显著。这是因为两组标准误的差别不大。

上面的结果还表明，稳健标准误既可以小于通常的标准误（edulevel1，infoneed，policy），又可以大于通常的标准误（mateedu1）。我们事先并不知道哪个会更大。从经验看，稳健标准误要比通常标准误大。

在结束这个例子之前，必须强调，到目前为止还不知道，在假设 1-1 背后的总体模型中是否出现了异方差性。我们所做的，只是在报告通常的标准误的同时，也报告那些不管是否出现异方差性都正确的（渐近）标准误。我们可以看出，在这个例子中，使用稳健标准误没有推翻任何一个重要结论。虽然这种情况在应用研究中经常发生，但在其他情形下，通常的标准误与稳健标准误之间的差距则大得多。下面的例子作为这种差别相当明显的例子可供参考。

例子来自假设 1-2：配偶教育水平越高的用户，越有可能把图书类的可及信息源转化为可获信息源。

项目	(1) OLS	(2) 稳健的 OLS
mateedu1	1.009**	1.009
	(0.478)	(0.637)
onlineSES	3.365**	3.365**
	(1.619)	(1.695)
infoneed	0.753	0.753
	(1.664)	(1.379)
policy	1.892	1.892
	(1.772)	(1.543)
_cons	8.100	8.100
	(9.415)	(9.900)
N	188	188
R^2	0.063	0.063

注：括号中为标准误，**表示 $p<0.05$

上面这个例子就是普通的 OLS 回归和加入了稳健标准误回归的结果对比。我们可以发现：普通 OLS 中自变量 mateedu1 是统计显著的（P 值约为 0.036）；而异方差稳健的 OLS 中 mateedu1 的标准误变大了，而且不再是统计显著的了（P 值约为 0.115）。控制变量的标准误变化也呈现出不一致的变化（有大有小）。

此时，可能就要问如下问题：如果异方差—稳健的标准误比通常的 OLS 标准误适用的情况更多，为什么还非要使用通常的标准误不可呢？这是一个敏锐的问题。在横截面数据研究中还使用它们的原因之一是，如果同方差假定成立，而且误差又服从正态分布，那么，无论样本容量的大小如何，通常的 t 统计量都服从精确的 t 分布。而稳健标准误和稳健的 t 统计量只有在样本容量越来越大时才能使用，即使在 CLM 假设是正确的情况下也是如此。在小样本容量的情况下，稳健的 t 统计量的分布可能不是那么接近于 t 分布，从而使我们的推断产生错误。

在大样本容量的情况下，就有理由在横截面数据分析中总是只报告异方差—稳健的标准误，而且在应用研究中，这种做法越来越多。像上例那样同时报告两个标准误的做法也很常见，以便读者判断是否有些结论对所用标准误有敏感的反应。

还有可能得到对任意一个未知形式的异方差性都保持稳健的 F 和 LM 统计量。异方差—稳健的 F 统计量（或其简单变换）又被称为异方差—稳健的瓦尔德统计量。不过，由于许多统计软件包现在都例行计算这种统计量，所以将异方差—稳健的 F 和 LM 统计量用于排除性约束也很直截了当。

正面的例子仍然来自假设 1-2：配偶教育水平越高的用户，越有可能把图书类的可及信息源转化为可获信息源。

一般的 OLS 标准误和异方差—稳健的标准误之间的差别不是很大，使用稳健的 t 统计量不会改变任何一个自变量的统计显著性。联合显著性检验也不会受到太大影响。假设需要检验的是 H_0：β_promotion=0，β_(policy)=0，那么一旦从约束模型中得到了 R^2，就容易得到通常的 F 统计量；约束方程的 R^2 是 0.055。于是计算 F 统计量为[（0.094−0.092）/（1−0.094）]×（185/2）≈0.2042（软件自带的计算为 0.23，P 值为 0.7978，结果与手算很接近。）如果出现了异方差性，这个检验形式便不正确。异方差—稳健的统计量没有简单的形式，但可通过一些特定的统计软件包计算出来。计算出来的异方差—稳健的 F 统计量为 0.29，与非稳健形式的数值只是略有出入。这个稳健检验的 P 值为 0.7485，与标准的显著性水平并不接近。无论使用哪种检验，都不能拒绝原假设。

例 11.2

. reg cha mateedu1 personnet infoneed promotion policy

项目	(1) OLS	(2) 稳健的 OLS	(3) 约束模型
mateedu1	1.483***	1.483***	1.527***
	(0.474)	(0.509)	(0.467)
personnet	3.558**	3.558***	3.727***
	(1.428)	(1.245)	(1.400)
infoneed	0.00771	0.00771	0.434
	(1.716)	(1.397)	(1.588)
promotion	0.618	0.618	
	(1.344)	(1.306)	
policy	0.823	0.823	
	(1.728)	(1.484)	
_cons	1.195	1.195	3.058
	(9.351)	(8.908)	(8.821)
N	185	185	185
R^2	0.094	0.094	0.092

注：括号中为标准误，**表示 p<0.05，***表示 p<0.01

在异方差条件下，一般残差平方和所构成的 F 统计量不是有效的，因此在对两组数据的常系数进行邹至庄检验时，必须非常谨慎。然而，我们仍可以通过以下方式：加入一个虚拟变量，同时加入虚拟变量和其他所有解释变量的交叉项来区分两组数据，从而进行异方差—稳健性的邹至庄检验。之后再检验两个回归方程是否无差异——通过检验虚拟变量的系数项及所有交叉项是否为 0——或在虚拟变量系数项不受约束的条件下，检验所有斜率是否一致。

例 11.3

对上述的模型加入性别 gender，重新考虑。目的是加入虚拟变量和其他解释变量的交互项来区分两组数据。

```
. reg cha mateedu1 personnet infoneed promotion policy gender, r
```

先生成 gender 与其他所有变量的交互项，再把新变量带入原方程。

```
gen gm = gender * mateedu1
gen gi = gender * infoneed
gen gp = gender * personnet
gen gp1 = gender * promotion
gen gp2 = gender * policy
reg cha mateedu1 personnet infoneed promotion policy gender gm gi gp gp1 gp2, r
```

Linear regression

Number of obs	=	183
F(11, 171)	=	4.73
Prob > F	=	0.0000
R-squared	=	0.1653
Root MSE	=	27.222

cha	Coef.	Robust Std. Err.	t	P>|t|	[95% Conf.	Interval]
mateedu1	3.642596	.7607818	4.79	0.000	2.140863	5.144329
personnet	4.192257	1.66626	2.52	0.013	.9031694	7.481345
infoneed	−2.79515	2.004324	−1.39	0.165	−6.751554	1.161254
promotion	.8441591	1.6918	0.50	0.618	−2.495342	4.18366
policy	1.899012	1.603846	1.18	0.238	−1.266874	5.064899
gender	42.67309	17.163	2.49	0.014	8.794458	76.55173
gm	−2.885116	.9902985	−2.91	0.004	−4.8399	−.9303325
gi	4.724131	2.768954	1.71	0.090	−.7416006	10.18986

gp	−1.003938	2.573384	−0.39	0.697	−6.083628	4.075752
gp1	−.220872	2.559576	−0.09	0.931	−5.273307	4.831563
gp2	−3.997633	3.034574	−1.32	0.189	−9.987683	1.992416
_cons	−26.18385	10.39015	−2.52	0.013	−46.69332	−5.674371

11.2.2 计算异方差—稳健的 LM 统计量

并不是所有回归软件包都计算异方差—稳健的 F 统计量。因此，若能找到一种方法，既能得到多重排除性约束的一个异方差—稳健检验，又不需要特殊的计量经济软件，那就方便了。这实际上是任何一个回归软件包都很容易计算的异方差—稳健的 LM 统计量。

为了说明稳健 LM 统计量的计算，考虑模型

$$y = \beta_0 + \beta_1 x_1 + \beta_2 x_2 + \beta_3 x_3 + \beta_4 x_4 + \beta_5 x_5 + u$$

并假设要检验 H_0：$\beta_4=0$，$\beta_5=0$。为了得到通常的 LM 统计量，将首先估计约束模型（即不含 x_4 和 x_5 的模型），以得到残差 $\tilde{u}$。然后将 $\tilde{u}$ 对所有自变量进行回归，而且 LM=$nR^2_{\tilde{u}}$，其中 $R^2_{\tilde{u}}$ 就是从这个回归中得到的 R^2。

要得到异方差—稳健形式的统计量还需要更多的工作。有一种只需要 OLS 回归便能计算这种统计量的方法。我们需要将 x_4 对 x_1、x_2、x_3 回归得到残差 $\tilde{r}_1$ 和将 x_5 对 x_1、x_2、x_3 回归得到残差 $\tilde{r}_2$。于是，我们将原假设中所排除的自变量对原假设中所包括的所有自变量做回归，并且每次都得到一个残差。最后一步看上去有些古怪（但它毕竟只是一个计算工具），即做如下不包括截距项的回归：

$$1 \text{ 对 } \tilde{r}_1\tilde{u}、\tilde{r}_2\tilde{u} \text{ 回归} \tag{11.5}$$

这实际上定义了一个对所有观测都等于 1 的因变量。将这个因变量对乘积 $\tilde{r}_1\tilde{u}$ 和 $\tilde{r}_2\tilde{u}$ 做回归。稳健性 LM 统计量其实就是 $n-\text{SSR}_1$，其中 SSR_1 刚好是回归式（11.5）中通常的残差平方和。这多少有些技术化。基本上看来，这是在构造适合于 LM 检验的稳健标准误，如同构造适合于 t 检验的稳健标准误那样。

现在，在一般情形下总结对异方差—稳健的 LM 统计量的计算如下。

异方差—稳健的 LM 统计量的计算步骤：

（1）从约束模型中得到 $\tilde{u}$。

（2）将原假设中所排除的每个自变量分别对原假设所包含的所有自变量进行回归；如果有 q 个被排除变量，就得到 q 个残差（$\tilde{r}_1$，$\tilde{r}_2$，…，$\tilde{r}_q$）构成的集合。

（3）（对所有的观测都）求出每个 $\tilde{r}_j$ 和 $\tilde{u}$ 的积。

（4）在不包括截距的情况下将 1 对 $\tilde{r}_1\tilde{u}$，$\tilde{r}_2\tilde{u}$，…，$\tilde{r}_q\tilde{u}$ 做回归。异方差—稳健的 LM 统计量就是 $n-\mathrm{SSR}_1$，其中 SSR_1 是最后这个回归通常的残差平方和。在 H_0 下，LM 渐近服从 χ_q^2 分布。

一旦得到了稳健的 LM 统计量，假设的拒绝规则和 P 值计算都与之前通常的 LM 统计量一样。

例 11.4

下面用在陇西调研的数据进行异方差—稳健的 LM 统计量的计算。接下来会先用一般的 LM 统计方法计算，然后再用上述的异方差—稳健的 LM 统计量计算，两次的结果可以进行对比。例子来自假设 1-2：配偶教育水平越高的用户，越有可能把图书类的可及信息源转化为可获信息源。为了获得和课本一样的解释效果，这里加入了 aage（年龄）和平方项。

. reg cha mateedu1 onlineSES personnet infoneed promotion policy aage aage2

项目	(1) OLS	(2) 稳健的 OLS
mateedu1	1.759***	1.759***
	(0.506)	(0.538)
onlineSES	3.240**	3.240*
	(1.627)	(1.690)
personnet	3.097**	3.097**
	(1.447)	(1.237)
infoneed	−0.423	−0.423
	(1.721)	(1.367)
promotion	0.160	0.160
	(1.380)	(1.353)
policy	0.599	0.599
	(1.741)	(1.466)
aage	0.134	0.134
	(1.520)	(1.619)
aage2	0.00146	0.00146
	(0.0177)	(0.0193)
_cons	−11.09	−11.09
	(32.77)	(33.69)
N	184	184
R^2	0.122	0.122

注：括号中为标准误，*表示 p<0.1，**表示 p<0.05，***表示 p<0.01

在这个例子中，有些变量在 OLS 中的标准误大于稳健 OLS 下的标准误，有的则小于稳健 OLS 下的标准误。

为了看出 aage 对 cha 是否具有统计显著的影响，必须联合检验假设：H_0：$\beta_{aage}=0$，$\beta_{aage}=0$。利用一般的 LM 统计量计算方法，我们得到 LM=1.4352。对应的 P 值为 0.4879（通过 Excel 计算的）。因此，在 5%的显著性水平上不能拒绝 H_0。

异方差稳健的 LM=1.341，对应的 P 值为 0.5115（通过 Excel 计算的）。这仍是在 5%的显著性水平上不能拒绝 H_0。

例 11.4 的代码如下。

```
*常规的 LM 计算方法:
reg cha mateedu1 onlineSES personnet infoneed promotion policy   //y 对施加限制的自变量回归
predict e, resid   //保存残差
reg e   mateedu1 onlineSES personnet infoneed promotion policy aage aage2   //上面的残差对所有自变量回归，记下 R2
*LM=n*上式的 R2
*异方差稳健的 LM:
reg cha mateedu1 onlineSES personnet infoneed promotion policy   //y 对施加限制的自变量回归
predict e1, resid   //保存残差
reg aage mateedu1 onlineSES personnet infoneed promotion policy
predict e2, resid
reg aage2 mateedu1 onlineSES personnet infoneed promotion policy
predict e3, resid
gen e12=e1*e2
gen e13=e1*e3
gen x=1
reg x e12 e13, noc   //记下 SSR
*LM=n-SSR
```

11.3 对异方差性的检验

无论是否存在异方差性，异方差—稳健的标准误都为计算渐近于 t 分布的 t

统计量提供了一种简单方法。我们还看到，异方差—稳健的 F 和 LM 统计量都是现成的。进行这些检验并不需要知道是否存在异方差性。不过我们依然有理由找到一些能验证是否存在异方差性的简单检验。首先，正如在上一节中所提到的那样，通常的 t 统计量在经典线性模型假定之下具有精确的 t 分布。为此，除非存在出现异方差性的证据，否则，许多经济学家仍然更希望看到，报告的是通常的 OLS 标准误和检验统计量。其次，如果存在异方差性，那么 OLS 估计量就不再是最优线性无偏估计量。如在 10.4 节中看到的那样，当异方差的形式已知时，有可能会得到一个比 OLS 更好的估计量。

多年来，人们已经提出过许多种检验异方差性的方法。其中有些方法尽管有能力侦查异方差性，但并不直接检验误差方差与自变量无关的假定。我们将仅考虑较现代的检验，它们能侦查出使通常的 OLS 统计量无效的异方差类型。同时还具备将所有检验都放在同一框架之中的好处。

首先，从以下线性模型开始：

$$y=\beta_0+\beta_1 x_1+\beta_2 x_2+\cdots+\beta_k x_k+u \tag{11.6}$$

在本节仍然维持假定 MLR.1 到 MLR.4。特别是我们假定 $E(u|x_1, x_2, \cdots, x_k)=0$，从而 OLS 是无偏且一致的。

我们取原假设为：假定 MLR.5 是正确的，即：

$$\mathrm{H}_0: \mathrm{Var}(u|x_1, x_2, \cdots, x_k)=\sigma^2 \tag{11.7}$$

即同方差这个理想的假定成立，并要求在不成立时，数据能够告诉我们。如果我们不能在一个充分小的显著性水平上拒绝式（11.7），那么我们通常就会断定异方差性不成问题。但请记住，我们绝不会接受 H_0，只不过是不能拒绝而已。

由于假定 u 的条件期望值为零，所以 $\mathrm{Var}(u|x)=E(u^2|x)$，因而同方差性的原假设就等价于：

$$\mathrm{H}_0: E(u^2|x_1, x_2, \cdots, x_k)=E(u^2)=\sigma^2 \tag{11.8}$$

这说明，为了检验是否违背了同方差假定，需要检验 u^2 是否与一个或多个解释变量相关（在期望值的意义上）。若 H_0 是错误的，则给定自变量，u^2 的期望值便可能是某个 x_j 函数。一个简单方法就是假定一个线性函数：

$$u^2=\delta_0+\delta_1 x_1+\delta_2 x_2+\cdots+\delta_k x_k+v \tag{11.9}$$

其中，v 是给定 x_j 下均值为零的一个误差项。仔细看看这个方程中的因变量，它是原回归方程（11.6）中误差项的平方。同方差的原假设是：

$$H_0: \delta_1=\delta_2=\cdots=\delta_k=0 \quad (11.10)$$

在这个原假设之下，常常有理由假定式（11.9）中的误差 v 与 x_1，x_2，…，x_k 无关。然后本文将进一步介绍，为检验解释 u^2 的自变量的整体显著性，可用 F 或 LM 统计量来检验式（11.10）。尽管 u^2 不是正态分布的（比如，若 u 是正态分布的，则 u^2/σ^2 便服从 χ_1^2 分布），但这两个统计量都是渐近合理的。如果能够观测到样本中的 u^2，就可以利用所有 n 个观测，通过 u^2 对 x_1，x_2，…，x_k 的 OLS 回归，就能轻而易举地计算出这个统计量。

正如前面曾强调过的那样，我们虽然永远不知道总体模型中的实际误差，但确实能得到它们的估计值：OLS 残差 $\widehat{u}_i$ 是第 i 个观察误差 u_i 的一个估计值。因此，可以估计方程为：

$$\hat{u}^2=\delta_0+\delta_1 x_1+\delta_2 x_2+\cdots+\delta_k x_k+\text{误差} \quad (11.11)$$

并对 x_1，x_2，…，x_k 的联合显著性计算 F 或 LM 统计量。结果表明，用 OLS 残差取代误差并不影响 F 或 LM 统计量的大样本分布性质，尽管相当复杂。

F 和 LM 统计量都取决于回归式（11.11）的 R^2；为与估计式（11.10）所得到的 R^2 相区别，我们将它称为 $R^2_{\hat{u}^2}$。于是，F 统计量就是

$$F=\frac{R^2_{\hat{u}^2}/k}{(1-R^2_{\hat{u}^2})/(n-k-1)} \quad (11.12)$$

其中，k 为式（11.11）中的回归元个数；它与式（11.9）中的自变量个数相同。由于大多数回归软件包都自动计算检验回归整体显著性的 F 统计量，所以几乎没有必要手算式（11.12）。在同方差的原假设之下，这个 F 统计量（渐近地）服从一个 $F_{k,n-k-1}$ 分布。

同方差的 LM 统计量恰好是样本容量乘以式（11.11）的 R^2：

$$\text{LM}=n R^2_{\hat{u}^2} \quad (11.13)$$

在原假设之下，LM 渐近服从 χ_k^2 分布。在做了回归后，这个统计量也很容易得到。

这个 LM 形式的检验通常被称为布罗施-帕甘异方差检验（BP 检验）。布罗施和帕甘提出了一个假定误差正态分布的检验形式。肯克（Koenker）①也提出了

① Koenker R. Erratum: “A note on studentizing a test for heteroscedasticity”[J]. Journal of Econometrics, 1983(3): 403.

式（11.13）中 LM 统计量的检验形式，由于其适用性更大，一般更受欢迎。

我们把用 BP 检验来检验异方差性的步骤总结如下。

布罗施-帕甘异方差（BP）检验：

1. 照例用 OLS 估计式（11.10），得到 OLS 残差平方 $\hat{u}^2$（每次观测得到一个）。

2. 做式（11.14）中的回归。记下这个回归的 R^2—$R^2_{\hat{u}^2}$。

3. 计算 F 统计量或 LM 统计量并计算 P 值（前者用 $F_{k,n-k-1}$ 分布，后者用 χ^2_k 分布）。如果这个 P 值相当小，即低于选定的显著性水平，那么我们就拒绝同方差性的原假设。如果 BP 检验得到一个足够小的 P 值，就应该采取某种修正措施。一种可能措施就是使用异方差—稳健的标准误，并检验上一节中讨论的统计量。另一种可能措施在后续部分讨论。

例 11.5

仍然对假设 1-1 进行检验：自身教育水平越高的用户，越有可能把图书类的可及信息源转化为可获信息源。

$$\text{reg cha edulevel1 onlineSES infoneed promotion} \tag{11.14}$$

下面这个方程丝毫没有告诉我们，该模型的误差是否存在异方差性。我们需要将 OLS 残差的平方对自变量做回归。$\hat{u}^2$ 对 edulevel1，onlineSES，infoneed，promotion 回归所得的 R^2 是 0.0705. 在 n=247 和 k=4 的情况下，得到检验自变量显著性的 F 统计量 F=[0.0705/(1−0.0705)]*(242/4)=4.5888，对应的 P 值为 0.0013，它是拒绝原假设的有力证据。LM 统计量为：247*0.0705=17.4135，对应的 P 值为 0.0016（利用 χ^2_4 分布），得到的结论和 F 统计量本质上相同。这就意味着 OLS 的报告不可靠。

项目	(1) OLS	(2) $\hat{u}^2$ 对自变量回归
edulevel1	2.370***	40.69**
	(0.639)	(20.01)
onlineSES	4.969***	132.3***
	(1.334)	(41.81)
infoneed	1.497	35.04
	(1.409)	(44.13)

续表

项目	(1) OLS	(2) $\hat{u}^2$ 对自变量回归
promotion	0.493	11.36
	(1.161)	(36.38)
_cons	−12.55	−269.9
	(9.916)	(310.7)
N	247	247
R^2	0.1257	0.0705

注：括号中为 t 值，**表示 p<0.05，***表示 p<0.01

```
estat hettest, rhs
Breusch-Pagan / Cook-Weisberg test for heteroskedasticity
         Ho: Constant variance
         Variables: edulevel1 onlineSES infoneed promotion
         chi2(4) = 12.52
         Prob > chi2 = 0.0139
```

在前面章节中我们提到，使用因变量对数形式的一个好处，是通常能够消除异方差性。代码如下。

```
gen logcha=log(cha)
gen logedulevel1=log(edulevel1)
gen logonlineSES=log(onlineSES)
gen loginfoneed=log(infoneed)
gen logpromotion=log(promotion)
reg logcha logedulevel1 logonlineSES loginfoneed logpromotion          (11.15)
predict a, resid
gen a2=a*a*a
reg a2 logedulevel1 logonlineSES loginfoneed logpromotion
reg a2 logedulevel1 logonlineSES loginfoneed logpromotion
    Source |       SS        df       MS       Number of obs   =       238
-----------+----------------------------------  F(4, 233)       =      0.81
     Model |  2.13969936      4  .53492484     Prob > F        =    0.5228
  Residual |  154.743978    233  .664137245    R-squared       =    0.0136
-----------+----------------------------------  Adj R-squared   =   −0.0033
```

```
      Total |   156.883677   237  .661956445 Root MSE      =  .81495
------------------------------------------------------------------------------
         a2 |      Coef.   Std. Err.      t    P>|t|     [95% Conf. Interval]
------------+-----------------------------------------------------------------
logedulevel1 |  -.1860864   .2500249   -0.74  0.457    -.6786848   .3065121
logonlineSES |  -.0293024   .0904104   -0.32  0.746    -.2074288    .148824
 loginfoneed |  -.1103222   .1183996   -0.93  0.352    -.3435928   .1229483
logpromotion |  -.0655883   .0848869   -0.77  0.441    -.2328322   .1016556
       _cons |    1.37613   .6545216    2.10  0.037     .086593   2.665667
------------------------------------------------------------------------------
```

利用上述的方法再次进行 F 和 LM 检验：R^2 是 0.0136，因此 F 值为 0.8031（P 值为 0.524），LM 值为 3.2368（P 值为 0.5190）。因此，我们不能拒绝对数函数形式模型中同方差性的原假设。

同样用软件计算的结论和上面保持一致：

```
. estat hettest, rhs   //使用右边的解释变量
Breusch-Pagan / Cook-Weisberg test for heteroskedasticity
          Ho: Constant variance
          Variables: logedulevel1 logonlineSES loginfoneed logpromotion
          chi2(4) = 2.33
          Prob > chi2 = 0.6746
```

如果猜测异方差性只取决于某些自变量，很容易就能改造布罗施-帕甘检验：只要将 $\hat{u}^2$ 对我们所选择的任何自变量做回归，并进行适当的 F 或 LM 检验。记住，恰当的自由度取决于以 $\hat{u}^2$ 为因变量的回归中自变量的个数；方程中出现的自变量个数并不重要。如果残差平方只对单个自变量做回归，那么异方差检验恰好就是该变量通常的 t 统计量。显著的 t 统计量表明异方差性是个问题。

怀特异方差检验：

在前面的讨论中已经证明，如果所有的高斯-马尔可夫假定都成立，通常的 OLS 标准误和检验统计量都是渐近有效的。此时，同方差假定 $\mathrm{Var}(u|x_1, x_2, \cdots, x_k)=\sigma^2$ 可由如下较弱的假定所取代，即误差平方记与所有自变量（x_j）、所有自变量的平方（x_j^2）和所有自变量的交叉乘积（x_jx_h, $j\neq h$）都不相关。这一观察促使怀特提出了对异方差性的一种检验方法，即在方程中增加所有自变量的平方和交叉乘积项。这个检验明显想检验那些使通常的 OLS 标准误和检验统计量无

效的异方差形式。

当模型包含 k=3 个自变量时，怀特检验则基于如下估计：

$$\hat{u}^2 = \delta_0 + \delta_1 x_1 + \delta_2 x_2 + \delta_3 x_3 + \delta_4 x_1^2 + \delta_5 x_2^2 + \delta_6 x_3^2 + \delta_7 x_1 x_2 + \delta_8 x_1 x_3 + \delta_9 x_1 x_3 + 误差 \tag{11.16}$$

与布罗施-帕甘检验相比，这个方程多了 6 个回归元。怀特异方差检验就是检验式（11.16）中除截距外所有的 δ_j 都为 0 的 LM 统计量。因此在这一情形下，要检验 9 个约束。对于这个假设，我们也可以使用 F 检验，这两个检验都具有渐近有效性。

在原方程只有 3 个自变量的情况下，式（11.16）就有 9 个自变量。原方程若有 6 个自变量，怀特回归一般会涉及 27 个回归元（除非某些是多余的）。回归元过多是怀特检验纯粹形式的一个缺陷：对于那些自变量个数适中的模型，它要用掉很多自由度。

有可能得到一个比怀特检验更容易实施而且自由度更节省的检验。为了得到这个检验，我们回忆怀特检验与布罗施-帕甘检验之间的区别，前者包含了自变量的平方项和交叉乘积项。我们不需用那么多自变量的函数，同样可以做到这一点。一种建议是，在异方差检验中使用 OLS 拟合值。记住，对于每次观测 i，拟合值都被定义为

$$\widehat{y_i} = \widehat{\beta_0} + \widehat{\beta_1}\ x_{i1} + \widehat{\beta_2}\ x_{i2} + \cdots + \widehat{\beta_k}\ x_{ik} \tag{11.17}$$

它们只是自变量的线性函数。如果我们将拟合值平方，那么我们就得到自变量所有平方项和所有交叉乘积项的一个特殊函数。这就表明，通过估计方程：

$$\hat{u}^2 = \delta_0 + \delta_1 \hat{y} + \delta_2 \hat{y}^2 + 误差项 \tag{11.18}$$

其中，$\hat{y}$ 表示拟合值，就能检验异方差性。重要的是，在这个方程中不要将 $\hat{y}$ 和 y 相混淆。我们使用拟合值，是因为它们是自变量（及所估计参数）的函数；在式（11.18）中使用 y，不会得到异方差性的有效检验。

对于式（11.18）中的原假设 H_0：δ_1=0 和 δ_2=0，我们可以使用 F 或 LM 统计量。这样就导致了无论原模型中有多少个自变量，检验同方差性的原假设都只有两个约束。如此减少自由度常常是个好办法，而且使检验易于实施。

由于在给定 x_j 时，$\hat{y}$ 是对 y 的期望值的一个估计，所以在认为方差随着期望值 $E(y|x)$ 而变化时，利用式（11.18）来检验异方差性就很有用。因为可以把式（11.18）看成对式（11.16）中的参数施加了限制，所以，式（11.18）中的检验就可以看成怀特检验的一种特殊情形。

怀特异方差检验的特例：

（1）像平常一样用 OLS 估计式（11.10）。得到 OLS 残差 $\hat{u}$ 和拟合值 $\hat{y}$。计算 OLS 残差的平方 $\hat{u}^2$ 和拟合值的平方 $\hat{y}^2$。

（2）做式（11.20）中的回归。记下这个回归的 R^2— $R^2_{\hat{u}^2}$

（3）构造 F 或 LM 统计量并计算 P 值（前者用 $F_{2,\ n-3}$ 分布，后者用 χ^2_2 分布）。

例 11.6

同样使用上面这个取对数后的例子。我们将怀特检验的特殊情形应用到式（11.18）中，其中我们使用 LM 形式的统计量。$\hat{u}^2$ 对 $\widehat{\text{logcha}}$ 和 $\widehat{\text{logcha}^2}$ 的回归[$\widehat{\text{logcha}}$ 表示从式（11.18）得到的拟合值]。给出 $R^2_{\hat{u}^2}$=0.0116，于是，LM=238*0.0116=2.7608，P 值为 0.2514，与 BP 检验相比，结论是一致的。我们在 5%的水平不能拒绝同方差性的原假设。

下面是软件计算的过程，结论一致：

```
estat imtest, white
White's test for Ho: homoskedasticity
         against Ha: unrestricted heteroskedasticity
         chi2(14)     =     9.06
         Prob > chi2  =   0.8275
Cameron & Trivedi's decomposition of IM-test
---------------------------------------------------
              Source |     chi2     df      p
---------------------+-----------------------------
  Heteroskedasticity |     9.06     14    0.8275
            Skewness |    11.49      4    0.0216
            Kurtosis |     5.49      1    0.0192
---------------------+-----------------------------
               Total |    26.03     19    0.1293
```

11.4 加权最小二乘估计

如果利用 11.3 节中的检验方法之一发现存在异方差性，那么，我们在 11.2 节了解到，一种可能的回应是，在用 OLS 估计之后，使用异方差—稳健的统计量。

在提出异方差一稳健的统计量之前，对发现存在异方差性的回应是，明确其具体形式并使用加权最小二乘法，也就是我们本节将介绍的。我们将会指出，如果我们正确估计了方差的形式（作为解释变量的函数），这样使用加权最小二乘法（WLS）将比 OLS 更有效，而且由此得到具有 t 和 F 分布的 t 和 F 统计量。我们还将讨论在 WLS 程序中使用方差的错误形式所具有的含义。

11.4.1 除了一个常数倍数以外异方差是已知的

令 x 表示式（11.7）中所有的解释变量，并假定

$$\mathrm{Var}(u|x)=\sigma^2 h(x) \tag{11.19}$$

其中，$h(x)$是解释变量的某种函数，并决定着异方差性。由于方差必须为正，对所有可能的自变量值都有 $h(x)>0$。我们在本小节假定函数 $h(x)$为已知。虽然总体参数σ^2未知，但我们能从一个数据样本中估计它。

对于从总体中的一个随机抽取，我们可以写出$\sigma_i^2=\mathrm{Var}(u_i\,|\,x_i)=\sigma^2 h(x_i)=\sigma^2 h_i$，其中我们再次用$x_i$表示第 i 次观测的所有自变量，由于自变量随着观测而变化，h_i随着每次观测而变化。比如，考虑简单的储蓄函数

$$\mathrm{sav}_i=\beta_0+\beta_1\mathrm{inc}_i+u_i \tag{11.20}$$

$$\mathrm{Var}(u_i\,|\,\mathrm{inc}_i)=\sigma^2\ \mathrm{inc}_i \tag{11.21}$$

这里，$h(x)=h(\mathrm{inc})=\mathrm{inc}$：误差方差与收入水平成正比。这意味着，随着收入的提高，储蓄的可变性也在提高。（如果$\beta_1>0$，储蓄的期望值也随着收入的提高而增加。）由于 inc 总是正的，所以式（11.21）中的方差总能保证为正。u_i的标准差（以inc_i为条件）就是$\sigma\sqrt{\mathrm{inc}_i}$。

我们如何用式（11.19）中的信息去估计β_j呢？本质上，我们先取包含了异方差误差的原方程：

$$y_i=\beta_0+\beta_1x_{i1}+\beta_2x_{i2}+\cdots+\beta_kx_{ik}+u_i \tag{11.22}$$

然后把它转换成一个具有同方差误差的方程（并满足其他的高斯-马尔可夫假定）。因为h_i仅是x_i的函数，所以$u_i/\sqrt{h_i}$以x_i为条件的期望值为 0。而且，因为$\mathrm{Var}(u_i\,|\,x_i)=E(u_i^2\,|\,x_i)=\sigma^2h_i$，所以$u_i/\sqrt{h_i}$的方差（以$x_i$为条件）为$\sigma^2$：

$$E[(u_i/\sqrt{h_i})^2]=E(u_i^2)/\ h_i=(\sigma^2h_i)/h_i=\sigma^2 \tag{11.23}$$

其中，为简单起见，我们已经省略了以 x_i 为条件。我们可以将式（11.22）两边同时除以 $\sqrt{h_i}$ 得到

$$y_i/\sqrt{h_i}=\beta_0/\sqrt{h_i}+\beta_1 x_{i1}/\sqrt{h_i}+\beta_2 x_{i2}/\sqrt{h_i}+\cdots+\beta_k x_{ik}/\sqrt{h_i}+u_i/\sqrt{h_i} \tag{11.24}$$

或

$$y_i^*=\beta_0 x_{i0}^*+\beta_1 x_{i1}^*+\cdots+\beta_k x_{ik}^*+u_i^* \tag{11.25}$$

其中，$x_{i0}^*=1/\sqrt{h_i}$，其他标星号的变量都表示将原对应变量除以 $\sqrt{h_i}$。

式（11.25）看起来有些奇怪，但重要的是，记住我们之所以这样推导，是为了得到比 OLS 的效率性质更好的 β_j 的估计量。原式（11.22）中的截距项 β_0 现在被乘上了变量 $x_{i0}^*=1/\sqrt{h_i}$。β_j 中的每一个斜率参数都乘上了一个新的变量，使得我们对这些新变量很难做出什么有用的解释。但如果我们联想到，为了解释模型及其参数，我们总想回到原式（11.22），这样做就应该不会引起什么问题。

式（11.25）对其参数而言是线性的（所以它满足 MLR.1），而且随机抽样的假定也没有改变。此外，以 x_i^* 为条件，u_i^* 具有 0 均值和常方差（σ^2）。这就意味着，如果原式满足了前 4 个高斯-马尔可夫假定，那么，变换后的式（11.25）就满足所有的 5 个高斯-马尔可夫假定。同时，如果 u_i 具有正态分布，那么 u_i^* 也具有方差为 σ^2 的正态分布。因此，如果原模型满足除同方差假定之外所有的经典线性模型假定，那么变换后的方程就会满足全部的经典线性模型假定（MLR.1 到 MLR.6）。

因为我们知道 OLS 在高斯-马尔可夫假定下具有很吸引人的性质（比如 BLUE），所以上一段的讨论建议我们用普通最小二乘法来估计式（11.25）中的参数。这些估计量 β_0^*，β_1^*，…，β_k^* 将与原方程中的 OLS 估计量有所区别。这些 β_j^* 正是广义最小二乘（GLS）估计量的例子。这里，GLS 估计量被用来对付误差中的异方差性。

由于式（11.25）满足所有的理想假定，从利用变换后的变量所做的回归中能够得到标准误、t 统计量和 F 统计量。式（11.25）的残差平方和除以自由度就是 σ^2 的一个无偏估计量。而且，因为这些 GLS 估计量都是 β_j 的最优线性无偏估计量，所以必然比从原式得到的 OLS 估计量 $\widehat{\beta_j}$ 更有效。实质上，在将变量变换之后，我们就只需要进行标准的 OLS 分析。但我们必须记住，要将估计值放到原方程中去解释。

这种纠正异方差性的 GLS 估计量又被称为加权最小二乘（WLS）估计量。这

个名称来自如下事实：B_j^* 最小化了残差平方的加权和，其中每个残差平方的权数都为 $1/h_i$。其思想是，对误差方差越大的观测赋予越小的权数；OLS 则对每个观测都赋予相同的权数，因为在总体的每部分的误差方差都相同时，这样做是最好的。从数学上讲，WLS 估计量便是使下式尽可能小的 b_j 值：

$$\sum_{i=1}^{n}(y_i - b_0 - b_1x_{i1} - \cdots - b_kx_{ik})^2 / h_i \tag{11.26}$$

将 $1/h_i$ 的平方根放进残差平方的表达式里，表明加权后的残差平方和等于变换后变量的残差平方和：

$$\sum_{i=1}^{n}\left(y_i^* - b_0^* - b_1x_{i1}^* - \cdots - b_kx_{ik}^*\right)^2 \tag{11.27}$$

既然 OLS 最小化了残差平方和（无论自变量与因变量如何定义），那么，最小化式（11.26）的 WLS 估计量无非就是从式（11.25）得到的 OLS 估计量。请注意：式（11.26）中的残差平方和以 $1/h_i$ 为权数，而式（11.25）中变换后的变量却以 $1/\sqrt{h_i}$ 为权数。

加权最小二乘估计量可以对任何一组正的权数加以定义，而 OLS 正是对所有观测都赋予相等权数的特殊情形。有效的 GLS 程序赋予每个残差平方的权数，都是 u_i 在给定 x_i 下条件方差的倒数。

为进行加权最小二乘而对变量进行变形可能很烦琐，而且难免会出差错。幸运的是，大多数现代回归软件包都能做加权最小二乘估计。通常，在给出原模型中自变量和因变量的同时，只需确定加权函数即可。这样做不仅不太容易出错，而且能让我们在原模型中解释加权最小二乘估计值。实际上，我们可以用通常格式写出所估计的方程。虽然估计值和标准误与 OLS 所得到的不同，但我们解释那些估计值、标准误和检验统计量的方式都是一样的。

内置 WLS 选项的计量分析软件包会导出含有 WLS 估计量和标准误的 R^2（和调整 R^2）的报告。通常情况下，最小二乘的 R^2 是通过加权残差平方和与加权总平方和得到的，其中，残差平方和是通过最小化式（11.26）得到的，加权总平方和是通过将式（11.26）中的所有斜率系数项 $b_1, b_2, \cdots, b_k$ 设为零，然后用同样的权重得到的。作为检验拟合优度的标尺，R^2 并非特别有用，虽然它可以有效度量 y_i^* 而非 y_i 的解释方差项。尽管如此，按上述方法计算出来的最小二乘 R^2 仍适合用来计算具有排他性限制条件下的 F 统计量（假设我们已经采取适当方式确定了方差方程）。至于在 OLS 的情形下，SST 项无效，F 统计量是依据加权 SSR 项得到的。

对式（11.25）进行普通最小二乘回归得到的 R^2 度量拟合优度的作用更小，

因为计算 SST 几乎毫无意义：在对回归过程中的截距项进行必要的剔除的条件下，在回归中计算 SST 时通常会缺乏对 y_i^* 的适当中心化。这也是采用预先编入回归过程的 WLS 选项的另一个原因，这样至少导出的 R^2 会将含有所有独立变量的模型与只含有一个截距项的模型进行适当的对比。由于在检验排他性限制时 SST 无效，对其计算不当不会对 F 统计量的 R^2 形式造成影响。然而，通过这种方式计算出的 R^2 会让人认为方程比实际情况拟合得更优。

例 11.7

采用陇西调研的数据，接下来要估计的方程把不同的计算得出的结果都列出来，以便于比较。例子来自假设 1-3：自我感知上网对提高社会地位水平的影响程度越高的用户，越有可能把图书类的可及信息源转化为可获信息源。由于我们怀疑存在异方差，假定加权最小二乘估计值及其标准误都是在 Var（u| policy）$=\sigma^2$ policy 下得到的。

```
reg cha onlineSES personnet infoneed promotion policy
reg cha onlineSES personnet infoneed promotion policy [aw=1/policy]
```

项目	(1) OLS	(2) 稳健 OLS	(3) WLS
onlineSES	3.718***	3.718**	3.866***
	(1.398)	(1.538)	(1.372)
personnet	2.346*	2.346**	2.397**
	(1.299)	(1.129)	(1.153)
infoneed	0.790	0.790	−0.0773
	(1.530)	(1.262)	(1.354)
promotion	0.184	0.184	0.518
	(1.189)	(1.212)	(1.144)
policy	1.825	1.825	2.972**
	(1.553)	(1.352)	(1.439)
_cons	11.33*	11.33*	9.316*
	(6.819)	(6.146)	(5.416)
N	250	250	250
R^2	0.087	0.087	0.114

注：括号中为 t 值，*表示 p<0.1，**表示 p<0.05，***表示 p<0.01

使用 OLS，在控制了一些变量后，policy（李克特 5 点）的得分情况每提高

一个单位，因变量 cha 则会提高 3.718 个单位。加权最小二乘法估计大一点，为 3.866。在假定 Var（u|policy）= σ^2 policy 是正确的情况下，加权最小二乘比普通最小二乘具有更小的标准误。正确设定了加权函数后，这种情况下，加权最小二乘估计值则会更加准确。这种情况下要想检验 infoneed 和 promotion 的联合显著性，就可以使用之前的方法计算 F 值，这里就不展示了，可以直接用软件计算，指令为 test，结果如下。这两个变量有非常小的统计量，这也符合上面一般回归得到的结果。

```
test infoneed   promotion
(1) infoneed = 0
(2) promotion = 0
    F(2, 244) = 0.10
        Prob > F = 0.9069
```

究其本质而言，假定方程中的误差方差与某一个变量成正比是有些随意的。事实上，在多数情形中，在选择加权最小二乘权重时都有一定的任意性。

11.4.2 必须估计异方差函数：可行 GLS

在上一小节中，我们看到了几个异方差已知为乘积形式的例子。在大多数情况下，异方差的确切形式并不明显。换句话说，很难找到上一节中的函数 $h(x_i)$。不过，在多数情况下，可以模型化函数 h，并利用数据来估计这个模型中的未知参数，从而得到每个 h_i 的估计值，记为 $\widehat{h_i}$ 。在 GLS 变换中用 $\widehat{h_i}$ 取代 h_i 就得到一个估计量，被称为可行的 GLS（FGLS）估计量。可行的 GLS 有时又被称为估计的 GLS 或 EGLS。

虽然有多种模型化异方差性的方法，但我们将学习一种特殊的、相当灵活的方法。假定

$$\mathrm{Var}(u|x)=\sigma^2\exp(\delta_0+\delta_1 x_1+\delta_2 x_2+\cdots+\delta_k x_k) \tag{11.28}$$

x_1，x_2，…，x_k 是回归模型中出现的自变量，而 δ_j 为未知参数。虽然也有可能出现 x_j 的其他函数形式，但我们将主要考虑式（11.28）。用上一小节的记号，即 $h(x)=\exp(\delta_0+\delta_1 x_1+\delta_2 x_2+\cdots+\delta_k x_k$。你可能想知道我们为什么会使用式（11.28）中的指数函数。毕竟，在用布罗施-帕甘检验来检验异方差性时，曾假定异方差性是 x_j 的一个线性函数。虽然像式（11.22）那样的线性形式在用于异方差检验时也很好，但在用加权最小二乘法对异方差性进行修正时却会有问题。我们以前曾遇

到过产生这个问题的原因：线性模型不能保证预测值都为正，而为了进行 WLS，我们估计的方差要求必须为正。

如果参数 δ_j 已知，就只需像上一小节那样直接应用 WLS。可惜这种情况不是很现实。最好是先用数据去估计这些参数，然后再使用这些参数的估计值来构造权数。如何估计 δ_j 呢？实质上，我们将借助一个小小的修改，把这个方程变换成一个可用 OLS 估计的线性形式。

在假定式（11.28）之下，我们可以写

$$u^2=\sigma^2\exp(\delta_0+\delta_1 x_1+\delta_2 x_2+\cdots+\delta_k x_k)v$$

其中，v 以 $x=x_1, x_2, \cdots, x_k$ 为条件时的均值等于 1。如果我们假定 v 确实与 x 无关，就可以写成：

$$\log(u^2)=\alpha_0+\delta_1 x_1+\delta_2 x_2+\cdots+\delta_k x_k+e \tag{11.29}$$

其中，e 的均值等于 0 并与 x 无关；此方程中的截距与 δ_0 也不同，但无关紧要。因变量是平方误的对数。由于式（11.29）满足高斯-马尔可夫假定，我们可利用 OLS 得到 δ_j 的无偏估计量。

和平常一样，必须以 OLS 残差来取代观测不到的 u。因此，需要做

$$\log(\hat{u}^2)\text{对 } x_1, x_2, \cdots, x_k \text{ 的回归} \tag{11.30}$$

我们实际上只想从这个回归中得到拟合值，称之为 $\widehat{g_i}$。然后，h_i 的估计值无非就是

$$\widehat{h_i}=\exp(\widehat{g_i}) \tag{11.31}$$

现在在式（11.27）中，以权数 $1/\widehat{h_i}$ 取代 $1/h_i$，并使用 WLS，简要步骤概括如下。

纠正异方差性的一个可行的 GLS 程序：

（1）将 y 对 $x_1, x_2, \cdots, x_k$ 做回归并得到残差 $\hat{u}$。

（2）通过先将 OLS 残差进行平方，然后取自然对数而得到 $\log(\hat{u}^2)$。

（3）做式（11.30）中的回归并得到拟合值 $\hat{g}$。

（4）求出式（11.30）中拟合值的指数：$h=\exp(g)$。

（5）以 $1/\hat{h}$ 为权数，用 WLS 估计方程

$$y=\beta_0+\beta_1 x_1+\beta_2 x_2+\cdots+\beta_k x_k+u$$

换言之，我们在式（11.27）中用 $\widehat{h}_i$ 取代了 h_i。记住，第 i 个观测的残差平方得到的权重是 $1/\widehat{h}_i$。如果我们转而首先把所有变量进行变换，然后做普通最小二乘，那么，包括截距在内的每个变量都被乘以了 $1/\sqrt{\widehat{h}_i}$。

如果我们能在 WLS 程序中使用 h_i 而不是 $\widehat{h}_i$，我们就会知道，我们的估计量将是无偏的；事实上，假定我们已经正确地模型化了异方差性，它们还将是最优线性无偏估计量。不得不用同样的数据去估计 h_i 就意味着，FGLS 估计量不再是无偏估计量（因此也不可能是 BLUE）。不过，FGLS 估计量仍是一致的，而且比 OLS 更渐近有效。由于对方差参数的估计，很难证明这一点。但如果我们忽略这一点（确实可以忽略），其证明就类似于证明 OLS 在定理 5.3 中的一类估计量里是有效的。无论如何，对于大样本情形，当有迹象表明异方差性使 OLS 估计值的标准误变大时，FGLS 作为 OLS 的一个替代方法，便颇具吸引力。

必须记住，FGLS 估计量是方程

$$y=\beta_0+\beta_1 x_1+\beta_2 x_2+\cdots+\beta_k x_k+u$$

中参数的估计量。正如 OLS 估计值度量了每个 x_j 对 y 的边际影响一样，FGLS 的估计值也是如此。我们之所以用 FGLS 估计值取代 OLS 估计值，是因为前者更有效，而且其相关的检验统计量具有 t 和 F 分布，至少在大样本中如此。如果我们对式（11.28）中所设定的方差有某种疑虑，那么我们可以对数据变换后的方程使用异方差—稳健的标准误和检验统计量。

另一种估计 h_i 的有用方法是，用 OLS 拟合值及其平方取代回归式（11.30）中的自变量。换言之，从

$$\log(\hat{u}^2)\text{对 }\hat{y}\text{，}\hat{y}^2 \tag{11.32}$$

的回归中得到拟合值 $\widehat{g}_i$，然后和式（11.31）中所做的完全一样求 $\widehat{h}_i$。在前面的程序中，只有第 3 步发生了变化。

如果我们利用式（11.30）去估计方差函数，你可能想知道，我们能否只用相同的回归去检验异方差性？实际上，帕克（Park）曾提出了这种思路。遗憾的是，与 11.3 节所讨论过的检验相比，帕克检验有一些问题。

在检验异方差性时，我们不主张使用帕克检验。式（11.30）能很好地为加权最小二乘效劳的原因在于，只需要 δ_j 的一致估计量，而式（11.30）当然能够做到。

例 11.8

使用陇西调研的数据，该例子来自假设*1-3：自我感知上网对提高社会地位水平的影响程度越高的用户，越有可能把图书类的可及信息源转化为可获信息源。

$$\text{cha} = \beta_0 + \beta_1\text{onlineSES} + \beta_2\text{personnet} + \beta_3\text{infoneed} + \beta_4\text{promotion} + \beta_5\text{policy} + \mu \tag{11.33}$$

按照正常的流程，我们先进行 OLS 估计，结果如下。

```
reg cha onlineSES personnet infoneed promotion policy
      Source |       SS          df       MS     Number of obs   =       250
-------------+------------------------------------ F(5, 244)       =      4.64
       Model |   18370.128        5  3674.02561  Prob > F         =    0.0005
    Residual |  193095.184      244  791.373705  R-squared        =    0.0869
-------------+------------------------------------ Adj R-squared    =    0.0682
       Total |  211465.312      249  849.258281  Root MSE         =   210.131
------------------------------------------------------------------------------

         cha |      Coef.    Std. Err.      t    P>|t|     [95% Conf. Interval]
-------------+----------------------------------------------------------------
   onlineSES |   3.718135    1.398186    2.66   0.008      .964081     6.47219
   personnet |   2.345879    1.299468    1.81   0.072    -.2137279    4.905486
    infoneed |   .7901373    1.530121    0.52   0.606    -2.223794    3.804069
   promotion |   .1835502    1.188991    0.15   0.877    -2.158446    2.525546
      policy |   1.824948    1.553044    1.18   0.241    -1.234136    4.884032
       _cons |   11.33436    6.818539    1.66   0.098    -2.096345    24.76507
------------------------------------------------------------------------------
```

由于我们还要做加权最小二乘估计，这里就没有报告异方差—稳健标准误。我们可以看出 onlineSES（李克特 5 点）每提高一个单位，cha 就会提高 3.718 个单位。

式（11.33）背后的误差项含有异方差吗？仅仅从上面的回归结果是看不出来的。接下来我们进行计算。

将 OLS 残差的平方对式（11.33）中的自变量做 BP 检验，得到 R^2 是 0.0731，虽然这么小的 R^2 看上去标志着没有异方差性，但还是需要计算 F 或 LM 统计量。LM 统计量为 LM=250*0.0731=18.275，这时一个 χ_5^2 对应的 P 值为 0.0026。这是存在异方差的证据。

因此，以式（11.30）为基础，利用可行 GLS 重新估计这个方程。为了便于比较，下面的输出结果直接把两种不同估计方法的结果同时展示（OLS 和可行 GLS）。

项目	(1) OLS	(2) GLS
onlineSES	3.718***	4.011***
	(1.398)	(1.519)
personnet	2.346*	2.359**
	(1.299)	(1.146)
infoneed	0.790	0.265
	(1.530)	(1.308)
promotion	0.184	1.317
	(1.189)	(1.114)
policy	1.825	1.958
	(1.553)	(1.401)
_cons	11.33*	8.978
	(6.819)	(5.627)
N	250	250
R^2	0.087	0.103

注：括号中为 t 值，*表示 p<0.1，**表示 p<0.05，***表示 p<0.01

在用 WLS 估计之后，我们必须小心计算检验多重假设的 F 统计量。（不论是使用 F 统计量的残差平方形式还是 R^2 形式，都是如此。）重要之处在于，在估计无约束模型和约束模型时要采用相同的权数。我们应该首先用 OLS 估计无约束模型。一旦我们得到了权数，就可以将它们用来估计约束模型。F 统计量也就可以像平常那样计算。幸运的是，许多回归软件包在 WLS 估计之后，都有一个简单的命令来检验联合约束，所以我们不需要亲自做约束模型回归（回归后使用 test 指令即可）。

一个在应用加权最小二乘时有时会出现的问题：OLS 和 WLS 估计值可能相差甚远。由于抽样误差的存在，OLS 和 WLS 估计值总有所不同。问题是，它们的差异是否足以改变重要的结论？

如果 OLS 和 WLS 得到符号不同而又都统计显著的估计值（比如，OLS 价格弹性为正而又显著，而 WLS 价格弹性为负而又显著），或者估计值数量上的差异确实很大，我们就应该表示怀疑。具体而言，这标志着其他高斯-马尔可夫假定之一是错误的，特别是对误差的零条件均值假定（MLR.4）。u 和任何一个自变量之间的相关都会导致 OLS 和 WLS 的偏误和不一致，而且偏误的大小通常都不同。豪斯曼检验①可用来规范地比较 OLS 和 WLS 估计值（后面的工具变量法会进一步介绍豪斯曼检验，用于比较 2SLS 和 OLS），以看出其差距是否超过了抽样误差的范围。在多数情况下，对估计值非正式地“打量一下”就足以发现问题。

11.4.3　如果所假定的异方差函数是错误的会怎么样?

刚才指出，如果 OLS 和 WLS 得到极其不同的估计值，那么条件均值 $E(y|x)$ 的设定就很可能是错误的。如果对于我们所选定的函数 $h(x)$，$\mathrm{Var}(y|x)\neq\sigma^2 h(x)$，而且正是在这个意义上，我们所使用的方差函数被错误地设定了，那么，WLS 有何性质呢？最重要的问题就是，$h(x)$的错误设定会不会导致 WLS 估计量的偏误或不一致呢？幸运的是，答案是否定的，至少在假定 MLR.4 下，不会导致这样的问题。前面曾讲过，如果 $E(u|x)=0$，那么，对于任意一个恒为正的函数 $h(x)$，x 的任何一个函数都与 u 不相关，因此，加权误差 $u/\sqrt{h(x)}$ 与加权回归元 $x_j/\sqrt{h(x)}$ 也不相关。正如我们刚才讨论的那样，这就是为什么我们把 OLS 估计量与 WLS 估计量之间的巨大差别看作函数形式误设的标志的原因所在。如果我们估计函数，比如 $h(x,\hat{\delta})$中的参数，那么我们就不能再认为 WLS 是无偏的，但它通常还是一致的（无论方差函数的设定正确与否）。

如果在假定 MLR.1 和 MLR.4 下，WLS 至少也是一致的，那么，在方差函数被误设的情况下使用 WLS 又有何影响呢？影响是，即使在大样本中，通常在 $\mathrm{Var}(y|x)=\sigma^2 * h(x)$的假定下计算的 WLS 标准误和检验统计量也都不再可靠。比如，例 11.7 中的 WLS 估计值和标准误假定 $\mathrm{Var}(u|\text{policy})=\sigma^2\text{policy}$；因此我们不仅假定方差仅取决于 policy，还假定它是 policy 的一个线性函数。如果这个假定是错误的，那么标准误（以及我们利用那些标准误得到的任何一个统计量）都将是不可靠的。幸运的是，有一个简单的修复方法：正如对于任意形式的异方差性，我们都能得到 OLS 估计值的稳健标准误一样，在方差函数被误设的情况下，我们也能得到 WLS 估计值的稳健标准误。很容易看出为什么是这样的。把变形后的方程写成

$$y_i/\sqrt{h_i}=\beta_0/\sqrt{h_i}+\beta_1x_{i1}/\sqrt{h_i}+\beta_2x_{i2}/\sqrt{h_i}+\cdots+\beta_kx_{ik}/\sqrt{h_i}+u_i/\sqrt{h_i}$$

现在，如果 $\mathrm{Var}(u_i|x_i)\neq\sigma^2 h_i$，那么，加权误差 $u_i/\sqrt{h_i}$ 就是异方差的。于是，我

① Hausman J A. Specification tests in econometrics[J]. Econometrica, 1978, 46(6): 1251-1271.

们可以在用 OLS 估计了这个方程之后（记住，它等同于 WLS），使用通常的异方差—稳健的标准误。

为了探明在实际中，关于 WLS 稳健的推断是如何实现的，下表的第（1）列复制了例 11.7 的 WLS 结果，而第（2）列给出的标准误则对 $\mathrm{Var}(u_i \mid x_i) \neq \sigma^2$ policy 保持稳健。

项目	(1) WLS	(2) 稳健 WLS
onlineSES	3.866***	3.866***
	(1.372)	(1.452)
personnet	2.397**	2.397**
	(1.153)	(1.187)
infoneed	−0.0773	−0.0773
	(1.354)	(1.297)
promotion	0.518	0.518
	(1.144)	(1.198)
policy	2.972**	2.972**
	(1.439)	(1.294)
_cons	9.316*	9.316*
	(5.416)	(5.479)
N	250	250
R^2	0.114	0.114

注：括号中为 t 值，*表示 p<0.1，**表示 p<0.05，***表示 p<0.01

第（2）列中的标准误容许方差函数被误设。我们看到，一方面，对于 onlineSES 和 personnet 和 promotion, 稳健标准误略高于通常的 WLS 标准误——当然足以使置信区间变大。另一方面，与假定了正确的方差函数相比，infoneed 和 policy 的稳健标准误实际上更小一些。在普通最小二乘法中使用异方差—稳健的标准误时，我们曾看到也有可能出现这种情况。

即便我们使用式（11.28）中那样灵活的方差函数形式，也不能保证我们得到正确的模型。尽管指数形式的异方差函数颇具吸引力而且又足够灵活，但毕竟它也只是一个模型。因此，在使用 WLS 估计之后，计算足够稳健的标准误和检验统计量总是一个好主意。

对 WLS 的一个现代批评是，如果方差函数被错误设定，那就不能保证它比 OLS 更有效。事实的确如此：如果 $\mathrm{Var}(y|x)$既不是常数，又不等于$\sigma^2 h(x)$，其中 $h(x)$是我们建议使用的异方差模型，那么，我们就不能从方差（或者在方差参数必须估计时的渐近方差）角度来评价 OLS 和 WLS 的优劣。不过，这个理论上正

确的批评忽略了一个重要事实。那就是，在异方差非常严重的时候，与在估计中完全不考虑异方差而直接使用 OLS 相比，使用一个错误的异方差形式并应用 WLS 通常还是更好一些。像式（11.30）这样的模型可以很好地近似各种异方差函数，并得到（渐近）方差更小的估计量。即便在例 11.7 中，异方差形式被假定为 $\mathrm{Var}(u_i \mid x_i)=\sigma^2$ policy 的简单形式时，足够稳健的 WLS 标准误也要小于足够稳健的 OLS 标准误。（对这两个稳健标准误的比较是在相当的背景下进行的：我们假定既不是同方差的，方差的形式也不是 σ^2 policy 。）

11.5　再议线性概率模型

如前面章节所见，当因变量 y 是一个二值变量时，除非所有斜率参数都为零，否则模型就一定包含异方差性。现在我们开始分析这个问题。

处理线性概率模型中异方差性问题的最简单方法，就是继续使用 OLS 估计，但也要计算检验统计量的稳健标准误。这就忽略了我们实际上知道 LPM 的异方差形式这个事实。不过，LPM 的 OLS 估计值很简单，而且常常能得到令人满意的结果。

一般而言，OLS 估计量在 LPM 中都不是有效的。回忆 LPM 中 y 的条件方差为

$$\mathrm{Var}(y|x)=p(x)[1-p(x)] \tag{11.34}$$

其中，

$$p(x)=\beta_0+\beta_1x_1+\beta_2x_2+\cdots+\beta_kx_k \tag{11.35}$$

为响应概率（y=1 的成功概率）。概率显然取决于未知的总体参数 β_j 。不过，我们确实得到了这些参数的无偏估计量，即 OLS 估计量。把 OLS 估计量代入式（11.35），我们就得到 OLS 拟合值。因此，对每个观测 i，$\mathrm{Var}(y_i \mid x_i)$由

$$\widehat{h}_i=\widehat{y}_i\,(1-\widehat{y}_i) \tag{11.36}$$

估计出来，其中 $\widehat{y}_i$ 为第 i 次观测的 OLS 拟合值。现在，我们就像在 11.4 节中那样应用可行的 GLS。遗憾的是，能对每个 i 估计 h_i 并不意味着我们就能直接进行 WLS 估计。原因就是我们在之前曾简要讨论过的问题：拟合值 $\widehat{y}_i$ 不一定落在单位区间内。如果 $\widehat{y}_i<0$ 或 $\widehat{y}_i>1$，式（11.36）表明 h_i 为负。由于 WLS 程序对第 i 次观测总要乘以 $1/\sqrt{h_i}$，如果某个观测的 $\hat{h}_i$ 为负（或等于 0），那么这个方法就宣告失败。换言之，WLS 的所有权数都必须为正。

在某些情况下，对于所有的 i，都有 $0<\hat{y}_i<1$，此时就可以用 WLS 估计 LPM。在那些观测数据很多而成功或失败的概率都很小的情形中，发现某些拟合值位于单位区间之外的情形颇为常见。若是这样，最容易的办法就是放弃 WLS 并报告异方差—稳健的统计量。另一种办法是调整那些小于 0 或大于 1 的拟合值，然后用于 WLS。一种建议是在 $\hat{y}_i<0$ 时取 $\hat{y}_i=0.01$，而在 $\hat{y}_i>1$ 时取 $\hat{y}_i=0.99$。遗憾的是，这就要求研究者任意选择——比方说，为什么不用 0.001 和 0.999 作为调整值?如果多数拟合值都位于单位区间之外，对拟合值的调整就能影响结论；在这种情况下，仅仅使用 OLS 可能是最好的办法。

用加权最小二乘法估计线性概率模型：

（1）用 OLS 估计模型并得到拟合值 $\hat{y}$。

（2）判断是否所有的拟合值都位于单位区间之内。如果是这样，就进行第 3 步。否则，就需要进行某种调整而使所有的拟合值都位于单位区间内。

（3）构造式（11.35）中的估计方差。

（4）以 $1/\hat{h}$ 为权数，用 WLS 估计方程

$$y=\beta_0+\beta_1 x_1+\beta_2 x_2+\cdots+\beta_k x_k+u$$

例 11.9

下面用一组数据把本书两个例题说明的内容一起解释。采用陇西调研的数据，我们估计的是受访者能否从互联网获取有用信息的概率。用 accessible4 表示一个二值变量，若受访者可以通过互联网获取信息取值 1，否则取值 0。

reg accessible4 internetPC1 asset71ysdf intelligence22df edulevel1

下面报告的结果有三列，分别是：OLS，稳健 OLS 和 WLS。

从结果可以看出，OLS 和稳健 OLS 之间标准误变化不大，我们用 WLS 估计了这个模型，OLS 估计值有超出 1 的，对这些数据进行调整（大于 1 的改为 0.99）。

对于 intelligence22df 这个变量，无论在那种情况下都是统计显著的，解释为：intelligence22df 每提高 1 个单位，受访者能从互联网获取有用信息的概率就会增加 7.01%。更好的解释为，每 100 个受访者就会有 7.01 个人从互联网获取有用信息。

项目	(1) OLS	(2) 稳健 OLS	(3) WLS
internetPC1	0.00695	0.00420	0.000123
	(1.37)	(1.31)	(0.27)

续表

项目	(1) OLS	(2) 稳健 OLS	(3) WLS
asset71ysdf	0.0515***	0.0515**	0.000976
	(4.58)	(3.13)	(0.34)
intelligence22df	0.0701**	0.0701**	0.00173
	(2.91)	(3.29)	(0.77)
edulevel1	0.0134**	0.0134*	0.000264
	(2.83)	(2.49)	(0.32)
_cons	0.184	0.184	0.981***
	(1.85)	(1.41)	(44.03)
N	518	518	518
R^2	0.0887	0.0887	0.0021

注：括号中为 t 值，*表示 p<0.1，**表示 p<0.05，***表示 p<0.01

习　　题

简答题：

1. 请简要解释多元回归分析中的同方差假定是什么，以及为什么该假定是重要的。
2. 异方差性是什么意思？在多元回归分析中，当我们说存在异方差性时，我们在说什么？
3. 为什么异方差性对普通最小二乘（OLS）估计会造成问题？请提供一些具体的例子说明。
4. 在解决异方差性问题时，我们可以采取哪些修正措施？请简要描述每种修正措施的原理。
5. 如何检验是否存在异方差性？请列举一些常用的检验方法，并简要说明其原理。
6. 假设你正在研究一个储蓄方程，其中收入是解释变量，储蓄是因变量。如果你观察到储蓄的方差随着收入的增加而增加，你会得出什么结论？请解释你的答案。
7. 你认为异方差性对OLS估计的影响是如何影响假设检验和置信区间的结果的？请举例说明。

第 12 章　循证信息贫困研究中的模型设定问题

第 11 章讨论了异方差，异方差的出现不会导致 OLS 估计量的偏误或不一致性。本章我们将讨论的是当误差项 μ 与解释变量相关这个更加严重的问题。

本章讨论的问题主要涉及误差 μ 与解释变量 x_j 相关［$E(\mu|X_j)\neq 0$（如果等于 0 误差项不但与解释变量无关，而且与解释变量的所有可测函数都严格不相关，严格外生）］，即 x_j 为一个内生解释变量出现的原因，以及可能采取的补救措施。

12.1　函数形式误设

函数形式误设是说，在一个多元回归模型中没有正确的解释因变量和所有自变量的关系。比如，我们知道信息资产是由 $\text{assetP} = \beta_0 + \beta_1\text{time} + \beta_2\text{time}^2 + \mu$ 决定, 但我们遗漏了 time^2 时, 就会遇到一个函数形式误设的问题. 在之前的讨论中, 我们知道这通常会导致 β 产生偏误。

函数形式误设的原因如下。

（1）遗漏变量（包括虚拟变量）——约束条件的 F 检验（检验的目的在于验证应该不应该包含这个变量）。

（2）遗漏变量的高次项——RESET 检验。

（3）函数形式错误（包括变量形式错误、变量之间的关系错误、对数和半对数模型）。

我们已经有了一个强有力的工具来检验误设函数形式：联合排除性约束 F 检验。通常在模型中添加任何一个显著变量的平方项并进行一个联合显著性检验都是讲得通的，如果所增加的平方项是显著的，就可以把它们放到模型中（代价是模型的解释更加复杂）。然而显著的平方项又可能是函数有其他形式这一问题的征兆，比如在应该用变量的对数[①]值时却用了水平值。以陇西数据为例。

① 对数会大幅缩小变量的波动范围，平方项会放大变量的波动范围，平方项的显著有可能因为函数的非线性也有可能是因为量纲差距过大造成了本该显著的变量，在水平值中不显著。

例 12.1

假设信息能力不足将导致个体市场参与机会的缺失，为此构建如下简单模型：

$$\text{lnaverageinc} = \beta_0 + \beta_1\text{intelligenceP} + \beta_2\text{celluse10} + \beta_3\text{celluse11} + \mu \quad (12.1)$$

对回归后显著的变量平方，再次加入模型。两次估计的结果如下表所示。

项目	(1) m1	(2) m2	(3) m3
intelligenceP	0.0101***	0.00781	0.00752
	(4.22)	(0.64)	(0.62)
celluse10	−0.0768	0.254	0.0761
	(−1.36)	(1.43)	(0.40)
celluse11	0.0421	0.0426	0.559**
	(0.98)	(0.99)	(2.81)
intelligencePsq		0.0000249	0.0000264
		(0.21)	(0.22)
celluse10sq		−0.0639*	−0.0272
		(−1.97)	(−0.77)
celluse11sq			−0.0850**
			(−2.66)
_cons	10.09***	9.819***	9.327***
	(0.375)	(26.99)	(22.98)
N	454	454	454
R^2	0.0447	0.0529	0.0677

注：括号中为 t 值，*表示 $p<0.1$，**表示 $p<0.05$，***表示 $p<0.01$

对第一次回归显著的变量 intelligenceP、celluse10（使用手机理财）平方后放入，不再显著，理论上说明选定的模型不存在遗漏变量的问题。但很有意思的一点是 celluse11（使用手机在电商平台购物），加入二次项以后原变量和新设定的平方项均显著，与核心变量收入单独回归后，显示使用手机在电商平台购物的频率与个人平均收入的对数是非线性关系。所以模型是否遗漏了高次项，还需要进一步检验。

以和政数据为例，假设我们认为一个人因工作所需获取信息的时间（needspend）越长，他的信息资产得分（assetP）就会越高，据此简单构建模型：

$$\text{assetP} = \beta_0 + \beta_1\text{needspend} + \beta_2\text{availableP} + \mu$$

此时，我们考虑可能遗漏了 needspend^2，于是重新构建模型如下：

$$\text{assetP} = \beta_0 + \beta_1\text{needspend} + \beta_2\text{needspend}^2 + \beta_3\text{availableP} + \mu$$

上述两个模型回归结果如下表所示。

assetP	(1)	(2)
needspend	2.163***	3.466***
	(7.65)	(6.33)
availableP	0.318***	0.327***
	(7.33)	(7.63)
needspend2		−0.0972**
		(−2.77)
_cons	6.325**	4.105
	(3.21)	(1.96)
N	235	235

注：括号中为 t 值，**表示 $p < 0.01$，***表示 $p < 0.001$

当加入 needspend^2 后，得到的系数依然是显著的，说明在第一个模型中存在着遗漏变量的问题。模型是否遗漏了更高次项，还需要进一步的检验。

12.1.1　对函数形式误设问题的一般检验：RESET（拉姆齐检验）

RESET 背后的思想很简单。

如果原模型是

$$y = \beta_0 + \beta_1 x_1 + \cdots + \beta_k x_k + \mu \tag{12.2}$$

满足假定 MLR.4（零均值假定），那么在式（12.2）中添加自变量的非线性关系应该是不显著的（误差项中所有与自变量相关的成分都已经被表示出来了）。

在上例中我们添加了显著解释变量的二次项。尽管这样做通常能够检验出函数形式误设，但如果原模型中本来就有许多解释变量，它又有使用掉大量自由度的缺陷（F 检验是一种排除性约束检验，它的原假设是加入变量的系数为 0），另外添加二次项还不能得到被忽略的某些特定非线性关系。

RESET 则在式（12.2）中添加 OLS 拟合值的多项式，以检验函数形式误设的一般形式。

为了试试 RESET，我们必须决定在一个扩大的回归中包括多少个拟合值的函数，虽然对这个没有正确的回答，但大多数研究都表明平方项和三次方项很有用。

令 $\hat{y}$ 表示估计式（12.2）所得到的 OLS 拟合值。考虑扩大方程

$$y = \beta_0 + \beta_1 x_1 + \cdots + \beta_k x_k + \delta_1 \hat{y}^2 + \delta_2 \hat{y}^3 + \text{误差项} \tag{12.3}$$

我们对式（12.3）中的估计参数并不感兴趣，只是利用这个方程来检验式（12.2）中是否漏掉了重要的非线性关系。$\hat{y}^2$ 和 $\hat{y}^3$ 都只是 x_j 的非线性函数。

原假设是式（12.2）是正确的设定形式。于是，RESET 就是在扩大式（12.3）中检验 H_0：$\delta_1 = 0$；$\delta_2 = 0$。

如果接受假定，$\hat{y}$ 就是 x 的线性函数，式（12.2）就是正确的函数，如果拒绝假设，就说明原方程至少存在一个二次方项或三次方项对原方程有影响。

真实的模型应该是 $y = \beta_0 + \beta_1 x_1 + \beta_2 x_1{}^2 + e$，但我们用了 $y = \beta_0 + \beta_1 x_1 + e$。为了检验我们有没有遗漏 x 平方或者 x 立方，我们需要用 RESET。

RESET 在 stata 里面的操作步骤是：

```
reg y x
predict yhat
gen yhatsq = yhat^2
reg y x yhatsq
```

然后看 yhatsq 的系数是否显著。

如果显著，说明存在遗漏变量的平方项，如果不显著，说明模型不存在这样的问题。

例 12.2

假设浏览信息时间越长的用户，拥有越高的信息资产得分。简单的回归模型：

$$\text{assetP} = \beta_0 + \beta_1 \text{time} + e$$

如下检验结果表明，在上述简单回归模型中，至少遗漏了一个高次项。

```
test assetPhatsq assetPhat3
(1) assetPhatsq = 0
(2) assetPhat3 = 0
      F(2, 558) = 17.98
         Prob > F = 0.0000
```

我们可以接着对式（12.1）进行检验

```
test lnaverageinchat2 lnaverageinchat3
(1) lnaverageinchat2 = 0
(2) lnaverageinchat3 = 0
    F(2, 451) =47152.98
        Prob > F = 0.0000
```

根据 P 值，我们可以认为例 12.1 中的模型存在函数形式的误设，这样看来，RESET 检验比起 F 检验更能让我们一目了然地看到结果，但通常事情没有这么简单，RESET 检验的一个缺陷是，当模型被拒绝后（上述两个例题模型都被拒绝），它并不能为我们该怎么做提供一个现实的方向，归根到底，RESET 检验只是一个函数形式的检验而已。

以和政数据中 assetP=β_0+β_1 needspend+μ 为例。

```
reg assetP needspend
      Source |       SS           df       MS      Number of obs   =       235
-------------+----------------------------------   F(1, 235)       =     50.80
       Model |  8545.62254         1  8545.62254   Prob > F        =    0.0000
    Residual |  39192.1996       233  168.206865   R-squared       =    0.1790
-------------+----------------------------------   Adj R-squared   =    0.1755
       Total |  47737.8221       234  204.007787   Root MSE        =    12.969
------------------------------------------------------------------------------
      assetP |      Coef.   Std. Err.      t    P>|t|     [95% Conf. Interval]
-------------+----------------------------------------------------------------
   needspend |    2.23204   .3131497     7.13   0.000     1.615073    2.849007
       _cons |   18.65377   1.131678    16.48   0.000     16.42414     20.8834
------------------------------------------------------------------------------
. predict yhat
(option xb assumed; fitted values)
(14 missing values generated)
. gen yhatsq = yhat^2
(14 missing values generated)
. reg assetP needspend yhatsq
```

```
      Source |       SS           df       MS      Number of obs   =       235
-------------+----------------------------------   F(2, 234)       =     27.62
       Model |  9179.43397         2  4589.71698   Prob > F        =    0.0000
    Residual |  38558.3881       232  166.199949   R-squared       =    0.1923
-------------+----------------------------------   Adj R-squared   =    0.1853
       Total |  47737.8221       234  204.007787   Root MSE        =    12.892
------------------------------------------------------------------------------
      assetP |      Coef.   Std. Err.      t    P>|t|     [95% Conf. Interval]
-------------+----------------------------------------------------------------
   needspend |   4.532936   1.218661     3.72   0.000      2.13188    6.933993
     yhatsq  |  −.0153239    .007847    −1.95   0.052    −.0307845    .0001366
       _cons |   22.52319    2.27849     9.89   0.000     18.03401    27.01236
------------------------------------------------------------------------------
```

我们可以得到 yhatsq 的 *P* 值 0.052 接近于 0.05，因此我们认为可能存在着遗漏高次项的问题。

在 stata 中直接做 RESET 检验：

reg assetP needspend availableP

```
      Source |       SS           df       MS      Number of obs   =       235
-------------+----------------------------------   F(2, 234)       =     58.04
       Model |  15920.2072         2  7960.10362   Prob > F        =    0.0000
    Residual |  31817.6149       232  137.144892   R-squared       =    0.3335
-------------+----------------------------------   Adj R-squared   =    0.3277
       Total |  47737.8221       234  204.007787   Root MSE        =    11.711
------------------------------------------------------------------------------
      assetP |      Coef.   Std. Err.      t    P>|t|     [95% Conf. Interval]
-------------+----------------------------------------------------------------
   needspend |   2.163287   .2829167     7.65   0.000     1.605872    2.720701
  availableP |   .3180466   .0433722     7.33   0.000     .2325928    .4035004
       _cons |   6.325154   1.967444     3.21   0.001     2.448812     10.2015
------------------------------------------------------------------------------
```

ovtest

Ramsey RESET test using powers of the fitted values of assetP

Ho: model has no omitted variables

$F(3, 229) = 11.59$

$\text{Prob} > F = 0.0000$

12.1.2　对非嵌套模型的检验

对模型函数形式的误设进行检验（测试自变量究竟应该用水平值还是对数形式出现）做出检验，因变量一致，但自变量不同。

例如，从 y 的两个模型

A：$y = \beta_0 + \beta_1 x_1 + \beta_2 x_2 + \mu$

B：$y = \alpha_0 + \alpha_1 z_1 + \alpha_2 z_2 + \mu$ [Z 可以是 x 的任意函数形式，如 $z_i = \log(x_i)$ 但不仅限于此。]

两个模型 A、B 的因变量 y 相同，但自变量不同，两个模型互不包含，这是非嵌套模型，不能使用标准的 F 检验（因为不是一个排除性约束）。

方法一：Mizon-Richard 方法

将 A、B 混合在一起：

$$y = \beta_0 + \beta_1 x_1 + \beta_2 x_2 + \alpha_0 + \alpha_1 z_1 + \alpha_2 z_2 + \mu$$

检验 H_0：$\alpha_1 = 0$；$\alpha_2 = 0$，作为对 A 的检验，如果拒绝 H_0，则接受 B。

同样，检验：H_0：$\beta_1 = 0$；$\beta_2 = 0$，如果拒绝 H_0，作为对 B 的检验，则接受 A。

存在的问题：当检验 B 时，默认 A 是正确的，但实际 A 是不是正确，我们没办法提前判断，即检验的基础存疑。

方法二：Davidson-Mackinnon 检验

利用 A 检验 B 的合理性：

估计 A：$\hat{y} = \widehat{\beta_0} + \widehat{\beta_1} x_1 + \widehat{\beta_2} x_2 + \mu$

将 $\hat{y}$ 作为自变量，放入 B：$y = \alpha_0 + \alpha_1 z_1 + \alpha_2 z_2 + \theta \hat{y} + \mu$

如果 B 正确，$\hat{y}$ 的系数 $\theta = 0$。利用 t 检验（一个参数的检验），检验 H_0：$\theta = 0$。如果拒绝 H_0，说明 A 中自变量对因变量也有影响，也就是说 B 模型不全面，存在遗漏变量。（利用 B 检验 A 的合理性，步骤相同。）

总结非嵌套模型的缺点如下。

（1）可能 A、B 都会被拒绝（不能保证两者有且只有一个是正确的，如果两者均不被拒绝，可以通过拟合优度选择一个）。一个形象的比喻是，考研过了分数线，有可能被录取也有可能不被录取，调剂过了分数线才有选择学校的权利。

（2）D-M 检验中，拒绝 A，并不意味着 B 正确，可能两者均不正确。

（3）如果因变量不同，非嵌套模型会变得更加复杂。

12.2　对无法观测的解释变量使用代理变量

在模型设定中，可能会遇到某些理论上存在，但实际上无法观测的因素（如个人能力），如果简单排除掉将会遗漏变量。因此我们需要找到这种无法观测变量的代理变量，代理变量不要求等于无法观测的解释变量，只需要与它有关就可以。

例 12.3

按照个人信息世界概念，假设信息富裕程度越高的用户，越有可能以阅读书籍作为休息休闲方式（dynamic31df）。如果考虑一个明确提出阅读理解能力（ability）会影响 dynamic31df 的方程：

$$\text{dynamic31df} = \beta_0 + \beta_1\text{assetP} + \beta_2\text{intelligence11df} + \beta_3\text{ability} + \mu \qquad (12.4)$$

这个模型明确表明在度量受访者信息资产维度百分制得分（assetP）与中文阅读水平得分（intelligence11df）对 dynamic31df 的影响时，希望保持受访者阅读理解能力不变，如果 intelligence11df 与 ability 相关，那么将 ability 放入误差项中就会导致 β_1和β_2 的 OLS 估计量偏误。

根据假设可以看到，我们重点关注的是 β_1 与 β_2（assetP、intelligence11df 对 dynamic31df 的影响），对于截距项 β_0 是否能得到无偏或一致估计，我们实际上并不是很关心，阅读理解能力 ability 既很难测量又是一个比较模糊的概念，能力确实存在但很难量化，因此我们从未想过去实际估计 β_3，即便是得到 β_3 的估计量，也很难将它解释。

为了减少方程因为遗漏阅读理解能力而产生的偏误，一种解决方式是找到遗漏变量的一个代理变量。

那么重新设定，dynamic31df 表示以阅读书籍作为休息休闲方式，assetP 代表受访者信息资产维度百分制得分，intelligence11df 中文阅读水平得分，ability 受访者阅读理解能力，但 ability 无法观测。我们试图用 edulevel1 受访者受教育年限来代替。

首先要求 edulevel1 与 ability 是有某种关系的，可以由简单的回归方程来表达：

$$\text{ability} = \delta_0 + \delta_1\text{edulevel1} + \upsilon_3 \qquad (12.5)$$

υ_3是 edulevel1 与 ability 并非完全相关所导致的误差，参数δ_1度量了 edulevel1 与 ability 之间的关系，特别强调，我们认为 edulevel1 与 ability 是正相关，所以$\delta_1 > 0$，如果$\delta_1 = 0$，edulevel1 就不是 ability 合适的代理变量。

截距项δ_0的存在，是允许 edulevel1 与 ability 可以用不同的尺度来衡量，允许陇西调研得来的这个总体数据中 edulevel1 与 ability 有不同的均值。

对原有方程进行重新设定：

$$\text{dynamic31df} = \beta_0 + \beta_1 \text{assetP} + \beta_2 \text{intelligence11df} + \beta_3 \text{edulevel1} + \mu$$

估计出的$\widehat{\beta_3}$就是遗漏变量问题的植入解。

上文也提出，我们重点关注在于β_1与β_2（assetP、intelligence11df 对 dynamic31df 的影响），植入解能得到β_1与β_2的一致估计量所需要的假定，需要分别从μ和υ_3来考虑。

（1）μ与 assetP、intelligence11df、edulevel1（进而与 ability）线性无关，这个假定就是给定所有变量，μ的期望值为零（零均值假定）。

（2）υ_3与 assetP、intelligence11df、edulevel1（进而与 ability）线性无关。（υ_3与 assetP、intelligence11df 不相关的假定要求 edulevel1 是 ability 一个好的代理变量）

用条件期望的术语来表达就是

$$E(\text{ability}|\text{assetP}，\text{intelligence11df}，\text{edulevel1}) = E(\text{ability}|\text{edulevel1}) = \delta_0 + \delta_1 \text{edulevel1}$$

阅读理解能力的平均水平只会随着教育年限而变化，不会随着智识维度的百分制得分和中文阅读水平能力的变化而变化，这种说法或许不完全合理，但与真实情况可能很接近。

将式（12.5）代入（12.4）：

$$\text{dynamic31df} = \beta_0 + \beta_1 \text{assetP} + \beta_2 \text{intelligence11df} + \beta_3 \text{ability} + \mu$$

$$\text{ability} = \delta_0 + \delta_1 \text{edulevel1} + \upsilon_3$$

$$\begin{aligned}
\text{得dynamic31df} &= \beta_0 + \beta_1 \text{assetP} + \beta_2 \text{intelligence11df} + \beta_3 (\delta_0 + \delta_1 \text{edulevel1} + \upsilon_3) + \mu \\
&= (\beta_0 + \beta_3 \delta_0) + \beta_1 \text{assetP} + \beta_2 \text{intelligence11df} + \beta_3 \delta_1 \text{edulevel1} \\
&\quad + (\beta_3 \upsilon_3 + \mu)
\end{aligned}$$

改写为

$$\text{dynamic31df} = \alpha_0 + \alpha_1\text{assetP} + \alpha_2\text{intelligence11df} + \alpha_3\text{edulevel1} + e$$

$\widehat{(\beta_0+\beta_3\delta_0)}$、$\widehat{\beta_1}$、$\widehat{\beta_2}$ 是 α_0、α_1、α_2 的无偏（或至少是一致）估计量，$\widehat{\beta_3\delta_1}$ 是 α_3 的有偏一致（大样本下系数会越来越接近）估计量[因为 $E(\widehat{\beta_3\delta_1}) \neq E(\widehat{\beta_3})\ E(\widehat{\delta_1}) = \beta_3\delta_1 = \alpha_3$]（$\beta_3$ 是阅读理解能力对休息休闲选择读书产生影响的系数，δ_1 是接受教育年限与阅读理解能力之间的系数，受教育年限与阅读理解能力之间本来就有残差，所以利用受教育年限代理阅读能力后估计出的系数，不是阅读理解能力和休息休闲选择读书之间的纯效应）。

将忽略变量与添加代理变量（edulevel1），同时考虑交互项 assetP_edu，考虑 assetP 与 ability 在决定 dynamic31df 的过程中具有相互影响的可能性。

项目	m1	m2	m3
assetP	0.0319***	0.0292***	0.0193
	(0.00380)	(0.00412)	(0.0165)
intelligence11df	0.251***	0.191**	0.198**
	(0.0806)	(0.0842)	(0.0849)
edulevel1		0.0389**	0.0257
		(0.0171)	(0.0274)
assetP_edu			0.000709
			(0.00115)
_cons	1.388***	1.176***	1.329***
	(0.254)	(0.269)	(0.365)
N	548	546	546
R^2	0.169	0.180	0.181

注：括号中为标准误，**表示 $p < 0.05$，***表示 $p < 0.01$

首先，我们最感兴趣的是，在加入 edulevel1 变量后，信息资产得分对休息休闲时阅读图书的影响，第 m1 列没有包含教育的影响，此时信息资产得分对休息休闲时阅读图书的影响系数为 0.032，如果我们认为被忽略的阅读能力变量与智识维度是正相关，那么我们认为这个值偏高，当在方程中增加 edulevel1 后，assetP 前的系数下降至 0.029。在第 m3 列中，增加了智识与教育的交互项，使得 assetP 和 edulevel1 在影响 dynamic31df 上存在相互影响的可能性，assetP_edu，我们可能会认为，阅读能力越强的人，智识对 dynamic31df 的影响就会越强，但数据显示并不是这样，交互项并不显著，交互项让模型变得复杂的同时，也让 assetP 和 edulevel1 单独地看也不显著。

如果 edulevel1 不是阅读能力一个很好的代理变量，那么用 edulevel1 作为代理变量得到的 assetP 与 dynamic31df 的关系也将产生偏误，但这个偏误比我们完全遗漏能力变量时要小。

以和政数据为例，在个人信息世界中，假设在周围的可及信息源（availableP）不变时，一个人的手机使用时间（celluse）越多，那么他的信息资产就越多（assetP）。我们考虑个人对手机 app 使用能力（ability）是否对 assetP 产生影响。

$$\text{assetP} = \beta_0 + \beta_1\text{celluse} + \beta_2\text{availableP} + \beta_3\text{ability} + \mu \tag{12.6}$$

在这个模型中，我们关注的是 β_1(celluse)，手机使用能力 ability 既很难测量又是一个比较模糊的概念，能力确实存在但很难量化，所以我们从未想过去实际估计 β_3，即便是得到 β_3 的估计量，也很难将它解释。

为了减少方程因为遗漏阅读理解能力而产生的偏误，一种解决方式是找到遗漏变量的一个代理变量。在这个模型中，由于 ability 是无法观测的，因此我们试图用教育水平来替代。

这就要求 edulevel 与 ability 是有某种关系的，可以由简单的回归方程来表达：

$$\text{ability} = \delta_0 + \delta_1\text{edulevel} + \upsilon_3 \tag{12.7}$$

υ_3 是 edulevel 与 ability 并非完全相关所导致的误差，参数 δ_1 度量了 edulevel 与 ability 之间的关系，特别强调，我们认为 edulevel 与 ability 是正相关，所以 $\delta_1 > 0$，如果 $\delta_1 = 0$，edulevel 就不是 ability 合适的代理变量。

因此我们重新设定的模型为：

$$\text{assetP} = \beta_0 + \beta_1\text{celluse} + \beta_2\text{availableP} + \beta_3\text{edulevel} + \mu$$

估计出的 $\widehat{\beta_3}$ 就是遗漏变量问题的植入解。①

上文也提出，我们重点关注在于 β_1 与 β_2（celluse、availableP）对 assetP 的影响，植入解可以得到 β_1 与 β_2 的一致估计量所需要的假定。

手机的使用能力只会随着教育水平的提高而增加，这种说法或许很不合理，但是与真实情况可能很接近。

① μ 与 celluse、assetP、edulevel（进而与 ability）线性无关，这个假定就是给定所有变量，μ 的期望值为零（零均值假定）；υ_3 与 celluse、assetP、edulevel（进而与 ability）线性无关。（υ_3 与 celluse、assetP 不相关的假定要求 edulevel 是 ability 一个好的代理变量。）

将式（12.7）代入式（12.6）：

$$\text{assetP} = \beta_0 + \beta_1\text{celluse} + \beta_2\text{availableP} + \beta_3\text{ability} + \mu$$

$$\text{ability} = \delta_0 + \delta_1\text{edulevel} + \upsilon_3$$

$$\begin{aligned}\text{得assetP} &= \beta_0 + \beta_1\text{celluse} + \beta_2\text{availableP} + \beta_3(\delta_0 + \delta_1\text{edulevel} + \upsilon_3) + \mu \\ &= (\beta_0 + \beta_3\delta_0) + \beta_1\text{celluse} + \beta_2\text{availableP} + \beta_3\delta_1\text{edulevel} + (\beta_3\upsilon_3 + \mu)\end{aligned}$$

改写为：

$$\text{assetP} = \alpha_0 + \alpha_1\text{celluse} + \alpha_2\text{availableP} + \alpha_3\text{edulevel} + e$$

$\widehat{\beta_3\delta_1}$ 是 α_3 的有偏一致（大样本下系数会越来越接近）估计量。

以上，我们有两种模型，同时我们考虑 celluse 和 edulevel 的交互项，共有三种模型设定：

$$\text{assetP} = \beta_0 + \beta_1\text{celluse} + \beta_2\text{availableP} + \mu \quad (1)$$

$$\text{assetP} = \beta_0 + \beta_1\text{celluse} + \beta_2\text{availableP} + \beta_3\text{edulevel} + \mu \quad (2)$$

$$\text{assetP} = \beta_0 + \beta_1\text{celluse} + \beta_2\text{availableP} + \beta_3\text{edulevel} + \beta_4\text{celluse} * \text{edulevel} + \mu \quad (3)$$

回归结果如下。

项目	(1) assetP	(2) assetP	(3) assetP
celluse	2.589^{***}	1.909^{***}	1.540
	(7.83)	(5.72)	(1.90)
availableP	0.263^{***}	0.190^{***}	0.193^{***}
	(6.09)	(4.47)	(4.49)
edulevel		2.635^{***}	2.329^{**}
		(5.63)	(3.03)
celledu			0.0919
			(0.50)
_cons	5.365^{**}	1.186	2.157
	(2.76)	(0.60)	(0.78)
N	242	242	242
R^2	0.3440	0.4212	0.4218
$\overline{R^2}$	0.3385	0.4139	0.4120

注：括号中为 t 值，**代表 $p<0.01$，***代表 $p<0.001$

在和政数据中，变量 virspaceT（受访者对新闻算法推荐平台的信息浏览功能、社交功能、用户内容生产功能的使用程度）可以用来衡量 ability 。因此，我们考虑用 virspaceT 来检测和 edulevel 的回归方程是否显著。

$$\text{virspaceT} = \delta_0 + \delta_1 \text{edulevel} + \upsilon_3$$

reg virspaceT edulevel

Source	SS	df	MS			
				Number of obs	=	238
				F(1, 236)	=	32.68
Model	721.260511	1	721.260511	Prob > F	=	0.0000
Residual	5142.16077	233	22.0693595	R-squared	=	0.1230
				Adj R-squared	=	0.1192
Total	5863.42128	234	25.0573559	Root MSE	=	4.6978

virspaceT	Coef.	Std. Err.	t	P>|t|	[95% Conf. Interval]	
edulevel	1.015245	.1775905	5.72	0.000	.6653569	1.365134
_cons	11.65556	.711023	16.39	0.000	10.2547	13.05642

由此，我们认为 edulevel 是 ability 的合适代理变量，我们考虑对以下方程进行回归：

$$\text{assetP} = \beta_0 + \beta_1 \text{celluse} + \beta_2 \text{availableP} + \beta_3 \text{virspaceT} + \mu$$

reg assetP celluse availableP virspaceT

Source	SS	df	MS			
				Number of obs	=	222
				F(3, 220)	=	39.46
Model	15958.7975	3	5319.59918	Prob > F	=	0.0000
Residual	29388.767	218	134.810858	R-squared	=	0.3519
				Adj R-squared	=	0.3430
Total	45347.5646	221	205.1926	Root MSE	=	11.611

assetP	Coef.	Std. Err.	t	P>|t|	[95% Conf. Interval]	

celluse	2.178915	.3748161	5.81	0.000	1.440188	2.917642
availableP	.2452375	.0454343	5.40	0.000	.1556908	.3347841
virspaceT	.4436356	.1758231	2.52	0.012	.0971049	.7901663
_cons	.7524835	2.811503	0.27	0.789	−4.788724	6.293691

12.2.1　用滞后因变量作为代理变量

在研究中，我们猜测一个或多个自变量与遗漏变量相关，但对如何得到遗漏变量的代理变量却没有过多的办法时，我们可以将较早时期的因变量包括进来加以控制。虽然在截面方程中使用一个滞后因变量提高了对数据的要求，但也为解释导致因变量限期差异的历史因素找到了一个简单的方法，而这种现期差异用其他方法都很难解释。

12.2.2　对多元回归的不同看法

上述例子在讨论是否有无法观测的解释变量的一个适当的代理变量中，多元回归的结构松散而又更具一般性的方法，就是放弃用无法观测因素来设定模型。即我们不再引入“阅读能力”这个模糊的概念，而是直接估计智识水平在受教育程度以及其他因素保持不变的情况下，对信息主体休息休闲时选择阅读图书的影响。

同样，在回归分析的某些应用中，我们感兴趣的仅仅是在给定解释变量的情况下，预测结果变量 y 。在这种情况下考虑系数因遗漏变量而导致的“偏误”就没有多大意义。相反，我们应该考虑如何得到一个预测尽可能好的模型，并保证我们没有把那些预测时无法观测的变量作为解释变量包含进来。

12.3　随机斜率模型

在之前的研究中，一直假定总体中的个体具有相同的斜率系数，即便斜率不同，也只是在一些可以度量的特征上有所区别（比如性别），在这种情况下，就可以使用包含交互项的回归模型。

这里讨论一个相关但不同的问题：如果一个变量的偏效应取决于那些随着总体单位不同而不同的无法观测因素，结果会怎样？

在个人信息世界中，我们假定信息需求越强，越有可能将知识型图书作为其惯用信息源，将陇西调研获得样本数据中，所有涉及知识型图书变量的赋分加总，产生新的变量 habitualzsy，如果只考虑一个变量 infoneed。可以写出以下模型（从总体中随机抽取的个体 i ）：

$$\text{habitualzsy}_i = a_i + b_i\text{infoneed}_i \quad (12.8)$$

式（12.8）表示允许，habitualzsy 与 infoneed 之间的关系 b_i 因人而异（陇西调研得到的 714 个样本，可以有 714 个不同的斜率），这样的被称为随机系数模型或随机斜率模型。

明显我们不能对每一个 i 都估计一个斜率（或截距），但我们希望能够估计相对于陇西调研样本而言的平均斜率（或平均截距），因此定义 $\beta = E(b_i)$；$\alpha = E(a_i)$，将 β 称为平均偏效应（APE）或平均边际效应（AME），在式（12.8）中，β 就是受访者总体平均每对自己信息需求量评分高一分时对知识型惯用信息源得分的影响。

个体总是与平均偏效应（APE）有偏离：

$$a_i = \alpha + c_i$$

$$b_i = \beta + d_i$$

代入式（12.8）：

$$\text{habitualzsy}_i = a_i + \beta\text{infoneed}_i + c_i + d_i\text{infoneed}_i = \alpha + \beta\text{infoneed}_i + \mu_i$$

$\mu_i = c_i + d_i\,\text{infoneed}_i$ 这里随机误差项的大小与自变量有关，所以会出现异方差的问题，也就可以理解为变系数模型等价于异方差的固定系数模型（可用加权最小二乘估计）。

在什么情况下将 habitualzsy_i 对 infoneed_i 进行简单回归就能得到 β 和 α 的无偏估计，可以参照普通最小二乘法的假设：

$$E(\mu_i \mid x_i) = 0$$

当 $\mu_i = c_i + d_i\ \text{infoneed}_i$ 时，无偏的充要条件就是：

$E(c_i \mid x_i) = E(c_i) = 0$ 和 $E(d_i \mid x_i) = E(d_i) = 0$， c_i 和 d_i 是因人而异产生的偏离，因此我们也可以用因人而异的截距和斜率把条件斜率写成

$$E(a_i \mid x_i) = E\left(a_i\right) \text{和} E(b_i \mid x_i) = E(b_i \mid x_i) = 0$$

这是一个很有用的结论，如果我们允许斜率因人而异，只要它们的均值独立于解释变量，那么 OLS 就能够一致地估计这些斜率的均值。[①]

① 这个过程是：先算个体斜率再算平均的偏效应，但因为先算个体斜率这件事比较难，所以如果满足斜率均值独立于解释变量，那么容许斜率个体间不同，可以通过 OLS 计算，还是比较容易计算的。

OLS 估计斜率：

$$\widehat{\beta}_1 = \frac{\sum_{i=1}^{n}(x_i - \overline{x})(y_i - \overline{y})}{\sum_{i=1}^{n}(x_i - \overline{x})^2}$$

12.4　有测量误差时 OLS 的性质

在一个回归模型中使用经济变量不精确的度量时，我们的模型就包含了测量误差。测量误差与遗漏变量—代理变量问题上具有类似的统计结构，但他们在概念上是不同的。在代理变量情形中，是寻找一个与无法观测变量关联的变量，在测量误差情形中，没观测到的变量却具有定义完好的变量含义。

代理变量：（被代理）变量无法观测，解决遗漏变量的问题。

测量误差：被观测到的变量不准确，关注点放在对回归系数的影响上。

12.4.1　因变量中的测量误差

在个人信息世界中，假定信息主体信息能力不足，会导致个体市场参与机会的缺失，利用陇西调研的样本，用受访者目前个人平均收入取对数后的数值（lnaverageinc）来衡量受访者参与市场后的效果，放入智识维度百分制得分（intelligenceP）、手机使用电商平台购物的频率（celluse11）、手机使用理财工具 celluse10 作为自变量来衡量个体的市场参与度，回归模型：

$$\text{lnaverageinc}^* = \beta_0 + \beta_1\text{intelligenceP} + \beta_2\text{celluse11} + \beta_3\text{celluse10} + \mu \tag{12.9}$$

假定模型满足高斯-马尔可夫假定。我们令 lnaverageinc 表示对 lnaverageinc^* 的可观测度量。在对受访者目前个人平均收入的调研过程中，因为客观现实原因，得到的数据并不完美，可能漏掉了某些收入，也可能高估了某些收入。

总体中的测量误差

$$e_0 = \text{lnaverageinc} - \text{lnaverageinc}^*$$

为方便代入模型，改写为

$$\text{lnaverageinc}^* = \text{lnaverageinc} - e_0$$

整理得

$$\text{lnaverageinc} = \beta_0 + \beta_1\text{intelligenceP} + \beta_2\text{celluse11} + \beta_3\text{celluse10} + \mu + e_0 \tag{12.10}$$

式（12.10）中的误差项为 $\mu + e_0$，由于其余自变量都可以观测到，我们就能用 OLS 估计模型，那么在 lnaverageinc 替代 lnaverageinc* 后，要满足什么样的条件才能得到 β_j 的一致估计量？

首先，因为在式（12.9）中 μ 已经满足高斯-马尔可夫假定 $E\left(\mu|x_j\right)=0$ ，所以在 $E\left(e_0|x_j\right)=0$ 时，不影响 β_j 的无偏性和一致性。

其次，如果 e_0 与至少一个自变量相关，则 OLS 失去无偏性、一致性。（但这个并不值得忧虑，通常的假定是 lnaverageinc* 的测量误差 e_0 在统计上独立于每一个解释变量。）

系统性的误差：完善测量工具；使用工具变量替换解释变量（用不同的工具测量自变量与因变量，这样就降低因变量测量误差给自变量带来的影响）。

唯一的影响是方差变大。因为假定 μ 与 e_0 是不相关的，存在：

$$\begin{aligned}\operatorname{var}\left(\mu+e_0|x_j\right)&=\operatorname{var}\left(\mu|x_j\right)+\operatorname{var}\left(e_0|x_j\right)\\&={\sigma_\mu}^2+{\sigma_{e_0}}^2>{\sigma_\mu}^2\end{aligned}$$

这意味着使用 lnaverageinc 产生的方差，大于使用 lnaverageinc* ，这也导致 OLS 估计量的方差更大，这种结果除了扩大样本容量，搜集更多数据，我们没有办法改进。

将数据代入模型，得到

$$\text{lnaverageinc}=10.086+0.018\text{intelligenceP}-0.055\text{celluse11}-0.197\text{celluse10}$$

考虑使用智识水平真的与 e_0 无关吗？就工作与闲暇的关系来看，有较高收入水平的人可能会在工作上花费更多的时间，智识维度大部分得分涉及批判性思维的考察，较高收入的个体没有过多闲暇时间去思考（工作压力对心理产生影响），那么误差 $\mu+e_0$ 就与 intelligenceP 负相关，β_1 存在向下的偏误（系数应该更大），这也说明提升个体信息能力对个体参与市场机会的获得有更大的影响。

继续以和政数据为例。

在个人信息世界中，我们考虑对手机使用程度越高，收入就会越高。使用和政数据，控制性别、年龄、智识这三个变量。

$$\text{lnincomeY}^*=\beta_0+\beta_1\text{virspaceT}+\beta_2\text{gender}+\beta_3\text{aage}+\beta_4\text{intelligenceP}+\mu \quad (12.11)$$

如果模型满足高斯-马尔可夫假定，我们令 lnincomeY 表示对 lnincomeY* 的可观测度量。因为客观现实原因，得到收入的数据或许并不完美，可能漏掉了某些收入，也可能高估了某些收入，因此给这个回归模型带来了测量误差。

总体中的测量误差：

$$e_0 = \text{lnincomeY} - \text{lnincomeY}^*$$

为方便代入模型，改写为

$$\text{lnincomeY}^* = \text{lnincomeY} - e_0$$

整理得

$$\text{lnincomeY} = \beta_0 + \beta_1\text{virspaceT} + \beta_2\text{gender} + \beta_3\text{aage} + \beta_4\text{intelligenceP} + \mu + e_0 \quad (12.12)$$

可以看到，此时实际误差项应该为 $\mu + e_0$。

μ 已经满足高斯-马尔可夫假定 $E\left(\mu|x_j\right)=0$，所以要不影响 β_j 的无偏性和一致性，e_0要满足 $E\left(e_0|x_j\right)=0$，并且 e_0 不能与任何一个自变量相关。

综合而言，解决测量误差的办法有：完善测量工具，使用工具变量替换解释变量。

12.4.2　解释变量中的测量误差

自变量中的误差影响比因变量中的测量误差的影响要严重得多。在个人信息世界中，我们认为高结构化专业性资源使用能力越强，越有可能将知识型图书作为其惯用信息源，利用手机使用搜索引擎使用的频率（celluse66）、每天用于信息获取的时间（time）作为因变量，将惯用信息源中涉及知识型图书的得分加总作为因变量（habitualzsy）构建模型：

$$\text{habitualzsy} = \beta_0 + \beta_1\text{celluse66} + \beta_2\text{time} + \mu \quad (12.13)$$

为方便理解，我们从简单的一元回归开始：

$$\text{habitualzsy} = \beta_0 + \beta_1\text{time}^* + \mu \quad (12.14)$$

假定式（12.14）至少满足前四个高斯-马尔可夫假定，那么通过 OLS 将得到 β_0与β_1 的无偏和一致估计量。现在存在的问题是，调研时受访者提供的自己每天用于信息获取的时间可能与真实值存在一定程度的偏误。我们用访问得到的 time 来代替真实的 time^*，存在观测误差 e_1：

$$e_1 = \text{time} - \text{time}^*$$

$$\text{time}^* = \text{time} - e_1 \quad (12.15)$$

类似于自变量测量出现误差时的论述，假定总体中平均的测量误差为零 $E(e_1)=0$，根据定义 μ与time^*和time 都不相关，几乎总是成立的，因此，将讨论的重点放在 e_1。

第一个假定是，e_1 与所观测到的 time 不相关，即 $\text{cov}(e_1,\text{time})=0$。将式

（12.15）代入式（12.14）：

$$\text{habitualzsy} = \beta_0 + \beta_1 \text{time} + (\mu - \beta_1 e_1) \tag{12.16}$$

由于误差项 $(\mu - \beta_1 e_1)$ 符合零均值假定，用 time 取代 time^* 后通过 OLS 得到 β_0 和 β_1 的一致估计量，唯一的影响就是方差变大：

$$\text{var}\ (\mu - \beta_1 e_1) = \sigma_\mu{}^2 + \beta_1{}^2 \sigma_{e_1}{}^2$$

第二个假定是经典变量误差（CEV），测量误差与无法观测的解释变量无关：$\text{cov}(\text{time}^*, e_1) = 0$，此时 $\text{cov}(\text{time}, e_1) = E(\text{time}, e_1) + E(e_1{}^2) = 0 + \sigma_{e_1}{}^2$。

可以看到，在 CEV 假定下 time 与 e_1 一定相关，而且两者的协方差就是测量误差。在设定的式（12.16）中 time 与 $(\mu - \beta_1 e_1)$ 之间的协方差就是（time与 μ 因为经典假定，原本就是无关）：

$$\text{cov}(\text{time}, \mu - \beta_1 e_1) = -\beta_1 \text{cov}(\text{time}, e_1) = -\beta_1 \sigma_{e_1}{}^2$$

得出结论：在 CEV 情形下，habitualzsy 对 time 的 OLS 回归将给出一个有偏而又不一致的估计量。

根据公式推导

$$\text{plim}\left(\widehat{\beta_1}\right) = \beta_1 \left(\frac{\sigma_{x_1^*}^2}{\sigma_{x_1^*}^2 + \sigma_{e_1}^2} \right) \tag{12.17}$$

在式（12.17）中，用来乘以 β_1 的项 $\dfrac{\text{var}\left(x_1^*\right)}{\text{var}(x_1)}$ 总小于 1，因此 $\text{plim}\left(\widehat{\beta_1}\right)$ 总比 β_1 更接近于 0。

这种情况被称为 OLS 因经典变量误差而导致的衰减偏误：平均而言（或在大样本中），所估计的 OLS 影响将会变小。特别是若 β_1 为正，则 $\widehat{\beta_1}$ 倾向于低估 β_1。这是一个重要结论，但它有赖于 CEV 假定。

但在我们的调研中，即便是所有受访者都如实地回答，CEV 假定也不可能成立。每天不进行信息获取的受访者（$\text{time}^* = 0$）可能会报告 time=0，因此对那些不获取信息的人来说，测量误差为 0，当 $\text{time}^* > 0$ 时，受访者很容易对过去一周每天获取信息的时间错算，这就说明 time^* 与 e_1 相关，这就违背了 CEV 假定。

推广到多元结论也是类似的：

$$\text{plim}\left(\widehat{\beta_1}\right) = \beta_1 \left(\frac{\sigma_{r_1^*}^2}{\sigma_{r_1^*}^2 + \sigma_{e_1}^2} \right)$$

r_1^*表示方程中的总体偏误，一般来说，单个变量的测量误差会导致所有估计量都不一致。不幸的是，偏误的大小升值方向都不容易得到。

总结本小节：e_1与所观测到的自变量不相关，那么我们将得到无偏一致的估计量，唯一的缺点就是方差增大。

e_1与无法观测的解释变量无关（CEV），OLS 回归将给出一个有偏而又不一致的估计量（但这也不是肯定的，第 15 章将表明，在某些特定条件下，即便是出现了一般性的测量误差，也能一致地估计出参数）。

e_1如果同时与观测和无法观测的自变量相关，那么 OLS 就是不一致的。

本节重点讨论的是自变量本身出现测量误差，讨论真实自变量与测度自变量之间出现的误差和两者之间的关系，导致的估计系数出现的问题；如果自变量的偏误是系统性的，则有可能是由测量工具造成的，研究者可能需要更换量表，来纠正偏差；想要了解自变量的信度，主要看自变量是否有测量误差（通过克朗巴哈系数判断），信度不高测量误差就较大。

当模型中存在测量误差时，结果如下。

项目	假定	结果	解决办法
因变量	e_0不与任何一个自变量相关	β_j一致，方差变大	完善测量工具； 使用工具变量替换解释变量
自变量	e_1与观测到的变量不相关	β_j一致，方差变大	
	e_1与无法观测变量不相关	β_j不一致	

12.5 数据缺失、非随机样本和异常观测

12.5.1 数据缺失

数据缺失问题可能会以多种形式出现，一个观测缺失了其因变量或自变量的数据，只要正确标记，现代回归软件包都会跟踪处理。如果数据是完全随机缺失（MCAR），缺失的数据只会造成样本量的减少，不会造成统计上的影响。在 MCAR 成立时，常见的解决方法是引入两个新变量（表 12-1）。

表 12-1 可引入的两个新变量

x_k（指标）	观测到	缺失
序列缺失指标 z_{ik}	1	0
数据缺失指标 m_{ik}	0	1

定义后，所有序列都可以用以下回归：

$$y\text{对}x_{i1},x_{i2},x_{i3},\cdots,x_{ik-1},z_{ik},m_{ik},i=1,\cdots,n$$

在这个过程中，x_k 的缺失数据遵循 MCAR 的条件，所以可以用于导出所有参数的无偏且一致的估计量。注意在回归中不能省略 m_{ik}，因为这样做相当于假定 x_{ik} 为零，无论它是否缺失。用 0 来代替缺失的数据，而不把数据缺失指标包含进回归中，会导致 OLS 估计量的极大偏差。

12.5.2 非随机样本

当数据缺失导致样本变成总体的一个非随机样本，可能会对 OLS 的估计产生影响。非随机抽样的某些特定类型也并不会导致 OLS 的偏误和不一致性。在（没有假定 MLR.2 的）高斯-马尔可夫假定下，样本可以在自变量的基础上加以选择，而不会导致任何统计问题，这就是基于自变量的样本选择，它是外生样本选择（或者依赖外生解释变量，或者与所感兴趣的模型中的误差项不相关的样本选择）的一个例子。在统计文献中，在缺失数据基础上的外生样本选择通常被称为随机缺失。

为方便理解，假定我们验证假设：信息需求越强，越有可能将知识型图书作为其惯用信息源。使用惯用知识型图书得分（habitualzsy）作为因变量，自我感知每天需要信息的程度（infoneed）、受访者年龄（aage）、信息获取可以增加收入（increaseinc）作为自变量，可以得到一个简单的模型：

$$\text{habitualzsy}=\beta_0+\beta_1\text{infoneed}+\beta_2\text{aage}+\beta_3\text{increaseinc}+\mu \tag{12.18}$$

其中假定我们的数据集是基于 35 岁以上的人群调查，因此我们的样本是一个非随机样本，但还是可以通过式（12.18）得到总体的无偏且一致的估计量。原因在于 $E(\text{habitualzsy}\,|\,\text{infoneed，aage，increaseinc})$ 对于基于三个自变量 infoneed，aage，increaseinc 所刻画出的总体中的任何一个子集都是一样的，如果自变量在这个子总体中有充分的变化，那么基于这个自变量的选择，除了导致较小的样本容量外，算不上什么大问题。

依据陇西调研的规则——只访问成年人，这里可以理解为重新定义年龄，将 35 岁看作常规意义上的 18 岁，在这个范围内，只要样本容量足够，选取的变量在这个年龄范围内变动足够明显，回归系数就是无偏且一致的，研究就是有意义的。只不过相较于常规的 18 岁，我们失去了 18~34 岁能够得到的样本数据。

当样本选择因变量 y 为基础时，这种情况被称为基于因变量的样本选择，也是内生样本选择的一个例子。基于因变量值高于或低于某给定值而选择样本的话，OLS 在估计总体模型时总会产生偏误。

上文中，假定信息主体信息能力不足，会导致个体市场参与机会的缺失，用受访者目前个人平均收入取对数后的数值（lnaverageinc）来衡量受访者参与市场后的效果，将智识维度百分制得分（intelligenceP）、手机使用电商平台购物的频率（celluse11）、手机使用理财工具celluse10作为自变量来衡量个体的市场参与度，回归模型：

$$\text{lnaverageinc} = \beta_0 + \beta_1\text{intelligenceP} + \beta_2\text{celluse11} + \beta_3\text{celluse10} + \mu + e_0$$

假定样本中只包含了当年个人平均收入低于 3 万元的人，这是基于因变量选择的一个非随机样本。因为总体回归

$$E(\text{lnaverageinc} \mid \text{intelligenceP}, \text{celluse11}, \text{celluse10})$$

并不等于以当年个人平均收入不足 3 万元者为条件的均值期望，将导致模型中的参数估计量有偏和不一致。

以和政数据为例。

我们考虑：一个人每个月读的书（habitual1）越多，他的批判性思维得分（attitudeP）越高，以年龄（aage）为控制变量，得到以下模型：

$$\text{habitual1} = \beta_0 + \beta_1\text{attitudeP} + \beta_2\text{aage} + \mu \tag{12.19}$$

其中，假定我们的数据集是基于 25 岁以上的人群调查的，因此我们的样本是一个非随机样本。但还是可以通过式（12.19）得到总体的无偏且一致的估计量。原因在于 $E(\text{habitual1}|\text{attitudeP}, \text{aage})$ 对于基于 2 个自变量 infoneed，aage 所刻画出的总体中的任何一个子集都是一样的，如果自变量在这个子总体中有充分的变化，那么基于这个自变量的选择，除了导致较小的样本容量外，算不上什么大问题。

虽然数据集只有 25 岁以上的人，但在这个范围中只要样本容量足够，我们想要研究的变量在这个范围中的变动足够明显，回归系数就是无偏且一致的，研究结果就是有意义的，只不过我们失去了小于 25 岁的样本数据。

当样本选择因变量 y 为基础时，这种情况被称为基于因变量的样本选择，也是内生样本选择的一个例子，此时情况就会大不一样。如果基于因变量值高于或低于某给定值而选择样本的话，OLS 在估计总体模型时总会产生偏误。

上述例子中，我们考虑对手机使用程度越高，收入就会越高。使用和政数据，

控制性别、年龄、智识这三个变量，可得

$$\text{lnincomeY} = \beta_0 + \beta_1\text{virspaceT} + \beta_2\text{gender} + \beta_3\text{aage} + \beta_4\text{intelligenceP} + \mu$$

假设这里只包含了年收入低于 3 万的人，这就是一个内生样本选择的例子。E(lnincomeY | virspaceT, gender, aage, intelligenceP）并不等于以当年个人平均收入不足 3 万元者为条件的均值期望，将导致模型中的参数估计量有偏和不一致。

小结如下。

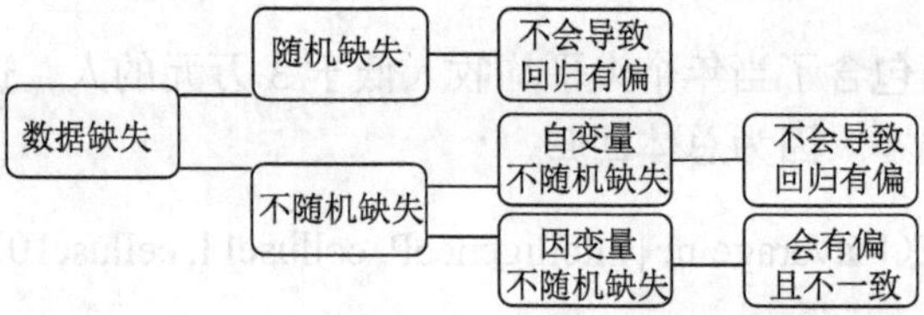

总之，随机缺失不会导致回归有偏，自变量不随机缺失不会对结果产生影响，因变量不随机缺失时结果会有偏且不一致。

因变量如果不随机，研究就没有效度可言，研究设计就不具有代表性，研究的问题也就没有现实意义。

关于如何识别因变量是否随机，可以通过将控制变量作为分类变量，看因变量列联表，如果分布出现异常，则说明因变量存在不随机的可能性。

因变量不随机的解决方式：增大样本，扩大因变量的异质性，或者对已经偏移的样本再次进行随机抽样。

12.5.3　异常观测

在数据集较小时，OLS 估计值会受到一个或者几个观测值的影响，这种数据被称为异常数据或有重要影响的观测。OLS 对异常观测敏感是因为它最小化了残差平方和：在最小二乘的最小化问题中，残差越大，权数就越大。如果略微动一下样本，估计值就发生很大的变化，那么此时就要注意了。

例 12.4

在假定信息主体信息能力不足，会导致个体市场参与机会的缺失中，采用受访者五年前收入取对数后的数值（ logincom5 ）来衡量受访者参与市场后的效果，放入智识维度百分制得分（ intelligenceP ）、手机使用理财工具 celluse10 作为自变量来衡量个体的市场参与度，回归模型：

$$\text{logincom5} = \beta_0 + \beta_1\text{intelligenceP} + \beta_2\text{celluse10} + \mu$$

在大样本条件下：

Source	SS	df	MS			
				Number of obs	=	135
				F(2, 132)	=	2.12
Model	2.54342481	2	1.2717124	Prob > F	=	0.1239
Residual	79.1342864	132	.59950217	R-squared	=	0.0311
				Adj R-squared	=	0.0165
Total	81.6777112	134	.609535158	Root MSE	=	.77428

logincom5	Coef.	Std. Err.	t	P>|t|	[95% Conf.	Interval]
intelligenceP	.0083505	.0040931	2.04	0.043	.0002539	.016447
celluse10	−.0300671	.0910115	−0.33	0.742	−.2100968	.1499626
_cons	10.11332	.2624996	38.53	0.000	9.594065	10.63257

但如果我们将研究对象放在五年前年收入大于 10 万的受访者中，数据就会减小至小样本，此时 OLS 的估计值为：

Source	SS	df	MS			
				Number of obs	=	26
				F(2, 33)	=	2.15
Model	2.25677327	2	1.12838663	Prob > F	=	0.1391
Residual	12.0608134	23	.524383191	R-squared	=	0.1576
				Adj R-squared	=	0.0844
Total	14.3175867	25	.572703466	Root MSE	=	.72414

logincom5N	Coef.	Std. Err.	t	P>|t|	[95% Conf.	Interval]
intelligenceP	.0051267	.0074945	0.68	0.501	−.010377	.0206303
celluse10N	−.6316338	.3202432	−1.97	0.061	−1.294107	.0308396
_cons	13.14842	.6961727	18.89	0.000	11.70827	14.58856

$$\text{logincom5} = 13.15 + 0.005\text{intelligenceP} - 0.63\text{celluse10}$$

但 income5 中包含两个两百万的极端值，如果将极端值删掉，方程就变为

$$logincom5 = 12.30 - 0.00714intelligenceP + 0.128celluse10$$

项目	(1) m1	(2) m2
intelligenceP	0.00513	−0.00714
	(0.68)	(−1.52)
celluse10N	−0.632	0.128
	(−1.97)	(0.60)
_cons	13.15***	12.30***
	(18.89)	(29.31)
N	26	24
R^2	0.157	0.011

注：括号中为 *t* 值，***表示 p<0.01

系数出现巨大的变化。

残差与收入维度的散点图 12-1，可以明显地看到有两个异常于其余点的点，这两个点可能就是异常数据。图 12-1（a）存在极端值，图 12-1（b）为去掉极端值后残差与收入的散点图。

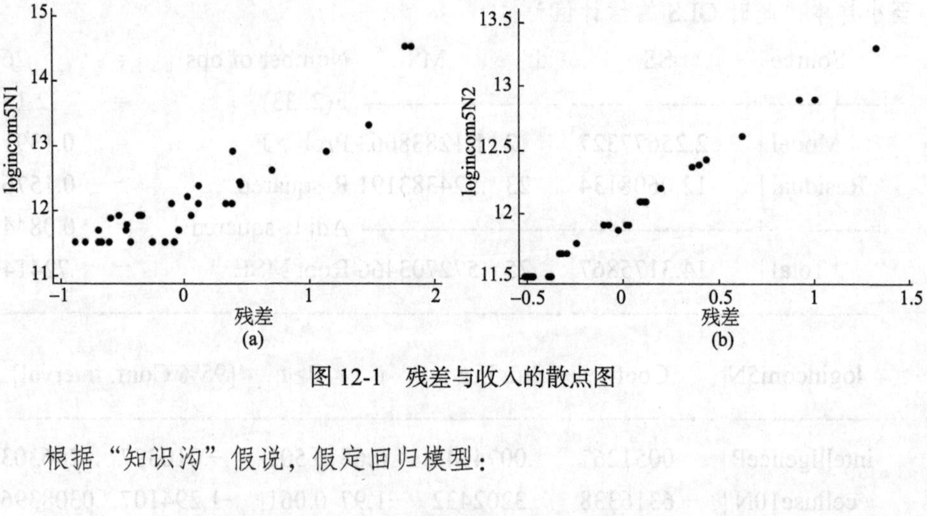

图 12-1　残差与收入的散点图

根据“知识沟”假说，假定回归模型：

$$accessibleP = \beta_0 + \beta_1 incomeY + \beta_2 edulevel + \mu$$

以和政数据为例，我们发现在收入这个变量中存在着一个很大的异常观测值，如图 12-2（a）。于是去掉这个异常值后，散点图如图 12-2（b）。

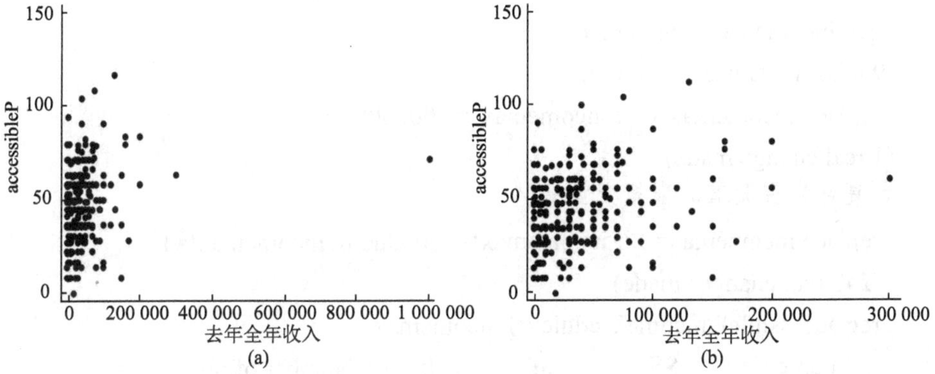

图 12-2　收入与可获信息源得分散点图

回归分析结果如下。

项目	(1) accessibleP	(2) accessibleP	(3) accessibleP
incomeY	0.0000569*	0.0000569*	−0.000112
	(2.16)	(2.16)	(−1.21)
edulevel	2.682***	2.682***	2.998
	(4.37)	(4.37)	(1.91)
_cons	18.48***	18.48***	33.24***
	(7.74)	(7.74)	(6.12)
N	249	249	50

注：括号中为 *t* 值，*表示 $p<0.1$，***表示 $p<0.01$

由以上例子可以看出，当去掉异常值之后（模型 2），系数有了明显的变化，而在样本容量很小的情况下，甚至会影响到显著性（模型 3）。也就是说，异常观测值的存在会影响 OLS 的估计结果；而当样本较小时，OLS 估计值会更加容易受到某一个或几个观测值的影响。

学生化残差通过将普通最小二乘残差除以其标准差估计值（以样本中的解释变量为条件）而得到的。观测学生化残差有一个简单的技巧，即定义一个虚拟变量，让它对那个观测（比方说观测 *h*）取值为 1，而对其他观测都取值为 0，并把它与其他解释变量一起包含在回归中（使用所有观测）。

对上例中包含极端值的数据进行学生化残差的处理，如果我们对收入最高的人定义一个虚拟变量，并把它作为一个额外的回归元包含进来，那么它的系数就是−41.3573，这就证明了，这个最大的收入与其他的观测值之间的差距与其他值之间的回归相差较远。

```
. gen incomemax = incomeY
(9 missing values generated)
. replace incomemax=1 if incomemax==1000000
(1 real change made)
```

创建异常观测值的虚拟变量：

```
. replace incomemax=0 if incomemax!=1000000 & incomemax!=1
  (243 real changes made)
. reg accessibleP incomeY edulevel incomemax
    Source |       SS           df       MS      Number of obs   =       250
-----------+----------------------------------   F(3, 249)       =     10.28
     Model |  8175.21414         3  2725.07138   Prob > F        =    0.0000
  Residual |   65232.902       246  265.174398   R-squared       =    0.1114
-----------+----------------------------------   Adj R-squared   =    0.1005
     Total |  73408.1161       249  294.811711   Root MSE        =    16.284
------------------------------------------------------------------------------

accessibleP|      Coef.   Std. Err.      t    P>|t|     [95% Conf. Interval]
-----------+------------------------------------------------------------------
    incomeY|   .0000569   .0000263     2.16   0.031      5.10e-06   .0001087
   edulevel|   2.682483   .6132333     4.37   0.000      1.474625    3.89034
  incomemax|   -41.3573   29.83996    -1.39   0.167     -100.1317   17.41709
      _cons|   18.47603   2.387764     7.74   0.000      13.77296    23.1791
------------------------------------------------------------------------------
```

从这个系数中可以看出，这个异常观测与其他观测所得到的回归之间到底有多远。

有时也用所有观测的 OLS 回归中的残差大小来定义异常数据，但这通常不是一个好办法，因为普通最小二乘估计值对残差平方和进行了调整，并使之尽可能地小。

对上例中包含极端值的数据进行学生化残差的处理，如果我们对收入最高的人定义一个虚拟变量，并把它作为一个额外的回归元包含进来，那么它的系数就是 2.60，这就证明了，这个最大的收入和其他的观测值之间的差距，与其他值之间的回归相差较远。这个虚拟变量的系数就有一个有用的解释：它就是从仅用所有其他观测的回归线中得到的观测 h 的残差。因此，我们从这个虚拟变量的系数可以看出，这个观测与不用观测所得到的回归之间到底有多远。

12.6　最小绝对离差估计

LAD（最小绝对离差）是一种对异常数据不如 OLS 那么敏感的估计方法，最小绝对离差最小化了残差绝对值的和，其目标函数如图 12-3 所示。

$$\min_{b_0,b_1,\ldots,b_k}\sum_{i=1}^{n}\left|y_i-b_0-b_1x_{i1}-\ldots-b_kx_{ik}\right|$$

与最小化残差平方和的 OLS 不同，（ $\mathrm{SSR}=\sum\hat{u}_i^2$ ）最小绝对离差没有闭式表达式可以用，也就是说我们没办法写出它的表达式。

如图 12-3，LAD 在零点两侧均为线性，也就是说如果残差增加了一单位，那么 LAD 的目标函数也会增长一单位。LAD 没有给较大的残差赋予更大的权重，事实上，LAD 的设计是为了在给定 $x_1,x_2,\cdots,x_k$ 的条件下估计 y 的条件中位数，而不是估计 y 的条件均值。相比之下，由于中位数不受极端观测值较大变化的影响，LAD 参数估计值对异常观测值有充分回弹的余地。相比之下，OLS 的目标函数则更侧重于较大的残差，而这也使得 OLS 对反常值更加敏感。

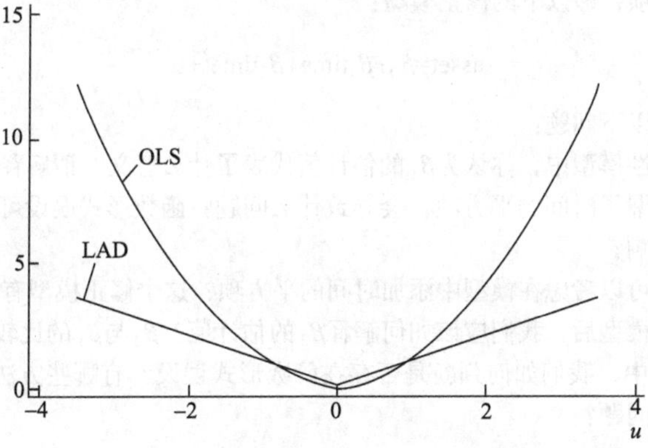

图 12-3　OLS 和 LAD 的目标函数

LAD 的缺陷如下。

（1）计算量巨大（现在计算速度提高，大量数据也可以计算）。

（2）所有的 LAD 估计量的统计推断都只有在样本容量逐渐增大的情况下才合理。

（3）LAD 有个很微妙但是很重要的缺陷，那就是它并非总能一致地估计条件均值函数 $E\left(y|x_1,x_2,\cdots,x_k\right)$ 中出现的参数。当 LAD 和 OLS 都应用于非对称分布情

形时，从 LAD 估计出来的偏效应有可能与 OLS 得到的偏效应有很大的不同。但这种差别只反映了均值与中位数之间的差别，与异常预测值无关。

LAD 胜过 OLS 的一个优点是：由于 LAD 估计的是中值，其在经过单调变换（取对数）后很容易得到偏效应和预测值。

习 题

简答题：

1. 函数形式误设指的是在建立回归模型时，未正确地描述因变量和自变量之间的关系，可能导致模型的偏误和预测的不准确。请说明函数形式误设的主要原因和具体检验工具。
2. 什么是测量误差？它是如何影响对自变量的测量结果和分析的？
3. 为什么测量工具的偏误可能是系统性的？如果发现测量工具存在偏误，研究者应该采取什么措施来纠正？
4. 假设你正在研究信息资产（asset）与时间（time）之间的关系，并建立了以下的多元回归模型：

$$\text{asset}=\beta_0+\beta_1\text{time}+\mu$$

其中，asset 表示信息资产，time 表示时间，β_0 和β_1 是待估参数，μ是误差项。但是，你的同事指出，这个模型可能存在函数形式误设的问题。他们认为，时间的影响可能不是简单的线性关系，而是随时间的增加而呈现出非线性的趋势。因此，他们建议你考虑在模型中加入时间的平方项，即以下的修正模型：

$$\text{asset}=\beta_0+\beta_1\text{time}+\beta_2\text{time}^2+\mu$$

你现在需要回答以下问题：

（1）在原始的线性模型中，你认为β_1 的估计值代表了什么意义？请解释。

（2）如果我们遗漏了时间的平方项，会导致什么问题？函数形式误设可能会对β_1 的估计值产生什么影响？

（3）为什么我们可以考虑在模型中添加时间的平方项？这个修正模型有什么优势？

（4）在拟合修正模型后，我们应该如何解释β_2 的估计值？β_2 与β_1 的比较有何意义？

（5）在实际研究中，我们如何判断是否存在函数形式误设？有哪些方法可以帮助我们识别并解决这个问题？

第 13 章　循证信息贫困研究中的工具变量法与两阶段最小二乘法

对于循证信息贫困研究而言，内生性是一个值得重视的问题。内生性的数学表达是：$\text{Cov}(x,u)\neq 0$。即：

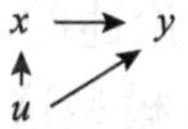

任何一个导致 u 与某个自变量相关的问题，都会导致零条件均值假定 $E(u|x_1,x_2,\cdots,x_k)=0$ 不成立。MLR.4 条件均值为零与 MLR.1-MLR.3 都被用于证明无偏性。我们的目标是 BLUE（最优线性无偏估计），但是在内生性的情况下，U（无偏）出现了问题，此时要么缓解内生性的问题，努力达到 BLUE；要么更改估计方法。

产生内生性的原因：遗漏变量、互为因果和测量误差（测量误差主要指自变量的测量误差）。

13.1　动机：简单回归模型中的遗漏变量

在横截面数据中，面对遗漏变量，我们有如下解决办法：①为无法观测的变量寻找一个合适的代理变量去替代无法观测的变量，进而放入方程中成为控制变量。②工具变量法（如图 13-1）。③忽略此问题，把估计值和关键参数的偏误方向一同给出。

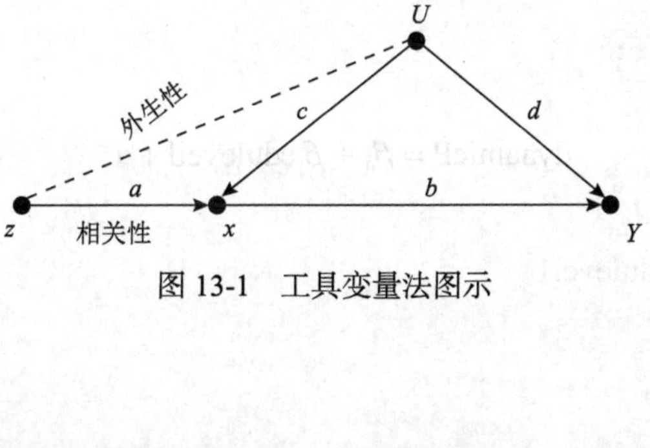

图 13-1　工具变量法图示

工具变量法要求找到的工具变量满足外生性[$\mathrm{Cov}(z,u)=0$]和相关性[$\mathrm{Cov}(z,x)\neq 0$]。例如，图 13-1 中，z 可以作为 x 的工具变量。

代理变量法要求：① $y=\beta_0+\beta_1x_1+\beta_2x_2+\beta_3x_3^*+u$ 中的 u 与 x_1、x_2和x_3^* 不相关，其中 x_3^* 是无法观测的变量。这一要求实质上是条件均值假定。② $x_3^*=\delta_0+\beta_3x_3+v_3$ 中的 v_3 与 x_1、x_2和x_3^* 不相关，用期望来表达就是 $E\left(x_3^*|x_1,x_2,x_3\right)=E\left(x_3^*|x_3\right)=\delta_0+\beta_3x_3$，也就是 x_3 要与不可观测变量 x_3^* 相关，这一点与工具变量法的外生性完全不同。

如果我们能够找到 u 中无法观测变量的一个合适代理变量，直接代入原方程就可解决问题，但是实际上很难直接找到一个合适且可观测的代理变量。在这种情况下，我们可以使用工具变量法来解决内生性问题。

在讨论工具变量的应用时，注意论述的语言是非常重要的。OLS 和 IV 都是一种估计方法。工具变量模型和 OLS 模型这些措辞都是不合理的。一个简单模型就是 $y=\beta_0+\beta_1x_1+u$，对于模型参数的估计，我们有很多方法，比如 OLS、IV 和加权最小二乘法等计量估计方法。

13.1.1 用 IV 估计法做统计推断

IV 估计法比 OLS 估计法更改了一个假设条件：$E\left(u^2|z\right)=\sigma^2=\mathrm{Var}(u)$，因为此时 x 是内生解释变量，所以要用工具变量 z 来表述。在高斯-马尔可夫假定下，OLS 估计量的方差为 σ^2/SST_X，而 IV 估计量类似的计算式为 $\sigma^2/\mathrm{SST}_X*R_{x,z}^2$。由于 R^2 总是小于 1，这个 IV 的方差总是大于 OLS 方差（当 OLS 有效时）。z 与 x 越高度相关，$R_{x,z}^2$ 便越接近于 1，IV 估计量的方差就越小。在 $z=x$ 的情况下，$R_{x,z}^2=1$，此时 IV 估计法和 OLS 估计法得到的结果是一样的。

上述讨论突出了当 x 与 u 不相关时进行 IV 估计的一个重要代价：IV 估计量的渐近方差总是大于（有时远大于）OLS 估计量的渐近方差。

例 13.1 IV 估计出的结果小于 OLS 的估计结果，怀疑遗漏了“能力”这一不可测量变量

以陇西数据为例：

$$\mathrm{dynamicP}=\beta_0+\beta_1\mathrm{edulevel1}+u \tag{13.1}$$

```
reg dynamicP edulevel1
```

```
      Source |       SS           df       MS      Number of obs   =       501
-------------+----------------------------------   F(1, 499)       =     64.22
       Model |  6162.55154         1  6162.55154   Prob > F        =    0.0000
    Residual |  47882.0914       499  95.9560949   R-squared       =    0.1140
-------------+----------------------------------   Adj R-squared   =    0.1123
       Total |  54044.6429       500  108.089286   Root MSE        =    9.7957
------------------------------------------------------------------------------
    dynamicP |      Coef.   Std. Err.      t    P>|t|     [95% Conf. Interval]
-------------+----------------------------------------------------------------
   edulevel1 |   .9671281   .1206813     8.01   0.000      .730022    1.204234
       _cons |   50.66583     1.5237    33.25   0.000     47.67217    53.65949
------------------------------------------------------------------------------
```

OLS 估计的 β_1 表示，多接受一年教育，动力维度百分制得分就增加约 0.96 分。

不要使用残差的拟合值来判断与 x 之间的相关性，进而判断是否有内生性。因为 OLS 中高斯-马尔可夫假定中就要求了 u 与 x 不相关，使用 reg 命令就默认样本中的 u 与 x 不相关。

另外我们无法知道总体中的残差是什么样的，只能渐进推断它的性质和分布，不能直接得知，约等于和等于还是有本质差别的。

reg edulevel1 u

```
      Source |       SS           df       MS      Number of obs   =       180
-------------+----------------------------------   F(1, 499)       =     17.33
       Model |  147.949423         1  147.949423   Prob > F        =    0.0000
    Residual |  1520.05058       178  8.53960998   R-squared       =    0.0887
-------------+----------------------------------   Adj R-squared   =    0.0836
       Total |        1668       179  9.31843575   Root MSE        =    2.9223
------------------------------------------------------------------------------
   edulevel1 |      Coef.   Std. Err.      t    P>|t|     [95% Conf. Interval]
-------------+----------------------------------------------------------------
           u |  -1.275426   .3064204    -4.16   0.000     -1.88011   -.6707419
       _cons |   16.71321   .8407194    19.88   0.000     15.05415    18.37227
------------------------------------------------------------------------------
```

注意：不要分两步 reg 来代替 IV 估计，会有样本量的问题。如果删除缺失值样本进行手动回归，第一阶段回归的结果是一致的，第二阶段回归的标准误有问题。因为第二阶段的回归将得到错误的残差 $\widehat{u_i}=y_i-\hat{X}\widehat{\beta_{2sls}}$，而正确的残差是 $\widehat{u_i}=y_i-X\widehat{\beta_{2sls}}$。之所以 IVregress 回归的结果中对于方程的联合检验用了 Wald 检验，对于系数显著性的检验用了 Z 分数，都是为了得到正确的残差。

```
reg edulevel1 fedu1
    Source |       SS       df       MS          Number of obs   =     678
-----------+-------------------------------      F(1, 676)       =  125.61
     Model |  1386.67779     1  1386.67779       Prob > F        =  0.0000
  Residual |  7462.45053   676   11.039128       R-squared       =  0.1567
-----------+-------------------------------      Adj R-squared   =  0.1555
     Total |  8849.12832   677  13.0710906       Root MSE        =  3.3225
------------------------------------------------------------------------------
 edulevel1 |      Coef.   Std. Err.      t    P>|t|     [95% Conf. Interval]
-----------+------------------------------------------------------------------
     fedu1 |   .3140383   .0280196    11.21   0.000     .2590224    .3690542
     _cons |   9.650315   .2621437    36.81   0.000     9.135602    10.16503
------------------------------------------------------------------------------
```

这个回归就是 x 对 z 的回归，样本量为 678，但是 IV 中的第二步回归样本量只有 489，生成的 edulevel1hat 受到了多余样本的影响（多余的样本会对残差产生影响），所以 edulevel1hat 不应该代入 IV 中的第二步回归。

```
predict edulevel1hat
(option xb assumed; fitted values)
(30 missing values generated)
reg dynamicP edulevel1hat
    Source |       SS       df       MS          Number of obs   =     489
-----------+-------------------------------      F(1, 487)       =    4.42
     Model |  475.141114     1  475.141114       Prob > F        =  0.0361
  Residual |  52385.7326   487  107.568239       R-squared       =  0.0090
-----------+-------------------------------      Adj R-squared   =  0.0070
     Total |  52860.8737   488  108.321463       Root MSE        =  10.372
------------------------------------------------------------------------------
    dynamicP |      Coef.   Std. Err.      t    P>|t|     [95% Conf. Interval]
-------------+----------------------------------------------------------------
edulevel1hat |   .6820205   .3245101     2.10   0.036     .0444079    1.319633
```

```
      _cons |   54.23066   3.985217   13.61  0.000    46.40032   62.06101
------------------------------------------------------------------------------
```

IV 估计：

```
ivregress 2sls dynamicP (edulevel1 = fedu1), first
First-stage regressions
-----------------------
                                               Number of obs   =        484
                                               F( 1, 482)      =      67.98
                                               Prob > F        =     0.0000
                                               R-squared       =     0.1236
                                               Adj R-squared   =     0.1218
                                               Root MSE        =     3.2615
------------------------------------------------------------------------------
  edulevel1 |      Coef.   Std. Err.      t    P>|t|     [95% Conf. Interval]
------------+-----------------------------------------------------------------
      fedu1 |   .2668746    .032367     8.25  0.000     .2032767    .3304726
      _cons |   10.07753   .2997085    33.62  0.000     9.488631    10.66642
------------------------------------------------------------------------------
Instrumental variables (2SLS) regression       Number of obs   =        484
                                               Wald chi2(1)    =       3.97
                                               Prob > chi2     =     0.0462
                                               R-squared       =     0.0987
                                               Root MSE        =     9.8371
------------------------------------------------------------------------------
   dynamicP |      Coef.   Std. Err.      z    P>|z|     [95% Conf. Interval]
------------+-----------------------------------------------------------------
  edulevel1 |   .7291986   .3658001     1.99  0.046     .0122435    1.446154
      _cons |   53.54335   4.494281    11.91  0.000     44.73472    62.35198
------------------------------------------------------------------------------
Instrumented: edulevel1，Instruments: fedu1
```

在 stata 中应该使用一条命令直接进行，这样就解决了样本量不一致的问题。首先，标准误和我们理论推断的一致，IV 的大于 OLS。其次，我们不知道教育回报在 dynamicP 上 OLS 和 IV 的两种估计方法到底哪一个更加接近于实际，二者的系数到底有无统计上的显著差异。

在例 13.1 中，我们说明了 IV 估计出的结果小于 OLS 的估计结果，下面的例子则说明了另一种情况。

例 13.2 IV 估计出的结果大于 OLS 的估计结果，怀疑遗漏不可测量变量“能力”

$$\text{assetP} = \beta_0 + \beta_1 \text{edulevel1} + u \tag{13.2}$$

OLS 估计：

```
. reg assetP edulevel1
    Source |       SS       df       MS      Number of obs   =       632
-----------+------------------------------   F(1, 630)       =    195.82
     Model |  29442.4561     1  29442.4561   Prob > F        =    0.0000
  Residual |  94723.9095   630  150.355412   R-squared       =    0.2371
-----------+------------------------------   Adj R-squared   =    0.2359
     Total |  124166.366   631  196.777125   Root MSE        =    12.262
---------------------------------------------------------------------------
    assetP |      Coef.   Std. Err.      t    P>|t|   [95% Conf. Interval]
-----------+---------------------------------------------------------------
 edulevel1 |   1.803898   .1289094   13.99   0.000    1.550754   2.057042
     _cons |    2.60042   1.628992    1.60   0.111    -.59849    5.799331
---------------------------------------------------------------------------
```

IV 估计：

```
. ivregress 2sls assetP (edulevel1 = fedu1)
Instrumental variables (2SLS) regression       Number of obs   =       610
                                               Wald chi2(1)    =     58.00
                                               Prob > chi2     =    0.0000
                                               R-squared       =    0.1880
                                               Root MSE        =    12.576
---------------------------------------------------------------------------
    assetP |      Coef.   Std. Err.      z    P>|z|   [95% Conf. Interval]
-----------+---------------------------------------------------------------
 edulevel1 |   2.547912   .3345716    7.62   0.000    1.892164   3.203661
     _cons |  -6.346728   4.105789   -1.55   0.122   -14.39393    1.70047
---------------------------------------------------------------------------
```

Instrumented: edulevel1，Instruments: fedu1

与前面的例子不同，现在 IV 估计值比 OLS 估计值要大，可能是对 edulevel1 有测量误差，使 OLS 估计量有向零偏误，但是 fedu1 却没有测量误差，或者没有 edulevel1 严重。

13.1.2　低劣工具变量条件下 IV 的性质

虽然 IV 估计量是一致的，但是当 z 与 x 只是弱相关时，IV 估计值的标准误可能很大。例如：拿一个好学生或者差学生的成绩代表一个班的平均成绩，IV 估计的标准误会比一个班的平均成绩要大。

例 13.3　弱工具变量

以陇西数据为例：

$$\text{assetP} = \beta_0 + \beta_1 \text{edulevel1} + u$$

我们选用变量 tiktok（是否使用快手或者抖音）来作为工具变量，因为是否使用快手或者抖音与能力这个遗漏变量无关，且和 edulevel1 有一定的相关性，虽然相关性并不高。

```
corr edulevel1 tiktok
(obs=694)
             |  edulevel1   tiktok
-------------+------------------------
   edulevel1 |   1.0000
      tiktok |   0.0118     1.0000
--------------------------------------
```

IV 估计：

```
ivregress 2sls assetP (edulevel1 = tiktok)
Instrumental variables (2SLS) regression          Number of obs   =      621
                                                  Wald chi2(1)    =     0.13
                                                  Prob > chi2     =   0.7163
                                                  R-squared       =        .
                                                  Root MSE        =   98.548
------------------------------------------------------------------------------
      assetP |      Coef.   Std. Err.      z    P>|z|     [95% Conf. Interval]
-------------+----------------------------------------------------------------
```

```
edulevel1 |    28.20576    77.60815    0.36  0.716   −123.9034   180.3149
    _cons |   −317.3175    940.5542   −0.34  0.736   −2160.77    1526.135
-------------------------------------------------------------------------------
Instrumented: edulevel1
Instruments: tiktok
estat firststage
First-stage regression summary statistics
          |             Adjusted     Partial
 Variable |    R-sq.      R-sq.       R-sq.     F(1, 619)    Prob > F
----------+--------------------------------------------------------------------
edulevel1 |   0.0002    −0.0014      0.0002     .117154      0.7323
-------------------------------------------------------------------------------
Minimum eigenvalue statistic = .117154
Critical Values                          # of endogenous regressors: 1
Ho: Instruments are weak                 # of excluded instruments: 1
-------------------------------------------------------------------------------
                                      |           10%
                    2SLS relative bias |   5%  (not available)   20%     30%
---------------------------------------+---------------------------------------
                                      |  10%       15%           20%     25%
 2SLS Size of nominal 5% Wald test    | 16.38      8.96          6.66    5.53
 LIML Size of nominal 5% Wald test    | 16.38      8.96          6.66    5.53
-------------------------------------------------------------------------------
```

上面回归的标准误非常大，是造成不显著的一个原因，后续的检验也表明了tiktok是弱工具变量。在实践中弱工具问题被大致定义为 z 和 x 之间的相关度“很低”（但不为零）的问题。

内生变量是一个连续变量，那么我们找到任何一个工具变量（连续和二分类）都行。①

```
. eregress assetP edulevel1, endogenous(tiktok=income1, probit)
Iteration 0: log likelihood = −2074.9819 (not concave)
Iteration 1: log likelihood = −2073.4157
```

① 如果内生变量是二分类变量，那么使用 eregress 命令可以解决。

Iteration 2: log likelihood = −2072.0438
Iteration 3: log likelihood = −2071.8119
Iteration 4: log likelihood = −2071.8109
Iteration 5: log likelihood = −2071.8109

Extended linear regression　　Number of obs = 478
　　Wald chi2(2) = 198.49
Log likelihood = −2071.8109　　Prob > chi2 = 0.0000

	Coef.	Std. Err.	z	P>|z|	[95% Conf. Interval]	
assetP						
edulevel1	1.708237	.1520724	11.23	0.000	1.41018	2.006293
tiktok						
使用	−19.04786	2.147637	−8.87	0.000	−23.25715	−14.83857
_cons	20.30959	2.667216	7.61	0.000	12.08195	25.53724
tiktok						
income1	5.69e-07	7.61e-07	0.75	0.455	−9.23e-07	2.06e-06
_cons	.9580039	.0826369	11.59	0.000	.7960386	1.119969
var(e.assetP)	223.5765	18.97871			189.3086	264.0474
corr(e.tiktok, e.assetP)	.8583397	.0371213	23.12	0.000	.7660218	.915966

上述各变量之间的关系可如图 13-2 所示。

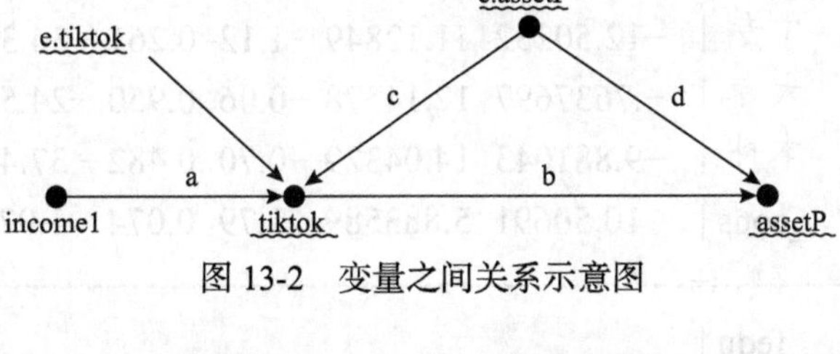

图 13-2　变量之间关系示意图

其中，corr(e.tiktok, e.assetP)表示主回归和辅助回归残差的相关性，*P* 值显著说明 tiktok 有内生性。图 13-2 表示 tiktok 对于收入的效应分成外生（income1）和内生（e.tiktok）两部分。因为我们认为 tiktok 和 e.assetP 相关（也就是内生性），我们分离了 tiktok 中的外生部分（income1），所以剩余的内生部分（e.tiktok）就应该和 e.assetP 相关且显著。

上例展示了二值内生变量，下面是定序内生变量的处理过程展示。

```
. eregress assetP edulevel1, endogenous(fedu=income1, oprobit)
Iteration 0: log likelihood = −2743.1655
Iteration 1: log likelihood = −2658.803
Iteration 2: log likelihood = −2639.9352
Iteration 3: log likelihood = −2639.4398
Iteration 4: log likelihood = −2639.3921
Iteration 5: log likelihood = −2639.3832
Iteration 6: log likelihood = −2639.3832
Extended linear regression                  Number of obs   =       471
                                            Wald chi2(8)    =     88.37
Log likelihood = −2639.3832                 Prob > chi2     =    0.0000
------------------------------------------------------------------------------
             |     Coef.   Std. Err.     z   P>|z|     [95% Conf. Interval]
-------------+----------------------------------------------------------------
      assetP |
   edulevel1 |  1.580725  .1809292   8.74  0.000     1.22611    1.935339
        fedu |
        小学 | −2.848951  3.855751  −0.74  0.460   −10.40608    4.708182
        初中 | −5.262266  6.282997  −0.84  0.402   −17.57671    7.052181
        高中 | −8.084128   8.60434  −0.94  0.347   −24.94832    8.780068
   职高/技校 | −5.628462  11.45887  −0.49  0.623   −28.08744    16.83051
        中专 | −12.50252  11.12849  −1.12  0.261   −34.31396     9.30892
        大专 | −.7637697  12.14578  −0.06  0.950   −24.56905    23.04152
        本科 | −9.881043  14.04329  −0.70  0.482   −37.40539     17.6433
       _cons |  10.50691  5.883589   1.79  0.074   −1.024711    22.03854
-------------+----------------------------------------------------------------
        fedu |
     income1 |  2.36e−06  6.68e−07   3.54  0.000    1.05e−06    3.67e−06
-------------+----------------------------------------------------------------
       /fedu |
```

```
                 cut1 |  -1.034499  .0823927                -1.195986  -.8730126
                 cut2 |  -.1599817   .070221                -.2976123  -.0223512
                 cut3 |   .6784592  .0739391                 .5335412   .8233771
                 cut4 |   1.389621   .088932                 1.215318   1.563925
                 cut5 |   1.461401  .0913705                 1.282318   1.640484
                 cut6 |   1.794348  .1074233                 1.583802   2.004894
                 cut7 |   2.157203  .1364368                 1.889792   2.424614
----------------------+-----------------------------------------------------------
       var(e.assetP) |   174.7306  29.47326                 125.5422   243.1914
----------------------+-----------------------------------------------------------
 corr(e.fedu, e.assetP)   .3295968  .2293189   1.44  0.151  -.1604591    .689294
----------------------------------------------------------------------------------
```

如果原模型不是 OLS 估计，但出现内生性，应该怎么解决呢？这种情况下，仍然需要区分内生变量是连续还是非连续变量。

如果是二值因变量，可以用 eprobit。所有的语法结构和 eregress 一样，把命令的第一个单词换成 eprobit 就行。如果是定序因变量，可以用 eprobit。内容与上面的相同。

13.1.3　IV 估计后计算 R^2

大多数回归软件包运用标准公式 $R^2=1-\mathrm{SSR}/\mathrm{SST}$ 计算 IV 估计之后的 R^2。当 x 与 u 相关时，我们不能将 y 的方差分解成 $\beta_1^2\mathrm{Var}(x)+\mathrm{Var}(u)$，因此对 R^2 没有合理的解释。

```
. ivregress 2sls assetP (edulevel1 = fedu1)
Instrumental variables (2SLS) regression      Number of obs     =        610
                                              Wald chi2(1)      =      58.00
                                              Prob > chi2       =     0.0000
                                              R-squared         =     0.1880
                                              Root MSE          =     12.576

----------------------------------------------------------------------------------
           assetP |      Coef.   Std. Err.      z    P>|z|    [95% Conf. Interval]
------------------+---------------------------------------------------------------
        edulevel1 |   2.547912   .3345716    7.62   0.000    1.892164    3.203661
```

```
       _cons |  -6.346728  4.105789  -1.55  0.122  -14.39393   1.70047
------------------------------------------------------------------------------
```

Instrumented: edulevel1，Instruments: fedu1

上面的 R-squared 只能解释为 edulevel1 对 fedu1 回归的拟合值对这个方程波动的解释能力，拟合值并不是真实的样本数据，所以这里的 R-squared 并没有太大的意义，而且也不能以通常方式用于联合约束的 F 检验。

13.2 多元回归模型的 IV 估计

在一元回归的基础上加入控制变量就是多元回归，其实每一个变量（包括控制变量）都可能有内生性的问题，但是对于控制变量来说，我们不关心控制变量的系数，且控制变量的内生性问题不影响自变量的系数，我们不可能对模型中的所有变量都进行内生性的讨论，一般的做法是对我们关心的变量（自变量）进行内生性讨论，最后找到工具变量或其他方法来缓解内生性（不能说解决内生性）。因此，下面的讨论，我们都假设控制变量没有内生性的问题，只针对自变量展开内生性的讨论。

我们假设，惯用信息源（habitual）的得分受到包括信息资产（asset）在内的诸多因素的影响，据此构建如下模型：

$$\begin{aligned}\text{habitualzsy} = \beta_0 + \beta_1\text{asset73ysdf} + \beta_2\text{dynamicP} + \beta_3\text{aage} + \beta_4\text{i.reside} \\ + \beta_5\text{time} + \beta_6\text{i.jobsupport} + \beta_7\text{averageinc} + \beta_8\text{decision} + u\end{aligned} \quad (13.3)$$

假设只有自变量 asset73ysdf 有内生性问题（互为因果），其余均没有内生性问题。通过寻找在控制变量的条件下与 asset73ysdf 显著的变量，尝试作为工具变量，得到：

$$\begin{aligned}\text{asset73ysdf} = \beta_0 + \beta_1\text{spaceP} + \beta_2\text{dynamicP} + \beta_3\text{aage} + \beta_4\text{i.reside} + \beta_5\text{time} \\ + \beta_6\text{i.jobsupport} + \beta_7\text{averageinc} + \beta_8\text{decision} + v\end{aligned}$$

之后把 asset73ysdf 的预测值替换式（13.3）中的 asset73ysdf，这就是工具变量法的过程。

例 13.4 针对式（13.3）进行 OLS 与 IV 的对比

以陇西数据为例：

```
gen habitualzsy=habitual12ysdf+habitual21ysdf+habitual32ysdf
First-stage regressions
-----------------------
                                          Number of obs     =        230
                                          F(16, 213)        =       3.51
                                          Prob > F          =     0.0000
                                          R-squared         =     0.2089
                                          Adj R-squared     =     0.1494
                                          Root MSE          =     2.2589
------------------------------------------------------------------------------
  asset73ysdf |      Coef.   Std. Err.      t    P>|t|     [95% Conf. Interval]
-------------+----------------------------------------------------------------
     dynamicP |  -.0054097   .0176973    -0.31   0.760    -.040294    .0294745
         aage |  -.0044974   .0150411    -0.30   0.765    -.0341459    .025151
       reside |
        乡镇  |    .899295    .561473     1.60   0.111    -.2074603    2.00605
        县城  |   -.120943   .4767598    -0.25   0.800    -1.060715   .8188286
      地级市  |   1.042537   1.276457     0.82   0.415     -1.47357   3.558644
        省城  |   4.565383   1.703474     2.68   0.008     1.207557   7.923209
internetcell1 |   .0697065   .0401239     1.74   0.084    -.0093844   .1487973
         time |    .047667   .0653511     0.73   0.467    -.0811507   .1764848
   jobsupport |
        上网  |  -.3102068   .5665662    -0.55   0.585    -1.427002    .806588
    问家里人  |   .0419288   .5605312     0.07   0.940     -1.06297   1.146828
 问朋友或同事 |   .4498069   .5195322     0.87   0.388    -.5742762    1.47389
      不解决  |  -.4389501   1.386055    -0.32   0.752    -3.171092   2.293191
    自己解决  |  -.3307326   1.246971    -0.27   0.791    -2.788716   2.127251
   averageinc |   4.49e-06   2.42e-06     1.86   0.065    -2.76e-07   9.26e-06
     decision |  -.1386667   .1048033    -1.32   0.187    -.3452511   .0679177
       spaceP |   .0295277   .0080053     3.69   0.000      .013748   .0453075
        _cons |   .0111752   1.301988     0.01   0.993    -2.555256   2.577606
------------------------------------------------------------------------------
```

spaceP 在 1%水平上显著，说明了与 asset73ysdf 的相关性。因此，若 spaceP 与误差项不相关，我们便可以用 spaceP 作为 asset73ysdf 的 IV。对于外生性，不能直接检验，我们一般需要找出工具变量影响被解释变量的所有其他可能渠道，然后一一排除，才能比较信服地说明工具变量的外生性。

表 13-1 是上例中 OLS 与 IV 回归的对比。

表 13-1　针对模型 13.3 进行 OLS 和 IV 的比较

自变量	OLS habitualzsy	IV habitualzsy
asset73ysdf	0.494***	2.422***
	(0.145)	(0.774)
dynamicP	0.201***	0.177***
	(0.0371)	(0.0495)
aage	−0.109***	−0.0712
	(0.0319)	(0.0439)
2. reside	1.432	−0.706
	(1.227)	(1.821)
3. reside	0.355	0.590
	(1.045)	(1.363)
4. reside	4.605	2.087
	(2.798)	(3.778)
5. reside	1.962	−6.372
	(3.783)	(5.900)
internetcell1	0.117	0.00277
	(0.0872)	(0.122)
time	−0.0471	−0.157
	(0.143)	(0.192)
2. jobsupport	0.111	0.799
	(1.242)	(1.639)
3. jobsupport	0.682	0.586
	(1.228)	(1.600)
4. jobsupport	−2.348**	−3.449**
	(1.138)	(1.547)
5. jobsupport	−2.671	−1.898
	(3.038)	(3.968)
6. jobsupport	−1.614	−0.490
	(2.730)	(3.581)
averageinc	−0.00000928*	−0.0000179**
	(0.00000534)	(0.0000774)

续表

自变量	OLS habitualzsy	IV habitualzsy
decision	0.139	0.379
	(0.230)	(0.316)
_cons	−4.376	−4.739
	(2.850)	(3.716)
N	231	230
r2_a	0.265	.

注：括号中为标准误，*表示 p<0.1，**表示 p<0.05，***表示 p<0.01

当我们认为自变量是内生的时候，要想得到一致估计量所必须付出的代价将是更大的置信区间，因为标准误变大了。对于 IV 的 R^2 并不必太在意，因为本身并不准确。

注意，如果自变量是一个二值变量，那么 2SLS 中的第一个阶段回归将会是一个线性概率模型。

13.3　两阶段最小二乘

在本节我们将讨论如何运用多个工具变量。

13.3.1　单个内生解释变量

如果我们有多个工具变量，那么多个工具变量的任何线性组合都是有效的，为了寻找最好的，我们选择与内生变量最高度相关的线性组合，之后计算 F 统计量对入选的工具变量进行一个联合检验。

这里依然假设惯用信息源受到信息资产等变量的影响，仍然以式（13.3）为例。在式（13.3）中：

$$\begin{aligned}\text{habitualzsy} = &\beta_0 + \beta_1\text{asset73ysdf} + \beta_2\text{dynamicP} + \beta_3\text{aage} + \beta_4\text{i.reside} + \beta_5\text{time}\\ &+ \beta_6\text{i.jobsupport} + \beta_7\text{averageinc} + \beta_8\text{decision} + u\end{aligned}$$

我们使用信息获取的空间（spaceP）和受访者的教育水平（edulevel1）作为工具变量。

例 13.5　一个内生变量对应两个工具变量

2SLS 的第二阶段回归：

```
.qui:ivregress 2sls habitualzsy dynamicP aage i.reside internetcell1 time i.jobsupport averageinc decision (asset73ysdf = spaceP edulevel1)
.estat firststage
First-stage regression summary statistics
--------------------------------------------------------------------------------
             |            Adjusted      Partial
    Variable |   R-sq.      R-sq.        R-sq.      F(2, 210)    Prob > F
-------------+------------------------------------------------------------------
 asset73ysdf |   0.2308     0.1685       0.0854      9.80515      0.0001
--------------------------------------------------------------------------------
Minimum eigenvalue statistic = 9.80515
Critical Values                          # of endogenous regressors:    1
Ho: Instruments are weak                 # of excluded instruments:     2
--------------------------------------------------------------------------------
                                   |    5%       10%     20%     30%
              2SLS relative bias   |  (not available)
-----------------------------------+--------------------------------------------
                                   |    10%      15%     20%     25%
 2SLS Size of nominal 5% Wald test |   19.93    11.59    8.75    7.25
 LIML Size of nominal 5% Wald test |    8.68     5.33    4.42    3.92
--------------------------------------------------------------------------------
```

第一阶段的回归中，所选择的两个变量是联合显著的，说明和内生变量之间有相关性。因此下面可以进行 2SLS 的第二阶段回归。

```
. ivregress 2sls habitualzsy dynamicP aage i.reside internetcell1 time i.jobsupport averageinc decision (asset73ysdf = spaceP edulevel1)
Instrumental variables (2SLS) regression          Number of obs   =     228
                                                  Wald chi2(16)   =   63.87
                                                  Prob > chi2     =  0.0000
                                                  R-squared       =       .
                                                  Root MSE        =    6.47
--------------------------------------------------------------------------------
  habitualzsy |    Coef.     Std. Err.     z    P>|z|    [95% Conf. Interval]
--------------+-----------------------------------------------------------------
  asset73ysdf |  2.441934    .6520032    3.75  0.000    1.164031    3.719837
     dynamicP |  .1757102    .0493101    3.56  0.000    .0790641    .2723564
```

```
         aage |  -.0787676   .0438086  -1.80  0.072  -.1646309   .0070957
       reside |
         乡镇 |  -.8297559    1.76377  -0.47  0.638  -4.286682    2.62717
         县城 |   .4567946   1.395888   0.33  0.743  -2.279095   3.192684
       地级市 |   1.877988   3.756572   0.50  0.617  -5.484759   9.240734
         省城 |  -6.709527   5.619648  -1.19  0.233  -17.72383    4.30478
internetcell1 |  -.0276353   .1220899  -0.23  0.821   -.266927   .2116565
         time |  -.1518019   .1908119  -0.80  0.426  -.5257864   .2221826
   jobsupport |
         上网 |   .8352831   1.638293   0.51  0.610  -2.375712   4.046278
     问家里人 |   .4616199   1.625755   0.28  0.776  -2.724801    3.64804
 问朋友或同事 |  -3.463735    1.53502  -2.26  0.024  -6.472318  -.4551524
       不解决 |  -1.934871   3.978329  -0.49  0.627  -9.732253   5.862511
     自己解决 |  -.4900162   3.586814  -0.14  0.891  -7.520042    6.54001
   averageinc |  -.0000174   7.57e-06  -2.30  0.021  -.0000323  -2.58e-06
     decision |   .3543218   .3160556   1.12  0.262  -.2651358   .9737793
        _cons |  -3.968293   3.786555  -1.05  0.295   -11.3898   3.453219
------------------------------------------------------------------------------
Instrumented: asset73ysdf
Instruments: dynamicP aage 2.reside 3.reside 4.reside 5.reside
             internetcell1 time 2.jobsupport 3.jobsupport 4.jobsupport
             5.jobsupport 6.jobsupport averageinc decision spaceP edulevel1
.regress habitualzsy asset73ysdf dynamicP aage i.reside internetcell1 time i.jobsupport
averageinc decision
      Source |       SS           df       MS      Number of obs   =       231
-------------+----------------------------------   F（16，214）    =      6.19
       Model |  2426.70746        16  151.669216   Prob > F        =    0.0000
    Residual |  5245.22505       214  24.5103974   R-squared       =    0.3163
-------------+----------------------------------   Adj R-squared   =    0.2652
       Total |  7671.93251       230  33.3562283   Root MSE        =    4.9508
------------------------------------------------------------------------------
 habitualzsy |      Coef.   Std. Err.      t    P>|t|    [95% Conf. Interval]
-------------+----------------------------------------------------------------
 asset73ysdf |   .4937997    .1453324    3.40   0.001     .2073333    .7802661
```

dynamicP	.2013143	.0371472	5.42	0.000	.128093	.2745355
aage	−.1087495	.0318677	−3.41	0.001	−.1715642	−.0459347
reside						
乡镇	1.432064	1.226913	1.17	0.244	−.9863174	3.850445
县城	.3545832	1.044525	0.34	0.735	−1.704291	2.413457
地级市	4.604594	2.798321	1.65	0.101	−.9112091	10.1204
省城	1.96151	3.783184	0.52	0.605	−5.495566	9.418586
internetcell1	.1169766	.0872358	1.34	0.181	−.0549749	.2889281
time	−.0471344	.1432975	−0.33	0.743	−.3295897	.2353208
jobsupport						
上网	.1108945	1.242439	0.09	0.929	−2.338092	2.559881
问家里人	.6815194	1.228219	0.55	0.580	−1.739436	3.102475
问朋友或同事	−2.347827	1.138031	−2.06	0.040	−4.591013	−.1046406
不解决	−2.671335	3.038222	−0.88	0.380	−8.660009	3.317339
自己解决	−1.614135	2.730276	−0.59	0.555	−6.995813	3.767544
averageinc	−9.28e−06	5.34e−06	−1.74	0.084	−.0000198	1.25e−06
decision	.1385725	.2295276	0.60	0.547	−.3138519	.5909968
_cons	−4.3758	2.849818	−1.54	0.126	−9.993109	1.241509

上面是 IV 回归和 OLS 回归，可以看到我们关心的变量 asset73ysdf 的 IV 标准误远大于 OLS 标准误，这就有可能造成 IV 估计不显著的问题。为了使通常的 2SLS 标准误和 t 值渐近有效，我们还需要假定同方差性：结构误差 u 的方差不会与任何外生变量有关。

13.3.2 多重共线性与 2SLS

可以把 β_1 的 2SLS 估计量的（渐近）方差近似地写为：

$$\frac{\sigma^2}{\widehat{\mathrm{SST}_1}\left(1-\widehat{R_1^2}\right)}=\frac{\sigma^2}{\widehat{\mathrm{SST}_1}}\mathrm{VIF}_1;\frac{1}{\left(1-\widehat{R_1^2}\right)}=\mathrm{VIF}_1$$

其中，$\sigma^2=\mathrm{Var}(u_1)$，$\widehat{\mathrm{SST}_1}$ 是 $\widehat{\text{asset73ysdf}}$ 的总波动，$\widehat{R_1^2}$ 是将 $\widehat{\text{asset73ysdf}}$ 对其他所有出现在结构方程中的外生变量做回归得到的 R^2。2SLS 的方差大于 OLS 的方差的原因有二。

第一（$\widehat{\mathrm{SST}_1}$），根据构造，$\widehat{\text{asset73ysdf}}$ 比 asset73ysdf 的波动性更小，因为

$\widehat{\text{asset73ysdf}}$ 里面没有残差。

第二（ $\frac{1}{\left(1-\widehat{R_1^2}\right)}=\text{VIF}_1$ ）。

$\widehat{\text{asset73ysdf}}$ 与方程中外生变量之间的相关，往往比 asset73ysdf 与这些变量之间的相关大得多，因为 $\widehat{\text{asset73ysdf}}$ 是根据外生变量和工具变量拟合出来的，但是 asset73ysdf 是一个真实的值，并没有拟合。这在本质上解释了 2SLS 中的多重共线性问题。然而如同在 OLS 条件下一样，大样本有助于抵消很大的 $\widehat{R_1^2}$。

用岭回归做第一阶段，用 hat 值做第二阶段的回归。不太建议使用手动 IV，因为第二阶段回归的标准误会有偏差（拟合值和总体之间的差别）。且第二阶段回归 stata 中的运算比较复杂，用的 wald 卡方和 Z 分数检验，而不是一个简单的 reg。

13.3.3　检测弱工具变量

弱相关性模型会有一个缺点：即便样本规模非常大，2SLS 估计量也可能是有偏的，并且其分布显著不同于标准正态分布。

对于弱工具的检验，我们要求在第一阶段的回归，asset73ysdf 的两个工具变量 spaceP 和 edulevel1，对于 spaceP 和 edulevel1 联合显著性检验的 F 统计值要大于 10。当然 F 统计值接近 10 但是没有大于 10，通常可以继续研究。

13.3.4　多个内生解释变量

在有多个内生解释变量的时候，工具变量的数量要大于或等于内生变量的数量。stata 操作没有发生变化。

13.3.5　2SLS 估计后对多个假设的检验

对于 2SLS 中第一阶段回归的工具变量联合显著性检验，再用通常计算 F 统计量的方法可能不适合，因为 2SLS 中的 R^2 可能为负。在 stata 中 ivregress 之后使用 estat 命令就可以进行后续相关的检验。

13.4　变量误差问题的 IV 解决方法

若经典的变量误差（CEV）假定成立，则有测量误差变量的系数估计量有向零偏误。在一些情况下，我们可以用 IV 方法来解决测量误差问题。

假设，认知结构丰富化程度越高，越有可能将知识型图书作为其惯用信息源。我们将 space7ysdf（获取有用信息的场所_课堂_原始得分）、intelligenceP（智识维度百分制得分）和 edulevel1（教育水平）作为认知结构丰富化程度的测量变量，但是其中 space7ysdf（获取有用信息的场所_课堂_原始得分）可能会存在测量误差，因为我们对于课堂的定义没有明确，什么是课堂，传统的教学课堂吗？还是网络课堂？生活、学习和工作中的小组讨论算课堂中的一部分吗？还是三者兼而有之？

选用如下模型来说明测量误差的问题：

$$\begin{aligned} \text{habitualzsy} = {} & \beta_0 + \beta_1 \text{认知结构丰富化程度} + \beta_2 \text{aage} + \beta_3 \text{i.reside} + \beta_4 \text{internetcell} \\ & + \beta_5 \text{time} + \beta_6 \text{averageinc} + \beta_7 \text{selfprotect} + \beta_8 \text{decision} \\ & + \beta_9 \text{increaseinc} + u \end{aligned}$$

上式中，$\text{space7ysdf} = \text{认知结构丰富化程度} + e_1$，于是模型可写为：

$$\begin{aligned} \text{habitualzsy} = {} & \beta_0 + \beta_1 \text{space7ysdf} + \beta_2 \text{aage} + \beta_3 \text{i.reside} + \beta_4 \text{internetcell} \\ & + \beta_5 \text{time} + \beta_6 \text{averageinc} + \beta_7 \text{selfprotect} + \beta_8 \text{decision} \\ & + \beta_9 \text{increaseinc} + \left(u - \beta_1 e_1\right) \end{aligned} \tag{13.4}$$

在式（13.4）中，假定 u 与认知结构丰富化程度、aage、i.reside、internetcell、time、averageinc、selfprotect、decision 和 increaseinc 不相关。在 CEV 的情况下，我们假定 e_1 与认知结构丰富化程度、aage、i.reside、internetcell、time、averageinc、selfprotect、decision 和 increaseinc 不相关。这就意味着控制变量是外生的，只是 space7ysdf 与 e_1 相关。可见，我们所需要的是 space7ysdf 的 IV。

一种可能就是获取认知结构丰富化程度的其他测量变量，即 intelligenceP（智识维度百分制得分）。虽然 intelligenceP（智识维度百分制得分）可能也存在测量误差的问题，但是只要这个测量误差和 space7ysdf 的测量误差不相关，即可确保工具变量的有效性。当然 space7ysdf（获取有用信息的场所_课堂_原始得分）并不是直接和 intelligenceP（智识维度百分制得分）相关，而是课堂作为获取有用信息的场所能丰富我们的认知结构，进而影响了 intelligenceP（智识维度百分制得分），因此我们可以用 intelligenceP（智识维度百分制得分）作为 space7ysdf（获取有用信息的场所_课堂_原始得分）的 IV。

另一种选择就是运用其他外生变量，例如 edulevel1（教育水平），只要 edulevel1（教育水平）和测量误差不相关，那么 IV 估计值便不会受测量误差的影响。

例 13.6 用 intelligenceP 和 edulevel1 作为 space7ysdf 的工具变量来测量认知结构丰富化程度

以陇西数据为例：

```
. ivregress 2sls habitualzsy aage i.reside internetcell time averageinc selfprotect decision increaseinc (space7ysdf= intelligenceP edulevel1)
Instrumental variables (2SLS) regression          Number of obs    =      402
                                                  Wald chi2(12)    =    29.54
                                                  Prob > chi2      =   0.0033
                                                  R-squared        =        .
                                                  Root MSE         =   10.767
------------------------------------------------------------------------------
 habitualzsy |     Coef.   Std. Err.      z    P>|z|     [95% Conf. Interval]
-------------+----------------------------------------------------------------
  space7ysdf |  3.810644   .7908742    4.82   0.000     2.26056    5.360729
        aage |  .0308057   .0578694    0.53   0.594   -.0826163    .1442277
      reside |
        乡镇 | -1.153116   2.228511   -0.52   0.605   -5.520917    3.214685
        县城 | -.2206748   1.770991   -0.12   0.901   -3.691754    3.250405
      地级市 |  9.152641   4.586975    2.00   0.046    .1623358    18.14295
        省城 |  4.948578   7.879869    0.63   0.530   -10.49568    20.39284
internetcell |  -.164474   .1482155   -1.11   0.267    -.454971     .126023
        time | -.0250481   .2506977   -0.10   0.920   -.5164065    .4663103
  averageinc | -9.29e-06   7.96e-06   -1.17   0.243   -.0000249    6.31e-06
 selfprotect | -.5307328   .5266353   -1.01   0.314   -1.562919    .5014535
    decision | -.0249346   .3892774   -0.06   0.949   -.7879043    .7380351
 increaseinc | -.2759559   .3903348   -0.71   0.480   -1.040998    .4890863
       _cons |   328.065   298.0678    1.10   0.271   -256.1372    912.2672
------------------------------------------------------------------------------
Instrumented: space7ysdf
Instruments: aage 2.reside 3.reside 4.reside 5.reside internetcell time
             averageinc selfprotect decision increaseinc intelligenceP
             edulevel1
. estat firststage
First-stage regression summary statistics
```

Variable	R-sq.	Adjusted R-sq.	Partial R-sq.	F(2, 388)	Prob > F
space7ysdf	0.0970	0.0667	0.0600	12.3745	0.0000

Minimum eigenvalue statistic = 12.3745

Critical Values # of endogenous regressors: 1

Ho: Instruments are weak # of excluded instruments: 2

	5%	10%	20%	30%
2SLS relative bias	(not available)			

	10%	15%	20%	25%
2SLS Size of nominal 5% Wald test	19.93	11.59	8.75	7.25
LIML Size of nominal 5% Wald test	8.68	5.33	4.42	3.92

这里的 2SLS 估计结果中方程显著且关键解释变量显著，而且选择的工具变量还不是弱工具变量。

13.5 内生性检验与过度识别约束检验

13.5.1 内生性检验（2SLS 是否能改善 OLS 的估计结果）

当解释变量外生时，2SLS 估计量的有效性不如 OLS，因为 2SLS 估计值会有非常大的标准误。因此，检验一个解释变量的内生性便很有必要。如果内生，就只能用 2SLS；如果外生，则使用 OLS。检验式（13.5）是否有内生性。

$$\begin{aligned}\text{habitualzsy} = &\beta_0 + \beta_1\text{space7ysdf} + \beta_2\text{aage} + \beta_3\text{i.reside} + \beta_4\text{internetcell}\\ &+ \beta_5\text{time} + \beta_6\text{averageinc} + \beta_7\text{selfprotect} + \beta_8\text{decision}\\ &+ \beta_9\text{increaseinc} + u\end{aligned} \tag{13.5}$$

第一种方法就是豪斯曼检验（假设同方差）。比较 OLS 和 2SLS 估计值是否有显著差异，有差异则说明有内生性，没有差异则说明没有内生性。

```
.qui:reg habitualzsy space7ysdf aage i.reside internetcell time averageinc
selfprotect decision increaseinc
. estimates store ols
.qui:ivregress 2sls habitualzsy aage i.reside internetcell time averageinc selfprotect
decision increaseinc (space7ysdf= intelligenceP edulevel1)
. estimates store iv
. hausman iv ols, constant sigmamore
Note: the rank of the differenced variance matrix (10) does not equal the number of
      coefficients being tested (13); be sure this is what you expect, or there may be
      problems computing the test. Examine the output of your estimators for
      anything unexpected and possibly consider scaling your variables so that the
      coefficients are on a similar scale.

                  ---- Coefficients ----
             |      (b)          (B)          (b-B)     sqrt(diag(V_b-V_B))
             |      iv           ols        Difference          S.E.
-------------+----------------------------------------------------------------
  space7ysdf |   3.810644     .4738403     3.336804          .3957735
        aage |   .0308057    -.0358292     .0666348          .0124354
      reside |
          2  |  -1.153116     2.016478    -3.169594          .4856711
          3  |  -.2206748     1.190185    -1.41086           .3319479
          4  |   9.152641     4.398933     4.753709          .5889137
          5  |   4.948578     4.787575     .1610026          .291814
internetcell |  -.164474     -.1349017    -.0295723          .0232246
        time |  -.0250481     .0788553    -.1039034          .0327396
  averageinc |  -9.29e-06    -3.73e-06    -5.56e-06          8.45e-07
selfprotect  |  -.5307328    -.103531     -.4272017          .0785555
    decision |  -.0249346     .2964213    -.3213559          .0594307
 increaseinc |  -.2759559     .1920406    -.4679965          .0686764
       _cons |   328.065      275.0618     53.00323          46.41469
------------------------------------------------------------------------------
b = consistent under Ho and Ha; obtained from ivregress
B = inconsistent under Ha, efficient under Ho; obtained from regress
Test: Ho: difference in coefficients not systematic
chi2(10) = (b-B)'[(V_b-V_B)^(-1)](b-B)= 81.70
                    Prob>chi2 = 0.0000
```

上例中，应用豪斯曼检验显示有显著差别，则应该用第二种方法，即 2SLS。

第二种检验方法是 Durbin-Wu-Hausman（DWH）检验（异方差稳健）。也就是：

$$\begin{aligned}\operatorname{cov}(\text{space7ysdf},u) &= \operatorname{cov}(\alpha_0+\alpha_1\text{aage}+\alpha_2\text{i.reside}+\alpha_3\text{internetcell}+\alpha_4\text{time}\\&\quad+\alpha_5\text{averageinc}+\alpha_6\text{selfprotect}+\alpha_7\text{decision}+\alpha_8\text{increaseinc}\\&\quad+\alpha_9\text{intelligenceP}+\alpha_{10}\text{edulevel1}+v,u)=\operatorname{cov}(v,u)=E(uv)\end{aligned}$$

如果 space7ysdf 外生，则 $\operatorname{cov}(\text{space7ysdf},u)=E(uv)=0$；如果 space7ysdf 内生，则 $\operatorname{cov}(\text{space7ysdf},u)=E(uv)\neq 0$。我们可以检验 u 和 v 是否相关来判断 space7ysdf 是否是内生变量。因此我们考虑如下模型：$u=\rho v+\varepsilon$，将该模型代入式（13.6）：

$$\begin{aligned}\text{habitualzsy} &= \beta_0+\beta_1\text{space7ysdf}+\beta_2\text{aage}+\beta_3\text{i.reside}+\beta_4\text{internetcell}\\&\quad+\beta_5\text{time}+\beta_6\text{averageinc}+\beta_7\text{selfprotect}+\beta_8\text{decision}\\&\quad+\beta_9\text{increaseinc}+\rho v+\varepsilon\end{aligned} \tag{13.6}$$

之后我们看 ρ 是否显著，显著说明 u 和 v 相关，则 space7ysdf 内生；反之，则外生。这里的 v 使用 2SLS 中第一步回归中对残差 v 的拟合值。以上就是 DWH 检验的介绍。

例 13.7 DWH 检验

```
.qui:ivregress 2sls habitualzsy aage i.reside internetcell time averageinc selfprotect decision increaseinc (space7ysdf= intelligenceP edulevel1)
. estat endogenous
Tests of endogeneity
Ho: variables are exogenous
Durbin (score) chi2(1) = 74.8513 (p = 0.0000)
Wu-Hausman F(1, 388) = 88.7741 (p = 0.0000)
```

综上，我们应该用 2SLS。

13.5.2 过度识别约束检验[①]

在工具变量大于内生变量的情况下，通过比较同一参数不同 IV 的估计值来检

① 在至少一个工具变量外生的情况下，检验所有工具变量是否外生。

验工具变量是否外生，原假设：所有的工具变量都是外生的。以下面的方程为例：

$$\begin{aligned} \text{habitualzsy} = &\ \beta_0 + \beta_1\text{space7ysdf} + \beta_2\text{aage} + \beta_3\text{i.reside} + \beta_4\text{internetcell} \\ &+ \beta_5\text{time} + \beta_6\text{i.jobsupport} + \beta_7\text{selfprotect} + \beta_8\text{decision} \\ &+ \beta_9\text{increaseinc} + u \end{aligned} \quad (13.7)$$

我们已经假设一个工具变量外生，如果同一参数不同 IV 的估计值没有显著差别，则说明其他 IV 是外生的；如果有显著差别，则说明有 IV 是内生的。我们用 q 来表示工具变量数目减去内生变量数目，如果 q 很大，那么比较几个不同的 IV 估计值就变得很困难，因此我们改为检验使用 2SLS 的残差与这些工具变量的 q 个线性方程是否相关，并且我们不需要确定具体的函数形式。

例 13.8　过度识别检验

以陇西数据为例：

. ivregress 2sls habitualzsy aage i.reside internetcell time i.jobsupport selfprotect decision increaseinc (space7ysdf= intelligenceP edulevel1)

Instrumental variables (2SLS) regression		
Number of obs	=	424
Wald chi2(16)	=	31.80
Prob > chi2	=	0.0106
R-squared	=	.
Root MSE	=	11.64

habitualzsy	Coef.	Std. Err.	z	P>|z|	[95% Conf.	Interval]
space7ysdf	4.346896	.9618249	4.52	0.000	2.461753	6.232038
aage	.0284969	.062741	0.45	0.650	−.0944731	.1514669
reside						
乡镇	−3.149896	2.408345	−1.31	0.191	−7.870166	1.570374
县城	−1.174506	1.815097	−0.65	0.518	−4.732031	2.383019
地级市	10.71806	5.029562	2.13	0.033	.8602955	20.57582
省城	−.8391538	5.507329	−0.15	0.879	−11.63332	9.955013
internetcell	−.1566649	.1551695	−1.01	0.313	−.4607915	.1474618
time	.0028382	.2475222	0.01	0.991	−.4822964	.4879728
jobsupport						
上网	.7445846	1.9401	0.38	0.701	−3.057941	4.54711

问家里人	3.40415	2.199702	1.55	0.122	−.907186	7.715486
问朋友或同事	−2.382096	1.869966	−1.27	0.203	−6.047161	1.28297
不解决	−3.465905	6.103481	−0.57	0.570	−12.42851	8.496699
自己解决	7.110036	6.528665	1.09	0.276	−5.685912	19.90598
selfprotect	−1.056932	.5672651	−1.86	0.062	−2.168752	.0548866
decision	−.1607373	.4168889	−0.39	0.700	−.9778245	.6563499
increaseinc	−.223915	.41251	−0.54	0.587	−1.03242	.5845897
_cons	314.0353	312.4135	1.01	0.315	−298.2839	926.3546

Instrumented: space7ysdf

Instruments: aage 2.reside 3.reside 4.reside 5.reside internetcell time
2.jobsupport 3.jobsupport 4.jobsupport 5.jobsupport
6.jobsupport selfprotect decision increaseinc intelligenceP
edulevel1

. estat overid

Tests of overidentifying restrictions:

Sargan (score) chi2(1) = 2.7122 (p = 0.0996)

Basmann chi2(1) = 2.61378 (p = 0.1059)

或者使用如下做法：如果有两个工具变量，一个内生变量，每一个 IV 都进行一次 2SLS，查看两次的区别有多大；如果工具变量数目远大于内生变量个数，运用所有 IV 的 2SLS 估计值与只用一个工具的 IV 估计值进行比较。通过上面的比较，我们就能够看出各个 IV 估计值是否确实不同，而无须考虑过度识别检验拒绝与否。

13.6 异方差条件下的 2SLS

若 2SLS 中有异方差的问题，那么我们再使用 2SLS 就不合适，会出现与 OLS 中异方差类似的问题，所以我们要使用广义矩估计（generalized method of moments，GMM）。我们以式（13.7）为例：

$$\begin{aligned}\text{habitualzsy} = {} & \beta_0 + \beta_1\text{space7ysdf} + \beta_2\text{aage} + \beta_3\text{i.reside} + \beta_4\text{internetcell} \\ & + \beta_5\text{time} + \beta_6\text{i.jobsupport} + \beta_7\text{selfprotect} + \beta_8\text{decision} \\ & + \beta_9\text{increaseinc} + u\end{aligned} \quad (13.7)$$

.qui: ivregress 2sls habitualzsy aage i.reside internetcell time i.jobsupport selfprotect decision increaseinc (space7ysdf= intelligenceP edulevel1)

. predict uhat, residual

(267 missing values generated)

生成 2SLS 中残差的拟合值，用残差拟合的平方对 IV 和所有的控制变量回归，其中方程的显著性就可以代表是否有异方差。如果显著，说明 IV 和所有的控制变量回归能联合解释残差的波动，残差并不是一个不变的常数，就是异方差。如果不显著，就是不能拒绝同方差的原假设。

. gen uhatsq=uhat*uhat

(267 missing values generated)

. reg uhatsq intelligenceP edulevel1 aage i.reside internetcell time i.jobsupport selfprotect decision increaseinc

看方程的显著性，若显著则拒绝同方差的原假设。

Source	SS	df	MS			
				Number of obs	=	424
				F（17，406）	=	1.63
Model	500994.704	17	29470.2767	Prob > F	=	0.0531
Residual	7325231.9	406	18042.4431	R-squared	=	0.0640
				Adj R-squared	=	0.0248
Total	7826226.6	423	18501.7177	Root MSE	=	134.32

uhatsq	Coef.	Std. Err.	t	P>|t|	[95% Conf.	Interval]
intelligenceP	1.192986	.4264381	2.80	0.005	.3546832	2.031288
edulevel1	−.2597792	2.390839	−0.11	0.914	−4.959749	4.440191
aage	−.7621623	.6821481	−1.12	0.265	−2.103145	.5788209
reside						
乡镇	17.80805	24.53314	0.73	0.468	−30.41978	66.03588
县城	37.5798	20.63319	1.82	0.069	−2.981423	78.14103
地级市	−52.86803	55.46253	−0.95	0.341	−161.8976	56.16156
省城	−48.77465	64.03921	−0.76	0.447	−174.6645	77.11518
internetcell	.2938019	1.81153	0.16	0.871	−3.267347	3.854951
time	.4991213	2.856997	0.17	0.861	−5.117232	6.115474

```
     jobsupport |
           上网 |  -32.86835   22.09902   -1.49  0.138   -76.31115   10.57444
       问家里人 |  -37.84135    23.6191   -1.60  0.110   -84.27235    8.58964
   问朋友或同事 |  -11.97703   21.60653   -0.55  0.580   -54.45167   30.49761
         不解决 |  -25.88791   70.50018   -0.37  0.714   -164.4789    112.703
       自己解决 |  -133.3759   69.74186   -1.91  0.057   -270.4762   3.724284
    selfprotect |  -2.275737   5.990956   -0.38  0.704    -14.0529   9.501429
       decision |  -.2635276    4.75608   -0.06  0.956   -9.613144   9.086089
    increaseinc |   6.647421   4.678519    1.42  0.156   -2.549725   12.84457
          _cons |  -485.3798   3650.453   -0.13  0.894   -7661.529    6690.77
------------------------------------------------------------------------------
```

上面的 *P* 值略微大于 0.05，因此建议报告 GMM 和 2SLS 两种结果。

```
. ivregress gmm habitualzsy aage i.reside internetcell time i.jobsupport selfprotect
decision i.i ncreaseinc (space7ysdf= intelligenceP edulevel1)

Instrumental variables (GMM) regression          Number of obs    =        424
                                                 Wald chi2(16)    =      46.04
                                                 Prob > chi2      =     0.0001
                                                 R-squared        =          .
GMM weight matrix: Robust                        Root MSE         =     11.394
------------------------------------------------------------------------------
                |               Robust
    habitualzsy |      Coef.   Std. Err.      z    P>|z|     [95% Conf. Interval]
----------------+-------------------------------------------------------------
     space7ysdf |   4.242022   .9004669    4.71  0.000    2.477139   6.006904
           aage |   .0234278   .0570673    0.41  0.681    -.088422   .1352777
         reside |
           乡镇 |  -3.166811   2.200669   -1.44  0.150   -7.480043   1.146421
           县城 |  -1.162936   1.626782   -0.71  0.475   -4.351371   2.025499
         地级市 |   10.45239   3.776558    2.77  0.006    3.050468    17.8543
           省城 |  -.6395098   4.121961   -0.16  0.877   -8.718406   7.439386
                |
   internetcell |  -.1588441    .144695   -1.10  0.272   -.4424411   .1247529
           time |    .001827   .2435125    0.01  0.994   -.4754487   .4791027
     jobsupport |
           上网 |   .7390588   1.947881    0.38  0.704   -3.078718   4.556835
```

问家里人	3.327347	2.187868	1.52	0.128	−.9607944	7.615489
问朋友或同事	−2.458852	1.901797	−1.29	0.196	−6.186304	1.268601
不解决	−3.32261	5.420092	−0.61	0.540	−13.94579	7.300575
自己解决	6.816998	2.94212	2.32	0.021	1.050549	12.58345
selfprotect	−1.014547	.5106622	−1.99	0.047	−2.015426	−.0136672
decision	−.2089266	.3820224	−0.55	0.584	−.9576768	.5398236
increaseinc	−.2112274	.3918944	−0.54	0.590	−.9793263	.5568715
_cons	318.8041	291.2403	1.09	0.274	−252.0165	889.6247

Instrumented: space7ysdf

Instruments: aage 2.reside 3.reside 4.reside 5.reside internetcell time 2.jobsupport 3.jobsupport 4.jobsupport 5.jobsupport 6.jobsupport selfprotect decision increaseinc intelligenceP edulevel1

习　题

简答题：

1. 简单回归中的遗漏变量问题如何解决？
2. 如何检测弱工具变量？给出一个具体的方法，并解释其原理。
3. 当有多个内生解释变量时，工具变量的数量应该满足什么条件？
4. 请解释豪斯曼检验和 Durbin-Wu-Hausman（DWH）检验的原理，以及它们在检验内生性方面的作用。
5. 根据例 13.8 进行过度识别约束检验。根据检验结果，是否可以确定所有工具变量都是外生的？
6. 解释为什么在 2SLS 中存在异方差问题时，使用普通的 2SLS 估计方法可能不合适？
7. 什么是广义矩估计（GMM）？它与普通最小二乘法的区别是什么？

第 14 章　信息贫困研究中的联立方程

上一章说明了如何使用工具变量解决信息贫困研究中的两种内生性问题：遗漏变量问题和测量误差问题。从概念上讲，这些问题很容易懂。针对遗漏变量的情形，在估计一个或多个能观测到的解释变量在其他条件不变情况下的影响效应时，我们想要保持一个（或不止一个）变量固定不变。针对有测量误差的情形，我们想估计某些指定的解释变量对 y 的影响，但错误地度量了一个或多个变量。在这两种情形中，如果能够收集到更好的数据，则都能够应用 OLS 法得到感兴趣的系数估计值。

解释变量另一种重要的内生性形式是联立性。当一个或多个解释变量与因变量被联合确定时，联立性问题就会出现，尤其是通过一种平衡机制来确定因变量的情况（具体情况后文可以看到）。在本章中，我们会学习估计简单联立方程模型的方法。尽管对 SEM 系统的处理方法超出了本书的范围，但本章的论述，基本能够覆盖那些广泛使用的模型。

估计联立方程模型的最主要方法就是工具变量法。因此，联立性问题的解决方法基本上与遗漏变量问题和测量误差问题的解决方法是一致的，但设计和解释 SEM 则是富有挑战性的。

14.1　联立方程模型（SEM）的性质

使用联立方程模型时，最重要的一点是，记住方程组中的每个方程都要有其他条件不变的因果性解释。因为只能观察到均衡结果，所以要求在构造联立方程模型中的各个方程时，要运用反事实思维。也就是说，必须从潜在和实际的结果两方面考虑。

SEM 的经典例子是某个商品或生产要素（如劳动）的供给和需求方程。为简洁起见，令 h_s 表示农业工人提供的年劳动小时数（在县一级水平上度量），而令 w 表示向这类工人提供的平均小时工资。一个简单的劳动供给方程就是：

$$h_s = \alpha_1 \mathrm{w} + \beta_1 z_1 + u_1 \tag{14.1}$$

其中，z_1 为某个可以影响劳动供给的可观测变量——如本县制造业的平均工资。误差项 u_1 则包括了其他能够影响劳动供给的因素。这些因素中的许多都可以观测到，并可以放到式（14.1）中。为了说明基本概念，我们只包含了这种因素中的一个，即 z_1。式（14.1）是结构方程的一个例子。这么叫是因为劳动供给函数可以从经济理论推导出来并能够进行因果解释。系数 α_1 度量了劳动供给如何随工资的变化而变化：如果 h_s 和 w 都是对数形式，则 α_1 表示劳动供给弹性。典型情况下，预期 α_1 为正（尽管经济理论并不排除 $\alpha_1 \leqslant 0$）。劳动供给弹性在决定工人愿意工作的小时数随工资收入的税率的变动而改变时是非常重要的。如果 z_1 是制造业工资，预期 $\beta_1 \leqslant 0$，其他因素不变时，如果制造业工资提高，则会有更多的工人进入制造业，而不是农业。

当画劳动供给曲线时，我们把小时数勾勒成工资的函数，并保持 z_1 和 u_1 不变。z_1 的改变会移动劳动供给曲线，u_1 的改变也一样。区别在于，z_1 可被观测到，而 u_1 不能。有时，z_1 被称为可观测的供给移动因子，而 u_1 被称为不可观测的供给移动因子。

式（14.1）与前面研究过的方程有什么不同呢？区别很微妙。尽管式（14.1）对于所有可能的工资水平都应该成立，但是我们也不能普遍认为工资变量在不同县城的变化是完全外生性的。如果我们能进行一个实验，得到一个具有不同农业和制造业工资水平的县城样本，我们就可以调查工人，得到每个县城的劳动力供给 h_s，然后就可以应用 OLS 法进行估计了。不幸的是，这不是一个可操作的实验。取而代之的是，我们必须收集农业和制造业两个部门的平均工资水平，以及有多少个人时间被用于农业生产这些数据。在决定如何分析这些数据时，必须明白它们最好用劳动力供给与需求的相互作用进行描述。在假定劳动市场出清的条件下，实际上观测到的是均衡的工资水平和工作小时数。

为了描述均衡工资与均衡小时数是怎样确定的，需要引入劳动力需求函数，假设劳动需求由下式给出：

$$h_d = \alpha_2 w + \beta_2 z_2 + u_2 \tag{14.2}$$

其中，h_d 表示需要的小时数。和供给函数一样，我们保持 z_2 和 u_2 不变，在图上将需求的小时数作为工资的一个函数画出来。变量 z_2（比方说农地面积）是可观测的需求移动因子，而 u_2 是不可观测的需求移动因子。

恰如劳动供给方程一样，劳动需求方程也是一个结构方程：它可以通过最大化农民的利润来得到。如果 h_d 和 w 都是对数形式，则 α_2 就是劳动需求弹性。经济理论告诉我们，$\alpha_2 < 0$。因为在生产中劳动和土地是互补品，所以我们预期 $\beta_2 > 0$。

注意到式（14.1）和式（14.2）描述了完全不同的关系。劳动力供给是工人们的一个行为方程，而劳动力需求则是农民的一个行为方程。每个方程都要有一个其他条件不变的解释并且是独立的。它们在经济分析中的联系只是由于观测到工资水平和工作小时数是由供给和需求曲线的交点决定的。换句话说，对于每个县 i，所观测到的小时数 h_i 和所观测到的工资水平 w，由下式的均衡条件决定：

$$h_{is} = h_{id} \tag{14.3}$$

因为我们只观测到每个县 i 的均衡小时数，所以我们用 h_i 表示所观测到的小时数。将式（14.3）中的均衡条件与劳动和需求方程合并，就得到：

$$h_i = \alpha_1 w_i + \beta_1 z_{i1} + u_{i1} \tag{14.4}$$

和

$$h_i = \alpha_2 w_i + \beta_2 z_{i2} + u_{i2} \tag{14.5}$$

其中我们明确地包括下标 i，以强调 h_i 和 w_i 都表示各个县的均衡观测值。这两个方程就构成了一个联立方程模型（SEM），它有几个重要特征。首先，给定 z_{i1}、z_{i2}、u_{i1} 和 u_{i2}，这两个方程就决定了 h_i 和 w_i。（实际上，必须假定 $\alpha_1 \neq \alpha_2$，即供给函数和需求函数的斜率不同。）出于这个原因，h_i 和 w_i 是这个 SEM 中的内生变量。z_{i1} 和 z_{i2} 怎么样呢？由于它们在模型外决定，我们把它们看成外生变量。从统计观点来看，关于 z_{i1} 和 z_{i2} 的关键假定是，它们都与供给和需求误差（分别是 u_{i1} 和 u_{i2}）无关。由于这些误差出现在结构方程中，它们是结构误差的例子。其次，如果模型中不包括 z_1 和 z_2，就无法分辨哪个是供给方程，哪个是需求方程。当 z_1 表示制造业工资时，经济逻辑告诉我们，它是农业劳动力供给中的一个因素，因为它度量了从事农业工作的机会成本；当 z_2 表示农地面积时，生产理论告诉我们，它应出现在劳动力需求函数中。因此，我们知道式（14.4）代表劳动供给，而式（14.5）代表劳动需求。如果 z_1 和 z_2 相同——例如本县成人平均受教育程度，它能够同时影响供给和需求——那么这两个方程看起来一样，也就没有指望知道估计的是哪一个方程。概言之，这说明了联立方程模型中的识别问题，我们将在第三节进行更一般性的讨论。

SEM 最令人信服的例子都与劳动供给和需求这个例子具有相同的特点。每个方程都应该具有独立的、其他条件不变的行为解释。由于我们只能观测到均衡结果，在具体说明一个 SEM 时，我们就要问这样一些违反事实的问题：如果工资不同于其均衡值，则工人将提供多少劳动？例 14.1 给出了对 SEM 的另一种解释，其中每个方程都具有其他条件不变的解释。

之前我们讨论的模型都是单一出现的、单向的，模型中的变量之间也并没有内在关系。然而在经济理论中，常常存在着一组相互联系的方程，其中一个方程的解释变量是另一个方程的被解释变量，这就是联立方程模型。

例如在宏观经济体系中：

$$\begin{cases} C_t = \alpha_0 + \alpha_1 Y_t + \mu_{1t} \\ I_t = \beta_0 + \beta_1 Y_t + \beta_2 Y_{t-1} + \mu_{2t} \\ Y_t = C_t + I_t + G_t \end{cases}$$

单一的方程只能描述单一的因果关系，对于 $C_t = \alpha_0 + \alpha_1 Y_t + \mu_{1t}$ 来说，C_t 为被解释变量，Y_t 为解释变量。而在联立方程模型中，多个方程的组合不再只有一种因果关系，一个方程中的解释变量或许就是另一个方程中的被解释变量，因此不再用解释变量和被解释变量来划分变量，而将变量分为内生变量和外生变量。因此，在联立方程模型中用 OLS 去进行估计所得到的结果就是有偏的。

➢　内生变量

（1）由模型系统决定，同时对模型系统产生影响，一般都是经济变量。

（2）一般情况下，与随机项相关。

（3）在方程左侧。

➢　先决变量（前定变量，包括外生变量和滞后变量）

（1）外生变量是系统外部产生，滞后变量是以前期已经决定的变量。

（2）与随机项无关。

（3）只能作为解释变量。

“知识沟”假说认为，一个人的社会经济地位越高，其获得的信息就会越富裕。以和政数据为例，设定以下模型：

$$\text{assetP}=\alpha_1\,\text{incomeY}+\beta_{10}+\beta_{11}\,\text{edulevel}+u_1 \qquad (14.6)$$

其中，assetP 表示信息资产百分制得分，incomeY 表示收入，edulevel 表示受教育水平。事实上，在模型中还应该考虑控制性别、年龄等因素，为方便理解此处就省略了。

我们希望回答的问题是：如果外生性的提高 incomeY，这会不会影响 assetP？如果我们可以外生性的去提高 incomeY，那么我们就可以用 OLS 去进行估计，但实际上我们是没法外生性地去提高 incomeY 这个变量的，于是我们阐述第二个关系：

$$\text{incomeY}=\alpha_2\,\text{assetP}+\beta_{20}+\text{其他因素} \qquad (14.7)$$

在这个方程中，我们预计 α_2 >0。也就是说，在其他条件不变的情况下，一个人的信息资产得分越高，其收入就会越高。当我们确定了这里其他因素的具体变量后，式（14.6）和式（14.7）就是一个联立方程模型。事实上我们关心的是式（14.6）的关系，但为了得到无偏估计，我们需要精确地知道第二个方程式是如何设定的。

这里再举一个不能用 SEM 的例子。“知识沟”假说认为，一个人的社会经济地位越高，其获得的信息就会越富裕。以和政数据为例，设定以下两个方程式：

$$\text{assetP}=\alpha_1\,\text{incomeY}+\beta_{10}+\beta_{11}\,\text{edulevel}+\beta_{12}\,\text{aage}+\beta_{13}\,\text{time}+u_1 \tag{14.8}$$

$$\text{incomeY}=\alpha_2\,\text{assetP}+\beta_{20}+\beta_{21}\,\text{edulevel}+\beta_{22}\,\text{aage}+\beta_{23}\,\text{time}+u_2 \tag{14.9}$$

其中，assetP 表示信息资产百分制得分，incomeY 表示收入，edulevel 表示受教育水平，aage 表示受访者的年龄，time 表示受访者每天用于获取信息的时间。

这个例子，理论上看起来是合理的，但无法估计出参数，除非 edulevel, aage, time 在一个方程中出现而在另一个方程不出现，否则这两个方程无法区分。

问题在于，这两个内生变量是由同一个单位选择的，因此他们都无法独自成立。一定要注意的是：仅仅因为两个变量被同时决定并不意味着一个联立方程模型是适用的。为了使一个 SEM 有意义，SEM 中的每个方程都应该具有其他条件不变的独立于另一个方程的解释。以陇西数据为例。

例 14.1

解释这个问题可以使用横截面的数据来解释，该例子来自假设：高结构化专业性资源使用能力越强，越有可能将知识型图书作为其惯用信息源。

我们提出模型：

$$\text{habitualzsy}=\alpha_1\,\text{asset73ysdf}+\beta_{10}+\beta_{11}\,\text{dynamicP}+u_1 \tag{14.10}$$

其中，habitualzsy 表示将知识型图书作为其惯用信息源的能力，asset73ysdf 表示信息资产-专业数据库的使用情况，dynamicP 表示个体在动力维度的得分情况。实践中，我们还将包括其他变量，诸如年龄、性别、受教育年限等。为了简化和便于理解，我们只考虑式（14.10）。

我们希望回答的问题是：如果外生性地提高个体的 asset73ysdf 能力，这会影响 habitualzsy 吗？如果我们能外生性地提高 asset73ysdf 能力，那我们就可以用 OLS 去估计式（14.10）。当然不行，我们能不管怎样就认为 asset73ysdf 这个变量是外生性的吗？大概不行。

为了反映这一点，我们阐述第二个关系：

$$\text{asset73ysdf}=\alpha_2\ \text{habitualzsy}+\beta_{20}+\text{其他因素} \quad (14.11)$$

我们预期 $\alpha_2>0$，在其他因素不变的情况下，将知识型图书作为其惯用信息源的能力越高的人，那么他的信息资产-专业数据库的使用情况的得分就越高。一旦我们确定了式（14.11）中的其他因素，就得到了一个两方程的联立方程模型。我们实际上只关心式（14.10），但正如在第三节看到的那样，为了估计第一个方程，我们需要精确地知道第二个方程是如何设定的。

两个方程描述了两种不同的现象，这就是每个方程明显的其他条件不变的解释，故而式（14.10）和式（14.11）成为一个适当的联立方程模型。

我们接着给出一个不适合使用 SEM 的例子。

例 14.2

该例子来自假设：信息需求越强，越有可能将知识型图书作为其惯用信息源。

假定由如下两个式子联合决定：

$$\text{habitualzsy}=\alpha_1\ \text{horizon1\_29}+\beta_{10}+\beta_{11}\ \text{dynamicP}+\beta_{12}\ \text{aage}+\beta_{13}\ \text{time}+u_1 \quad (14.12)$$

$$\text{horizon1\_29}=\alpha_1\ \text{habitualzsy}+\beta_{20}+\beta_{21}\ \text{dynamicP}+\beta_{22}\ \text{aage}+\beta_{23}\ \text{time}+u_2 \quad (14.13)$$

其中，habitualzsy 表示将知识型图书作为其惯用信息源的能力，horizon1_29 表示报纸是否是最重要信息源，dynamicP 是动力维度的得分，aage 表示受访者的年龄，time 表示受访者每天用于获取信息的时间。

虽然我们在理论上行得通（上面两个方程组合的 SEM），但是却不能估计其参数，第三节会进一步讨论）。除非我们假定 dynamicP，aage，time 在一个方程中出现而在另一个方程中不出现，否则这两个方程无法区分。

上面这个例题有过度应用 SEM 的明显特征。这里的问题在于这两个内生变量是由同一个单位选择的。因此，没有一个方程能独自成立。另一个不正确使用 SEM 的例子是，模型化每周学习小时数和每周工作小时数。每个学生都同时选择这些变量：可能是工作所挣工资、学生的学习能力、对大学的积极性等变量的函数。正如例 14.2 所示，当学习和工作小时数分别是对方的函数时，设定两个方程是不合理的。这里的重要教训是：仅仅因为两个变量被同时决定并不意味着一个联立方程模型是适用的。为了使一个 SEM 有意义，SEM 中的每个方程都应该具有其他条件不变的独立于另一个方程的解释。如同我们之前讨论的，供给和需求的例子及例 14.1 中的例子都具有这个特征。通常，基本的经济推理，以及有些情况下由一些简单的经济模型所支持的推理，可以帮助我们明智地使用 SEM（包括知道什么时候不用 SEM）。

14.2 OLS 中的联立性偏误

可以发现，当一个解释变量与因变量联立决定时，它通常与误差项相关，这就导致 OLS 估计中存在偏误和不一致性。考虑两个方程的结构模型：

$$y_1 = \alpha_1 y_2 + \beta_1 z_1 + u_1 \tag{14.14}$$

$$y_2 = \alpha_2 y_1 + \beta_2 z_2 + u_2 \tag{14.15}$$

并专注估计第一个方程。变量 z_1 和 z_2 都是外生的，所以每个都与 u_1 和 u_2 无关。为简单起见，我们将每个方程的截距项都去掉了。为了证明 y_2 通常都与 u_1 相关，求解这两个方程，用外生变量和误差项表示 y_2。如果将式（14.14）的右边作为 y_1 代入式（14.15）中，则得到：

$$y_2 = \alpha_2 (\alpha_1 y_2 + \beta_1 z_1 + u_1) + \beta_2 z_2 + u_2$$

或

$$(1-\alpha_2\alpha_1) y_2 = \alpha_2\beta_1 z_1 + \beta_2 z_2 + \alpha_2 u_1 + u_2 \tag{14.16}$$

现在，为了解出 y_2，必须对参数做一个假定：

$$\alpha_2\alpha_1 \neq 1 \tag{14.17}$$

这个假定是否具有约束力取决于具体情况。在式（14.17）中，我们认为 $\alpha_1 \leqslant 0$ 和 $\alpha_2 \geqslant 0$，这就意味着 $\alpha_2\alpha_1 \leqslant 0$；因此，式（14.16）对式（14.17）而言很合理。假定式（14.16）中的条件成立，则我们可以将式（14.16）除以（$1-\alpha_2\alpha_1$）而将 y_2 写成

$$y_2 = \pi_{21} z_1 + \pi_{22} z_2 + v_2 \tag{14.18}$$

其中，$\pi_{21} = \alpha_2 \beta_1/(1-\alpha_2\alpha_1)$，$\pi_{22} = \beta_2/(1-\alpha_2\alpha_1)$和 $v_2 = (\alpha_2 u_1 + u_2)/(1-\alpha_2\alpha_1)$。用外生变量和误差项表示 y_2 的式（14.18）是 y_2 的约简型方程，我们在前面章节介绍工具变量估计法时介绍过这个概念。参数 π_{21} 和 π_{22} 被称为约简型参数（reduced form parameters）；注意它们是结构方程（14.14）和（14.15）中出现的结构型参

数的非线性函数。约简型误差 v_2 是结构型误差 u_1 和 u_2 的线性函数。因为 u_1 和 u_2 都与 z_1 和 z_2 无关，所以 v_2 也与 z_1 和 z_2 无关。因此，可以应用 OLS 一致地估计 π_{21} 和 π_{22}，我们在两阶段最小二乘估计中有相同的过程（下一节将回过头来讨论）。此外，约简型参数有时也有直接意义，尽管我们这里只关心对式（14.14）的估计。在假定式（14.17）下，y_1 的约简型也存在。

我们可以用式（14.18）证明，除非在特殊的假定之下，否则对式（14.14）的 OLS 估计，将导致式（14.14）中 α_1 和 β_1 的估计量有偏误且不一致。因为根据假定，z_1 和 u_1 不相关，所以问题是，y_2 和 u_1 是否也不相关？我们从式（14.18）中的约简型可以看出来，y_2 和 u_1 相关等价于 v_2 和 u_1 相关（因为假定 z_1 和 z_2 外生）。但 v_2 是 u_1 和 u_2 的一个线性函数，因此它一般都与 v_2 相关。事实上，如果我们假定 u_1 和 u_2 不相关，那么只要 $\alpha_2 \neq 0$，v_2 和 u_1 就一定相关。即便 α_2=0[这意味着式（14.15）中没有出现 y_1]，如果 u_1 和 u_2 相关，那么 v_2 和 u_1 也将相关。

当 α_2=0 且 u_1 和 u_2 不相关时，y_2 和 u_1 也不相关。这是相当强的要求：如果 α_2=0，则 y_2 和 y_1 就不是联合决定的。如果我们增加 u_1 和 u_2 零相关的假设，就排除了 u_1 中与 y_2 相关的遗漏变量和测量误差。在这种情况下，能用 OLS 估计式（14.14）也就无足为奇了。

当 y_2 与 u_1 因联立而相关时，就说 OLS 存在联立性偏误。正如前面在对遗漏变量偏误的讨论中看到的那样，要得到系数的偏误方向，一般来说都很复杂。但在一些简单的模型中，偏误的方向可以决定。

14.3　结构方程的识别和估计

如在上一节所见，在联立方程组中应用 OLS 法估计其中一个结构方程，是有偏误和不一致的。在前面章节中我们学习了应用两阶段最小二乘法来解决内生性解释变量的问题。现在来说明怎样在 SEM 中应用 2SLS 法。这里 2SLS 的运作过程与前面章节中相似。区别在于，因为我们对每个内生变量都设定了一个结构方程，所以立即能看出是否有足够的 IV 去估计每个方程。我们首先从讨论识别问题开始。

14.3.1　两方程联立模型的识别

当使用 OLS 估计一个模型时，关键的识别条件是每个解释变量都与误差项无关。如在下一节证明的那样，这个重要的条件对 SEM 而言一般不再成立。但如果有一些工具变量，则仍能识别（或一致地估计）一个 SEM 方程中的参数，就像存在遗漏变量或测量误差的情况一样。

在考虑一个一般性的两方程 SEM 之前，先看一个简单的供给和需求的例子。例如，把这个系统的均衡形式（即施加条件 $q_s = q_d = q$）写成：

$$q = \alpha_1 p + \beta_1 z_1 + u_1 \tag{14.19}$$

和

$$q = \alpha_2 p + u_2 \tag{14.20}$$

为简明起见，令 q 表示在县级水平的人均牛奶消费量；令 p 表示该县每加仑牛奶的平均价格；而令 z_1 表示牛饲料的价格，并假定它外生于牛奶的供给与需求。这意味着，式（14.19）必须是供给方程，因为牛饲料的价格会改变供给（$\beta_1<0$）但不改变需求。而需求方程则没有包含可观测的需求移动因子。给定（q，p，z）的一个随机样本，能估计这些方程中的哪一个呢？即，哪个是可识别方程呢？结论是需求方程（14.20）可识别，而供给方程则不能。通过使用上一章进行 IV 估计的规则，很容易看出这一点：可以用 z_1 作为式（14.20）中价格的一个 IV。但由于 z_1 出现在方程（14.19）中，我们没有供给方程中价格的 IV。

直觉上讲，需求方程之所以能被识别，是因为有可观测变量 z_1，它使供给方程移动却又不影响需求方程。对给定的 z_1 的波动，并假定没有误差，可以像图 14-1 所示那样画出需求曲线。如果存在不可观测的需求移动因子 u_2，则使估计的需求方程含有误差，但只要 z_1 与 u_2 无关，这些估计量就都是一致的。

因为没有外生可观测的因素导致需求曲线移动，所以画不出供给方程。有些观测不到的因素导致需求曲线移动也没有什么用；我们需要可观测的因素。如果像式（14.20）中的劳动需求方程那样，我们有一个可观测的外生需求移动因子——比如牛奶需求方程中的收入——那么供给方程也将是可识别的。

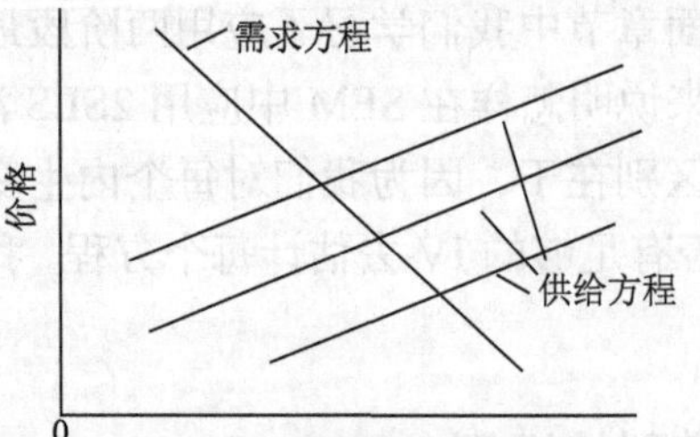

图 14-1　移动供给方程来勾画出需求方程式

总之，在由式（14.19）和式（14.20）构成的系统中，正是因为供给方程中一个外生变量的出现，才使我们能估计需求方程。将识别问题的讨论推广到一般的两方程模型并不困难。我们把这两个方程写为：

$$y_1=\beta_{10}+\alpha_1 y_2+\beta_1 z_1+u_1 \tag{14.21}$$

$$y_2=\beta_{20}+\alpha_2 y_1+\beta_2 z_2+u_2 \tag{14.22}$$

其中，y_1 和 y_2 是内生变量，而 u_1 和 u_2 是结构误差项。第一个方程中的截距是 β_{10}，而第二个方程中的截距是 β_{20}。变量 z_1 表示出现在第一个方程中的 k 个外生变量的集合：$z_1=(z_{11},\ z_{12},\ \cdots,\ z_{1k1})$。类似地，变量 z_2 表示出现在第二个方程中的 k 个外生变量的集合：$z_2=(z_{21},\ z_{22},\ \cdots,\ z_{2k2})$。在许多情况下，$z_1$ 和 z_2 有重叠部分。作为一个简略形式，我们用符号：

$$z_1\beta_1=z_{11}\beta_{11}+z_{12}\beta_{12}+\cdots+z_{1k1}\beta_{1k1}$$

和

$$z_2\beta_2=z_{21}\beta_{21}+z_{22}\beta_{22}+\cdots+z_{2k1}\beta_{2k1}$$

即 $z_1\beta_1$ 表示第一个方程中的所有外生变量分别乘上一个系数，$z_2\ \beta_2$ 类似。

z_1 和 z_2 一般都包含着不同外生变量的事实，意味着对模型施加了排除性约束。换句话说，假定某些外生变量不会出现在第一个方程中，而另有一些不会出现在第二个方程中。如在前面供给和需求的例子中看到的那样，这就使得我们能够区分这两个结构方程。

什么时候能解式（14.21）和式（14.22）得到 y_1 和 y_2（作为所有外生变量与结构误差 u_1 和 u_2 的线性函数）呢？条件与式（14.17）中的一样，即 $\alpha_1\ \alpha_2\neq 1$。证明过程与下一节中的简单模型完全相同。在这个假定下，y_1 和 y_2 的约简型存在。

关键问题是：在什么条件下，能够估计式（14.21）中的参数？这是一个识别的问题。识别式（14.21）的秩条件很容易表述。

识别一个结构方程的秩条件：识别（两方程）联立方程模型中第一个方程的充要条件是，第二个方程中至少包含一个并不出现在第一个方程中的外生解释变量（该变量具有非零系数）。

这是识别式（14.21）的充分必要条件。我们在第 15 章讨论的阶条件是秩条件所必需的。识别第一个方程的阶条件是说，这个方程至少要排除一个外生变量。一旦两个方程都设定之后，检验阶条件就很简单。秩条件的要求则多一些：外生性变量中至少有一个是被第一个方程排除在外的，且在第二个方程中具有非零的总体系数。这就保证了至少有一个外生变量被第一个方程略去，且确实出现在 y_2 的约简型中，所以我们可以用这些变量作为 y_2 的工具变量。第二个方程的识别自然与第一个方程的识别如出一辙。同时，如果我们将方程写成劳动供给与需求的例子那样（即 y_1 出现在两个方程的左边，y_2 出现在两个方程的右边），则识别条件是一样的。如同在上一章一样，我们可用一个 t 或 F 检验来检验这一点。以陇西数据为例。

例 14.3

例子来自假设：高结构化专业性资源使用能力越强，越有可能将知识型图书作为其惯用信息源（加上均衡条件）。结构方程为：假设我们提出的控制变量全为外生变量，即 dynamicP，aage，internetcell1，time，decision，averageinc 全是外生变量。

$$\begin{aligned}\text{habitualzsy} = {} & \alpha_1\text{asset73ysdf} + \beta_{10} + \beta_{11}\text{dynamicP} + \beta_{12}\text{aage} \\ & + \beta_{13}\text{internetcell1} + \beta_{14}\text{time} + u_1\end{aligned} \tag{14.23}$$

$$\begin{aligned}\text{asset73ysdf} = {} & \alpha_2\text{habitualzsy} + \beta_{20} + \beta_{21}\text{dynamicP} + \beta_{22}\text{decision} \\ & + \beta_{23}\text{averageinc} + u_2\end{aligned} \tag{14.24}$$

变量 asset73ysdf 表示信息资产-专业数据库的得分情况，dynamicP 表示动力维度得分情况, aage 表示受访者的年龄, internetcell1 表示用手机上网多少年, time 表示每天获取信息的时间, decision 表示做决策前是否先上网查询(李克特五点), averageinc 表示近几年的平均年收入。我们假定除了 habitualzsy 和 asset73ysdf 之外所有的变量都是外生变量。

第一个方程没有 decision 和 averageinc 两个变量，满足阶条件。排除性约束是关键的假定: 我们假定，一旦控制了 asset73ysdf, dynamicP, aage, internetcell1，time，decision 和 averageinc 这两个变量对 habitualzsy 就是没有影响的。

给定式（14.23）和式（14.24），识别第一个方程的秩条件是，式（14.24）中的 decision 和 averageinc 这两个变量至少有一个具有非零系数。若 $\beta_{22}=0$ 且 $\beta_{23}=0$，则第二个方程就没有任何被第一个方程排除在外的外生变量（dynamicP 在两个方程均出现）。我们可以得到 asset73ysdf 的约简型：

$$\begin{aligned}\text{asset73ysdf} = {} & \pi_{20} + \pi_{21}\text{dynamicP} + \pi_{22}\text{aage} + \pi_{23}\text{internetcell1} + \pi_{24}\text{time} \\ & + \pi_{25}\text{decision} + \pi_{26}\text{averageinc} + v_2\end{aligned} \tag{14.25}$$

等价地表述识别式（14.23）的秩条件。为了识别，我们需要 $\pi_{25}\neq 0$ 或者 $\pi_{26}\neq 0$。如在上一章讨论的那样，我们可以利用一个标准的 F 统计量来检验它。

同理，识别式（14.24）的条件是，式（14.23）中的 aage，internetcell1，time 至少有一个具有非零系数。

以和政数据为例。

对于信息主体而言，一个人搜索信息的手段得分（meansT）越高，其浏览资源花费的时间（habitualP）就会越长。并且假设 dynamicP 、aage、edulevel、spaceP、intelligenceP 都是外生变量。

$$\text{habitualP}=\alpha_1\,\text{meansT}+\beta_{10}+\beta_{11}\text{dynamicP}+\beta_{12}\,\text{aage}+\beta_{13}\,\text{edulevel}+u_1 \quad (14.26)$$

$$\begin{aligned}\text{meansT} &= \alpha_2\text{habitualP}+\beta_{20}+\beta_{21}\text{dynamicP}+\beta_{22}\text{spaceP}\\ &\quad+\beta_{23}\text{intelligenceP}+u_2\end{aligned} \quad (14.27)$$

其中，habitualP 表示浏览资源花费的时间，meansT 表示搜索信息手段的得分，dynamicP 表示休闲放松获取信息的时长，aage 表示受访者的年龄，spaceP 表示空间百分比得分，intelligenceP 表示智识百分比得分。

第一个方程中没有 spaceP 和 intelligenceP，满足阶条件。我们假定：一旦控制了 meansT、dynamicP 、aage、edulevel，spaceP 和 intelligenceP 这两个变量对 habitualP 就是没有影响的。

识别第一个方程的秩条件是，式（14.27）中的 spaceP 和 intelligenceP 这两个变量至少有一个是非零的系数。若 β_{22}=0 且 β_{23}=0，则第二个方程就没有任何被第一个方程排除在外的外生变量（dynamicP 在两个方程均出现），可以得到 meansT 的约简型：

$$\begin{aligned}\text{meansT} &= \pi_{20}+\pi_{21}\text{dynamicP}+\pi_{22}\text{aage}+\pi_{23}\text{edulevel}+\pi_{24}\text{spaceP}\\ &\quad+\pi_{25}\text{intelligenceP}+v_2\end{aligned} \quad (14.28)$$

等价地表述识别式（14.26）的秩条件。为了识别，我们需要 $\pi_{24}\neq 0$ 或者 $\pi_{25}\neq 0$。我们可以利用一个标准的 F 统计量来检验它。同理，识别式（14.27）的条件是，式（14.26）中的 aage，edulevel 至少有一个具有非零系数。

14.3.2　使用 2SLS 进行估计

一旦决定了哪个方程被识别，就可以用两阶段最小二乘法估计它。工具变量由任一方程中出现的外生变量共同构成。

例 14.4

以陇西数据为例：

该模型选自假设：高结构化专业性资源使用能力越强，越有可能将知识型图书作为其惯用信息源。

我们为 asset73ysdf 选定了两个工具变量：intelligence22df（智识_工作学习信息搜索工具_得分）和 spaceP（空间维度百分制得分），从而构建了如下模型：

$$\begin{aligned} \text{habitualzsy} = \alpha_1 \text{asset73ysdf} + \beta_{10} + \beta_{11}\text{dynamicP} + \beta_{12}\text{aage} \\ + \beta_{13}\text{internetcell1} + \beta_{14}\text{time} + u_1 \end{aligned} \tag{14.29}$$

.ivregress 2sls habitualzsy dynamicP aage internetcell1 time (asset73ysdf = intelligence22df spaceP)

Instrumental variables(2SLS)regression			
	Number of obs	=	406
	Wald chi2(5)	=	71.13
	Prob > chi2	=	0.0000
	R-squared	=	.
	Root MSE	=	7.3011

habitualzsy	Coef.	Std. Err.	Z	P>|z|	[95% Conf. Interval]	
asset73ysdf	2.742466	.4862565	5.64	0.000	1.789421	3.695511
dynamicP	.1369476	.0375351	3.65	0.000	.0633801	.210515
aage	−.055125	.0342047	−1.61	0.107	−.122165	.011915
internetcell1	.0549659	.0925436	0.59	0.553	−.1264163	.236348
time	−.2148511	.1498722	−1.43	0.152	−.5085952	.0788929
_cons	−4.046361	2.728495	−1.48	0.138	−9.394113	1.301392

Instrumented: asset73ysdf

Instruments: dynamicP aage internetcell1 time intelligence22df spaceP

作为比较，我们把 OLS 的结果展示如下。

. reg habitualzsy dynamicP aage internetcell1 time asset73ysdf

Source	SS	df	MS	Number of obs	=	417

```
----------------+---------------------------------------- F(5, 411)          =    21.79
          Model |  2918.99445     5   583.798889 Prob > F            =   0.0000
       Residual |  11009.0719   411   26.7860631 R-squared           =   0.2096
----------------+---------------------------------------- Adj R-squared       =   0.2000
          Total |  13928.0664   416   33.4809288 Root MSE            =   5.1755

------------------------------------------------------------------------------------
   habitualzsy |     Coef.     Std. Err.     t     P>|t|     [95% Conf. Interval]
----------------+-------------------------------------------------------------------
      dynamicP |   .1861896    .0253962    7.33   0.000     .1362668    .2361123
          aage |  -.0856089    .0231384   -3.70   0.000    -.1310932   -.0401245
 internetcell1 |   .0692765     .063444    1.09   0.276    -.0554387    .1939916
          time |  -.0947818    .1045109   -0.91   0.365    -.3002244    .1106608
   asset73ysdf |   .5484042    .1067687    5.14   0.000     .3385233    .7582851
         _cons |  -4.021986    1.904036   -2.11   0.035    -7.764851   -.2791222
------------------------------------------------------------------------------------
```

项目	(1) 2sls	(2) ols
asset73ysdf	2.742***	0.548***
	(0.486)	(0.107)
dynamicP	0.137***	0.186***
	(0.0375)	(0.0254)
aage	−0.0551	−0.0856***
	(0.0342)	(0.0231)
internetcell1	0.0550	0.0693
	(0.0925)	(0.0634)
time	−0.215	−0.0948
	(0.150)	(0.105)
_cons	−4.046	−4.022**
	(2.728)	(1.904)
N	406	417
R^2	.	0.210

注：括号中为 t 值，**表示 $p<0.05$，***表示 $p<0.01$

但是我们不清楚 asset73ysdf 是不是内生变量？上面两个系数都是显著的，但是很明显是有差别的。我们可以用下面两种方法来判断。

第一种：豪斯曼检验/DWH 检验。

hausman iv ols,constant sigmamore

```
                 ---- Coefficients ----
             |      (b)          (B)          (b-B)     sqrt(diag(V_b-V_B))
             |      iv           ols       Difference          S.E.
-------------+----------------------------------------------------------------
  space7ysdf |   3.810644     .4738403     3.336804        .3957735
        aage |   .0308057    -.0358292     .0666348        .0124354
      reside |
          2  |  -1.153116     2.016478    -3.169594        .4856711
          3  |  -.2206748     1.190185     -1.41086        .3319479
          4  |   9.152641     4.398933     4.753709        .5889137
          5  |   4.948578     4.787575     .1610026         .291814
internetcell |   -.164474    -.1349017    -.0295723        .0232246
        time |  -.0250481     .0788553    -.1039034        .0327396
  averageinc |  -9.29e-06    -3.73e-06    -5.56e-06        8.45e-07
 selfprotect |  -.5307328     -.103531    -.4272017        .0785555
    decision |  -.0249346     .2964213    -.3213559        .0594307
 increaseinc |  -.2759559     .1920406    -.4679965        .0686764
       _cons |    328.065     275.0618     53.00323        46.41469
------------------------------------------------------------------------------
                  b = consistent under Ho and Ha; obtained from ivregress
       B = inconsistent under Ha, efficient under Ho; obtained from regress
Test: Ho: difference in coefficients not systematic
   chi2(10) =      (b-B)'[(V_b-V_B)^(-1)](b-B)
            =               81.70
 Prob>chi2  =               0.0000
(V_b-V_B is not positive definite)
```

若 P 值小于 0.05，则拒绝所有解释变量均为外生变量。传统的豪斯曼检验在异方差下不成立，下面进行异方差稳健的 DWH 检验。

estat endogenous

```
Tests of endogeneity
Ho: variables are exogenous
Durbin (score) chi2(1)       =   45.3357   (p = 0.0000)
Wu-Hausman F(1, 399)         =   50.1545   (p = 0.0000)
```

上面的结果都说明存在内生变量。

第二种：手动计算。

（1）将 y_2 对所有的外生变量回归，估计 y_2 的约简型方程，并得到残差 v_1。

（2）在包括 y_2 的结构方程中添加 v_1，并用一个 OLS 回归检验 v_1 的显著性。若残差 v_1 的系数统计显著异于零，我们便断定 y_2 确实是内生的，也可能用到异方差稳健的 t 检验。

```
reg asset73ysdf intelligence22df spaceP dynamicP aage internetcell1 time
      Source |       SS      df      MS        Number of obs   =      416
-------------+------------------------------   F(6, 409)       =     8.29
       Model |  261.617861    6  43.6029769    Prob > F        =   0.0000
    Residual |  2150.61014  409   5.2582155    R-squared       =   0.1085
-------------+------------------------------   Adj R-squared   =   0.0954
       Total |    2412.228  415  5.81259759    Root MSE        =   2.2931
------------------------------------------------------------------------------
 asset73ysdf |    Coef.    Std.Err.     t    P>|t|     [95% Conf. Interval]
-------------+----------------------------------------------------------------
ntelligence22df | .7213101  .205965   3.50   0.001     .3164281    1.126192
      spaceP |  .0277208  .0053307   5.20   0.000     .0172418    .0381998
    dynamicP | −.0016003  .0117775  −0.14   0.892    −.0247523    .0215517
        aage | −.0018614  .0105648  −0.18   0.860    −.0226294    .0189066
internetcell1 | −.0042868 .0293869  −0.15   0.884     −.062055    .0534815
        time |   .055175  .0459287   1.20   0.230    −.0351107    .1454607
       _cons | −.9910575  .9137248  −1.08   0.279     −2.78724    .8051254
------------------------------------------------------------------------------

predict e, resid
(298 missing values generated)
reg habitualzsy dynamicP aage internetcell1 time asset73ysdf e
      Source |       SS      df      MS        Number of obs   =      406
-------------+------------------------------   F(6, 399)       =    28.33
       Model |  4023.13343    6  670.522238    Prob > F        =   0.0000
    Residual |  9442.96464  399   23.666578    R-squared       =   0.2988
-------------+------------------------------   Adj R-squared   =   0.2882
       Total |  13466.0981  405  33.2496248    Root MSE        =   4.8648
------------------------------------------------------------------------------
 habitualzsy |    Coef.    Std.Err.     t    P>|t|     [95% Conf. Interval]
-------------+----------------------------------------------------------------
    dynamicP |  .1366151  .0250155   5.46   0.000     .0874365    .1857937
```

aage	−.0538514	.0228249	−2.36	0.019	−.0987236	−.0089793
internetcell1	.0517918	.0616676	0.84	0.401	−.0694422	.1730258
time	−.2045756	.0996377	−2.05	0.041	−.4004561	−.0086951
asset73ysdf	2.78899	.3290342	8.48	0.000	2.142133	3.435848
e	−2.463971	.346338	−7.11	0.000	−3.144847	−1.783096
_cons	−4.162828	1.818788	−2.29	0.023	−7.738433	−.5872236

从上面的表格可以看出，*e* 的 *t* 值系数为−7.11，对应的 *P* 值为 0.000，非常显著，所以 asset73ysdf 看起来是内生的。

以和政数据为例。

一个人搜索信息的手段得分（meansT）越高，其浏览资源花费的时间（habitualP）就会越长。并且假设 dynamicP、aage、edulevel、spaceP、intelligenceP 都是外生变量。

$$\text{habitualP} = \alpha_1 \text{meansT} + \beta_{10} + \beta_{11}\text{dynamicP} + \beta_{12}\text{aage} + \beta_{13}\text{edulevel} + u_1 \tag{14.30}$$

$$\text{meansT} = \alpha_2 \text{habitualP} + \beta_{20} + \beta_{21}\text{dynamicP} + \beta_{22}\text{spaceP} + \beta_{23}\text{intelligenceP} + u_2 \tag{14.31}$$

meansT 的工具变量：spaceP、intelligenceP

ivregress 2sls habitualP dynamicP aage edulevel (meansT = spaceP intelligenceP)

Instrumental variables(2SLS)regression

Number of obs	=	232
Wald chi2(4)	=	36.02
Prob > chi2	=	0.0000
R-squared	=	0.1119
Root MSE	=	10.92

habitualP	Coef.	Std. Err.	Z	P>|z|	[95% Conf. Interval]	
meansT	.8882532	.2114519	4.20	0.000	.473815	1.302691
dynamicP	.0419634	.0442972	0.95	0.343	−.0448575	.1287844
aage	.0306688	.0616698	0.50	0.619	−.0902019	.1515394
edulevel	.6584129	.5177538	1.27	0.203	−.356366	1.673192

```
       _cons | -.4363065   3.963479   -0.11   0.912   -8.204583   7.33197
------------------------------------------------------------------------------
Instrumented: meansT
Instruments: dynamicP aage edulevel spaceP intelligenceP
```

如果直接使用 OLS，结果如下：

```
reg habitualP dynamicP aage edulevel meansT
      Source |       SS           df       MS      Number of obs   =       240
-------------+----------------------------------   F(4, 238)       =      7.90
       Model |  3735.34945         4  933.837363   Prob > F        =    0.0001
    Residual |   27781.885       235  118.220787   R-squared       =    0.1185
-------------+----------------------------------   Adj R-squared   =    0.1035
       Total |  31517.2344       239  131.871274   Root MSE        =    10.873

------------------------------------------------------------------------------
   habitualP |      Coef.   Std.Err.      t    P>|t|     [95% Conf. Interval]
-------------+----------------------------------------------------------------
    dynamicP |   .0472564   .0435961    1.08   0.279    -.0386326    .1331455
        aage |    .018595    .060552    0.31   0.759    -.1006991    .1378892
    edulevel |   .8658476   .5027319    1.72   0.086    -.1245895    1.856285
      meansT |   .6972996   .1998225    3.49   0.001     .3036273    1.090972
       _cons |  -.3082451   3.865977   -0.08   0.937    -7.924646    7.308156
------------------------------------------------------------------------------
```

项目	(1) 2SLS	(2) OLS
meansT	0.888***	0.697***
	(4.20)	(3.49)
dynamicP	0.0420	0.0473
	(0.95)	(1.08)
aage	0.0307	0.0186
	(0.50)	(0.31)
edulevel	0.658	0.866
	(1.27)	(1.72)
_cons	−0.436	−0.308
	(−0.11)	(−0.08)

续表

项目	(1) 2SLS	(2) OLS
N	232	240
R^2	0.1119	0.1185

注：括号中为 t 值，***表示 p<0.01

尝试用豪斯曼检验进行判断。

```
hausman IV OLS ,constant sigmamore
                ---- Coefficients ----
             |      (b)          (B)            (b-B)     sqrt(diag(V_b-V_B))
             |       IV          OLS         Difference          S.E.
-------------+----------------------------------------------------------------
      meansT |   1.005541     .7592945       .2462463           .0725131
    dynamicP |   .0502291     .0577428      −.0075137           .0078644
        aage |   .0437887     .0280449       .0157438           .0112369
    edulevel |   .2406226     .5173255      −.2767029            .124717
       _cons |   .1836476     .3276581      −.1440105           .8994757
------------------------------------------------------------------------------
```

b = consistent under Ho and Ha; obtained from ivregress, B = inconsistent under Ha, efficient under Ho; obtained from regress,

Test: Ho: difference in coefficients not systematic

chi2(5)= (b-B)'[(V_b-V_B)^(−1)](b-B) = 14.41，Prob>chi2 = 0.0132

若 P 值小于 0.05，则拒绝所有解释变量均为外生变量。传统的豪斯曼检验在异方差下不成立，下面进行异方差稳健的 DWH 检验。

```
estat endogenous

Tests of endogeneity
Ho: variables are exogenous
Durbin(score)chi2(1)          =   12.2636   (p = 0.0005)
Wu-Hausman F(1, 228)          =     12.61   (p = 0.0005)
```

结果显著，则认为是存在内生变量。

14.4 多于两个方程的系统

联立方程模型也可以由两个以上的方程组成。研究这些模型的一般识别很困难并要用到矩阵代数。一旦一般系统中的一个方程被证明是可识别的，就可以用 2SLS 估计它。

14.4.1　三个及更多个方程联立模型的识别问题

这里将用一个三方程的系统来说明在识别复杂的 SEM 中出现的问题。以下模型中省略截距项，写成：

$$y_1=\alpha_{12}y_2+\alpha_{13}y_3+\beta_{11}z_1+u_1 \tag{14.32}$$

$$y_2=\alpha_{21}y_1+\beta_{21}z_1+\beta_{22}z_2+\beta_{23}z_3+u_2 \tag{14.33}$$

$$y_3=\alpha_{32}y_2+\beta_{31}z_1+\beta_{32}z_2+\beta_{33}z_3+\beta_{34}z_4+u_3 \tag{14.34}$$

其中，y_i 表示内生变量，z_i 表示外生变量。参数的第一个下标表示方程的编号，第二个则表示变量的编号；我们用 α 表示内生变量的参数，β 表示外生变量的参数。

这些方程中的哪一个可被估计呢？对于含有两个以上方程的 SEM，证明其中一个方程的可识别性通常都很困难，但很容易看出哪些方程不能被识别。在式（14.32）到式（14.34）中，很容易看出，式（14.34）就不能被识别。因为这个方程包含了每一个外生变量，所以找不到 y_2 的工具变量。因此，不能一致地估计这个方程的参数。又由于我们在 14.2 节讨论的原因，OLS 估计通常也是不一致的。

式（14.32）怎么样呢？由于 z_2、z_3 和 z_4 都被这个方程排除了，所以直观看来有可识别的希望——这是排除性约束的另一个例子。尽管这个方程有两个内生变量 y_2 和 y_3，但我们有三个潜在工具变量。因此，式（14.32）通过了阶条件。为完整起见，我们给出一般 SEM 的阶条件。

识别的阶条件：对任何一个 SEM 中的方程，如果它排除的外生变量数不少于其右端包含的内生变量数，那么它就满足识别的阶条件。式（14.34）排除了一个外生变量 z_4，而在其右端只有一个内生变量 y_1，所以也通过了阶条件。

如同我们在上一章和上一节所讨论的那样，阶条件只是识别的必要条件而非充分条件。例如，若 β_{34}=0，则 z_4 不会在这个系统的任何地方出现，这意味着它与 y_1、y_2 或 y_3 都不相关。如果 β_{34}=0，那么因为 z_4 不能用作 y 的一个工具变量，所以第二个方程就不能识别。这再次说明，一个方程能否被识别取决于其他方程中的系数值（但我们又不可能确切地知道这些参数值）。

还有许多微妙的情况，使得复杂 SEM 中的方程无法被识别。为了得到充分条件，我们需要扩展两方程的系统中识别的秩条件。这是可以做到的，但需要用到矩阵代数。故而在许多具体应用中，人们假定除非一个方程明显不能被识别，否则只要满足阶条件，就认为该方程是可以识别的。

上一章有关过度识别方程和恰好识别方程的术语与 SEM 同时产生。用阶条件的术语来说，式（14.32）是过度识别方程，因为我们只需要（ y_2 和 y_3 的）两个工具变量，但我们有三个（ z_2 、z_3 和 z_4 ）；在这个方程中有一个过度识别约束。一般而言，过度识别约束个数等于系统中外生变量的总数减去这个方程中解释变量的总数。这一点可以通过过度识别检验来证明。式（14.34）是一个恰好识别方程，而第三个方程是一个不可识别方程。

14.4.2　估计

无论一个 SEM 中有多少个方程，每个可识别的方程都可以用 2SLS 估计。某特定方程的工具可由在这个系统中任何地方出现的外生变量组成。对内生性、异方差性、序列相关性和过度识别约束的检验可像上一章中那样进行。

结果表明，对于任何一个由两个或两个以上方程构成的系统，只要被正确设定并符合某些附加假定，系统估计方法一般都比用 2SLS 逐个地估计每一个方程更加有效。在 SEM 背景下，最常见的系统估计法是三阶段最小二乘法。

在使用单一方程估计法时，由于忽略了各方程之间的联系（包括各方程扰动项之间的联系），故不如将所有方程作为一个整体进行估计（即系统估计法）更有效率。系统估计法的缺点是，如果其中的某个方程估计得不准确，则可能影响系统中其他方程的估计。

最常见的系统估计法为“三阶段最小二乘法”（3SLS）。在某种意义上，3SLS 是将 2SLS 与 SUR（似不相关回归）相结合的一种估计方法。

对于一个多方程的系统，如果各方程中都不包含内生解释变量，则对每个方程进行 OLS 估计是一致的，但却不是最有效率的。因为单一方程 OLS 忽略了不同方程的扰动项之间可能存在相关性。此时，用 SUR 对整个方程系统同时进行估计是有效率的。

对于一个多方程系统来说，如果方程中包含内生解释变量，则对每个方程进行 2SLS 估计是一致的，但却不是最有效率的，因为单一方程 2SLS 忽略了不同方程的扰动项之间可能存在相关性。此时，用 3SLS 对整个联立方程系统同时进行估计是有效率的。

3SLS 的基本步骤如下。

前两步：对每个方程进行 2SLS 估计。

第三步：根据前两步的估计，得到对整个系统的扰动项之协方差矩阵的估计。然后，据此对整个系统进行 GLS 估计（类似于 SUR 的做法）。

例 14.5

以陇西数据为例：

假设：认知结构丰富化程度越高，越有可能将知识型图书作为其惯用信息源。

$$\text{habitualzsy}=\alpha_0+\alpha_1\,\text{intelligenceP}+\alpha_2\,\text{dynamicP}+\alpha_3\,\text{decision}+u_1 \qquad (14.35)$$

$$\begin{aligned}\text{intelligence}&=\beta_0+\beta_1\text{habitualzsy}+\beta_2\text{dynamicP}+\beta_3\text{asset72ysdf}\\&\quad+\beta_4\text{dynamic11df}+u_2\end{aligned} \qquad (14.36)$$

工具变量的筛选：最终确定选用 asset72ysdf，dynamic11df 作为 decision 的 IV。

. reg habitualzsy intelligenceP dynamicP decision

. reg intelligenceP habitualzsy dynamicP asset72ysdf dynamic11df

（注意：做这个之前要先把所有的缺失值删了，要不然得到的结果不一致。）

. esttab OLS two_SLS three_SLS,r2 mtitles star(* 0.1 ** 0.05 *** 0.01)

项目	(1) OLS	(2) 2SLS	(3) 3SLS
main			
intelligenceP	0.152***		0.00630
	(11.16)		(0.07)
dynamicP	0.106***	0.184**	–0.113
	(4.39)	(2.31)	(–0.74)
decision	0.203		13.66*
	(1.27)		(1.89)
habitualzsy		1.372***	
		(9.30)	
asset72ysdf		0.339	
		(0.92)	
dynamic11df		0.670*	
		(1.88)	
_cons	–8.445***	21.14***	–35.59**
	(–5.64)	(4.60)	(–2.26)
intelligenceP			
habitualzsy	1.354***		
	(9.08)		
dynamicP	0.177**		
	(2.20)		
asset72ysdf	0.287		
	(0.77)		
dynamic11df	0.783**		
	(2.14)		
_cons	21.25***		
	(4.62)		

续表

项目	(1) OLS	(2) 2SLS	(3) 3SLS
N	436	442	436
R^2	0.318	0.312	.

注：括号中为 *t* 值，*表示 $p<0.1$，**表示 $p<0.05$，***表示 $p<0.01$

从上表中可以看出，单一方程 2SLS、3SLS 的估计结果与单一方程 OLS 的估计结果差别较大。

以和政数据为例。

在个人信息世界中，一个人搜索信息的手段得分（meansT）越高，其浏览资源花费的时间（habitualP）就会越长。并且假设 dynamicP、aage、spaceP、intelligenceP 都是外生变量。

$$\text{habitualP} = \alpha_1 \text{meansT} + \beta_{10} + \beta_{11}\text{dynamicP} + \beta_{12}\text{aage} + u_1 \qquad (14.37)$$

$$\begin{aligned}\text{meansT} = \alpha_2\text{habitualP} + \beta_{20} + \beta_{21}\text{dynamicP} + \beta_{22}\text{spaceP} \\ + \beta_{23}\text{intelligenceP} + u_2\end{aligned} \qquad (14.38)$$

```
. esttab OLS two_SLS three_SLS,r2 mtitles star(*0.1**0.05***0.01)
```

项目	(1) OLS	(2) 2SLS	(3) 3SLS
main			
meansT	0.827***		
	(4.44)		
dynamicP	0.0508	0.184**	–0.113
	(1.14)	(2.31)	(–0.74)
aage	–0.00890		
	(–0.15)		
habitualzsy		1.372***	
		(9.30)	
asset72ysdf		0.339	
		(0.92)	
dynamic11df		0.670*	
		(1.88)	
decision			13.66*
			(1.89)

续表

项目	(1) OLS	(2) 2SLS	(3) 3SLS
intelligenceP			0.00630 (0.07)
_cons	3.556 (1.04)	21.14^{***} (4.60)	-35.59^{**} (−2.26)
meansT			
habitualP	-0.0136^{*} (−1.85)		
dynamicP	-0.00897^{*} (−1.83)		
spaceP	0.00732^{*} (1.74)		
intelligenceP	0.305^{***} (44.22)		
_cons	-4.362^{***} (−21.11)		
N	232	442	436
R^2	0.105	0.312	.

注：括号中为 t 值，*表示 $p<0.1$，**表示 $p<0.05$，***表示 $p<0.01$

结构方程模型与联立方程模型的比较如表 14-1 所示。[①]

表 14-1　结构方程模型与联立方程模型的比较

异同点	结构方程模型	联立方程模型
提出时间	20 世纪 70 年代	20 世纪 30 年代
发展程度	高速发展	相对成熟
被使用频率	较高	较低
主要应用范围	管理学、心理学、社会学	经济学、金融学
代表性实例	顾客满意度指数模型	凯恩斯模型
是否可以研究结构关系	可以	可以

① 贾新明，刘亮. 结构方程模型与联立方程模型的比较[J]. 数理统计与管理，2008（3）：439-446.

续表

异同点	结构方程模型	联立方程模型
是否允许潜变量	直接对潜变量建模	不能直接对潜变量建模
忽略变量的影响	参数估计非常敏感	难检验、易传染
样本量要求	非常苛刻，至少大于 200	不太严格，类似普通的回归方法
测量误差问题	能直接处理	假设模型不存在测量误差
是否存在识别问题	存在	存在
估计方法	基于协方差或基于因子的方法	与前者基于协方差的估计有相似之处
模型的解释	统计意义	统计和经济意义

习　题

简答题：

1. 解释联立方程模型（SEM）的特点，包括内生变量和外生变量的区分，以及如何识别模型中的变量。
2. 解释为什么在结构方程模型中使用 OLS 估计可能会导致偏误和不一致。
3. 如何识别联立方程模型？
4. 如何估计联立方程模型？

第 15 章　信息贫困研究中的截取和断尾回归

在回归分析中，有一些特殊的数据。本章将对截取和断尾数据的回归分析方法进行全面介绍。

15.1　截取和断尾回归模型

典型的截取是因为调查设计。例如，有的调查问卷对于收入高于 10 000 元的就不再填写 $\min\{y^*,10000\}$。有时候也可能是因为制度上的约束，例如，在陇西调研中只针对大于等于 18 岁的成年人 $\max\{18, y^*\}$。我们将用一个截取回归模型来处理数据截取问题。

截取回归模型解决的是响应变量 y 的数据缺失问题。尽管能够随机地从总体中抽取样本单位，并能够得到所有样本单位的解释变量，但对某些 i，缺少 y_i 的结果（比如限定收入后，对于收入高于限定值的人群我们缺少 y_i 的结果）。不过，我们仍知道所缺少的这些信息是高于还是低于某个给定的临界值，而这为我们估计参数提供了有用的信息。

当在抽样方案中以 y 为依据排除了总体的一个子集时，就出现了断尾回归模型（由 y 是否高于或低于某个特定的临界值来决定）。

15.1.1　截取回归模型

尽管截取回归模型无须借助于分布假定而定义，但是本节讨论还是研究截取正态回归模型。我们想要解释变量 y 服从经典线性模型。为了强调概念，这里在从总体的一个随机抽取上加下标 i：

$$y_i = \beta_0 + x_i\beta + u_i, u_i \mid x_i, c_i \sim N(0,\sigma^2) \tag{15.1}$$

$$\omega_i = \min（y_i, c_i） \tag{15.2}$$

我们不观测 y_i，只有在它小于截取值 c_i 时才观测它。式（15.2）是从上截取或右侧截取，从下截取或左侧截取的问题也可以类似地进行处理。右端数据截取的一个例子是顶端编码，即当一个变量达到顶端编码时，我们只知道它的值达到了某个临界值。对于高于这个临界值的回答，我们只知道这个变量至少和临界值一样大。例如，一张满分为 150 分的考卷，我们只能观测到得分低于 150 分的考生对本阶段涉及知识内容的掌握程度，但无法观测到得到满分的考生对于本阶段内容的掌握程度，在这种情况下，截取临界值 c_i 对所有的 i 都是一样的。

当 OLS 回归只利用非截取的观测值时（ $y_i < c_i$ ），会产生不一致的估计量 β_j。除非不存在数据截取的问题，否则利用 ω_i 对 x_i 的 OLS 就会与 β_j 不一致（造成不一致的原因就是样本中的数据分布，与实际数据的分布不符，出现数据选择问题，对于所要研究的问题数据不具有代表性）。

在假定式（15.1）和式（15.2）下，给定（ x_i, ω_i ）的一个随机值，我们可以用极大似然法估计 β（和 σ^2 ）。[①]为此，给定（ x_i, c_i ），我们需要 ω_i 的密度函数。对于未截取的观测，$\omega_i = y_i$（ $\omega_i = \min(y_i, c_i)$ ），而且 ω_i 的密度与 y_i 的密度 $N(x_i\beta, \sigma^2)$ 相同。

对于被截取的观测，我们需要 ω_i 在给定 x_i 下等于截取值 c_i 的概率：

$$P(\omega_i = c_i | x_i) = 1 - \phi\left[\frac{(c_i - x_i\beta)}{\sigma}\right]$$

将两段描述合并，以得到 ω_i 在给定 x_i 和 c_i 的密度函数

$$f(\omega_i | c_i, x_i) = 1 - \phi\left[\frac{(c_i - x_i\beta)}{\sigma}\right], \omega = c_i$$

$$= \left(\frac{1}{\sigma}\right)\phi\left[\frac{\omega - x_i\beta}{\sigma}\right], \omega < c_i$$

将每个 i 的密度函数取自然对数，就能得到观测 i 的对数似然函数。将这些对数似然函数对 i 求和，我们就能将这个和对 β_i 和 σ 最大化，从而得到极大似然估计（MLE）。

在随机抽样的情况下，我们可以像在线性回归模型中那样解释 β_i（之所以使用极大似然估计的方法是因为使用的数据是被截取数据，随机抽样的情况可以理解为，在很大的样本容量下，我们对被截取的数据进行了重新随机抽样）。

截取回归模型的一个重要应用是持续期间分析。持续期间是一个度量某事件

① 类似于对截取数据进行了再次抽样。极大似然估计的原理是：当从模型总体随机抽取 n 组样本观测后，最合理的参数估计量就应该使得从模型中抽取该 n 组样本观测值的概率最大。通过似然函数（样本观测值联合概率函数）最大化以求得总体参数估计量。针对截尾数据，MLE 根据截尾密度函数得出截尾后的似然函数。

发生之前持续时间的变量。比如我们想解释一个从监狱释放的重罪犯下次被捕前持续的天数。对于某些重罪犯，这种情况可能再也不会发生，或者要经过很长的时间，以至于我们在分析数据时不得不对持续期间进行截取。

在截取回归中，如果违背了截取正态回归模型的任一假定（特别是存在异方差性和非正态性），则 MLE 一般都是不一致的。这就说明，由于利用非截取样本的 OLS 在不要求正态性和同方差性的情况下能够得到一致估计，截取的潜在成本也很大。

以陇西调研为例，当我们将收入作为因变量设定阈值（高于 10 000 元则只显示 10 000 元），探究智识对收入的影响，我们如果借助截取数据，推断信息世界整体或者陇西地域内智识与收入的关系，一旦数据存在异方差与非正态性，MLE 的估计就将不一致（OLS 也是）；如果我们研究 10 000 元以下收入与智识的关系（非截取数据），利用 OLS 能够在不要求正态性和同方差性的情况下得到一致估计。

15.1.2　断尾回归模型

断尾回归模型与截取回归模型在以下的重要方面存在不同，在截取数据中，只是简单地从总体中随机选取样本。然而产生的问题是，尽管可以得到每一个选取样本的解释变量，但是结果 y 只能够在一定阈值之间。然而在断尾回归中，会首先选取总体的一部分，然后再在其中选取样本。因此，有一部分总体就不会被观察到。例如，在陇西调研数据中，可以理解为：在陇西人群这个总体中调查者选取了年龄在 18 岁及以上的全部人群，然后再在其中随机访问。但是，对于 18 岁以下的这部分总体，我们不了解其解释变量的情况。

断尾数据的现象在针对特定目标进行调查的时候会经常出现，可能因为考虑了成本的问题，导致总体的其他部分被完全忽视。然而，研究人员也许希望用断尾样本得到的结果来回答关于总体的问题，必须要注意的是，断尾样本得到的结果只是针对总体中一部分的研究。

断尾正态回归模型从一个满足经典线性模型假定的潜在总体模型开始：

$$y=\beta_0+x\beta+\mu,\mu\mid x\sim N\left(0,\sigma^2\right) \tag{15.3}$$

这是一个很强的假定集，因为 μ 不仅不能与 x 相关，还要呈正态分布。在式（15.3）中我们知道，给定总体的一个随机样本，OLS 是最有效的估计程序，但问题出在我们不能观测到总体的一个随机样本。具体而言，一个随机抽取（x_i,y_i）只有在 $y_i\leqslant c_i$ 时才能被观测到，其中 c_i 是可以取决于外生变量的断尾临界值。这就不同于截取回归模型；在截取回归模型中，我们对所有随机抽取观测都观测了 x_i；而在断尾模型中，我们只在 $y_i \leqslant c_i$ 时才观测 x_i。

对极端值的处理可以产生两种结果。

在陇西调研获得的数据中，将每日浏览信息的时间作为因变量，有些受访者填写数据大于 7 小时，处理时如果将浏览时间大于 7 小时的样本整条删掉，即我们只有在 $y_i \leqslant 7$ 时，才观测 x_i，那么就是断尾模型；处理时如果将大于 7 小时的值全部定义为 7 小时，我们依旧对所有的样本都可以观测到 x_i，此时就是截取模型。

基于上述理解可知，断尾点因 i 而异，不过，无论如何也不能对持续期间数据（或顶端编码数据）断尾，因为它删除了有用的信息。我们知道 $y_i \geqslant 7$ 的样本，这本身就是有用的数据，截取回归会用到这些信息，而断尾回归则没有用到。

为了估计 β_j（和 σ），我们需要 y_i 在给定 $y_i \leqslant c_i$ 和 x_i 下的分布。这个分布可以写成：

$$g\left(y|x_i, c_i\right) = \frac{f(y \mid x_i\beta, \sigma^2)}{F(c_i \mid x_i\beta, \sigma^2)}, y \leqslant c_i \tag{15.4}$$

这个以 $y_i \leqslant c_i$ 为条件的密度表达式代表：它是给定 x 下 y 的总体密度除以 y_i 小于或等于 c_i 的概率 $P(y_i \leqslant c_i \mid x_i)$，通过上式将概率密度重新标准化。

如果将式（15.4）取对数，然后对 i 求和并对 β_j 和 σ^2 最大化这个和，便得到最大似然估计量。由此得到一致的渐进正态估计量，包括标准误和对数似然统计量在内的推断也都是标准的。

在豪斯曼和怀特给出的一个更好的断尾回归例子中（基于贫困线研究负收入税问题），他们强调，将 OLS 应用于一个右断尾的样本，一般会导致估计量向零偏误。以陇西调研为例，假设我们关心的是智识与受教育程度之间的关系。如果只观测智识得分低于某个临界值的人，我们就砍断了智识得分的上端。这就更倾向于使估计线相对于整个总体中的真实回归线来说变得平坦。因此利用断尾样本的回归分析可能会得不到一致的估计量。如图 15-1 所示。

同时，与截取回归中一样，如果违背了式（15.3）中的同方差正态假定，那么断尾正态的 MLE 就是有偏误和不一致的。

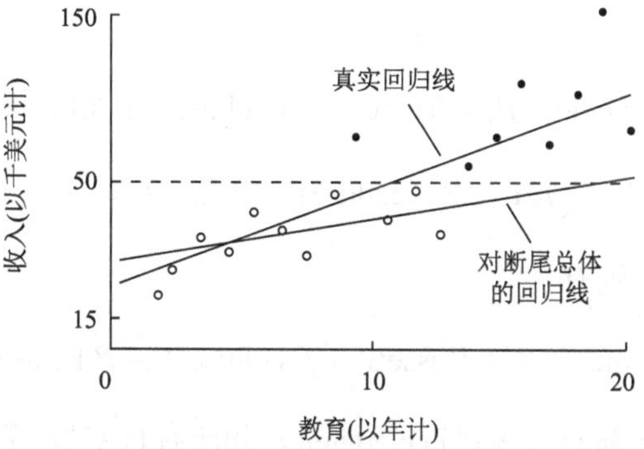

图 15-1　总体回归线与断尾回归线（收入低于 5 万美元处断尾）

15.2　样本选择纠正

断尾回归是所谓非随机样本选择这个一般问题的特殊情形。但对调查问卷的设计并不是非随机样本选择的唯一原因。回答者常常不能对某些问题做出回答，这也会导致因变量和自变量的数据缺失。由于在估计中不能利用这些观测值，应该考虑，去掉它们是否会使我们的估计量出现偏误。

另外一个一般性的例子就是通常所谓的从属断尾。因为另一个变量的结果的关系，我们不能观测到 y。在陇西调研的数据中比较有代表性的就是智识水平对个人收入的影响，对于参与到劳动力市场中的人，可以收集到他们的工资报价，但对于接受了较高水平教育，并且拥有较高智识评分，而目前又不在劳动市场中的人，就不能收集到他们的工资报价。这部分数据就会对模型设计方程的参数估计量产生偏误。

15.2.1　OLS 什么时候对选择样本是一致的

前面章节讨论了几种可忽略的样本选择问题。其关键区别在于外生性和内生性。一方面，在断尾情形中，得到的显然是内生样本选择，因而 OLS 是有偏误和不一致的；另一方面，如果样本仅由外生解释变量决定，就会得到外生样本选择。介于这两个极端之间的情形则不明确。

依据陇西调研所得的数据，我们对样本选择做出定义和假定。我们提出假设：信息主体信息能力不足会导致个体市场参与机会的缺失，采用 lnaverageinc（受访者目前个人平均收入）作为因变量，assetP（信息资产维度百分制得分）、celluse11（手机使用电商平台购物）、PCuse9（电脑使用电商平台购物）作为自变量，则

总体模型设定为

$$\text{lnaverageinc} = \beta_0 + \beta_1\text{assetP} + \beta_2\text{celluse11} + \beta_3\text{PCuse9} + \mu$$

$$E(\mu|\text{assetP}，\text{celluse11}，\text{PCuse9}) = 0 \quad (15.5)$$

对于所有个体 i 则有

$$\text{lnaverageinc}_i = \beta_0 + \beta_1\text{assetP}_i + \beta_2\text{celluse11}_i + \beta_3\text{PCuse9}_i + \mu \quad (15.6)$$

如果对于所有 i 都能观测到 lnaverageinc_i 和所有自变量，那么就能使用 OLS，但是由于受制于某种原因，某个观测 i 的 lnaverageinc_i 或某些自变量无法观测，为每一个 i 定一个选择指标 s_i（本例可以考虑采用受访者是否处于读书阶段没有收入作为选择指标），若我们观测到(lnaverageinc_i， x_i)的全部，则 $s_i = 1$；否则 $s_i = 0$。我们主要测度的是，OLS 估计量在使用选择样本（ $s_i = 1$ ）时的统计性质。

事实上不用估计式（15.6），可以只估计方程：

$$s_i\text{lnaverageinc}_i = s_i X_i + s_i\mu \quad (15.7)$$

此时，当 $s_i = 1$ 就得到式（15.7），$s_i = 0$ 时将样本剔除。

从第 5 章的分析中可以知道，若误差项的均值为 0 并与解释变量无关，则从式（15.7）得到的 OLS 估计量就是一致的。在总体中，零均值假定是 $E(su) = 0$，而零相关假定可以表述为

$$E\left[(sx_j)(su)\right] = E\left[(sx_j u)\right] = 0$$

无偏性的关键条件是 $E(su|s_i\text{assetP}_i, s_i\text{celluse11}_i, s_i\text{PCuse9}_i) = 0$。和通常一样，这个假定比一致性所需要的假定更强。如果 s 仅是解释变量的函数，那么 $s_i X_i$ 也就只是 assetP、celluse11、PCuse9 的一个函数。

根据零均值假定（ $E(\mu|\text{assetP, celluse11, PCuse9}) = 0$ ），即 $s_i X_i$ 也与 μ 无关。实际上，因为 $E(\mu|\text{asset}P\text{, celluse11, PCuse9}) = 0$，所以

$$E(s\mu|s\text{assetP}, s\text{celluse11}, s\text{PCuse9}) = sE(\mu|s\text{assetP}, s\text{celluse11}, s\text{PCuse9}) = 0$$

这就是外生样本选择的情形，即解释变量是 assetP、celluse11、PCuse9 假定为外生变量，那么我们就能基于某些或全部解释变量来选择样本。

结合以上分析，可以知道如果从一个随机样本开始，并随机地去掉一些观测值，那么 OLS 仍然是一致的。事实上，给定所选择的样本中不存在完全共线性，

则 OLS 在这种情形中仍然是无偏的。

15.2.2　从属断尾

样本选择的常见形式是从属断尾。还是从式（15.8）开始：

$$\text{lnaverageinc} = \beta_0 + \beta_1\text{assetP} + \beta_2\text{celluse11} + \beta_3\text{PCuse9} + \mu$$

$$E\left(\mu|\text{assetP, celluse11, PCuse9}\right) = 0 \qquad (15.8)$$

假定我们将总能观测到解释变量 assetP_i。问题是，我们只能观测到总体中 lnaverageinc 的一个子集，我们能否观测到 lnaverageinc 的决定规则并不直接取决于 lnaverageinc 的结果（比如有的人因为还在接受教育，没有工作，所以没有收入），这时 lnaverageinc 的断尾就是从属性的，因为它取决于另一个变量（是否有工作）。

通常处理从属断尾的问题的方法就是，在总体模型中添加一个明确的选择方程：

$$y = X\beta + \mu, E\left(\mu|x\right) = 0 \qquad (15.9)$$

$$s = 1\left[z\gamma + \nu\right] \geqslant 0 \qquad (15.10)$$

其中，如果我们观测到 y，则 $s=1$，否则 $s=0$。假定 X 和 Z 的各个元素都可以观测到，记 $X\beta = \beta_0 + \beta_1\text{assetP} + \beta_2\text{celluse11} + \beta_3\text{PCuse9}$，和 $z\gamma = \gamma_0 + z_1\gamma_1 + z_2\gamma_2 + \cdots + z_m\gamma_m$（可以放入影响教育水平的人口统计学变量）。

我们想要得到的是式（15.9）的表达式，在给定一个随机样本的情况下，可以使用 OLS 估计 β。[这里所表达的意思是只要通过处理式（15.10），将从属断尾数据处理为随机样本数据，就可以得到式（15.9）的表达式]。选择式（15.10）取决于可观测变量 z_m 和不可测量误差 ν。我们将做的一个标准假定是，z 在式（15.9）中是外生的：

$$E\left(\mu|x,z\right) = 0$$

式（15.9）中，虽然 z 的表达式是从属断尾数据产生的原因，但这个原因完全是外生的，而不是内生的，这个假设也就保证了处理的数据成为随机样本数据。实际上，为了让下面提出的方法能很好地起作用，将要求 X 严格地是 Z 的一个子集；任何一个 x_j 都是 Z 的一个元素，而 Z 的某些元素则不在 X 中。①后面会看到，

① 想要成为随机样本数据，数据不能再是一个从属断尾数据，通过研究设计，让一个外生的条件对整体样本进行选择，再对选择出的样本进行变量的选取和研究。

这一点为什么很关键。

假定样本选择方程中的误差项ν独立于Z（因而独立于X），同时假定ν具有标准正态分布。很明显，可以看到μ和ν的相关一般会导致样本选择问题。为了看出原因，首先，假定(ν,μ)独立于$Z+X$是Z的子集，可以得出：

$$E(y|z,\nu)=X\beta+E(\mu|z,\nu)=X\beta+E(\mu|\nu)$$

$E(\mu|z,\nu)=E(\mu|\nu)$是因为（ν，μ）独立于Z的假定。

其次，在以上基础上，如果ν、μ是联合正态的（且均值为0）那么就有参数ρ 使得$E(\mu|\nu)=\rho\nu$，此时$E(y|z,\nu)=X\beta+\rho\nu$，虽然并没有观测到$\nu$，但可以利用这个方程计算$E(y|z,s)$，将它具体化到$s=1$（对样本进行一次关于外生变量的选择），就有$E(y|z,s)=X\beta+\rho E(\nu|z,s)$。（$X$是$Z$的子集，将解释方程中的残差$\mu$提出后，选择方程就由选择变量和选择残差构成。）

根据$s=1[z\gamma+\nu]\geqslant 0$（15.10），$s$和$\nu$是相关的，而且$\nu$具有标准正态分布，所以当$s=1$时，可以证明$E(\nu|z,s)$就是反米尔斯比$\lambda(z\gamma)$。

我们研究的因变量是在满足$z\gamma$的条件下选出的，因此得到重要方程：

$$E(y|z,s)=X\beta+\rho\lambda(z\gamma) \tag{15.11}$$

重点在于估计β，如果将$\lambda(z\gamma)$作为附加回归元包括进来，用选择样本就能估计β，当且仅当μ和ν不相关时$\rho=0$，这时y对X利用选择样本做OLS就能一致地估计β。

由于γ未知，所以不能对每个i计算$\lambda(z_i\gamma)$。但根据假定，s在给定Z时服从一个概率单位模型：

$$P(s=1|z)=\phi(z\gamma) \tag{15.12}$$

因此，可以利用全部样本将s_i对z_i做概率单位来估计γ，然后便可以立即估计β。这个程序最近在计量经济学中被称为赫克曼方法，程序概括如下。

样本选择纠正：

（1）利用所有n个观测，估计一个s_i对Z_i的概率单位模型，并得到估计值$\widehat{\gamma_i}$对每个满足选择方程的i计算反米尔斯比$\widehat{\lambda_i}=\lambda(z_i\hat{\gamma})$。

（2）利用选择样本，即$s_i=1$的观测，做y_i对x_i和$\widehat{\lambda_i}$的回归。

根据回归可得到一个对选择偏误的简单检验：$\widehat{\lambda_i}$通常的t值作为对H_0：$\rho=0$的一个检验，在H_0的条件下，不存在样本选择问题。$\rho\neq 0$时，回归中报告的标准误并不完全正确（不满足无偏性）。

上文中提到将要求 X 严格地是 Z 的一个子集，这里有两层含义。

（1）在 $y = X\beta + \mu, E(\mu|x) = 0$ 中作为解释变量出现的任何一个元素，也应该是选择方程中的一个解释变量。尽管从选择方程中去掉一些元素也能解释得通，但在 Z 中包含 X 中的所有元素，这代价并不大；如果将某些元素不正确地排除掉，则会导致不一致性。

（2）在 Z 中至少有一个元素不在 X 中。这意味着，需要一个影响选择但对 y 没有偏效应的变量。若 Z=X，则 $\widehat{\lambda_i}$ 可能与 x_i 的元素高度相关，这种会造成在最后的回归中产生多重共线性，可能会导致 $\hat{\beta}$ 很高的标准误。

习　题

简答题：

1. 截取回归模型解决的是什么类型的问题？和断尾回归模型有何不同？
2. 假设你正在做一个关于家庭年收入和孩子教育水平之间关系的调查。调查中有一部分家庭的收入被截取，只记录了年收入高于 10 000 美元的家庭。你想使用截取回归模型来分析这些数据。请提出一个具体的研究问题，并说明如何建立相应的截取回归模型来解决这个问题。

第 16 章　信息贫困研究中分类因变量的估计、检验和拟合

前面章节学习讨论的回归模型，其因变量都是连续变量，从这一章开始，我们将讨论的是因变量为分类变量的回归模型。在概率线性模型中，系数被解释为，度量了 y=1 时因为解释变量增加一单位而引起的概率的变化。

对于一个因变量为 0/1 变量的模型，若使用 OLS 估计得到的拟合线如图 16-1 所示。

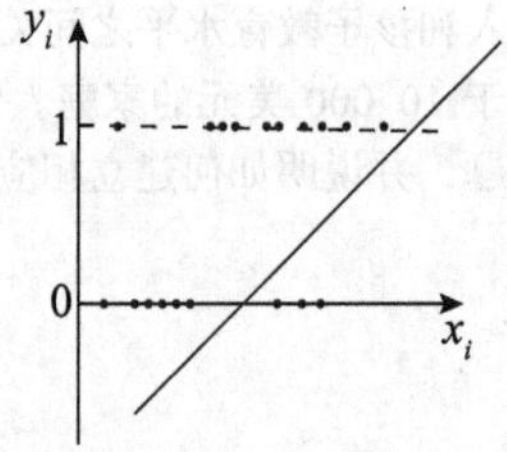

图 16-1　因变量为 0/1 变量的 OLS 拟合线

本章主要讨论了几种常用的横截面回归模型：二值因变量的 logit 和 probit，定序因变量的 logit 和 probit，多项式和条件 logit，泊松回归，负二项回归和用于计数的零膨胀模型，也探讨了几种比较不常见的模型，如刻板印象逻辑回归模型、排序 logit 模型、多项式 probit 模型和零截断计数模型等。虽然这些模型在许多方面有所不同，但它们有共同的特点。

（1）每个模型都用的是最大似然估计进行拟合。

（2）这些估计可以用 Wald 和 LR 检验进行检验。

（3）可以计算出拟合值。

由于这些相似性，相同的原则和命令可以应用于每个模型。系数可以用 listcoef 列出。Wald 检验和概率比检验可以通过 test 和 LRtest 进行计算。拟合值可以用 fitstat 来计算。stata 的 estat 命令可用于回归后的各种计算。并且，后续计算命令（postestimation commands）有助于对预测值的解释。

16.1　估　　计

我们考虑的每一个模型都是用最大似然估计（ML）进行拟合的。最大似然估计是一种统计方法，它用来求一个样本集的相关概率密度函数的参数。“似然”是对 likelihood 的一种较为贴近文言文的翻译，“似然”用现代中文来说即“可能性”。故而，若称之为“最大可能性估计”则更加通俗易懂。

最大似然估计是从现有的样本去推断其最有可能来自哪个分布。以抛硬币为例，我们想知道抛出硬币正面的概率是多少。假设我抛了 5 次，正面只出现了 1 次，此时抛出正面的概率就是 20%；当抛了 10 次，正面出现 4 次，此时抛出正面的概率是 40%；当我抛了 100 次时，正面出现 50 次，此时抛出正面的概率为 50%。也就是说，由于抛的次数不一样而导致抛出硬币正面的概率不一样，并且这些概率的分布图像是接近正态分布的。最大似然估计就是这个正态分布图形顶点的概率。

16.1.1　最大似然估计（ML）的 stata 结果

以和政数据为例。

```
. logit accessible_4 cognitionP celluse aage gender
Iteration 0: log likelihood = –147.08128
Iteration 1: log likelihood = –118.33748
Iteration 2: log likelihood = –115.72201
Iteration 3: log likelihood = –115.68453
Iteration 4: log likelihood = –115.68453
```

最后两行表示，估计已获得最大似然值。

16.1.2　最大似然估计（ML）和样本规模

ML 估计量在小样本中不一定是不好的估计量，但我们所考虑的模型的 ML 估计量的小样本行为在很大程度上是未知的。考虑到这一点，Long[①]提出了以下

① Long J S. Regression Models for Categorical and Limited Dependent Variables[M]. Thousand Oaks：Sage Publications，1997.

在小样本中使用 ML 的指导原则：样本小于 100 时使用 ML 是有风险的，而样本大于 500 时似乎足够了。如果有很多参数，就需要更多的观测，每个参数至少 10 个观测的规则似乎是合理的。如果数据是病态的（例如，自变量高度共线）或因变量变化很小（例如，几乎所有结果都是 1），则需要更大的样本。

16.1.3 logit 语句语法

Logit y x1 x2 x3 (,nolog)

变量的用法与 reg 命令一致（如：两个变量相乘用#、c.表示连续等）。

16.1.4 指定估计样本

如下两种方法可以用于指定估计样本：方法一，使用 in/if 可以限制用于拟合模型的观测样本。方法二，在比较两个模型的系数时，必须保证样本一模一样。[①]

对于数据缺失的问题，可以使用 mark 和 markout 命令，其原理是使变量在所有情况下等于 1，缺失值就等于 0 了。我们创建一个有缺失的数据集。

例：

```
. mark nomiss
. markout nomiss accessible_4 cognitionP celluse aage gender
. tab nomiss
             nomiss |      Freq.     Percent        Cum.
--------------------+-----------------------------------
                  0 |         21        8.08        8.08
                  1 |        239       91.92      100.00
--------------------+-----------------------------------
              Total |        260      100.00
--------------------------------------------------------
. logit accessible_4 cognitionP celluse aage gender if nomiss==1
Iteration 0: log likelihood = –147.08128
Iteration 1: log likelihood = –118.33748
Iteration 2: log likelihood = –115.72201
Iteration 3: log likelihood = –115.68453
Iteration 4: log likelihood = –115.68453
```

① 使用同一个数据集，但由于自变量不同，样本不一定是一模一样的。

```
Logistic regression                          Number of obs   =        239
                                             LR chi2(4)      =      62.79
                                             Prob > chi2     =     0.0000
Log likelihood = –115.68453                  Pseudo R2       =     0.2135
------------------------------------------------------------------------------
accessible_4 |      Coef.   Std. Err.      z    P>|z|     [95% Conf. Interval]
-------------+----------------------------------------------------------------
  cognitionP |   .0190227   .0123393    1.54   0.123     –.005162    .0432073
     celluse |   .4090794    .121646    3.36   0.001     .1706577    .6475011
        aage |  –.0481986   .0155062   –3.11   0.002    –.0785903   –.0178069
      gender |  –.0362315   .3727645   –0.10   0.923    –.7668365    .6943734
       _cons |   .9296895   1.107743    0.84   0.401    –1.241448    3.100827
------------------------------------------------------------------------------
```

去掉 gender 变量，观测值依然是一样的。

```
. logit accessible_4 cognitionP celluse aage if nomiss==1
Iteration 0: log likelihood = –147.08128
Iteration 1: log likelihood = –118.33841
Iteration 2: log likelihood = –115.72533
Iteration 3: log likelihood = –115.68926
Iteration 4: log likelihood = –115.68925
Logistic regression                          Number of obs   =        239
                                             LR chi2(3)      =      62.78
                                             Prob > chi2     =     0.0000
Log likelihood = –116.73368                  Pseudo R2       =     0.2134
------------------------------------------------------------------------------
accessible_4 |      Coef.   Std. Err.      z    P>|z|     [95% Conf. Interval]
-------------+----------------------------------------------------------------
  cognitionP |   .0188489   .0122013    1.54   0.122    –.0050651     .042763
     celluse |   .4084675   .1214782    3.36   0.001     .1703746    .6465604
        aage |  –.0486459    .014815   –3.28   0.001    –.0776827    –.019609
       _cons |   .9366879    1.10458    0.85   0.396     –1.22825    3.101626
------------------------------------------------------------------------------
```

mark 命令只能帮我们找到缺失值，对于以下几个问题没法给出答案。

（1）每个变量的缺失值有多少？

```
.misstable sum accessible_4 cognitionP celluse aage gender

                                                  Obs<.
                                    +------------------------------
                 |                              | Unique
        Variable |  Obs=.   Obs>.   Obs<.       | values       Min    Max
-----------------+------------------------------+-------------------------
      cognitionP |     17             243       |     52  26.50602    100
         celluse |      2             258       |     20         0     10
            aage |      2             258       |     55        18     79
--------------------------------------------------------------------------
```

```
. misstable sum accessible_4 cognitionP celluse aage gender, all
                                                  Obs<.
                                    +------------------------------
                 |                              | Unique
        Variable |  Obs=.   Obs>.   Obs<.       | values       Min    Max
-----------------+------------------------------+-------------------------
    accessible_4 |                    260       |      2         0      1
      cognitionP |     17             243       |     52  26.50602    100
         celluse |      2             258       |     20         0     10
            aage |      2             258       |     55        18     79
          gender |                    260       |      2         0      1
--------------------------------------------------------------------------
```

（2）不是所有缺失值都是随机出现的，也可能有一个变量缺失导致另一个变量缺失的情况，我们如何获取这种缺失模式的信息？

```
. misstable patterns accessible_4 cognitionP celluse aage gender, frequency

Missing-value patterns
  (1 means complete)

              |   Pattern
    Frequency |  1   2   3
  ------------+-------------
              |
          242 |  1   1   1
           17 |  1   1   0
            2 |  0   1   1
            2 |  1   0   1
  ------------+-------------
              |
          260 |
```

Variables are　(1) aage　(2) celluse　(3) cognitionP

其中，1 表示非缺失值，0 表示缺失值。

16.1.5　回归命令的选项

与 reg 中的大致相同：

noconstant 不计算截距

nolog 不显示迭代过程

level（#）区间估计默认为 95%

vce（cluster cluster-variable）聚类

vce（robust）稳健标准误

16.1.6　稳健标准误

一般情况下可以用普通的标准误就使用普通的标准误，只有在不能使用普通标准误的情况下才考虑用稳健的标准误。

16.1.7　阅读估计结果

数据来源：和政数据

主要假设：

$$accessible\_4 = \beta_0 + \beta_1 celluse + \beta_2 edulevel + \beta_3 aage + \beta_4 availableP + \beta_5 gender + \mu \tag{16.1}$$

对上述模型（16.1）的解释。

```
. logit accessible_4 celluse edulevel aage availableP gender

Iteration 0: log likelihood =-157.38467
Iteration 1: log likelihood = -119.55431
Iteration 2: log likelihood = -116.22071
Iteration 3: log likelihood = -116.18372
Iteration 4: log likelihood = -116.18371
Iteration 5: log likelihood = -116.18371
 Logistic regression                          Number of obs      =        256
                                              LR chi2(5)         =      82.40
```

```
                                              Prob > chi2       =    0.0000
Log likelihood = –116.18371                   Pseudo R2         =    0.2618
------------------------------------------------------------------------------
accessible_4 |     Coef.    Std. Err.     z    P>|z|     [95% Conf. Interval]
------------------------------------------------------------------------------
     celluse |   .2929722   .1140521    2.57   0.010     .0694341    .5165102
    edulevel |   .3849842   .1387974    2.77   0.006     .1129462    .6570221
        aage |  –.0436524   .0153753   –2.84   0.005    –.0737874   –.0135174
  availableP |   .0265751   .0118348    2.25   0.025     .0033794    .0497708
      gender |  –.1782206   .3696506   –0.48   0.630    –.9027224    .5462812
       _cons |   .0095748   .9212197    0.01   0.992    –1.795983    1.815132
------------------------------------------------------------------------------
```

可以看到估计的结果和 reg 的结果大致是一样的，但这里系数的具体数字是没有意义的，需要经过处理（概率比）才具有解释的意义，只能通过看系数是正是负判断概率是正还是负。

16.1.8 储存回归结果

```
. qui: logit accessible_4 cognitionP celluse aage gender
. est store model1   （暂时性储存）
. est save model2,replace   （保存）
. clear
. est use model2   （即使没有数据 我们也可以直接使用）
. est replay
------------------------------------------------------------------------------
active results
------------------------------------------------------------------------------
Logistic regression                           Number of obs     =       239
                                              LR chi2(4)        =     62.79
                                              Prob > chi2       =    0.0000
Log likelihood = –115.68453                   Pseudo R2         =    0.2135
------------------------------------------------------------------------------
accessible_4 |     Coef.    Std. Err.     z    P>|z|     [95% Conf. Interval]
```

cognitionP |	.0190227	.0123393	1.54	0.123	–.005162	.0432073
celluse |	.4090794	.121646	3.36	0.001	.1706577	.6475011
aage |	–.0481986	.0155062	–3.11	0.002	–.0785903	–.0178069
gender |	–.0362315	.3727645	–0.10	0.923	–.7668365	.6943734
_cons |	.9296895	1.107743	0.84	0.401	–1.241448	3.100827

16.1.9　修改估计结果的表格格式

仍然以模型（16.1）为例。

```
. logit accessible_4 celluse edulevel aage availableP gender

Iteration 0: log likelihood = –157.38467
Iteration 1: log likelihood = –119.55431
Iteration 2: log likelihood = –116.22071
Iteration 3: log likelihood = –116.18372
Iteration 4: log likelihood = –116.18371
Iteration 5: log likelihood = –116.18371
Logistic regression                    Number of obs   =    256
                                       LR chi2(5)      =  82.40
                                       Prob > chi2     = 0.0000
Log likelihood = –116.18371            Pseudo R2       = 0.2618
```

accessible_4 |	Coef.	Std. Err.	z	P>|z|	[95% Conf.	Interval]
-celluse |	.2929722	.1140521	2.57	0.010	.0694341	.5165102
edulevel |	.3849842	.1387974	2.77	0.006	.1129462	.6570221
aage |	–.0436524	.0153753	–2.84	0.005	–.0737874	–.0135174
availableP |	.0265751	.0118348	2.25	0.025	.0033794	.0497708
gender |	–.1782206	.3696506	–0.48	0.630	–.9027224	.5462812
_cons |	.0095748	.9212197	0.01	0.992	–1.795983	1.815132

```
. estimates store logit1
. estimates table logit1, b(%9.3f) star (.05 .01 .001)
```

```
-------------------------------------------
     Variable |    logit1
--------------+----------------
      celluse |    0.293*
     edulevel |    0.385**
         aage |   -0.044**
   availableP |    0.027*
       gender |   -0.178
        _cons |    0.010
-------------------------------------------
```

```
. estimates table logit1,b(%9.3f)t varlabel //varlabel 用标签名而不是变量名
```

```
-------------------------------------------------------------
                 Variable |       logit1
--------------------------+----------------------------------
  平均每天使用手机的时间  |        0.293
                          |         2.57
        最后阶段的教育水平|        0.385
                          |         2.77
                     年龄 |       -0.044
                          |        -2.84
      可及信息源百分比得分|        0.027
                          |         2.25
                     性别 |       -0.178
                          |        -0.48
                 Constant |        0.010
                          |         0.01
-------------------------------------------------------------
```

16.2 检 验

在 ML 估计中，参数（系数）服从渐近正态分布，在计算显著性水平时采用 z 统计量（H_0：$\beta_k = \beta^*$）：

$$z = \frac{\widehat{\beta_k} - \beta^*}{\hat{\sigma}_{\widehat{\beta_k}}}$$

是一个类似于 t 统计量的分布，如图 16-2。

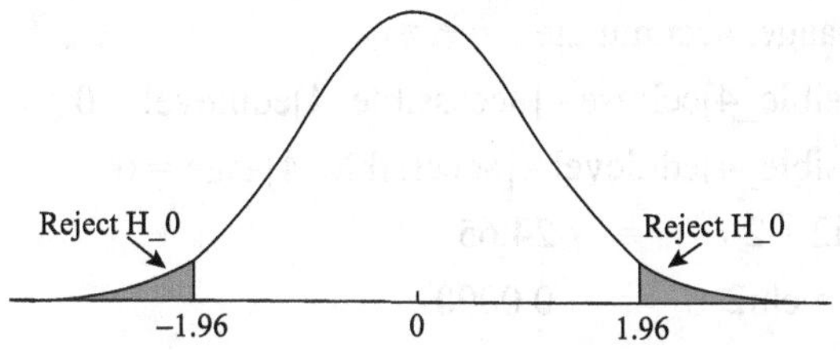

图 16-2　ML 估计中的统计量分布

16.2.1　Wald 检验和似然比检验

对于通过 ML 拟合的模型，可以使用 Wald 检验（test 命令）和似然比检验（LRtest 命令）来检验。

16.2.2　wald 检验的 stata 命令

以模型（16.1）为例，在和政数据中，我们考虑当控制了教育水平、年龄、性别，以及周围的可及信息源时，手机使用时间对可以通过手机获取到信息的影响概率。我们想检验 celluse（手机使用时间）和 edulevel（教育水平）的系数是否都为零，使用 test 命令，也就是检验：

$$H_0:\ \beta_{\text{celluse}} = \beta_{\text{edulevel}} = 0$$

```
. qui: logit accessible_4 celluse edulevel aage availableP gender
. test celluse edulevel
 (1)    [accessible_4]celluse = 0
 (2)    [accessible_4]edulevel = 0
            chi2 (2)    =    17.84
          Prob > chi2   =     0.0001
```

也可以使用 test 命令检验 celluse 和 edulevel 的系数是否相同。此时的 H_0：$\beta_{\text{celluse}} = \beta_{\text{edulevel}}$ 即 $\beta_{\text{celluse}} - \beta_{\text{edulevel}} = 0$。

```
. test celluse=edulevel
```

```
（1）  [accessible_4]celluse - [accessible_4]edulevel = 0
         chi2（1）   =   0.22
       Prob > chi2   =   0.6395

. test edulevel=aage, accumulate   //累加
（1）  [accessible_4]celluse - [accessible_4]edulevel = 0
（2）  [accessible_4]edulevel - [accessible_4]aage = 0
         chi2（2）   =   24.65
       Prob > chi2   =   0.0000

. test （celluse=edulevel） （edulevel=aage）
（1）  [accessible_4]celluse - [accessible_4]edulevel = 0
（2）  [accessible_4]edulevel - [accessible_4]aage = 0
         chi2（2）   =   24.65
       Prob > chi2   =   0.0000
```

16.2.3 似然比检验的命令：LRtest

LR 检验通过比较无约束模型和约束模型的对数似然来评估假设。似然比定义为有约束条件下的似然函数最大值与无约束条件下似然函数最大值之比。其思想是：如果参数约束是有效的，那么加上这样的约束不应该引起似然函数最大值的大幅度降低。因此 LR 检验需要拟合两个模型。

使用 LR 检验要注意，有约束模型和无约束模型的观测值数量必须一致，不然无法进行比较。因此此处使用 mark 命令去掉了缺失值，使两个模型的样本数量保持一致。

$$\text{accessible\_4} = \beta_0 + \beta_1 \text{celluse} + \beta_2 \text{edulevel} + \beta_3 \text{aage} + \beta_4 \text{availableP} + \beta_5 \text{gender} + \mu$$

$$\text{accessible\_4} = \beta_0 + \beta_1 \text{edulevel} + \beta_2 \text{aage} + \beta_3 \text{availableP} + \beta_4 \text{gender} + \mu$$

```
. qui: logit accessible_4 celluse edulevel aage availableP gender if nomiss==1
. estimates store full  // 无约束模型

. qui: logit accessible_4 edulevel aage availableP gender if nomiss==1
. estimates store nokidvars   //约束模型
```

（约束模型实际上就是约束了 $\beta_{\text{celluse}} = 0$）

在这里和政数据的例子中，H_0：$\beta_{celluse}=0$

. lrtest full nokidvars

```
Likelihood-ratio test                        LR chi2(1)  =      7.19
(Assumption: nokidvars nested in full)   Prob > chi2  =    0.0073
```

对于 LR 检验来说，有两点一定要满足，不然其结果就是无效的。

（1）两个模型必须嵌套。

（2）两个模型必须使用相同的样本。

16.3　拟合的测量

评估拟合包括对个别观测值的拟合分析和对模型整体的标量拟合测度的评估。许多测量方式已经被开发出来，以降低连续、计数或分类因变量回归模型的整体拟合优度。这些测量方式在比较竞争模型和选择最终模型中是有帮助的。然而，没有令人信服的证据表明，这些通过数学测量的模型就是最优的模型。

16.3.1　fitstat 命令

此命令的格式是：

fitstat[, saving（name）using（name）ic force diff]

我们可以使用 fitstat 命令对两个非嵌套模型进行比较。对如下两个模型进行解释：

$$accessible\_4=\beta_0+\beta_1 celluse+\beta_2 edulevel+\beta_3 aage+\beta_4 availableP+\beta_5 gender+\mu$$

$$accessible\_4=\beta_0+\beta_1 celluse+\beta_2 intelligenceP+\beta_3 aage+\beta_4 availableP+\beta_5 gender+\mu$$

. qui: logit accessible_4 celluse edulevel aage availableP gender

. fitstat, saving(model11)

```
                                       |          logit
---------------------------------------+--------------
Log-likelihood                         |
                                 Model |     –116.184
                        Intercept-only |     –157.385
```

```
-------------------------------------------+-------------
Chi-square                                 |
                          Deviance(df=250) |    232.367
                                 LR(df=5)  |     82.402
                                  p-value  |      0.000
-------------------------------------------+-------------
R2                                         |
                                 McFadden  |      0.262
                       McFadden(adjusted)  |      0.224
                     McKelvey & Zavoina    |      0.473
                             Cox-Snell/ML  |      0.275
                  Cragg-Uhler/Nagelkerke   |      0.389
                                    Efron  |      0.295
                                 Tjur's D  |      0.296
                                    Count  |      0.781
                          Count(adjusted)  |      0.282
-------------------------------------------+-------------
IC                                         |
                                      AIC  |    244.367
                       AIC divided by N    |      0.955
                                BIC(df=6)  |    265.638
-------------------------------------------+-------------
Variance of                                |
                                        e  |      3.290
                                   y-star  |      6.237

. qui: logit accessible_4 celluse intelligenceP aage availableP gender
. fitstat, using(model11) force

                                           |    Current      Saved   Difference
-------------------------------------------+------------------------------------
Log-likelihood                             |
                                    Model  |   -111.765   -116.184        4.418
                           Intercept-only  |   -153.426   -157.385        3.959
-------------------------------------------+------------------------------------
Chi-square                                 |
                       D(df=246/250/-4)    |    223.531    232.367       -8.837
                           LR(df=5/5/0)    |     83.321     82.402        0.919
                                  p-value  |      0.000      0.000            .
-------------------------------------------+------------------------------------
```

```
R2                                      |
                               McFadden |     0.272      0.262        0.010
                     McFadden(adjusted) |     0.232      0.224        0.009
                    McKelvey & Zavoina  |     0.615      0.473        0.143
                           Cox-Snell/ML |     0.282      0.275        0.006
                 Cragg-Uhler/Nagelkerke |     0.400      0.389        0.011
                                  Efron |     0.321      0.295        0.026
                               Tjur's D |     0.313      0.296        0.017
                                  Count |     0.806      0.781        0.024
                        Count(adjusted) |     0.347      0.282        0.065
----------------------------------------+--------------------------------------
IC                                      |
                                    AIC |   235.531    244.367       -8.837
                       AIC divided by N |     0.935      0.955       -0.020
                         BIC(df=6/6/0)  |   256.707    265.638       -8.931
----------------------------------------+--------------------------------------
Variance of                             |
                                      e |     3.290      3.290        0.000
                                 y-star |     8.551      6.237        2.314
----------------------------------------+--------------------------------------
N                                       |
                                      N |   252.000    256.000       -4.000
Note: Likelihood-ratio test assumes current model nested in saved model.
Difference of 8.931 in BIC provides strong support for current model.
```

16.3.2 对于 fitstat 表格的解释

以模型（16.1）为例。

```
. logit accessible_4 celluse intelligenceP aage availableP gender
Iteration 0: log likelihood = –153.42602
Iteration 1: log likelihood = –118.25483
Iteration 2: log likelihood = –112.36019
Iteration 3: log likelihood = –111.76877
Iteration 4: log likelihood = –111.76546
Iteration 5: log likelihood = –111.76546
 Logistic regression                    Number of obs       =       252
                                        LR chi2(5)          =     83.32
```

```
                                          Prob > chi2          =     0.0000
Log likelihood = −111.76546               Pseudo R2            =     0.2715
------------------------------------------------------------------------------
accessible_4 |     Coef.   Std. Err.      z    P>|z|     [95% Conf. Interval]
-------------+----------------------------------------------------------------
     celluse |  .2109138   .1187694    1.78   0.076      −.02187    .4436975
intelligenceP|  .1130457   .0391778    2.89   0.004     .0362587    .1898328
        aage | −.0345523   .0158394   −2.18   0.029    −.0655968   −.0035077
  availableP |  .0253337   .0121031    2.09   0.036      .001612    .0490555
      gender | −.1935217   .3783792   −0.51   0.609    −.9351314    .5480879
       _cons | −1.422307   1.170093   −1.22   0.224    −3.715647    .8710333
------------------------------------------------------------------------------
. fitstat
                                              |         logit
----------------------------------------------+--------------
Log-likelihood                                |
                                        Model |      −111.765
                               Intercept-only |      −153.426
----------------------------------------------+--------------
Chi-square                                    |
                            Deviance(df=246)  |       223.531
                                     LR(df=5) |        83.321
                                      p-value |         0.000
----------------------------------------------+--------------
R2                                            |
                                     McFadden |         0.272
                          McFadden(adjusted)  |         0.232
                          McKelvey & Zavoina  |         0.615
                                 Cox-Snell/ML |         0.282
                    Cragg-Uhler/Nagelkerke    |         0.400
                                        Efron |         0.321
                                     Tjur's D |         0.313
                                        Count |         0.806
                              Count(adjusted) |         0.347
----------------------------------------------+--------------
IC                                            |
                                          AIC |       235.531
                             AIC divided by N |         0.935
                                    BIC(df=6) |       256.707
```

```
-----------------------------------------------+---------------
Variance of                                    |
                                             e |      3.290
                                        y-star |      8.551
```

D（247）是 Deviance（偏差），df=样本量–参数=252–5=247，这个数值越小越好，但是没有对应的卡方分布，无法计算 P 值。

LR（5）就是 LRtest（联合检验），df=5，H_0：除截距项外，所有参数均为 0。

Pseudo（伪）R^2。线性回归中的 R^2 根据 $\hat{y}$ 能解释 y 波动的多少来计算的，但是在非线性模型中，这么计算会不准确，所以我们计算 Pseudo（伪）R^2。

McFadden（麦克法登）R^2：也被称为“似然比指数”，比较一个只有截距的模型和一个有所有参数的模型。它被定义为

$$R^2_{\mathrm{McF}}=1-\frac{\ln\hat{L}\left(M_{\mathrm{Full}}\right)}{\ln\hat{L}\left(M_{\mathrm{Intercept}}\right)}$$

调整后的 McFadden（麦克法登）R^2：

$$\bar{R}^2_{\mathrm{McF}}=1-\frac{\ln\hat{L}\left(M_{\mathrm{Full}}\right)-k^*}{\ln\hat{L}\left(M_{\mathrm{Intercept}}\right)}$$

Cragg and Uhler's（克拉格和乌勒）R^2：也叫 Nagelkerke（纳格尔克）R^2。因为 R^2_{ML} 的最大值是 $1-L\left(M_{\mathrm{Intercept}}\right)^{2/N}$，所以 Cragg 和 Uhler 提出了一种规范的措施:

$$R^2_{C\&U}=\frac{R^2_{\mathrm{ML}}}{\max R^2_{\mathrm{ML}}}=\frac{R^2_{\mathrm{ML}}}{1-L\left(M_{\mathrm{Intercept}}\right)^{2/N}}$$

Efron's（埃夫隆）R^2：

对于二分类因变量，Efron's（埃夫隆）伪 R^2 定义 $\hat{y}=\hat{\pi}=\widehat{\Pr}(y=1|x)$

$$R^2_{\mathrm{Efron}}=1-\frac{\sum_{i=1}^{N}\widehat{\left(y_i-\pi_i\right)}^2}{\sum_{i=1}^{N}\left(y_i-\bar{y}\right)^2}$$

Tjur's D：对于二元结果，Tjur[①]提出了一个从 0 到 1 的拟合优度度量，他称

① Tjur T. Coefficients of determination in logistic regression models—A new proposal: The coefficient of discrimination[J]. The American Statistician，2009，63 (4)：366-372.

之为歧视系数。D 简单地将观察到的结果为 1 时的平均预测概率与观察到的结果为 0 时的平均预测概率进行比较。

Count（计数）R^2：

信息准则：嵌套模型和非嵌套模型都可以通过 BIC，AIC 进行比较。

AIC：

$$\text{AIC} = \frac{-2\ln \hat{L}\left(M_k\right) + 2P_k}{N}$$

其中，$\hat{L}\left(M_k\right)$是模型的似然值，P_k是方程中参数的个数。

BIC：

贝叶斯信息准则用于评估模型的整体拟合程度，同时也用于比较嵌套模型和非嵌套模型。定义如下：

$$\text{BIC}_k = D\left(M_k\right) - \text{df}_k \ln N$$

其中，$D\left(M_k\right)$表示模型的 Deviance（偏差）。BIC_k 越小，说明拟合效果越好。

BIC 的计算还有第二个版本：

$$\text{BIC}_k{'} = -G_{M_k}^2 + \text{df}_k{'} \ln N$$

其中，$\text{df}_k{'}$表示模型中解释变量的个数。

使用 BIC 来选择模型时，BIC 数值越小说明模型拟合越好，因此我们通常选择 BIC 数值相对小的模型，并且可以结合具体的 difference 绝对值来判断。

Absolute difference	Evidence
0~2	弱
2~6	好
6~10	较好
>10	非常好

习　题

简答题：

1. 在信息贫困研究中，当因变量是二元分类变量（例如，是否属于信息贫困）时，应如何选择适当的统计模型进行估计？
2. 当因变量是多元分类变量（例如，信息贫困的程度：轻度、中度、重度）时，应如何对模型进行估计？请介绍多元 logit/probit 模型的基本原理及其适用性。

3. 在对分类因变量进行模型估计后，如何进行模型的拟合优度检验？请列举至少两种常用的检验方法，并简要说明其原理和步骤。
4. 当两个分类变量之间存在相关性时，应如何检验其独立性？请介绍卡方检验和 Fisher 精确检验的原理及适用场景，并比较其优缺点。
5. 当发现模型拟合效果不佳时，可能的原因有哪些？请提出针对性的改进建议。

第 17 章 信息贫困研究中分类因变量的解释

在这一章中，我们将介绍在本书其余部分中会使用的解释方法。分类结果的模型是非线性的，而这种非线性是有效解释必须解决的基本挑战。简单地说，这意味着我们无法通过提供一组估计参数来有效地解释模型。相反，我们认为解释这些模型最有效的方法是先拟合模型，然后计算和检验对结果的后估计预测。

极大似然估计（Maximum Likelihood Estimate，MLE）是分类因变量模型中的主要估计方法。以通俗理解来说，MLE 利用已知的样本结果信息，反推最具有可能（最大概率）导致这些样本结果出现的模型参数值，即，“模型已定，参数未知”。而此估计中“极大”的思想则是，既然事情已经发生了，为什么不让这个结果出现的可能性最大呢？这也就是最大似然估计的核心。（该估计方法认为：存在即合理，因此我们抽出的概率就是最大的概率。）

需要留意的是，在统计学中，概率（probability）≠可能性（likelihood）。概率指随机事件出现的可能性大小，而可能性则企图找到一个分布去表征一系列观测值并找到这个分布的平均值或标准差的最佳值。因此，极大似然估计就是找到某个概率使观察数据的可能性最大化。

17.1 比较线性模型和非线性模型

线性模型的系数解释可以直接理解为每增加一单位 x，y 增加 β，但是非线性模型因为不是直线不能这样解释，如图 17-1。

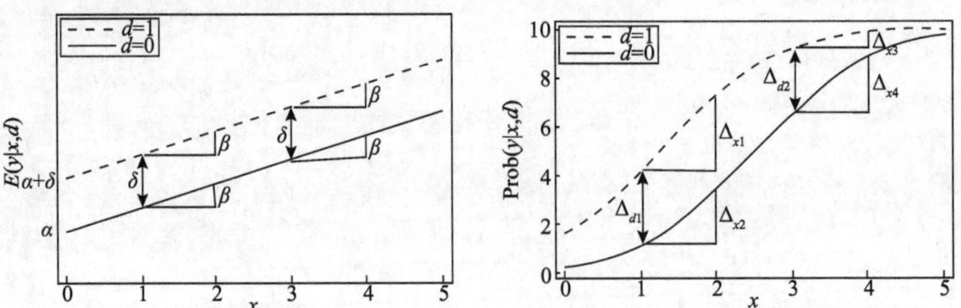

(a)线性模型 (b)非线性模型

图 17-1 线性模型和非线性模型

17.2　解释的方式

本书中提出的解释的主要方法基于模型的预测。该模型是拟合的，并且估计的参数用于对独立变量的值进行预测，这些值有助于我们理解非线性模型的实质性含义。主要依赖于 predict 命令和 margins 命令，这两个命令是 mtable, mchange 和 mgen 命令的基础。

本章概述了这些命令的一般原则和语法。在后面的章节中使用命令来解释特定模型时，将充分解释为什么要使用每个功能的详细信息。本章涉及的内容初次略读即可，在学习了之后的内容后再回顾本章，会使对这些内容的理解变得更加清晰。

17.2.1　基于预测的解释方式

我们以四种基本方式使用预测：对每个观测值进行预测，使用 predict；对特定值进行预测，使用 margins 和 mtable；对边际效应进行预测，使用 margins，mtable，mchange；绘制预测图，使用 marginsplot。

17.2.2　使用参数的解释方式

每一个模型参数的解释都不一样，在后续小节中我们会详细介绍。

17.2.3　用于解释的命令

主要指 margins 和一些 m 开头的命令。

17.3　每一个观察值的预测

本节以二分类 logit 为例，其余模型将在后续章节中介绍。以和政数据为例，假设脱贫素质越高的受访者，越有可能在 10 年间增加收入。我们认为 10 年内收入增加，与认知需求-我更喜欢复杂的问题（cognition_1）、信息资产-网络搜索引擎（如百度、谷歌）（asset1）、人生价值观-能不能赚到钱，主要看命运好坏（lifevalue_1）、劳动价值观-打工别人叫我我就去，不叫我就不去（laborvalue_1）、新闻客户端浏览-新闻客户端经常给我推荐不同领域的新闻内容（news_1）、自强动力-干任何事，我都觉得自己做不好（motivation_2）、脱贫政策-与其下个月给我 100 块，不如现在给我 50 块（strategy_4）这些因素有关，其对应的 logit 模型（17.1）如下。

$$
\begin{aligned}
&P\big(\text{incomeinc}=1|\text{qualityT},\text{cognition}\_1,\text{asset1},\text{lifevalue}\_1,\text{laborvalue}\_1,\\
&\quad \text{news}\_1,\text{motivation}\_2,\text{strategy}\_4\big)\\
&=\frac{\exp\big(\beta_0+\beta_1\text{qualityT}+\beta_2\text{cognition}\_1+\beta_3\text{asset1}+\beta_4\text{lifevalue}\_1}{1+\exp\big(\beta_0+\beta_1\text{qualityT}+\beta_2\text{cognition}\_1+\beta_3\text{asset1}+\beta_4\text{lifevalue}\_1}\\
&\quad\frac{+\beta_5\text{laborvalue}\_1+\beta_6\text{news}\_1+\beta_7\text{motivation}\_2+\beta_8\text{strategy}\_4\big)}{+\beta_5\text{laborvalue}\_1+\beta_6\text{news}\_1+\beta_7\text{motivation}\_2+\beta_8\text{strategy}\_4\big)}
\end{aligned}
\tag{17.1}
$$

```
. qui:logit incomeinc qualityT cognition_1 asset1 lifevalue_1 laborvalue_1 news_1
motivation_2 strategy_4

. predict pr1
(option pr assumed; Pr(incomeinc))
(25 missing values generated)

. sum pr1
    Variable |        Obs        Mean    Std. Dev.       Min        Max
-------------+---------------------------------------------------------
         pr1 |        235    .7957447    .0893824    .3876128   .9310779
------------------------------------------------------------------------
```

汇总统计表明，样本中的预测概率范围为 0.388 到 0.931，平均概率为 0.796。这仅仅是展示预测概率，不能以此作为评判模型好坏的依据。

17.4 特定值的预测（margins）

17.4.1 使用 margins 进行预测

仍然使用模型（17.1）。

```
. qui:logit incomeinc qualityT qualityT cognition_1 asset1 lifevalue_1 laborvalue_1
news_1 motivation_2 strategy_4
. margins //默认计算所有预测值的平均值、标准误和95%的置信区间
```

```
Predictive margins                          Number of obs     =       235
Model VCE: OIM
Expression: Pr(incomeinc), predict()
------------------------------------------------------------------------------
         |            Delta-method
         |     Margin   Std. Err.      z    P>|z|     [95% Conf. Interval]
---------+--------------------------------------------------------------------
   _cons |   .8085106   .0251099    32.20   0.000     .759296     .8577252
------------------------------------------------------------------------------
```

了解了预测的平均值，现在我们想知道，在我们的样本中一个普通人（自变量和控制变量都处于平均值）10 年内收入增加的概率有多少。

```
. margins,atmeans //计算回归中自变量在均值处的拟合值

Adjusted predictions                          Number of obs     =       235
Model VCE: OIM
 Expression     : Pr(incomeinc), predict()
 at             : qualityT              =    27.10213(mean)
                  cognition_1           =    3.706383(mean)
                  asset1                =    2.765957(mean)
                  lifevalue_1           =    3.706383(mean)
                  laborvalue_1          =    4.285106(mean)
                  news_1                =    2.157447(mean)
                  motivation_2          =    3.880851(mean)
                  strategy_4            =    3.485106(mean)
------------------------------------------------------------------------------
         |            Delta-method
         |     Margin   Std. Err.      z    P>|z|     [95% Conf. Interval]
---------+--------------------------------------------------------------------
   _cons |   .8088361   .0267592    30.23   0.000     .756389     .8612831
------------------------------------------------------------------------------
```

根据上面的结果，脱贫素质得分的均值大概是 27（得分区间为 11~35），按照我们的假定，脱贫素质得分越高，收入增加的概率越高，因此脱贫素质得分低于 27 的受访者收入增加的概率低于 80.88361%。为与均值预测值有所区别，我们指定脱贫素质得分为 23 计算预测值。

. margins,at(qualityT=23) //计算回归中脱贫素质为 23 的拟合值

```
Predictive margins                          Number of obs     =       235
Model VCE: OIM
 Expression      : Pr(incomeinc), predict()
 at              : qualityT                =          23

------------------------------------------------------------------------------
             |            Delta-method
             |     Margin   Std. Err.      z    P>|z|     [95% Conf. Interval]
-------------+----------------------------------------------------------------
       _cons |    .787926   .0339099    23.24   0.000     .7214639    .8543882
------------------------------------------------------------------------------
```

（这里只有脱贫素质的信息，没有控制变量的信息，我们不能忽略这一点，所以需加上其余控制变量再次进行预测。）

. margins,at(qualityT=23)atmeans //计算回归中脱贫素质得分为 23 分，其余自变量在均值处的拟合值。等价命令是：margins,at(qualityT=23(mean)cognition_1 asset1 lifevalue_1 laborvalue_1 news_1 motivation_2 strategy_4)

```
Adjusted predictions                        Number of obs     =       235
Model VCE: OIM
 Expression      : Pr(incomeinc), predict()
 at              : qualityT                =          23
                   cognition_1             =    3.706383(mean)
                   asset1                  =    2.765957(mean)
                   lifevalue_1             =    3.706383(mean)
                   laborvalue_1            =    4.285106(mean)
                   news_1                  =    2.157447(mean)
                   motivation_2            =    3.880851(mean)
                   strategy_4              =    3.485106(mean)

------------------------------------------------------------------------------
             |            Delta-method
             |     Margin   Std. Err.      z    P>|z|     [95% Conf. Interval]
-------------+----------------------------------------------------------------
       _cons |    .799872   .0364233    21.96   0.000     .7284838    .8712603
------------------------------------------------------------------------------
```

但是平均值很容易受极端值的影响，所以我们接下来选取中位数进行预测，

来看是否有较大的波动。

. margins, at(qualityT=23(median) cognition_1 asset1 lifevalue_1 laborvalue_1 news_1 motivation_2 strategy_4) //计算回归中脱贫素质得分为 23 分，其余自变量在中位数的拟合值

```
Adjusted predictions                    Number of obs     =        235
Model VCE: OIM
 Expression     : Pr(incomeinc), predict()
 at             : qualityT          =              23
                  cognition_1       =     3.706383(mean)
                  asset1            =     2.765957(mean)
                  lifevalue_1       =     3.706383(mean)
                  laborvalue_1      =     4.285106(mean)
                  news_1            =     2.157447(mean)
                  motivation_2      =     3.880851(mean)
                  strategy_4        =     3.485106(mean)

------------------------------------------------------------------------------
          |            Delta-method
          |     Margin   Std. Err.      z    P>|z|     [95% Conf. Interval]
----------+-------------------------------------------------------------------
    _cons |    .799872   .0364233    21.96   0.000     .7284838    .8712603
------------------------------------------------------------------------------
```

应用中位数进行预测，与均值预测的变化仅为 0.011946，变化不大。

如果说我们选取的控制变量有效，那么控制变量在 1%分位数的拟合值应该会下降。

. margins,at(qualityT=23(p1)cognition_1 asset1 lifevalue_1 laborvalue_1 news_1 motivation_2 strategy_4)//计算回归中脱贫素质得分为 23 分，其余自变量在 1%分位数的拟合值

```
Adjusted predictions                    Number of obs     =        235
Model VCE       : OIM
 Expression     : Pr(incomeinc), predict()
 at             : qualityT          =           23
                  cognition_1       =          1(p1)
                  asset1            =          1(p1)
```

```
             lifevalue_1          =         1(p1)
             laborvalue_1         =         1(p1)
             news_1               =         0(p1)
             motivation_2         =         1(p1)
             strategy_4           =         1(p1)

------------------------------------------------------------------------------
             |            Delta-method
             |     Margin   Std. Err.      z    P>|z|     [95% Conf. Interval]
-------------+----------------------------------------------------------------
       _cons |   .6996448    .185539     3.77   0.000     .3359951    1.063295
------------------------------------------------------------------------------
```

虽然拟合值下降了，但是标准误上升了（0.0364233→0.185539），之前的自变量和控制变量处于均值的时候，标准误为 0.0251099，说明波动变大，结果可能并不可靠。

按照我们的预想，控制变量在最大值处的预测值应该较大。

margins,at(qualityT=23(mean)(max)cognition_1 asset1 lifevalue_1 laborvalue_1 news_1 motivation_2 strategy_4) //计算回归中脱贫素质得分为 23 分，其余变量取最大值

（此处对部分变量的顺序进行倒置，使取最大值时代表最佳。）

```
Adjusted predictions                 Number of obs     =        235
Model VCE      : OIM
 Expression    : Pr(incomeinc), predict()
 at            : qualityT            =          23
               cognition_1           =      5(max)
               asset1                =      5(max)
               lifevalue_1           =      5(max)
               laborvalue_1          =      5(max)
               news_1                =      5(max)
               motivation_2          =      5(max)
               strategy_4            =      5(max)

------------------------------------------------------------------------------
             |            Delta-method
             |     Margin   Std. Err.      z    P>|z|     [95% Conf. Interval]
-------------+----------------------------------------------------------------
```

```
_cons |   .8369806  .0803205    10.42   0.000  .6795552   .9944059
------------------------------------------------------------------------------
```

预测值上升了，但是标准误很大。针对上述结果，我们进行综合比较，如表 17-1 所示。

表 17-1　自变量四种取值的比较

自变量	预测的平均值	自变量在均值处	qualityT=23 处	qualityT=23			
				其余自变量在均值处	其余自变量在中位数处	其余自变量在 1%分位数	其余自变量取最大值
拟合值	0.8085106	0.8201983	0.8095094	0.8213121	0.8076971	0.5540616	0.9171895
标准误				0.0359028	0.0514689	0.1679229	0.0467975

如果我们的模型中有交乘项，想要计算整个模型的边界效应，则写法与上述完全一致。

下面例子同时计算多个 margins。刚才的例子中没有考虑到性别的差异，此处我们只考虑性别差异，其余控制变量都在均值处计算预测值。

. qui:logit transform edulevel1 onlineSES personnet infoneed promotion policy i.gender

. margins,at（gender=0 gender=1）atmeans //同时计算 gender=0，其余自变量在均值处的拟合值和 gender=1，其余自变量在均值处的拟合值。等价命令：margins,at(gender=0) at(gender=1) atmean margins,at(gender=(0 1) atmeans

```
Adjusted predictions                   Number of obs      =        235
Model VCE       : OIM
 Expression     : Pr(incomeinc), predict()
 1._at          : qualityT              =     27.10213(mean)
                  cognition_1           =     3.706383(mean)
                  asset1                =     2.765957(mean)
                  lifevalue_1           =     3.706383(mean)
                  laborvalue_1          =     4.285106(mean)
                  news_1                =     2.157447(mean)
                  motivation_2          =     3.880851(mean)
                  strategy_4            =     3.485106(mean)
                  gender                =            0
 2._at          : qualityT              =     27.10213(mean)
```

```
                cognition_1              =     3.706383(mean)
                asset1                   =     2.765957(mean)
                lifevalue_1              =     3.706383(mean)
                laborvalue_1             =     4.285106(mean)
                news_1                   =     2.157447(mean)
                motivation_2             =     3.880851(mean)
                strategy_4               =     3.485106(mean)
                gender                   =            1

------------------------------------------------------------------------------
             |            Delta-method
             |     Margin   Std. Err.      z    P>|z|     [95% Conf. Interval]
-------------+----------------------------------------------------------------
         _at |
          1  |   .7262983   .0550747    13.19   0.000     .6183538    .8342428
          2  |   .8459808   .0296135    28.57   0.000     .7879394    .9040221
------------------------------------------------------------------------------
```

性别这种二分类变量展示比较容易，但是如果是类似于脱贫素质得分这种连续型变量，像刚才那样输入就比较麻烦，我们可以使用如下命令更加便捷地展示。

```
. margins,at(qualityT=(18(5)28))atmeans //qualityT 从 18 到 28，步伐为 5

Adjusted predictions                     Number of obs     =        235
Model VCE    : OIM
 Expression   : Pr(incomeinc), predict()
 1._at        : qualityT                 =           18
                cognition_1              =     3.706383(mean)
                asset1                   =     2.765957(mean)
                lifevalue_1              =     3.706383(mean)
                laborvalue_1             =     4.285106(mean)
                news_1                   =     2.157447(mean)
                motivation_2             =     3.880851(mean)
                strategy_4               =     3.485106(mean)
                0.gender                 =     .3148936(mean)
                1.gender                 =     .6851064(mean)
 2._at        : qualityT                 =           23
                cognition_1              =     3.706383(mean)
                asset1                   =     2.765957(mean)
                lifevalue_1              =     3.706383(mean)
```

```
              laborvalue_1            =     4.285106(mean)
              news_1                  =     2.157447(mean)
              motivation_2            =     3.880851(mean)
              strategy_4              =     3.485106(mean)
              0.gender                =     .3148936(mean)
              1.gender                =     .6851064(mean)
3._at         : qualityT              =               28
              cognition_1             =     3.706383(mean)
              asset1                  =     2.765957(mean)
              lifevalue_1             =     3.706383(mean)
              laborvalue_1            =     4.285106(mean)
              news_1                  =     2.157447(mean)
              motivation_2            =     3.880851(mean)
              strategy_4              =     3.485106(mean)
              0.gender                =     .3148936(mean)
              1.gender                =     .6851064(mean)

------------------------------------------------------------------------------
             |            Delta-method
             |     Margin   Std. Err.      z    P>|z|     [95% Conf. Interval]
-------------+----------------------------------------------------------------
         _at |
          1  |   .8056037   .0610862    13.19   0.000     .685877    .9253304
          2  |   .8100924   .0362606    22.34   0.000    .7390229    .8811618
          3  |   .8145012   .0273699    29.76   0.000    .7608572    .8681453
------------------------------------------------------------------------------
```

在上面的基础上我们额外考虑性别因素。

. margins,at(qualityT=(18(5)28)gender=(0 1)) atmeans //qualityT 从 18 到 28，步伐为 5，共三组；gender 分两组，交乘后，总共分 6 组

（更简洁命令：margins gender,atmeans; margins,at(gender=(0 1)) atmeans）

```
Adjusted predictions                      Number of obs    =        235
Model VCE      : OIM
Expression     : Pr(incomeinc), predict()
1._at          : qualityT              =               18
                 cognition_1           =     3.706383(mean)
```

```
            asset1          =  2.765957(mean)
            lifevalue_1     =  3.706383(mean)
            laborvalue_1    =  4.285106(mean)
            news_1          =  2.157447(mean)
            motivation_2    =  3.880851(mean)
            strategy_4      =  3.485106(mean)
            gender          =               0
2._at       : qualityT      =              18
            cognition_1     =  3.706383(mean)
            asset1          =  2.765957(mean)
            lifevalue_1     =  3.706383(mean)
            laborvalue_1    =  4.285106(mean)
            news_1          =  2.157447(mean)
            motivation_2    =  3.880851(mean)
            strategy_4      =  3.485106(mean)
            gender          =               1
3._at       : qualityT      =              23
            cognition_1     =  3.706383(mean)
            asset1          =  2.765957(mean)
            lifevalue_1     =  3.706383(mean)
            laborvalue_1    =  4.285106(mean)
            news_1          =  2.157447(mean)
            motivation_2    =  3.880851(mean)
            strategy_4      =  3.485106(mean)
            gender          =               0
4._at       : qualityT      =              23
            cognition_1     =  3.706383(mean)
            asset1          =  2.765957(mean)
            lifevalue_1     =  3.706383(mean)
            laborvalue_1    =  4.285106(mean)
            news_1          =  2.157447(mean)
            motivation_2    =  3.880851(mean)
            strategy_4      =  3.485106(mean)
            gender          =               1
5._at       : qualityT      =              28
            cognition_1     =  3.706383(mean)
            asset1          =  2.765957(mean)
            lifevalue_1     =  3.706383(mean)
            laborvalue_1    =  4.285106(mean)
            news_1          =  2.157447(mean)
```

```
              motivation_2        =     3.880851(mean)
              strategy_4          =     3.485106(mean)
              gender              =                  0
6._at         : qualityT          =                 28
              cognition_1         =     3.706383(mean)
              asset1              =     2.765957(mean)
              lifevalue_1         =     3.706383(mean)
              laborvalue_1        =     4.285106(mean)
              news_1              =     2.157447(mean)
              motivation_2        =     3.880851(mean)
              strategy_4          =     3.485106(mean)
              gender              =                  1

------------------------------------------------------------------------------
             |            Delta-method
             |     Margin   Std. Err.      z    P>|z|     [95% Conf. Interval]
-------------+----------------------------------------------------------------
         _at |
          1  |     .71571   .0859807     8.32   0.000     .5471909    .8842291
          2  |   .8389961   .0574727    14.60   0.000     .7263517    .9516405
          3  |   .7215569   .0610538    11.82   0.000     .6018936    .8412202
          4  |   .8428641   .0373814    22.55   0.000      .769598    .9161302
          5  |   .7273294   .0560857    12.97   0.000     .6174035    .8372552
          6  |   .8466562     .02965    28.56   0.000     .7885432    .9047691
------------------------------------------------------------------------------
```

以上我们计算的预测值是在同一个群体（脱贫素质相同）内区分男女计算的，但是男性的平均脱贫素质可能和女性的平均脱贫素质不同，所以对于这种情况，我们要先分男女两组，再计算每组组内的预测值。

. margins,over(gender) atmeans //对于 gender 只是组内比较，gender==1 计算 margins，gender==0 计算 margins

（等价命令：margins,at(gender=(0 1)) atmeans; margins if gender==0, atmeans; margins if gender==1, atmeans）

```
Adjusted predictions                  Number of obs     =        235
Model VCE      : OIM
 Expression    : Pr(incomeinc), predict()
 over          : gender
```

```
at          : 0.gender
              qualityT                    =    26.2973(mean)
              cognition_1                 =    3.972973(mean)
              asset1                      =    2.594595(mean)
              lifevalue_1                 =    3.891892(mean)
              laborvalue_1                =    4.391892(mean)
              news_1                      =    2.162162(mean)
              motivation_2                =    3.743243(mean)
              strategy_4                  =    3.662162(mean)
              gender                      =           0
              1.gender
              qualityT                    =    27.47205(mean)
              cognition_1                 =    3.583851(mean)
              asset1                      =     2.84472(mean)
              lifevalue_1                 =    3.621118(mean)
              laborvalue_1                =    4.236025(mean)
              news_1                      =     2.15528(mean)
              motivation_2                =    3.944099(mean)
              strategy_4                  =    3.403727(mean)
              gender                      =           1

------------------------------------------------------------------------------
         |            Delta-method
         |     Margin   Std. Err.      z    P>|z|     [95% Conf. Interval]
---------+--------------------------------------------------------------------
  gender |
      女 |   .7411574   .0520658    14.24   0.000     .6391103    .8432044
      男 |   .8413697   .0297329    28.30   0.000     .7830942    .8996452
------------------------------------------------------------------------------
```

17.4.2 （高级）使用 margins 的非默认预测

由 margins 或 m*命令计算的默认预测通常是我们想要的预测，这也解释了为什么它们是默认的。但是我们可能想要预测一些其他数量。使用本节中描述的选项，可以预测由 predict 计算的任何数量的任意复杂函数。后面的章节将介绍这种强大的边距特性的几个有用的应用。

在定序变量模型（ologit）中，我们会预测 y=2 或者=3……的拟合值。例如，关于自强动力-干任何事，我都觉得自己做不好（motivation_2），我们想知道会有哪些因素会影响受访者形成该观念。假设其受脱贫素质（qualityT）、教育年限（edulevel）、年龄（aage）影响。命令如下。

```
. ologit motivation_2 qualityT edulevel aage

Iteration 0:   log likelihood = –338.15703
Iteration 1:   log likelihood = –320.60285
Iteration 2:   log likelihood = –320.37497
Iteration 3:   log likelihood = –320.37479
Iteration 4:   log likelihood = –320.37479
 Ordered logistic regression            Number of obs     =        250
                                        LR chi2(3)        =      35.56
                                        Prob > chi2       =     0.0000
 Log likelihood = –320.37479            Pseudo R2         =     0.0526

------------------------------------------------------------------------------
 motivation_2 |      Coef.   Std. Err.      z    P>|z|     [95% Conf. Interval]
--------------+---------------------------------------------------------------
     qualityT |   .0966097   .0261374    3.70   0.000     .0453814     .147838
     edulevel |   .1874652   .0841032    2.23   0.026     .0226261    .3523044
         aage |  –.0102299   .0096754   –1.06   0.290    –.0291934    .0087335
--------------+---------------------------------------------------------------
        /cut1 |   .4161574   .8769103                     –1.302555     2.13487
        /cut2 |   1.424158   .8740469                     –.2889422    3.137259
        /cut3 |   1.875898   .8783014                      .1544591    3.597337
        /cut4 |   2.864921    .889731                      1.121081    4.608762
------------------------------------------------------------------------------
```

结果发现，年龄并没有显著影响，脱贫素质和教育年限有显著的影响。为了大致评估我们模型的拟合程度，我们可以选取一个特定的 y 值（例如 $y=2$）来与实际进行一个比较，看差距是不是很大。

```
. margins, predict(outcome(2))

Predictive margins                       Number of obs     =        250
Model VCE     : OIM

Expression    : Pr(motivation_2==2), predict(outcome(2))
```

```
------------------------------------------------------------------------------
             |            Delta-method
             |     Margin   Std. Err.      z    P>|z|     [95% Conf. Interval]
-------------+----------------------------------------------------------------
       _cons |   .1225807   .0208441     5.88   0.000      .081727    .1634343
------------------------------------------------------------------------------
```

可以看出预测的频率为 0.1225807，我们将其与实际频率进行对比。

. tab motivation_2

此变量为“自强动力”，测量项目是“干任何事，我都觉得自己做不好”。

```
            |      Freq.     Percent        Cum.
------------+-----------------------------------
   非常赞同 |         25        9.69        9.69
   有点赞同 |         31       12.02       21.71
     不确定 |         19        7.36       29.07
   不太赞同 |         55       21.32       50.39
 非常不赞同 |        128       49.61      100.00
------------+-----------------------------------
      Total |        258      100.00
```

可以看出差别不是太大。或者我们也可以反过来计算。[计算 $\Pr(y \neq 2|X) = 1 - \Pr(y = 2|X)$]：

```
. margins,expression(1-predict(outcome(2)))

Predictive margins                              Number of obs     =        250
Model VCE    : OIM

Expression   : 1-predict(outcome(2))

------------------------------------------------------------------------------
             |            Delta-method
             |     Margin   Std. Err.      z    P>|z|     [95% Conf. Interval]
-------------+----------------------------------------------------------------
       _cons |   .8774193   .0208441    42.09   0.000     .8365657     .918273
------------------------------------------------------------------------------
```

expression()这个选项，我们可以更加灵活地进行我们想要进行的假设检验，

例如可以检验 H_0：$\Pr(y=2|X)$ 和 $\Pr(y=4|X)$ 之间无显著的区别。

```
. margins,expression(predict(outcome(4))-predict(outcome(2)))

Predictive margins                    Number of obs     =        250
Model VCE     : OIM

Expression    : predict(outcome(4))-predict(outcome(2))
------------------------------------------------------------------------------
             |            Delta-method
             |     Margin   Std. Err.      z    P>|z|     [95% Conf. Interval]
-------------+----------------------------------------------------------------
       _cons |   .0860994   .0361877     2.38   0.000     .0151727     .157026
------------------------------------------------------------------------------
```

结果显著，说明 y=2 和 y=4 的拟合值有显著区别。

当然 expression( )这个选项在 logit 模型中也可以用，但是因为 logit 中我们只能计算 Pr（y=1|X），所以我们只能使用 predict（Pr）选项代表 Pr（y=1|X）。

```
. qui:logit incomeinc qualityT cognition_1 asset1 lifevalue_1 laborvalue_1 news_1
motivation_2 strategy_4 i.gender

. margins,expression(0.5-predict(pr))

Predictive margins                    Number of obs     =        235
Model VCE     : OIM

Expression    : 0.5-predict(pr)
------------------------------------------------------------------------------
             |            Delta-method
             |     Margin   Std. Err.      z    P>|z|     [95% Conf. Interval]
-------------+----------------------------------------------------------------
       _cons |  -.2957447   .0254032   -11.64   0.000    -.3455341   -.2459553
------------------------------------------------------------------------------
```

显著且系数为负，说明根据我们的模型，大部分人都实现了收入的增加。

17.4.3 使用 mtable 命令的预测表

mtable 命令能将 margins 输出的表格进行整理。我们可以把之前的模型结果以标准的形式输出。①

. qui:logit incomeinc qualityT cognition_1 asset1 lifevalue_1 laborvalue_1 news_1 motivation_2 strategy_4 i.gender

. mtable,at(qualityT gender=(0 1)) atmeans estname(Pr_1) statistics(ci est se z pvalue)//estname(Pr_1)中的名字可以自己输入

```
Expression: Pr(incomeinc), predict()
       |  gender      Pr_1        ll        ul        se         z          p
-------+--------------------------------------------------------------------------
     1 |       0     0.726     0.618     0.834     0.055    13.188      0.000
     2 |       1     0.846     0.788     0.904     0.030    28.567      0.000
Specified values of covariates
        | qualityT cognition_1 asset1 lifevalue_1 laborvalue_1 news_1 motivation_2 strategy_4
--------+------------------------------------------------------------------------------------
Current |     27.1        3.71   2.77        3.71         4.29   2.16         3.88       3.49
```

对应统计量的解释如下。

统计量	解释
est	Estimate
ci	Confidence intervals along with the estimate
ll，ul	Lower, upper limit of confidence interval
se	Standard error of the estimate
z	*z* statistic for test that:estimate is 0
pvalue	*p*-value for test that estimate is 0
all	All the above statistics

相较之下，margins 的输出结果就比较烦琐。

. margins,at(qualityT gender=(0 1)) atmeans

```
Adjusted predictions                    Number of obs     =        235
```

① mtable 需先在 Stata 中搜索 spost13_ado 并安装。

```
Model VCE       : OIM

 Expression     : Pr(incomeinc), predict()
 1._at          : qualityT          =    27.10213(mean)
                  cognition_1       =    3.706383(mean)
                  asset1            =    2.765957(mean)
                  lifevalue_1       =    3.706383(mean)
                  laborvalue_1      =    4.285106(mean)
                  news_1            =    2.157447(mean)
                  motivation_2      =    3.880851(mean)
                  strategy_4        =    3.485106(mean)
                  gender            =           0
 2._at          : qualityT          =    27.10213(mean)
                  cognition_1       =    3.706383(mean)
                  asset1            =    2.765957(mean)
                  lifevalue_1       =    3.706383(mean)
                  laborvalue_1      =   4.285106 (mean)
                  news_1            =    2.157447(mean)
                  motivation_2      =    3.880851(mean)
                  strategy_4        =    3.485106(mean)
                  gender            =           1

------------------------------------------------------------------------------
             |            Delta-method
             |     Margin   Std. Err.      z    P>|z|     [95% Conf. Interval]
-------------+----------------------------------------------------------------
         _at |
          1  |   .7262983   .0550747    13.19   0.000     .6183538    .8342428
          2  |   .8459808   0296135     28.57   0.000     .7879394    .9040221
------------------------------------------------------------------------------
```

同样，在定序因变量的（ologit）模型中，margins 的结果只能一个一个地输出，但是 mtable 可以一次性输出。

. qui:ologit motivation_2 qualityT edulevel1 aage

. margins,at(gender=(0 1)) atmeans predict(outcome(1)) //只能 predict (outcome(常数))，常数 1-5 一个一个输出

. mtable,at(gender=(0 1)) atmeans stat(ci) dec(3) //一次性输出所有定序的结果，dec(3)表示保留两位小数，stat(ci)展示置信区间

```
Expression: Pr(motivation_2), predict(outcome())
            |     gender   非常赞同   有点赞同   不确定   不太赞同
------------+----------------------------------------------------
      Pr(y) |          0      0.094      0.128    0.088      0.237
         ll |          0      0.046      0.073    0.047      0.179
         ul |          0      0.143      0.183    0.129      0.295
      Pr(y) |          1      0.078      0.111    0.079      0.228
         ll |          1      0.044      0.070    0.044      0.173
         ul |          1      0.112      0.152    0.114      0.284

            |  非常不赞同
------------+-----------
      Pr(y) |      0.452
         ll |      0.339
         ul |      0.566
      Pr(y) |      0.503
         ll |      0.426
         ul |      0.580
Specified values of covariates
            |  qualityT  edulevel   aage
------------+----------------------------
    Current |        27      3.53   44.1
```

. mtable,at(gender=(0 1)) atmeans outcome(1 4) brief //outcome(1 4)只输出 y=1 和 4 的拟合值，brief 不报告 atmeans 的结果

```
Expression: Pr(motivation_2), predict(outcome())
            |   gender  非常赞同  不太赞同
------------+----------------------------
          1 |        0     0.094     0.237
          2 |        1     0.078     0.228
```

接下来介绍如何使用 mtable 组合和格式化表格。我们首先用 mtable 输出正式论文的表格。

. qui:logit incomeinc qualityT cognition_1 asset1 lifevalue_1 laborvalue_1 news_1 motivation_2 strategy_4 i.gender

. mtable,at(gender=(0 1)) estname(asobserved) //整理好第一个表格（无 atmeans 限制）

```
Expression: Pr(incomeinc), predict()
                  |      gender          asobserved
------------------+----------------------------------
                1 |           0               0.714
                2 |           1               0.832
-----------------------------------------------------
Specified values where .n indicates no values specified with at()
                  |          No at()
------------------+-------------------
          Current |               .n
--------------------------------------
```

之后我们再输出一个有 atmean 的表格加在第一个表格上，便于对比。

. mtable,at(gender=(0 1)) atmeans atvars(_none) estname(atmeans) right brief title（“表格 1”）norownum

第二个有 atmeans 的表格，atvars(_none)表示第二个表格不展示 gender 这一列，estname(atmeans)表示第二个表格列名称，right 表示第二个表格放在第一个表格的右侧，norownum 表示不展示最左侧的数字。

```
Expression: Pr(incomeinc), predict()
    gender      asobserved        atmeans
-------------------------------------------
         0           0.714          0.726
         1           0.832          0.846
-------------------------------------------
```

17.5　边际效应：预测的变化

17.5.1　使用 margins 的边际效应

margins 求边际效应，对于连续变量就是求一个偏导，对于分类变量就是与基准组相比的边际效应，但是回归命令中的分类变量，前面一定要加上“i.”。

. qui:logit incomeinc2 quality_6 cognition_3 cognition_10 cognition_14 lifevalue_1 laborvalue_3 familyvalue_1 motivation_2 motivation_3 strategy_2 strategy_5 i.gender

此处对模型（17.1）略做了修改。incomeinc2 为 0-1 变量，1 为收入增加 5000 及以上，0 为收入增加 5000 以下。quality_6 为“脱贫素质”，测量问项是“如果我有钱，我就全部定期存款，吃利息”。

```
. margins,dydx(*)

Average marginal effects                    Number of obs     =        244
Model VCE      : OIM

Expression     : Pr(incomeinc2), predict()
dy/dx w.r.t. : quality_6 cognition_3 cognition_10 cognition_14 lifevalue_1
               laborvalue_3 familyvalue_1 motivation_2 motivation_3 strategy_2
               strategy_5 1.gender

------------------------------------------------------------------------------
                 |            Delta-method
                 |      dy/dx   Std. Err.      z    P>|z|     [95% Conf. Interval]
-----------------+------------------------------------------------------------
       quality_6 |   .0445231   .0202696    2.20   0.028     .0047954    .0842509
     cognition_3 |   .0369004   .0192151    1.92   0.055    -.0007605    .0745612
    cognition_10 |   .0414023   .0233308    1.77   0.076    -.0043253    .0871298
    cognition_14 |  -.0294561   .0250857   -1.17   0.240    -.0786232     .019711
     lifevalue_1 |   -.052977   .0198458   -2.67   0.008    -.0918741   -.0140798
    laborvalue_3 |   -.029219    .022868   -1.28   0.201    -.0740395    .0156015
   familyvalue_1 |  -.0681151   .0192923   -3.53   0.000    -.1059274   -.0303029
    motivation_2 |  -.0600457   .0217057   -2.77   0.006    -.1025881   -.0175032
    motivation_3 |   .0475126   .0198323    2.40   0.017      .008642    .0863831
      strategy_2 |   .0527578   .0178837    2.95   0.003     .0177065    .0878091
      strategy_5 |   .0381667   .0248813    1.53   0.125    -.0105996    .0869331
          gender |
              男 |   .0053841   .0625658    0.09   0.931    -.1172426    .1280109
------------------------------------------------------------------------------
Note: dy/dx for factor levels is the discrete change from the base level.
```

（因子水平的 dy/dx 是基准水平的离散变化。）

17.5.2　使用 mtable 的边际效应

接下来用 mtable 命令输出相关的表格，我们输出不同性别的拟合值，并且比较两组之间的差别。

```
. qui:mtable,at(gender=1) rowname(gender=1) statistics(ci) estname(Pr_2)
. mtable,at(gender=0) rowname(gender=0) statistics(ci) estname(Pr_2) below
Expression: Pr(incomeinc2), predict()
               |      Pr_2         ll         ul
---------------+--------------------------------------
      gender=1 |     0.383      0.317      0.449
      gender=0 |     0.377      0.276      0.478
Specified values of covariates

                    |        gender
--------------------+----------------------
              Set 1 |             1
            Current |             0
```

```
. mtable,dydx(gender) rowname(gender=1-gender=0) statistics(ci) estname(Pr_2) below brief//输出两者的差值

Expression: Pr(incomeinc2), predict()
                     |      Pr 2         ll         ul
---------------------+--------------------------------------
            gender=1 |     0.383      0.317      0.449
            gender=0 |     0.377      0.276      0.478
   gender=1-gender=0 |     0.005     –0.117      0.128
```

17.5.3　发布预测和使用 mlincom

除此之外，我们还可以用 mlincom 这个命令输出两组差值的结果，虽然 mlincom 在这个例题中使用起来比 mtable,dydx（gender）要麻烦，但是后面章节就会凸显出这条命令的方便。mlincom 会利用 stata 储存在内存中的结果计算是否有显著性差异，所以我们要想用这个命令就要把 mtable,dydx（gender）的结果先覆盖掉 logit 的结果，post 选项就可以实现（图 17-2）。

```
. qui:logit incomeinc2 quality_6 cognition_3 cognition_10 cognition_14 lifevalue_1 laborvalue_3 familyvalue_1 motivation_2 motivation_3 strategy_2 strategy_5 i.gender
```

```
. estimates store model1
. matlist e(b)
```

	incomei~2											0b.	1.	
	quality_6	cognit~_3	cognit~10	cognit~14	lifev~e_1	laborva~3	famil~e_1	motivat~2	motivat~3	strate~_2	strateg~5	gender	gender	_cons
y1	.0111879	-.0730981	-.039882	-.0584306	.3991562	-.0105207	.132016	-.0144288	.1171391	-.1092886	.238247	0	1.965334	-.1.84879

图 17-2　系数矩阵图（a）

```
. mtable,at(gender=(0 1)) post

Expression: Pr(incomeinc2), predict()
             |     gender      Pr（y）
-------------+------------------------------
           1 |          0        0.377
           2 |          1        0.383
Specified values where .n indicates no values specified with at()
                  |              No at()
------------------+------------------------
          Current |                   .n
-------------------------------------------
. matlist e(b)
             |          1.          2.
             |         _at         _at
-------------+------------------------------
          y1 |    .3774063    .3827905
--------------------------------------------
. lincom _b[1._at]-_b[2._at]
```

（等价命令：mlincom 1_2，但是其他类型的统计量要自己从选项中调用）

```
 ( 1)    1bn._at - 2._at = 0
------------------------------------------------------------------------------
             |      Coef.   Std. Err.      z    P>|z|     [95% Conf. Interval]
-------------+----------------------------------------------------------------
         (1) |  -.0053841   .0625658    -0.09   0.931    -.1280109    .1172426
. estimates restore model1//恢复 logit 估计
```

（results model1 are active now）

. matlist e(b) //与 post 之前的结果保持一致（图 17-3）

	incomei~2 quality_6	cognit~_3	cognit~10	cognit~14	lifev~e_1	laborva~3	famil~e_1	motivat~2	motivat~3	strate~_2	strateg~5	0b. gender	1. gender	_cons
y1	.0111879	-.0730981	-.039882	-.0584306	.3991562	-.0105207	.132016	-.0144288	.1171391	-.1092886	.238247	0	1.965334	-.1.84879

图 17-3　系数矩阵图（b）

17.5.4　使用 mchange 的边际效应

接下来正式使用 mchange 命令，mchange 提供了更加详细的边际信息，例如提高一个标准差对于 y 的影响：

. qui:logit incomeinc2 quality_6 cognition_3 cognition_10 cognition_14 lifevalue_1 laborvalue_3 familyvalue_1 motivation_2 motivation_3 strategy_2 strategy_5 i.gender

. mchange

（等价命令：mchange，amount(one sd marginal)）

logit: Changes in Pr(y) | Number of obs = 244

Expression: Pr(incomeinc2), predict(pr)

	Change	p-value
quality 6		
+1	0.045	0.030
+SD	0.067	0.031
Marginal	0.045	0.028
cognition 3		
+1	0.037	0.058
+SD	0.059	0.058
Marginal	0.037	0.055
cognition 10		
+1	0.042	0.080

	+SD |	0.069	0.081
	Marginal |	0.041	0.076
cognition 14	|		
	+1 |	–0.029	0.233
	+SD |	–0.042	0.230
	Marginal |	–0.029	0.240
lifevalue 1	|		
	+1 |	–0.052	0.006
	+SD |	–0.077	0.005
	Marginal |	–0.053	0.008
laborvalue 3	|		
	+1 |	–0.029	0.195
	+SD |	–0.039	0.192
	Marginal |	–0.029	0.201
familyval~ 1	|		
	+1 |	–0.066	0.000
	+SD |	–0.090	0.000
	Marginal |	–0.068	0.000
motivation 2	|		
	+1 |	–0.058	0.004
	+SD |	–0.079	0.004
	Marginal |	–0.060	0.006
motivation 3	|		
	+1 |	0.048	0.018
	+SD |	0.081	0.018
	Marginal |	0.048	0.017
strategy 2	|		
	+1 |	0.054	0.004
	+SD |	0.090	0.004
	Marginal |	0.053	0.003
strategy 5	|		
	+1 |	0.039	0.130
	+SD |	0.051	0.131
	Marginal |	0.038	0.125

```
gender                           |
                       男 vs 女  |        0.005         0.931
Average predictions
                                 |            0             1
---------------------------------+----------------------------
                     Pr(y|base)|         0.619         0.381
```

. estimate store model2

如果认为还不够详细，想要关于中心化的信息，我们可以使用 mchange 中 center 选项。

. qui:margins,dydx(*) post（图 17-4）

. matlist e(b)

	quality_6	cognit~_3	cognit~10	cognit~14	lifev~e_1	laborva~3	famil~e_1	motivat~2	motivat~3	strate~_2	strateg~5	0b. gender	1. gender
y1	.0012899	-.0084275	-.004598	-.0067365	.0460188	-.0012129	.0152202	-.0016635	.013505	-.0125999	.0274676	0	.2696904

图 17-4　系数矩阵图（c）

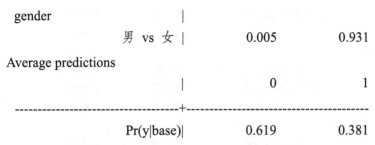

. estimates restore model2

（results model2 are active now）

. mchange, amount（one sd marginal）center // amount（one sd marginal）是默认选项

logit: Changes in Pr(y) | Number of obs = 249

Expression: Pr(incomeinc2), predict(pr)

下面的+1 centered 表示 x–0.5 到 x+0.5, +SD centered 表示 x–0.5SD 到 x+0.5SD

```
                                 |      Change      p-value
---------------------------------+--------------------------
quality 6                        |
                     +1 centered |       0.044        0.028
                    +SD centered |       0.065        0.028
                        Marginal |       0.045        0.028
cognition 3                      |
                     +1 centered |       0.037        0.055
```

	+SD centered |	0.058	0.054
	Marginal |	0.037	0.055
cognition 10	|		
	+1 centered |	0.041	0.076
	+SD centered |	0.067	0.075
	Marginal |	0.041	0.076
cognition 14	|		
	+1 centered |	–0.029	0.240
	+SD centered |	–0.043	0.240
	Marginal |	–0.029	0.240
lifevalue 1	|		
	+1 centered |	–0.053	0.007
	+SD centered |	–0.080	0.007
	Marginal |	–0.053	0.008
laborvalue 3	|		
	+1 centered |	–0.029	0.201
	+SD centered |	–0.039	0.201
	Marginal |	–0.029	0.201
familyval~ 1	|		
	+1 centered |	–0.068	0.000
	+SD centered |	–0.095	0.000
	Marginal |	–0.068	0.000
motivation 2	|		
	+1 centered |	–0.060	0.006
	+SD centered |	–0.083	0.005
	Marginal |	–0.060	0.006
motivation 3	|		
	+1 centered |	0.047	0.016
	+SD centered |	0.079	0.016
	Marginal |	0.048	0.017
strategy 2	|		
	+1 centered |	0.053	0.003
	+SD centered |	0.088	0.003
	Marginal |	0.053	0.003
strategy 5	|		
	+1 centered |	0.038	0.125
	+SD centered |	0.050	0.124

```
                    Marginal |      0.038       0.125
   gender                    |
                     男 vs 女 |      0.005       0.931
Average predictions
                             |          0           1
-----------------------------+------------------------
                  Pr(y|base) |      0.619       0.381
```

在边际之后，我们还要查看整个变量跨度的改变，例如脱贫素质从最小值到最大值给 y 带来的变化。

```
. mchange quality_6,amount(range)    //amount(range)表示从最小值到最大值
（选项 amount(range) trim（常数））

logit: Changes in Pr(y) | Number of obs = 244

Expression: Pr(incomeinc2), predict(pr)
                  |    Change     p-value
------------------+----------------------
  quality_6       |
            Range |     0.170       0.021
Average predictions
                  |         0           1
------------------+----------------------
       Pr(y|base) |     0.619       0.381
```

如果查看 10%分位数到 90%分位数的改变。

```
. mchange quality_6,amount(range) trim(10) //trim(10)表示 10%到 90%

logit: Changes in Pr(y) | Number of obs = 244

Expression: Pr(incomeinc2), predict(pr)
                  |    Change     p-value
------------------+----------------------
  quality_6       |
```

```
          10% to 90% |     0.170       0.021
Average predictions
                     |         0           1
---------------------+----------------------
          Pr(y|base) |     0.619       0.381
--------------------------------------------
```

在 mchange 的选项中，amount（amount-type）和 statistics（statistics-type），我们可以根据我们的需求进行选择。

amount-type	amount of change
one	One unit change
sd	Standard deviation change
marginal	Marginal change
binary	Change from 0 to 1
range	Change from the minimum to maximum
all	All the above
Change	Estimated change
ci	Estimated change and confidence interval
ll，ul	Lower,upper limit of confidence interval
se	Standard error of the estimate
z	z statistic for test that estimated change is 0
pvalue	p-value for test that estimated change is 0
start	Prediction at starting value of discrete change
end	Prediction at ending value of discrete change
all	All the above statistics

如果我们想看 quality_6 的全部变化情况。

```
. mchange quality_6,amount(all) statistics(all)

logit: Changes in Pr(y) | Number of obs = 249
```

Expression: Pr(incomeinc2), predict(pr)

	Change	p-value	LL	UL	z-value	Std Err	From	To
quality_6								
0 to 1	0.036	0.002	0.013	0.058	3.116	0.011	0.223	0.259
+1	0.045	0.030	0.004	0.086	2.166	0.021	0.381	0.426
+SD	0.067	0.031	0.006	0.127	2.160	0.031	0.381	0.448
Range	0.170	0.021	0.026	0.314	2.312	0.074	0.259	0.429
Marginal	0.045	0.028	0.005	0.084	2.197	0.020	.z	.z

Average predictions

	0	1
Pr(y|base)	0.619	0.381

展示不同性别之间对 y 拟合的差别。

. mchange gender,statistics(start end est pvalue) //展示不同性别之间对 y 拟合的差别

logit: Changes in Pr(y) | Number of obs = 249

Expression: Pr(incomeinc2), predict(pr)

	From	To	Change	p-value
Gender				
男 vs 女	0.377	0.383	0.005	0.931

Average predictions

	0	1
Pr(y|base)	0.619	0.381

需要注意的是 mchange 默认为计算平均边际效应，如果要计算平均值处的边际效应，命令如下：mchange,atmeans；如果要计算特定值处的边际效应，命令如下: mchange,at(变量=常数)。如果我们的模型有交乘项, 那么我们不用在 mchange 后面加入交乘项，stata 会考虑到交乘项，输出的结果已经考虑了交乘项。

17.6 画　图

17.6.1 用 margins 绘制预测图

marginsplot 可以用 margins 的输出结果来画图，marginsplot 简单方便，但是比较死板。mgen 通过 margins 的输出结果来生成变量，再使用 graph 命令来画图，更加灵活。

首先我们来尝试直接用 marginsplot（图 17-5）。

. qui:logit incomeinc qualityT cognition_1 asset1 lifevalue_1 laborvalue_1 news_1 motivation_2 strategy_4 i.gender

我们现在对 cognition_1 这个变量的 margins 结果进行画图，以便于后续论文的汇报

. margins,at(cognition_1=(1(2)5) gender=(0 1)) atmeans

（cognition_1：认知需求-比起简单问题，我更喜欢复杂问题，1-非常不赞同，3-不确定，5-非常赞同）

```
Adjusted predictions                    Number of obs     =        235
Model VCE        : OIM
 Expression      : Pr(incomeinc), predict()
 1._at           : qualityT              =    27.10213(mean)
                   cognition_1           =           1
                   asset1                =    2.765957(mean)
                   lifevalue_1           =    3.706383(mean)
                   laborvalue_1          =    4.285106(mean)
                   news_1                =    2.157447(mean)
                   motivation_2          =    3.880851(mean)
                   strategy_4            =    3.485106(mean)
                   gender                =           0
 2._at           : qualityT              =    27.10213(mean)
                   cognition_1           =           1
                   asset1                =    2.765957(mean)
                   lifevalue_1           =    3.706383(mean)
                   laborvalue_1          =    4.285106(mean)
                   news_1                =    2.157447(mean)
```

	motivation_2	=	3.880851(mean)
	strategy_4	=	3.485106(mean)
	gender	=	1
3._at	: qualityT	=	27.10213(mean)
	cognition_1	=	3
	asset1	=	2.765957(mean)
	lifevalue_1	=	3.706383(mean)
	laborvalue_1	=	4.285106(mean)
	news_1	=	2.157447(mean)
	motivation_2	=	3.880851(mean)
	strategy_4	=	3.485106(mean)
	gender	=	0
4._at	: qualityT	=	27.10213(mean)
	cognition_1	=	3
	asset1	=	2.765957(mean)
	lifevalue_1	=	3.706383(mean)
	laborvalue_1	=	4.285106(mean)
	news_1	=	2.157447(mean)
	motivation_2	=	3.880851(mean)
	strategy_4	=	3.485106(mean)
	gender	=	1
5._at	: qualityT	=	27.10213(mean)
	cognition_1	=	5
	asset1	=	2.765957(mean)
	lifevalue_1	=	3.706383(mean)
	laborvalue_1	=	4.285106(mean)
	news_1	=	2.157447(mean)
	motivation_2	=	3.880851(mean)
	strategy_4	=	3.485106(mean)
	gender	=	0
6._at	: qualityT	=	27.10213 (mean)
	cognition_1	=	5
	asset1	=	2.765957 (mean)
	lifevalue_1	=	3.706383 (mean)
	laborvalue_1	=	4.285106 (mean)
	news_1	=	2.157447 (mean)
	motivation_2	=	3.880851 (mean)
	strategy_4	=	3.485106 (mean)
	gender	=	1

```
------------------------------------------------------------------------------
             |            Delta-method
             |     Margin   Std. Err.      z    P>|z|     [95% Conf. Interval]
-------------+----------------------------------------------------------------
         _at |
          1  |   .7895424    .076787    10.28   0.000     .6390426    .9400421
          2  |   .8859139   .0413537    21.42   0.000     .8048621    .9669657
          3  |   .7438916   .0575678    12.92   0.000     .6310609    .8567224
          4  |   .8573915   .0301272    28.46   0.000     .7983433    .9164398
          5  |   .6921991    .063512    10.90   0.000     .5677179    .8166802
          6  |   .8231618   .0395481    20.81   0.000     .7456489    .9006746
------------------------------------------------------------------------------
```

. marginsplot

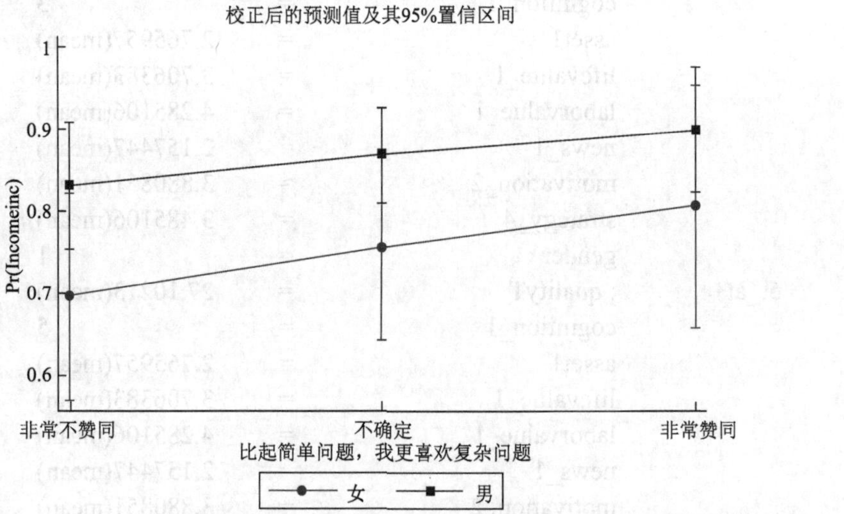

图 17-5 marginsplot 绘制预测图

17.6.2 使用 mgen 绘制预测图

接下来我们使用 mgen：其原理就是将边际的计算结果保存，然后再画图（图 17-6）。

. mgen, at(cognition_1=(1(2)5)) stub(A) atmeans

下面的结果是 3，是因为我们指定了 cognition_1=1，3，5 这三种情况。stub(A)表示在新生成的变量前都加一个 A（可以输入任何字母），后续要删除的话直接 drop A*就可以了。

等价命令：mgen,at(cognition_1=(1(2)5)) atmeans //不加 stub()的话就是变量前

加一个_。

Predictions from: margins, at(cognition_1=(1(2)5)) atmeans predict(pr)

Variable	Obs	Unique	Mean	Min	Max	Label
Apr1	3	3	.8249939	.7873178	.8606359	pr(y=1) from margins
All1	3	3	.7504783	.7136021	.7694007	95% lower limit
Aul1	3	3	.8995095	.8610336	.9528399	95% upper limit
Acognition_1	3	3	3	1	5	比起简单问题，我更喜欢复杂问题

Specified values of covariates

1.

qualityT	asset1	lifev~e_1	labor~e_1	news_1	motivat~2	strateg~4	gender
27.10213	2.765957	3.706383	4.285106	2.157447	3.880851	3.485106	.6851064

. graph twoway connected Apr1 Acognition_1

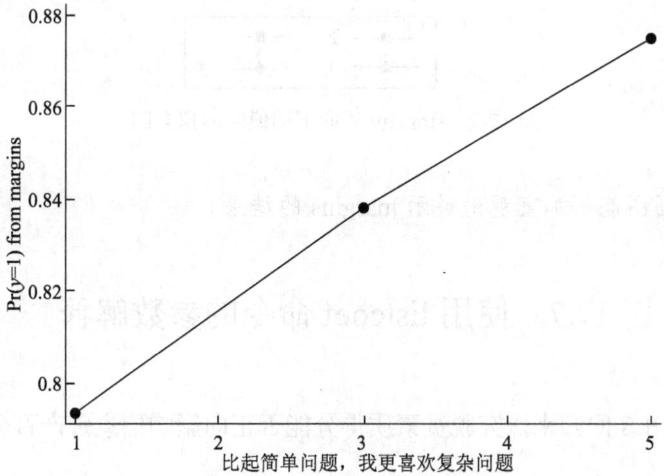

图 17-6　mgen 绘制预测图

. qui:mgen,at(cognition_1=(1(1)5) strategy_4=1) atmeans stub(A1) predlabel(1)

```
. qui:mgen,at(cognition_1=(1(1)5) strategy_4=2) atmeans stub(A2) predlabel(2)
. qui:mgen,at(cognition_1=(1(1)5) strategy_4=3) atmeans stub(A3) predlabel(3)
. qui:mgen,at(cognition_1=(1(1)5) strategy_4=4) atmeans stub(A4) predlabel(4)
. qui:mgen,at(cognition_1=(1(1)5) strategy_4=5) atmeans stub(A5) predlabel(5)
. graph twoway connected A1pr A2pr A3pr A4pr A5pr A5cognition_1,ytitle
("Pr(incomeinc)") xtitle("cognition_1")
```

横轴为 cognition_1 变量，纵轴为拟合值，不同样式的线条代表了 strategy_4 取不同值时的拟合值（图 17-7）。

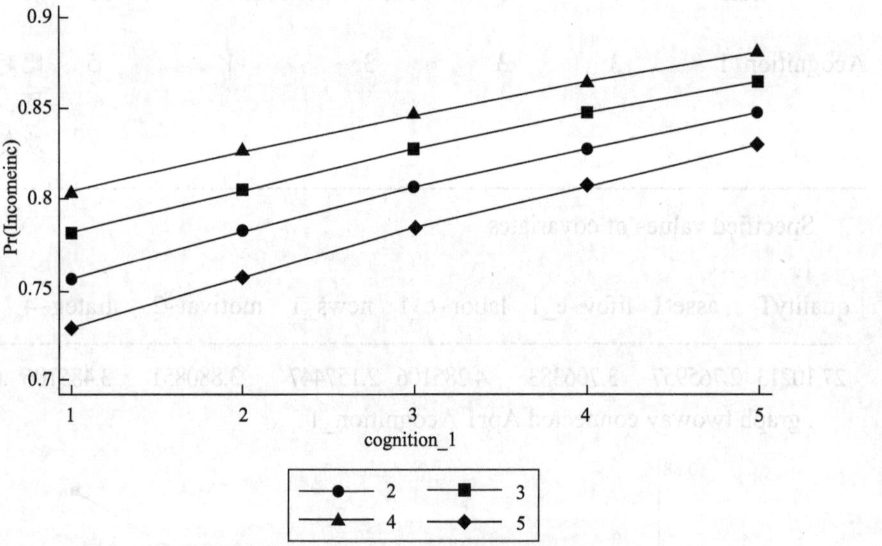

图 17-7　strategy_4 取不同值时的拟合图

显然，画图能更加直观地展示 margins 的结果。

17.7　使用 listcoef 命令的参数解释

这里用 OLS 回归来探究脱贫素质得分能否正向影响信息资产百分制得分。

```
. reg assetP qualityT aage i.Relationship i.gender

      Source |       SS           df       MS      Number of obs   =       234
-------------+----------------------------------   F(8, 225)       =     14.23
```

Model |	16062.2453	8	2007.78066	Prob > F	=	0.0000
Residual |	31742.2346	225	141.076598	R-squared	=	0.3360
				Adj R-squared	=	0.3124
Total |	47804.4799	233	205.169441	Root MSE	=	11.878

assetP |	Coef.	Std. Err.	t	P>|t|	[95% Conf.	Interval]
qualityT |	.6230984	.1622862	3.84	0.000	.3033031	.9428936
aage |	–.46378	.0627132	–7.40	0.000	–.5873603	–.3401997
Relationship |						
非常好 |	1.7671	8.651932	0.20	0.838	–15.28208	18.81628
较好 |	–4.568929	8.521083	–0.54	0.592	–21.36026	12.22241
一般 |	–8.054652	8.549323	–0.94	0.347	–24.90163	8.79233
不太好 |	–5.198861	9.187127	–0.57	0.572	–23.30268	12.90495
1000 |	–15.56548	14.62077	–1.06	0.288	–44.37663	13.24567
gender |						
男 |	–.1131748	1.768754	–0.06	0.949	–3.598617	3.372267
_cons |	32.85685	10.53807	3.12	0.002	12.09092	53.62278

. listcoef, help//help 帮助我们解读表格

regress (N=232): Unstandardized and standardized estimates

Observed SD: 14.8523
SD of error: 12.4222

|	b	t	P>|t|	bStdX	bStdY	bStdXY	SDofX
qualityT |	0.7136	4.236	0.000	3.667	0.048	0.247	5.138
aage |	–0.4456	–6.809	0.000	–5.970	–0.030	–0.402	13.399
2.Relation~p |	–5.6022	–2.245	0.026	–2.780	–0.377	–0.187	0.496
3.Relation~p |	–9.5816	–3.745	0.000	–4.638	–0.645	–0.312	0.484
4.Relation~p |	–6.6375	–1.530	0.127	–1.414	–0.447	–0.095	0.213

gender								
男	0.0565	0.031	0.976	0.026	0.004	0.002	0.464
constant	31.1585	4.754	0.000	.	.	.	.

b = raw coefficient
t = t-score for test of b=0
P>|t| = p-value for t-test
bStdX = x-standardized coefficient
bStdY = y-standardized coefficient
bStdXY = fully standardized coefficient
SDofX = standard deviation of X

习 题

简答题：

1. 将信息获取方式（如互联网搜索、社交媒体、传统媒体等）作为分类因变量，探讨个人特征（职业类型和年龄等）是否会影响个人信息获取方式的选择。你会如何设计一个实证研究来验证这一假设？
2. 从经济意义角度解读“17.5 边际效应：预测的变化”中的所有回归表格。
3. 比较分析“17.7 使用 listcoef 命令的参数解释”中 reg 命令的回归结果与分类因变量回归结果在回归系数的解读上有何不同，二者又有什么相似之处。

第 18 章　信息贫困研究中的二元结果模型：估计、检验和拟合

本章着重介绍二元结果的两个最常用的模型 logit 模型和 probit 模型，它们统称为二进制回归模型（BRM）。BRM 探索的是每个解释变量如何影响事件发生的可能性。BRM 也是基础，可以从中推导出更复杂的序数、名义和计数模型。

18.1　统 计 模 型

有三种方法可以得出 BRM，每种方法都可以得出相同的统计模型。

（1）可以假设潜变量，以及潜变量与观察到的二进制结果相关的测量模型。

（2）可以将模型构建为概率模型。

（3）可以将模型生成为随机效应模型或离散选择模型。

18.1.1　潜变量模型

潜变量是指不能被直接精确观测或虽能被观测但尚需通过其他方法加以综合的指标。潜变量是实际工作中无法直接测量到的变量，包括比较抽象的概念和由于种种原因不能准确测量的变量。一个潜变量往往对应着多个显变量，可以看做其对应显变量的抽象和概括，显变量则可视为特定潜变量的反应指标。

例如，在和政数据中，我们使用李克特量表测量的一些变量，本身是潜变量，但由于使用了量表进行测量，就变成了显变量。

假设范围为$-\infty$ 到∞的潜在变量 y^* 或未观察到的变量 y^* 与结构模型所观察到的独立变量 X 有关：

$$y_i^* = X_i\beta + \epsilon_i$$

其中，i 表示观测值，ϵ 是随机误差。对于单个自变量，我们可以简化为

$$y_i^* = \alpha + \beta x_i + \epsilon_i$$

这些方程与线性回归模型的方程相同，除了因变量是不可观察的（这是一个很大的例外）。

观察到的二进制因变量具有两个值，对于阴性结果（即事件未发生）通常编码为 0，对于阳性结果（即事件确实发生）编码为 1。一个测量方程式定义了二进制观测变量 y 和连续潜在变量 y^* 之间的联系：

$$y_i = \begin{cases} 1, & if\ y_i^* > 0 \\ 0, & if\ y_i^* \leqslant 0 \end{cases}$$

y^* 为正值的情况观察为 $y=1$，而 y^* 为负或 0 的情况观察为 $y=0$。

例 18.1

在和政的调查问卷中，对于“通过手机或电脑是否可以获取到有用信息”（accessible_4）这一问题，有人认为可以，有人认为不可以，但是除了这两种情况之外，也有人会认为或许有一点可以，或许很大可能可以，或许不可以，等等，那么这种情况潜变量 y^*，每个人认为可以或者不可以的程度是不同的。但是对于我们可以观察到的结果来说，只有“可以”（就是 1）和“不可以”（也就是 0）这两种情况。

也就是说，y^* 为正值的受访者将回答“同意”调查问题（$y=1$），而 y^* 为负或 0 的受访者将回答“不同意”（$y=0$）。潜在的 y^* 是不可观察到的，但是它会影响到我们的可观察变量是 1 还是 0。

$$P_r(y=1|x) = P_r(y^* > 0|x)$$

$$P_r\left(y=1|x\right) = P_r\left(\varepsilon > -\left[\alpha + \beta x\right]|x\right) \tag{18.1}$$

（可由 $y_i^* = \alpha + \beta x_i + \epsilon_i$ 推导。）这时我们假设误差均值为 0。

假设 ε 在 $\mathrm{Var}(\varepsilon)=1$ 时是正态的，那么我们就可以得到 probit 模型：

$$P_r(y=1|x) = \int_{-\infty}^{\alpha+\beta x} \frac{1}{\sqrt{2\pi}} \exp\left(-\frac{t^2}{2}\right) \mathrm{d}t$$

假设 ε 在 $\mathrm{Var}(\varepsilon)=\pi^2/3$ 时是正态的，那我们就可以得到 logit 模型：

$$P_r(y=1|x) = \frac{\exp(\alpha + \beta x)}{1 + \exp(\alpha + \beta x)} \tag{18.2}$$

对于一个线性回归模型，因为模型中因变量是可观测的，所以我们可以估算 Var(ε)，但是在 BRM 中，无法估算 Var(ε)，因此我们只能对其进行假设。probit 模型和 logit 模型的区别在于我们假设 Var(ε)的值是不同的, 但不同的值并不会影响到概率的计算，如图 18-1 所示。

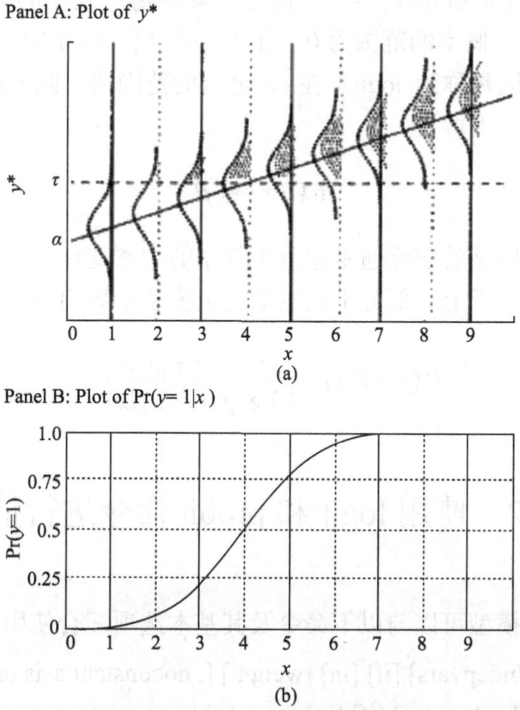

图 18-1　BRM 不同结果

在图 18-1（a）中可以看到，给定 x 的 9 个值时，每一个 $y^*>0$ 的区域，即 y=1 的区域均以阴影标记出来，这些阴影的面积绘制出来如图 18-1（b）所示。这就对应了我们在第 3 章一开始所讲的，为什么不能用 OLS 估计。

18.1.2　非线性概率模型

实际上，BRM 不考虑潜变量也是可以进行推导的，可以通过构建其中将预测 Pr（$y=1\mid x$）强制设置在 0 到 1 范围内的模型，来推导 logit 模型。例如，在线性概率模型中

$$\Pr(y=1|x)=x\beta+\varepsilon$$

预测的概率可以大于 0 且小于 1。要将预测限制在 0 到 1 的范围内，我们首先要

将概率转换为几率。

$$\Omega(x)=\frac{\Pr(y=1|x)}{\Pr(y=0|x)}=\frac{\Pr(y=1|x)}{1-\Pr(y=1|x)}$$

表示某事物发生的频率（$y=1$）相对于某事物不发生的频率（$y=0$）。当 Pr（$y=1|x$）= 0 时，概率的范围为 0，当 Pr（$y=1|x$）= 1 时，概率的对数为∞。这种概率的对数（通常称为 logit）在−∞至∞的范围内。此范围表明模型在 logit 中是线性的：

$$\ln\Omega(x)=x\beta$$

对这种形式的模型的解释通常着重于频率的因素变化。

我们再来回顾一下上一部分中通过潜变量模型推导出的 logit 模型：

$$P_r(y=1|x)=\frac{\exp(\alpha+\beta x)}{1+\exp(\alpha+\beta x)} \tag{18.2}$$

18.2　使用 logit 和 probit 命令进行估计

logit 和 probit 模型可以与以下命令及其基本选项配合使用：

```
. logit depvar [indepvars] [if] [in] [weight] [, noconstant asis or vce(vcetype)]
. probit depvar [indepvars] [if] [in] [weight] [, noconstant asis vce(vcetype)]
```

Variable lists（变量列表）

depvar 是因变量，indepvars 是自变量列表。如果不包括独立变量，则 Stata 适合仅包含截距的模型。关于因变量的警告。在二元模型中，所有 depvar（因变量）的非缺失，非零值都被归类为积极成果，传统上被称为成功。只有零值被认为是负面结果，才被称为失败。因为负值非零，所以它们被认为是正值结果。为避免可能的混淆，需要明确创建一个 0/1 变量用作 depvar（这和 OLS 一致，改变变量数值的大小，会影响结果）。

指定估计样本：

if 和 in 限定词可用于限制估计样本。

按列表删除：Stata 排除了其中任何模型中的变量。因此，如果两个模型使用同一数据集拟合但具有不同的自变量，则这些模型可能具有不同的样本。

权重和复杂样本：logit 和 probit 均可与 fweight，pweight 和 iweight 一起使用。

Options

noconstant 指定模型没有常数项。

asis 指定将具有完美预测的变量的估计值包括在结果表中。

vce（vcetype）指定要计算的标准误的类型。

or（仅用于 logit）报告定义为 exp（$\hat{\beta}$）的优势比。对标准误差和置信区间进行类似的转换。

18.2.1　logit model 的例子

以和政数据为例。随着数字化程度的逐步加深，手机等可以接入互联网的通讯电子设备的使用成为影响各个领域的技术，数字鸿沟的研究认为技术会影响社会发展, 在信息贫困问题的研究中, 对于数字鸿沟的研究已经从第一道鸿沟——接入沟，进化到了第二道鸿沟——技能和使用沟，手机等电子设备是可以影响一个人的信息资产的，但是怎样才能使人能使用、能通过手机获取到有用的信息，这是我们想要考虑的。由此我们提出一个问题：是不是手机使用时间越长，一个人通过手机获取到有用信息的概率就会越高？手机使用时间对一个人从手机中获取到有用信息的概率影响是多少？考虑将“可以通过手机获取到有用信息”（accessible_4）作为因变量，将“手机使用时间”（celluse）作为解释变量，同时控制“受教育水平”（edulevel）、“可及信息源百分制得分”（availableP）、“年龄”（aage）、“性别”（gender）这几个变量。

我们构建的模型如下，在这个模型中，被解释变量是一个 0/1 变量。

$$\text{accessible\_4} = \beta_0 + \beta_1\text{edulevel} + \beta_2\text{celluse} + \beta_3\text{availableP} + \beta_4\text{aage} + \beta_5\text{gender} + \mu \tag{18.3}$$

1）使用 codebook 查看变量基本信息

以和政数据为例：

codebook accessible_4 edulevel celluse availableP aage gender, compact

Variable	Obs	Unique	Mean	Min	Max	Label
accessible_4	260	2	.6923077	0	1	可获信息源_互联网
edulevel	260	7	3.5	1	7	最后阶段的教育水平

celluse	258	20	3.129651	0	10	平均每天使用手机的时间
availableP	260	69	39.11586	7.194668	100	可及信息源百分比得分
aage	258	55	44.09302	18	79	年龄
gender	260	2	.6807692	0	1	性别

2）使用 logit 对模型进行拟合

以和政数据为例：

```
logit accessible_4 edulevel celluse availableP aage gender

Iteration 0:   log likelihood = –157.38467
Iteration 1:   log likelihood = –119.55431
Iteration 2:   log likelihood = –116.22071
Iteration 3:   log likelihood = –116.18372
Iteration 4:   log likelihood = –116.18371
Iteration 5:   log likelihood = –116.18371
  Logistic regression                    Number of obs    =      256
                                         LR chi2(5)       =    82.40
                                         Prob > chi2      =   0.0000
  Log likelihood = –116.18371            Pseudo R2        =   0.2618
---------------------------------------------------------------------------
  accessible_4 |     Coef.   Std. Err.     z    P>|z|    [95% Conf. Interval]
---------------+-----------------------------------------------------------
      edulevel |  .3849842   .1387974   2.77   0.006    .1129462    .6570221
       celluse |  .2929722   .1140521   2.57   0.010    .0694341    .5165102
    availableP |  .0265751   .0118348   2.25   0.025    .0033794    .0497708
          aage | –.0436524   .0153753  –2.84   0.005   –.0737874   –.0135174
        gender | –.1782206   .3696506  –0.48   0.630   –.9027224    .5462812
         _cons |  .0095748   .9212197   0.01   0.992   –1.795983    1.815132
---------------------------------------------------------------------------
```

首先是迭代日志，可以看到从 0 开始进行最大似然估计，一直迭代到 5 收敛。实际中，我们不需要这一部分的信息，因此可以使用 nolog 选项。添加 nolog 选项后，迭代日志的部分会省略掉。

3）or 选项

以和政数据为例：

logit accessible_4 edulevel celluse availableP aage gender, or

```
Iteration 0:   log likelihood = –157.38467
Iteration 1:   log likelihood = –119.55431
Iteration 2:   log likelihood = –116.22071
Iteration 3:   log likelihood = –116.18372
Iteration 4:   log likelihood = –116.18371
Iteration 5:   log likelihood = –116.18371
```

Logistic regression	Number of obs	=	256
	LR chi2(5)	=	82.40
	Prob > chi2	=	0.0000
Log likelihood = –116.18371	Pseudo R2	=	0.2618

accessible_4	Odds Ratio	Std. Err.	z	P>|z|	[95% Conf.	Interval]
edulevel	1.469591	.2039755	2.77	0.006	1.119572	1.929039
celluse	1.340405	.1528761	2.57	0.010	1.071901	1.676168
availableP	1.026931	.0121535	2.25	0.025	1.003385	1.05103
aage	.9572867	.0147186	–2.84	0.005	.9288692	.9865736
gender	.8367578	.309308	–0.48	0.630	.4054643	1.726819
_cons	1.009621	.9300826	0.01	0.992	.1659643	6.141888

优势比将会告诉我们某种推测的概率比其反向推测的概率大多少。换句话说，优势比是指某种推测为真的概率与某种推测为假的概率的比值。比如下雨的概率为 0.25，不下雨的概率为 0.75，0.25 与 0.75 的比值可以约为 1∶3。因此，我们可以说今天将会下雨的优势比为 1∶3（或者今天不会下雨的概率比为 3∶1）。

18.2.2　比较 logit 和 probit

上面我们是用 logit 进行拟合，我们也可以用 probit 进行拟合。

以和政数据为例：

```
probit accessible_4 edulevel celluse availableP aage gender, nolog
 Probit regression                          Number of obs    =       256
                                            LR chi2(5)       =     82.54
                                            Prob > chi2      =    0.0000
 Log likelihood = –116.11406                Pseudo R2        =    0.2622
------------------------------------------------------------------------------
 accessible_4 |      Coef.   Std. Err.      z    P>|z|     [95% Conf. Interval]
--------------+---------------------------------------------------------------
     edulevel |   .2129377   .0751518    2.83   0.005    .0656428    .3602325
      celluse |   .1612817   .0597694    2.70   0.007    .0441359    .2784275
   availableP |   .0175341   .0067335    2.60   0.009    .0043367    .0307315
         aage |   –.025961    .008658   –3.00   0.003   –.0429304   –.0089916
       gender |  –.1176084   .2162918   –0.54   0.587   –.5415324    .3063157
        _cons |   .0199038    .530316    0.04   0.970   –1.019496    1.059304
------------------------------------------------------------------------------
```

将 logit 和 probit 进行对比：

```
. estimates table Mlogit Mprobit, b(%9.3f) t
 -----------------------------------------------
       Variable |     Mlogit        Mprobit
 ---------------+-------------------------------
       edulevel |      0.385          0.213
                |       2.77           2.83
        celluse |      0.293          0.161
                |       2.57           2.70
     availableP |      0.027          0.018
                |       2.25           2.60
           aage |     –0.044         –0.026
                |      –2.84          –3.00
         gender |     –0.178         –0.118
                |      –0.48          –0.54
          _cons |      0.010          0.020
                |       0.01           0.04
 -----------------------------------------------
                                 legend: b/t
```

可以观察到，logit 和 probit 的结果中：

（1）logit 的系数大约是 probit 系数的 1.7 倍[由于假设 Var(ε)的不同值]；
（2）logit 和 probit 的 z 值是非常接近的。

18.3　检　　验

上一部分是对模型的拟合，那么这一部分将讨论的就是对模型的检验。在之前第三章的学习中，我们知道可以使用 z 统计量进行检验，并且我们讨论了两种检验方法：Wald 检验（使用 test 命令）、似然比（LR）检验（使用 LRtest 命令）。

18.3.1　对单个参数的检验

通常情况下，我们最想知道的是模型中的 β 是否为零，因此我们的 H_0 总是 $\beta_k = 0$。以前面讨论的模型（18.3）为例：

$$\text{accessible\_4} = \beta_0 + \beta_1\text{edulevel} + \beta_2\text{celluse} + \beta_3\text{availableP} + \beta_4\text{aage} + \beta_5\text{gender} + \mu$$

以和政数据为例：

```
Logistic regression                          Number of obs   =       256
                                             LR chi2(5)      =     82.40
                                             Prob > chi2     =    0.0000
Log likelihood = -116.18371                  Pseudo R2       =    0.2618
------------------------------------------------------------------------------
accessible_4 |      Coef.   Std. Err.      z    P>|z|     [95% Conf. Interval]
-------------+----------------------------------------------------------------
    edulevel |   .3849842   .1387974    2.77   0.006     .1129462    .6570221
     celluse |   .2929722   .1140521    2.57   0.010     .0694341    .5165102
  availableP |   .0265751   .0118348    2.25   0.025     .0033794    .0497708
        aage |  -.0436524   .0153753   -2.84   0.005    -.0737874   -.0135174
      gender |  -.1782206   .3696506   -0.48   0.630    -.9027224    .5462812
       _cons |   .0095748   .9212197    0.01   0.992    -1.795983    1.815132
------------------------------------------------------------------------------
```

构建模型时我们想要考虑的问题是：一个人受教育水平越高，会不会使他通过手机获取有用信息的可能越大？

接下来对模型进行拟合后可以看到，edulevel 的 z 值为 2.77，对应的 p 值为

0.006，小于 0.05，因此我们拒绝原假设 $\beta_1=0$，也就是认为这个影响是显著的。

由此我们可以得出结论：一个人受教育水平越高，那么他通过手机获取有用信息的可能会越大。

1）应用 test 进行单系数检验

估计命令输出中包含的 z 检验是 Wald 检验，也可以通过使用 test 来计算，为卡方检验。例如，要测试 H_0：$\beta_{\text{edulevel}}=0$。

以和政数据为例：

```
test edulevel

（1）[accessible_4] edulevel = 0

          chi2（1）  =    7.69
        Prob > chi2  =    0.0055
```

2）应用 LRtest 进行单系数检验

使用 LR 检验我们需要构建两个模型——无约束模型和约束模型，将我们想要检验的变量系数约束为 0 分别进行拟合，要注意两个模型的样本必须一致。

```
lrtest Mfull Mnop

Likelihood-ratio test                          LR chi2（1）  =    8.74
（Assumption: Mnop nested in Mfull）           Prob > chi2   =    0.0031
```

18.3.2 对多个参数的检验

多个系数的检验同样可以使用 test 或 LRtest 进行检验。仍然以模型（18.3）为例：

$$\text{accessible\_4}=\beta_0+\beta_1\text{edulevel}+\beta_2\text{celluse}+\beta_3\text{availableP}+\beta_4\text{aage}+\beta_5\text{gender}+\mu$$

在模型（18.3）中，我们想知道受教育水平在高中及年龄在 60 岁以下这两个因素对能通过手机获取到有用信息的可能性有什么影响。我们重新定义了受教育水平：将受过高中教育的定义为 1，没有受过高中教育的定义为 0；重新定义年龄变量：将年龄在 60 岁以下的定义为 1，在 60 岁以上的定义为 0。（具体代码在 dofile 中。）

1）应用 test 进行多系数检验

我们对教育和年龄这两个变量进行检验：

```
. test 1.edu 1.age1

（1）  [accessible_4]1.edu = 0
（2）  [accessible_4]1.age1 = 0

           chi2（2）  =    6.15
         Prob > chi2  =    0.0463
```

可以看到，这个结果是不显著的，也就是说，有没有受过高中教育和年龄在不在 60 岁之下对通过手机获取到有用信息是没有显著影响的。这里要注意我们使用的变量是 1.edu 和 1.age1 而不是 edu 和 age1。

当然，我们也可以检验两个变量的系数是否相等，前面章节已经讨论过了，这里就不再讨论。

2）应用 LRtest 进行多系数检验

和上面讨论的单个变量是一样的，先构建两个模型——无约束模型和有约束模型，将我们想要联合检验的变量系数都约束为 0 即可。

以和政数据为例：

```
lrtest Mfull Mnop

Likelihood-ratio test                         LR chi2（1）  =    8.35
（Assumption: Mnop nested in Mfull）          Prob > chi2   =    0.0039
```

18.3.3　比较 LR 和 Wald 检验

从我们上面所举的例子来看，两种检验方法在使用的时候是不同的，LR 检验必须构建两个模型，并且是样本一致的嵌套模型；而 Wald 检验则简单一点，直接使用 test 命令就好。只看结果的话，使用两种检验方法的结果是几乎相同的。

已有的统计理论尚不清楚应该首选 LR 检验还是 Wald 检验，尽管很多统计学家都更喜欢使用 LR 检验，但具体使用哪种检验通常取决于使用者的个人习惯偏好。

18.4 预测概率、残差和有影响力的观测值

对于给定的一组独立变量值，可以从估计系数计算出预测概率：

$$\text{logit: } \hat{P}_r(y=1|x)=\Lambda(x\hat{\beta}) \qquad \text{probit: } \hat{P}_r(y=1|x)=\phi(x\hat{\beta})$$

其中，Λ 是方差为 $\pi^2/3$ 的对数分布的 CDF，ϕ是方差为 1 的正态分布的 CDF。

18.4.1 使用 predict 的预测概率

在运行 logit 或 probit 命令后，进一步运行：

predict newvar [if] [in]

以和政为例，我们仍然使用模型（18.1），使用 predict 命令获得预测概率。

以和政数据为例：

codebook prlogit, compact

Variable	Obs	Unique	Mean	Min	Max	Label
prlogit	256	256	.6953125	.0706307	.9980928	Logit: Pr(accessible_4 | X)

从这个结果中我们可以知道：预测的范围是从 0.706 到 0.998，平均值为 0.6953，绘制成图来看一下分布，如图 18-2 所示。

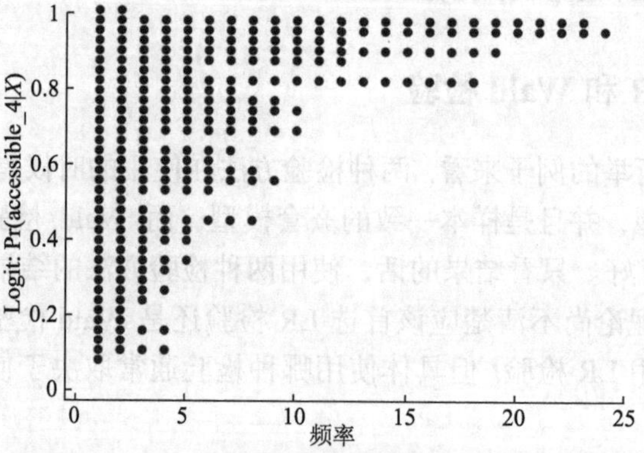

图 18-2 预测范围

从图 18-2 可以明显看到，预测的结果几乎涵盖了 0 至 1 的全部范围。

使用 predict 命令要注意，如果我们在使用 logit 命令时用了 in 或者 if 限制了样本容量，此时再使用 predict 命令，则输出结果的概率是全部的预测概率，而不是限制了样本容量的预测概率。

上面的例子中我们使用的是 logit，当然我们也可以使用 probit 进行拟合。将 logit 和 probit 的预测概率结果进行比较可以得到如下结果。①

```
pwcorr prlogit prprobit
                 |      prlogit    prprobit
-----------------+----------------------------
         prlogit |       1.0000
        prprobit |       0.9992      1.0000
----------------------------------------------
```

尽管 logit 和 probit 对 ε 的分布做出了不同的假设，之前的比较中我们也发现 logit 系数大约是 probit 系数的 1.6~1.8 倍，但预测的概率几乎是完美相关的。

从图 18-3 也可以很明显地看出，两种拟合的预测概率结果基本是一样的。

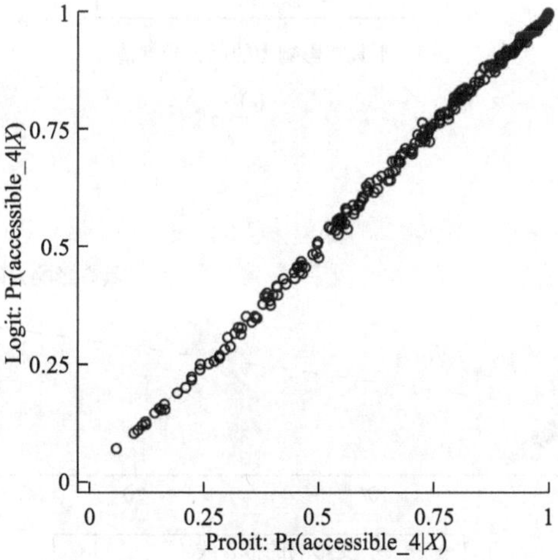

图 18-3　两种拟合的预测概率

通过对 logit 和 probit 的系数、z 值、预测概率的比较发现，我们没有什么理由认为 logit 或者 probit 哪一种是更好的。

① prlogit 为 logit 的预测概率；prprobit 为 probit 的预测概率。

18.4.2　使用 predict 的残差和有影响力的观测值

残差和有影响力的观测值有时会帮助我们发现某些问题。我们使用下面两张图进行讨论。

在图 18-4(a)中我们可以观察到，残差的分布是比较均匀地在拟合线的上下，像这样的残差对回归的斜率影响是不大的。在图 18-4（b）中我们可以看到，右上角这个方形的观测值点，它的残差虽然不大，但是却很明显地影响了拟合线，它的存在导致了原来应该是负斜率的回归线变成了正斜率。

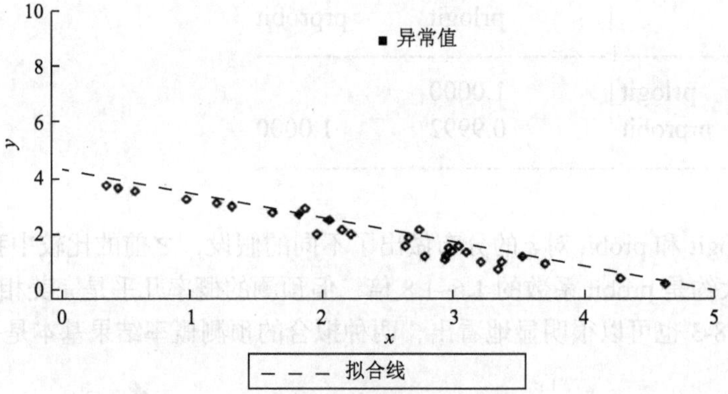

不具有影响力的巨大异常值

(a)

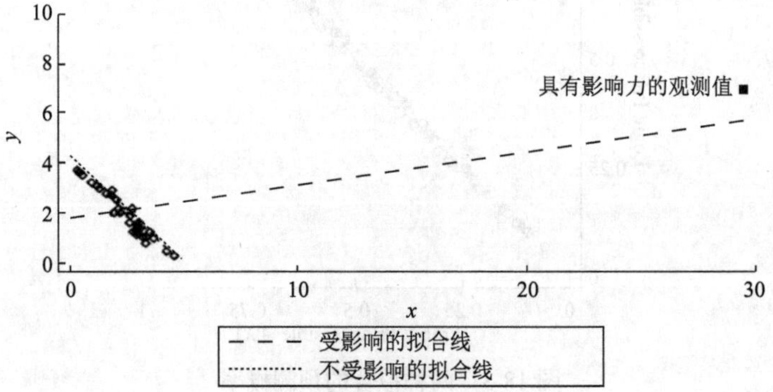

具有影响力的较小异常值

(b)

图 18-4　残差分布图

索引图是通过将残差与观测值相对应来检查残差的简便方法。我们可以通过使用 predict 命令加上 rstandard 的选项来生成标准化后的残差，创建一个为观察值序号的新变量为横坐标，这样我们就可以画出如图 18-5 所示的索引图。

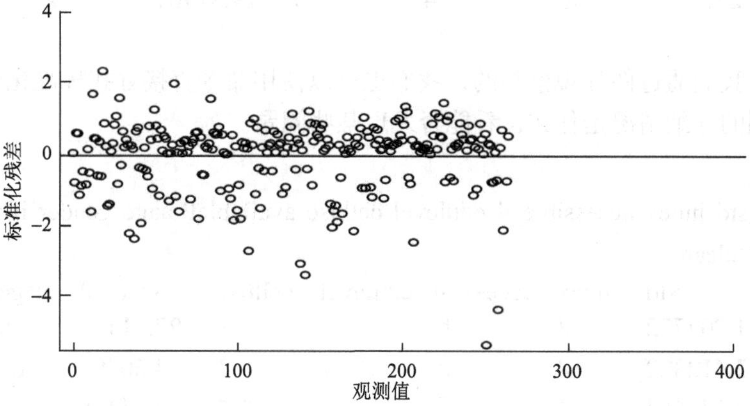

(a)

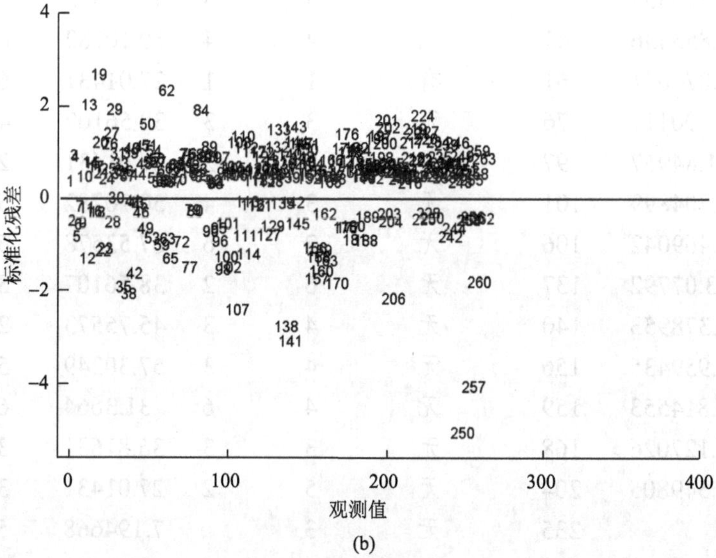

(b)

图 18-5　索引图

通过索引图可以很直观地得到某些残差比较大的点，如图 18-5（a），将序号标注出来之后我们可以发现，250、257 这两个案例相对其他案例来说残差比较大，如图 18-5（b），那我们就使用 list 命令来看一下这两个案例具体是什么情况。

```
. list accessible_4 edulevel celluse availableP aage gender in 250, clean
        acce~e_4   edulevel   celluse   availa~P   aage   gender
  250.        无          6         6   23.95609     28       男
. list accessible_4 edulevel celluse availableP aage gender in 257, clean
```

	acce~e_4	edulevel	celluse	availa~P	aage	gender
257.	无	4	10	19.81964	47	男

这是我们通过图片观察到的，我们也可以使用命令直接寻找标准化残差比较大的案例的详细情况是什么，看能否发现某些问题。

```
list rstd index accessible_4 edulevel celluse availableP aage gender if rstd>1.7 | rstd<-1.7, clean
```

	rstd	index	acce~e_4	edulevel	celluse	availa~P	aage	gender
12.	1.707772	12	有	1	1	27.01431	56	女
18.	2.412322	18	有	1	2	14.60498	67	男
34.	–2.043554	34	无	1	3.5	42.91315	23	男
37.	–2.253537	37	无	3	3	42.91315	32	男
41.	–1.855436	41	无	4	4	50.10782	61	男
61.	2.070031	61	有	1	1	27.01431	61	男
76.	–1.790117	76	无	3	3	38.56107	44	女
97.	–1.84957	97	无	3	2	27.01431	29	女
101.	–1.704899	101	无	3	4	50.10782	56	男
106.	–2.469042	106	无	2	6	67.53578	55	男
137.	–3.07792	137	无	6	2	38.56107	35	男
140.	–3.378953	140	无	4	3	45.75573	28	女
156.	–1.959435	156	无	4	3	57.30249	56	男
159.	–1.814553	159	无	4	6	31.3664	65	男
168.	–2.127026	168	无	3	3	36.81631	35	女
204.	–2.549805	204	无	5	2	27.01431	32	女
235.	.	235	无	3	.	7.194668	50	男
246.	–5.277493	246	无	6	6	23.95609	28	男
253.	–4.10178	253	无	4	10	19.81964	47	男
256.	–2.072451	256	无	4	2	31.15075	31	男
257.	.	257	有	4	.	19.81964	51	男

残差较大的原因可能是数据错误，如果发现是数据的问题，那我们就可以予以纠正，但是我们不可以直接丢掉具有较大残差的案例，反而应该重视这些案例，它们能反映出来一些问题。

图 18-6 是我们认为残差较大的观测值点并且标注出来了使用手机的时间，我

们可以看到，在图中大部分残差较大的观测值点的手机使用时间都在 4 小时以下，但是也存在三个点是大于 4 小时的。如果我们的数据显示全部小于 4 小时或者存在着某种规律时，对于我们来说，这可能就是一个需要研究的问题。

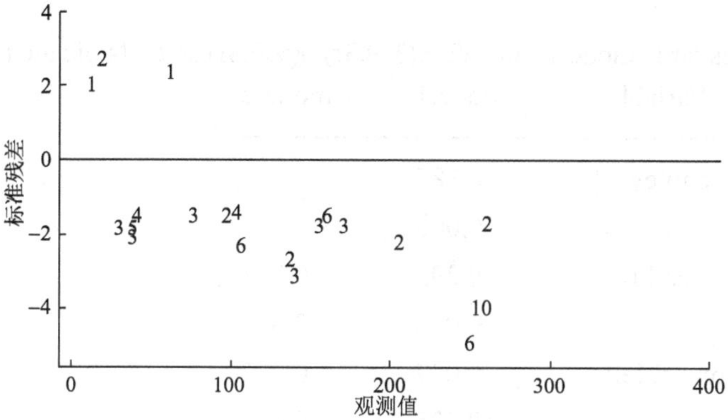

图 18-6　残差较大观测值的散点图

18.5　拟　　合

在之前的讨论中，我们知道在比较两个非嵌套模型时，可以对比他们的贝叶斯信息标准（BIC）和 Akaike 信息标准（AIC），然后选择数值更小的模型。在线性模型中，我们用 R^2 来看拟合的情况，通过对比可以选择一个拟合更好的模型，在线性概率模型中也有伪 R^2 可以用来衡量。

18.5.1　信息准则

在本章所举的例子中，我们考虑的是控制了可及信息源、性别、年龄，以及受教育水平这几个变量之后，每天使用手机的时间是否会影响到通过手机获取有用信息的概率。但是，一个人受教育水平越高，并不代表他的理解能力越强，因此我们考虑另一个模型，使用中文水平代替原本模型中的受教育水平。

$$\text{accessible}_4 = \beta_0 + \beta_1\text{edulevel} + \beta_2\text{celluse} + \beta_3\text{availableP} + \beta_4\text{aage} + \beta_5\text{gender} + \mu \tag{18.4}$$

$$\text{accessible}_4 = \beta_0 + \beta_1\text{Chinesedf} + \beta_2\text{celluse} + \beta_3\text{availableP} + \beta_4\text{aage} + \beta_5\text{gender} + \mu \tag{18.5}$$

对于这两个非嵌套模型，我们想知道哪一个模型是更优的。在前面学习到的 fitstat 命令可以帮我们计算出相关的信息，以供我们比较。

1）两个模型系数、p 值、N、BIC、AIC 的比较

```
. estimates table model1 model2, b(%9.3f) p(%9.3f) stats (N bic aic r2_p)
            Variable |     model1        model2
---------------------+--------------------------
            edulevel |      0.385
                     |      0.006
             celluse |      0.293         0.272
                     |      0.010         0.019
          availableP |      0.027         0.027
                     |      0.025         0.021
                aage |     –0.044        –0.045
                     |      0.005         0.003
              gender |     –0.178        –0.175
                     |      0.630         0.638
           Chinesedf |                    0.744
                     |                    0.003
               _cons |      0.010        –0.766
                     |      0.992         0.454
---------------------+--------------------------
                   N |        256           256
                 bic |    265.638       264.994
                 aic |    244.367       243.723
                r2_p |      0.262         0.264
-------------------------------------------------
                                      legend: b/p
```

2）使用 fitstat 命令

```
. fitstat, using (ic)
                                   |     Current        Saved    Difference
-----------------------------------+----------------------------------------
```

Log-likelihood				
	Model	–115.862	–116.184	0.322
	Intercept-only	–157.385	–157.385	0.000
Chi-square				
	D(df=250/250/0)	231.723	232.367	–0.644
	LR(df=5/5/0)	83.046	82.402	0.644
	p-value	0.000	0.000	.
R2				
	McFadden	0.264	0.262	0.002
	McFadden(adjusted)	0.226	0.224	0.002
	McKelvey & Zavoina	0.449	0.473	–0.023
	Cox-Snell/ML	0.277	0.275	0.002
	Cragg-Uhler/Nagelkerke	0.392	0.389	0.003
	Efron	0.302	0.295	0.006
	Tjur's D	0.303	0.296	0.007
	Count	0.789	0.781	0.008
	Count(adjusted)	0.308	0.282	0.026
IC				
	AIC	243.723	244.367	–0.644
	AIC divided by N	0.952	0.955	–0.003
	BIC(df=6/6/0)	264.994	265.638	–0.644
Variance of				
	e	3.290	3.290	0.000
	y-star	5.971	6.237	–0.265

Difference of 0.644 in BIC provides weak support for current model.

这两种方法的结果是一样的，都可以帮助我们计算出 BIC、AIC 等信息然后进行比较。在这个例子中，我们认为模型（18.5）比模型（18.4）稍微好一点。

18.5.2　Pseudo-R^2's

在对伪 R^2 的理解上，我们认为它和线性模型中的 R^2 是一样的，并不是说越大就会越好，但在同样多的变量情况下我们会优先选择 R^2 相对大的模型。伪 R^2 还是通过 fitstat 命令计算出结果的，我们再来看一下这张表。

```
. fitstat, using (ic)
                                           |      Current        Saved   Difference
-------------------------------------------+---------------------------------------
  Log-likelihood                           |
                                     Model |     -115.862     -116.184        0.322
                            Intercept-only |     -157.385     -157.385        0.000
-------------------------------------------+---------------------------------------
  Chi-square                               |
                          D(df=250/250/0)  |      231.723      232.367       -0.644
                              LR(df=5/5/0) |       83.046       82.402        0.644
                                   p-value |        0.000        0.000            .
-------------------------------------------+---------------------------------------
  R2                                       |
                                  McFadden |        0.264        0.262        0.002
                        McFadden(adjusted) |        0.226        0.224        0.002
                        McKelvey & Zavoina |        0.449        0.473       -0.023
                              Cox-Snell/ML |        0.277        0.275        0.002
                   Cragg-Uhler/Nagelkerke  |        0.392        0.389        0.003
                                     Efron |        0.302        0.295        0.006
                                  Tjur's D |        0.303        0.296        0.007
                                     Count |        0.789        0.781        0.008
                           Count(adjusted) |        0.308        0.282        0.026
-------------------------------------------+---------------------------------------
  IC                                       |
                                       AIC |      243.723      244.367       -0.644
                          AIC divided by N |        0.952        0.955       -0.003
                            BIC(df=6/6/0)  |      264.994      265.638       -0.644
-------------------------------------------+---------------------------------------
  Variance of                              |
                                         e |        3.290        3.290        0.000
                                    y-star |        5.971        6.237       -0.265

Difference of 0.644 in BIC provides weak support for current model.
```

由于我们假设的两个模型，他们的自变量个数是一样的，通过对伪 R^2 的对比我们可以得到：模型（18.5）的伪 R^2 要略大于模型（18.4）的伪 R^2，也就是说我们认为模型（18.5）要比模型（18.4）的拟合度更高一点。

习　　题

简答题：

1. 在二元结果模型中，估计参数时可能会遇到的常见问题有哪些？请列举并解释。
2. 解释二元结果模型中的检验方法，包括模型拟合的评价标准和检验模型假设的方法。
3. 在进行信息贫困研究时，为什么要使用二元结果模型而不是其他统计模型？请提供理由并进行讨论。
4. 假设您正在进行一项关于信息贫困的研究，您使用了二元结果模型并得到了一组参数估计值。请描述您如何解释这些参数估计结果以及它们对您研究的意义。
5. 请解释在信息贫困研究中常用的模型拟合方法，包括如何利用统计软件来实现这些方法。
6. 如果您在应用二元结果模型时发现了模型的拟合不佳，可能会出现哪些问题？请提出可能的原因并探讨解决方案。

第 19 章 信息贫困研究中的二元结果模型：解释

在本章中，我们将讨论二元结果模型中解释结果的方法。因为我们在第 18 章介绍的二元回归模型（BRM）是非线性的，所以自变量变化所带来的结果概率的变化幅度取决于所有独立变量的水平。因此，解释结果的挑战是找到一个总结，说明自变量的变化如何与结果的变化相关联，以更好地反映关键的实质性过程。

在此我们考虑两种基本的解释方法：使用回归系数的解释和使用预测概率的解释。

关于前者，我们在本章开始时考虑如何使用估计参数或这些参数的简单函数来预测 logit 模型的优势比（odds ratio，OR；又称比值比）或是 logit 或 probit 模型的潜在变量 y^* 的变化。使用优势比来解释 logit 模型很常见，但它不能够充分解释模型的结果。尽管如此，了解优势比的含义还是很重要的，原因如下：一方面，优势比被大量使用，我们需要了解它们能告诉我们什么，不能告诉什么。另一方面，优势比有助于理解序数回归模型和多项 logit 模型的结构。基于 y^* 的解释与线性回归模型中的解释相似，但它不常用于二元结果，它有时对第 7 章中讨论的序数结果模型很有用。

关于后者，基于预测概率的解释方法更受喜爱，本章的大部分内容都集中在这些方法上。

我们从第 19.2 节开始讨论“边际效应”，与更常用的优势比相比，它作为衡量变量效应大小的标量指标能提供更多信息。在第 19.3 节中，我们考虑基于实质性动机的自变量［也称为理想型（ideal types）］的值来计算预测。思考样本中代表的个体类型是一种有价值的方法，可以直观地了解不同设定值之间的差别。在第 19.4 节中讨论的预测表可以有效地凸显分类自变量的影响。在第 19.6 节，我们结束对解释的讨论，通过图形的方法显示概率如何随着连续自变量的变化而变化。

当使用 logit 或 probit 或任何非线性模型时，建议应尝试各种解释方法，目的是找到一种最佳的方法来呈现结果，以解决非线性模型和实质性应用的复杂性。因为没有一种方法在所有情况下都有效，通常来说，确定哪种方法最有效的唯一方法是全部尝试。在本章中考虑的方法可以很容易地扩展到顺序、名义和计数结果的模型。

19.1　使用回归系数进行解释

回归模型的解释涉及检查自变量的变化如何与因变量的变化相关联。在线性模型中，这很容易通过使用回归系数的估计来完成。例如，受教育年限对预期收入的系数可以告诉我们，每多受教育一年对收入的影响。除非添加交互项，否则男性和女性、未成年人和成年人，以及自变量值的所有组合的估计效果是相同的。因此，在线性回归中，对斜率系数的讨论通常是研究人员对模型的解释的开始和结束。其结果的表示可能只是一个回归系数表。

在非线性 BRM 中，回归系数指示变量效应的方向。从系数中更难解释的是效应的大小。例如，logit 模型可以写成：

$$\ln\Omega\left(X\right)=X\beta$$

β 系数表示自变量对结果对数概率（log odds）的影响，其中对数概率也被称为 logit。我们可以这样解释 β：对于 x_k 的单位变化，我们期望在保持所有其他变量不变时，结果的对数概率变化 β_k 个单位。

这种解释不依赖于 x_k 的水平或模型中其他变量的水平。在这方面，它就像线性回归模型一样。但问题是，对数概率 β_k 的变化对大多数人来说没有什么实质性意义。因此，logit 系数通常无法有效传达影响的大小。作为替代方案，优势比可用于解释自变量对优势的影响，我们将在下一节中考虑这一点。

19.1.1　使用优势比进行解释

对 logit 模型（但不是 probit 模型）的影响可以用概率的变化来解释。对于二元结果，我们通常考虑将观察积极结果的概率编码为 1，消极结果编码为 0：

$$\Omega X=\frac{\Pr（y=1\mid x）}{\Pr（y=0\mid x）}=\frac{\Pr（y=1\mid x）}{1-\Pr（y=1\mid x）}\tag{19.1}$$

在 logit 模型中，对数概率是 x 和 β 的线性组合。例如，考虑一个具有三个自变量的模型：

$$\ln\left\{\frac{\Pr\left(y=1|x\right)}{\Pr\left(y=0|x\right)}\right\}=\ln\Omega(X)=\beta_0+\beta_1x_1+\beta_2x_2+\beta_3x_3$$

直接解读这些 β 的问题在于，对数概率的变化对大多人来说没有实质意义。为了使解释更有意义，我们可以对方程两边取指数，将对数概率转换为概率。这产生了一个乘法而不是线性的模型，但其中的结果是概率：

$$\Omega(X, x_3) = e^{\beta_0} e^{\beta_1 x_1} e^{\beta_2 x_2} e^{\beta_3 x_3}$$

我们的符号强调 X 的值，我们希望将其增加 1 个单位（以 x_3 增加一个单位为例）：

$$\Omega(X, x_3 + 1) = e^{\beta_0} e^{\beta_1 x_1} e^{\beta_2 x_2} e^{\beta_3 (x_3+1)} = e^{\beta_0} e^{\beta_1 x_1} e^{\beta_2 x_2} e^{\beta_3 x_3} e^{\beta_3}$$

这导致优势比为

$$\frac{\Omega(X, x_3 + 1)}{\Omega(X, x_3)} = \frac{e^{\beta_0} e^{\beta_1 x_1} e^{\beta_2 x_2} e^{\beta_3 x_3} e^{\beta_3}}{e^{\beta_0} e^{\beta_1 x_1} e^{\beta_2 x_2} e^{\beta_3 x_3}} = e^{\beta_3} \tag{19.2}$$

因此，我们可以将 logit 系数的指数解释如下。

对于以 x_k 为单位的变化，在保持其他变量不变的情况下，概率预计会以 exp（β_k）也就是 e^{β_k} 的倍数变化。

对于 $e^{\beta_k} > 1$，可以说这个概率是 e^{β_k} 的几倍大，对于 $e^{\beta_k} < 1$，可以说这个概率是 e^{β_k} 的几分之几。如果 $e^{\beta_k} = 1$，那么 x_k 不影响概率。我们也可以用 x_k 的标准差变化来代替单位变化的影响。

对于 x_k 的标准差变化，在保持其他所有变量不变的条件下，预期概率是变化 $e^{\beta_k s_k}$ 个单位。（s_k 为 x_k 的标准差。）

优势比是在保持所有其他变量不变的情况下，通过改变一个变量来计算的。这意味着当被改变的变量在数学上与另一个变量相关联时，不能使用式（19.2）中的公式。例如，如果 x_1 是年龄，而 x_2 是年龄的平方，则不能在保持 x_2 不变的情况下将 x_1 增加 1，在这种情况下，不应解释以 e^{β_k} 计算的优势比。

虽然优势比是解释 logit 模型的一种常见方法，但它最大的局限性在于其并没有表明结果发生概率的变化幅度。下面我们将以和政数据举例。

例 19.1

以和政数据为例：

```
logit attitude_4 gender edulevel family virspace_3 i.cognition_6 news_4 means_2,or nolog
```

使用 or 选项的输出 log 显示优势比，而不是估计的 β 值

Logistic regression	Number of obs	=	232
	LR chi2(10)	=	52.77
	Prob > chi2	=	0.0000
Log likelihood = –62.954426	Pseudo R2	=	0.2953

attitude_4	Odds Ratio	Std. Err.	z	P>|z|	[95% Conf. Interval]	
gender	1.819766	1.028221	1.06	0.289	.6012593	5.507688
edulevel	1.967564	.3034262	4.39	0.000	1.454325	2.661927
family	.999944	.1670845	–0.00	1.000	.7206843	1.387415
virspace_3	.6980791	.1144069	–2.19	0.028	.506294	.9625126
cognition_6						
有点赞同	.387176	.2357858	–1.56	0.119	.1173644	1.277264
不确定	.6220577	.4353606	–0.68	0.498	.157797	2.452238
不太赞同	.3376401	.2776138	–1.32	0.187	.0673877	1.691716
非常不赞同	.1014644	.1117293	–2.08	0.038	.0117219	.8782728
news_4	1.378634	.2692944	1.64	0.100	.9401136	2.021705
means_2	.3752881	.2044957	–1.80	0.072	.1289859	1.091911
_cons	.0213149	.0341537	–2.40	0.016	.0009221	.4927135

下面是一些解释的例子。

因变量：对所浏览的信息所持的态度-我完全有能力通过深入的反思，对电视/报刊/网上信息真假做出判断（attitude_4）。

在保持所有其他变量不变的情况下，受教育水平每提高一个层次，受访者能够对信息真假做出判断的可能性就增加 1.97 倍（$P<0.05$）。

在保持所有其他变量不变的情况下，受访者对于在新闻算法推荐平台经常发布动态的认同程度每提高一个单位（认同程度由非常认同向非常不认同变动一单位），受访者能够对信息真假做出判断的可能性就降低了 70%（$P<0.05$）。

需要注意，这些解释不包含关于概率变化幅度（magnitude）的信息（不包含有关边际变化的任何信息）。这对于我们下面讨论优势比的局限性，以及其他几个值得注意的关于优势比解释的问题是很重要的。

分类变量的优势比。多个优势比与多分类变量相关联，其解释方法如下。例如，cognition_6（我能从长时间艰难的思考中获得满足感）的四个系数是相对于“非常赞同”这一基本类别的。据此，可以将“非常不赞同”（cognition_6=5）的系数解释如下。

在保持所有其他变量不变的情况下，非常不赞同能从长时间艰难的思考中获得满足感的受访者比非常赞同的受访者，完全有能力进行深入的反思，对电视/报刊/网上信息真假做出判断的可能性降低了 10%。

如果我们对“有点赞同”或更大影响的系数感兴趣，就可以使用 pwcompare 命令，其中选项 eform 求系数的指数，即优势比，选项 effects 求 p 值和置信区间。

例 19.2

. pwcompare cognition_6,effect eform

Pairwise comparisons of marginal linear predictions

Margins : asbalanced

```
-------------------------------------------------------------------------------------------
                 |                                   Unadjusted          Unadjusted
                 |   exp(b)    Std. Err.      z        P>|z|      [95% Conf. Interval]
-----------------+-------------------------------------------------------------------------
      attitude_4 |
     cognition_6 |
  有点赞同 vs     |  .387176   .2357858    –1.56      0.119    .1173644      1.277264
      非常赞同    |
不确定 vs 非常    | .6220577   .4353606    –0.68      0.498     .157797      2.452238
          赞同    |
  不太赞同 vs     | .3376401   .2776138    –1.32      0.187    .0673877      1.691716
      非常赞同    |
非常不赞同 vs     | .1014644   .1117293    –2.08      0.038    .0117219      .8782728
      非常赞同    |
不确定 vs 有点    | 1.606654   1.267614     0.60      0.548    .3422496      7.542261
          赞同    |
  不太赞同 vs     | .8720584   .7665258    –0.16      0.876     .155723      4.883582
```

有点赞同|						
非常不赞同 vs 有点赞同|	.2620628	.305243	−1.15	0.250	.026727	2.569566
不太赞同 vs 不确定|	.5427794	.5060971	−0.66	0.512	.0872867	3.375194
非常不赞同 vs 不确定|	.1631109	.1975362	−1.50	0.134	.0151926	1.751195
非常不赞同 vs 不太赞同|	.3005105	.3784145	−0.95	0.340	.0254679	3.545893

优势比的置信区间。如果报告的是优势比，而不是未转换的 β 系数，那么通常报告的是优势比的 95%置信区间，而不是标准误差。原因是优势比是 logit 系数的非线性变换，因此置信区间是不对称的。例如，如果 logit 系数为 0.75，标准误差为 0.25，则 logit 系数周围的 95%区间约为[0.26,1.24]（与极大似然函数估计值和标准正态分布的临界值有关），但优势比 exp（0.75）$=e^{0.75}=2.12$ 周围的置信区间为[exp（0.26）,exp（1.24）]=[1.30,3.46]。logit 命令的 or 选项报告优势比，并且包括置信区间。

logit 系数的置信区间：	[0.26,1.24]
优势比的置信区间：	[exp(0.26),exp(1.24)]=[1.30,3.46]

其他变化的优势比。可以用公式计算除 1 以外 x_k 变化的优势比：

$$\frac{\Omega x, x_k + \delta}{\Omega x, x_k} = e^{\delta\beta_k} = e^{\delta} e^{\beta_k} \tag{19.3}$$

因此，自变量标准差变化的优势比等于 exp（$\beta_k s_k$），其中 s_k 为 x_k 的标准差。独立变量的单位和标准差变化的优势比均可由 listcoef 命令得到。

优势比作为乘数系数。在解释优势比时，需要记住它们是乘法。这意味着：1 表示没有影响，积极影响大于 1，负面影响介于 0 和 1 之间。正面和负面影响的大小应该通过取负面影响的倒数来比较，反之亦然。例如，2 的优势比与 0.5 = 1/2 的优势比具有相同的量级。因此，0.1=1/10 的优势比要比 2=1/0.5 的优势比“大”得多。乘法尺度的另一个结果是确定对事件未发生概率的影响，只需将对事件发生概率的影响取倒数，通过命令 listcoef 的 reverse 选项将自动计算结果。

例 19.3

. listcoef,reverse

logit （N=235）: Factor change in odds

Odds of: 否 vs 是

	b	z	P>|z|	e^b	e^bStdX	SDofX
gender	0.5987	1.060	0.289	0.550	0.758	0.464
edulevel	0.6768	4.389	0.000	0.508	0.313	1.718
family	–0.0001	–0.000	1.000	1.000	1.000	1.638
virspace_3	–0.3594	–2.193	0.028	1.433	1.714	1.499
2.cognition_6	–0.9489	–1.558	0.119	2.583	1.491	0.421
3.cognition_6	–0.4747	–0.678	0.498	1.608	1.146	0.288
4.cognition_6	–1.0858	–1.321	0.187	2.962	1.448	0.341
5.cognition_6	–2.2880	–2.078	0.038	9.856	2.744	0.441
news_4	0.3211	1.644	0.100	0.725	0.643	1.375
means_2	–0.9801	–1.799	0.072	2.665	1.586	0.470
constant	–3.8483	–2.402	0.016	.	.	.

我们可以将 5.cognition_6（cognition_6=5）的结果解释如下：在保持所有其他变量不变的情况下，对于“我能从长时间艰难的思考中获得满足感”这一问题，非常不赞同的受访者相较于非常赞同的受访者，不能对信息真假做出判断的概率增加了 9.856（1/0.101）倍。

概率变化百分比。有些人更喜欢百分比变化，而不是乘数或因子变化。

计算公式：概率变化百分比 $=100\left[\exp(\delta\beta_k)-1\right]=100\left(e^{\delta\beta_k}-1\right)$

这可以通过 listcoef 的 percent 选项来实现。

例 19.4

. listcoef,help percent

logit （N=235）: Percentage change in odds

Odds of: 是 vs 否

	b	z	P>|z|	%	%StdX	SDofX
gender	0.5987	1.060	0.289	82.0	32.0	0.464
edulevel	0.6768	4.389	0.000	96.8	219.9	1.718
family	–0.0001	–0.000	1.000	–0.0	–0.0	1.638
virspace_3	–0.3594	–2.193	0.028	–30.2	–41.6	1.499
2.cognition_6	–0.9489	–1.558	0.119	–61.3	–32.9	0.421
3.cognition_6	–0.4747	–0.678	0.498	–37.8	–12.8	0.288
4.cognition_6	–1.0858	–1.321	0.187	–66.2	–30.9	0.341
5.cognition_6	–2.2880	–2.078	0.038	–89.9	–63.6	0.441
news_4	0.3211	1.644	0.100	37.9	55.5	1.375
means_2	–0.9801	–1.799	0.072	–62.5	–36.9	0.470
constant	–3.8483	–2.402	0.016	.	.	.

在保持所有其他变量不变的情况下，对于“我能从长时间艰难的思考中获得满足感”这一问题，非常不赞同的受访者相较于非常赞同的受访者，能对信息真假做出判断的概率减少 89.9%。

在其他变量不变的情况下，受访者受教育水平标准差增加，受访者能够对信息真假做出判断的概率增加 219.9%。

百分比和因子变化提供了相同的信息，使用哪个仅是偏好问题。虽然一般更倾向于选择百分比变化，但多项式 logit 模型的图形解释方法只适用于因子变化系数。

优势比存在局限性。

优势比的解释假设其他变量保持不变，但并不要求它们保持在特定值。这似乎可以解决非线性问题，但在实际中并没有解决。因为给定优势比的实质含义取决于概率在发生变化之前的具体值。

19.1.2　（高级）使用 y^* 解释

二进制 logit 和 probit 模型很少用潜在变量 y^* 来解释。因此，本节主要用于提供对识别的更深理解，以及为什么 logit 系数通常比 probit 系数大。

正如第 5.1.1 节所讨论的，logit 和 probit 模型可以从潜在变量 y^* 的回归得到：

$$y^* = X\beta + \varepsilon \tag{19.4}$$

其中ε为随机误差。对于 probit 模型，我们假设ε是正态的，$\mathrm{Var}(\varepsilon)=1$。

对于 logit 模型，我们假设ε是 logit 分布的，$\mathrm{Var}(\varepsilon)=\pi^2/3$。与线性回归模型一样，$y^*$相对于$x_k$的边际变化为

$$\frac{\partial y^*}{\partial x_k}=\beta_k \tag{19.5}$$

然而，因为y^*的真实值是未知的，所以它的值依赖于我们对误差方差所做的假设。

正如我们在 5.2.2 节中看到的，logit 和 probit 产生的系数不能直接相互比较。logit 系数通常比 probit 系数大 1.7 倍左右，这仅仅是由于对误差方差的任意假设。因此，如果不对y^*的估计标准差进行标准化，就无法解释y^*的边际变化，该标准差计算公式为

$$\hat{\sigma}^2_{y^*}=\widehat{\beta'}\widehat{\mathrm{Var}}(x)\hat{\beta}+\mathrm{Var}(\varepsilon) \tag{19.6}$$

其中$\widehat{\mathrm{Var}}(x)$是观测$x$的协方差矩阵，$\hat{\beta}$包含最大似然估计，probit 中$\mathrm{Var}(\varepsilon)=1$，logit 中$\mathrm{Var}(\varepsilon)=\pi^2/3$。那么$y^*$中$x_k$的标准化系数是

$$\beta_k^{s_{y^*}}=\frac{\beta_k}{\sigma_{y^*}} \tag{19.7}$$

这可以解释为：在保持所有其他变量不变的条件下，自变量x_k每增加一个单位，因变量y^*预计增加$\beta_k^{s_{y^*}}$个标准差。

这些系数可由 listcoef 命令的 std 选项计算出。

例 19.5

以和政数据为例：

. logit attitude_4 gender edulevel family virspace_3 cognition_6 news_4 means_2, nolog

（output omitted）

先用 logit 估计计算出y^*标准化系数

. listcoef,std

logit （N=235）: Unstandardized and standardized estimates

Observed SD: 0.3363
Latent SD: 2.4784

	b	z	P>|z|	bStdX	bStdY	bStdXY	SDofX
gender	0.6268	1.128	0.259	0.291	0.253	0.117	0.464
edulevel	0.6820	4.496	0.000	1.172	0.275	0.473	1.718
family	–0.0261	–0.159	0.874	–0.043	–0.011	–0.017	1.638
virspace_3	–0.3508	–2.186	0.029	–0.526	–0.142	–0.212	1.499
cognition_6	–0.4409	–2.296	0.022	–0.703	–0.178	–0.284	1.595
news_4	0.3399	1.769	0.077	0.467	0.137	0.189	1.375
means_2	–0.9738	–1.800	0.072	–0.458	–0.393	–0.185	0.470
constant	–3.4962	–2.224	0.026	.	.	.	.

y^* 标准化系数在 bStdY 列，完全标准化系数在 bStdXY 列。

我们可以将这些系数解释为：在保持其他条件不变的情况下，受访者对在新闻算法推荐平台-经常发布动态的认同程度每提高一单位（认同程度由非常认同向非常不认同变动一单位），能对信息真假做出判断的倾向（propensity）就减少 0.142 个标准差。

在保持其他条件不变的情况下，受访者受教育水平每增加一个标准差，能对信息真假做出判断的倾向就增加 0.473 个标准差。

接下来，我们使用 probit 估计来计算 y^* 标准化系数。

例 19.6

. probit attitude_4 gender edulevel family virspace_3 cognition_6 news_4 means_2, nolog

（output omitted）

. listcoef,std

Observed SD: 0.3363
Latent SD: 1.3306

	b	z	P>|z|	bStdX	bStdY	bStdXY	SDofX
gender	0.2750	0.941	0.346	0.128	0.207	0.096	0.464
edulevel	0.3667	4.601	0.000	0.630	0.276	0.474	1.718
family	–0.0324	–0.368	0.713	–0.053	–0.024	–0.040	1.638
virspace_3	–0.1828	–2.120	0.034	–0.274	–0.137	–0.206	1.499
cognition_6	–0.2119	–2.156	0.031	–0.338	–0.159	–0.254	1.595
news_4	0.1770	1.725	0.085	0.243	0.133	0.183	1.375
means_2	–0.5373	–1.827	0.068	–0.253	–0.404	–0.190	0.470
constant	–1.8343	–2.205	0.027	.	.	.	.

结果对照如下。

项目	(1) logit	(2) probit
attitude_4	b	b
gender	0.627	0.275
	(0.556)	(0.292)
edulevel	0.682***	0.367***
	(0.152)	(0.0797)
family	–0.0261	–0.0324
	(0.165)	(0.0882)
virspace_3	–0.351**	–0.183**
	(0.160)	(0.0863)
cognition_6	–0.441**	–0.212**
	(0.192)	(0.0983)
news_4	0.340*	0.177*
	(0.192)	(0.103)
means_2	–0.974*	–0.537*
	(0.541)	(0.294)
_cons	–3.496**	–1.834**
	(1.572)	(0.832)
N	232	232

注：括号中为标准误，*表示 $p<0.1$，**表示 $p<0.05$，***表示 $p<0.01$

项目	logit			probit		
	P>|z|	bStdY y*标准化系数	bStdXY 完全标准化系数	P>|z|	bStdY	bStdXY
gender	0.258	0.253	0.118	0.345	0.207	0.096
edulevel	0.000	0.277	0.477	0.000	0.277	0.478
family	0.876	–0.010	–0.017	0.714	–0.024	–0.040
virspace_3	0.027	–0.143	–0.213	0.032	–0.139	–0.207
cognition_6	0.022	–0.177	–0.282	0.032	–0.158	–0.252
news_4	0.076	0.138	0.189	0.084	0.133	0.183
means_2	0.069	–0.396	–0.186	0.065	–0.407	–0.191

虽然 b 列中 β 的估计值 logit 大多数都大于 probit 的估计值，但 bStdY 和 bStdXY 列中的 y^* 标准化系数和完全标准化系数非常相似，这说明 logit 和 probit 系数的大小差异是由尺度上的差异造成的。

研究人员比较各模型的系数时，就会使用 y^* 标准化系数。在线性回归模型中，我们通常将中介变量添加到模型中，并且系数的变化被解释为自变量对因变量的影响在多大程度上是由于中介变量的间接影响导致的。例如，如果在模型中加入教育程度后，估算利用百度的简单搜索页面（means_2）对能否对电视/报刊/网上信息真假做出判断影响的系数降低了，人们就可能会说，means_2 对受访者对信息真假做出判断的影响有一部分可以用教育程度来解释。

这种对非标准化 logit 或 probit 系数变化的解释是存在问题的。在线性回归中，当模型中加入自变量时，$\widehat{\text{Var}}\left(x\hat{\beta}\right)$增加，$\widehat{\text{Var}}(\varepsilon)$相应减少，因为 y 的观测方差必须保持不变（观测的精度变高了）。在 logit 和 probit 模型中，当独立变量添加到模型中时，$\widehat{\text{Var}}\left(x\hat{\beta}\right)$会增加，但$\widehat{\text{Var}}(\varepsilon)$不会改变，因为它的值是假定的（假定为一个固定的值），所以，$\text{Var}\left(y^*\right)$必然增加。对于 BRM，具有不同自变量的模型之间的间接效应解释将不再成立，因为随着模型规模的变化，潜在因变量的规模也会发生变化。

可以把 y^* 标准化系数看作 $\text{Var}\left(y^*\right)$被调整为取固定值 1 时所观察到的系数。如果是这样，那么就 y^* 标准化系数而言，向模型中添加新的自变量，并不会增加这个重新调节后的变量 y^* 。对于间接影响，解释 y^* 标准化后的 logit 和 probit 系数显然比解释非标准化系数更好。

19.2　边际效应：概率的变化

边际效应衡量的是保持所有其他独立变量在特定值不变，x_k 变化时导致其结果概率的变化。其核心思想是一个变量在变化，而其他变量不变。边际效应有两种类型：一种是边际变化，计算 x_k 瞬时或无限小的变化带来的影响；另一种是离散变化，计算 x_k 中的离散或有限变化的影响。

<table>
<tr><th></th><th>分类</th><th colspan="2">定义</th><th>公式</th><th>解释</th><th colspan="2">关系</th></tr>
<tr><td rowspan="2">边际效应有两种类型（边际的含义是增量，指自变量增加所引起的因变量的增加量）</td><td>边际变化</td><td>计算 x_k 瞬时或无限小的变化带来的影响</td><td>是在其他变量保持特定值不变的情况下，x_k 发生无限小变化时的概率变化率</td><td>$\frac{\partial \Pr(y=1)}{\partial x}$</td><td>一个变量在给定的变化下，所引起的边际变化是多少</td><td rowspan="2">如果是非线性的，在 x_k 增加的区域曲线越非线性，边际变化与离散变化的差值越大</td><td rowspan="2">如果概率曲线变化发生的区域是线性的，那么 x_k 的边际变化近似于 x_k 增加一倍的离散变化</td></tr>
<tr><td>离散变化</td><td>计算 x_k 中的离散或有限变化的影响</td><td>有时被称为一阶差分，是在其他变量保持在特定值，x_k 在给定变化下，预测概率的实际变化</td><td>$\frac{\Delta \Pr(y=1)}{\Delta x}$</td><td>一个变量在给定的变化下（如从1变到5），实际引起概率的变化是多少</td></tr>
</table>

图 19-1 中，x=1 处概率曲线的切线所示的边际变化，是在其他变量保持特定值不变的情况下，x_k 发生无限小变化时的概率变化率。

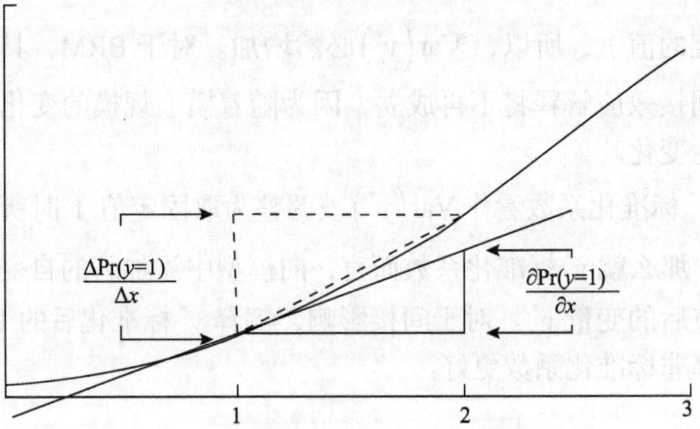

图 19-1　BRM 中的边际变化和离散变化

$$\frac{\partial \Pr(y=1 \mid x=x^*)}{\partial x_k} \tag{19.8}$$

因为该效应是用偏导数计算的，所以一些作者将其称为部分变化或部分效果。式（19.8）中，x^*包含自变量的具体值。例如，x^*可以等于 x_i 或第 i 个观测值，它可以等于所有变量的均值 $\overline{x}$，也可以等于任何其他值。当含义明确时，我们将引用 x 而不指定 x^*。重要的是，边际效应的值取决于计算变化的 x_k 的具体值。

在 BRM 中，边际变化有一个简单的公式：

$$\frac{\partial \Pr(y_i=1 \mid x)}{\partial x_k}=f(x\beta)\beta_k \tag{19.9}$$

其中 f 是 probit 的正态概率分布函数（PDF）和 logit 的 logistic 正态概率分布函数。在 logit 模型中，边际变化有一个特别方便的形式：

$$\frac{\partial \Pr(y_i=1 \mid x)}{\partial x_k}=\Pr(y_i=1|x)\left[1-\Pr(y_i=1|x)\right]\beta_k \tag{19.10}$$

从这个公式中可以看出，当 $\Pr(y=1|x)=0.5$时，变化一定是最大的，其中边际变化是$(0.5)(0.5)\ \beta_k=\beta_k/4$。因此，将二进制 logit 系数除以 4 表示概率的最大边际变化。①

只要模型不包括幂项或交互项，对于 x 的所有值，x_k 的边际变化与 β 的符号相同，因为 PDF 始终为正。公式还表明，不同自变量的边际变化存在的差异可以用比值表示。例如，x_j 的边际效应与 x_k 的边际效应之比为

$$\frac{\partial \Pr(y_i=1|x)/\partial x_j}{\partial \Pr(y_i=1|x)/\partial x_k}=\frac{f(x\beta)\beta_j}{f(x\beta)\beta_k}=\frac{\beta_j}{\beta_k} \tag{19.11}$$

该公式虽然不能告诉我们 x_k 影响的大小，但它可以告诉我们，它比其他变量的影响大多少或小多少。

离散变化，有时被称为一阶差分，是在其他变量保持在特定值，x_k 在给定变化下，预测概率的实际变化。例如，受访者能从长时间艰难的思考中获得满足感（cognition_6）的评分从 1 到 5，离散变化是在保持其他变量在指定值的情况下，随着评分从 1 增加到 5 能对电视/报刊/网上信息真假做出判断概率的变化。定义

① Cramer P. The development of defense mechanisms：Theory，research，and assessment[J]. Springer-Verlag Publishing，1991，4(3)：405-407.

x_k^{start} 为 x_k 的起始值，x_k^{end} 为结束值，则离散变化等于：

$$\frac{\Delta \Pr(y=1\mid x)}{\Delta x_k\left(x_k^{\text{start}} \to x_k^{\text{end}}\right)} = \Pr\left(y=1|x, x_k = x_k^{\text{end}}\right) - \Pr\left(y=1|x, x_k = x_k^{\text{start}}\right) \quad (19.12)$$

$$\frac{\Delta \Pr(y=1\mid x)}{\Delta x_k\left(x_k^{\text{start}} \to x_k^{\text{end}}\right)} = \Pr\left(y=1|x, x_k = x_k^{\text{end}}\right) - \Pr\left(y=1|x, x_k = x_k^{\text{start}}\right)$$

对于二元变量[例如 means_2：是否利用百度的简单搜索页面（即首页）]，显而易见的选择是从 0 更改为 1：

$$\frac{\Delta \Pr(y=1\mid x)}{\Delta x_k(0 \to 1)} = \Pr\left(y=1|x, x_k^{\text{end}} = 1\right) - \Pr\left(y=1|x, x_k^{\text{start}} = 0\right) \quad (19.13)$$

我们通常感兴趣的是当一个变量比其观测值增加 δ 时的离散变化。定义 $\Pr\left(y=1|x, x_k\right)$ 为 x 处的概率，特别注意 x_k 的值，x_k 变化 δ 时的离散变化等于：

$$\frac{\Delta \Pr(y=1\mid x)}{\Delta x_k\left(x_k \to x_k+\delta\right)} = \Pr\left(y=1|x, x_k+\delta\right) - \Pr\left(y=1|x, x_k\right) \quad (19.14)$$

我们可能需要检查一个单位的离散变化，一个标准偏差，15 分的智识得分，4 年的教育，收入范围等。

离散变化告诉我们，一个变量在给定的变化下（如从 1 变到 5），实际引起概率的变化是多少。如果概率曲线变化发生的区域是线性的，那么 x_k 的边际变化近似于 x_k 增加一倍的离散变化。如果是非线性的，在 x_k 增加的区域曲线越非线性，边际变化与离散变化的差值越大。由于一般情况下 $\partial \Pr\left(y=1|x\right)/\partial x_k$ 不等于 $\Delta \Pr\left(y=1|x\right)/\Delta x_k$，我们更倾向于使用离散变化，即表示 x_k 特定变化概率的实际变化量。

19.2.1 相关变量

边际效应的基本原理是，只有一个变量发生变化，而所有其他变量保持在指定的值，两个变量之间有数学关系的除外。例如，如果 x_{age} 是 age，$x_{\text{agesq}} = x_{\text{age}} * x_{\text{age}}$，则不能在保持 x_{agesq} 不变的情况下更改 x_{age}。x_{age} 的变化必须与 x_{agesq} 的变化相匹配。从 20 岁到 30 岁的离散年龄变化很容易说明这一点：

$$\frac{\Delta \Pr(y=1\mid x)}{\Delta \text{age}(20 \to 30)} = \Pr(y=1\mid x, x_{\text{age}} = 30, x_{\text{agesq}} = 30^2)$$

$$- \Pr(y=1\mid x, x_{\text{age}} = 20, x_{\text{agesq}} = 20^2)$$

对于保持不变的变量，还必须考虑其相关变量。例如，如果我们在计算 x_k 的边际效应时保持 age 在其均值，我们需要将 x_{age} 保持在 $\text{mean}\left(x_{\text{age}}\right)$，$x_{\text{agesq}}$ 保持在 $[\text{mean}\left(x_{\text{age}}\right)*\text{mean}\left(x_{\text{age}}\right)]$，而不是在 $\text{mean}\left(x_{\text{agesq}}\right)$。同样地，如果模型包含 x_{female}、x_{age} 及交互项 $x_{\text{female*age}}=x_{\text{female}}*x_{\text{age}}$，则不能在保持 $x_{\text{female*age}}$ 不变的情况下改变 x_{age}。

此外，作为一组指标进入模型的分类回归变量也相互关联。假设将教育设为三个类别：没有高中学历，最高学历为高中学历，最高学历为大学学历。如果高中是最高学历，则 $x_{\text{hs}}=1$，否则 $x_{\text{hs}}=0$；如果大学是最高学历，则 $x_{\text{college}}=1$，否则 $x_{\text{college}}=0$。如果 $x_{\text{hs}}=1$，那么 $x_{\text{college}}=0$。当 $x_{\text{hs}}=1$ 时，不能将 x_{college} 从 0 增加到 1。计算大学最高学历（$x_{\text{hs}}=0$，$x_{\text{college}}=1$）与高中最高学历（$x_{\text{hs}}=1$，$x_{\text{college}}=0$）的影响涉及两个变量的变化：

$$\frac{\Delta\Pr\left(y=1|x\right)}{\Delta x_{\text{hs}}\left(0\to 1\right)\&\,x_{\text{college}}\left(1\to 0\right)}=\Pr(y=1\,|\,x,x_{\text{hs}}=0,x_{\text{college}}=1)\\ -\ \Pr(y=1\,|\,x,x_{\text{hs}}=1,x_{\text{college}}=0)$$

当讨论关联变量的边际效应时，我们会说“保持其他变量不变”，其隐含的理解是，正在对关联变量进行适当的调整。在指定回归模型时使用因子-变量表示法（factor-variable notation）的一个主要好处是：margin、mchange、mtable 和 mgen 可以跟踪哪些变量是相互关联的，并正确地计算预测和边际效应。

19.2.2　变动测量汇总

一个变量的边际效应取决于所有自变量的具体值。x_k 对每个观测值的影响不同（除非多个观测值具有相同的值），因此样本中存在边际效应分布。为了对其进行解释，我们寻求对这种效应分布的一个简单、信息丰富的总结。如表 19-1 所示，有以下三种基本方法。

表 19-1　三种边际效应的计算方法

MEM	Marginal effect at the mean	均值处的边际效应	保持所有变量在均值处，计算 x_k 的边际效应
MER	Marginal effect at representative values	特定值的边际效应	计算 x_k 的边际效应，将变量保持在特定的值，选择这些值对正在考虑的实质性问题特别有指导意义。MEM 是 MER 的一个特例
AME	Average marginal effect	平均的边际效应	在每个观测值 x_i 处计算 x_k 的边际效应，然后计算这些效应的平均值

在讨论如何决定哪种方法适合应用之前，我们会考虑每种方法。

1）MEM 和 MER

MEM 是将所有变量保持在平均值处计算的。对于边际变化，其公式表示：

$$\frac{\partial \Pr\left(y_i = 1|\overline{x}, x_k = \overline{x_k}\right)}{\partial x_k} \tag{19.15}$$

可以解释如下：对于一个在所有特征上都处于平均水平的人，x_k 的边际变化是……

离散变化等于：

$$\frac{\Delta \Pr\left(y_i = 1|\overline{x}, x_k = \overline{x_k}\right)}{\Delta x_k} \tag{19.16}$$

可以解释如下：对于一个在所有特征上都处于平均水平的人，将 x_k 增加 δ 会使概率改变……

MER 将用协变量值的描述来代替“谁是平均值（即：所有特征上都是处于平均水平上的人）”。

2）AME

AME 是根据估计样本中所有观测值计算的边际效应的平均值。对于边际变化，其公式表示：

$$\text{mean}\frac{\partial \Pr\left(y_i = 1|x_i\right)}{\partial x_k} = \frac{1}{N}\sum_{i=1}^{\text{N}}\frac{\partial \Pr\left(y_i = 1|x = x_i\right)}{\partial x_k} \tag{19.17}$$

可以解释如下：x_k 的平均边际效应为……

平均离散变化等于：

$$\text{mean}\frac{\Delta \Pr\left(y_i = 1|x_i\right)}{\Delta x_k} = \frac{1}{N}\sum_{i=1}^{\text{N}}\frac{\Delta \Pr\left(y_i = 1|x = x_i\right)}{\Delta x_k}\sum_{i=1}^{\text{N}}\frac{\Delta \Pr\left(y_i = 1|x = x_i\right)}{\Delta x_k} \tag{19.18}$$

其解释如下：平均而言，x_k 增加 δ，概率将增加……

对于因子变量或从一个固定值到另一个固定值的变化（例如，最小值到最大值），我们说：平均而言，从起始值到最终值增加 x_k 会使概率增加……

因子变量（factor variable）是对现有变量的延伸，是从类别变量中生成虚拟变量、设定类别变量之间的交乘项、类别变量与连续型变量之间的交乘项或连续变量之间的交乘项（或多项式）。

因子变量的五种运算符及其含义如表 19-2 所示。

表 19-2　因子变量的五种运算符及其含义

运算符	含义
i.	标示类别变量的运算符（针对单变量进行运算，变量为类别变量）
c.	标示连续变量的运算符（针对单变量进行运算，变量为类别变量或连续型变量）
o.	省略一个变量或一个指示变量的一元运算符
#	两个变量的交乘项运算符（在模型中仅包含交乘项）
##	两个变量及其交乘项运算符（在模型中既包含交乘项，也包含原始变量）

注：（a）由因子变量运算符生成的指示变量和交乘项是实际存在的变量，它们与数据表中的变量是一样的，但是在数据表中并不显示出来；（b）类别变量的值必须是非负整数，范围介于 0 至 32 740；（c）因子变量的运算符有时可与时间序列的运算符 L.和 F.组合在一起使用

3）边际效应的标准误差

对于这些变化度量中的每一个，可以使用 delta 方法计算标准误差。[①]标准误差允许测试边际效应是否为 0，对估计的效应添加一个置信区间，以及测试在独立变量的不同值下，边际效应是否相等等问题。

19.2.3　我们应该使用 AME、MEM 还是 MER？

没有哪种变动测量汇总的标准适用于所有情况，但我们应如何决定使用哪种衡量标准呢？自 20 世纪 80 年代以来，文献对 AME 的推荐力度较弱，本研究的阅读资料表明，AME 确实很少被使用。在玛达拉（Maddala）[②]关于有限和定性因变量的经典著作中，他对 MEM 持保留态度，因为边际效应因不同变量水平而异。他建议，“我们需要计算不同水平的解释变量的（边际效应），以了解由此产生的概率变化的变化范围”。从本质上说，他建议在数据中提供大量信息的位置，计算多个 MER。由于变量的影响在数据的不同位置有所不同，多个 MER 可以更深入了解影响的大小和变化。Long[③]写道，“由于 x 可能不与人群中的任何观察值相对应，因此更倾向于对观测值进行平均”。卡梅伦（Cameron）和特里韦迪（Trivedi）[④]建议“最好使用 AME 而不是 MEM”。哈默（Hanmer）和伊瓦尔坎

① Agresti A. Categorical Data Analysis[M]. New Jersey：John Wiley & Sons, 2012；Wooldridge J M. Econometric Analysis of Cross Section and Panel Data[M]. Cambridge：MIT press，2010；Xu X，Long J D. Measuring the marginal effect of covariates in a probit regression model[J]. Statistics in Medicine，2005，24(17)：2707-2719.

② Maddala G S. Limited-dependent and qualitative variables in econometrics[J]. Econometrica，1983，51(3)：557-586.

③ Long J S. Regression Models for Categorical and Limited Dependent Variables[M]. Thousand Oaks：Sage Publications，1997.

④ Cameron A C，Trivedi P K. Microeconometrics：Methods and Applications[M]. Cambridge：Cambridge University Press，2005.

(Ivankova)[①]认为，“从理论上讲，观察值法(AME)比更常见的平均案例法(MEM)更可取”。

MEM 的普及可能是因为易于计算。原则上 AME 涉及的计算量是相应 MEM 的 N 倍。但随着计算能力的快速增长，与拥有易于计算 AME 的现成的软件相比，这是一个微不足道的问题。然而，这些计算进步并不意味着 AME 始终是评估变量影响的最佳方法。在决定使用哪种衡量标准时，需要考虑几个问题。

以所有变量的平均值计算的边际效应是否提供了有关该变量总体效应的有用信息？这不仅与决定在当前分析中要做什么有关，而且与评估过去使用 MEM 的研究有关。对 MEM 的一个普遍批评是，数据集中通常不存在所有变量都等于平均值的情况。最明显的是，使用二进制独立变量，平均值与可能的观测值不符。例如，像结婚、怀孕、性别这样的变量被测量为 0 和 1，不可能观察到一个样本均值等于中间值的人。仅此一个问题就导致一些人不喜欢 MEM。[②]但这个问题可以通过在变量均值处保留一个二元变量来解决，简单说，就是对每一组的影响取一个加权平均值。如果组是分析的重点，就可以使用特定于组的方法计算每个组的 MER。或者，可以根据二元变量的模态值计算影响，但这将忽略组中代表性较差的人。

有时，有人认为 MEM 是 AME 的合理近似值。尽管格林（Greene）和亨舍（Hensher）[③]正确地观察到 AME 和 MEM 通常相似，但他们错误地认为这在大样本中尤其如此。尽管这两种测量方法通常相似，但它们可能在本质上有意义的方式上有所不同，而这种情况与样本的大小无关。

巴特斯（Bartus）[④]和维尔林德（Verlinda）[⑤]更准确地解释了 MEM 和 AME 何时不同，以及哪个更大。对于二进制 logit 和 probit 模型，AME 和 MEM 之间的差异取决于三件事：当所有 x_k 的均值保持不变时，y=1 的概率，$X\beta$ 的方差和 β_k 的大小。[⑥]AME 和 MEM 之间差异的符号取决于 $\Pr(y=1|\bar{x})$，AME 在概率较低和概

① Hanmer M J，Ivankova N V. Advancing mixed-methods research using qualitative comparative analysis：A new way to bridge research traditions[J]. Journal of Mixed Methods Research，2013，7(3)：195-208.

② Hanmer M J，Kalkan K O. Behind the curve：Clarifying the best approach to calculating predicted probabilities and marginal effects from limited dependent variable models[J]. American Journal of Political Science，2013，57(1)：263-277.

③ Greene W H，Hensher D A. Modeling Ordered Choices：A Primer[M]. Cambridge：Cambridge University Press，2010.

④ Bartus T. Estimation of marginal effects using margeff[J]. Stata Journal，2005，5(3)：309-329.

⑤ Verlinda J A. Voter Turnout and the Dynamics of Electoral Competition in Established Democracies since 1945[M]. Cambridge：Harvard University Press，2006.

⑥ Bartus T. Estimation of marginal effects using margeff[J]. Stata Journal，2005，5(3)：309-329；Hanmer M J，Kalkan K O. Behind the curve：Clarifying the best approach to calculating predicted probabilities and marginal effects from limited dependent variable models[J]. American Journal of Political Science，2013，57(1)：263-277.

率较高时均较大。概率处于中间值时，MEM 更大，最大差异出现在 $\Pr(y=1|\overline{x})=0.5$ 时。当二元 logit 模型的概率约为 0.21 和 0.79，二元 probit 模型的概率约为 0.15 和 0.85 时，AME 和 MEM 将相等。

AME、MEM 和 MER 都是汇总测量方法，但没有一个单一的方法适用于所有情况。广义地说，我们认为 AME 是变量效应的最佳总结。因为它平均了样本中所有情况的影响，所以它可以被解释为样本中影响的平均大小，而 MEM 是根据可能不代表样本中任何人的自变量值计算的。

但是，AME 和 MEM 都是有限的，因为它们都是基于平均值的。如果每个回归量的平均值都处于数据中一个非常有趣的位置，MEM 就很有用，因为它可以告诉我们具有这些或类似特征的人的影响大小。如果不在一个有趣的位置，它就没有用。总的来说，如果对样本中的平均效果感兴趣，则 AME 是合适的。但是，也有可能在样本中没有人具有接近于该 AME 的边际效应。例如，我们对 60 岁以下人群的信息贫困感兴趣，但是知道所有人的信息贫困对我们没有帮助。同样，整个样本的平均处理效果并不能告诉我们对所感兴趣的 60 岁以下人群的效果。

没有一个数字可以替代理解预测如何在一个数据的范围内变化，并在它具有实质性意义时传达这种变化的事实。因此，最好的衡量标准是针对我们研究目标的衡量标准。尽管检查自变量的 AME 是数据分析中的一个重要步骤，但之后应该对表格或图表中的预测进行更详细的分析。

19.2.4　边际效应的例子

在本节中，我们使用和政调研数据来说明 mchange 对边际效应的计算和解释。mchange 命令使计算不同变化量的边际效应变得简单，可以对样本上的效应取平均值，也可以按固定值计算，mchange 都使用边距来计算效应，然后将其收集到一个紧凑的表中。

我们首先拟合我们的模型并存储估计值，以便以后可以恢复它们。

本模型使用“我完全有能力通过深入的反思，对电视/报刊/网上信息真假做出判断”作为因变量，使用“性别、受教育年限、每天用于信息获取的时间得分、受访者对新闻算法推荐平台的信息浏览功能、社交功能、用户内容生产功能的使用程度-经常发布动态、我能从长时间艰难的思考中获得满足感、推送给我的新闻观点总是和我的观点一致、利用百度的简单搜索页面（即首页）”作为自变量，来考察对受访者是否有能力通过深入的反思，对电视/报刊/网上信息真假做出判断产生的影响。

例 19.7

```
. logit attitude_4 gender edulevel1 timedf virspace_3 cognition_6 news_4
means_2, nolog

Logistic regression                     Number of obs   =        215
                                        LR chi2(7)      =      43.98
                                        Prob > chi2     =     0.0000
Log likelihood = –55.290895             Pseudo R2       =     0.2845
------------------------------------------------------------------------------
  attitude_4 |      Coef.   Std. Err.      z    P>|z|     [95% Conf. Interval]
-------------+----------------------------------------------------------------
      gender |    .376078   .5692505    0.66   0.509    –.7396325    1.491789
        edu1 |   .3534681    .097487    3.63   0.000     .1623972     .544539
      timedf |  –.2136902   .2412708   –0.89   0.376    –.6865723    .2591918
  virspace_3 |  –.4411074   .1866545   –2.36   0.018    –.8069436   –.0752712
 cognition_6 |  –.4843099   .2106168   –2.30   0.021    –.8971113   –.0715085
      news_4 |   .2431765   .2001714    1.21   0.224    –.1491522    .6355052
     means_2 |  –.8704419   .5629267   –1.55   0.122    –1.973758    .2328742
       _cons |    –3.4465   1.644843   –2.10   0.036    –6.670332   –.2226677
. est store base
```

查看估计样本的描述性统计信息。

例 19.8

```
. estat summarize,labels

Estimation sample logit                 Number of obs =     215
--------------------------------------------------------------------------------
 Variable |      Mean  Std. Dev.  Min  Max                                 Label
----------+---------------------------------------------------------------------
attitude_4|  .1162791  .3213074     0    1     通过深入的反思，对电视/报刊/网
          |                                              上信息真假做出判断
   gender |  .6790698  .4679235     0    1                               性别
     edu1 |  9.888372  4.194634     1   16
   timedf |  3.195349  1.122821     1    6          每天用于信息获取的时间_得分
virspace_3|  3.576744   1.50464     1    5                           经常发布动态
```

```
cognition_6 | 2.855814 1.618425    1    5 我能从长时间艰难的思考中获得满
            |                                                      足感
     news_4 | 3.102326 1.400515    1    5 信息茧房——推送给我的新闻观点
            |                                          总是和我的观点一致
    means_2 | .6651163 .4730512    0    1     智识生活工作学习信息搜索工具
            |                                    ——利用百度的简单搜索页面
-----------------------------------------------------------------------------
```

接下来，我们将展示如何计算和解释连续变量和因子变量的 AME，之后再检查相应的 MEM。下一步考虑具有幂和交互作用的模型中的边际效应。最后，我们展示如何计算估计样本中观测值的效应分布。

1）连续变量的 AME

对于连续自变量，mchange 计算 1 和一个标准差的平均边际变化和平均离散变化。下面我们评估受教育年限（edulevel1）和受访者能从长时间艰难的思考中获得满足感（cognition_6）的影响。

例 19.9

```
. mchange edulevel1 cognition_6

logit: Changes in Pr(y) | Number of obs = 219
Expression: Pr(attitude_4), predict(pr)
                     |   Change   p-value
---------------------+-------------------
edu1                 |
                  +1 |    0.030     0.000
                 +SD |    0.154     0.000
            Marginal |    0.028     0.000
         cognition 6 |
                  +1 |   –0.034     0.008
                 +SD |   –0.050     0.004
            Marginal |   –0.038     0.017
 Average predictions
                     |       否        是
---------------------+-------------------
         Pr(y|base)  |    0.884     0.116
```

变化表下方列出的平均预测表明，在样本中，受访者有能力通过深入的反思，对电视/报刊/网上信息真假做出判断的平均预测概率为 0.884。在后面的例子中，我们经常通过添加 brief 选项来掩盖这个结果。总结一个标准差变化的 AMEs，我们可以说：将其他变量保持在其观察值，将受教育年限增加一个标准差，大约 4.38 年，能够对信息真假做出判断的概率增加 0.154；cognition_6 评分增加一个标准差，大约 1.62 分，能够对信息真假做出判断的概率降低 0.050（评分数值越大，认同程度越低）。并且这两种效应在 0.05 水平上都是显著的。

delta（#）选项允许我们计算任意数量变化的影响，以替换一个标准偏差的默认变化。

例 19.10

```
. mchange virspace_3, delta(3) brief

logit: Changes in Pr(y) | Number of obs = 215
Expression: Pr(attitude_4), predict(pr)
                              |   Change    p-value
------------------------------+--------------------------
virspace_3                    |
                           +1 |   –0.031     0.006
                       +delta |   –0.074     0.000
                     Marginal |   –0.034     0.013
```

这可以被解释为：平均而言，virspace_3（受访者对新闻算法推荐平台的信息浏览功能、社交功能、用户内容生产功能的使用程度-经常发布动态）评分每增加 3 分，能够对信息真假做出判断的概率就降低 0.07（$p<0.05$）。（评分数值越大，认同程度越低。）

需要注意，我们的报告结果已经变得很短了，因为不再能明确说明其他变量保持在观察值。

评估连续变量（即非因子变量）的最大潜在影响的一种快速方法是在该范围内计算 AME。范围内的变化告诉我们，在其他变量保持不变的情况下，在变量不太可能出现巨大变化的情况下，模型期望的结果概率会发生多大变化。

尝试考虑样本中受教育年限从 0 到最大数量变化的影响。

例 19.11

```
. mchange edu1,amount (range) brief
logit: Changes in Pr(y) | Number of obs = 219
```

```
Expression: Pr(attitude_4), predict(pr)
             |    Change      p-value
-------------+----------------------------
  edulevel1|
      Range |      0.309       0.000
```

使用上面显示的汇总统计范围的信息, 我们看到受教育年限从 0 年到 16 年的变化会产生一个较大且显著的 AME，为 0.309。

因为一个变量的范围可能会受到极端值的影响，因此建议对一些变量使用调整范围。例如，计算受教育年限从第 10 百分位到第 90 百分位变化的 AME。

例 19.12

```
. mchange edu1 , amount (range) trim(10)

logit: Changes in Pr(y) | Number of obs = 219
Expression: Pr(attitude_4), predict(pr)

                           |    Change      p-value
---------------------------+-------------------------------
                 edulevel1 |
               0% to 90% |      0.236       0.000
-------------------------------------------------------------
       Average predictions |        否            是
---------------------------+-------------------------------
               Pr(y|base) |      0.884       0.116
-------------------------------------------------------------
```

注：不限制范围的概率变动为 0.309

平均而言，如果受访者受教育年限从第 10 百分位改变到第 90 百分位，那么能够对信息真假做出判断的概率将增加 0.236。

为了充分理解范围内离散变化的含义，需要知道变量变化的范围。我们通过使用 centile varlist，centile（0 10 90 100）来请求第 10 百分位和第 90 百分位，以及最小值和最大值来获得这个信息（运用陇西数据举例）。

例 19.13

```
. centile income1 averageinc , centile(0 10 90 100)
```

Variable	Obs	Percentile	Centile	-- Binom. Interp. -- [95% Conf. Interval]	
income1	544	0	–270000	–270000	–270000*
	10	17500	10000	20000	
	90	100000	100000	120000	
averageinc	100	520000	520000	520000*	
	513	0	0	0	0*
	10	15000	10000	20000	
	90	100000	80000	100000	
	100	700000	700000	700000**	

Lower (upper) confidence limit held at minimum (maximum) of sample

将第 90 百分位与第 100 百分位进行比较可以看出, 对于类似于收入等很可能含有极端值的变量，缩小后的范围排除了极端的观察结果。

2）因子变量的 AME

对于二元独立变量，唯一合理的变动是从 0 到 1，这是使用因子–变量表示法时的默认值。因为 gender 和 means_2（智识生活工作学习信息搜索工具——利用百度的简单搜索页面）作为 i.gender 和 i.means_2 包含在 logit 规范中，所以 mchange 自动计算从 0 到 1 的离散变动。（重点在于分类变量首先需要以 *i.*变量的形式进入模型。）

例 19.14

以和政数据为例：

. logit attitude_4 i.gender edu1 timedf virspace_3 cognition_6 news_4 i.means_2, nolog

. mchange gender means_2, stat(change from to pvalue) brief

logit: Changes in Pr(y) | Number of obs = 218

Expression: Pr(attitude_4), predict(pr)

	Change	From	To	p-value
gender				
男 vs 女	0.032	0.097	0.129	0.428
means 2				
是 vs 否	0.032	0.097	0.129	0.428

我们对这些结果的解释如下（但以上两个变量不显著，仅作示范）。

平均而言，男性能够对信息真假做出判断的概率从 0.097 增加到 0.129，变化幅度为 0.032，means_2 的解释类似。mchange 命令还可以用于具有两个以上类别的分类变量，计算所有类别之间变化的影响。

例 19.15

```
. logit attitude_4 i.gender edu1 timedf virspace_3 i.cognition_6 news_4 i.means_2, nolog
. mchange cognition_6, stat(change from to pvalue) brief
```

logit: Changes in Pr(y) | Number of obs = 219

Expression: Pr(attitude_4), predict(pr)

	Change	From	To	p-value
cognition 6				
有点赞同 vs 非常赞同	–0.114	0.194	0.080	0.036
不确定 vs 非常赞同	–0.102	0.194	0.091	0.136
不太赞同 vs 非常赞同	–0.099	0.194	0.094	0.183
非常不赞同 vs 非常赞同	–0.162	0.194	0.032	0.002
不确定 vs 有点赞同	0.012	0.080	0.091	0.860
不太赞同 vs 有点赞同	0.015	0.080	0.094	0.834
非常不赞同 vs 有点赞同	–0.048	0.080	0.032	0.309
不太赞同 vs 不确定	0.003	0.091	0.094	0.971
非常不赞同 vs 不确定	–0.060	0.091	0.032	0.345
非常不赞同 vs 不太赞同	–0.063	0.094	0.032	0.346

就“能从长时间艰难的思考中获得满足感”的人群平均而言，有点赞同与非常赞同相比，能够对信息真假做出判断的概率降低了 0.114（$p<0.05$）。非常不赞同与非常赞同相比，能够对信息真假做出判断的概率降低了 0.162（$p<0.05$）。

3）AME 汇总表

在使用 predict 检查预测之后，下一步通常是计算 AME。AME 可以快速了解每个变量的影响，就像线性回归中的回归系数一样。拟合模型后，使用默认选项的 mchange 提供了快速摘要。

例 19.16

以和政数据为例：

. logit attitude_4 gender edu1 timedf virspace_3 cognition_6 news_4 means_2, nolog

. mchange

```
logit: Changes in Pr(y) | Number of obs = 219
Expression: Pr(attitude_4), predict(pr)
                                |    Change     p-value
--------------------------------+-------------------------
gender                          |
                             +1 |    0.037      0.488
                            +SD |    0.017      0.470
                       Marginal |    0.034      0.451
edu1                            |
                             +1 |    0.030      0.000
                            +SD |    0.152      0.000
                       Marginal |    0.027      0.000
timedf                          |
                             +1 |   –0.014      0.425
                            +SD |   –0.015      0.423
                       Marginal |   –0.014      0.445
virspace 3                      |
                             +1 |   –0.030      0.008
                            +SD |   –0.043      0.005
                       Marginal |   –0.034      0.016
cognition 6                     |
                             +1 |   –0.036      0.005
                            +SD |   –0.054      0.002
                       Marginal |   –0.041      0.011
news 4                          |
                             +1 |    0.021      0.224
                            +SD |    0.030      0.232
                       Marginal |    0.020      0.201
means 2                         |
                             +1 |   –0.053      0.066
                            +SD |   –0.028      0.105
                       Marginal |   –0.064      0.140

Average predictions
```

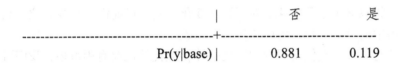

```
                                |          否          是
--------------------------------+--------------------------
                   Pr(y|base)   |        0.881       0.119
```

如果不使用默认边际变化，可以指定需要的变化量和小数点：在此指定只显示 1 和 sd 的变化量，并只保留两位小数。

例 19.17

```
. mchange,amount(one sd) decimals(2) brief

logit: Changes in Pr(y) | Number of obs = 219

Expression: Pr(attitude_4), predict(pr)
                                |     Change      p-value
--------------------------------+--------------------------
 gender                         |
                             +1 |       0.04         0.49
                            +SD |       0.02         0.47
 edu1                           |
                             +1 |       0.03         0.00
                            +SD |       0.15         0.00
 timedf                         |
                             +1 |      –0.01         0.43
                            +SD |      –0.02         0.42
 virspace 3                     |
                             +1 |      –0.03         0.01
                            +SD |      –0.04         0.01
 cognition 6                    |
                             +1 |      –0.04         0.00
                            +SD |      –0.05         0.00
 news 4                         |
                             +1 |       0.02         0.22
                            +SD |       0.03         0.23
 means 2                        |
                             +1 |      –0.05         0.07
                            +SD |      –0.03         0.10
```

如果更喜欢边际变化而不是离散变化，可以用 mchange、amount（marginal）

命令来代替，将只显示边际变化。对于边际变化，我们可能需要至少三位小数。如果更喜欢集中的离散变化，可以使用 centered 选项。

通过计算与解释，我们发现 AME 比估计 β 或优势比要有用得多，我们可以将 logit 或 probit 输出的标准估计系数与 AME 一起显示，也可以将 AME 作为一种附加选择。

4）亚组的边际效应

我们可能对比较样本中变量亚组的边际效应感兴趣。例如，我们可能感兴趣的是，接受高中/中专以上教育的人群利用百度的简单搜索页面（即首页）能对信息真假做出判断的影响。在这种情况下，之前提出的关于为什么更喜欢 AME 而不是 MEM 的所有论点都适用，只是现在将这些论点应用于样本的一个子集，而不是整个样本。因此，希望只对这个亚组的成员进行平均变化，可以通过使用 if 条件得到如下结果。

例 19.18

```
. logit attitude_4 gender edu1 timedf virspace_3 cognition_6 news_4 means_2, nolog
. mchange means_2 if edu1>=12, amount(one)

logit: Changes in Pr(y) | Number of obs = 99
Expression: Pr(attitude_4), predict(pr)
                     |    Change      p-value
---------------------------------------------
          means 2 |
               +1 |    -0.095       0.076
---------------------------------------------
Average predictions |        否           是
---------------------------------------------
       Pr(y|base) |     0.777       0.223
---------------------------------------------
1: Sample selection: if edu1>=12 & e(sample)==1
```

我们可以将其解释如下：对于完成高中/中专学业的人群来说，利用百度的简单搜索页面（即首页）的受访者比不利用的受访者，能够对信息真假做出判断的概率降低了 0.095（$p<0.1$）。

5）MEM 和 MER

虽然我们倾向于用 AME 作为变化的总结，但边际效应往往是用平均值或其他值来计算的，通过使用 mchange 中的 atmeans 选项计算 MEM。当讨论基于我们称为理想型的假设观察而生成的预测时，我们将在 19.3 节中广泛使用 atmeans。假设观察意味着观测自变量所有值的特定值，我们可以直接使用 at（ ）指定每个值，也可以使用 atmeans 指定。

这里我们使用 atmeans 计算边际效应，添加 statistics（ci）选项来请求置信区间而不是 p 值。

例 19.19

以和政数据为例：

. logit attitude_4 i.gender edu1 timedf virspace_3 cognition_6 news_4 means_2, nolog

. mchange,statistics(ci) atmeans

logit: Changes in Pr(y) | Number of obs = 219

Expression: Pr(attitude_4), predict(pr)

logit: Changes in Pr(y) | Number of obs = 218

Expression: Pr(attitude_4), predict(pr)

	Change	LL	UL
gender			
男 vs 女	0.016	–0.023	0.055
edu1			
+1	0.016	0.007	0.026
+SD	0.116	0.037	0.194
Marginal	0.014	0.006	0.022
timedf			
+1	–0.007	–0.023	0.009
+SD	–0.007	–0.025	0.010
Marginal	–0.007	–0.026	0.011
virspace 3			
+1	–0.014	–0.026	–0.002
+SD	–0.019	–0.036	–0.003
Marginal	–0.017	–0.033	–0.001
cognition 6			
+1	–0.017	–0.030	–0.003
+SD	–0.023	–0.042	–0.005
Marginal	–0.021	–0.039	–0.003
news 4			
+1	0.011	–0.009	0.032

```
                +SD |      0.017     –0.015     0.048
           Marginal |      0.010     –0.007     0.027
  means 2           |
                 +1 |     –0.023     –0.049     0.003
                +SD |     –0.013     –0.030     0.004
           Marginal |     –0.033     –0.080     0.015
Predictions at base value

                    |         否          是
--------------------+----------------------------
        Pr(y|base)  |      0.958      0.042
-------------------------------------------------
Base values of regressors

     |               1.
     |   gender    edu1   timedf   virspac~3   cognit~_6   news_4   means_2
-----+---------------------------------------------------------------------
  at |    .679     9.85     3.19        3.58        2.84     3.11      .665
---------------------------------------------------------------------------
   1: Estimates with margins option atmeans.
```

回归变量的基本值表（base values of regressors）中列出了使变量保持恒定的值。

以下是解释每种效果的示例。

Change of 1 at the mean：受教育年限（edulevel1）均值变化 1，对于在所有特征上都处于平均水平的人来说，能够对信息真假做出判断的概率增加 0.016（95% Cl:[0.007，0.026]）。

Change of standard deviatiat at the mean：受访者能从长时间艰难的思考中获得满足感（cognition_6）标准差的增加，保持其他变量处于均值水平，能够对信息真假做出判断的概率降低 0.023（95% Cl:[–0.042，–0.005]）。

Change from 0 to 1 at the mean：利用百度的简单搜索页面（即首页）（means_2）的受访者比不利用的受访者，能够对信息真假做出判断的概率降低了 0.013（95% Cl:[–0.030，0.004]）。

Change of categorical variables at the mean：对于一名普通男性，与女性相比，能够对信息真假做出判断的概率增加 0.017（95% Cl:[–0.015，0.048]）。

边际效应可以通过使用 at（ ）选项在其他值上计算。例如，对一个会利用百度的简单搜索页面（即首页）的女性，计算其受教育年限的边际效应。

例 19.20

```
. logit attitude_4 i.gender edu1 timedf virspace_3 cognition_6 news_4 means_2,
nolog
. mchange edu1, at(gender=0 means_2=1) amount(one) atmeans

logit: Changes in Pr(y) | Number of obs = 219
Expression: Pr(attitude_4), predict(pr)
                              |    Change   p-value
------------------------------+--------------------
                         edu1 |
                           +1 |     0.010     0.057
---------------------------------------------------
Predictions at base value
                              |        否        是
------------------------------+--------------------
                  Pr(y|base) |     0.975     0.025
---------------------------------------------------
Base values of regressors
     | gender   edu1   timedf   virspac~3   cognit~_6   news_4   means_2
-----+-------------------------------------------------------------------
  at |      0   9.85     3.19        3.58        2.84     3.11         1
-------------------------------------------------------------------------
1: Estimates with margins option atmeans.
```

对于一个会利用百度的简单搜索页面（即首页）的女性，多增加一年教育会使她能够对信息真假做出判断的概率增加 0.01（$p<0.1$）。

如果想得到以均值为中心的离散变动，可以向 mchange 添加 centered 选项。

例 19.21

```
. logit attitude_4 gender edu1 timedf virspace_3 cognition_6 news_4 means_2,
nolog
. listcoef,std
logit (N=218): Unstandardized and standardized estimates

  Observed SD:   0.3248
    Latent SD:   2.6667
```

```
---------------------------------------------------------------------------------
                |       b        z    P>|z|    bStdX    bStdY   bStdXY    SDofX
----------------+----------------------------------------------------------------
         gender |  0.4248    0.752    0.452    0.199    0.159    0.075    0.468
           edu1 |  0.3430    3.631    0.000    1.444    0.129    0.542    4.212
         timedf | –0.1810   –0.762    0.446   –0.203   –0.068   –0.076    1.119
     virspace_3 | –0.4207   –2.301    0.021   –0.630   –0.158   –0.236    1.498
    cognition_6 | –0.5140   –2.438    0.015   –0.831   –0.193   –0.312    1.617
         news_4 |  0.2488    1.260    0.208    0.348    0.093    0.130    1.399
        means_2 | –0.8043   –1.446    0.148   –0.380   –0.302   –0.143    0.473
       constant | –3.4791   –2.148    0.032        .        .        .        .
---------------------------------------------------------------------------------
. mchange cognition_6,atmeans centered
  logit: Changes in Pr(y) | Number of obs = 219
  Expression: Pr(attitude_4), predict(pr)
                  |    Change    p-value
 -----------------+----------------------
      cognition 6 |
      +1 centered |    –0.021      0.026
     +SD centered |    –0.034      0.028
         Marginal |    –0.021      0.025
  Predictions at base value
                  |        否         是
 -----------------+----------------------
      Pr(y|base)  |     0.958      0.042
 ----------------------------------------
  Base values of regressors
       | gender  edulevel1  timedf  virspac~3  cognit~_6  news_4  means_2
  -----+-----------------------------------------------------------------
    at |   .679       9.85    3.19       3.58       2.84    3.11     .665
  -----------------------------------------------------------------------
  1: Estimates with margins option atmeans.
```

+SD centered 表示以均值为中心的，从低于均值 1/2 标准差变化到高于均值 1/2 标准差的影响。

这可以解释为：对于一个普通受访者来说，以均值为中心的能从长时间艰难的思考中获得满足感的标准偏差的一个变化，约 1.618 分，预计会使能对信息真假做出判断的概率降低 0.034（$p<0.05$）。

6）具有幂和交互项的边际效应

如第 19.2.1 节所述，在计算与其他变量相关联的变量的边际效应时，必须确保所有关联的变量都发生适当的变化，即不能简单地改变其中一个关联变量而假设保持其他变量不变。幸运的是，当使用因子-变量表示法为模型指定关联变量时，其会自动处理这一问题。

代码与上述完全一致，只需在主模型中加入交乘项即可。

19.2.5　边际效应的分布

边际效应的值取决于模型中所有变量的水平。由于每个观察值可能具有不同的自变量值，因此样本内存在边际效应分布，其中 AME 是该分布的平均值。虽然平均值告诉我们分布的中心在哪里，但它并不反映分布内的变化。正如用于计算 MEM 的自变量的均值可能与样本中的任何人都不对应，AME 也可能与样本中任何人的边际效应大小不对应。出于该原因，我们认为观察边际效应的分布可以提供有价值的实质性建议。

这里有两种学习边际效应分布的方法。首先，计算每个观察的效果，并创建效果的直方图。虽然没有 stata 命令，但本书提供了一些简单的程序，可以根据自己的需要进行调整。其次，可以通过使用 MER 计算数据中关键位置的边际效应。第 19.2.2 和 19.2.3 节已介绍过这种方法。

有很多种计算每个观测值的边际变化的方法。对于 logit 模型，最简单的方法是使用公式：

$$\frac{\partial \Pr(y_i=1|x_i)}{\partial x_k}=\Pr(y_i=1|x_i)\{1-\Pr(y_i=1|x_i)\}\beta_k \tag{19.19}$$

$\Pr(y_i=1|x_i)\{1-\Pr(y_i=1|x_i)\}$ 是 logit 的 PDF，对每个观测值计算 $\Pr(y_i=1|x_i)$ 后，很容易创建一个包含边际效应的变量，然后使用直方图命令绘制边缘变化的分布。

19.3　理　想　型

理想型是一种具有实质性说明性价值的假设观察。一张关于理想型的人、国家、城镇或任何我们正在研究的东西的概率表可以迅速总结出关键变量的影响。在我们关于信息贫困的例子中，我们想检验以下四种理想的受访者类型。

（1）男性，完成义务教育，在信息平台很少发布动态，基本能从长时间艰难的思考中获得满足感。

（2）男性，完成高等教育，在信息平台较常发布动态，能从长时间艰难的思考中获得满足感。

（3）女性，完成义务教育，在信息平台很少发布动态，基本能从长时间艰难的思考中获得满足感。

（4）女性，完成高等教育，在信息平台较常发布动态，能从长时间艰难的思考中获得满足感。

例 19.22

```
. logit attitude_4 gender edu1 timedf virspace_3 cognition_6 news_4 means_2, nolog
. mtable,rowname(1) ci clear at (gender=1 edu1=9 virspace_3=4 cognition_6=2)

Expression: Pr(attitude_4), predict()
         |     Pr(y)        ll        ul
---------+------------------------------
       1 |     0.053     0.005     0.101
----------------------------------------

Specified values of covariates
         |   gender   edu1   virspace_3   cognition_6
---------+-------------------------------------------
 Current |        1      9            4             2
-----------------------------------------------------

. mtable,rowname(2) ci below at (gender=1 edu1=15 virspace_3=2 cognition_6=1) atmeans

Expression: Pr(attitude_4), predict()
         |     Pr(y)        ll        ul
---------+
       1 |     0.053     0.005     0.101
       2 |     0.597     0.382     0.813

----------------------------------------

Specified values of covariates
         |  gender  edu1  virspace_3  cognition_6  timedf  news_4  means_2
---------+---------------------------------------------------------------
   Set 1 |       1     9           4            2       .       .        .
 Current |       1    15           2            1    3.19    3.11     .665

. mtable,rowname(3) ci below at (gender=0 edu1=9 virspace_3=4 cognition_6= 2) atmeans
```

```
Expression: Pr(attitude_4), predict()
         |    Pr(y)        ll         ul
---------+-------------------------------------
       1 |    0.053     0.005      0.101
       2 |    0.597     0.382      0.813
       3 |    0.031    -0.010      0.072
----------------------------------------------

Specified values of covariates
          | gender  edu1  virspace_3  cognition_6  timedf  news_4  means_2
----------+----------------------------------------------------------------
    Set 1 |      1     9           4            2       .       .       .
    Set 2 |      1    15           2            1    3.19    3.11    .665
  Current |      0     9           4            2    3.19    3.11    .665
---------------------------------------------------------------------------
```

```
. mtable,rowname(4) ci below at (gender=0 edu1=15 virspace_3=2 cognition_6=
1) atmeans
Expression: Pr(attitude_4), predict()
         |    Pr(y)        ll         ul
---------+-------------------------------------
       1 |    0.053     0.005      0.101
       2 |    0.597     0.382      0.813
       3 |    0.031    -0.010      0.072
       4 |    0.492     0.224      0.761
----------------------------------------------

Specified values of covariates
          | gender  edu1  virspace_3  cognition_6  timedf  news_4  means_2
----------+----------------------------------------------------------------
    Set 1 |      1     9           4            2       .       .       .
    Set 2 |      1    15           2            1    3.19    3.11    .665
    Set 3 |      0     9           4            2    3.19    3.11    .665
  Current |      0    15           2            1    3.19    3.11    .665
```

重要的是，要强调对理想型的预测是对一个假设观察的预测，而不是对一个子群体的预测。当使用理想型时，将为每个独立变量指定特定的值，可以直接指定，也可以使用 atmeans 来计算全局变量，下面将说明指定局部均值的方法。这使我们对理想型的含义理解更简单，使用它们的解释也更清晰。我们要特别避免的是通过指定一些自变量的值来定义理想型，然后用 asobserved 来计算一组观测值的平均预测值。因为这将 MER 和 AME 的概念混合在一起，使得解释结果非常混乱。同时，可以把理想型想象成一个带有预测的假设性观察值（a hypothetical observation with one prediction），把亚组想象成一组预测分布可以被平均或绘制的观察值（a set of observations with a distribution of predictions that may be averaged or plotted）。

19.3.1 对理想型使用局部均值

上表的最后三行是使用 atmeans 选项构造的，将 timedf、news_4 和 means_2 的值指定为样本均值。我们将基于整个估计样本的均值称为全局均值。虽然对每种理想型使用全局方法很简单，但通常是不现实的。例如，我们可以合理地假设，受过高等教育的受访者的 timedf 高于那些只完成义务教育的受访者，并且会随着年龄的增长而变化，但这并未反映在全局均值中。

为了解决这个问题，我们可以使用基于 at（）语句中指定局部均值特征值的方法。为此，我们创建一个选择变量，如果观察值是由 atspec 的条件定义的组的一部分，则该变量等于 1，否则等于 0。换句话说，选择变量表明一个观察是否属于为理想型定义组的一部分。为了创建这些变量，我们使用带有 if 条件的 generate 命令，这些条件对应于用于理想型的 atspecs。

if 条件选择了观测值，这定义了我们的理想型。这些变量的均值将等于它们指定的值，例如，edu1=15 virspace_3=2；而那些没有用于定义选择变量的变量将等于由选择变量定义的局部均值，例如，timedf 将等于由条件圈定范围的受访者得分的均值。

例 19.23

```
. gen A1=1 if gender==1 & edu1==9 & virspace_3==4 & cognition_6==2
. label var A1"男性完成义务教育"
. gen A2=1 if gender==1 & edu1==15 & virspace_3==2 & cognition_6==1
. label var A2"男性完成高等教育"
. gen A3=1 if gender==0 & edu1==9 & virspace_3==4 & cognition_6==2
. label var A3"女性完成义务教育"
. gen A4=1 if gender==0 & edu1==15 & virspace_3==2 & cognition_6==1
. label var A4"女性完成高等教育"
. quietly mtable if A1==1,rowname（1）atmeans ci
. quietly mtable if A2==1,rowname（2）atmeans ci below
. quietly mtable if A3==1,rowname（3）atmeans ci below
. mtable if A4==1,rowname(4)atmeans ci below
```

Expression: Pr(attitude_4), predict()

	Pr(y)	ll	ul
1	0.042	0.001	0.083
2	0.519	0.311	0.727
3	0.018	–0.012	0.047
4	0.415	0.068	0.763

Specified values of covariates

	gender	edu1	timedf	virspace_3	cognition_6	news_4	means_2
Set 1	1	9	3	4	2	2	.5
Set 2	1	15	4	2	1	3.5	1
Set 3	0	9	2	4	2	1	1
Current	0	15	5.5	2	1	3	.5

对理想型使用局部均值的一个优点是类型中未指定的变量的值与实际观察到的值更一致，因此理想型更准确地近似于数据集中具有理想型关键特征的实际案例。

19.3.2　比较理想型与统计测试

在四种设定类型中，能够对信息真假做出判断的概率各不相同。本质上，这涉及当多个变量的起始值和结束值发生变化时，测试离散变化是否为 0。为了说明如何做到这一点，我们在同一个 mtable 命令中计算了两种指定类型（两组女性），并将结果发布出来，以便可以使用 mlincom 对其进行评估。

例 19.24

以和政数据为例：

. logit attitude_4 gender edu1 timedf virspace_3 cognition_6 news_4 means_2, nolog

. estimates store base

. mtable, atmeans post at (gender=0 edulevel1=9 virspace_3=4 cognition_6=2 timedf=2 news_4=1 means_2=1) at (gender=0 edu1=15 virspace_3=2 cognition_6=1 timedf=5.5 news_4=3 means_2=0.5)

```
Expression: Pr(attitude_4), predict()
        |  edulevel1    timedf  virspace_3  cognition_6  news_4  means_2  Pr(y)
--------+------------------------------------------------------------------------
      1 |          9         2           4            2       1        1  0.018
      2 |         15       5.5           2            1       3       .5  0.415
Specified values of covariates
                          |     gender
--------------------------+-----------
                  Current |          0
--------------------------------------

. mlincom 1 - 2
           |    lincom     pvalue         ll         ul
-----------+-------------------------------------------
         1 |    –0.398      0.024     –0.743     –0.053
-------------------------------------------------------
```

两种类型的女性，在能对信息真假做出判断这件事上有显著的区别（$p < 0.05$）。完成高等教育，virspace_3 和 cognition_6 得分更低（更积极）的女性，在对信息真假做出判断的概率上高于另一种类型的女性 0.403。

19.3.3　（高级）使用 macros（宏）测试理想型之间的差异

在本节中，我们将讨论使用局部宏和返回来自动地计算变量在多个固定值处预测的过程。如果很少测试预测的相等性，那么上一节中的方法就可以满足需求。如果经常测试预测的相等性，本节的内容就可以节省我们的时间。

为多种理想型指定 atspec 以测试预测的相等性是一件乏味且容易出错的事情。为了自动化这个过程，可以使用 mtable 返回的结果。当 mtable 使用单个 at（）运行时，它将返回局部 r（atspec）作为字符串，其中包含协变量的指定值。

通过将协变量表中指定值显示的值保存在返回值 r（atspec）中，并用 atspec 为我们数据的四种理想型创建局部宏，最后使用这些局部宏对单个 mtable 计算 6 个预测，就能够使用 mlincom 进行每次比较。

例 19.25

```
. mlincom 1 - 2
                 |    lincom     pvalue         ll         ul
-----------------+-------------------------------------------
               1 |     0.082      0.883     –1.010      1.174
```

```
-------------------------------------------------------------------------------
. mlincom 1 - 3
                    |    lincom     pvalue         ll          ul
--------------------+----------------------------------------------------------
                  1 |     0.606      0.349     –0.663       1.874
-------------------------------------------------------------------------------
. mlincom 1 - 4
                    |    lincom     pvalue         ll          ul
--------------------+----------------------------------------------------------
                  1 |     0.846      0.164     –0.346       2.038
-------------------------------------------------------------------------------
. mlincom 2 - 3
                    |    lincom     pvalue         ll          ul
--------------------+----------------------------------------------------------
                  1 |     0.524      0.065     –0.032       1.080
-------------------------------------------------------------------------------
. mlincom 2 - 4
                    |    lincom     pvalue         ll          ul
--------------------+----------------------------------------------------------
                  1 |     0.764      0.001      0.326       1.201
-------------------------------------------------------------------------------
. mlincom 3 - 4
                    |    lincom     pvalue         ll          ul
--------------------+----------------------------------------------------------
                  1 |     0.240      0.318     –0.231       0.710
-------------------------------------------------------------------------------
```

19.4　预测概率表

当我们对一个或多个分类自变量的影响感兴趣时，预测表可能非常有效。例如，到目前为止，我们的分析强调了受教育年限与受访者能否从长时间艰难的思考中获得满足感对于能够对信息真假做出判断的重要性。为了解这些变量如何共同影响因变量，可以使用一个简单的 mtable 命令。

例 19.26

```
. mtable, at(edu1=(9 15)    cognition_6=(1 2 3 4 5)) atmeans
Expression: Pr(attitude_4), predict()
            |      edu1   cogni~_6      Pr(y)
------------+-----------------------------------
          1 |         9          1      0.078
          2 |         9          2      0.048
          3 |         9          3      0.029
          4 |         9          4      0.018
          5 |         9          5      0.011
          6 |        15          1      0.399
          7 |        15          2      0.285
          8 |        15          3      0.192
          9 |        15          4      0.125
         10 |        15          5      0.078
Specified values of covariates
            |    gender     timedf  virspace_3     news_4    means_2
------------+---------------------------------------------------------
    Current |      .679       3.19        3.58       3.11       .665
```

上表显示出性别与受访者能否从长时间艰难的思考中获得满足感对于能够对信息真假做出判断的变化，但总体来说还是不够明了。经过命令整合可得出下表。

例 19.27

```
. mtable,estname(change) dydx(edu1) at(cognition_6=(1 2 3 4 5)) atmeans
atvars(_none) right stats(estimate p) names(columns) brief

Expression: Pr(attitude_4), predict()
-------------------------------------------------------------------------
cognition 6    9 年   15 年   change      p   change      p   change      p
-------------------------------------------------------------------------
          1   0.078   0.399    0.031  0.000    0.035  0.001    0.031  0.000
          2   0.048   0.285    0.020  0.000    0.023  0.000    0.020  0.000
          3   0.029   0.192    0.013  0.002    0.015  0.004    0.013  0.002
          4   0.018   0.125    0.008  0.039    0.009  0.046    0.008  0.039
          5   0.011   0.078    0.005  0.138    0.006  0.146    0.005  0.138
-------------------------------------------------------------------------
```

对于一个在所有特征上都处于平均水平、认为自己能从长时间艰难的思考中获得满足感（cognition_6=1）的人，受过高等教育（15 年）的人比受过基础教育（9 年）的人，对信息真假做出判断的概率增加 0.031。

尽管该表清楚地表明了受教育年限与受访者能否从长时间艰难的思考中获得满足感对于能够对信息真假做出判断的影响，但它的假定是在保持其他变量不变的前提下，改变 edulevel1 和 cognition_6 是合理的，这里没有考虑性别的影响，因此我们也可以将性别固定后进行测度（下例固定性别为男性）。

例 19.28

. mtable if gender==1,estname(change) dydx(edu1) at(cognition_6=(1 2 3 4 5)) atmeans atvars(_none) right stats(estimate p) names(columns) brief

Expression: Pr(attitude_4), predict()

cognition 6	9 年	15 年	change	p	change	p
1	0.078	0.399	0.031	0.000	0.035	0.001
2	0.048	0.285	0.020	0.000	0.023	0.000
3	0.029	0.192	0.013	0.002	0.015	0.004
4	0.018	0.125	0.008	0.039	0.009	0.046
5	0.011	0.078	0.005	0.138	0.006	0.146

从上表可以看出，限定性别与不限定性别时得到的概率有一定的差异。

19.5　比较边际效应的第二个差异

我们可以根据观察的子集计算 AME。例如，假设我们感兴趣的是性别和是否利用百度的简单搜索页面（即首页）如何相互作用影响对信息真假做出判断，因为我们关注的是这两个变量的共同效应，所以可以拟合一个新的模型，其中包括 gender 和 means_2 之间的交互作用。

例 19.29

. logit attitude_4 gender#means_2 edu1 timedf virspace_3 cognition_6 news_4, nolog

```
Logistic regression                         Number of obs    =        218
                                            LR chi2(8)       =      46.29
                                            Prob > chi2      =     0.0000
Log likelihood = –56.526233                 Pseudo R2        =     0.2905
------------------------------------------------------------------------------
   attitude_4 |      Coef.   Std. Err.      z    P>|z|     [95% conf. interval]
--------------+---------------------------------------------------------------
gender#means_2 |
        女#是 |   –1.78028  1.065766   –1.67  0.095    –3.869143    .3085841
        男#否 |  –.5309594  1.03466    –0.51  0.608    –2.558856    1.496937
        男#是 |   –.965604  .9369378   –1.03  0.303    –2.801968    .8707603

         edu1 |    .346136  .0957489    3.62  0.000     .1584716    .5338004
       timedf |  –.2362749  .2487453   –0.95  0.342    –.7238067    .2512568
   virspace_3 |  –.4227009  .1825599   –2.32  0.021    –.7805117   –.0648902
  cognition_6 |  –.5123136  .2092622   –2.45  0.014    –.9224601   –.1021672
       news_4 |   .2299541  .2006869    1.15  0.252     –.163385    .6232932
        _cons |   –2.57655  1.797221   –1.43  0.152    –6.099038    .9459376
------------------------------------------------------------------------------
```

对于这个假设，需要计算 gender 的 AME 在 gender=0 的情况下的平均值，并将其与 gender=1 的情况下的 AME 进行比较。尽管我们可以通过使用 mchange gender if means_2==1 和 mchange gender if means_2==0 来计算这些离散变化，但这将不允许测试影响是否相等，因为估算值无法通过 mlincom 进行测试。为了检验假设，我们使用 mtable 和 dydx（gender）选项计算 gender 的离散变化，使用 over（means_2）选项请求计算由 means_2 定义的子组的变化。

例 19.30

```
. mtable, dydx(gender) over(means_2) stat(ci) post

Expression: Pr(attitude_4), predict()
                  |      d Pr(y)          ll        ul
------------------+----------------------------------------
               否 |       –0.038      –0.190     0.114
               是 |        0.064      –0.033     0.161
------------------------------------------------------------
```

```
Specified values where .n indicates no values specified with at()
                  |   No at()
------------------+--------------------------------------------
          Current |        .n
-----------------------------------------------------------------

. mlincom 1-2
                  |   lincom    pvalue        ll         ul
------------------+--------------------------------------------
                1 |   –0.102     0.271    –0.282      0.079
```

虽然当不利用百度的简单搜索页面（即首页）时，男性能够对信息真假做出判断的平均效应比起利用百度的简单搜索页面（即首页）低了 0.102，但这种效应并不显著。

19.6　绘制预测概率图

使用连续自变量，可以绘制变量范围内的预测概率。本节提供了两种制作此类图表的方法。方法一：stata 的 marginsplot 命令可以对边际效应的预测来绘图，它可以快速生成有效的图表。方法二：使用 mgen 命令生成要绘制的值的变量，然后用 graph 命令绘制这些变量。其本质上就是 marginsplot 在幕后所做的。相比之下，虽然 marginsplot 更简单，但 mgen 更灵活。

19.6.1　使用 marginsplot 绘图

第一步是使用边际来计算 timedf 从 1 增加到 6 时的预测概率，同时保持其他变量为均值。

因为 atlegend 可以很长，所以我们经常使用 noatlegend 来抑制它。然后，我们使用 mlistat 进行更紧凑的总结。

无论哪种方式，marginsplot 都使用 r（b）中的预测，以及来自边际的其他效应，并绘制包括 95%置信区间的预测图（图 19-2）。

例 19.31

```
. logit attitude_4 gender edu1 timedf virspace_3 cognition_6 news_4 means_2,
nolog
```

```
. estimates store base
. margins, at(timedf=(1(1)6)) atmeans
. margins, at(timedf=(1(1)6)) atmeans noatlegend
. mlistat
. marginsplot
```

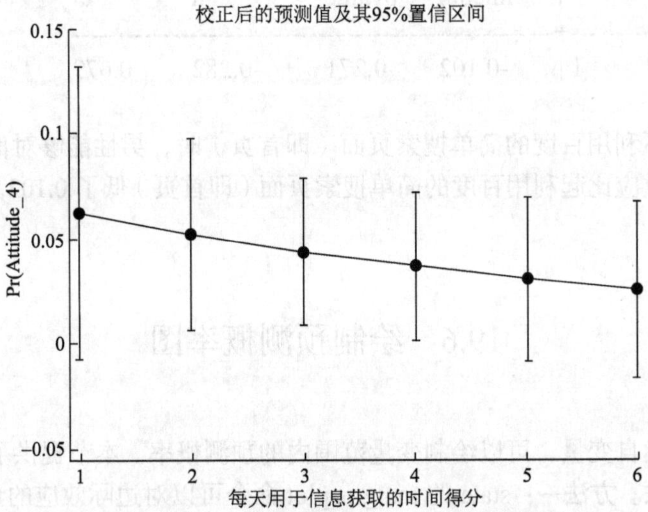

图 19-2　marginsplot 绘图（每天用于信息获取的时间得分）

同理，可以绘制保持其他变量为均值，使用边际来计算 edulevel1 从 0 增加到 16 时的预测概率的图（图 19-3）。

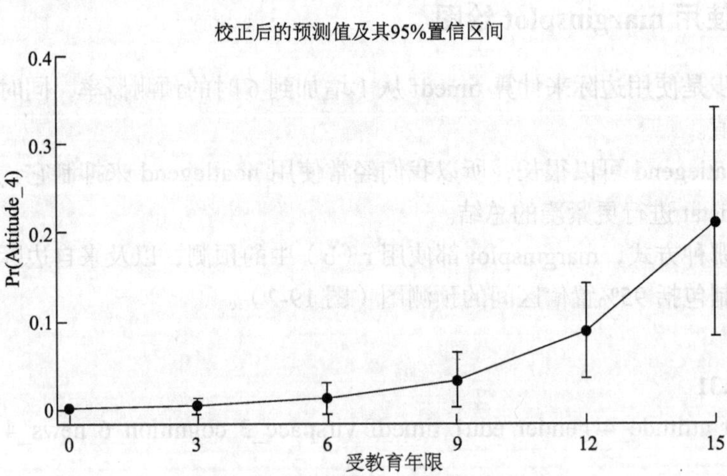

图 19-3　marginsplot 绘图（受教育年限）

```
. margins, at(edu1=(0(3)16)) atmeans noatlegend
. mlistat
. marginsplot
```

19.6.2　将 mgen 与 graph 命令一起使用

要使用 mgen 创建与上述相同的图形，我们的第一步是生成用于绘图的变量（以受教育年限为例）。

例 19.32

```
. mgen,atmeans at(edu1=(0(3)16)) stub(PLT) predlabel(Pr(LFP))
Predictions from: margins, atmeans at(edulevel1=(0(3)16)) predict(pr)
```

Variable	Obs	Unique	Mean	Min	Max	Label
PLTpr1	6	6	.0565284	.0015047	.205319	Pr(LFP)
PLTll1	6	6	.0176676	–.0049528	.0828996	95% lower limit
PLTul1	6	6	.0953892	.0052375	.3277385	95% upper limit
PLTedu1	6	6	7.5	0	15	edu1

Specified values of covariates

gender	timedf	virspac~3	cognit~_6	news_4	means_2
.6788991	3.192661	3.582569	2.83945	3.105505	.6651376

如果我们列出前 10 个观察值，就会看到 mgen 创建的变量。

例 19.33

```
. list PLTedu1 PLTpr PLTll PLTul    in 1/10,clean
```

	PLTedu1	PLTpr1	PLTll1	PLTul1
1.	0	.0015047	–.0022281	.0052375
2.	3	.0041986	–.0039698	.0123671
3.	6	.0116592	–.0049528	.0282711
4.	9	.0319509	.0017041	.0621977
5.	12	.0845379	.0325525	.1365233
6.	15	.205319	.0828996	.3277385

第 1 列包含来自变量 PLTedu1 的 6 个值，该变量将定义 x 坐标。下一列包含

了根据教育和其他变量计算的预测概率。教育的正效应表现为越来越大的概率。接下来的两列包含预测置信区间的上界和下界。

可以创建一个没有置信区间的基本图形（图 19-4）。

```
. scatter PLTpr PLTedu1
```

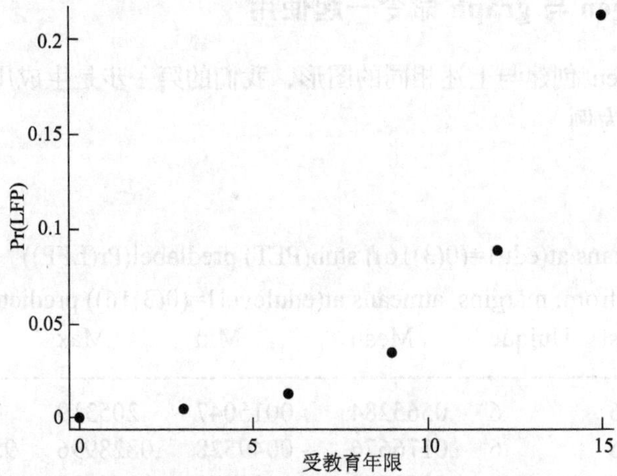

图 19-4　无置信区间的基本图

添加置信区间后再次作图（图 19-5）。

例 19.34

```
. twoway (rarea PLTul1 PLTll1 PLTedu1, color(gs12)) (connected PLTpr PLTedu1, msymbol(i)), title("Adjusted Predictions") caption("other variables held at their means") ytitle(Pr(LFP)) ylabel(0(.1)0.5,grid gmin gmax) legend(off)
```

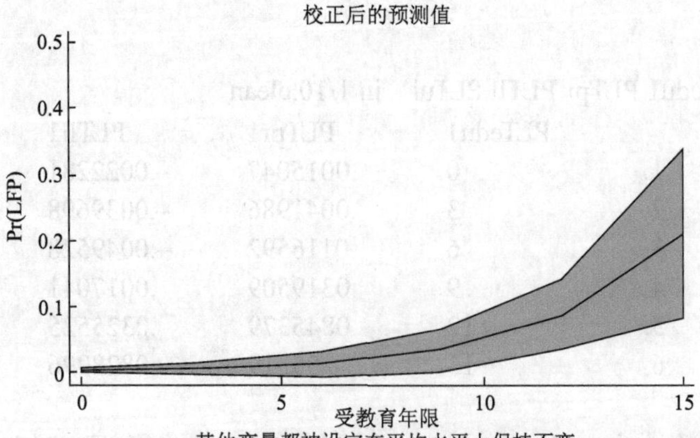

图 19-5　置信区间图

19.6.3　绘制多个预测图

显示两个变量影响的一种有效方法是将一个变量的不同级别的预测绘制成另一个变量变化的图形。它可以用 marginsplot 或 mgen 来完成。

使用 marginsplot，我们可以画出教育对每个 virspace_3 取值的影响（图 19-6）。用 margins 计算预测，其中 margins agecat 表示我们想要对因子变量 virspace_3 的每个级别进行预测。at(edu1=(0(3)16))表示当 edu1 从 0 增长到 16 时每 3 年的预测，并保证除 edu1 外的所有变量均在其均值。

例 19.35

```
. margins, at(edu1=(0(3)16)) over(virspace_3) atmeans noatlegend

Adjusted predictions                         Number of obs     =        218
Model VCE      :OIM
Expression     : Pr(attitude_4), predict()
Over           : virspace_3
```

	Margin	Delta-method Std. Err.	z	P>|z|	[95% Conf.	Interval]
_at#virspace_3						
1#非常赞同	.006348	.007763	0.82	0.414	–.0088671	.0215632
1#有点赞同	.0030198	.0037579	0.80	0.422	–.0043456	.0103852
1#不确定	.0016032	.0020805	0.77	0.441	–.0024745	.005681
1#不太赞同	.0011397	.0014569	0.78	0.434	–.0017157	.0039951
1#非常不赞同	.0007897	.0010595	0.75	0.456	–.0012868	.0028663
2#非常赞同	.0175605	.0166654	1.05	0.292	–.0151031	.0502241
2#有点赞同	.0084033	.0081442	1.03	0.302	–.0075591	.0243657
2#不确定	.0044727	.0045793	0.98	0.329	–.0045025	.0134479
2#不太赞同	.0031821	.0032133	0.99	0.322	–.0031158	.0094801
2#非常不赞同	.0022064	.0023882	0.92	0.356	–.0024744	.0068871
3#非常赞同	.0476281	.0324634	1.47	0.142	–.0159991	.1112552
3#有点赞同	.0231614	.0162067	1.43	0.153	–.0086033	.054926
3#不确定	.0124142	.0093886	1.32	0.186	–.0059872	.0308156

3#不太赞同	.0088525	.0066541	1.33	0.183	-.0041892	.0218943
3#非常不赞同	.0061487	.0051541	1.19	0.233	-.0039532	.0162506
4#非常赞同	.1227459	.0540387	2.27	0.023	.0168319	.2286599
4#有点赞同	.0622116	.0280723	2.22	0.027	.0071909	.1172322
4#不确定	.0339749	.0172358	1.97	0.049	.0001933	.0677564
4#不太赞同	.0243801	.0126899	1.92	0.055	-.0004916	.0492517
4#非常不赞同	.017015	.0106642	1.60	0.111	-.0038865	.0379165
5#非常赞同	.2813394	.0788433	3.57	0.000	.1268094	.4358695
5#有点赞同	.1565493	.0438941	3.57	0.000	.0705185	.2425801
5#不确定	.0895847	.0289172	3.10	0.002	.032908	.1462614
5#不太赞同	.0653477	.0240229	2.72	0.007	.0182636	.1124317
5#非常不赞同	.0461925	.0225631	2.05	0.041	.0019696	.0904153
6#非常赞同	.5227408	.1150982	4.54	0.000	.2971524	.7483291
6#有点赞同	.3418013	.0871478	3.92	0.000	.1709948	.5126078
6#不确定	.215876	.0624713	3.46	0.001	.0934344	.3383175
6#不太赞同	.1636113	.0589123	2.78	0.005	.0481454	.2790772
6#非常不赞同	.1193298	.0554647	2.15	0.031	.0106211	.2280386

. mlistat

. marginsplot, noci legend(cols(3))

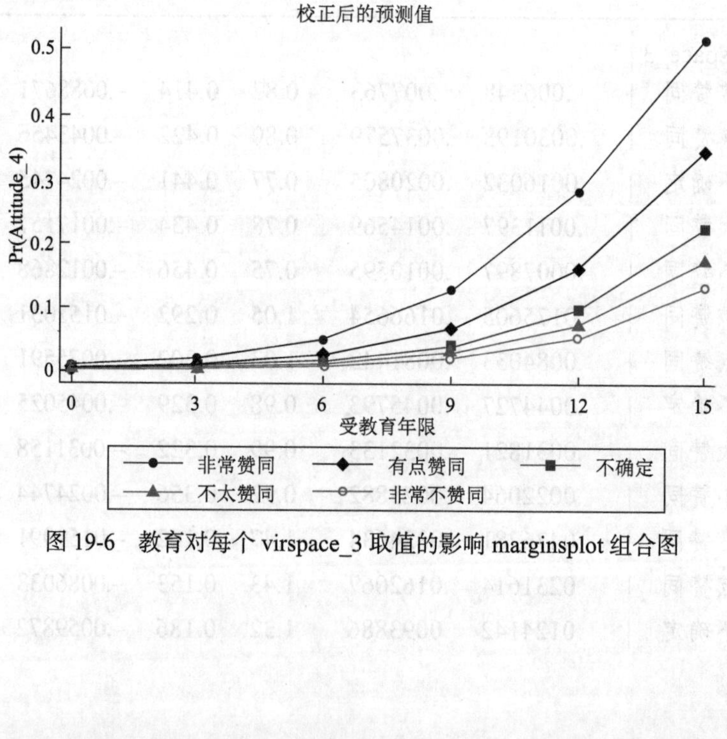

图 19-6 教育对每个 virspace_3 取值的影响 marginsplot 组合图

19.6.4　重叠的置信区间

研究人员有时会得出结论，只有当两个估计的置信区间不重叠时，估计才会显著不同。也就是说，如果置信区间重叠，则接受估计值相等的假设。虽然在计算非常麻烦的情况下这可能是一个有用的近似值，但它通常会导致错误的结论，因为它忽略了在测试相等性时需要考虑的估计量的协方差。

为了说明这个问题，以及展示如何绘制离散变化和边际变化，我们使用上面的方法来绘制男性和女性按教育水平划分的能够对信息真假做出判断的概率图（图 19-7）。

例 19.36

. mgen, atmeans at(edu1=(0(3)16) gender=0) stub(PLTGE0) predlab(Female)

. mgen, atmeans at(edu1=(0(3)16) gender=1) stub(PLTGE1) predlab(Male)

. twoway (rarea PLTGE0ul1 PLTGE0ll1 PLTGE0edulevel1, color(gs12)) (rarea PLTGE1ul1 PLTGE1ll1 PLTGE1edu1, color(gs12)) (connected PLTGE0pr PLTGE1pr PLTGE1edu1, msymbol(i i) lpat(dash soild)), ytitle(Pr(IN gender force)) legend(order(4 3))

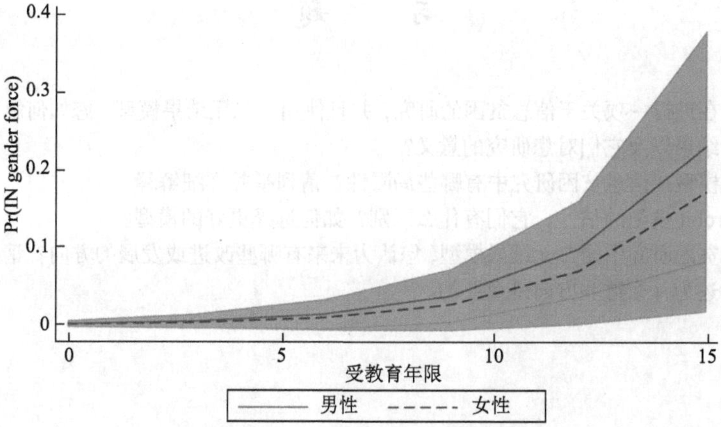

图 19-7　男性和女性按教育水平划分的能够对信息真假做出判断的概率图

根据置信区间的重叠判断，我们可能会得出这样的结论：在所有受教育水平下，男性能够对信息真假做出判断的概率，与女性相比没有明显差距。

为了解这种“近似”的效果如何，我们使用 mgen 计算以受教育年限为条件的离散变化。选项 dydx（gender）指定要预测 gender 的边际效应。将 gender 作为因子变量 i.gender 输入到模型中，mgen 可以计算出离散变化（图 19-8）。

例 19.37

```
. mgen, dydx(gender) atmeans at(edu1=(0(3)16)) stub(PLTgenderDC)
. twoway (rarea PLTgenderDCul1 PLTgenderDCll1 PLTgenderDCedu1, color(gs12))
(connected PLTgenderDCd_pr1 PLTgenderDCedu1, msymbol(i) lpat(dash soild)),
ytitle(discrete change) legend(order(4 3))
```

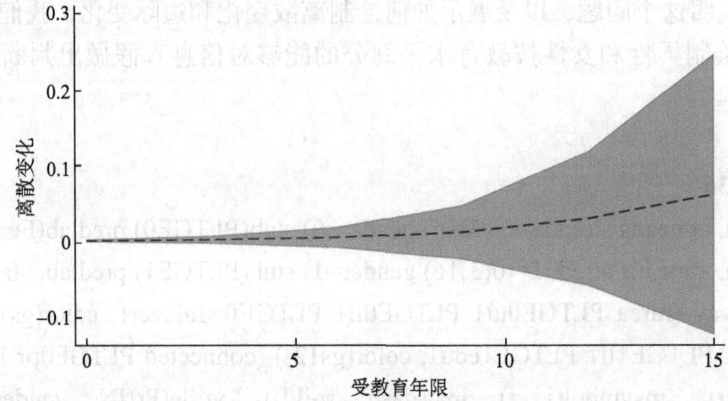

图 19-8 mgen 计算以受教育年限为条件的离散变化

习 题

简答题：

1. 如果您正在进行一项关于信息贫困的研究，并且使用了二元结果模型，您如何解释模型中的系数估计结果以及它们对您研究的意义？
2. 二元结果模型在信息贫困研究中有哪些局限性？请列举并详细解释。
3. logit 和 probit 模型的估计，它们有什么区别？如何选择更好的模型？
4. 对于信息贫困研究中的二元结果模型，您认为未来有哪些改进或发展的方向？请提出您的建议，并阐述为什么这些方向是重要的。

第 20 章　信息贫困研究中的序数结果模型

有序变量通常被编码为从 1 开始的连续整数。正是因为被解释变量看起来是数字，导致使用线性回归模型进行分析的结果是很好看的，但是序数因变量并不符合线性回归的假设，因此会导致得到错误的结论。

尽管可以对序数变量的类别进行排序，但是分类后类别之间的距离是未知的。例如，在调查研究中，问题通常会提供非常同意、同意、不同意和非常不同意的回答类别，但分析人员可能不会假设强烈同意和同意之间的距离与同意和不同意之间的距离相同。

对于序数结果模型，最好避免使用距离相等的类别变量。这一章我们将重点讨论学习序数回归模型（ORM）的 logit 和 probit 模型。二元回归模型可以被看作序数结果模型的一种特殊情况（只有两种分类的序数变量），和 BRM 一样，ORM 也是非线性的。

要注意的是：不能仅仅因为变量的值可以排序就认为变量应该被视为序数，如果将和政数据中的 job1-job11 汇总成 1~11 的分类变量，那么这个变量就不是有顺序的序数变量。此外，调查通常包括“不知道”类别，尽管分析有可能会倾向于用这种方式对待，但它可能与规模上的中间类别不符。

前面章节我们学习讨论了二元结果模型，二元结果模型正是我们这一章中讨论的序数结果模型的一种特例。回顾一下我们在第 19 章中讨论的内容：第一部分我们学习了对二元结果模型的两种解释，分别为使用回归系数的解释和使用预测概率的解释；第二部分我们讨论了边际效应；第三部分学习了理想型；最后一部分主要学习使用代码绘制预测概率表、预测概率图，通过图形来查看因变量发生概率如何随着某些自变量的变化而变化。第 19 章的内容为这一章做了很大的铺垫，如果对第 19 章内容已经明白，那么学习这一章时将会很好理解。

20.1　统 计 模 型

这一部分的内容和我们之前在第 5 章中讨论的 BRM 的内容很像，因为 BRM 可以被视为序数结果模型中序数变量只有两个类别的特例。

ORM 通常表示为潜在变量模型。将 y^* 定义为从 $-\infty$ 到 ∞ 的潜在变量，表达模型为

$$y_i^* = X_i\beta + \epsilon_i \tag{20.1}$$

其中，i 表示观测值，ϵ 是随机误差。对于单个自变量，我们可以将这个式子简化为

$$y_i^* = \alpha + \beta x_i + \epsilon_i \tag{20.2}$$

在第 5 章中，我们已经简单讨论过这个公式，与之前不同的是，二元的 y_i^* 只有两种情况，但对于序数结果模型来说 y_i^* 有 J 个类别，因此会有 J–1 个切点（阈值）。

扩展了第 5 章中二进制结果的度量模型，将 y^* 分为 J 个序数类别：

$$y_i = m \ \ if\ \gamma_{m-1} \leqslant y_i^* < \gamma_m \quad \text{for } m = 1 \text{ to } J \tag{20.3}$$

其中估计了切点 γ_1 到 γ_{J-1}。（有些作者将其称为阈值。）我们假定 $\gamma_0 = -\infty$ 和 $\gamma_J = \infty$。

例如，在和政数据中，要求人们对生活和工作中的搜索信息手段做出回答，选择自己属于哪种等级的信息搜索手段：1=低级（完全不会）；2=中低级（只会向他人询问）；3=中级（会使用百度基本功能）；4=中高级（会使用百度的高级搜索功能）；5=高级（会使用专业数据库的高级搜索功能）

测量模型将观察到的响应类别与潜在变量相关联：

$$y_i = \begin{cases} 1 \to \text{低级}\ \ if\ \ \gamma_0 = -\infty \leqslant y_i^* < \gamma_1 \\ 2 \to \text{中低级}\ \ if\ \ \gamma_1 \leqslant y_i^* < \gamma_2 \\ 3 \to \text{中级}\ \ if\ \ \gamma_2 \leqslant y_i^* < \gamma_3 \\ 4 \to \text{中高级}\ \ if\ \ \gamma_3 \leqslant y_i^* < \gamma_4 \\ 5 \to \text{高级}\ \ if\ \ \gamma_4 \leqslant y_i^* < \gamma_5 = \infty \end{cases}$$

这里的 y^* 就有 5 个类别，分别为（$-\infty, \gamma_1$）、（γ_1, γ_2）、（γ_2, γ_3）、（γ_3, γ_4）、（$\gamma_4, +\infty$），有 4 个切点 γ_1、γ_2、γ_3、γ_4。

因此，当潜变量 y^* 越过一个临界点时，观察到的类别就会改变。安德森（Anderson）将以此方式创建的序数变量称为分组连续变量，并将 ORM 称为分组连续模型。

回忆一下之前的图（图 20-1）。

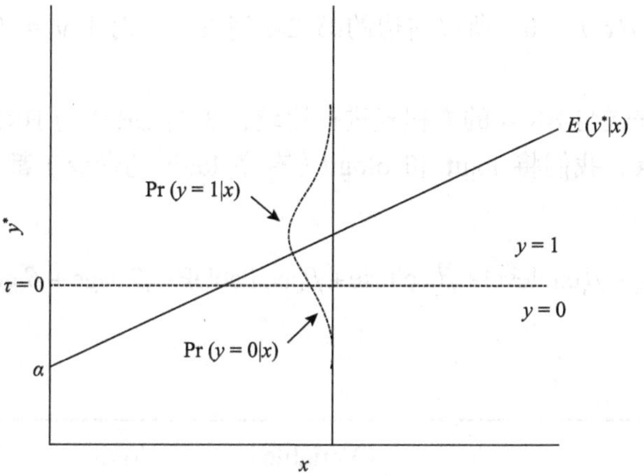

图 20-1　BRM 中观察到的潜在 y^* 与一个自变量的关系

这个图上只有一个切点 0，$y^*>0$，$y=1$；$y^*<0$，$y=0$。

图 20-2 类似于 BRM 的图，不同之处在于，现在有三个水平线代表切点 γ_1，γ_2 和 γ_3。这三个切点导致 y 的四个级别，这些级别分别标记在 y 的右侧。

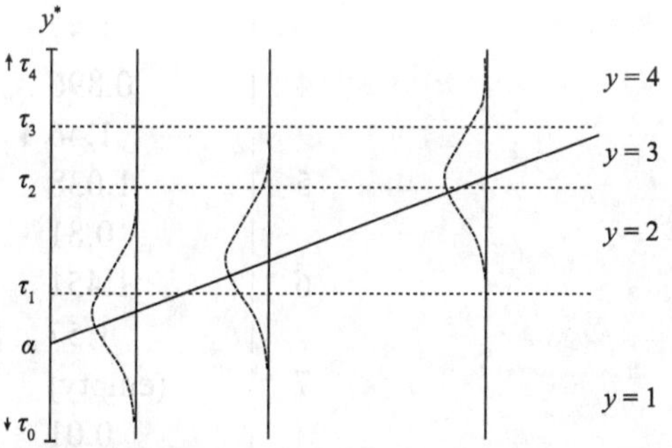

图 20-2　ORM 中观察到的 y 和潜在 y^* 之间与一个自变量的关系

对于给定的 x 值，观察到的结果 y 的概率（由图中的三个垂直线表示）是一对切点之间的曲线下方的面积。

例如，观察 $y=m$ 的概率。给定的 x 值对应于 y^* 介于 γ_{m-1} 和 γ_m 之间的分布区域：

$$\Pr(y=m|x)=\Pr(\gamma_{m-1}\leqslant y^*<\gamma_m\,|\,x) \qquad (20.4)$$

用 $\beta*x+\epsilon$ 代替 y^* 并使用一些代数得出 ORM 中预测概率的标准公式：

$$\Pr(y=m|x)=F(\gamma_m-\beta x)-F(\gamma_{m-1}-\beta x) \qquad (20.5)$$

其中 F 是 ϵ 的累积分布函数。在序数概率（ordinal probit model）模型中，F 是正态的，$\mathrm{Var}(\epsilon)=1$；在有序 logit 模型中，F 是 $\mathrm{Var}(\epsilon)=\pi^2/3$。对于 $y=1$，

由于 $F(-\infty-\beta x)=0$，所以右边的第二项消失了。对于 $y=J$，第一项等于 $F(\infty-\beta x)=1$。

将这些方程式与 BRM 的方程式进行比较，表明 ORM 与 BRM 的原理相同。为了证明这一点，我们将 logit 和 ologit（有序 logit 的命令）都应用于二元模型（20.6）：

$$\text{accessible}_4=\beta_0+\beta_1\text{edulevel}+\beta_2\text{celluse}+\beta_3\text{availableP}+\beta_4\text{aage}+\beta_5\text{gender}+\mu \quad (20.6)$$

例 20.1

Variable	logit	ologit
#1		
最后阶段的教育水平		
2	0.089	0.089
	0.16	0.16
3	0.766	0.766
	1.37	1.37
4	0.896	0.895
	1.46	1.45
5	1.038	1.038
	0.81	0.81
6	1.451	1.450
	1.57	1.57
7	(empty)	16.141
		0.01
平均每天使用手机的时间	0.299	0.299
	2.61	2.61
可及信息源百分比得分	0.027	0.027
	2.27	2.27
年龄	–0.041	–0.041
	–2.57	–2.57
性别	–0.219	–0.219
	–0.59	–0.59
Constant	0.408	
	0.42	
/cut1		–0.408

```
                                          |                    -0.42
------------------------------------------------------------------------------
legend: b/t
```

对比可以看到，它们的斜率系数及其 Z 值相同（对比的表格里面第二行是 Z 值）。但是，对于 logit，将报告截距或常数，而对于 ologit，则将截距替换为标记为 cut1 的切割点。切点与 logit 截距具有相同的大小，但符号相反。这是因为，为了存在唯一的最大似然估计集，需要对截距或切点之一进行确定性假设。这里的 ologit 命令通过假设截距为 0 来识别 ORM，然后估计所有切点。相反，这里的 logit 命令将其中一个割点固定为 0 并估计了截距。尽管不同的参数设置可能会造成混淆，但请记住，斜率系数和两种参数设置下的预测概率都是相同的。

20.2　使用 ologit 和 oprobit 的估计

命令的基本格式如下：

ologit depvar [indepvars] [if] [in] [weight , vce （vcetype） or]

此命令中，加 or 只能用于 logit。or（用于 logit 时）报告定义为 exp（ $\hat{\beta}$ ）的优势比，对标准误差和置信区间进行类似的转换。

oprobit depvar [indepvars] [if] [in] [weight , vce （vcetype）]

20.2.1　一般 logit 模型的例子

以和政数据中搜索信息手段（means）作为因变量为例。

例 20.2

tab means

```
      means |      Freq.     Percent        Cum.
------------+-----------------------------------
          0 |          7        2.69        2.69
          1 |        129       49.62       52.31
          2 |        102       39.23       91.54
          3 |         14        5.38       96.92
          4 |          8        3.08      100.00
------------+-----------------------------------
      Total |        260      100.00
```

假如考虑的问题是个人受教育水平作为个体的核心素质之一，探究其对个人的信息搜索手段有什么影响，并控制年龄（aage）、性别（gender）、婚姻状况（marriage）、家庭人数（family）这几个变量。据此构建如下模型：

$$\text{means} = \beta_0 + \beta_1\text{edulevel} + \beta_2\text{aage} + \beta_3\text{gender} + \beta_4\text{marriage} + \beta_5\text{family} + \mu \quad (20.7)$$

例 20.3

```
ologit means i.edulevel aage gender marriage family

Iteration 0:   log likelihood = -277.7901
Iteration 1:   log likelihood = -245.24774
Iteration 2:   log likelihood = -244.01036
Iteration 3:   log likelihood = -244.00896
Iteration 4:   log likelihood = -244.00896

Ordered logistic regression                Number of obs   =       257
                                           LR chi2(10)     =     67.56
                                           Prob > chi2     =    0.0000
Log likelihood = -244.00896                Pseudo R2       =    0.1216

------------------------------------------------------------------------------
       means |      Coef.   Std. Err.      z    P>|z|     [95% Conf. Interval]
-------------+----------------------------------------------------------------
    edulevel |
          2  |  -.0672297   .5183576   -0.13   0.897    -1.083192    .9487326
          3  |   1.261197   .4867826    2.59   0.010     .3071206    2.215273
          4  |   .8022455   .5105492    1.57   0.116    -.1984126    1.802904
          5  |   2.196852   .8915234    2.46   0.014     .4494986    3.944206
          6  |   1.618062   .6198992    2.61   0.009     .4030817    2.833042
          7  |   2.817942    .679224    4.15   0.000     1.486687    4.149197
        aage |  -.0348634   .0111322   -3.13   0.002    -.0566821   -.0130447
      gender |  -.2747138   .2848363   -0.96   0.335    -.8329827    .2835551
    marriage |   .0230014   .4859652    0.05   0.962    -.9294729    .9754758
      family |  -.0787014   .0809983   -0.97   0.331     -.237455    .0800523
-------------+----------------------------------------------------------------
       /cut1 |  -5.247997   .9663681                     -7.142044    -3.35395
       /cut2 |  -1.141103   .8630517                     -2.832653    .5504469
```

/cut3	1.660409	.8765228			–.0575443	3.378362
/cut4	2.894307	.9213781			1.08844	4.700175

系数的解释：β 系数表示自变量对结果对数概率（log odds）的影响，其中对数概率也被称为 logit。我们可以这样解释 β：在其他变量保持不变的情况下，对于 x_k 的单位变化，因变量变化为更高等级的对数概率变化 β_k 个单位。

这个系数用于判断某一自变量对因变量从低等级到高等级概率的影响方向。然而，有序 logit 模型是在因变量的所有级别上通过拆分成多个二分类的 logistic 回归来估计一个整体的模型，因此我们的一个方程模型是否有效，还是需要通过比例优势检验（又名平行回归假设检验）。

means	Coef.	Std. Err.	z	P>|z|	[95% Conf. Interval]	
edulevel						
2	–.0449543	.5119608	–0.09	0.930	–1.048379	.9584705
3	1.28134	.483438	2.65	0.008	.3338185	2.228861
4	.8265429	.5046572	1.64	0.101	–.1625669	1.815653
5	2.222592	.8876373	2.50	0.012	.4828549	3.962329
6	1.640508	.6158648	2.66	0.008	.433435	2.847581
7	2.818094	.679791	4.15	0.000	1.485728	4.15046
aage	–.0347221	.0111063	–3.13	0.002	–.0564901	–.0129542
gender	–.283177	.2832529	–1.00	0.317	–.8383424	.2719885
marriage	–.072651	.2924177	–0.25	0.804	–.6457792	.5004772
family	–.0744047	.0789808	–0.94	0.346	–.2292042	.0803947

对于 aage 年龄这一变量的系数的解释就是，当其他变量保持不变时，如果一个人的年龄每增加一岁，这个人在更高类别的信息搜索手段中的有序对数概率就会减少 0.034。（这里的更高类别是指：从低级到中低级、中级、中高级、高级；从低级、中低级到中级、中高级、高级；从低级、中低级、中级到中高级、高级这三种变化的概率。）

这里我们发现，年龄的增加给信息搜索手段得分更高的概率带来的竟然是负向的影响。考虑到和政数据中的研究对象年龄最低是 18 岁，并且平均年龄在 44 岁左右，就可以理解了。

例 20.4

sum aage

Variable	Obs	Mean	Std. Dev.	Min	Max
aage	258	44.09302	13.40012	18	79

Ancillary parameters

/cut1	−5.314282	.9520028	−7.180173	−3.448391
/cut2	−1.188958	.8438981	−2.842968	.4650515
/cut3	1.613041	.8574833	−.0675958	3.293677
/cut4	2.848139	.903759	1.076804	4.619474

这些是指用于区分因变量的相邻水平的切点（也称为阈值）。可以将阈值定义为潜在变量上的点，一个连续的不可观察的机制/现象，导致代理变量上的不同观察值（我们用于测量潜在变量的因变量的水平）。

对 cut1 的理解是：当自变量的值被评估为 0 时，这是用于区分低级信息搜索手段与中低级信息搜索手段、中级信息搜索手段、中高级信息搜索手段和高级信息搜索手段的潜在变量的估计切点。当一个人的受教育水平不满小学，年龄为 0，性别为女，未婚，家庭人数为 0 时，means 变量的潜在变量上的值为−5.314282 或更低的对象将被归类为低级信息搜索手段。

同样，因为对于 means 这一变量来说，一共有 5 个分类，因此这里有 4 个切点，解释和 cut1 都是一样的。

20.2.2 使用 oprobit 模型的例子

同时，我们使用 oprobit 模型分析并与 ologit 模型的结果进行对比分析。

例 20.5

Variable	ologit	oprobit
means		
最后阶段的教育水平		
2	−0.067	0.033
	−0.13	0.12
3	1.261	0.752

	2.59	2.79
4	0.802	0.507
	1.57	1.81
5	2.197	1.307
	2.46	2.56
6	1.618	0.984
	2.61	2.99
7	2.818	1.571
	4.15	4.37
年龄	–0.035	–0.018
	–3.13	–2.87
性别	–0.275	–0.141
	–0.96	–0.88
婚姻状况	0.023	–0.033
	0.05	–0.13
家庭人口数	–0.079	–0.055
	–0.97	–1.17
/cut1	–5.248	–2.813
	–5.43	–5.51
/cut2	–1.141	–0.581
	–1.32	–1.23
/cut3	1.660	1.030
	1.89	2.15
/cut4	2.894	1.680
	3.14	3.38

legend: b/t

与 BRM 一样，估计的系数在 logit 与 probit 之间的差异约为 1.7，反映了有序 logit 模型和有序 probit 模型的缩放比例不同，这些模型是由于对误差方差的不同假设得出的。我们还可以看到切割点的比例差异，在有序 logit 模型中比例差异也更大。Z 检验的值相似，是因为它们不受缩放的影响，但假设误差分布的形状略有不同，因此 Z 检验的值不相同。

对 OR（Odds Ratio）的解释如下。

例 20.6

ologit means i.edulevel aage gender marriage family, or

Iteration 0: log likelihood = –277.7901
Iteration 1: log likelihood = –245.24774
Iteration 2: log likelihood = –244.01036
Iteration 3: log likelihood = –244.00896
Iteration 4: log likelihood = –244.00896

Ordered logistic regression	Number of obs	=	257
	LR chi2(10)	=	67.56
	Prob > chi2	=	0.0000
Log likelihood = –244.00896	Pseudo R2	=	0.1216

means	Odds Ratio	Std. Err.	z	P>|z|	[95% conf.	interval]
edulevel						
2	.9349804	.4846542	–0.13	0.897	.3385133	2.582435
3	3.529644	1.718169	2.59	0.010	1.359505	9.163913
4	2.230544	1.138802	1.57	0.116	.8200314	6.067239
5	8.996651	8.020725	2.46	0.014	1.567526	51.63534
6	5.043306	3.126341	2.61	0.009	1.496429	16.99709
7	16.74236	11.37181	4.15	0.000	4.422422	63.38306
aage	.9657373	.0107508	–3.13	0.002	.9448944	.98704
gender	.7597895	.2164157	–0.96	0.335	.4347506	1.327842
marriage	1.023268	.4972727	0.05	0.962	.3947617	2.652429
family	.9243159	.074868	–0.97	0.331	.7886324	1.083344
/cut1	–5.247997	.9663681			–7.142044	–3.35395
/cut2	–1.141103	.8630517			–2.832653	.5504469
/cut3	1.660409	.8765228			–.0575443	3.378362
/cut4	2.894307	.9213781			1.08844	4.700175

Note: Estimates are transformed only in the first equation.

我们将比较组中大于 k 的人与组中小于或等于 k 的人，其中 k 是分类因变量的一个类别等级。

在这个例子中，odds ratio 的解释是：以 aage 这一变量为例，在给定的其他自变量不变的情况下，一个人的年龄每增加一岁，获得 $P_5/(P_1+P_2+P_3+P_4)$ 的机会比率就提高 0.97 倍①；同样，在给定其他自变量不变的情况下，获得 $(P_5+P_4)/(P_1+P_2+P_3)$ 的机会比率提高 0.97 倍。

有序多分类的 logit 回归原理就是将因变量的多个分类依次分割成多个二元的 logit。例如，本例中因变量个人的信息搜索手段程度有 5 个等级（低级、中低级、中级、中高级、高级），分析时拆分为 4 个二元的 logistic 回归，分别为（低级 vs 中低级+中级+中高级+高级）、（低级+中低级 vs 中级+中高级+高级）、（低级+中低级+中级 vs 中高级+高级）、（低级+中低级+中级+中高级 vs 高级）。

20.3　检　　验

可以使用估计输出中的 *z* 统计量来评估回归系数的假设检验，对于简单和复杂假设的 Wald 检验可以使用 test 和 testparm，对于似然比检验可以使用 LRtest 进行评估。这里简要地回顾一下。

20.3.1　单个参数的检验

和前面我们学习讨论的检验方法一样，对于上面所举的例子我们进行检验：

$$\text{means} = \beta_0 + \beta_1\text{edulevel} + \beta_2\text{aage} + \beta_3\text{gender} + \beta_4\text{marriage} + \beta_5\text{family} + \mu \quad (20.8)$$

（1）使用估计输出中的 *z* 统计量对假设进行检验。

例 20.7

```
ologit means i.edulevel aage i.gender marriage family, nolog
  Ordered logistic regression                 Number of obs    =      257
                                              LR chi2(10)      =    67.56
                                              Prob > chi2      =   0.0000
  Log likelihood = –244.00896                 Pseudo R2        =   0.1216
  ---------------------------------------------------------------------------
```

① P_1 为信息搜索手段为低级的概率；P_2 为信息搜索手段为中级的概率；P_3 为信息搜索手段为中低级的概率；P_4 为信息搜索手段为中高级的概率；P_5 为信息搜索手段为高级的概率。

means	Coef.	Std. Err.	z	P>|z|	[95% Conf. Interval]	
edulevel						
2	−.0672297	.5183576	−0.13	0.897	−1.083192	.9487326
3	1.261197	.4867826	2.59	0.010	.3071206	2.215273
4	.8022455	.5105492	1.57	0.116	−.1984126	1.802904
5	2.196852	.8915234	2.46	0.014	.4494986	3.944206
6	1.618062	.6198992	2.61	0.009	.4030817	2.833042
7	2.817942	.679224	4.15	0.000	1.486687	4.149197
Aage	−.0348634	.0111322	−3.13	0.002	−.0566821	−.0130447
gender						
男	−.2747138	.2848363	−0.96	0.335	−.8329827	.2835551
marriage	.0230014	.4859652	0.05	0.962	−.9294729	.9754758
family	−.0787014	.0809983	−0.97	0.331	−.237455	.0800523
/cut1	−5.247997	.9663681			−7.142044	−3.35395
/cut2	−1.141103	.8630517			−2.832653	.5504469
/cut3	1.660409	.8765228			−.0575443	3.378362
/cut4	2.894307	.9213781			1.08844	4.700175

例如，我想知道一个人的年龄是否会对其信息搜索手段等级有所影响？通过输出结果中的 *z* 统计量结果可以看到其 *P* 值是小于 0.05 的，也就意味着在其他条件被控制不变的前提条件下，一个人的年龄对其搜索信息的手段影响是显著的。

（2）估计命令输出中的 Z 检验是 Wald 检验，也可以使用 test 进行计算。

例 20.8

例如，要测试 $H_0: \beta_{gender} = 0$：

test 1.gender

```
（1） [means]1.gender = 0
        chi2（1） =    0.93
```

Prob > chi2 = 0.3348

一个人的性别对信息搜索手段得分的影响上有没有显著差异（$\chi^2 = 1.00$，df = 1，$P > 0.05$）

（3）使用 LR 检验，构建两个嵌套模型：

$$\text{means} = \beta_0 + \beta_1\text{edulevel} + \beta_2\text{aage} + \beta_3\text{gender} + \beta_4\text{marriage} + \beta_5\text{family} + \mu$$

$$\text{means} = \beta_0 + \beta_1\text{edulevel} + \beta_2\text{gender} + \beta_3\text{marriage} + \beta_4\text{family} + \mu \qquad (20.9)$$

例 20.9

lrtest fullmodel dropaage, force

```
Likelihood-ratio test                           LR chi2（1）  =    12.41
（Assumption: dropaage nested in fullmodel）    Prob > chi2   =    0.0004
```

可以得到年龄这一变量对一个人的信息搜索手段具有显著的影响。

20.3.2　多个参数的检验

我们还可以检验涉及多个系数的复杂假设。例如，我们的模型具有人口统计学变量性别和年龄。为了测试这些变量的影响是否同时等于 0（即 H_0：$\beta_{\text{gender}} = \beta_{\text{age}} = \beta_{\text{marriage}} = 0$），我们可以使用 Wald 或 LR 检验。

1）Wald 检验

使用 test 命令直接进行检验。

例 20.10

. test 1.gender aage marriage

```
（1）   [means]1.gender = 0
（2）   [means]aage = 0
（3）   [means]marriage = 0
          chi2（3）   =   13.21
        Prob > chi2   =   0.0042
```

从 stata 输出结果来看，P 值小于 0.05，也就是说，性别、年龄、婚姻状况这几个变量中至少有一个在显著影响着一个人的信息搜索手段能力。

2）LR 检验

要计算多个系数的 LR 检验，我们首先拟合完整模型，然后将结果与估算一起存储。要测试（即 H_0：$\beta_{gender} = \beta_{age} = \beta_{marriage} = 0$），我们拟合排除了这些系数的模型，并运行 LRtest。

例 20.11

```
lrtest fullmod dropmod

Likelihood-ratio test                          LR chi2（3）   =    16.03
（Assumption: dropmod nested in fullmod）       Prob > chi2    =    0.0011
```

P 值小于 0.05，我们可以得到和 Wald 检验一样的结果。性别、年龄、婚姻状况这几个变量中至少有一个在显著影响着一个人的信息搜索手段能力。

关于 Wald 检验和 LR 检验的选择。

我们发现 Wald 和 LR 检验通常会得出相同的决定，因此没有理由通常要计算两个测试。当存在差异时，通常会在检验接近统计显著性的临界值时发生差异。

（1）使用 LR 检验的情况：由于 LR 检验对于重新参数化而言是不变的，当两者均可用时，我们更喜欢 LR 检验。

（2）使用 Wald 检验的情况：在使用稳健的标准误差时；当想要测试系数的相等性时；对于具有两个以上类别的分类变量想要分别检验某几个类别时（例如，test 2.edu 3.edu），这三种情况只能使用 Wald 检验。

20.4　拟　　合

在比较模型时我们可以使用 fitstat 命令，可以在 ologit 或 oprobit 之后计算出几种度量。在本章所举的例子中，我们想要考虑是否要控制人生价值观这一变量，因此构建以下两个模型：

$$\text{means} = \beta_0 + \beta_1\text{edulevel} + \beta_2\text{aage} + \beta_3\text{gender} + \beta_4\text{marriage} + \beta_5\text{family} + \mu \quad (20.10)$$

$$\begin{aligned}\text{means} = \beta_0 + \beta_1\text{edulevel} + \beta_2\text{aage} + \beta_3\text{gender} + \beta_4\text{marriage} \\ + \beta_5\text{family} + \beta_6\text{lifevalueP} + \mu\end{aligned} \quad (20.11)$$

例 20.12

	Current(2)	Saved(1)	Difference
Log-likelihood			
Model	–240.318	–244.296	3.979
Intercept-only	–277.790	–278.501	0.711
Chi-square			
D(df=242/244/–2)	480.635	488.593	–7.958
LR(df=11/10/1)	74.945	68.409	6.536
p-value	0.000	0.000	0.005
R2			
McFadden	0.135	0.123	0.012
McFadden(adjusted)	0.081	0.073	0.008
McKelvey & Zavoina	0.307	0.285	0.023
Cox-Snell/ML	0.253	0.233	0.020
Cragg-Uhler/Nagelkerke	0.286	0.263	0.023
Count	0.580	0.574	0.006
Count(adjusted)	0.176	0.160	0.015
IC			
AIC	510.635	516.593	–5.958
AIC divided by N	1.987	2.002	–0.015
BIC(df=15/14/1)	563.871	566.334	–2.463
Variance of			
e	3.290	3.290	0.000
y-star	4.749	4.599	0.151
N			
N	257.000	258.000	–1.000

Note: Likelihood-ratio test assumes saved model nested in current model.

Difference of 2.463 in BIC provides positive support for current model.

BIC、AIC 和 LR 检验均提供了支持两个模型中不控制人生价值观这一变量的模型的证据。

20.5 平行回归假设

在讨论解释之前，有必要了解 ORM 中隐含的一个假设，即平行回归假设，对于有序 logit 模型，也称为比例优势假设，即检验自变量各取值水平对因变量的影响在各个回归方程中是否相同。上面提到，有序多分类的 logit 回归原理就是将因变量的多个分类依次分割成多个二元的 logistic。例如，上例中因变量个人的信息搜索手段程度有 5 个等级（低级、中低级、中级、中高级、高级），分析时拆分为 4 个二元的 logit 回归，分别为（低级 vs 中低级+中级+中高级+高级）、（低级+中低级 vs 中级+中高级+高级）、（低级+中低级+中级 vs 中高级+高级）、（低级+中低级+中级+中高级 vs 高级）。

平行性检验的原假设为模型满足平行性，因而如果 P 值大于 0.05，则说明模型接受原假设，即符合平行性检验。反之如果 P 值小于 0.05，则说明模型拒绝原假设，模型不满足平行性检验。平行性是有序 logit 回归的前提条件。无论因变量的分割点在什么位置，模型中各个自变量对因变量的影响都不变，也就是说，自变量对因变量的回归系数与分割点无关。

具有 J 个分类结果的 ORM 可以写为

$$\Pr(y=1|x)=F(\gamma_1-x\beta)$$

$$\Pr(y=m|x)=F(\gamma_m-x\beta)-F(\gamma_{m-1}-x\beta) \qquad \text{for } m=2 \text{ to } J-1$$

$$\Pr(y=J|x)=1-F(\gamma_{J-1}-x\beta)$$

使用这些方程，累积概率具有简单的形式：

$$\Pr(y\leqslant m|x)=F(\gamma_m-x\beta) \qquad \text{for } m=1 \text{ to } J-1 \tag{20.12}$$

注意，β 没有下标 m。因此，该方程式表明，在此假设下，每个二元回归中的斜率系数相同，ORM 等效于 J–1 二元回归。

例如，对于四个结果和一个自变量，累积概率方程为

$$\Pr(y\leqslant 1|x)=F(\gamma_1-x\beta)$$

$$\Pr(y\leqslant 2|x)=F(\gamma_2-x\beta)$$

$$\Pr(y\leqslant 3|x)=F(\gamma_3-x\beta)$$

回想一下，截距 α 不在方程式中，因为假定其等于 0 即可识别模型。这些等式导致图 20-3：

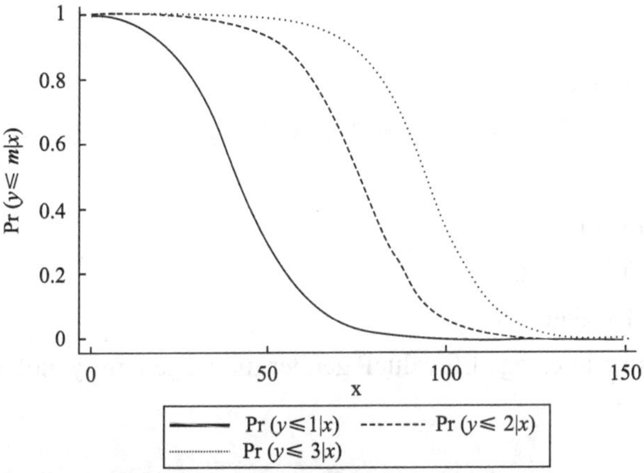

图 20-3　自变量各取值水平对因变量的影响

每个概率曲线仅在向左或向右移动方面有所不同。由于假设每个方程的 β's 相等，曲线是平行的。图 20-3 表明，可以通过比较 *J*-1 个二元回归的估计值来检验平行回归假设。

$$\Pr(y\leqslant m|x)=F(\gamma_m-x\beta_m)\qquad \text{for } m=1 \text{ to } J-1 \tag{20.13}$$

其中 β's 可以在等式中有所不同。式（20.13）中的模型称为广义 ORM。平行回归假设意味着 $\beta_1=\beta_2=\cdots=\beta_{J-1}$。在平行回归假设成立的程度上，估计值 $\widehat{\beta_1}=\widehat{\beta_2}=\cdots=\widehat{\beta_{J-1}}$ 应该很接近。

在最大似然理论下，存在三种类型的检验：Wald 检验，LRtest 和 score tests 得分检验（也称为拉格朗日乘数检验）。为了理解如何使用这些检验来检验平行回归假设，令式（20.13）中的广义 ORM 为无约束模型，而式（20.12）中的 ORM 为约束模型（β 系数一样）。我们要检验假设 H_0：$\beta_1=\beta_2=\cdots=\beta_{J-1}$。Wald 检验在原假设中估计无约束模型并检验约束，LR 检验估计了无约束模型和约束模型，并检验了对数似然性的变化；score test 估计了约束模型，并且（简化了一些）估计了若放宽约束，对数似然性将发生多大的变化 。

以下是两种检验平行回归假设的命令：oparallel 和 brant。

20.5.1 使用 oparallel 检验平行回归假设

可以在 ologit 之后使用 oparallel 来计算上述的综合测试。ic 选项提供统计信息 AIC 和 BIC 比较常规有序 logit 模型(generalized ordered logit model)和有序 logit 模型（ordered logit model）。

例 20.13

以和政数据为例：

创建一个二分变量 edu，表示是否具有大专或大学及以上的学历，0 代表没有，1 代表有。

```
gen edu=edulevel
replace edu=0 if edu<6
replace edu=1 if edu>=6
ologit means i.edu c.aage lifevalueP gender marriage family, nolog
oparallel, ic
```

Tests of the parallel regression assumption

	Chi2	df	P>Chi2
Wolfe Gould	45.89	18	0.000
Brant	2344	18	0.000
score	53.82	18	0.000
likelihood ratio	52.83	18	0.000
Wald	39.72	18	0.002

Information criteria

	ologit	gologit	difference
AIC	523.63	506.80	16.83
BIC	559.08	606.06	–46.98

可以看到 P 值均小于 0.05，因此拒绝原假设，认为这个模型是不符合平行回归假设的。

likelihood ratio 和 Wald 的结果是基于广义有序 logit 模型的 LR 检验和 Wald 检验。Wolfe Gould 行包含近似 LR 测试，Brant 是 Brant 测试，而 score 是得分测试。所有检验均拒绝 $P = 0.001$ 的原假设。Score 和 Wald 检验的值相似，而两个

LR 检验的值较大。

在此示例中，与 ologit 相比，gologit 的 AIC 和 BIC 统计值均较小，与 ologit 模型相比，它提供了证据。

oparallel 可以与 ologit 一起使用，但不能与 oprobit 一起使用。

20.5.2　使用 brant 检验平行回归假设

brant [, detail]
detail 选项提供每个二进制模型的系数表。

例 20.14

ologit means edulevel c.aage lifevalueP gender marriage family, nolog
brant, detail

Estimated coefficients from binary logits

Variable	y_gt_0	y_gt_1	y_gt_2	y_gt_3
edulevel	0.417	0.257	0.810	1.300
	1.37	2.87	3.95	2.50
aage	0.020	–0.029	–0.035	–0.010
	0.58	–2.33	–1.04	–0.21
lifevalueP	0.024	0.013	0.040	0.015
	1.21	1.77	2.00	0.57
gender	–0.295	–0.260	–1.037	0.926
	–0.32	–0.86	–1.62	0.79
marriage	–2.479	0.344	–0.129	0.347
	–1.92	0.67	–0.19	0.35
family	–0.121	–0.029	–0.419	–0.508
	–0.52	–0.33	–1.66	–1.18
_cons	3.167	–0.663	–5.573	–10.111
	0.88	–0.57	–1.95	–2.01

legend: b/t

Brant test of parallel regression assumption

	chi2	p>chi2	df
All	31.56	0.025	18

edulevel |	8.65	0.034	3
aage |	2.43	0.488	3
lifevalueP |	3.44	0.328	3
gender |	3.60	0.309	3
marriage |	5.74	0.125	3
family |	2.64	0.451	3

A significant test statistic provides evidence that the parallel regression assumption has been violated.

20.5.3　关于平行回归假设的警告

在我们已经看到的 ORM 的大多数实际应用中，平行回归的假设都被拒绝了。但是请记住，平行回归假设的检验对其他类型的错误指定敏感。当假设被拒绝时，请考虑不施加平行回归约束的替代模型。广义有序 logit 模型是要考虑的另一种替代方法。但是，违反平行回归假设并不是使用 LRM 的理由。将 LRM 应用于序数数据所隐含的假设甚至更强。

20.6　解　　释

在序数对数模型中，系数也可以取幂并解释为比值比。然后，我们考虑使用预测概率的解释方法，将 BRM 的每种方法扩展到多个结果。通常，我们发现这些方法更具参考价值。由于 ORM 在结果概率中是非线性的，没有任何方法可以完全描述变量与结果概率之间的关系。因此，在决定哪种方法最有效之前，应该考虑每种方法。与二进制结果模型一样，基于预测的解释的基本命令是 margins，但 margins 一次只能计算一个结果的预测（现在可以把 y 的类别全计算）。而 mtable，mchange 和 mgen 命令使事情变得简单得多，这些命令不仅具有第 6 章中针对二进制模型说明的优点，而且在存在多个结果类别时，这些命令还将计算所有类别的预测并合并结果。

20.7　解释变换系数

与 BRM 一样，由于对误差项方差的任意假设，有序 logit 模型的系数约为有序 probit 模型的系数的 1.7 倍。但是，有序的 logit 系数和有序的 probit 系数都无法提供有意义的直接解释。我们有两种方法可以将系数转换为更有意义的数量：标准化和比值比。在这两种情况下，仅当未使用多项式或交互项指定自变量时才允许使用这些解释。其中有关 y^* 的解释已在第 19.1.2 节中说明。

有序 logit 模型（而不是序数 probit 模型）也可以使用比值比来解释。式（20.14）将有序 logit 模型定义为

$$\Omega_{\leqslant m|>m}(x)=\exp(\gamma_m - x\beta) \quad (20.14)$$

例如，在有四个结果的情况下，我们将同时估计三个方程：

$$\Omega_{\leqslant 1|>1}(x)=\exp(\gamma_1 - x\beta)$$

$$\Omega_{\leqslant 2|>2}(x)=\exp(\gamma_2 - x\beta)$$

$$\Omega_{\leqslant 3|>3}(x)=\exp(\gamma_3 - x\beta)$$

使用与二进制 logit 所示相同的方法，x_k 中单位更改的效果等于

$$\frac{\Omega_{\leqslant m|>m}(x,x_k+1)}{\Omega_{\leqslant m|>m}(x,x_k)}=e^{-\beta_k}=\frac{1}{e^{\beta_k}} \quad (20.15)$$

比值比的值不取决于 m 的值，这就是为什么平行回归假设也称为比例优势假设的原因。我们可以将优势比解释如下。

对于 x_k 的单位增加，所有其他变量均保持不变，与其他结果相比，较低结果与较高结果的概率因系数 exp（$-\beta_k$）改变。

$$\frac{\Omega_{\leqslant m|>m}(x,x_k+\delta)}{\Omega_{\leqslant m|>m}(x,x_k)}=\exp(-\delta\beta_k)=\frac{1}{\exp(\delta\beta_k)} \quad (20.16)$$

解释为：当其他变量不变时，如果 x_k 增加 δ，则与其他结果相比，较低的结果变量几率会以 exp（$-\delta\beta_k$）的倍数向较高的结果变化。

请注意，优势比是通过更改一个变量 x_k 并将所有其他变量保持不变而得出的。因此，不可以计算作为多项式包含的变量（例如，年龄和年龄平方）或包含在交互项中的变量的优势比。

可以使用 listcoef 来计算单位的优势比和独立变量的标准偏差变化，还可以通过在 ologit 命令中使用 or 选项来获得比值比。

例 20.15

```
ologit means i.edulevel c.aage gender marriage family, nolog
listcoef aage gender marriage family

ologit (N=258): Factor change in odds
Odds of: >m vs <=m

------------------------------------------------------------------------------
           |        b          z      P>|z|      e^b    e^bStdX    SDofX
-----------+------------------------------------------------------------------
      aage |  –0.0349    –3.132    0.002     0.966     0.626    13.419
    gender |  –0.2747    –0.964    0.335     0.760     0.880     0.467
  marriage |   0.0230     0.047    0.962     1.023     1.007     0.301
    family |  –0.0787    –0.972    0.331     0.924     0.879     1.638
------------------------------------------------------------------------------

         b =  raw coefficient
         z =  z-score for test of b=0
     P>|z| =  p-value for z-test
       e^b =  exp(b) = factor change in odds for unit increase in X
   e^bStdX =  exp(b*SD of X) = change in odds for SD increase in X
     SDofX =  standard deviation of X
```

在保持其他各变量均不变的情况下，男性受访者的信息搜索手段提高的几率是女性受访者的 0.760 倍。在其他变量不变的情况下，年龄每增加一个标准差，受访者的信息搜索手段提高的几率会是原来的 0.626 倍。

也可以通过添加百分比的选项来计算百分比变化的系数。

例 20.16

```
listcoef aage gender, percent

ologit(N=258): Percentage change in odds
Odds of: >m vs <=m

------------------------------------------------------------------------------
         |        b          z      P>|z|       %      %StdX     SDofX
---------+--------------------------------------------------------------------
```

```
    aage |   -0.0349    -3.132    0.002    -3.4    -37.4    13.419
  gender |   -0.2747    -0.964    0.335   -24.0    -12.0     0.467
-------------------------------------------------------------------
```

在保持其他各变量均不变的情况下，男性受访者的信息搜索手段提高的概率比女性受访者低 3.4%。在其他变量不变的情况下，年龄每增加一个标准差，受访者的信息搜索手段提高的概率会减少 37.4%。

到目前为止，我们解释了低结果与高结果的概率的因素变化。这样做是因为传统上该模型是根据较低结果与较高结果的概率 $\Omega_{\leq m|>m}(x)$ 来写的，从而导致 exp 的因子变化系数（$-\beta_k$）。我们也可以考虑较高值与较低值的比率中的因子变化。也就是说，$\Omega_{>m|\leq m}(x)$ 的变化等于 exp（β_k）。可以通过添加反向选项 reverse 来获得这些优势比。

例 20.17

```
listcoef gender, reverse
ologit (N=258): Factor change in odds
Odds of: <=m vs >m
-------------------------------------------------------------------------
         |      b         z      P>|z|     e^b    e^bStdX    SDofX
---------+---------------------------------------------------------------
  gender |   -0.2747   -0.964    0.335    1.316    1.137      0.467
-------------------------------------------------------------------------
```

请注意，输出现在说的是：≤m vs> m 的概率，而不是像以前那样的：> m vs < –m 的概率。性别这一变量系数变化 1.316 是早先的值 0.760 的倒数。我们的解释如下。

在保持所有其他变量不变的情况下，男性的受访者信息搜索手段级别降低的概率是女性的 1.316 倍。

在介绍比率时，如果谈论比率增加而不是减少，那么有些人会更容易理解结果。也就是说，说“比率增加了 2 倍”比说“比率减少了 50%”更清楚。

在解释优势比时，请记住第 6 章中已详细讨论的三个要点。首先，由于优势比是乘法系数，因此应通过取负效应的倒数来比较正效应和负效应（反之亦然）。例如，负因素变化 0.5 与正因素变化 2 = 1 / 0.5 具有相同的大小。其次，解释仅假设其他变量保持不变，而不是保持特定值。最后，就是优势比无法解释为边际变化，这点和最小二乘是不同的。

与二元结果一样，我们将讨论比值比，因为它们通常与这些模型一起使用，并提供了一种简洁的解释方法。

20.8 基于预测概率的解释

如前所述，我们通常倾向于基于预测概率的解释。我们发现这些解释对于我们自己的思维更清晰，对理解更有效。概率可以用以下公式估算：

$$\hat{P}_r(y=m|x)=F(\hat{\gamma}_m - x\hat{\beta}) - F(\hat{\gamma}_{m-1} - x\hat{\beta}) \tag{20.17}$$

累积概率计算为：

$$\hat{P}_r(y\leqslant m|x)=\sum_{k\leqslant m}\hat{P}_r(y=k\mid x) = F(\hat{\gamma}_m - x\hat{\beta}) \tag{20.18}$$

x 的值可以基于样本中的观察值，也可以是感兴趣的假设值。

以下各节以各种方式使用预测概率。我们首先检查评估样本中每个观察值的预测分布，作为评估模型的第一步。接下来，我们说明边际效应如何提供对每个变量影响的整体评估。为了关注特定类型的受访者，我们计算了由所有独立变量的实质特征所定义的理想型的预测。扩展了第 6 章中的方法。我们展示了如何对理想型之间的预测差异进行统计检验。

用 ologit 或 oprobit 拟合模型后，评估模型的有用的第一步是使用以下命令计算样本内预测：

```
predict newvarl [ newvar2 [ newvar3 … ] ] [if] [in]
```

在其中为因变量的每个类别指定一个新的变量名称。例如，在以下示例中，predict 指定使用五个结果类别的预测值创建变量 prlow，prmal，prm，prmau 和 prup。prlow：低级。prmal：中低级。prm：中级。prmau：中高级。prup：高级。（假设选项 pr：预测的概率。）反映了预测可以计算许多不同的数量。

样本中的预测有助于大致了解模型中发生的情况，并且有助于发现数据中的问题。例如，如果某些观察结果中预测的出现概率（或其他任何结果）明显大于或小于其他预测结果，则可以检查这些观察结果是否存在数据问题。

查看预测分布的一种简单方法是使用 dotplot（图 20-4）。

例 20.18

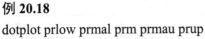

dotplot prlow prmal prm prmau prup

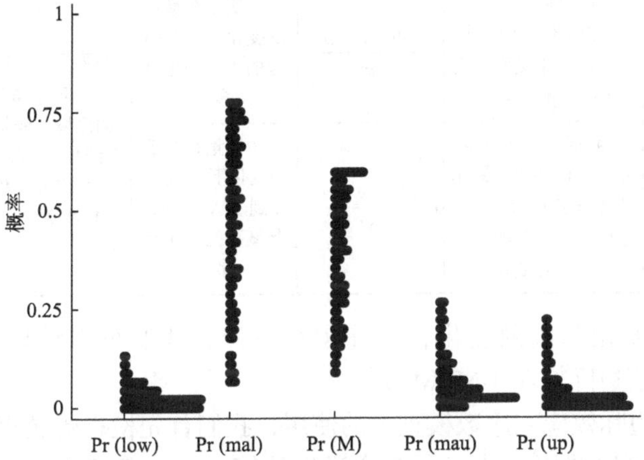

图 20-4　dotplot 绘图

较低和较高的极端类别的预测概率往往小于 0.20，而对于中等类别的大多数预测则介于 0.25 和 0.75。中间两个类别的概率通常大于概率的极端类别，反映出这些类别的观测值所占的比例更高。当概率出现“长尾巴”时，我们需要进一步检查数据。

在此示例中，我们使用 predict 为每个结果类别指定了单独的变量。因此，predict 理解我们想要每个类别的预测概率。如果仅指定一个变量，则 predict 将生成 y^* 的预测值，而不是概率。要计算单个结果类别的预测概率，需要使用 outcome（#）option 选项，例如 predict prm，outcome（3）。由 outcome（#）指定的 # 是类别从最低到最高的排名位置。如果在我们的示例中，结果变量以从 1 开始的连续整数编号，那么 # 对应于结果值（# 是几，就对应几）。但是，如果我们的结果值分别编号为 0、1、2 和 3，则 outcome（1）将提供 $y = 0$ 而不是 $y = 1$ 的预测概率。为避免出现这种情况，在处理有序或名义结果时，最好使用从 1 开始的连续整数对结果值进行编号。

检查样本中的预测概率可对模型进行首次快速检查。

20.9　边 际 效 应

边际的含义是增量，指自变量增加所引起的因变量的增加量。边际效应有如表 20-1 所示的两种类型。

表 20-1 边际效应的两种类型

分类	定义	公式		解释		关系
边际变化	计算 x_k 瞬时或无限小的变化带来的影响	是在其他变量保持特定值不变的情况下，x_k 发生无限小变化时的概率变化率	$\frac{\partial \Pr(y=1)}{\partial x}$	一个变量在给定的变化下，所引起的边际变化是多少	如果是非线性的，在 x_k 增加的区域曲线越非线性，边际变化与离散变化的差值越大	如果概率曲线变化发生的区域是线性的，那么 x_k 的边际变化近似于 x_k 增加一倍的离散变化
离散变化	计算 x_k 中的离散或有限变化的影响	有时被称为一阶差分，是在其他变量保持在特定值，x_k 在给定变化下，预测概率的实际变化	$\frac{\Delta \Pr(y=1)}{\Delta x}$	一个变量在给定的变化下（如从 1 变到 5），实际引起概率的变化是多少		

对于边际变化和离散变化，与 BRM 一样，我们可以计算平均边际效应（AMEs）、均值边际效应（MEMs）。

为了说明边际效应在序数模型中的使用，我们首先检查受教育年限的边际变化。边际变化可以使用 mchange 命令进行计算。由于我们尚未包括 atmeans 选项，mchange 会在所有观察值上计算 AME。

例 20.19

例如，这里创建一个教育年限的变量：

```
gen edu1=edulevel
recode edu1 1=1 2=6 3=9 4=12 5=15 6=15 7=16 8=19 9=22

ologit means edu1 c.aage gender marriage family, nolog
mchange edu1, amount(marginal)

ologit: Changes in Pr(y) | Number of obs = 257
Expression: Pr(means), predict(outcome())
                       |      1        2        3        4        5
-----------------------+---------------------------------------------
                  edu1|
              Marginal |  –0.004   –0.027    0.019    0.007    0.004
               p-value |   0.016    0.000    0.000    0.002    0.011
---------------------------------------------------------------------
  Average predictions
                       |      1        2        3        4        5
-----------------------+---------------------------------------------
          Pr(y|base) |   0.027    0.477    0.403    0.061    0.032
---------------------------------------------------------------------
```

20.9.1　绘制边际效应

正如我们为 BRM 所建议的那样，AME（平均边际效应）是检查变量影响的有价值的工具，并且我们经常计算这些影响以对模型结果进行初步审查。毫无疑问，AME 比参数估计或优势比具有更多的信息。但是，有很多信息需要吸收。默认情况下，对于每个连续变量，mchange 会计算 1 单位的边际变化和离散变化，以及连续变量的标准偏差变化。对于分类变量，mchange 计算从 0 到 1 的离散变化。

例 20.20

ologit means edu1 c.aage i.gender i.marriage family, nolog

mchange, amount(sd) brief　（只查看离散变化）

ologit: Changes in Pr(y) | Number of obs = 257

Expression: Pr(means), predict(outcome())

	1	2	3	4	5
edu1					
+SD	–0.012	–0.119	0.067	0.037	0.028
p-value	0.009	0.000	0.000	0.002	0.016
aage					
+SD	0.021	0.106	–0.087	–0.025	–0.015
p-value	0.020	0.000	0.000	0.001	0.008
gender					
男 vs 女	0.004	0.033	–0.022	–0.009	–0.006
p-value	0.508	0.516	0.511	0.523	0.529
marriage					
1 vs 0	–0.021	–0.115	0.089	0.028	0.018
p-value	0.366	0.172	0.235	0.162	0.172
2 vs 0	0.214	0.084	–0.248	–0.034	–0.017
p-value	0.163	0.493	0.010	0.080	0.123
2 vs 1	0.235	0.199	–0.337	–0.062	–0.035
p-value	0.127	0.039	0.000	0.000	0.004

```
family       |
         +SD |     0.005      0.032     -0.023     -0.008     -0.005
     p-value |     0.231      0.150      0.170      0.161      0.173
----------------------------------------------------------------------
```

mchange 将这些结果保留在内存中，并由我们的 mchangeplot 命令用于创建图。选择变量后，符号（）指定用于每个结果的字母。默认情况下，使用值标签中的第一个字母，但是在这里，我们选择使用大写字母代替 means 值标签中使用的小写字母。选项 min（），max（）和 gap（）定义 *x* 轴上的刻度线和标签。ysize（）和 scale（）选项影响图形的大小和缩放的字体大小。可以通过键入 help mchangeplot 找到有关 mchangeplot 的所有选项的详细信息。

图 20-5 中，水平轴表示效果的大小，图中的字母表示每个结果的离散变化。

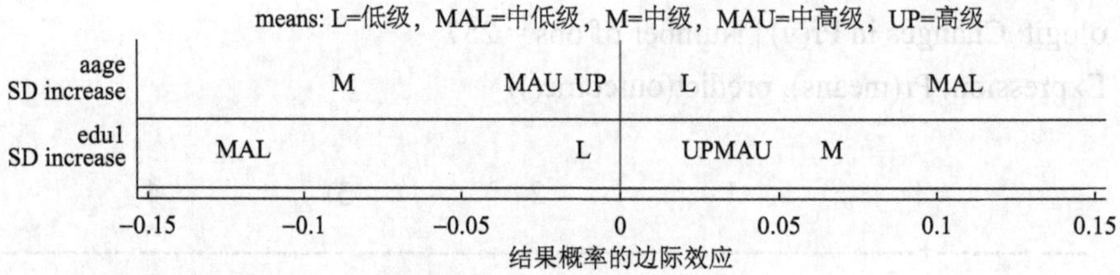

图 20-5　mchangeplot 绘图

对于受教育年限这一行，平均而言，每增加一个标准差变化，一个人的信息搜索手段为中级的可能性会增加 0.067，我们从图中可以很明显地看到，年龄对信息搜索手段的影响和受教育年限对信息搜索手段的影响方向是相反的。

接下来，我们考虑性别这个二元变量从 0 到 1 的离散变化（图 20-6）。

```
mchange gender, amount(sd)brief

ologit: Changes in Pr(y) | Number of obs = 257
Expression: Pr(means), predict(outcome())

                 |       1          2          3          4          5
-----------------+----------------------------------------------------
gender           |
        男 vs 女 |     0.004      0.033     -0.022     -0.009     -0.006
         p-value |     0.508      0.516      0.511      0.523      0.529
----------------------------------------------------------------------
```

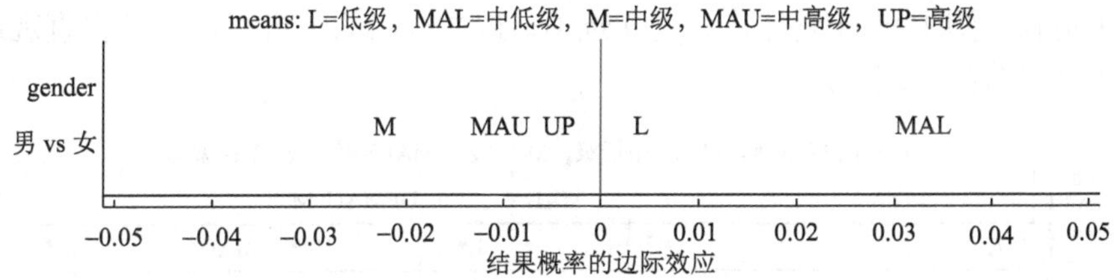

图 20-6　男性 vs 女性 mchangeplot 绘图结果

男性的影响很小且不显著。我们将其解释为：与女性相比，男性受访者的信息搜索手段等级被识别为中级的预测概率比女性平均要低 0.022。

对于具有两个以上类别的分类变量，我们要检查所有类别之间的对比。考虑变量 edu2（这里新创建了一个受教育水平的分类变量：1 为具有高中以下学历；2 为具有高中或中专学历；3 为具有大学及大学以上的学历），它具有多个类别。

例 20.21

首先创建新变量 edu2：

```
gen edu2=edulevel
recode edu2 1=1 2=1 3=1 4=2 5=2 6=3 7=3 8=3 9=3

ologit means i.edu2 c.aage i.gender i.marriage family, nolog
mchange edu2, amount(sd) brief
```

ologit: Changes in Pr(y) | Number of obs = 257

Expression: Pr(means), predict(outcome())

	1	2	3	4	5
edu2					
2 vs 1	–0.008	–0.065	0.054	0.012	0.006
p-value	0.289	0.295	0.281	0.334	0.355
3 vs 1	–0.024	–0.289	0.173	0.087	0.053
p-value	0.011	0.000	0.000	0.010	0.026
3 vs 2	–0.016	–0.224	0.119	0.074	0.047
p-value	0.059	0.007	0.015	0.030	0.048

在绘制的图中我们加上了 sig( ) 选项，这样输出的图可以让我们很直观地看到哪些是显著的（图 20-7）。

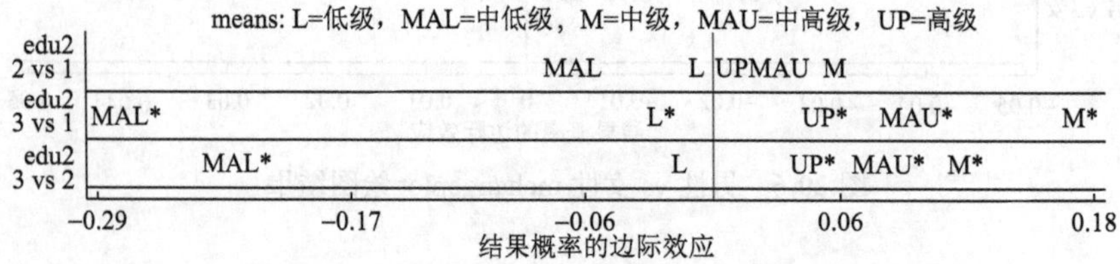

图 20-7　教育水平的 mchangeplot 绘图结果

从图 20-7 中我们可以清楚地看到，具有大学及以上学历的受访者比高中以下和高中及中专学历的受访者，其影响信息搜索手段等级的可能性都是显著的，但是影响的方向却是不同的。具有大学及以上学历的受访者被认定为信息搜索手段低级和中低级的可能性，与不具有大学及以上学历的受访者相比，都是减少的；具有大学及以上学历的受访者被认定为信息搜索手段中级、中高级、高级的可能性，与不具有大学及以上学历的受访者相比，却都是增加的。

20.9.2　快速查看边际效应

与估计系数相比，AME 是一种更好地快速了解效果大小的方法。拟合模型后，可以通过简单地输入 mchange 来获得所有效果的表格，也可以将效果限制为标准差的离散变化。

例 20.22

```
ologit means i.edu2 c.aage i.gender i.marriage family, nolog
mchange, amount(sd) brief

ologit: Changes in Pr(y) | Number of obs = 257
Expression: Pr(means), predict(outcome())
                         |        1         2         3         4         5
-------------------------+--------------------------------------------------
edu2                     |
                  2 vs 1 |   –0.008    –0.065     0.054     0.012     0.006
                 p-value |    0.289     0.295     0.281     0.334     0.355
                  3 vs 1 |   –0.024    –0.289     0.173     0.087     0.053
                 p-value |    0.011     0.000     0.000     0.010     0.026
                  3 vs 2 |   –0.016    –0.224     0.119     0.074     0.047
                 p-value |    0.059     0.007     0.015     0.030     0.048
```

aage						
	+SD	0.021	0.106	–0.088	–0.024	–0.015
	p-value	0.027	0.000	0.000	0.001	0.008
gender						
	男 vs 女	0.003	0.023	–0.016	–0.006	–0.004
	p-value	0.648	0.655	0.653	0.657	0.660
marriage						
	1 vs 0	–0.028	–0.138	0.112	0.033	0.021
	p-value	0.314	0.074	0.132	0.086	0.102
	2 vs 0	0.240	0.031	–0.225	–0.031	–0.016
	p-value	0.169	0.820	0.018	0.079	0.123
	2 vs 1	0.268	0.169	–0.336	–0.064	–0.037
	p-value	0.125	0.155	0.000	0.000	0.004
family						
	+SD	0.005	0.032	–0.024	–0.008	–0.005
	p-value	0.247	0.161	0.179	0.174	0.184

性别、教育水平 mchangeplot 绘图结果如图 20-8 所示。

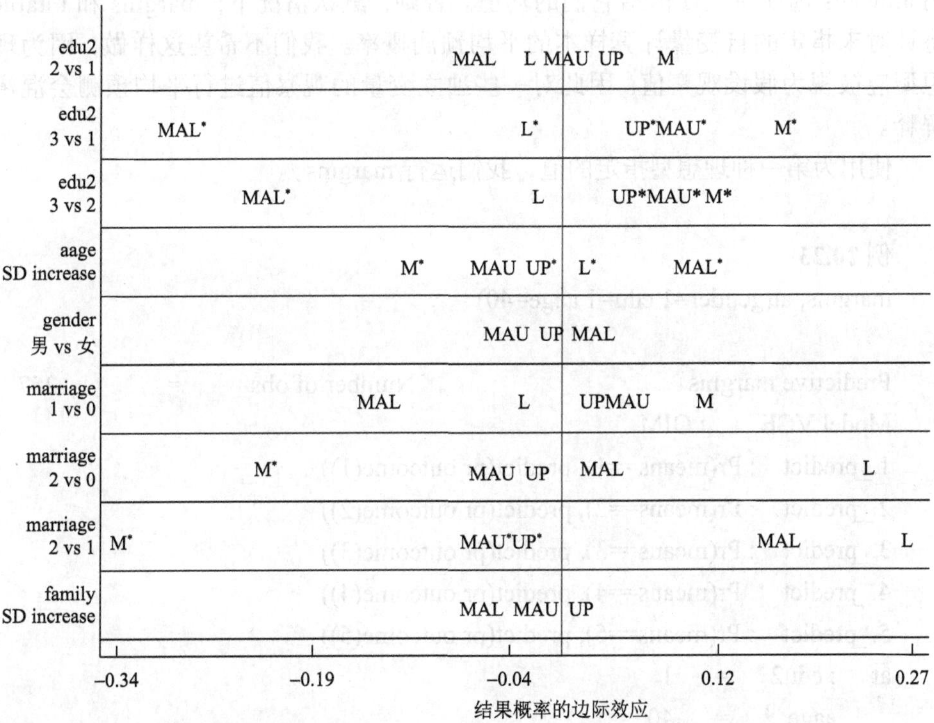

图 20-8　性别、教育水平 mchangeplot 绘图结果

快速回顾强调了我们可能希望更仔细地检查哪些变量。

20.10 理想型的预测概率

理想型通过指定自变量的值在数据中定义了实质有趣的情况。这些类型的个体（或任何分析单位）的预测概率可以用 mtable 或 margin 来计算。与边际效应不同，通过比较两个或多个理想型，可以比较整个独立变量集变化的概率，而不仅仅是单个变量的变化。

在我们的例子中，理想型可以用来检查每个个体的优势及劣势情况，以及他们在信息搜索手段等级上（means）的区别。例如我们想比较以下个体。

一名 40 岁的男性，没有高中文凭。

一名 35 岁的女性，具有大学及以上学历。

为了计算预测，我们先使用 margins，然后再演示 mtable 如何简化工作。我们使用 at（）指定自变量的值。如果存在未使用 at（）指定值的变量，则可以使用 atmeans 选项将其赋值给它们的均值。否则，默认情况下，margins 和 mtable 将针对未指定的自变量计算样本的平均预测概率。我们不希望这样做，因为理想型应被视为假设观察值。因此对一些独立变量的观察值进行平均预测会混淆解释。

使用为第一种理想型指定的值，我们运行 margins。

例 20.23

```
margins, at(gender=1 edu=1 aage=40)

Predictive margins                          Number of obs      =      257
Model VCE       : OIM
1._predict   : Pr(means==1), predict(pr outcome(1))
2._predict   : Pr(means==2), predict(pr outcome(2))
3._predict   : Pr(means==3), predict(pr outcome(3))
4._predict   : Pr(means==4), predict(pr outcome(4))
5._predict   : Pr(means==5), predict(pr outcome(5))
at    : edu2     =   1
        aage     =   40
        gender   =   1
```

	Margin	Delta-method Std. Err.	z	P>|z|	[95% Conf. Interval]	
_predict						
1	.0254194	.0103402	2.46	0.014	.0051531	.0456857
2	.5176634	.0498968	10.37	0.000	.4198674	.6154593
3	.4020076	.0451235	8.91	0.000	.3135671	.4904481
4	.0376958	.0124361	3.03	0.002	.0133214	.0620702
5	.0172138	.007356	2.34	0.019	.0027963	.0316313

margins 只能计算单个结果的预测。因为我们没有指定哪个结果，所以 margins 使用默认的预测，它被描述为 Pr（means== 1），predict（）。这是第一个结果的预测概率。因此，我们发现对于我们的第一个理想型，识别为信息搜索手段为低级的类别（means =1）的预测概率为 0.025。

使用 mtable 会更容易，它可以计算所有结果类别的预测并将其组合到一个表中。选项 ci 表示我们希望输出以显示置信区间。

这里计算出的结果与上面 margin 的结果匹配，此外，我们对其他结果也有预测。

例 20.24

mtable, at（gender=1 edu=1 aage=40） ci

Expression: Pr(means), predict(outcome())

	1	2	3	4	5
Pr(y)	0.025	0.518	0.402	0.038	0.017
ll	0.005	0.420	0.314	0.013	0.003
ul	0.046	0.615	0.490	0.062	0.032

Specified values of covariates

	edu2	aage	gender
Current	1	40	1

我们还可以同时计算两种理想型的预测概率。

例 20.25

mtable, atright norownum width(7) at(gender=1 edu=1 aage=40) at(gender=0 edu=3 aage=35)

选项 atright 将协变量的值放在预测的右边。因为协变量的值清楚地标识了行，所以我们使用 norownum 在预测表中关闭了行号。为了更紧凑地拟合结果，我们将列宽指定为 width（7）。

```
Expression: Pr(means), predict(outcome())
      1        2        3        4        5       edu2     aage    gender
--------------------------------------------------------------------------
    0.025    0.518    0.402    0.038    0.017      1        40        1
    0.004    0.163    0.564    0.168    0.100      3        35        0
--------------------------------------------------------------------------
Specified values where .n indicates no values specified with at()
                  |           No at()
------------------+------------------
          Current |             .n
-------------------------------------
```

理想型之间的差异是惊人的：虽然我们的第一种类型的预测被识别为受访者信息搜索手段的等级达到中级（means=3）的概率仅为 0.402，但是我们的第二种类型的概率为 0.564。该示例明确说明了这些变量一起对 means 识别产生的巨大影响。

20.11　预测概率表

当模型中存在实质性的重要分类预测时，检查这些变量值上的预测概率表可能是解释结果的有效方法。在此示例中，我们使用 mtable 来查看相对应的调查值的预测。

为了获得预测的置信区间，我们使用选项 stat（ci），可以将其简称为 ci。

例 20.26

ologit means i.edu2 c.aage i.gender i.marriage family, nolog

mtable, at(edu2=(1 2 3)) atmeans stat(ci)

Expression: Pr(means), predict(outcome())

	edu2	0	1	2	3	4
Pr(y)	1	0.024	0.564	0.367	0.031	0.014
ll	1	0.005	0.484	0.294	0.012	0.003
ul	1	0.043	0.643	0.441	0.050	0.025
Pr(y)	2	0.017	0.490	0.432	0.042	0.019
ll	2	0.001	0.366	0.324	0.013	0.002
ul	2	0.034	0.613	0.541	0.071	0.036
Pr(y)	3	0.006	0.237	0.585	0.113	0.059
ll	3	–0.000	0.112	0.497	0.040	0.011
ul	3	0.011	0.362	0.673	0.186	0.106

Specified values of covariates

	aage	1. gender	1. marriage	2. marriage	family
Current	44.1	.681	.907	.0195	4.96

教育程度为高中毕业（edu2=2）调查者被确定为中层的概率为 0.432。

仅更改受访者的教育程度，从没高中毕业到高中毕业的范围内，调查者被识别为信息搜索手段是中级（means=3）的可能性从 0.367 增加到 0.432，而被识别为中低级的可能性从 0.564 下降到 0.490。

我们可能还想为分类自变量的组合生成表。下面例子就是改变了表格行和列，解释的都一样，只是看起来形式变化了。

例 20.27

mtable, at(edu2=(1 2 3) gender=(0 1)) atmeans norownum

Expression: Pr(means), predict(outcome())

edu2	gender	1	2	3	4	5
1	0	0.022	0.545	0.385	0.033	0.015
1	1	0.025	0.573	0.359	0.030	0.013
2	0	0.016	0.469	0.448	0.045	0.021
2	1	0.018	0.499	0.424	0.040	0.018
3	0	0.005	0.222	0.588	0.121	0.064
3	1	0.006	0.245	0.583	0.110	0.057

Specified values of covariates

	aage	1. marriage	2. marriage	family
Current	44.1	.907	.0195	4.96

在给定的 edu 范围内，预测会变化。变量变化的方式取决于 ologit 指定变量的顺序，而不是 at（ ）语句中变量的顺序。表格可能会更清楚（实际上，在确定哪种方法更适合手头的目的之前，我们经常不得不尝试两种方法）。我们可以用之前列出的变量来替换 ologit 模型，也可以在 at（ ）语句的三个单独位置中指定 edu 的值：结果与之前完全相同，只是重新排列了行。

在这些结果中，协变量的指定值对于所有预测都是相同的，即它们的整体均值。一种不同的可能性是，我们希望其他变量的值根据人的 edu 和 gender 而变化。例如，假设我们要比较不同 edu 的男性和女性，并使所有其他变量在每个组中的局部均值保持不变。换句话说，当 edu 和 gender 以外的所有自变量保持相同值时，我们不会查看预测，而是在其他自变量的值根据不同的 edu 和 gender 的均值而变化时，计算预测。为此，我们指定 over（ ）选项。

例 20.28

mtable, over(edu2 gender) atmeans

Expression: Pr(means), predict(outcome())

	edu2	aage	gender	1. marriage	2. marriage	family
1	1	41.9	0	1	0	4.96
2	1	49.5	1	.904	.0213	5.14
3	2	41.9	0	1	0	5.14
4	2	49	1	.956	.0222	5.29
5	3	31.1	0	.643	.143	4.86
6	3	32.9	1	.778	0	4.06

	1	2	3	4	5

```
     1 |      0.018      0.493      0.429      0.041      0.019
     2 |      0.033      0.631      0.303      0.023      0.010
     3 |      0.013      0.421      0.486      0.055      0.026
     4 |      0.023      0.552      0.378      0.032      0.015
     5 |      0.004      0.200      0.589      0.133      0.072
     6 |      0.003      0.156      0.580      0.165      0.096
--------------------------------------------------------------------------
Specified values where .n indicates no values specified with at()
                  |         No at()
------------------+-----------------------
          Current |                  .n
------------------------------------------
```

表中包含自变量的均值，并且每行均不同。例如，第 1 行中的值是女性，教育水平未满高中的平均值。

例 20.29

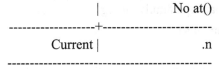

```
sum i.marriage aage family if gender==0 & edu2==1, sep(9)
    Variable |        Obs        Mean    Std. Dev.       Min        Max
-------------+----------------------------------------------------------
    marriage |         55           1           0          1          1
        aage |         54    41.88889    12.17431         18         70
      family |         55    4.945455    1.339129          3          8
------------------------------------------------------------------------
```

返回再看 mtable 的输出结果，我们可以明显从表中得到：对于教育程度均为高中以下学历的受访者的信息搜索手段等级为中级的可能性来说，男性为 0.303，女性为 0.429。女性是高于男性的。

20.12　绘制预测概率

绘制每个结果的预测概率对 ORM 也很有用。这些图说明了预测概率如何随着连续的独立变量变化而变化。使用 BRM，我们展示了两种绘制图的方法：直接使用 marginsplot 或使用 mgen 和 graph 进行两步。但是，我们只能使用后一种技术来绘制多个结果，因为 marginsplot 仅限于绘制单个结果。

为了说明图表预测，我们考虑了将所有其他变量保持在样本均值的情况下，

means 的概率如何随着个人受教育年限（edu1：单位是年）的变化而变化。当然，该图也可以针对其他特征集进行构建。（edu1 ＝ 0（2）16）处的选项告诉 mgen 随着受教育年限从 0 变为 16（以 2 为增量）生成预测，从而产生 8 组预测。选项 atmeans 选项保持其他变量不变。我们使用 stub（CL _）将 CL_（指示类的预测）添加到 mgen 生成的变量的名称中。

例 20.30

```
ologit means edu1 c.aage i.gender i.marriage family, nolog
mgen, at(edu1=(0(2)16)) stub(CL_) atmeans

Predictions from: margins, at(edu1=(0(2)16)) atmeans predict(outcome())

Variable  Obs  Unique      Mean       Min       Max                Label
-------------------------------------------------------------------------------
  CL_pr1    9       9  .0243356   .005366  .0607897  pr(y=1) from margins
  CL_ll1    9       9  .0037062  -.0000463  .0072134      95% lower limit
  CL_ul1    9       9  .0449651  .0107783  .1144046      95% upper limit
 CL_edu1    9       9         8         0        16                 edu1
 CL_Cpr1    9       9  .0243356   .005366  .0607897            pr(y<=1)
  CL_pr2    9       9  .5349575  .2701116  .7594056  pr(y=2) from margins
  CL_ll2    9       9  .4505736  .1716222  .6699856      95% lower limit
  CL_ul2    9       9  .6193415   .368601  .8488255      95% upper limit
 CL_Cpr2    9       9  .5592931  .2754775  .8201952             pr(y<=2)
  CL_pr3    9       9   .378505   .165354  .5749266  pr(y=3) from margins
  CL_ll3    9       9  .2985093   .073115  .4912865      95% lower limit
  CL_ul3    9       9  .4585006  .2575931  .6585667      95% upper limit
 CL_Cpr3    9       9  .9377981  .8504041  .9855492             pr(y<=3)
  CL_pr4    9       9  .0418347  .0099841  .0985175  pr(y=4) from margins
  CL_ll4    9       9  .0174357  .0009288  .0422302      95% lower limit
  CL_ul4    9       9  .0662337  .0190394  .1548049      95% upper limit
 CL_Cpr4    9       9  .9796328  .9489217  .9955333             pr(y<=4)
  CL_pr5    9       9  .0203672  .0044666  .0510783  pr(y=5) from margins
  CL_ll5    9       9  .0049677  -.0002654  .0130971      95% lower limit
  CL_ul5    9       9  .0357666  .0091987  .0890595      95% upper limit
 CL_Cpr5    9       3         1  .9999999         1             pr(y<=5)
-------------------------------------------------------------------------------
```

Specified values of covariates

aage	1. gender	1. marriage	2. marriage	family
44.06615	.6809339	.9066148	.0194553	4.961868

包含预测概率的变量存储在名为 CL_pr# 的变量中。例如，CL_pr2 是识别为中低级（我们的结果的第二类别）的预测概率。包含累积概率（即，观察给定类别或更低类别的概率）的变量存储为变量 CL_Cpr#。例如，CL_Cpr2 是被调查者识别为低级或中低级的预测概率。

尽管 mgen 为其生成的变量分配了变量标签，但我们可以更改这些标签以改善所创建图的外观。具体来说，我们使用：

label var CL_prl "Low"

接下来，我们使用 graph 绘制单个结果的概率。在这里，我们针对受教育年限绘制了五个概率（图 20-9）。

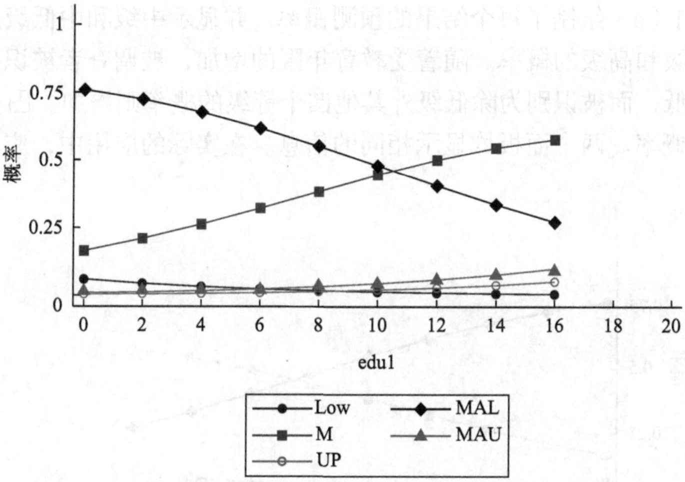

图 20-9　受教育年限的预测概率图

图形的标准选项用于指定轴和标签。name（eduprob，replace）选项使用名称（eduprob）来保存生成的每个图，以便我们将其与下一个图相结合，以绘制累积概率。当收入等于 x 轴上的值并且保持其他变量不变时，y 轴上的值表示每种类别的预测概率。给定某一受教育年限时，这五种等级的概率总和为 1。

累积概率图（图 20-10）使用线表示 $y \leqslant \#$ 而不是 $y=\#$ 的概率。要创建此图，我们使用以下命令：

```
twoway kdensity varname, cumulative step
```

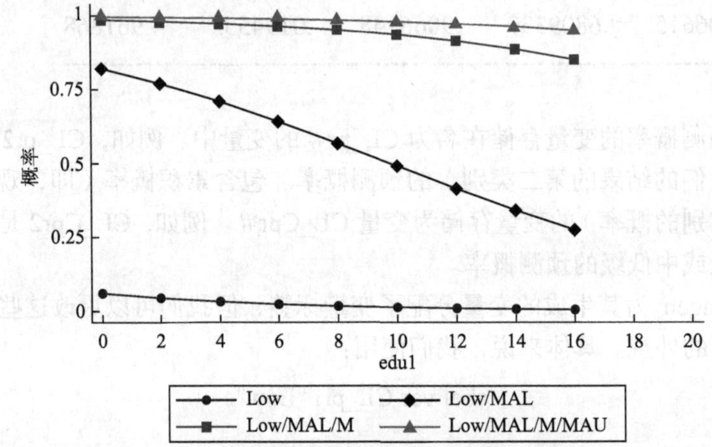

图 20-10 受教育年限预测的累积概率图

将结果图形另存为 educprob。

图 20-11（a）绘制了每个结果的预测概率，并显示中级和中低级的概率大于低级和中高级和高级的概率。随着受教育年限的增加，被调查者被识别为中低级的可能性降低，而被识别为除低级外其他四个等级的概率则增加。图 20-11（b）绘制了累积概率。两个面板均显示相同的信息。在实际的应用中，应该使用最有效的图形。

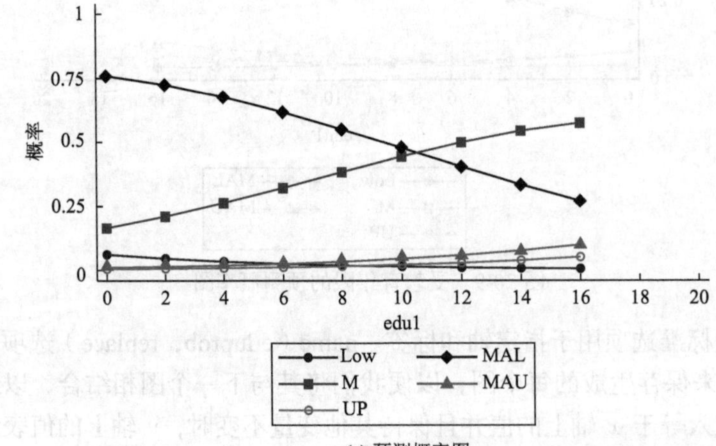

(a) 预测概率图

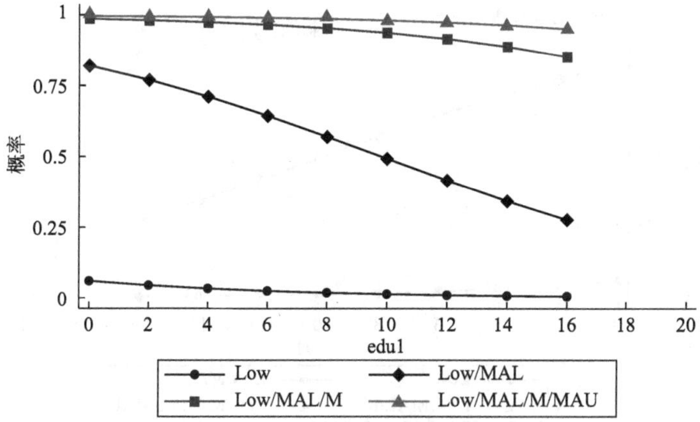

(b) 累积概率图

其他变量保持均值不变

图 20-11　合并图

20.13　边际效应与预测概率图

考虑了各种解释方法后，我们现在显示边际效应与预测概率图之间的联系，图 20-12 展示了在保持所有其他变量不变的情况下，means 的概率如何随受教育年限（edu1）变化。

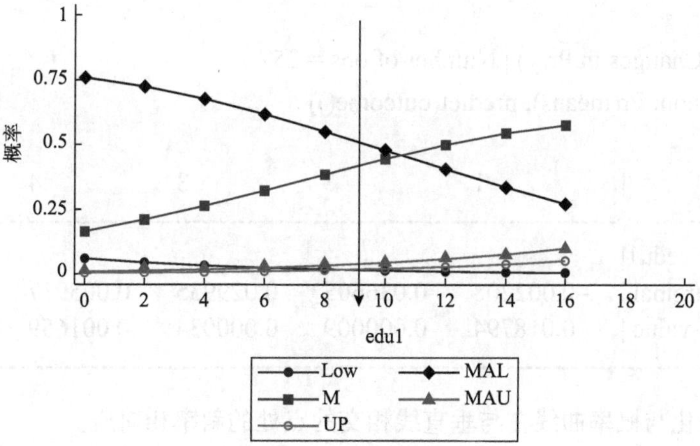

(a) 预测概率图

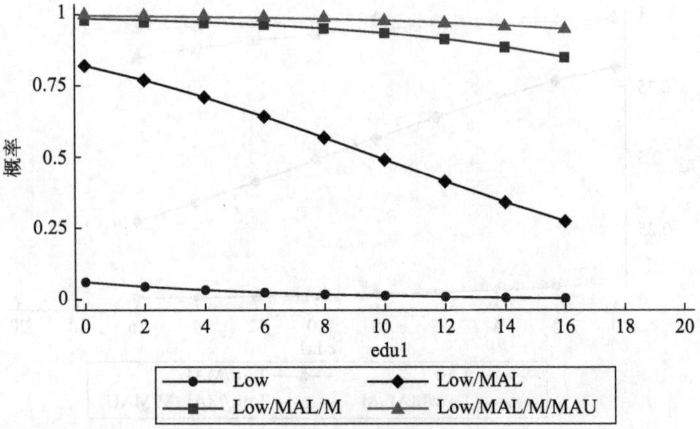

(b) 累积概率图

其他变量保持均值不变

图 20-12 边际效应与预测概率图

在受教育年限均值处评估的每个概率曲线的斜率（由概率曲线与垂直线的交点表示）是给定 means 相对于收入的边际变化，所有变量均保持其均值。我们可以通过使用 mchange，atmeans 来估计 MEM（均值处的边际效应）来计算这些变化。

例 20.31

```
mchange edu1, atmeans amount(marginal) dec(6)

ologit: Changes in Pr(y) | Number of obs = 257
Expression: Pr(means), predict(outcome())

              |         1          2          3          4          5
--------------+-------------------------------------------------------
         edu1 |
     Marginal | –0.002208  –0.036605   0.029935   0.005917   0.002962
      p-value |  0.018794   0.000009   0.000034   0.001659   0.009890
----------------------------------------------------------------------
```

这些变化与概率曲线在与垂直线相交的点处的斜率相对应。

如果我们在自变量的不同值下计算边际效应，则边际变化的幅度将有所不同。例如，我们可以计算受教育年限等于 6 年的影响，而所有其他变量仍保持不变。

例 20.32

mchange edu1, at(edu1=6) atmeans amount(marginal) dec(4)

ologit: Changes in Pr(y) | Number of obs = 257

Expression: Pr(means), predict(outcome())

	1	2	3	4	5
edu1					
Marginal	–0.0038	–0.0319	0.0303	0.0036	0.0017
p-value	0.0327	0.0000	0.0000	0.0003	0.0060

识别出受访者信息搜索手段的等级处于中级可能性的边际变化大一点。

习　　题

简答题：

1. 简要描述序数结果模型在信息贫困研究中的应用。
2. 探讨序数结果模型在信息贫困研究中的优势和局限性。
3. 序数因变量模型和定序因变量模型有什么本质区别？二者间的估计方法是否存在不同？对回归结果的解读上是否存在差异？